Dictionnaire raisonné du mobilier
Tome 1

E. Viollet-le-Duc

Dictionnaire raisonné du mobilier

Tome 1

Mobilier
Ustensiles - Jeux

HEIMDAL

– Ouvrage conçu par Georges Bernage.

– Maquette : Erik Groult.

– Mise en pages : Christel Lebret.

– Photogravure : Christian Caïra, Philippe Gazagne.

Editions Heimdal
Château de Damigny - BP 61350 - 14406 BAYEUX Cedex
Tél. : 02.31.51.68.68 - Fax : 02.31.51.68.60 - E-mail : Editions.Heimdal@wanadoo.fr

ISBN 2 84048 167 7

Avant-propos

Malgré ses détracteurs, Eugène Viollet-le-Duc reste un personnage d'exception, un architecte et un érudit qui a laissé derrière lui une œuvre considérable.

Eugène Viollet-le-Duc est né le 27 janvier 1814 à Paris. Son père, Emmanuel Viollet-le-Duc, devient conservateur des résidences royales à l'intendance générale de la liste civile : c'est ainsi que toute la famille vient loger au Palais des Tuileries, un cadre qui contribuera assurément à la vocation du futur architecte. Eugène Viollet-le-Duc part faire un voyage en Italie le 12 mars 1836 ; il a tout juste 22 ans. Il y restera dix-huit mois et en ramènera des dessins et des souvenirs qu'il publiera. Nommé professeur suppléant en 1834 pour un cours de dessin d'ornement à l'Ecole de dessin de Paris (rue de l'Ecole de Médecine) , il retrouve son poste à son retour d'Italie ; il le conservera jusqu'en 1850. Et Viollet-le-Duc est avant tout un dessinateur hors pair, cet ouvrage est là pour le démontrer.

De 1838 à 1839, il parcourt la France et remplit des carnets de croquis. En 1840, il est attaché par Duban aux travaux de restauration de la Sainte Chapelle. Puis Prosper Mérimée lui confie la restauration de l'église abbatiale de Vézelay. Et c'est Montréal (dans l'Yonne), l'hôtel de ville de Saint-Antonin (Tarn et Garonne) et celui de Narbonne (ancien palais archiépiscopal), l'église Saint-Louis de Poissy, Saint-Nazaire de Carcassonne, celle de Semur. En 1845, il obtient la restauration de Notre-Dame de Paris, en collaboration avec Lassus. Un an plus tard, il est architecte de la basilique de Saint-Denis. En 1849 s'ouvre pour lui un grand chantier, qui aura une importance considérable dans la réhabilitation du décor médiéval, la restauration de l'enceinte et du château de la cité de Carcassonne. La même année, il est chargé des travaux de la cathédrale d'Amiens et de la salle synodale de Sens. En 1853, il est nommé inspecteur général des édifices diocésains et, un an plus tard, il publie le premier tome du *Dictionnaire raisonné de l'Architecture française du xie au xvie siècle*. De 1838 à 1854, en seize ans de voyages à travers la France, noircissant des carnets de croquis, il a acquis une formidable connaissance encyclopédique et il est même le témoin d'édifices ou de détails de construction, d'objets en train de disparaître et qu'il pourra fixer et publier dans ses deux dictionnaires successifs. Nous retrouverons dans le premier dictionnaire les monuments sur lesquels il a le plus travaillé, tout naturellement.

Le premier volume du *Dictionnaire raisonné du mobilier français de l'époque carolingienne à la Renaissance* a été publié en 1858, soit quatre ans seulement après le premier tome de son *Dictionnaire de l'Architecture*. Ce premier volume du *Dictionnaire du mobilier* a, dès sa parution, un grand retentissement et reste une source de documentation très précieuse. C'est le premier ouvrage de ce genre publié en France, et probablement à l'étranger. C'est alors le premier recueil complet, très abondamment illustré et facilement consultable. Cette documentation ne sera jamais surpassée. Bien plus, de nos jours, aucun ouvrage ne fournit quoique ce soit d'équivalent. Son *Dictionnaire du Mobilier* reste la référence absolue. Mais il aura fallu treize années pour voir paraître, en 1871, le second volume consacré aux outils, aux jeux, aux instruments de musique et à l'orfèvrerie. Les tomes III et IV, consacrés aux vêtements, bijoux, objets de toilette paraissent en 1872 et 1873. Les tomes V et VI, consacrés aux armes de guerre offensives et défensives, paraissent en 1872-1873.

Le présent volume reprend la quasi intégralité des deux premiers volumes, avec une mise en page différente et présente les 24 planches en couleurs, très peu connues, publiées dans ces deux volumes. Cette documentation présentant environ 500 dessins, alors gravés sur bois, est une exceptionnelle documentation sur les objets de la civilisation médiévale. En outre, des détails d'assemblage, des plans en coupe de certains de ces objets et, surtout, la partie consacrée à la fabrication et à l'assemblage de ces objets (pages 124 à 141) vont bien au-delà de la simple présentation encyclopédique et référencée. En praticien, Viollet-le-Duc a retrouvé les techniques de fabrication. Cette connaissance lui permettra d'ailleurs de réaliser, en style néo-gothique, des meubles et, surtout, un exceptionnel mobilier religieux. Son talent était multiforme. Ses réalisations sont considérables, tant sur le plan de l'architecture, que du mobilier et de l'édition.

Son *Dictionnaire du mobilier* reste très difficile à trouver en édition originale. Ayant depuis longtemps en ma possession une grande partie de l'œuvre publiée de Viollet-le-Duc, j'avais décidé d'en faire profiter un large public qui ne connaissait cette œuvre que par quelques dessins. En 1980, je publiais ainsi l'*Encyclopédie médiévale* qui était un condensé de ses deux dictionnaires. Le présent volume est une reprise quasi intégrale de son œuvre dans une formule de mise en page compacte et accessible. Il comprend ainsi le premier tiers de son *Dictionnaire du mobilier*. Deux autres volumes seront publiés pour que ce *Dictionnaire du mobilier* soit à la portée de tous.

Georges Bernage
Historien et éditeur
le 9 mars 2003

Index

Ordre de présentation des rubriques dans l'édition originale

❑ **Tome 1 :**

— Meubles : pages 3 à 291

— Vie privée de la noblesse féodale : pages 345 à 398

— Vie privée de la haute bourgeoisie : pages 399 à 413

— N'ont pas été reprises, textes sans illustrations, le résumé historique, la vie publique de la noblesse féodale, religieuse et laïque de la page 293 à la page 344.

❑ **Tome 2 :**

— Ustensiles : pages 7 à 166

— Orfèvrerie : pages 167 à 240

— Instruments de musique : pages 241 à 328

— Jeux, passe-temps : pages 329 à 478

— Outils, outillages : pages 479 à 532

PREMIÈRE PARTIE

MEUBLES

ARMOIRE, s. f. *Amaire, almaire.* Ce mot était employé, comme il l'est encore aujourd'hui, pour désigner un meuble peu profond, haut et large, à un ou plusieurs vantaux, destiné à renfermer des objets précieux. Autrefois, dans les églises, il était d'usage de placer des armoires en bois, plus ou moins richement décorées, près des autels, pour conserver sous clef les vases sacrés, quelquefois même la sainte Eucharistie. Des deux côtés de l'autel des reliques de l'église abbatiale de Saint-Denis, Suger avait fait disposer deux armoires contenant le trésor de l'abbaye [1]. Derrière les stalles, sous les jubés, des armoires contenaient les divers objets nécessaires au service du chœur, parfois même des vêtements sacerdotaux ; beaucoup de petites églises n'avaient pas de sacristies, et des armoires en tenaient lieu. Il va sans dire que les sacristies contenaient elles-mêmes des armoires dans lesquelles on déposait les trésors, les chartes et les livres de chœur. Près des cloîtres, dans les monastères, une petite salle, désignée sous le nom d'*armaria,* contenait des meubles renfermant les livres dont les religieux se servaient le plus habituellement pendant les heures de repos. Le gardien de la bibliothèque du couvent était appelé *armariatus* ou *armarius* [2].

Les armoires placées près des autels étaient assez ornées pour ne pas faire une disparate choquante au milieu du chœur des églises alors si remplies d'objets précieux. Autant qu'on peut en juger par le petit nombre de meubles de ce genre qui nous sont conservés, les armoires, jusqu'au XIVe siècle, étaient principalement ornées de peintures exécutées sur les panneaux pleins des vantaux, et de ferrures travaillées avec soin, rarement de sculptures. La forme générale de ces meubles était toujours simple, et accusait franchement leur destination. L'un des exemples les plus anciens d'armoires réservées au service du culte existe dans l'église d'Obazine (Corrèze). Cette armoire **(fig. 1)** se compose de pièces de bois de chêne d'un fort échantillon. Les deux vantaux terminés en cintres, à leur extrémité supérieure, sont retenus chacun par deux pentures en fer forgé. Deux verrous ou vertevelles les maintiennent fermés. On ne remarque sur la face de cette armoire, comme décoration, qu'un rang de dents de scie sur la corniche et de très-petits cercles avec un point au centre, gravés régulièrement sous cette corniche et autour des cintres des vantaux. Les angles sont adoucis au moyen de petites colonnettes engagées. Ce meuble, qui paraît dater des premières années du XIIIe siècle, était probablement peint, car on remarque encore quelques parcelles de tons rouges entre les dents de scie de la corniche. Les deux côtés de l'armoire d'Obazine sont beaucoup plus riches que la face ; ils sont décorés d'un double rang d'arcatures portées par de fines colonnettes annelées **(2)**. Ces deux figures font comprendre la construction de ce meuble, qui se compose de madriers de 0,10 centimètres d'épaisseur environ, fortement assemblés, et reliés en outre à la base de la face par une plate-bande en fer. Pour compléter ces figures, nous donnons **(3)** le détail d'un des chapiteaux de l'arcature, **(4)** la vertevelle, et **(5)** l'extrémité de l'un des deux verrous, se terminant, pour faciliter le tirage ou la poussée, par une tête formant crochet. Cette recherche dans la ferrure d'un meuble aussi grossier en apparence, fait ressortir le soin que l'on apportait alors à l'exécution des objets mobiliers les moins riches. Ces verrous sont forgés, et les deux petites têtes qui terminent leurs extrémités sont remarquablement travaillées.

La cathédrale de Bayeux conserve encore, dans la salle du trésor, une armoire du commencement du XIIIe siècle d'un grand intérêt. Cette armoire, mutilée aujourd'hui, occupait autrefois tout un côté de la pièce dans laquelle elle est placée. Elle était destinée à renfermer des châsses [3], et l'on y voit encore l'armure de l'homme d'armes du chapitre *(armiger capituli)* [4], gentilhomme qui, par son fief relevant de la couron-

[1] D. Doublet. Ducange, *Gloss., Armaria, Armariolus.*

[2] Udalricus, *lib.* III. *Consuet. Cluniac., cap.* 10 : « Præcentor (cantor) et armarius : armarii nomen obtinuit, eo quod in ejus manu solet esse bibliotheca, quæ et in alio nomine armarium appellatur... »

[3] *Hist. Somm. de la ville de Bayeux,* par l'abbé Béziers, 1773.

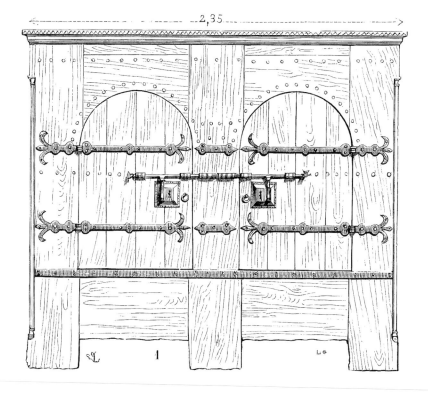

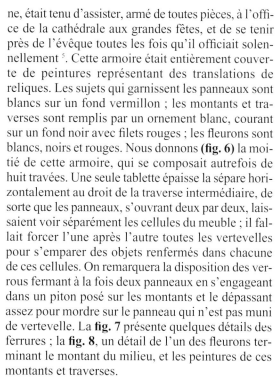

ne, était tenu d'assister, armé de toutes pièces, à l'office de la cathédrale aux grandes fêtes, et de se tenir près de l'évêque toutes les fois qu'il officiait solennellement[5]. Cette armoire était entièrement couverte de peintures représentant des translations de reliques. Les sujets qui garnissent les panneaux sont blancs sur un fond vermillon ; les montants et traverses sont remplis par un ornement blanc, courant sur un fond noir avec filets rouges ; les fleurons sont blancs, noirs et rouges. Nous donnons (**fig. 6**) la moitié de cette armoire, qui se composait autrefois de huit travées. Une seule tablette épaisse la sépare horizontalement au droit de la traverse intermédiaire, de sorte que les panneaux, s'ouvrant deux par deux, laissaient voir séparément les cellules du meuble ; il fallait forcer l'une après l'autre toutes les vertevelles pour s'emparer des objets renfermés dans chacune de ces cellules. On remarquera la disposition des verrous fermant à la fois deux panneaux en s'engageant dans un piton posé sur les montants et le dépassant assez pour mordre sur le panneau qui n'est pas muni de vertevelle. La **fig. 7** présente quelques détails des ferrures ; la **fig. 8**, un détail de l'un des fleurons terminant le montant du milieu, et les peintures de ces montants et traverses.

Ces exemples font voir que la principale décoration de ces meubles était obtenue au moyen des ferrures nécessaires et de peintures recouvrant les panneaux. La menuiserie était d'une grande simplicité ; les planches formant les panneaux assemblées à grain d'orge (9). Il semble qu'alors on tenait à conserver à ces armoires l'aspect d'un meuble robuste, bien fermé. Ce ne fut que beaucoup plus tard que la sculpture vint décorer ces menuiseries. Nous ne pourrions affirmer cependant qu'il n'y eût pas, avant le XIVe siècle, d'armoires sculptées ; mais en observant les rares exemples d'objets de menuiserie romane, on pourrait admettre que les panneaux (lorsque la peinture seule n'était pas appelée à les décorer) recevaient une sculpture plate, champ-levée, telle que celle que

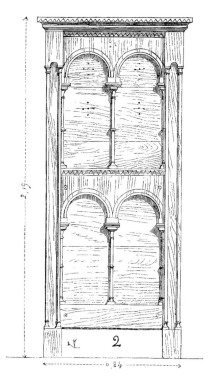

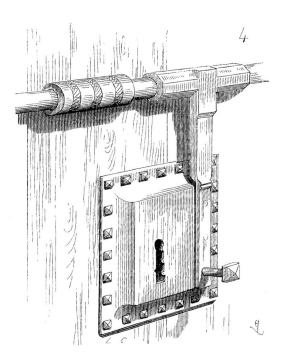

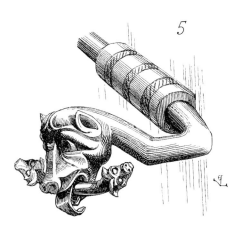

nous voyons encore conservée sur l'une des portes de la cathédrale du Puy en Velay. Les panneaux de cette porte, en sapin, représentent des sujets peints sur une gravure dont les fonds sont renfoncés de deux ou trois millimètres. Nous avons vu en Allemagne, dans la cathédrale de Munich, des armoires du XVe siècle dont les planches sont ainsi travaillées ; les fonds sont peints en bleu sombre, et les ornements conservent la couleur naturelle du bois. Mais une des plus belles armoires anciennes connues se trouve dans le trésor de la cathédrale de Noyon. Les panneaux sont entièrement peints à l'extérieur et à l'intérieur, et déjà le couronnement de ce meuble, qui date des dernières années du XIIIe siècle, est orné de sculptures. Cette armoire était certainement destinée, comme celle de Bayeux, à renfermer des châsses et ustensiles réservés au culte. A l'extérieur, les panneaux sont couverts de peintures fines sur fond pourpre damasquiné, et bleu semé de fleurs de lis blanches, représentant des saints ; à l'intérieur, ce sont des anges jouant de divers instruments de musique, tenant des encensoirs et des chandeliers. De petits créneaux se découpent sur le couronnement ; ce genre d'ornement fut employé fréquemment dans le mobilier pendant le XIVe siècle. Voici un ensemble de cette armoire (10) ; nous supposons les volets ouverts, et, comme on peut le remarquer, ces volets sont brisés, c'est-à-dire qu'ils se développent en deux feuilles, afin de ne pas présenter une saillie gênante lorsque l'armoire est ouverte. Les volets sont suspendus à des pentures en fer étamé, et la peinture est exécutée sur une toile marouflée sur le bois. M. Vitet, dans sa *Description de la cathédrale de Noyon*, et M. Didron, dans les *Annales archéologiques*[6], ont donné une description étendue de ce meuble ; nous y renvoyons nos lecteurs, car nous ne pourrions rien ajouter à ce que ces deux savants archéologues en ont dit. Nous joignons à la **fig. 10** une partie coloriée de l'armoire de Noyon (**PL. I**)[7], qui nous dispensera de plus longs détails. Les deux côtés du meuble de Noyon sont décorés de chevrons peints en blanc, alternés avec d'autres chevrons jaunes.

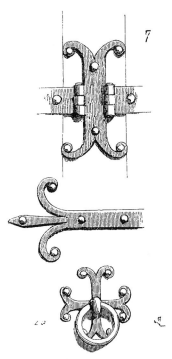

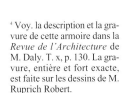

[4] Voy. la description et la gravure de cette armoire dans la *Revue de l'Architecture* de M. Daly. T. x, p. 130. La gravure, entière et fort exacte, est faite sur les dessins de M. Ruprich Robert.

[5] *Hist. somm. de la ville de Bayeux,* par l'abbé Béziers.

[6] T. IV, p. 369.

[7] Ce dessin colorié nous a été communiqué par M. Bœswilwald, architecte.

PL. I.

Décor de l'armoire de Noyon. Voir reproduction dans les pages couleurs.

Le moine Théophile, dans son *Essai sur divers arts,* ouvrage qui date du XIIᵉ siècle, donne la manière de préparer les panneaux, les portes en bois destinés à recevoir de la peinture. Cette méthode paraît avoir été suivie dans la fabrication des deux armoires de Bayeux et de Noyon. Il dit [8] : « …. Que l'on joint d'abord les planches avec soin, pièce à pièce, et à l'aide de l'instrument à joindre dont se servent les tonneliers et les menuisiers (le sergent). On les assujettit au moyen de la colle de fromage…. » L'auteur donne ici la manière de faire cette colle : « …. Les tables assemblées au moyen de cette colle, quand elles sont sèches, adhèrent si solidement, qu'elles ne peuvent être disjointes ni par l'humidité ni par la chaleur. Il faut ensuite les aplanir avec un fer destiné à cet usage. Ce fer, courbe et tranchant à la partie intérieure, est muni de deux manches, afin qu'il puisse être tiré à deux mains. Il sert à raboter les tables, les portes et les écus, jusqu'à ce que ces objets deviennent parfaitement unis. Il faut ensuite les couvrir de cuir, non encore tanné, de cheval, d'âne ou de bœuf. Après l'avoir fait macérer dans l'eau et en avoir raclé les poils, on en exprimera l'excès d'eau : dans cet état d'humidité, on l'appliquera (sur le bois) avec la colle de fromage. » Dans le chapitre XIX, Théophile indique le moyen de couvrir ces panneaux, revêtus de cuir, d'un léger enduit de plâtre cuit, ou de craie ; il a le soin de recommander l'emploi de la toile de lin ou de chanvre, si l'on n'a pas de peau à sa disposition ; puis enfin, au chapitre suivant, il donne les procédés pour peindre ces tables ou portes en rouge, ou de toute autre couleur, avec de l'huile de lin, et de les couvrir d'un vernis.

Le goût pour les meubles plutôt décorés par la peinture que par la sculpture paraît s'être affaibli à la fin du XIVᵉ siècle ; à cette époque, les moulures et les ornements taillés dans le bois prennent de l'importance et finissent par se substituer entièrement à la polychromie. Il faut dire qu'il en était alors de la menuiserie et de l'ébénisterie comme de la construction des édifices ; on aimait à donner à la matière employée la forme qui lui convenait. Les larges panneaux, composés d'ais assemblés à grain d'orge, mais non barrés, emboîtés ou encadrés, exigeaient des bois parfaitement secs, si l'on voulait éviter qu'ils ne vinssent à se voiler ; ils se désassemblaient facilement ou se fendaient, malgré les préparations auxquelles ils étaient soumis et les toiles ou parchemins collés à leur surface. On prit donc, pendant les XIVᵉ et XVᵉ siècles, le parti de ne donner aux panneaux des meubles que la largeur d'une planche, c'est-à-dire de 0,18 à 0,25 centimètres, et d'encadrer ces panneaux afin de les maintenir planes, d'empêcher leur coffinage. Ce fut une véritable révolution dans la menuiserie et l'ébénisterie. La construction et la forme des meubles, soumises à ce nouveau principe, changèrent d'aspect. Les boiseries, comme tous les objets destinés à l'ameublement, au lieu de présenter ces surfaces simples, unies, favorables à la peinture, furent divisées par panneaux de largeur à peu près uniforme, compris entre des cadres, des montants et traverses accusés et saillants. Toutefois, ces pièces principales étaient toujours assemblées carrément ; on ne connaissait ou on n'admettait pas les assemblages d'onglet ; et, en cela, les menuisiers et ébénistes agissaient sagement ; l'assemblage d'onglet étant une des plus fâcheuses innovations dans l'art de la menuiserie, en ce qu'il ne présente jamais la solidité des assemblages à angle droit, et qu'au lieu de maintenir les panneaux il est soumis à leur déformation.

A la fin du XIIIᵉ siècle et au commencement du XIVᵉ, on mariait volontiers cependant la peinture à la sculpture dans les meubles, et le bois sculpté destiné à être peint était parfois couvert de vélin sur lequel on exécutait des gaufrures, des dorures, des sujets et ornements coloriés. Nul doute que, parmi ces grandes armoires qui étaient disposées près des autels, il n'y en eût qui fussent ainsi décorées ; mais c'est surtout dans les palais que ces meubles, sculptés et revêtus de gaufrures et peintures, devaient se rencontrer, car jusqu'au XVᵉ siècle l'armoire, le bahut, la huche étaient à peu près les seuls meubles fermants, d'un usage habituel, chez le riche seigneur comme chez le petit bourgeois.

Les vantaux des armoires présentent rarement, à partir de la fin du XIVᵉ siècle, de ces surfaces unies recouvertes de peinture ; ils se composent de plusieurs panneaux embrevés dans des montants et traverses. Mais, à dater de cette époque, l'art du menuisier et du sculpteur sur bois avait fait de grands progrès ; on ne se contente pas de panneaux simples ; autant pour les renforcer par une plus forte épaisseur vers leur milieu, que pour les décorer, ils présentent, le plus souvent, un ornement en forme de parchemin plié. Tels sont les panneaux du vantail de la petite armoire que nous donnons ici **(11)** [9], fermée par un simple verrou **(12)**. Deux pentures suspendent le vantail ; voici le détail, moitié d'exécution, de l'une d'elles **(13)**. A l'appui de la **fig. 11**, nous donnons diverses combinaisons de ces panneaux figurant des parchemins pliés, si fort en vogue pendant le XVᵉ siècle **(14)**.

La salle du trésor de l'église Saint-Germain-l'Auxer-rois, située au-dessus du porche, contient encore ses armoires, qui datent de la construction de cette partie de l'édifice, c'est-à-dire de la fin du XVe siècle. Ces meubles sont fort bien exécutés, comme toute la menuiserie de cette époque, parfaitement conservés, et garnis de leurs ferrures. Les armoires du trésor de Saint-Germain-l'Auxerrois portent sur un banc (15) dont la tablette se relève. Ici les vantaux sont unis, sans peintures, décorés seulement de jolies pentures en fer plat découpé et d'entrées de serrures posées sur drap rouge ; car alors les ferrures de meubles, n'étant pas entaillées dans le bois comme elles le sont aujourd'hui, s'appliquaient sur des morceaux de cuir ou de drap découpé. La peau ou le drap débordait quelquefois la ferrure par une petite fraise et se voyait à travers les ajours de la serrurerie. Les vis n'étaient pas encore usitées à cette époque ; les pièces de serrurerie sont toujours clouées ; les pointes des clous étaient même souvent rivées à l'intérieur, afin d'éviter qu'on ne pût les arracher ; dès lors, pour pouvoir frapper sur les têtes de clous sans gâter le bois, et pour que les ferrures portassent également sur toute leur surface, l'application d'un corps doux, flexible, entre elles et le bois, était nécessaire ; la présence du drap ou de la peau est donc parfaitement motivée.

Les pentures de l'armoire que nous donnons (fig. 16) sont en tôle épaisse ajourée ; celles des vantaux du

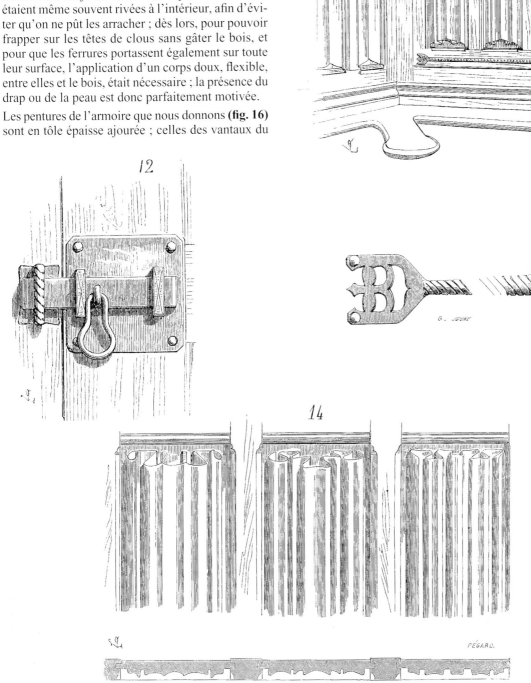

[8] Cap. XVII.

[9] Nous devons ce dessin à l'obligeance de M. Ruprich Robert. Cette armoire est posée à l'angle d'une salle de l'église de Mortain (abbaye blanche), garnie de stalles ; elle était élevée au niveau du siège et se raccordait avec la boiserie formant leur dossier.

15

16

17

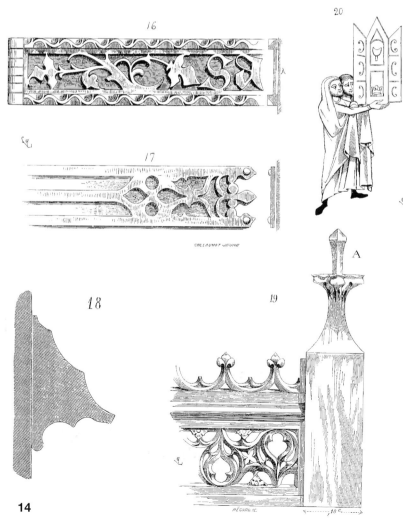

20

18

19

A

GUILLAUMOT JEUNE

GUILLAUMOT JEUNE

PÉGARD SC.

haut (**16**) sont ornées d'inscriptions, *Sancte Vicenti, ora pro nobis* [10], et de feuillages, compris entre deux tringlettes en fer carré décorées par des coups de lime qui composent, par leur alternance, un petit rinceau de tigettes, ainsi que l'indique la coupe A ; celles des vantaux du bas sont simplement ajourées sans tringlettes. Nous donnons (**fig. 17**) l'extrémité de l'une d'elles. La construction de ce meuble est fort simple ; les montants ne sont pas des poteaux carrés, mais des madriers de 0,10 centimètres de face sur 0,05 centimètres d'épaisseur, reliés par des traverses sur lesquelles une moulure (**18**) est clouée. Une frise à jour (**19**) couronne la traverse supérieure entre les têtes des montants. Le banc et les côtés du meuble sont formés de panneaux présentant des parchemins pliés. On remarquera que les montants sont terminés par des bouquets A dont la face antérieure seule est ornée de crochets sculptés aux dépens de l'équarrissage du bois. Ces armoires sont disposées pour la pièce qu'elles occupent ; celle-ci est boisée ainsi que le plafond, dont les nerfs saillants viennent retomber sur des culs-de-lampe sculptés représentant divers personnages.

Généralement, les ferrures des meubles, toujours apparentes, sont étamées ou dorées, forgées avec soin. C'est surtout à partir du XVᵉ siècle que les entrées de serrures des meubles sont richement travaillées, présentent des compositions obtenues au moyen de feuilles de tôle découpées rapportées les unes sur les autres, et formant ainsi des successions de plans qui paraissent fort compliqués, quoique d'une fabrication très-simple (voy. SERRURE).

Il était d'usage aussi, dans les salles de trésor des églises, de placer souvent des armoires bardées de bandes de tôle maintenues avec des clous à tête ronde ; ces bandes de tôle sont posées, passant alternativement l'une sur l'autre, en carrés ou losanges, mais généralement ces meubles sont fort grossiers. On avait également, dans les trésors, de petites armoires portatives destinées à contenir quelques reliques précieuses que l'on transportait, avec le meuble qui les contenait, sur les autels ou les retables à certaines époques de l'année, ou que l'on portait en procession. La miniature dont nous donnons une copie [11] reproduit une de ces petites armoires (**fig. 20**). Elle est complètement dorée et semble contenir une couronne et un calice.

Il ne paraît pas que les armoires affectées aux habitations privées aient eu des formes particulières, et si ce n'est les sujets peints ou sculptés et les écussons armoriés qui les décoraient, leur forme n'avait rien qui les distinguât des meubles analogues placés dans les trésors des églises. Quoi qu'il en soit, l'armoire était le meuble principal de la famille [12], et il est resté tel dans beaucoup de campagnes, où la fille qui se marie apporte toujours son armoire dans la maison de son époux. Il n'y a guère de maison de paysan, en France, qui n'ait son armoire de chêne ou de noyer, et ce meuble se distingue des autres par son luxe relatif. L'armoire est le trésor de la famille du paysan ; il y renferme son linge, l'argenterie qu'il possède, ses papiers de famille, ses épargnes. Ce meuble, qui représente son avoir, est entretenu avec soin, luisant, les ferrures en sont brillantes. Pour que cette tradition se soit aussi bien conservée, il faut que l'armoire ait été, pendant toute la durée du moyen âge, la partie la plus importante du mobilier privé ; aussi les armoires des XVIe et XVIIe siècles ne sont-elles pas rares, et nous ne croyons pas nécessaire d'en donner ici un exemple.

AUTEL, s. m. *Aultier, auter.* Outre les autels fixes, dont nous n'avons pas à nous occuper ici [13], on se servait, pendant le moyen âge, d'autels portatifs. Ces autels étaient transportés pendant les voyages, et, une fois consacrés, permettaient de célébrer la messe en tous lieux. Bede [14], qui vivait au VIIIe siècle, rapporte que les deux Éwaldes offraient, chaque jour, le saint sacrifice de la messe sur une table consacrée qu'ils portaient avec eux. L'ordre romain appelle ces autels des tables de voyage, *tabulas itinerarias.* Il ne paraît pas toutefois que les autels portatifs aient été fort en usage avant les XIe et XIIe siècles, tandis qu'à cette époque ils étaient très-communs. Saint Anselme croit devoir s'élever contre l'abus des autels portatifs [15] : « Je n'en condamne pas l'usage, dit-il, mais je préfère qu'on ne consacre pas des tables d'autels non fixes. »

Les voyages en Terre-Sainte furent cause cependant que l'on fit beaucoup d'autels portatifs pendant les XIIe et XIIIe siècles. Ces autels se composaient d'une table de pierre, de marbre, ou de pierre dure, telle que le jaspe, l'agate, le porphyre, par exemple, enchâssée dans une bordure de cuivre ciselé, doré,

niellé, émaillé, de vermeil ou de bois précieux. On voyait encore, dans certains trésors d'églises cathédrales, avant la révolution, de ces autels portatifs conservés comme objets précieux. Nous avons vu à l'exposition de la société des Arts à Londres, en 1850, un bel autel portatif du XIIIe siècle, faisant partie du cabinet du Rév. docteur Rock [16]. Ce meuble se compose d'une table de jaspe oriental de 0,11 centimètres de largeur sur 0,22 centimètres de longueur environ, enchâssée dans une riche bordure d'argent niellé, et supportée par un socle d'orfèvrerie délicatement travaillé. Les nielles représentent, parmi de beaux rinceaux, un agneau au milieu de deux anges. Aux angles, on voit des demi-figures de rois (PL. II). Il n'est pas besoin de dire que les autels portatifs contenaient toujours des reliques. Ces autels, de forme carrée ou barlongue, étaient ordinairement renfermés dans des coffres en bois ou des étuis de cuir estampé, armoyés aux armes du personnage auquel ils appartenaient, garnis de courroies et de fermoirs [17].

M. le prince Soltykoff possède, dans sa belle collection d'objets du moyen âge, un autel portatif provenant du cabinet Debruge-Duménil, décrit par M. J. Labarte [18]. Cet autel se compose d'une plaque de marbre lumachelle de 0,165 millimètres de longueur sur 0,135 millimètres de largeur, incrustée dans une pièce de bois de 0,03 centimètres d'épaisseur. La table est entourée d'une plaque de cuivre doré, avec clous à têtes plates niellées, percée en haut et en bas pour laisser voir deux petits bas-reliefs en ivoire, l'un représentant un crucifiement avec la Vierge et saint Jean, l'autre la sainte Vierge assise avec deux évêques à droite et à gauche **(fig. 1)**. Deux plaques de cristal de roche, maintenues par une bordure saillante, ornent les deux côtés du cadre de cuivre ; sous ces plaques ont été posées, à la fin du XIIIe siècle, deux petites miniatures représentant des évêques. Sous la table de marbre sont renfermées un grand nombre de reliques dans un morceau de toile de coton. Cet autel portatif date de la première moitié du XIIIe siècle ; les angles du cadre, entre les bas-reliefs et les plaques de cristal, sont décorés de gravures représentant les signes des évangélistes, saint André, saint Pierre, saint Étienne, premier martyr, et saint Laurent. Nous donnons **(fig. 2)** l'un de ces angles grandeur d'exécution. Les bords du meuble sont également décorés de gravures dont la **fig. 3** donne un fragment. Le dessous de l'autel est entièrement revêtu d'une plaque de cuivre couverte par une longue inscription gravée entre des bandes de ce vernis brun foncé que l'on trouve fréquemment appliqué sur les bronzes dorés des XIIe et XIIIe siècles de fabrication rhénane. Cette inscription, transcrite par M. Labarte [19], donne le catalogue des reliques renfermées sous la plaque de marbre. Sous le petit bas-relief de la Vierge, on lit : THIDERICUS. ABBAS. III. DEDIT. Cet autel provient de l'ancienne abbaye de Sayna, près Coblentz.

Quelquefois, mais plus rarement, les autels portatifs étaient en forme de disque. On voit encore, au fond du chœur de la cathédrale de Besançon, enchâssé dans la muraille, un disque de marbre blanc sur lequel divers symboles sont sculptés, et que l'on prétend avoir servi d'autel.

PL. II
Table d'autel portatif.

[10] L'église Saint-Germain-l'Auxerrois fut primitivement dédiée à saint Vincent.

[11] *Man. anc. fond Saint-Germain.* Psalm. Bib. imp. n° 37.

[12] A Roem fist mainte malice (l'archevêque Maugier),
N'i lessa teile ne galice,
Ne croix, ne boen drap en *almaire,*
Ke Maugier ne fist forz traire ;
....
(*Le Roman de Rou,* XIIe siècle, vers 9685 et suiv., 2e partie.)

[13] Voy. le *Dict. rais. de l'Archit. franç.,* au mot AUTEL.

[14] *Histor. Anglor.,* t. V.

[15] Lib. III, Epist. 159.

[16] Cet autel est gravé dans le *Glossaire d'architecture* de M. Parker, Oxford, vol. I, p. 19, et décrit dans le *Journal archéologique,* vol. IV, p. 245. M. le dr Bock a eu l'obligeance de nous laisser dessiner cet autel, que présente notre planche II.

[17] « Un autel beneoit, garny d'argent, dont les bors sont dorez à plusieurs souages, et la pièce dessouz est toute blanche, et la pierre est de diverses couleurs, et aux IIII. parties a IIII. escuçons des armes Pierres d'Avoir, et poise l'argent environ IIII. marcs, et poise en tout IX. marcs I. once. » (*Invent. du duc d'Anjou.*) Voy. dans le *Gloss.* et *Répertoire* par M. le comte de Laborde, Paris, 1853, au mot AUTEL PORTATIF, un curieux catalogue d'autels portatifs extrait de divers inventaires.

[18] *Descript. des obj. d'art qui composent la coll. Debruge-Duménil,* précéd. d'une *Introd. hist.* par Jules Labarte. Paris, 1847, p. 737. M. le prince Soltykoff a bien voulu nous permettre de copier ce précieux meuble.

[19] *Descript. des obj. d'art qui composent la coll. Debruge-Duménil,* précéd. d'une *Introd. hist.,* par Jules Labarte. Paris, 1837, p. 737.

2

3

1

BAHUT, s. m. *Bahu, bahur.* On donna ce nom primitivement à des enveloppes en osier recouvertes de
peau de vache, renfermant un coffre en bois, qui servait, comme nos malles, à transporter des effets
d'habillement et tous les objets nécessaires en voyage. Plus tard le coffre lui-même, avec ses divisions
et tiroirs, prit le nom de bahut. De coffre transportable, le bahut devint un meuble fixe. Il n'était pas
de chambre, au moyen âge, qui n'eût son bahut. On
y renfermait des habits, de l'argent, du linge, des
objets précieux ; il servait, au besoin, de table ou de
banc, et formait, avec l'armoire et le lit, les pièces
principales du mobilier privé des gens riches, comme
des plus humbles particuliers. Dans les dépendances
des églises, telles que sacristies, salles capitulaires,
vestiaires, on plaçait aussi des bahuts. On y serrait
des tentures, les tapisseries, les voiles destinés à la
décoration des chœurs les jours solennels, des parchemins, des chartes, des actes, etc. Cependant le
nom de bahut fut également conservé aux coffres de
voyage jusqu'à la fin du XVᵉ siècle [20].

Le bahut fixe est ordinairement un coffre long posé
sur quatre pieds courts, ou sur le sol, fermé par un
couvercle qui se relève au moyen de pentures ou charnières. Le bahut est muni d'une ou plusieurs serrures,
selon qu'il contient des objets plus ou moins précieux.

Les plus anciens bahuts sont fortement ferrés de
bandes de fer forgées quelquefois avec luxe, le bois
étant recouvert de peau ou de toile peinte marouflée.
Il en est du bahut comme des armoires ; sa forme première est très-simple ; les ferrures, la peinture, ou les
cuirs gaufrés et dorés le décorent ; plus tard, la sculpture orne ses parois et même quelquefois son dessus.
Le marchand qui paye ou reçoit est assis devant son
bahut ouvert ; l'avare couche sur son bahut. On devise en s'asseyant sur le bahut orné de coussins mobiles.
Le bahut est coffre, huche, banc, lit même parfois,
armoire, trésor ; c'est le meuble domestique le plus
usuel du moyen âge. Du temps de Brantôme encore,
à la cour, chez les riches seigneurs, on s'asseyait sur
des coffres ou bahuts, pendant les nombreuses
réunions, comme de nos jours on s'assied sur des
banquettes [21]. L'aspect tant soit peu sévère du bahut
primitif **(fig. 1)** [22] correspondait à celui des armoires,
c'est-à-dire que ces meubles étaient composés d'ais
de bois, décorés seulement d'une simple gravure, de
filets par exemple, comme celui-ci, et de ferrures plus
ou moins riches, destinées à maintenir solidement
les planches entre elles. Le bahut s'élève bientôt sur
quatre pieds, formant des montants dans lesquels les
planches viennent s'embréver **(fig. 2)** [23]. Des ferrures
posées aux angles relient ces montants avec les parois.
La miniature dont nous donnons ci-contre un fac-
simile montre le bahut ouvert, rempli d'argent. Le
personnage déguenillé, assis devant le meuble, en
tire un sac d'écus offert en échange d'un vase d'or
qu'il semble peser de la main gauche, et qu'un second
personnage paraît donner en gage.

Du temps d'Étienne Boileau, c'est-à-dire au XIIIᵉ
siècle, les *huchers* faisaient partie de la corporation
des charpentiers ; c'est assez dire ce qu'étaient ces
meubles d'un usage si général à cette époque [24] ;
l'industrie de l'ébéniste (alors désigné sous le nom

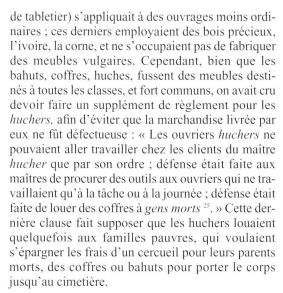

de tabletier) s'appliquait à des ouvrages moins ordinaires ; ces derniers employaient des bois précieux, l'ivoire, la corne, et ne s'occupaient pas de fabriquer des meubles vulgaires. Cependant, bien que les bahuts, coffres, huches, fussent des meubles destinés à toutes les classes, et fort communs, on avait cru devoir faire un supplément de règlement pour les *huchers,* afin d'éviter que la marchandise livrée par eux ne fût défectueuse : « Les ouvriers *huchers* ne pouvaient aller travailler chez les clients du maître *hucher* que par son ordre ; défense était faite aux maîtres de procurer des outils aux ouvriers qui ne travaillaient qu'à la tâche ou à la journée ; défense était faite de louer des coffres à *gens morts* [25]. » Cette dernière clause fait supposer que les huchers louaient quelquefois aux familles pauvres, qui voulaient s'épargner les frais d'un cercueil pour leurs parents morts, des coffres ou bahuts pour porter le corps jusqu'au cimetière.

Mais les bahuts ne conservèrent pas longtemps ce caractère de coffre ferré, verrouillé ; lorsque les intérieurs des appartements reçurent de riches boiseries, des tentures précieuses de tapisserie, de toiles peintes ou de cuir gaufré et doré, ces sortes de meubles en bois uni, recouverts seulement de peau ou de toile, ne pouvaient convenir ; la sculpture s'empara des bahuts, et les *huchers* devinrent des artisans habiles. On renonça aux ais épais et seulement aplanis, pour former les bahuts de panneaux assemblés dans des montants et traverses, et couverts d'ornements, d'emblèmes, de devises, d'armoiries, d'inscriptions ; les pentures et ferrures furent remplacées par des ouvrages de serrurerie moins apparents, mais délicatement travaillés.

Nous donnons ici **(fig. 3)** un beau bahut du commencement du XIVᵉ siècle, qui sert de transition entre le bahut à bois plans recouverts de ferrures et le bahut à panneaux, la huche. Ce bahut, qui appartient à la collection de M. A. Gérente [26], est encore composé d'ais sculptés en plein bois, et non de panneaux embrevés dans des montants. Nous regardons ce meuble comme le plus beau qui nous soit resté de ce siècle ; sa longueur est de 1 m, 38 centimètres, sur 0,65 centimètres de haut et 0,34 centimètres de largeur. C'est probablement un de ces coffres de mariage que l'époux envoyait, rempli de bijoux et d'objets de parure, à l'épousée, la veille des noces. Sa face

antérieure représente les douze pairs couverts de leurs armes ; les costumes de ces personnages ne peuvent laisser de doute sur l'époque précise à laquelle appartient ce meuble (de 1290 à 1310). Tous ces guerriers sont encore vêtus de mailles avec le haubert par-dessus ; leurs épaules sont garnies de spallières carrées ; les heaumes sont en fer battu et affectent la forme conique ou sphérique **(fig. 4)**. Leurs écus armoyés sont pendus à leur côté ou tenus du bras gauche. Ces douze personnages sont placés dans une jolie arcature d'un faible relief à simples biseaux. Dans les écoinçons, des têtes bizarres, des animaux fantastiques sont sculptés en bas-relief. Le côté droit du bahut représente les quatre fils Aymon à cheval ; le côté gauche, un chêne au pied duquel on voit un phallus sur pattes, becqueté par un oiseau. Le dessus du couvercle montre, dans douze quatre-feuilles en bas-relief, des scènes de la vie conjugale et une sorte de harpie touchant de l'orgue à main, à côté d'un homme jouant de la cornemuse **(fig. 5)**. La ferrure de ce meuble, autrefois peint, est fort belle ; la **fig. 4** donne l'entrée de la serrure, et la **fig. 6** une des pentures. Mais la façon dont le couvercle du bahut roule sur ses charnières mérite d'être mentionnée ; les deux montants de derrière forment charnière à leur extrémité **(fig. 6 bis)**, et reçoivent une fiche ou plutôt un boulon sur lequel roule le couvercle. Afin d'éviter que le contre-coup de ce couvercle ne vienne à fatiguer les charnières de bois lorsqu'on le laisse retomber, deux bouts de chaîne A, attachés à un piton et à

[20] Pendant son voyage en Portugal, J. de Lalain porte avec lui des coffres *bahuts,* brodés à ses armes. (*Choix de chron.,* édit. Buchon, p. 664.)

[21] Voy. les *Vies des Hommes et Femmes illustres ;* Brantôme.

[22] Ce bahut provient de l'église de Brampton (Northamptonshire), et paraît dater des dernières années du XIIᵉ siècle. Nous le choisissons entre beaucoup d'autres, parce qu'il conserve encore la forme primitive du coffre de voyage. A cette époque, d'ailleurs, la différence entre les meubles anglo-normands et les meubles français n'est pas sensible.

[23] Miniat. du man. de la Bib. impér., Anc. T. St.-G., nᵒ 37. *Psalm.* XIIIᵉ siècle.

[24] *Regist. des Métiers et Marchandises ;* le *Liv. des Mét.* d'Étienne Boileau, publié par G. B. Depping, 1837.

[25] Ibid. *Ordonn. relat. aux métiers de Paris,* titre XIII, 1250.

[26] Ce meuble fait partie du cabinet de M. A. Gérente, qui a bien voulu nous le laisser dessiner.

l'extrémité de la penture, arrêtent les deux angles postérieurs de l'abattant. Ces chaînes ont encore pour effet d'empêcher de forcer le meuble en brisant les charnières ou en enlevant les fiches. Ce couvercle, à gorge sur les côtés, tombe dans une feuillure garnie de goujons B qui arrêtent tout mouvement de va-et-vient, et maintiennent la gorge parfaitement fixe dans sa feuillure. Les ais du coffre sont fortement maintenus par des membrures intérieures, et on observera que le couvercle n'est pas plan, mais forme deux pentes s'inclinant légèrement à droite et à gauche (voy. **fig. 3**), ce qui donne au meuble un caractère de solidité particulier ; le couvercle est maintenu ouvert au moyen d'une chaîne intérieure. Quoique large, et même parfois grossière, la sculpture de ce bahut est d'un beau style.

A ce sujet, nous remarquerons que, dans les meubles antérieurs au XIVᵉ siècle encore existants, le style paraît préoccuper les fabricants plutôt que l'exécution. Il semblerait que, jusqu'à cette époque, les artistes, les maîtres prenaient la peine de donner les éléments de ces objets destinés à l'usage journalier, tandis que plus tard, et jusqu'à la renaissance, l'exécution l'emporta sur la composition et le style ; les meubles, parfaits comme travail, perdirent cet aspect monumental, simple, qui, dans les belles époques de l'art, se retrouve jusque dans les objets les plus vulgaires de la vie domestique.

Au XIVᵉ siècle, on plaçait des bahuts servant de bancs dans presque toutes les pièces des appartements. Mais il en était un plus riche que les autres, mieux fermé, auquel on donnait de préférence le nom de huche, et qui était destiné à contenir les bijoux, l'argent et les objets les plus précieux du maître ou de la maîtresse de la maison. Duguesclin ne se fait pas scrupule d'enfoncer la huche de sa mère pour avoir de l'argent à distribuer à ses compagnons :

« Quant argent i faloit, et petit argent a,
En la chambre sa mère, privéement entra,

²⁷ *Chron. de Duguesclin,* vers 657 et suiv.

²⁸ Les exemples de ces sortes de meubles se rencontrent si fréquemment dans les collections publiques ou particulières, que nous ne croyons pas nécessaire d'en donner ici ; nous renverrons nos lecteurs aux ouvrages qui ont reproduit ces meubles.

²⁹ *Hist. de saint Jean-Baptiste.*

³⁰ *Relat. de ce qui s'est passé à la mort du maréchal d'Ancre.* Journ. de Pierre Dupuy, 1659. Leide, Elzevier.

³¹ Livre V.

³² …. Et erat ante eos *scamnum* pane desuper plenum, cum diversis ferculis….

³³ Ibid., liv. IX.

Une huche rompi, ou escrin trouva
Ou les joiaux sa mère, sachiez (cachés) estoient là,
Et argent et or fin que la dame garda.
Bertrand mist tout à fin, à ses gens en donna ;
Et quant la dame sceut comment Bertran ouvra
A démenter se prist, son argent regreta ²⁷. »

Au XVᵉ siècle, la menuiserie fut traitée d'une manière remarquable comme construction et exécution ; les bahuts, ou plutôt les huches, se couvrirent de riches panneaux présentant de ces arcatures et combinaisons de courbes si fréquentes à cette époque ²⁸, ou des simulacres de parchemins pliés. Voici un exemple **(fig. 7)** d'un de ces bahuts servant de table, copié sur l'un des petits bas-reliefs qui décorent les soubassements de la clôture du chœur de la cathédrale d'Amiens ²⁹. Le personnage est assis sur un de ces pliants *faudesteuils,* fort en usage pendant le XVᵉ siècle et le commencement du XVIᵉ.

Lorsque des habitudes de *comfort* se furent introduites dans l'ameublement, les bahuts servant de bancs furent souvent garnis d'appuis, de dossiers et même de dais (voy. BANC) ; leur abattant fut couvert de coussins ou de tapis mobiles, au lieu de ces toiles peintes ou cuirs gaufrés collés sur leur surface.

Pendant les XVIᵉ et XVIIᵉ siècles, le bahut fit encore partie du mobilier domestique, et il en existe un grand nombre qui datent de cette époque. Au Louvre, sous Louis XIII, les salles des gardes étaient encore garnies de coffres ou bahuts qui servaient de bancs. Lorsque Vitry attend le maréchal d'Ancre, « il demeura longtemps dans la salle des Suisses, assis sur un coffre, ne faisant semblant de rien ³⁰. »

Aujourd'hui, la huche du paysan, qui sert à faire le pain, et les banquettes-coffres de nos antichambres, sont un dernier souvenir de ce meuble du moyen âge.

BANC, s. m. Meuble composé d'une planche assemblée dans deux montants servant de pied. Dans les premiers siècles de la monarchie française, le banc était autant une table qu'un siège. « J'arrive, dit Grégoire de Tours ³¹, mandé par Chilpéric ; le roi était debout, près d'un pavillon formé de branches d'arbres. A sa droite était l'évêque Bertrand ; à sa gauche, Raguemod. Devant eux un *banc* ³² chargé de pain et de mets divers…. »

Il était d'usage de couvrir de tapis les bancs posés autour des salles, du temps de Grégoire de Tours. « Waddon arrive, entre aussitôt dans la maison, et dit : "Pourquoi ces bancs ne sont-ils pas couverts de tapis ? Pourquoi cette maison n'est-elle pas balayée ?… ³³" » Lorsque Robert, duc de Normandie, entreprend d'aller en pèlerinage à Jérusalem, passant à Constantinople il est admis, avec les Normands de sa suite, à une audience de l'empereur d'Orient. La salle dans laquelle les seigneurs normands sont reçus était dépourvue de sièges ; ceux-ci se dépouillent de leurs manteaux, les jettent à terre, s'asseyent dessus et dédaignent de les reprendre en partant. Le duc répond au Grec qui veut lui rattacher son manteau :

« Jo ne port pas mun banc od mei. »

....

« Pur la noblesce des Normanz,
Ki de lur manteals firent bancz,
Fist l'Emperor el paleiz faire
Bancz à siege envirun l'aire ;
Ainz à cel tems à terre séeient,
Ki el paleiz séer voleient [34]. »

A Constantinople, l'usage des sièges était donc inconnu au XIᵉ siècle, et les Grecs s'asseyaient à terre sur des tapis, comme les Orientaux de nos jours. Par courtoisie, l'empereur fait faire des bancs autour de la salle du palais, afin que les Normands puissent s'asseoir conformément à leurs habitudes, pendant leur séjour à Byzance.

Guillaume, duc de Normandie, apprend la mort d'Édouard et le couronnement d'Harold, étant à la chasse ; il devient pensif, rentre dans son palais, et :

Al chief d'un banc s'est acotez,
D'ores en altre s'est tornez,
De sun mantel covri sun vis,
Sor un pecol (appui), sun chief a mis ;
Issi pensa li Dus grant pose,
Ke l'en parler à li n'en ose [35].

Les bancs étaient donc munis d'appuis au XIᵉ siècle ; ces appuis n'étaient que la prolongation des deux montants servant de pieds, avec une barre pour dossier (fig. 1) [36]. Dans les églises, dès l'époque romane, on faisait habituellement régner une assise de pierre saillante à l'intérieur des bas-côtés ou chapelles formant un banc continu. Cet usage se perpétua pendant la période ogivale, car alors on n'établissait pas, comme aujourd'hui, des bancs en menuiserie ou des chaises pour les fidèles. Mais dans les dépendances des églises, dans les salles capitulaires, les bibliothèques et les sacristies, on plaçait des bancs en bois ; les bahuts (voy. ce mot) en tenaient souvent lieu. Ces bancs furent alors garnis d'appuis, de dossiers et même de dais. Ils étaient d'une forme très-simple jusqu'au XIVᵉ siècle, composés de forts madriers, ornés seulement de quelques gravures. Nous avons encore vu des débris de bancs de ce genre, qui paraissent dater du commencement du XIIIᵉ siècle, dans des salles voisines des églises pauvres dont le mobilier n'avait pas été renouvelé (fig. 2).

Dans les habitations, les bancs étaient recouverts de coussins ou d'une étoffe rembourrée non fixée après la tablette. Les montants latéraux étaient souvent ornés de sculpture, et se recourbaient pour offrir un appui plus commode (fig. 3) [37]. Si l'on s'en rapporte aux vignettes des manuscrits, aux peintures et descriptions, les bois de ces meubles étaient rehaussés de couleurs, de dorures, d'incrustations d'or, d'argent et d'ivoire [38]. Au XIIIᵉ siècle, on ne se contenta pas de tablettes assemblées dans des montants. Les bancs affectèrent souvent la forme d'un coffre long, c'est-à-dire que le devant fut garni de planches ornées d'ajours, d'arcatures et de peintures.

Voici deux exemples de ces sortes de bancs tirés d'un manuscrit (fig. 4) [39] ; le dessus de ces sièges se relevait, et, étant fermé par une serrure, permettait de serrer des objets. Pendant les XIVᵉ et XVᵉ siècles, les bancs, comme tous les autres meubles domestiques, furent décorés de riches étoffes, de cuirs dorés et gaufrés, ou de tapisseries. « Le duc de Bourgogne fut en celle journée assis sur un banc paré de tapis, de carreaux et de palles ; et fut environné de sa noblesse et accompaigné et adextré de son conseil qui estoyent derrière la perche (le dossier) du banc, tous en pié, et prests pour conseiller le duc si besoing en avoit, et dont les plus prochains de sa personne furent le chancelier et le premier chambellan ; et ceux-là estoyent au plus près du prince, l'un à dextre et l'autre à sénestre [40]. »

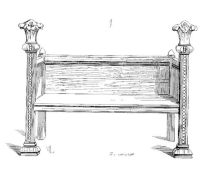

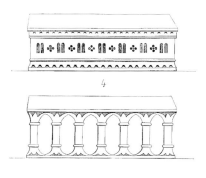

Pendant les XVᵉ et XVIᵉ siècles, beaucoup de familles nobles firent construire des chapelles particulières attenant aux églises. L'intérieur de ces chapelles était meublé comme un oratoire privé ; les murs étaient garnis de bancs en bois à dossier ; on y plaçait des prie-Dieu, des pupitres, des tapis, des carreaux, etc. Voici un banc (fig. 5) provenant d'une de ces chapelles. Ce meuble appartient aux premières années du XVIᵉ siècle, et est encore déposé dans l'église de Flavigny ; il est garni de son dossier, et surmonté d'un dais en bois sculpté. La tablette du banc devait recevoir des carreaux de tapisserie et d'étoffe ; ce dont on ne peut douter, les traces des attaches de cette garniture étant encore visibles, et les petites bases des pilastres s'arrêtant au point où elle était fixée. Dans les châteaux, les vestibules, les salles des gardes, les pièces destinées aux réceptions étaient entourées de bancs plus ou moins somptueux, soit comme sculpture, soit comme garniture, en raison de la richesse des propriétaires. Chez les bourgeois, la salle, c'est-à-dire la pièce où l'on admettait les étrangers, était également entourée de bancs qui servaient en même temps de coffres ; les uns n'étaient que des coffres, les autres étaient munis de marches en avant et de coussins. On trouve dans

[34] Le roman de Rou, 1ʳᵉ partie, vers 8273 et suiv.

[35] Le Roman de Rou, IIᵉ partie, vers 1109 et suiv.

[36] Man. de Saint-Cuthbert. University college Library, Oxford. Voir d'autres exemples donnés dans Some Account of domestic Architecture in Engl., T. Hudson Turner. — H. Parker, Oxford, 1851.

[37] Tapisserie de Bayeux.

[38] « Déjoste lui les assist sor un banc
Qu'iert entailléz à or et à argent... »
(Rom. de Guill. d'Orange ; prise d'Orange.)

[39] Ces deux exemples sont tirés d'un manuscrit de l'Apocalypse appartenant à M. B. Delessert (XIIIᵉ siècle).

[40] Mém. d'Olivier de la Marche ; conférences au sujet du Luxembourg, p. 398. Édit. Buchon.

l'inventaire d'un certain Jean Rebours, garde du scel de l'archevêché de Sens et curé d'Ervy, dressé en 1399, parmi les meubles, « une aumoire de bois à trois étages doubles, un banc, un banc à marche, deux banchiers (couvertures de bancs) ». [41]

BERCEAU, s. m. *Bers.* Les berceaux d'enfant, les plus anciens et les plus simples, figurés dans des manuscrits des IXe et Xe siècles, paraissent être formés d'un morceau de tronc d'arbre creusé, avec de petits trous sur les bords, pour passer des bandelettes destinées à empêcher le marmot de se mouvoir. La convexité naturelle du bois à l'extérieur permettait à la nourrice de bercer l'enfant [42]. Quelquefois les berceaux ne sont que des paniers d'osier, dans lesquels on déposait les enfants, soigneusement entourés de bandelettes **(fig. 1)** [43]. Plus tard, on trouve un grand nombre d'exemples de berceaux qui sont façonnés comme de petits lits posés sur deux morceaux de bois courbes **(fig. 2)**. On ne rencontre guère d'exemples de berceaux suspendus au-dessus du sol sur deux montants, que dans les manuscrits ou bas-reliefs du XVe siècle ; alors ces montants sont fixes, et le berceau se meut au moyen de deux tourillons **(fig. 3)**. Les enfants représentés dans les berceaux ou entre les bras de leurs nourrices, jusqu'au XVIe siècle, ont toujours le corps et les bras soigneusement emmaillotés et entourés de bandelettes ; la tête seule reste libre. Cet usage s'est conservé en Orient et dans le sud de l'Italie, et il ne paraît pas que le développement physique des enfants ait à en souffrir.

Nous n'avons pas vu, dans les manuscrits, peintures ou bas-reliefs, que les berceaux des enfants fussent munis de rideaux jusques au XVIe siècle. Il est vrai que les lits des grandes personnes étaient fort vastes, entourés presque toujours d'amples courtines, et que la nuit le berceau de l'enfant était mis à l'abri derrière ces courtines, qui enveloppaient ainsi toute la famille comme sous une tente commune.

BUFFET, s. m. On entendait par ce mot, pendant le moyen âge, la chambre où l'on renfermait la vaisselle, des objets précieux tels que vases, bijoux, curiosités ; on donna aussi, pendant les XIVe et XVe siècles, le nom de buffet au meuble que l'on plaçait, pendant les repas de cérémonie, au milieu de l'espace réservé entre les tables en fer à cheval, et sur lequel on rangeait des pièces d'orfèvrerie, des épices et confitures, comme sur des gradins. Le dressoir est un meuble servant au même usage, mais ordinairement appliqué contre le mur ; tandis que le buffet est isolé, on tourne autour, il pare le centre de la salle du festin. C'est surtout pendant le XVe siècle, alors que le luxe intérieur atteignit des proportions extravagantes, que les buffets furent en grand usage. A cette époque, le mot *buffet* indique non-seulement le meuble, mais tous les objets dont on le couvre ; on dit buffet pour exprimer l'ensemble de ces décorations de fêtes. Aux entrées de souverains, d'ambassadeurs, on offre un buffet, c'est-à-dire qu'on donne au personnage auquel on veut faire honneur un amas de vaisselle d'argent ou de vermeil contenant des rafraîchissements ; et, dans ce cas, le meuble et ce qu'il porte appartient audit personnage.

C'est au buffet, dans les repas d'apparat, que viennent les chevaliers, écuyers ayant la charge de servir les souverains, pour prendre les plats qui doivent être distribués sur les tables. « En celle salle avoit trois tables drécées, dont l'une fut au bout de dessus…. Celle table étoit plus haute que les autres, et y montoit on à marches de degrés…. Aux deux costés de ladite salle, tirant du long, furent les autres deux tables drécées, moult belles et moult longues ; et au milieu de ladite salle avoit un haut et riche buffet, faict à manière d'une lozange. Le dessouz dudict buffet estoit clos à manière d'une lice, et tout tapicé et tendu des armes de Monsieur le Duc ; et delà en avant commençoyent marches et degrez chargés de vaisselle, dont par le plus bas estoit la plus grosse, et par le plus haut estoit la plus riche et la plus mignote ; c'est-à-sçavoir par le bas la grosse vaisselle d'argent dorée, et par l'amont estoit la vaisselle d'or, garnie de pierrerie, dont il y avoit à très grand nombre. Audessus dudict buffet avoit une riche coupe garnie de pierrerie, et par les quarrés dudict buffet avoit grandes cornes de licornes toutes entières, moult grandes et moult belles ; et de toute la vaisselle de la pareure dudict buffet ne fut servi pour ce jour, mais avoyent autre vaisselle d'argent, de pots et de tasses, dont la salle et les chambres furent servies ce jour [44]. » C'est là un buffet d'apparat, destiné à récréer la vue pendant le repas.

Voici le buffet d'usage. « Au regard du service, Madame la nouvelle duchesse fut servie d'eschançon et d'escuyer tranchant, et de pannetier, tous Anglois, tous chevaliers, et gens de grande maison ; et l'huissier de salle cria : "Chevaliers, à la viande !" Et ainsi ala-on au buffet la viande quérir ; et autour du buffet marchoyent tous les parents de Monsieur, et tous les chevaliers tant de l'ordre que de grandmaison, tous deux à deux, après les trompettes, devant la viande…. [45] »

Le buffet, au moyen âge, n'était donc pas, à proprement parler, un meuble, mais une sorte d'échafaudage dressé pour une cérémonie ; il n'était décoré que par les étoffes dont il était tapissé et surtout par les objets de prix qu'il supportait (voy. DRESSOIR).

Buffet s'entend aussi comme *soufflet* (voy. au *Dictionnaire des Ustensiles* le mot BUFFET).

BUSTAIL, s. m. Vieux mot qui signifie *bois de lit* (voy. LIT).

CABINET, s. m. Au XVIᵉ siècle, on donna ce nom à une armoire montée sur quatre pieds, fermée par deux vantaux, et remplie de petits tiroirs. Ce meuble est particulièrement en usage pendant le XVIIᵉ siècle. On y serrait des bijoux, des objets précieux ; c'est le *bahut* du moyen âge, dressé sur quatre pieds, ainsi que le fait remarquer judicieusement M. le comte de Laborde [46] (voy. BAHUT).

CASIER, s. m. Sorte de garde-manger en forme de huche (voy. HUCHE).

CHAALIT, s. m. Vieux mot employé pour *bois de lit* (voy. LIT).

CHAISE, s. f. *Chaire, chaière, forme, fourme.* siège garni de bras et dossier, quelquefois de dais pendant les XIVᵉ et XVᵉ siècles. Nous comprenons dans cet article tous les sièges, meubles, et même les trônes, en bois ou en métal, sauf les sièges pliants, *faudesteuils* (voyez ce mot). Quant aux chaires en marbre et en pierre, nous les considérons comme immeubles, et nous renvoyons nos lecteurs au *Dictionnaire d'Architecture,* dans lequel ces objets sont décrits.

Il semble que, dès les premiers temps du moyen âge, on ait voulu donner aux sièges une élégance et une richesse particulières ; il est à remarquer que, plus les meubles se rattachent à l'usage personnel, et plus ils sont traités avec luxe. Les vêtements étant fort riches, on comprendra ce besoin de mettre en harmonie avec eux les meubles destinés, pour ainsi dire, à les compléter. Si un personnage, vêtu de couleurs éclatantes et d'étoffes précieuses, s'assied dans une chaire grossière, comme matière et comme travail, la disparate sera trop choquante. On ne sera donc pas étonné si les exemples de sièges que nous donnons ici sont, relativement aux autres meubles, d'une richesse remarquable.

Les chaires étaient déjà fort anciennement incrustées d'or, d'ivoire, d'argent, de cuivre, composées de marqueterie, recouvertes d'étoffes brillantes, non point, comme cela se pratique de nos jours, par des tissus cloués, rembourrés et fixes, mais par des coussins et des tapis mobiles, attachés par des courroies, ou jetés sur le bois. Ces sortes de meubles étaient rares d'ailleurs ; dans la pièce principale de l'appartement, il n'y avait, la plupart du temps, qu'une seule chaire, place d'honneur, réservée au seigneur, au chef de la famille ou à l'étranger de distinction que l'on recevait. Autour de la pièce, on ne trouvait pour s'asseoir que des bancs, des bahuts, des escabeaux, de petits pliants, ou même parfois des coussins posés sur le carreau. Dans les chambres à coucher, il y avait aussi une seule chaire et des bancs ; de même dans la salle où l'on mangeait. La chaire ou chaise est toujours le *trône* du maître ou de la maîtresse ; cet usage était d'accord avec les mœurs féodales. Si le chef de la famille recevait des inférieurs, il s'asseyait dans sa chaire, et les laissait debout ou les faisait asseoir sur des sièges plus bas et souvent sans dossiers ; s'il recevait un supérieur dans l'ordre féodal, ou un égal auquel il voulait faire honneur, il lui cédait la chaire. Toutefois, si ces meubles sont riches par la matière et le travail, ils sont simples de forme pendant les premiers siècles du moyen âge, se composent de montants, de traverses et de tablettes pour s'asseoir, ou parfois de sangles sur lesquelles on jetait un gros coussin enveloppé de cuir gaufré ou d'étoffe précieuse.

Dans les premiers siècles, des chaires avec dossiers hauts sont peu communes ; cependant des vignettes de manuscrits des IXᵉ, Xᵉ et XIᵉ siècles en laissent voir quelques-uns **(fig. 1)** [47] ; mais ils paraissent être des sièges d'honneur, des trônes réservés pour de grands personnages. Il arrivait d'ailleurs que des sièges sans

[41] *Voyage paléog. dans le départ. de l'Aube,* par H. D'Arbois de Jubainville, 1855.

[42] Les paysans grecs se servent encore aujourd'hui de berceaux ainsi façonnés.

[43] Manusc. latin, IXᵉ siècle. *Astronom.,* f. St-G., n° 434. Bib. impér. Il faut remarquer toutefois que, dans cette vignette, qui représente la naissance du Sauveur, le berceau est une crèche plutôt qu'un meuble d'un usage habituel.

[44] *Mém. d'Oliv. de la Marche.* Mariage du duc Charles de Bourg. avec Mad. Marg. d'Yorck. Édit. Buchon, p. 542, date 1474.

[45] Ibid.

[46] *Gloss. et Répert.,* IIᵉ partie. Paris, 1853.

[47] Manusc. IXᵉ siècle, n° 6-2, Bib. imp.

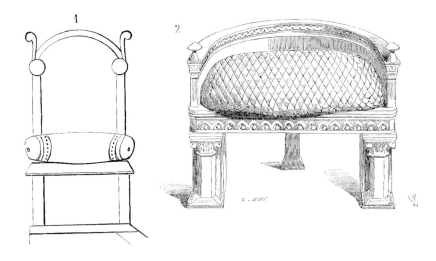

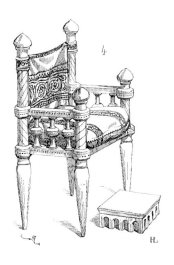

dossiers étaient appuyés contre la muraille, laquelle alors était tapissée au-dessus d'eux. Souvent les chaires étaient garnies de bras ou d'appuis et le dossier ne dépassait pas la hauteur des bras latéraux, ainsi que le fait voir la **fig. 2** [48]. Ces dossiers à même hauteur que les bras étaient généralement circulaires et enveloppaient les reins, comme la chaise antique. Mais cependant, jusqu'au XIIIe siècle, les chaires de forme carrée étaient parfois dépourvues de dossiers élevés, ainsi que le fait voir l'exemple **(fig. 3)** tiré de la collection de M. le prince Soltykoff. Cette pièce d'orfèvrerie est en cuivre émaillé, fabrication de Limoges, et date des premières années du XIIIe siècle. Les quatre montants, dépassant les bras et le dossier, sont garnis de pommes sur lesquelles on s'appuyait pour se soulever. Ces pommes étaient généralement riches, soit comme travail, soit comme matière, en ivoire, en cristal de roche, en cuivre émaillé ou doré.

Dès le XIIe siècle, on employait très-fréquemment les bois tournés dans la fabrication des chaires ; non-seulement les bois tournés entraient dans la composition des montants, mais ils servaient encore à garnir les dossiers, l'intervalle laissé entre la tablette et les bras **(fig. 4)** [49]. Parfois les montants postérieurs, en s'élevant au-dessus des montants antérieurs et dépassant les bras, ne servaient qu'à maintenir des courroies ou sangles sur lesquelles on jetait un morceau d'étoffe, ainsi que le fait voir la **fig. 4**. La chaire était presque toujours accompagnée d'un marchepied fixé au meuble ou libre, afin de laisser dominer le personnage assis, surtout lorsque ce meuble était destiné à un cérémonial, et que sa tablette, recouverte d'un épais coussin, se trouvait assez élevée au-dessus du sol.

Les quelques exemples que nous venons de donner indiquent déjà une assez grande variété dans la composition des chaires, et nous ne nous occupons que de celles qui sont mobiles, ne tenant pas à un ensemble de sièges comme les stalles, *formes* et autres meubles dépendant du mobilier fixe des églises. [50] Parmi ces exemples, les uns paraissent conserver les traditions du mobilier antique, comme la **fig. 2** par exemple, les autres affectent des formes plus ou moins originales ; mais il ne faut pas oublier que, jusqu'à la fin du XIIe siècle, l'influence de l'antiquité, ou plutôt du Bas-Empire, laisse de profondes traces dans la disposition et la forme des vêtements ; les meubles usuels subissent naturellement cette même influence.

Au XIIIe siècle, la modification dans le costume est sensible ; elle existe également dans le mobilier. Nous voyons alors paraître des formes sinon neuves, au moins empruntées à d'autres sources que celle de la tradition antique romaine. Deux causes amènent ces changements, les voyages en Orient et les modifications notables apportées dans la coupe et la composition des vêtements. On remarquera que les chaires antérieures au XIIIe siècle sont assez étroites entre bras ; c'est qu'en effet, jusqu'alors, bien que les vêtements fussent amples, ils étaient faits d'étoffes souples, fines, et leurs nombreux plis se collaient au corps. Mais au XIIIe siècle on se vêtit d'étoffes plus roides, doublées de fourrures ou de tissus assez épais, on fit usage des velours, des brocards qui forment des plis larges ; les vêtements se collaient moins au corps, ils tenaient plus de place, produisaient des plis amples et très-marqués ; il fallut élargir les sièges et leur donner des formes plus en rapport avec ces nouveaux habits, afin qu'ils ne fussent pas froissés, et que les plis pussent conserver leur jet naturel. Ainsi, nous voyons ici **(fig. 5)** un roi assis dans une chaire longue et étroite [51] et le vêtement du personnage, quoique très-ample, dessine la forme du corps ; il est fait d'une étoffe souple qui n'avait rien à craindre du froissement, et pouvait, sans gêner le personnage, tenir avec lui dans un espace assez resserré.

Nous venons de dire que l'Orient eut une influence sur les meubles usuels vers le commencement du XIIIe siècle. En effet, à cette époque, on voit dans les peintures, bas-reliefs et manuscrits, des chaires figurées qui rappellent certaines formes encore usitées dans l'Inde, en Perse et en Égypte. Telles sont les deux chaires représentées dans les deux **figures 6 et 7** [52]. Ces deux chaires, dont l'une est dépourvue de bras et l'autre munie, ont leurs montants et dossiers en bois tournés ; toutes deux sont des sièges d'honneur, des trônes, et les six montants de la première sont posés sur des lions, genre de support très-fréquent pour ces sortes de sièges. Ces meubles n'étaient guère transportables ; ils occupaient une place fixe dans la pièce où ils se trouvaient. Ils sont largement ouverts, et permettaient au personnage assis de se mouvoir à droite et à gauche sans être gêné par le froissement des vêtements. Des coussins garnissaient la tablette. Les dossiers ne sont ici que des galeries à jour, assez peu élevées pour ne pas masquer les personnages assis ; ces meubles n'étaient point adossés, mais occupaient un espace libre au milieu d'une pièce ; on circulait autour, et le personnage séant pouvait voir une nombreuse assemblée dont quelques membres se tenaient à ses côtés et derrière lui. Ce sont là des chaires de seigneurs féodaux placées dans la salle publique destinée aux assemblées ; ce sont de véritables trônes.

En Italie et dans le midi de la France, les sièges d'honneur de forme polygonale avec bras et dossiers étaient aussi fort en usage, et prennent des développements considérables ; nous citerons entre autres le trône sur lequel est assis Jésus-Christ dans une des peintures des voûtes de la petite chapelle de Saint-Antonin aux Jacobins de Toulouse **(fig. 7 *bis*)**. Ce siège est très-vaste, ses formes sont compliquées, et il permettait de se placer dans toutes sortes de postures.

Quant aux chaires des appartements privés, elles étaient plus généralement garnies de dossiers élevés. C'est ainsi qu'est figuré le siège sur lequel David est assis à côté de Bethsabée, à la porte de droite du portail de la cathédrale d'Auxerre **(fig. 8)** [XIIIe siècle]. Ce beau meuble se rapproche des formes actuelles, et déjà il est enrichi de sculptures plates qui se mêlent aux bois tournés. Nous donnons **(fig. 9)** le dossier de la chaire de David, sur lequel la sculpture est prodiguée, mais de façon à ne pas offrir de ces aspérités gênantes sur un meuble destiné à l'usage ordinaire.

Il ne faudrait pas croire cependant que les bois tournés fussent uniformément adoptés dans la construction des chaires du XIIIe siècle, car aucune époque ne présente une aussi grande variété de sièges, soit comme forme, soit comme matière ou comme sys-

[48] Ivoire, couverture de manus. moul., coll. de M. A. Gérente ; XIIe siècle. Nous avons enlevé la figure de la sainte Vierge assise sur cette chaire, afin d'en mieux faire comprendre l'ensemble.

[49] Du linteau de la porte de droite de l'église Saint-Lazare d'Avallon, XIIe siècle.

[50] Nous renvoyons nos lecteurs au *Dict. d'archit.,* pour ces objets que nous considérons comme immeubles, aux mots CHAIRE, STALLE.

[51] Vitrail de la cathéd. de Bourges. Comm. du XIIIe siècle.

[52] Du manusc. de la Bib. imp. Anc. f. S.-G., n° 37 ; XIIIe siècle. Nous avons donné à ces copies de meubles une apparence réelle que les vignettes ne présentent que grossièrement ; mais leur forme est parfaitement indiquée d'ailleurs.

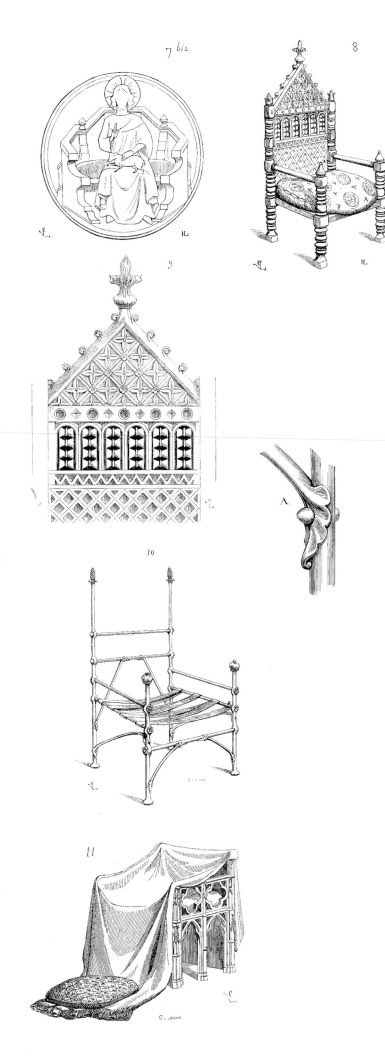

tème de construction. Nous venons de voir des chaires qui affectent des dispositions particulières, telles que celles représentées **fig. 6 et 7**, qui sont, pour ainsi dire, de petites estrades entourées de galeries pour servir d'appui ou de dossier ; d'autres **(fig. 8)** qui rentrent dans les formes en usage encore aujourd'hui. Mais ces meubles sont en bois ; or, pendant le moyen âge, on fabriquait volontiers des sièges en métal, fer ou bronze, que l'on recouvrait de tapisseries. Sans parler des pliants (*faudesteuils*), tels que le trône dit *de Dagobert,* qui est en bronze, et tant d'autres que l'on rencontre encore dans nos églises, et qui sont en fer, il existait aussi des chaires en métal. Nous en avons rencontré souvent des débris jetés parmi les vieux meubles hors de service des cathédrales, et les miniatures des manuscrits ou les bas-reliefs nous en présentent souvent des exemples. Nous essayerons de réunir ces divers renseignements de façon à donner un modèle assez complet de ces chaires en fer, qui, du reste, étaient fort simples, que l'on établissait évidemment dans le but d'obtenir des meubles légers, facilement transportables, n'étant décorés que par la dorure appliquée sur le métal et les tapisseries dont on les couvrait **(fig. 10)**. Afin de mieux faire comprendre la construction de ce meuble, nous supposons les tapisseries enlevées, et nous n'avons figuré que les sangles destinées à supporter le coussin ; la figure A donne l'assemblage, moitié d'exécution, des petites écharpes avec les montants et traverses.

On remarquera que tous ces meubles ne rappellent pas, dans leur composition, les formes adoptées dans l'architecture. Ce n'est guère qu'à la fin du XIIIᵉ siècle que l'on introduisit des détails d'ornementation empruntés à cet art dans la composition des meubles, en oubliant trop souvent cette règle si sage, conforme au bon goût, qui veut que la matière et l'usage commandent la forme, que chaque objet soit décoré en raison de sa destination. Cet empiétement des détails de l'architecture dans le mobilier produisit cependant des œuvres dont il faut reconnaître le mérite d'exécution et de composition ; d'autant plus que l'on trouve encore, malgré l'oubli du principe, une simplicité pleine de grâce dans ces premiers écarts, et un emploi aussi judicieux que possible de ces formes déplacées. La jolie chaire en pierre de Tonnerre qui existe au musée de Cluny est un chef-d'œuvre en ce genre ; elle sert de siège à une Vierge, et figure évidemment un meuble en bois de la fin du XIIIᵉ siècle **(fig. 11)**. Outre le coussin, une draperie est jetée sur le dossier et les bras de ce siège ; cette draperie descend jusqu'à terre et se termine par une frange ; le coussin servant de marchepied est posé sur le bas de la draperie. Nous donnons **(fig. 12)** le côté de cette chaire, moitié d'exécution. Ce meuble devait être exécuté en bois ; il était certainement peint et doré, comme toutes les boiseries de ce temps.

Bientôt on ne se contenta pas de dossiers bas ; on les éleva beaucoup au-dessus de la tête du personnage assis. Les chaires du XVᵉ et même du XVIᵉ siècle, conservées encore en grand nombre dans les musées, présentent une foule d'exemples de chaires à hauts dossiers richement sculptés, décorés souvent d'écussons armoyés, et couronnés par des dentelures. La **figure 13** représente une belle chaire de ce genre, qui fait partie de la collection du prince Soltykoff, et qui

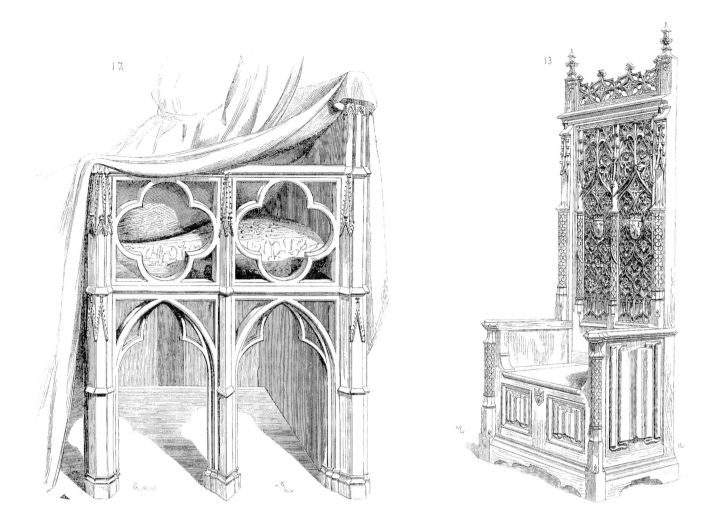

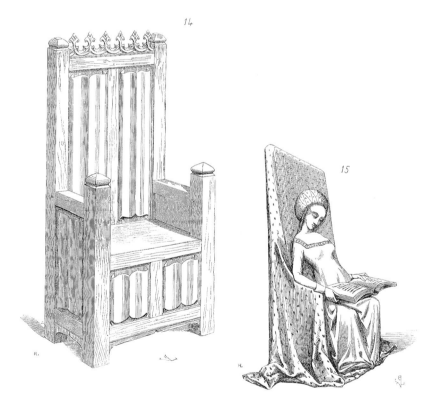

date de la fin du XVᵉ siècle. Le siège sert de coffre, et est muni d'une serrure. Ces sortes de meubles étaient presque toujours adossés à la muraille, car le derrière du dossier est laissé brut. Mais c'était là un meuble destiné à un riche personnage ; tous n'étaient pas décorés avec ce luxe de sculpture ; chez les bourgeois, si la forme de la chaire était la même, les détails de son ornementation étaient beaucoup plus simples, composés de montants et de panneaux ; les chaires les plus ordinaires étaient cependant couronnées encore par une crête sculptée. L'exemple que nous donnons **(fig. 14)**, tiré des bas-reliefs des stalles de la cathédrale d'Amiens, reproduit une de ces chaires vulgaires, comme celles que l'on voyait dans les appartements des marchands, des particuliers dont l'intérieur était modeste. Ainsi qu'on peut en juger, ces derniers meubles n'étaient pas transportables, et occupaient une place privilégiée.

Les chaires, pendant le XVᵉ siècle, étaient souvent drapées, comme la chaire du XIVᵉ siècle représentée **fig. 11**, au moyen d'une grande pièce d'étoffe jetée sur le dossier, le siège et les bras. Ces draperies mêmes prirent souvent la forme d'une housse, c'est-à-dire qu'elles furent adaptées au meuble de façon à la couvrir exactement. Voici **(fig. 15)** une chaire ainsi tapissée : la housse forme de larges plis ; elle est faite d'un brocart d'or avec pois rouges, et tombe assez bas pour que la personne assise puisse mettre ses pieds sur son extrémité antérieure [53].

L'usage des chaires fixes à grands dossiers se perdit pendant le XVIᵉ siècle ; elles furent remplacées par

[53] *Le Romuléon, Hist. des Romains.* Man. XVᵉ siècle. Bib. imp., n° 6984. « Comment une femme appelée Zénobie obtint l'empire, en partie, de Perse et de Syrie. » Ce meuble est donc celui d'un grand personnage.

des meubles plus mobiles, et on commença dès lors à fixer au bois l'étoffe destinée à les garnir ; jusqu'alors, comme nous l'avons dit, les coussins ou tapis étaient indépendants des sièges et simplement jetés sur la tablette et les bras ; du moment que les chaires devenaient mobiles, il fallait nécessairement que les garnitures d'étoffe fussent clouées sur leur surface.

CHAR, s. m. *Char-branlant, charrette, chariot, curre.* Les chars, carrosses, voitures, étaient en usage pendant le moyen âge. Il y a lieu de croire même que, dès l'époque mérovingienne, il existait une sorte de service public de voitures. Childebert, voulant s'emparer des trésors de Rauching, expédie des ordres et envoie des gens munis de lettres qui mettaient à leur disposition les voitures publiques du royaume [54]. Les voitures ne furent longtemps que de véritables charrettes non suspendues, à quatre roues, auxquelles on attelait des chevaux montés par des postillons. Ces moyens de locomotion furent tellement communs qu'au XIIIᵉ siècle des lois somptuaires les interdirent aux classes moyennes [55]. Les femmes nobles, les abbés voyageaient avec des chariots ; et les miniatures des manuscrits du XIIIᵉ siècle nous en ont transmis un grand nombre qui tous affectent la forme d'une charrette à quatre roues égales de diamètre **(fig. 1)** [56], avec brancards ou timons, servie par des attelages accouplés ou en flèche et des postillons. Si ces voitures étaient fort simples comme forme et combinaison, elles étaient enrichies de peintures, de dorures, recouvertes d'étoffes posées sur des cercles, comme nos voitures de blanchisseurs ; à l'intérieur, des coussins étaient jetés sur les banquettes disposées en travers. On entrait dans ces chars par-derrière, comme on peut encore entrer dans nos charrettes, et souvent cette issue était fermée par des chaînes ou des barres d'appui. Du reste, le coffre, jusqu'à la fin du XVᵉ siècle, reposait sur deux essieux, sans courroies ni ressorts ; et les essieux étant fixes, parallèles, il fallait s'y prendre de loin pour tourner. Grâce à une grande quantité de coussins, à des étoffes épaisses, on pouvait encore voyager longtemps dans ces charrettes, menées d'ailleurs assez doucement. Quelle que fût la naïveté de leur structure, il est certain que les voitures des XIIIᵉ et XIVᵉ siècles étaient fort richement décorées.

« Biaus fu li chars à quatre roës,
D'or et de pelles estelés :
En leu de chevaux atelés
Ot es limons huit colombiaus
Pris en son colombier moult biaus ;
.... [57].

Au XIVᵉ siècle, Eustache Deschamps, dans son *Mirouer de Mariage,* énumérant toutes les charges qui incombent au mari *pour le mesnage soustenir avec les pompes et grans bobans des femmes,* fait dire à l'une d'elles :

« Et si me fault bien, s'il vous plest,
Quant je chevaucheray par rue,
Que j'aie ou cloque [58] ou sambue [59]
Haquenée belle et amblant,
Et selle de riche semblant,
A las et à pendans de soye ;
Et se chevauchier ne povoye,

Quant li temps est frès comme burre,
Il me fauldroit avoir un curre (char)
A cheannes, bien ordonné,
Dedenz et dehors painturé,
Couvert de drap de camocas (camelot).
Je voy bien femmes d'avocas,
De poures bourgois de villaige
Qui l'ont bien ; pour quoy ne l'arai-ge,
A quatre roncins atelé ? [60]. »

Il fallait donc à une femme de qualité, au XIVᵉ siècle, pour voyager, une haquenée, et un char attelé lorsque le temps était mauvais ; les petites bourgeoises en usaient bien de la sorte !

Ces chars étaient généralement d'une assez grande dimension pour contenir une dizaine de personnes. La couverture était fixée sur une armature en bois et percée de trous latéraux fermés par des rideaux (**fig. 2**) [61], ou elle était posée sur des cercles et quatre montants, se rabattait sur les côtés ou se relevait à volonté (**fig. 3**) [62]. Ce dernier exemple est copié sur le beau manuscrit le *Romuléon*, histoire des Romains, de la Bibliothèque impériale. Cette compagnie de dames nous représente Tullie avec ses femmes, faisant passer son char sur le corps de son père.

Les chars de voyage ou les chars d'honneur avaient souvent la même forme, c'est-à-dire qu'ils n'étaient que des tombereaux recouverts de riches étoffes. Nous trouvons encore dans le *Romuléon* une miniature représentant le Triomphe de Camille (**fig. 4**). Le dictateur est traîné par deux chevaux attelés en flèche, dans un char dont la couverture, soutenue par des cercles et des traverses, est relevée sur les côtés. Deux croix de saint André empêchent les cercles de se déformer. Camille est assis dans un fauteuil pliant (faudesteuil) simplement posé au milieu du chariot. Le limonier est attelé comme le sont nos chevaux de charrettes encore aujourd'hui. Toutefois, ces chars d'apparat avaient généralement, au moyen âge, plus d'importance. L'exemple que nous donnons plus loin (**fig. 5**), tiré d'un manuscrit du commencement du XVIᵉ siècle, de la Bibliothèque impériale, le prouve. C'est encore une entrée triomphale ; le char est attelé de plusieurs chevaux en flèche, menés par un postillon. Le triomphateur est assis en avant sous un dais ; il tient ses prisonniers attachés au bout d'une corde ; un homme, placé dans l'intérieur du char, les fait marcher avec un bâton. Le corps du char, qui paraît assez vaste, est couvert d'une tente ornée d'une crête, d'épis avec bannières et pennons armoyés, de franges d'or et d'inscriptions. Il faut dire que ces chars de cérémonie n'étaient en usage, lors des entrées de rois et reines, que pour les dames de suite ; les rois entraient à cheval et les reines le plus souvent en litière (voyez ce mot).

« La lictière de la Reyne de France estoit adextrée du duc de Touraine et du duc de Bourbon, au premier chef : secondement et au milieu, tenoient et adextroient la lictière le duc de Berry et le duc de Bourgongne ; et à la dernière suite Messire Pierre de Navarre et le comte d'Ostrevant ; et vous dy que la lictière de la Reyne estoit très riche et bien ornée, et toute découverte…. Des autres dames et damoiselles qui venoient derrière sur chariots couverts et sur pallefrois n'est nulle mention, et des chevaliers qui les suivoient…. [63] »

Lors des enterrements des princes, il était d'usage de transporter le corps du défunt dans des chars richement décorés. « …. Et fut la préparation du duc moult bien ordonnée et faicte : les chevaux du chariot couverts de velours ; et pennons, bannières et cottes-d'armes estoyent bien ordonnés. Le corps gisoit en son chariot, et pardessus avoit un poisle élevé ; et après venoit le corps de Madame de Bourgongne en son chariot, et chevaux couverts de velours…. Les églises (le clergé) aloyent devant, par ordre. Les chevaliers de l'ordre estoyent tous à pié, adextrans le chariot, et tenant le poisle couchant (le drap recouvrant le corps). Le poisle élevé fut soustenu par quatre des plus grands du pays de Bourgongne…. [64] »

Vers le commencement du XVIᵉ siècle, de certaines modifications furent apportées dans la construction des chariots de voyage ; on fit alors des entrées latérales entre les deux roues. Voici (**fig. 6**) un chariot de cette époque, exécuté en sapin, qui existe encore dans le bâtiment de la douane de Constance. La **fig. 7** donne les extrémités de ce véhicule, qui ne paraît pas avoir été posé autrement que sur deux essieux. Les deux banquettes se regardent, le plancher et les accoudoirs étaient garnis de tapis mobiles. Quelquefois (si l'on s'en rapporte aux gravures du XVIᵉ siècle), les deux entrées étaient munies de marchepieds fixes sur lesquels tombaient les tapis, et une sorte de capote à soufflet pouvant s'abattre et se relever était posée sur les dossiers et les accoudoirs, au-dessus de l'une des deux banquettes ou sur les deux. Ces voitures prenaient le nom de *coches* [65]. Il ne paraît pas qu'elles fussent suspendues avant le milieu du XVIᵉ siècle. Ce premier système de suspension consiste en deux courroies passant longitudinalement sous le coffre (**fig. 6 A**). Cette suspension fit donner à ces chars le nom de *chars-branlants*.

[54] « Qui cum adfuisset (Rauching), priusquam eum rex suo jussisset adstare conspectui, datis litteris, et pueris destinatis cum *evectione publica* qui res ejus per loca singula deberent capere…. » *Hist. des Francs.* Grég. de Tours. Lib. IX.

[55] *Gloss. et Répert.*, par M. le comte de Laborde, 1853.

[56] Man. anc. f. Saint-Germain ; n° 37 ; XIIIᵉ siècle. Bib. imp.

[57] *Le Roman de la Rose*, Descript. du char de Vénus. Édit. de M. Méon. Paris, 1814, t. III, p. 83.

[58] *Manteau.*

[59] Capote pour monter à cheval.

[60] *Poésies morales et hist. d'Eust. Deschamps.* Édit. Crapelet. Un vol. Paris, 1832, p. 207.

[61] Man. du XIVᵉ siècle. *Domest. archit. of the middle ages :* Oxford, J. H. Parker.

[62] Man. du XVᵉ siècle, n° 6984. Bib. imp.

[63] *Le Cérémonial françois ;* T. Godefroy. 1649. T. I, p. 638. Entrée de la reine Isabeau de Bavière à Paris ; Froissart liv. IV.

[64] Enterrement du duc Philippe de Bourgogne. 1467. *Mém. d'Oliv. de la Marche.*

[65] *La Coche,* poëme de Marguerite, reine de Navarre. Man. du XVIᵉ siècle, orné de onze miniatures. Bib. de M. J. Pichon, prés. de la Soc. des Bib. franç.

Quant aux charrettes à deux roues, que nous trouvons dans les manuscrits des XVᵉ et XVIᵉ siècles, elles diffèrent si peu de celles qui sont encore en usage aujourd'hui, qu'il nous semble inutile d'en donner un exemple.

Nous voyons aussi qu'au moyen-âge on se servait de charrettes à bras. Les tapisseries de Saint-Médard, dont il existe des copies fort belles à la bibliothèque bodléienne d'Oxford, nous en donnent un exemple. Ces tapisseries dataient de la fin du XIIIᵉ siècle (voy. TAPISSERIE).

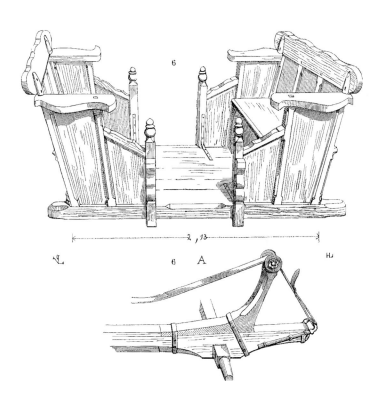

CHAPIER, s. m. Meuble composé de tiroirs semi-circulaires tournant sur un pivot placé au centre du demi-cercle, et servant, depuis le XVIIᵉ siècle, à renfermer les chapes. Cette combinaison de meuble fut commandée par l'usage que l'on fit, à partir de cette époque, de chapes en étoffes roides et ne pouvant, à cause des lourdes broderies dont elles étaient surchargées, supporter de plis. Jusqu'au XVIᵉ siècle, le clergé se servait de chapes d'étoffes souples que l'on se contentait d'accrocher à des portemanteaux fixés dans des armoires vestiaires. Les chapiers à tiroirs semi-circulaires ont l'inconvénient, outre leur prix, qui est élevé, de tenir une place considérable dans les sacristies. Ces meubles ne peuvent avoir moins de quatre mètres de longueur sur deux mètres de largeur ; c'est la surface qu'occupe une petite chambre.

CHASSE, s. f. La châsse n'est, à proprement parler, que le cercueil en pierre, en bois ou en métal dans lequel sont enfermés les restes d'un mort. Le mot de *châsse,* au moyen âge, s'applique indistinctement aux coffres qui renferment des corps de saints ou de grands personnages.

Les mots *arca, capsa,* furent employés, dans les premiers siècles et jusqu'à l'époque carlovingienne, indifféremment pour désigner des coffres destinés à un usage profane ou sacré. Grégoire de Tours rapporte [66] que l'empereur Justinien étant mort à Constantinople, Justin, qui lui succéda, était d'une avarice outrée. « Telle était sa cupidité, dit cet auteur, qu'il fit construire des coffres en fer [67] pour y entasser des milliers de pièces d'or. »

Frédégonde, voulant se venger de sa fille Rigonthe qui l'insultait, l'engage, comme pour adoucir son mauvais naturel, à prendre ce que bon lui semblerait parmi ses bijoux. « …. Entrant dans le réduit qui renfermait le trésor, elle ouvrit un coffre [68] rempli de colliers et d'autres ornements précieux ; et, après en avoir pendant longtemps retiré, en présence de sa fille, divers objets qu'elle lui remettait : « Je suis fatiguée, lui dit-elle ; enfonce toi-même la main dans le coffre, et tires-en ce que tu trouveras. » Pendant que, le bras enfoncé dans le coffre, celle-ci en tirait les effets, sa mère prit le couvercle et le lui rabattit sur la tête, puis pesa dessus avec tant de force, que le devant (du coffre) lui pressa le cou au point que les yeux étaient près de lui sortir de la tête [69]. » Il faut supposer que ces coffres à bijoux étaient de la grandeur d'une huche ou d'un bahut.

Le même auteur rapporte encore qu'étant évêque de Tours et ayant rebâti l'église de Saint-Martin, il trouva dans une auge de pierre, fermée par un couvercle, une cassette d'argent [70] contenant des reliques des martyrs de la légion sacrée.

Depuis le XVIᵉ siècle, le mot châsse ne s'emploie que pour désigner le coffre transportable dans lequel est déposé le corps d'un saint. Il serait difficile de préciser l'époque où les corps des saints commencèrent à être déposés dans des châsses (*capsæ*), que l'on pouvait transporter d'un lieu à un autre ; originairement, ces restes vénérés étaient placés dans des sarcophages, au-dessus et au devant desquels on élevait un autel. Mais, sauf quelques rares exceptions, et dès l'époque carlovingienne déjà, on retira les restes des corps saints des tombeaux fixes, pour les renfermer dans des coffres meubles. Les incursions des Normands contribuèrent à répandre cet usage. Ces barbares, faisant subitement irruption dans les Gaules, tantôt sur un point, tantôt sur un autre, se jetaient de préférence sur les riches abbayes, sur les églises qui possédaient des trésors ; les religieux voulurent empêcher que les sépultures des saints martyrs ne fussent violées, leurs restes dispersés. Car, à cette époque, outre le respect dont on entourait ces reliques, celles-ci étaient pour les monastères une source intarissable de richesses. L'église pillée, dévastée, brûlée, se relevait promptement de ses ruines, si les reliques du saint vénéré dans son enceinte étaient conservées. Il y a donc lieu de croire que c'est surtout pendant les IXᵉ et Xᵉ siècles que l'usage des châsses mobiles devint général, spécialement sur le littoral nord et ouest de la France.

Les premières châsses furent naturellement exécutées en bois ; ce n'était que des coffres assez légers pour être facilement transportés d'un lieu à un autre, assez simples pour ne pas exciter la cupidité. Pendant les invasions normandes, il est sans cesse question de corps saints enlevés par les religieux, cachés, en attendant des temps meilleurs. La réintégration des reliques, lorsque le calme était rétabli, donnait lieu à des processions, à des cérémonies pendant lesquelles le saint, rétabli dans son sanctuaire, faisait quelques guérisons miraculeuses ; c'était l'occasion pour les églises de recevoir des dons considérables. Nous ne pouvons que difficilement nous faire une idée aujourd'hui de la désolation qui s'emparait des populations lorsqu'il fallait se séparer des restes du saint vénéré dans la localité, de la joie qu'elles éprouvaient lorsque revenait en grande pompe la châsse contenant ces restes. C'est qu'en effet un corps saint, pour une population, avait une importance dont nous ne trouvons pas aujourd'hui l'équivalent. Le corps saint faisait de l'église un lieu inviolable ; il était le témoin muet de tous les actes publics, le protecteur du faible contre l'oppresseur ; c'était sur lui que l'on prêtait serment ; c'était à lui qu'on demandait la cessation des fléaux, de la peste, de la famine ; lui seul avait le pouvoir d'arrêter souvent la main de l'homme violent ; quand l'ennemi était aux portes, sa châsse, paraissant sur les murailles, donnait du courage aux défenseurs de la cité. Ce n'est pas tout ; s'il avait le pouvoir de protéger la vie des citoyens, d'exciter leur patriotisme, de les guérir de leurs maux et de détourner les calamités qui les affligeaient, il était encore une source de richesse matérielle, non-seulement pour l'église, mais pour la population au milieu de laquelle il résidait, en attirant de nombreux pèlerins, des étrangers, en devenant l'occasion de fêtes qui étaient presque toujours aussi bien commerciales que religieuses. Il nous suffit, nous le croyons, de signaler cette influence pour faire comprendre que rien aujourd'hui, si ce n'est peut-être le drapeau pour l'armée, ne remplace le *corps saint* au milieu de nos cités. Qui donc oserait traiter de superstition le sentiment qui fait que le soldat se jette au milieu de la mitraille pour reprendre un morceau d'étoffe cloué à une hampe ? Et comment nous tous, qui regardons cet acte comme un simple devoir que l'on ne saurait discuter, dont l'accomplissement fait la force d'une armée, comme le symbole de la discipline et du patriotisme le plus pur, comment n'aurions-nous plus, à défaut de foi vive, un profond respect pour ces châsses qui, elles aussi, ont été si longtemps en France l'arche de la civilisation ? Et cependant nous avons vu et nous voyons encore des églises se défaire de ces meubles vénérables, les vendre à des brocanteurs s'ils ont quelque valeur, ou les laisser pourrir dans quelque coin obscur parmi les immondices si la matière en est grossière. Des églises, les châsses précieuses épargnées par la révolution ont presque toutes passé, en France, des mains du clergé dans les collections publiques ou particulières.

L'histoire des reliques de saint Germain d'Auxerre est celle de presque tous les corps saints depuis les premiers siècles du christianisme jusqu'au XIᵉ ou XIIᵉ siècle. L'abbé Lebeuf l'a recueillie avec soin d'après les renseignements les plus authentiques [71] ; nous la donnons ici sommairement, afin de bien établir dans l'esprit de nos lecteurs cette distinction qu'il faut faire entre le sépulcre et la châsse.

Vers le milieu du Vᵉ siècle, saint Germain meurt à Ravenne ; il demande en mourant que son corps soit transporté à Auxerre. En effet, ses restes sont déposés dans cette ville deux mois après sa mort. Le cercueil était de bois de cyprès, selon Héric ; il fut descendu dans un sarcophage de pierre placé sous la petite église de Saint-Maurice. Sainte Clotilde fait rebâtir sur ce tombeau une église plus grande avec une vaste crypte, et la dédie à saint Germain. Un des successeurs de Clovis fait surmonter le tombeau du saint d'un dais recouvert d'or et d'argent. En 841, le tombeau est ouvert en présence de Charles le Chauve, et le corps est placé dans un nouveau tombeau. Lothaire, fils de ce prince et abbé de Saint-Germain, fait faire peu après une châsse magnifique, couverte d'or et de pierreries, pour y renfermer le corps du saint. Vers la fin du IXᵉ siècle, la crainte qu'inspiraient les Normands fit songer à cacher cette châsse somptueuse, et probablement les reliques de saint Germain, qui jusqu'alors étaient restées dans le sépulcre donné par Charles le Chauve, y furent renfermées. On augmenta pour ce faire la profondeur du caveau ; on y descendit la châsse, et on la mit dans le premier sépulcre de pierre où le saint avait reposé ; lorsqu'on eut bien maçonné le couvercle de ce tombeau, de manière à faire disparaître toute trace de sépulture, on plaça par-dessus un autre sépulcre de pierre dans lequel on déposa les morceaux du cercueil de cyprès qui avait servi à la translation du corps de Ravenne à Auxerre. A la fin du Xᵉ siècle, la châsse de Lothaire est exposée aux yeux du peuple.

Quel que soit le plus ou moins d'exactitude de ces récits, toujours est-il que le corps de saint Germain, déposé d'abord dans un cercueil de pierre, en est extrait pour être mis dans un coffre, une châsse transportable. Cet usage fut cause que la plupart des corps saints trouvés entiers dans leurs cercueils, entourés, comme celui de saint Germain, des suaires et vêtements primitifs, une fois déposés dans des châsses que l'on pouvait facilement transporter et ouvrir, furent en grande partie dispersés, divisés en une quantité innombrable de reliques. Ce fut la première et la plus grave atteinte portée au respect que l'on avait pour les restes de ces défenseurs de la foi chrétienne.

[66] Lib. IV.

[67] Cui tanta fuit cupiditas, ut arcas juberet fieri ferreas, in quas numismatis aurei talenta congereret.

[68] Reseravit arcam….

[69] *Hist. des Francs :* Grég. de Tours, liv. IX.

[70] …. Et inveni in hoc capsulam argenteam, in qua… (Ibid., lib. X).

[71] *Mém. concern. l'hist. civ. et ecclés. d'Auxerre et de son anc. diocèse*, par l'abbé Lebeuf. Édit. 1818, t. I, p. 72 et suiv.

Jusqu'au XIIIᵉ siècle cependant, on conserva aux châsses l'aspect de coffres, de cercueils qu'elles avaient eu dans l'origine. A cette époque, beaucoup de ces anciennes châsses de bois, revêtues de cuivre ou d'argent doré, faites pour soustraire les corps saints au pillage des Normands, existaient encore ; on semblait hésiter à détruire ces enveloppes que les fidèles étaient habitués à vénérer, surtout lorsqu'elles protégeaient les restes de personnages aussi populaires que saint Germain, saint Martin, saint Denis, saint Firmin, saint Marcel, sainte Geneviève, etc.

Autant qu'on peut en juger par les représentations peintes ou sculptées, ces châsses primitives étaient d'assez grande dimension pour contenir un corps ayant conservé sa forme ; lorsque ces coffres de bois tombèrent de vétusté, ou semblèrent trop pauvres au milieu du luxe déployé dans la décoration intérieure des églises, on les remplaça par des châsses de cuivre repoussé ou émaillé, d'argent blanc ou de vermeil ; alors les restes des saints ne devaient plus présenter qu'un amas d'ossements séparés ; il n'était plus nécessaire de donner aux châsses les dimensions d'un cercueil ; l'emploi du métal, par sa valeur aussi bien que par son poids, devait nécessairement contribuer à faire adopter, pour des châsses transportables, des dimensions qui pussent permettre de les porter, et qui ne rendît pas leur fabrication trop dispendieuse.

C'est à la fin du XIIᵉ et pendant les XIIIᵉ et XIVᵉ siècles que presque toutes ces anciennes châsses de bois peint ou revêtu de lames minces de métal furent refaites. En diminuant leur grandeur, en les fabriquant en matières plus précieuses, on changea leur forme et leur position. Elles perdirent l'aspect de coffre, de cercueil, qu'elles avaient généralement conservé, pour prendre la forme de petits monuments assez semblables à des chapelles ou même à des églises ; au lieu d'être placées sous l'autel, comme le sépulcre primitif du saint, on les éleva et on les suspendit sous des dais, sortes d'expositions en bois peint et doré, en pierre ou en métal, disposées derrière les autels. On les descendait de ces expositions, à certains jours de l'année, pour les placer sur l'autel même ou sur le retable, ou pour les porter processionnellement dans l'église, dans la ville ou dans tout un diocèse. Quelquefois même, on faisait voyager les châsses jusque dans des pays éloignés ; elles étaient accompagnées de religieux qui les offraient à la vénération des fidèles et recevaient des dons en argent, destinés à l'achèvement d'une cathédrale, d'une abbaye, d'une église.

Les translations de reliques, leur passage à travers les villes étaient l'occasion de cérémonies imposantes. Les châsses étaient ordinairement transportées par des clercs, sur des pavois et des brancards. Sous ces pavois, on attachait des cassolettes dans lesquelles brûlaient des parfums (**fig. 1**) [72].

Quand les corporations laïques eurent acquis, au XIIIᵉ siècle, une grande importance, elles obtinrent souvent le privilège de porter des châsses les jours de grandes fêtes [73].

Lorsque Philippe le Hardi revint à Paris avec les ossements du roi son père, il voulut transporter lui-même sur ses épaules, de Notre-Dame à l'abbaye de Saint-

Denis, la châsse qui les contenait. Sur la route, en mémoire de cet acte, on éleva, à chaque station qu'il fit, des croix de pierre richement sculptées que l'on voyait encore debout au commencement du dernier siècle [74].

Quelques corps saints restèrent cependant déposés dans leurs cercueils primitifs, ou dans des coffres en pierre ou en bois revêtus de métal, fixés derrière les autels. C'est ainsi que la châsse de saint Firmin était placée derrière l'un des autels de l'église abbatiale de Saint-Denis [75]. A la cathédrale d'Amiens, dans les bas-reliefs qui décorent le tympan de la porte dite de la Vierge dorée, on remarque, derrière un autel, une grande châsse en forme de coffre, sur laquelle est posée la statue d'un évêque ; un aveugle approche de ses yeux la nappe qui la protège : c'est la châsse de saint Honoré opérant des guérisons miraculeuses par l'attouchement des linges dont elle est couverte. Ce renseignement a sa valeur ; il explique comment, au XIIIᵉ siècle, étaient placées les grandes châsses à la portée des fidèles, comment elles étaient recouvertes de nappes ainsi qu'un autel, et comment l'image des saints dont elles enveloppaient la dépouille était représentée. La **fig. 2** nous dispensera de plus longues explications.

Derrière le grand autel de Notre-Dame de Paris, on voyait, dit Du Breul, « sur une large table de cuivre, soutenue de quatre gros et fort haults piliers de mesme estoffe, la châsse de saint Marcel, neufième évesque de Paris…. A droite, sur l'autel de la Trinité, dict *des Ardents,* est la châsse de Notre-Dame, d'argent doré ; en laquelle il y a du laict de la sainte Vierge, et de ses vêtements ; plus des pierres desquelles fust lapidé saint Étienne…. A côté senestre dudict autel est une châsse de bois, ayant seulement le devant couvert d'argent doré, en laquelle est le corps de sainct Lucain, martyr…. Ceste châsse, couverte de quelque drap de soye précieux, se porte en procession par deux hommes d'église…. » Voici qui rappelle parfaitement la disposition de la châsse de saint Honoré, représentée **fig. 2**.

Nous remarquons encore, sur l'un des bas-reliefs du tympan de la porte méridionale de la cathédrale d'Amiens, la châsse du même saint transportée par deux clercs ; elle est à peu près de la dimension d'un cercueil, et paraît exécutée en bois recouvert de lames de métal **(fig. 3)**. Des infirmes se placent sous la châsse et la touchent en invoquant le saint, afin d'être guéris de leurs maux. C'était en effet ainsi qu'on venait implorer l'intercession d'un saint, en se plaçant directement sous la châsse qui contenait son corps. Cet usage, établi probablement par les fidèles, fit que l'on plaça presque toujours les châsses, à partir du XIIe siècle, soit sur des édicules élevés, comme la châsse de saint Marcel, soit sur des crédences sous lesquelles on pouvait passer à genoux et même en rampant.

Il n'existe aujourd'hui qu'un bien petit nombre de ces châsses en bois d'une époque ancienne destinées à contenir des corps saints. Nous en connaissons une à Cunault (Maine-et-Loire), sur laquelle on voit encore des traces de peintures et de sculptures représentant les douze Apôtres, le Christ accompagné d'anges thuriféraires ; sa forme est d'ailleurs d'une extrême simplicité ; une arcature ogivale sépare les Apôtres. Cette châsse date du XIIIe siècle. On en voit une également en bois, dans l'église de Saint-Thibaut (Côte-d'Or), qui date du commencement du XIVe siècle ; cette châsse n'est ornée que par les fortes ferrures qui servent à maintenir les panneaux de bois et par les extrémités des six montants se terminant en fleurons sculptés. Elle est exactement reproduite, avec tous les détails de sa construction, dans les *Annales archéologiques* [76]. Déjà cependant, dès les premiers siècles, ces grandes châsses en bois étaient revêtues de lames de métal, d'émaux ou de morceaux de verre [77]. Les feuilles de métal clouées sur le bois étaient fort minces, rehaussées de gravures et quelquefois accompagnées de figures faites au repoussé ou en ivoire. Ce mode de fabrication persista longtemps, car nous voyons encore des châsses des XIIe et XIIIe siècles, de dimensions médiocres, dont le fond est en bois recouvert de plaques de métal émaillé, gravé, doré, avec statuettes faites à l'*étampe,* au repoussé, ou embouties, en feuilles de cuivre ou d'argent d'une faible épaisseur. Outre l'économie, ce procédé de fabrication avait l'avantage de laisser à ces châsses, que l'on transportait fréquemment, la légèreté d'un coffre de bois. C'est ainsi qu'est exécutée la châsse de saint Calmine **(fig. 4)**, duc d'Aquitaine, fondateur des monastères de Saint-Théophrède en Velay et de Masac en Auvergne, patron de l'église de Saguenne, près Tulle. Cette châsse est en cuivre émaillé, doré, avec des figures bas-relief faites au repoussé ; sur l'une des faces latérales (qui est la face principale), on voit le Christ couronné, nimbé, bénissant, et tenant un livre ; à sa gauche est un personnage drapé tenant un livre, et à sa droite un saint abbé probablement. Deux anges thuriféraires sont posés sur les rampants du petit comble. Sur le côté droit de la châsse est gravé un saint Paul **(fig. 5)**. Sur le côté gauche, qui sert d'entrée, un saint Pierre. Outre les émaux qui sont fort beaux et des fabriques de Limoges, cette châsse est décorée de pierres et le faîtage de boules de cristal de roche. Tout l'ouvrage appartient à la première moitié du XIIIe siècle [78]. Vers

[72] Sculpture de l'un des chapiteaux de la crypte de l'église de Saint-Denis en France. Ces chapiteaux appartiennent à la construction conservée par Suger, et paraissent être du commencement du Xe siècle.

[73] Dubreuil, liv. III. Châsses de Saint-Merry.

[74] *Hist. de l'abb. roy. de Saint-Denis.* Félibien ; 1706.

[75] Voy, le *Dictionn. d'Architect. du XIe au XVIe siècle*, t. II, p. 44.

[76] *Annales archéol.,* par M. Didron, t. V. p. 189.

[77] « La première châsse de sainte Aure, abbesse, n'était que de bois et de verre… » Dubreuil, *Antiq. de Paris.* I. I.

[78] Cette châsse fait aujourd'hui partie de la collection de M. le prince Soltykoff.

formes, des proportions et une ornementation qui leur appartiennent. Plus tard, et particulièrement pendant le XVᵉ siècle, les orfèvres cherchent, dans la composition des châsses, à reproduire en petit de grands édifices ; c'est ainsi que fut refaite, en 1408, la grande châsse de saint Germain, qui dépendait du trésor de Saint-Germain-des-Prés. Nous la donnons ici **(fig. 6)** [80]. Quel que fût le mérite d'exécution de ces objets, ils avaient alors perdu leur caractère propre, si remarquable deux siècles auparavant. La châsse de saint Germain présentait cependant un grand intérêt au point de vue iconographique ; c'est ce qui nous engage à la donner ici. Les deux basses nefs étaient divisées en six arcades de chaque côté, dans lesquelles étaient placées les statuettes en cuivre doré des douze Apôtres. A l'une des extrémités, on voyait, sous un arc, la Trinité, représentée par le Père Éternel assis, vêtu en pape, tenant devant lui Jésus-Christ en croix. Le Saint-Esprit, sous forme d'une colombe, sort de la bouche du Père et descend vers le crucifix. L'abbé Guillaume, qui fit exécuter cette châsse, était à la droite du Père, en habit de religieux, la crosse en main et la mitre en tête ; le roi Eudes était à sa gauche, revêtu des insignes de la dignité royale. A l'autre extrémité se voyait également, sous un archivolte, saint Germain en habits pontificaux, ayant à ses côtés saint Vincent et saint Étienne, patrons de l'abbaye, en habits de diacres. Cette châsse, surmontée d'une flèche à jour, n'avait que 1m,00 environ de longueur ; elle était supportée par six figures d'hommes, en cuivre doré, tenant des phylactères sur lesquels étaient gravés des vers à la louange de ceux qui avaient contribué à faire exécuter ou à décorer tant l'ancienne que la nouvelle châsse. Des pierres précieuses qui avaient été posées sur l'ancienne châsse donnée par Eudes, comte de Paris, entrèrent dans la décoration de celle-ci ; ces pierres précieuses étaient au nombre de deux cent soixante, les perles au nombre de quatre-vingt dix-sept [81]. Un grand nombre de châsses furent ainsi refaites pendant les XIIIᵉ et XIVᵉ siècles et au commencement du XVᵉ. Beaucoup furent vendues ou détruites pendant les guerres désastreuses de l'invasion anglaise. Louis XI répara ces pertes, si toutefois elles étaient réparables ; on fit refondre encore beaucoup de châsses neuves au commencement du XVIᵉ siècle, les formes des anciennes châsses n'étant plus dans le goût de ce temps ; les guerres religieuses de la fin de ce siècle en détruisirent une quantité innombrable. Aussi, en France, les châsses anciennes de quelque importance, et surtout exécutées en matières précieuses, sont-elles fort rares.

Les châsses ne contenaient pas seulement des corps saints, elles étaient destinées aussi à renfermer certaines reliques précieuses. On désignait l'armoire en vermeil contenant les pieuses reliques de la Sainte-Chapelle à Paris, sous le nom de la *grande châsse*. Dans l'église cathédrale de Chartres, la chemise de la sainte Vierge était conservée dans une magnifique châsse, donnée, en 896, par le roi Charles le Chauve. Cette châsse, qui avait 0m,677 de longueur, sur 0m,271 de largeur et 0m,569 de hauteur, était posée sur un brancard de vermeil, semé de fleurs de lis en relief ; elle était en bois de cèdre, couverte de plaques d'or et enrichie d'une infinité de perles, diamants, rubis, émeraudes, saphirs, agathes, turquoises, camées

[79] *Mélang. archéol.* des RR. PP. Martin et Cahier.

[80] Ce dessin est exécuté à l'aide de la gravure de cette châsse, donnée par D. Bouillart, dans son *Hist. de l'abb. roy. de Saint-Germain-des-Prés.*

[81] Le marché passé par l'abbé Guillaume avec Jean de Clichy, Gautier Dufour et Guillaume Boey, orfèvres à Paris, est donné tout au long dans les pièces justificatives de l'*Hist. de l'abb. roy. de Saint-Germain-des-Prés*, de D. Bouillart. Cette pièce est fort curieuse.

la fin de ce siècle, la fonte vint, dans les châsses en orfèvrerie, se marier au métal repoussé, embouti ou estampé, aux émaux et filigranes. Nous renvoyons nos lecteurs, pour l'explication de ces procédés, à la partie du *Dictionnaire* qui traite de l'*orfévrerie,* ne nous occupant ici que de la composition générale des châsses. Mais ces meubles conservent, jusqu'au XIVᵉ siècle, un caractère particulier ; ils n'affectent pas encore la forme de modèles de chapelles ou d'églises ; il suffit de voir les châsses des grandes reliques de Notre-Dame d'Aix-la-Chapelle, des Trois Rois à Cologne, de Saint-Taurin à Évreux [79], et surtout la belle châsse de Tournay, pour reconnaître que ces meubles, de la fin du XIIᵉ siècle et du XIIIᵉ, ont des

ou intailles, et accompagnée de nombreux bijoux donnés par divers princes et des évêques [82]. (Voir, pour la position des châsses suspendues derrière et au-dessus des autels, le *Dictionnaire d'Architecture,* au mot AUTEL.)

CHASUBLIER, s. m. Armoire renfermant une suite de tiroirs peu profonds, à coulisses, dans lesquels on pose les chasubles. Il est à croire que les chasubliers anciens n'étaient autrefois que des armoires vestiaires, les chasubles étant faites d'étoffes souples et non surchargées, comme elles le sont aujourd'hui, de lourdes broderies, doublées de bougran, ce qui leur donne la raideur d'une planche.

COFFRE, s. m. (Voy. BAHUT, CHASSE.)

COFFRET, s. m. *Coffre, escrint.* Petit coffre :
« Pour les dames, cofres ou escrint
Pour leurs besongnes herbergier [83]. »

Dès les premiers siècles du moyen âge, les coffrets étaient fort en usage ; on les fabriquait en matières précieuses, en ivoire, en marqueterie, en cuivre émaillé, en or, en argent ; ils étaient repoussés, ciselés, émaillés. Pendant leurs voyages, les dames les transportaient avec elles, et y renfermaient des bijoux de prix. En campagne, dans les expéditions lointaines, les nobles, les chevaliers, outre les bahuts qui conte-

importante dans le mobilier du moyen âge. C'est dans un coffret que sont déposés le cœur et la lettre de Raoul de Coucy destinés à la dame de Fayel, et rapportés par son écuyer Gobert, de Brindes en France.

Le châtelain de Coucy, sentant sa mort prochaine,
« ….. fist aporter
Un des coffrets de ses sommiers
Ouquel estoit li tresors chiers
Des tresches (tresses) qu'il véoit souvent.

naient leurs effets, portaient de ces coffrets qui étaient confiés à la garde des écuyers, et qui contenaient l'argent, les bijoux, parfois même des titres. Car il était assez d'usage, jusqu'au XIIIe siècle, d'emporter avec soi les archives de famille, les titres précieux ; tel était l'esprit de défiance qui dominait alors toutes les classes, que les plus puissants seigneurs n'osaient se séparer des objets dont ils n'eussent pu réparer la perte. Les coffres et coffrets tiennent donc une place

Un coffre petitet d'argent
En a trait et puis l'a baizié,
Ouvert l'a, si a fors sachié
Les tresches qui sambloient d'or [84].
…… »

Les trésors des cathédrales, des églises, les musées conservent encore un grand nombre de ces petits meubles, exécutés en général avec beaucoup de soin

[82] Voir l'inventaire de cette châsse et de ces bijoux dans le *Bullet. des comités histor.* Janvier 1851. Les camées et intailles qui garnissaient cette châsse ont été, en 1793, envoyés à la Bibliothèque nationale ; ils y sont restés déposés.

[83] Eust. Deschamps.

[84] *L'Hist. du châtelain de Coucy et de la dame de Fayel,* vers 7607 et suiv. Édit. de Crapelet ; 1829.

et de recherche. Un des plus beaux et des plus anciens coffrets que nous connaissons fait partie de la collection de M. le prince Soltykoff [85]. Ce coffret est en ivoire bordé de lames de cuivre doré finement gravées ; il a 0m,32 de long sur 0m,19 de large et 0m,10 de hauteur. En voici (**fig. 1**) l'ensemble ; il nous paraît appartenir au Xᵉ siècle ; il est intact, sauf la serrure, la clef et l'anse, qui ont été refaites au XVᵉ siècle. Les dessins dont il est orné sur ses quatre faces et le couvercle représentent des animaux dans des entrelacs, biches becquetées par des aigles, daims, aiglettes. La **fig. 2** donne le détail de la plaque formant couvercle, et la **fig. 3** une des bordures en cuivre gravé, grandeur d'exécution. Il est facile, avec ces renseignements, de se faire une idée complète de cet objet, remarquable par sa date, sa belle composition et sa parfaite conservation.

Beaucoup de ces coffrets étaient renfermés, comme nos nécessaires de voyage, dans des enveloppes de cuir ornées elles-mêmes de gaufrures et dorures, de légendes armoriées ou d'emblèmes. Ces coffrets se rangeaient parfois à côté les uns des autres dans les bahuts de voyage, et contenaient chacun des armes, des objets nécessaires à la toilette, des parfums, des bijoux, des coiffures, aumônières, manches brodées, ceintures, etc. D'autres séries contenaient couteaux, petite vaisselle de table, coupes, hanaps, tasses de vermeil, épices, cordiaux dans de petits flacons.

« Or est monte a cheual le gentil Palanus lequel sen va accoustre tout ainsi que le vous conteray sans grant nombre de gens ne bagaige, car il nauoit que deux baheux, dont lung portoit ung lit de camp bien petit entre deux coffres ou estoit une partie de son accoustrement, et l'autre bahu portoit ses coffres d'armes avec ses hardes sans aultre chose [86]. »

Les mœurs du moyen âge étaient nomades ; nobles et marchands étaient souvent sur les grands chemins, et force était alors, lorsqu'on voulait vivre passablement, d'emporter tout avec soi ; puis, comme nous l'avons dit plus haut, on ne s'en rapportait qu'à soi-même pour garder son bien. Arrivait-on dans une ville, dans une hôtellerie, s'établissait-on temporairement quelque part, on se faisait un mobilier de tous ces coffres de voyage ; les plus grands devenaient lits, tables ou armoires ; les moyens servaient de bancs, et les petits de nécessaires propres à renfer-

mer tous les menus objets. Ces habitudes prirent un tel empire, que, dans des temps plus rapprochés de nous, où l'état du pays n'exigeait plus de charroi de tous les objets utiles à la vie journalière on voit encore des princes, et même de riches particuliers se faire suivre en voyage de leur vaisselle et d'une quantité de meubles, tapisseries, linge et vêtements assez considérable pour meubler un palais [87].

Mais revenons aux coffrets. Ceux-ci n'affectent pas toujours la forme d'un parallélépipède ; quelquefois ils sont à pans. Il existe encore aujourd'hui, dans le trésor de la cathédrale de Sens, un coffret en ivoire sculpté et peint qui fut, dit-on, rapporté de Constantinople au XIIᵉ siècle, et contenait des reliques précieuses ; il est en forme de prisme à douze pans, terminé par un couvercle en pyramide tronquée également à douze faces ; la hauteur du prisme est de 0m,22, le diamètre du coffret de 0,31 ; il est divisé en trois zones : celle inférieure représente l'histoire de David, celle au-dessus l'histoire de Joseph ; la troisième, des lions, des griffons affrontés, un griffon terrassant un bœuf, un griffon dépeçant une bête à cornes, un lion se jetant sur un cerf, un griffon tuant un serpent, et un lion poursuivant un bouc. Sur le couvercle, on retrouve la suite de l'histoire de Joseph, ou plutôt son triomphe, l'arrivée de sa famille en Égypte, et son apothéose. La gorge qui sépare le couvercle du corps du coffret est revêtue de plaques d'émail de fabrique byzantine. Ce petit meuble fut certainement exécuté à Byzance et paraît appartenir au XIIᵉ siècle ; les bas-reliefs sont accompagnés d'inscriptions grecques, et le style des figures rappelle l'antiquité gréco-romaine.

Voici (**fig. 4**) un ensemble de ce précieux coffret, et (**fig. 5**) un fragment d'un des petits bas-reliefs représentant Joseph allant au-devant de Jacob et le recevant à son arrivée dans la terre de Gessen. Le style des bas-reliefs qui décorent l'extérieur du coffret de Sens est plein de grandeur, et certainement l'introduction d'objets de fabrique byzantine, si fréquente en France pendant le XIIᵉ siècle, dut exercer une grande influence sur la sculpture de nos artistes occidentaux. Le trésor de la cathédrale de Sens n'a pas cessé de posséder ce coffret depuis cette époque : son origine n'est pas douteuse ; quand on examine les bas-reliefs des édifices de cette époque, dans l'Ile de France, la Champagne et la Bourgogne, on demeure frappé de l'analogie qu'il y a entre les sculptures de ce coffret, par exemple, et celle des chapiteaux du porche de l'église de Vézelay, qui datent de 1150 environ. Nous avons dit que les ivoires du coffret de Sens étaient peints ; le vert, le pourpre y dominent ; malheureusement, une maladroite réparation a fait disparaître en grande partie cette intéressante coloration et les inscriptions que Millin a encore pu copier lorsqu'il visita Sens [88] en 1805. Sur le sommet tronqué de la pyramide s'élevait probablement un bouton en cuivre émaillé, pour permettre de soulever le couvercle ; il a été remplacé par une de ces pommes en cuivre que l'on pose sur les premiers balustres des escaliers.

L'abbaye du Lys possédait un coffret en bois recouvert de plaques d'argent vernies en noir verdâtre, de cuivre doré et émaillé ; ce petit meuble est aussi précieux par sa composition que par son exécution. Il

[85] Nous devons encore à l'obligeance de M. le prince Soltykoff d'avoir pu dessiner ce précieux meuble.

[86] *L'Hist. de Palanus, comte de Lyon.* Man. de la Bib. de l'Arsenal.

[87] Nous avons vu encore un auguste personnage qui ne voyageait qu'avec son lit, et qui eût mieux aimé passer la nuit dans un fauteuil que de se coucher dans un lit qui n'eût pas été le sien.

[88] *Voyag. dans le Midi de la France,* par Millin ; 1807. Atlas.

est aujourd'hui conservé dans l'église de Dammarie (Seine-et-Marne), et connu sous le nom de *Cassette de saint Louis* [89]. Il est certain que ce coffret date du XIII° siècle ; sur le couvercle, outre huit médaillons représentant en relief des animaux, quatre améthystes sont enchâssées sur les encoignures ; sur la face et les côtés sont également disposés des médaillons. Un grand nombre d'écussons, semés entre les médaillons, sont émaillés aux armes de France ancien, de Castille, de Bourgogne ancien, de Guillaume de Courtenay, de Montfort, de Dreux, de Bretagne, de Flandre, de Navarre et Champagne, de Graville, de Dammartin, de Toulouse, de France à trois fleurs de lis, de Coucy, de Beaumont, de Roye, de Champagne, de Jérusalem, de Bar, de Montmorency, de Normandie, et d'Harcourt. L'anse, les équerres, les charnières, la serrure et son morailon sont dorées et émaillées. De petits clous d'or à tête ronde fixent, entre les médaillons et les écus, la plaque d'argent très-mince qui recouvre exactement le bois. Rien n'indique que cette cassette ait eu une destination religieuse, et nous la regardons plutôt comme un de ces précieux écrins qui devaient renfermer des bijoux de prix.

Souvent les coffrets n'étaient que de bois, et n'avaient de valeur que par la délicatesse et le goût des sculptures dont leurs ais étaient couverts.

Voici un de ces coffrets, très-simples comme matière, très-riches par le travail (**fig. 6**) ; il est en bois de châtaignier, avec anses, charnières et serrures en fer [90]. Le dessus que nous reproduisons (**fig. 6 bis**) est remarquable par sa composition. L'anse est munie d'un anneau maintenu par une goupille lâche, de manière à ce qu'en le passant au doigt, le coffret puisse être cependant tourné en tous sens ; procédé qui permettait, en tenant cette anse d'une main, de présenter l'entrée de la serrure en face de l'autre main tenant la clef. Ce coffret présente des figures et des animaux dans des cercles ornés de feuillages ; sur le côté, dans un de ces cercles, est une rose au milieu de laquelle est sculptée en relief la lettre H ; sur des banderoles, portées par les figures, sont gravées des devises.

Souvent, sur les coffrets, étaient sculptées des chasses, des scènes tirées de romans en vogue, des inscriptions, etc. Il existe encore, dans le trésor de l'église de Saint-Bertrand de Comminges, un coffret en bois recouvert de plaques de cuivre jaune estampé, sur lesquelles sont figurés en relief des chevaliers, des dames, des animaux. Les dessins se répètent comme ceux d'une étoffe. Il était d'usage aussi de porter en voyage des coffrets en fer solidement fermés dans lesquels on gardait les bijoux. Voici (**fig. 7**) un de ces coffrets qui date du XV° siècle. Il se compose d'une boîte en chêne recouverte de cuir rouge ; sur le cuir est appliqué un premier réseau de fer étamé, à jour ; puis une seconde enveloppe de fer non étamé, également à jour, laissant voir à travers ses mailles le cuir et le réseau étamé. Des nerfs en fer renforcent le couvercle, et une petite serrure très-solide le maintient fermé. Sur les deux côtés, quatre anneaux permettent d'attacher ce coffret, au moyen de courroies ou de chaînes, à l'intérieur d'un bahut trop lourd pour être facilement soustrait, ou de le porter en croupe, de le réunir au bagage chargé sur des bêtes de somme [91].

[89] Ce charmant coffret est reproduit avec beaucoup d'exactitude dans les *Monuments de Seine-et-Marne*, par MM. A. Aufauvre et C. Fichot. In-f°. Melun, 1854.

[90] Ce coffret, qui date du XIV° siècle, fait partie de la collection de M. A. Gérente ; il est de fabrication rhénane. Il faut dire qu'à cette époque les provinces de l'est de la France et l'Allemagne fournissaient beaucoup de ces menus objets sculptés en bois.

[91] Nous devons ce petit meuble à M. Alaux, architecte de Bordeaux. Les dimensions de ce coffret sont : longueur, 0,17 c.; largeur, 0,13 c.; hauteur, 0,10 c.

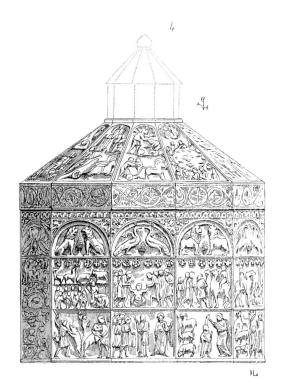

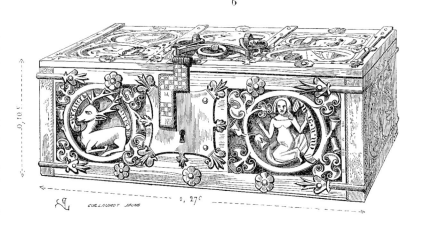

⁹² Le dessin de ce coffret nous a été donné par M. Révoil, architecte à Nîmes.

6bis/Pl. 3

E. Viollet le Duc del.

Aug. Guillaumot sc.

7

8

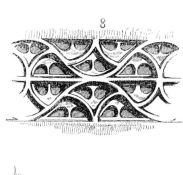

9

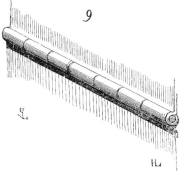

9bis

Voir aussi dans les pages couleurs.

La **figure 8** explique la disposition des deux plaques de fer appliquées l'une sur l'autre ; la charnière occupe toute la largeur du coffret et est formée par les plaques de tôle qui lui servent d'enveloppe **(fig. 9)**.

L'Italie fournit beaucoup de ces petits meubles ; on en trouve encore dans les trésors de nos églises ; ils sont généralement en os ou en ivoire sculpté et en marqueterie. Le trésor de l'église de Saint-Trophime d'Arles en possède un fort remarquable, qui paraît remonter au XIIIe siècle ⁹² **(fig. 9bis)**. Celui de la cathé-

drale de Sens en possède un autre du XIVe siècle. On en voit un grand nombre dans nos musées et dans les collections particulières.

COURTE-POINTE, s. f. *Couste pointe, keutes-pointe.* Grande couverture doublée et piquée, que l'on posait sur les bancs et tous les meubles pouvant servir de sièges ou de lits de repos.

« …. L'empereriz fist traire les dames et les damoiseles en une autre chambre, et entre li et le vallet

s'asistrent sor une cheuche d'une coustepointe cover-
te, et d'un drap de soie [93]. »

COUSSIN, s. m. *Cheuche, coute, coite.* Sac d'étoffe rembourré de laine ou de plumes ; s'entend comme
oreiller, coussin, matelas.

« Couchier. comme sor une coite,
Car la terre estoit douce et moite [94].
...... »

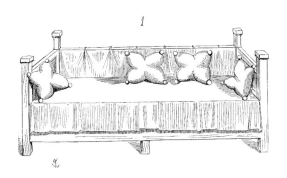

Les assassins de la reine Blanche, femme de don
Pèdre, étouffent cette princesse entre deux matelas :

« Dont prinrent li Juif sans point de l'atargier
La dame, et puis la vont dessus. I. lit couchier ;
Et puis gietent sur lui une coute à ormier [95],
Et puis vont les. II. coutes d'une corde lier,
Et à chascun coron pendirent. I. mortier [96] ;
...... »

On plaçait des coussins sur les sièges en bois ou en
métal, et sous les pieds des personnes assises (voy.
CHAIRE), sur les bancs, les bahuts ou coffres, placés
autour des salles de réception. Ces coussins étaient,
chez les personnages riches, recouverts d'étoffes précieuses, brodées, ou tissées d'or et de vives couleurs ;
ils étaient généralement carrés, avec quatre boutons
ou glands aux quatre angles. Dans les peintures et
vignettes de manuscrits antérieurs au XIIᵉ siècle, on
voit figurer aussi des coussins cylindriques comme
nos traversins. Le XVᵉ siècle, qui apporta un grand
luxe dans l'ameublement, donna aux coussins des
formes appropriées à leur usage particulier ; ainsi,
les coussins de sièges sont épais, larges, carrés ou
ronds ; ceux destinés à être placés sous les pieds sont
quelquefois en forme de boules ; ceux jetés sur les
bancs sont taillés de façon à permettre aux personnes
assises d'appuyer leurs coudes entre leurs oreilles.
C'est ainsi que sont figurés les coussins que nous présente la vignette **(fig. 1)** tirée du manuscrit de Girard
de Nevers, de la Bibliothèque impériale [97]. Les dames
de qualité qui se rendaient à l'église faisaient porter
avec elles des coussins que l'on posait sur les dalles ;
elles pouvaient s'agenouiller ainsi sans trop de fatigue
et sans salir leurs vêtements. Dans les cérémonies,
c'était, comme aujourd'hui encore, sur des coussins
richement drapés que l'on posait les insignes, couronnes, épées, sceptres.

COUVERTURE, s. f. Voy. LIT.

CRÉDENCE, s. f. Petit buffet sur lequel on déposait les vases destinés à faire l'essai. La crédence,
dans l'église, est une tablette sur laquelle on plaçait

les burettes, les linges et tous les menus objets nécessaires aux cérémonies du culte. Jusqu'au XVIᵉ siècle,
une crédence est disposée près de chaque autel et
souvent dans la niche destinée aux piscines.

Mais, jusqu'au XVIᵉ siècle, il n'y avait guère de crédences, c'est-à-dire de tables découvertes près des
autels, mais bien des armoires, soit prises dans la
muraille, soit meubles, dans lesquelles on déposait
le calice, la patène, le voile, le corporal, le pain et le
vin. Dans les églises de l'ordre de Cluny et de l'ordre
de Cîteaux, c'était dans des armoires (meubles) placées vis-à-vis ou au côté droit de l'autel qu'on déposait tout ce qui était nécessaire pour la consécration,
pour la communion des religieux.

Ces crédences sont *immeubles ;* nous n'avons pas à
nous en occuper ici [98]. Quelquefois, sur le côté de
l'autel, est réservée une tablette saillante ou un petit
réduit servant de crédence [99].

Près des tables à manger, lorsque le couvert était
mis [100], on plaçait un meuble qui servait à faire l'essai ;
ce meuble se composait d'une petite armoire fermée
à clef, dont le dessus, recouvert d'une nappe, était
destiné, au moment du festin, à recevoir les vases
que renfermait l'armoire. Avant le XIIIᵉ siècle, ces
petits meubles (autant qu'on en peut juger par l'examen des vignettes des manuscrits ou les sculptures)
sont circulaires et rappellent assez la forme d'un guéridon, d'une table ronde entre les pieds de laquelle
seraient disposées des tablettes. L'un des chapiteaux
du porche de Vézelay [101] nous présente une crédence
assez riche et garnie de ses vases. Cette sculpture **(fig. 1)** appartient au XIIᵉ siècle ; elle représente
probablement l'un des traits de la vie de saint Antoine [102]. Sous la tablette circulaire supérieure s'ouvre
une petite armoire plein cintre, dans laquelle on voit
deux coupes ; en avant, sur un escabeau, reposent
deux vases à col allongé. Dans les vignettes des
manuscrits des XIIIᵉ et XIVᵉ siècles, les vases contenant les liquides soumis à l'essai étaient parfois posés
simplement à terre, et recouverts d'une petite nappe
(fig. 2) [103].

Les reproductions de crédences deviennent fréquentes
dans les manuscrits du XVᵉ siècle, et prennent alors,
dans le mobilier, une assez grande importance.
D'abord fort simples de forme (voy. **fig. 3**) [104] comme
tous les meubles privés, décorées seulement par les
étoffes dont elles étaient couvertes et par leur
construction propre, les crédences s'enrichissent bientôt de sculptures, de délicates serrureries ; puis elles
sont munies de dossiers, ainsi que l'indique la **fig. 4**,
copiée sur l'un des bas-reliefs en bois des stalles de
la cathédrale d'Amiens [105]. Ces dossiers sont même
parfois surmontés de dais sculptés avec luxe (voy.
fig. 5) [106]. Les deux dernières crédences que nous donnons ici indiquent parfaitement l'usage auquel on les
destinait pendant les repas.

Chez les souverains, les grands seigneurs, les crédences étaient souvent garnies d'orfèvrerie, de plats
d'argent ou de vermeil ; on les plaçait d'ordinaire
derrière le maître, auquel on présentait la première
coupe de liqueur après avoir fait l'essai. Les dossiers
des crédences ou les panneaux des vantaux de la petite armoire portent quelquefois l'écusson aux armes
du maître du logis.

[93] Le *Roman des sept Sages.*
Man. Bib. Imp. f. Saint-Germain, n° 1672.

[94] Le *Roman de la Rose.* vers
1403. Édit. de Méon.

[95] Un coussin d'étoffe d'or.

[96] *Chron. de Bertrand du
Guesclin.* vers 6931 et suiv.

[97] Man. fonds La Vallière, n°
92.

[98] Voyez le *Dictionn. de
l'Archit. franç.,* au mot PISCI-
NE.

[99] Idem. Voyez le mot AUTEL.

[100] Il était d'usage, chez les
grands, de servir les mets
couverts jusqu'à l'arrivée des
convives ; d'où est restée
l'habitude de dire *mettre le
couvert* (voy. *Gloss. et
Répert.* de M. le comte L. de
Laborde).

[101] C'est celui qui est placé sur
la colonne engagée à la droite de la porte centrale.

[102] Saint Pierre, dit une légende, apparut à saint Antoine
dans le désert, et partagea un
pain avec lui. Ce même sujet
se retrouve sur un des chapiteaux du XIᵉ siècle de la nef
de la même église.

[103] D'un man. de la fin du XIIIᵉ
siècle, de l'Apocalypse,
appart. à M. B. Delessert.

[104] Man. de la Bib. imp., n°
6984.

[105] Exécutées au commencement du XVIᵉ siècle, ces
stalles reproduisent, dans
leurs sculptures, des meubles
qui appartiennent plutôt au
XVᵉ.

[106] Ce dessin provient des
mêmes sculptures.

Le meuble qu'on désignait, dans le siècle dernier et au commencement de celui-ci, sous le nom de *servante*, rappelait encore la crédence ; il a presque totalement disparu de nos maisons, et n'était plus destiné au même usage que la crédence, puisqu'il était fait pour permettre à un petit nombre de convives de se servir eux-mêmes sans le secours des domestiques et sans être obligés de se lever de table. La *servante*, toutefois, était un meuble commode ; c'était la crédence mise sur quatre roulettes, devenue légère, et privée de l'écuyer ou du familier chargé de faire l'essai. C'est à la fin du règne de Louis XIV, lorsqu'il s'éleva contre l'étiquette ennuyeuse du grand règne une réaction générale, que la crédence devint *servante*. Le gentilhomme qui avait dans son hôtel une nuée de familiers, trouva insupportable de manger devant deux ou trois gaillards chargés de lui donner une assiette ou de lui verser du vin ; il fit approcher la crédence de la table à manger, ferma la porte sur le dos des laquais, et put causer à son aise avec les deux, trois ou quatre convives invités à sa table ; on mit dès lors des roulettes aux pieds de la crédence, et elle prit un nom indiquant son usage. Aujourd'hui, le plus petit bourgeois qui tient un valet à gages se croirait déshonoré s'il se servait lui-même ; s'il invite un ami, quitte à rendre le repas ennuyeux comme un dîner de table d'hôte, il prétend que le laquais soit là. Le bourgeois a repoussé la *servante* de son père avec dédain ; nous en avons vu bon nombre dans les greniers.

Nos buffets de salle à manger et nos caves à liqueur fermées à clef sont encore une dernière tradition de la crédence du moyen âge.

CUIR peint, gaufré, doré (voy. TENTURE). L'usage de peindre, dorer, argenter et gaufrer le cuir est fort ancien, puisque le moine Théophile donne la manière de le préparer pour recevoir la décoration [107]. Mais il semblerait que, de son temps, au XIIe siècle, on n'employait guère le cuir dans l'ameublement que comme un moyen de recouvrir des tables, armoires, panneaux ; il ne paraît pas qu'on en ait fait des tentures fabriquées comme celles que nous possédons encore et qui datent des XVIe et XVIIe siècles. Cependant on savait, dès les premiers siècles du moyen âge, peindre, dorer et gaufrer le cuir libre, non collé sur panneau, et on l'employait dans les équipements et harnachements militaires ; il est donc probable qu'on s'en servait aussi parfois pour recouvrir des meubles, des dossiers de bancs, de stalles, etc. [108] Au XVIe siècle, les cuirs tentures se fabriquaient principalement à Paris, à Rouen, en Allemagne et en Brabant.

DAIS, s. m. *Ciel.* Châssis recouvert d'étoffes et quelquefois accompagné de courtines, que l'on plaçait au-dessus d'un trône, d'un siège d'honneur, ou que l'on transportait sur des bâtons au-dessus d'un personnage à pied ou à cheval. Les trônes, dans les vignettes des manuscrits qui datent des XIVe et XVe siècles, sont presque toujours surmontés de dais très-simples de forme, riches comme étoffe. Voici **(fig. 1)** le trône d'un roi, avec dais, dossier et couverture en étoffe rouge, semés de fleurs de lis d'or [109]. Les dais qui accompagnaient les sièges des personnes souveraines sont ordinairement carrés, sans pavillons ; cette forme était d'étiquette ; les dais avec pavillon au-dessus étaient plus particulièrement réservés aux trônes d'évêques. Les autels, les suspensions, les fonts baptismaux étaient aussi parfois couverts de dais avec pavillon. Voici **(fig. 2)** un dais royal accompagné de deux courtines relevées [110] ; l'étoffe est pourpre avec dessin or ; le bois du trône est complètement doré. Lors des entrées des princes et princesses, des personnes royales, il était d'usage de faire porter un dais au-dessus de leur tête. « Quand nos Rois et Reines font leur première entrée à Paris, c'est à eux (les échevins) d'apporter le ciel d'azur, semé de fleurs de lis d'or, et le mettre et porter parmi la ville par-dessus leurs majestés [111]. » En effet, la **fig. 3** nous représente l'entrée d'Isabeau de Bavière dans la bonne ville de Paris. La jeune reine est montée sur une haquenée ; quatre échevins portent le dais au-dessus de sa tête [112]. On donnait aussi, dans le cérémonial, par extension, le nom de *dais* à l'estrade sur laquelle montaient et se tenaient les personnes royales pendant certaines solennités ; ce n'était toutefois que lorsque ces estrades étaient couvertes d'un *ciel*. On disait dais à queue pour désigner les dais accompagnés de courtines, comme celui représenté **fig. 2** ; dais sans queue, pour désigner les ciels simples composés d'un dessus avec pentes ou gouttières, sans courtines.

[107] Cap. XIX.

[108] Voy. la *Descript. hist. des maisons de Rouen,* par E. Delaquérière, t. I, p. 130, et t. II, p. 168.

[109] Manusc. de la bib. du Corps législ. ; Bible française, n° 35 ; date, 1290.

[110] Manusc. *Le Miroir historial de Vincent de Beauvais.* Bib. imp., n° 6731 ; date, 1423.

[111] Sauval ; pièces justif., p. 246.

[112] Manusc. de Froissart ; bib. imp., fond Colbert, n° 8323, XVe siècle.

DORSAL, s. m. Grande pièce de tapisserie ou d'étoffe que l'on accrochait aux murs d'appui, aux panneaux des chaires, des formes, derrière le dos du clergé, sur le fond des dressoirs chargés de vaisselle. Les stalles des chœurs, des salles capitulaires étaient souvent garnies d'étoffes ou de cuirs gaufrés et dorés. La cathédrale d'Augsbourg a conservé, jusqu'à nos jours, ses dossiers en cuir doré, qui datent du commencement du XVIe siècle. Nos églises françaises étaient fort riches en décorations de ce genre dès les premiers temps du moyen âge. Lorsque Héribert, quarante-neuvième évêque d'Auxerre, après avoir été sacré en 1040, fut porté, suivant la coutume, jusqu'à la cathédrale, sur les épaules de la noblesse, et qu'il eut fait ainsi son entrée dans l'église, « il y fit présent d'une belle et grande pièce de tapisserie ou d'étoffes qu'on appelait du nom de *dorsal,* parce qu'elle servoit à orner les murs d'appui derrière le dos du clergé [113]. » Les anciennes stalles de l'église abbatiale de Saint-Denis étaient encore, du temps de Dom Doublet, garnies de tapisseries semées de fleurs de lis d'or. A la cathédrale de Paris, des tapisseries étaient également suspendues aux dossiers des chaires du chœur avant 1714 [114]. Ce n'était pas seulement le long des meubles fixes, comme les stalles, que l'on plaçait des tentures d'étoffe, c'était aussi contre les dossiers des bancs ou formes disposés autour des appartements dans les palais et maisons. La **fig. 1** [115] représente un de ces meubles civils garni de son dorsal, de sa couverture ou *keutespointe* et de coussins. Ce dorsal est vert avec dessins or. Il est accroché par des anneaux à des boutons fixés au sommet des panneaux du meuble sous le dais saillant, et tombe jusqu'au siège. Ces tentures pouvaient donc être facilement enlevées pour être nettoyées ou remplacées. Il est probable qu'on ne les posait, lorsqu'elles étaient précieuses, que pour les grands jours ; à l'ordinaire, on accrochait des pièces de serge ou d'étoffe commune.

DRAP, s. m. Pièce d'étoffe plus ou moins riche, que l'on posait sur le cercueil d'un mort, ou que l'on jetait sur le corps d'un chevalier, d'un noble tué dans une bataille, avant de l'ensevelir. Quand Charles de Blois est tué devant le château d'Alroy, le comte de Montfort dit à ses chevaliers :

« ….. Seignor, aller cerchant
Le ber Charles de Bloiz, qui est mort en ce champ ;
Et puis le renderay aux gentilz (bourgeois) de Guingamp.
....
Adont le fist partir tost et incontinant
Et couvrir d'un drap d'or, à loi d'omme poissant.
….. [116] »

Dans la tapisserie de Bayeux, on voit la bière du roi Edward portée par huit hommes ; elle est couverte d'un drap très-riche et qui tombe de chaque côté du cercueil. Ces draps semblent n'avoir été, jusqu'au XIVe siècle, qu'une pièce d'étoffe recouvrant les parties latérales de la châsse ou bière ; plus tard, ils furent composés de pièces cousues et enveloppant la bière tout entière comme une housse, ainsi que le fait voir la **fig. 1**, copiée sur une vignette d'un manuscrit du XVe siècle [117]. Ce drap est noir, rehaussé d'or ; il est coupé suivant la forme et la dimension du cercueil et tombe largement tout autour.

Aux XVe et XVIe siècles, il était d'usage de garnir les draps mortuaires d'écussons armoyés aux armes du défunt. Lorsque le personnage était un roi ou un puissant seigneur possesseur de nombreux domaines, on plaçait autour de la bière, sur le drap, les armes de chaque fief. Une croix, ordinairement blanche, était cousue sur l'étoffe, et les insignes de la qualité du mort étaient déposés au centre de la croix. La **fig. 2** donne un exemple de cette disposition.

Il ne paraît pas que le noir fût adopté pour les draps mortuaires ou poëles avant le XVIe siècle [118] ; dans les peintures, les vitraux et les miniatures, les cercueils sont recouverts de draps d'or, chamarrés ou unis, de couleur avec dessins, avec ou sans croix ; au XIVe siècle particulièrement, les draps adoptent les émaux des armes du défunt, car le poële était surtout destiné à faire connaître sa qualité. Ce ne fut guère qu'au XVIe siècle que les poëles furent invariablement noirs et blancs, excepté pour les personnages souverains, qui conservèrent l'or, la pourpre, le violet ou le rouge.

DRESSOIR, s. m. *Dressouer, dreçouer.* Meuble fait en forme d'étagère, garni de nappes et sur lequel on rangeait de la vaisselle de prix, des pièces d'orfèvrerie pour la montre. On disposait, dans les salles de festins, chez les personnages riches, des dressoirs couverts de vaisselle d'argent ou de vermeil, d'objets précieux, de drageoirs, de pots contenant des confitures et des épices. Dans la cuisine ou l'office, le dressoir était destiné à recevoir, dans l'ordre convenable, tous les mets qui devaient être placés sur la table. Dans la chambre, de petits dressoirs supportaient, sur leurs gradins, comme les étagères de notre temps, des vases précieux et les mille superfluités dont les personnes habituées au luxe aiment à s'entourer. Le nombre des degrés du dressoir était fixé par l'étiquette ; telle personne noble pouvait avoir un dressoir à trois degrés, telle autre à deux seulement. Quelquefois la crédence et le dressoir ne font qu'un, ou plutôt le dressoir sert de crédence. La **fig. 1** nous donne un dressoir remplissant cette double fonction [119], un seul gradin porte des plats d'argent appuyées de champ sur un fond couvert d'étoffe. La petite armoire inférieure, servant de crédence, est couverte d'une nappe sur laquelle sont posées trois aiguières également d'argent. Mais le véritable dressoir n'était composé que de gradins avec un dorsal et quelquefois un dais d'étoffe ou de bois sculpté, ainsi que l'indique la **fig. 2**.

« En ladite chambre (de la comtesse de Charolais, femme de Charles le Téméraire) ; il y avoit ung grand dressoir, sur lequel y avoit quatre beaux degrez, aussi longs que le dressoir étoit large, et tout couvert de nappes, ledit dressoir et les degrez estoient tous chargez de vaisselles de cristalle garnies d'or et de pierreries et sy en y avoit de fin or ; car toute la plus riche vaisselle du Ducq Philippe y estoit, tant de pots, de tasses, comme de couppes de fin or. Autres vaisselles et bassins, lesquels on y met jamais qu'en tel cas. Entre autre vaisselle, il y avoit sur ledit dressoir trois drageoirs d'or et de pierreries, dont l'un estoit estimé à quarante mil escus et l'autre à trente mil. Sur ledit dressoir estoit tendu un dorset (dorsal) de drap d'or cramoisy bordé de velours noir, et sur le velours noir estoit brodée de fin or la devise de Monseigneur le Ducq Philippe, qui estoit le fusil. Pour déclarer de

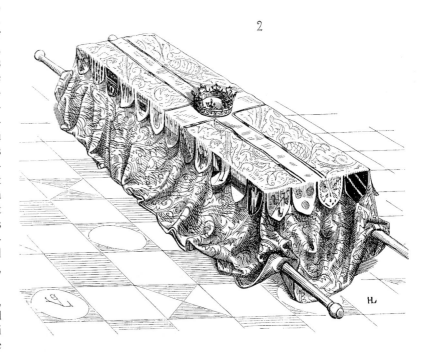

[113] *Mém. concern. l'hist. civ. et ecclés. d'Auxerre,* par l'abbé Lebeuf, t. I, p. 261.

[114] *L'entrée triomphante de LL. MM. Louis XIV et M. Théreze d'Austriche,* etc. Paris, 1662. Pet. in-fo. Voir la gravure, IIe part., p. 29.

[115] Du manusc. *Le Romuléon.* Bib. imp., n° 6984.

[116] Variante : « En bière et bien couvert droitement à Guingant. » *Chron. de Bert. du 3uesclin,* XIVe siècle, t. I, vers 6318 et suiv. *Coll. des doc. inéd. sur l'hist. de France.*

[117] *Le Romuléon,* Man. de la bib. imp., n° 6984. Convoi de César.

[118] Pour la sépulture de l'abbé de Saint-Ouen de Rouen, Jehan Marc-d'Argent, « furent achetés deux biaux draps d'or qui furent bordés de noirs cendaux. » (*Chron. de Saint-Ouen,* recueillie par Franç. Michel, p. 24.)

[119] Du manusc. de l'*Hist. de Girard, comte de Nevers.* Bib. imp., fond la Vallière, n° 92.

2

ouvrir les verrières de sa chambre. Auprès du dressoir à un coing, il y avoit une petite tablette basse, là où l'on mettoit les pots et tasses pour donner à boire à ceux qui venoient voir Madame, après qu'on leur avoit donné de la dragée ; mais le drageoir estoit sur le dressoir [121]. »

Le dressoir décrit ici, placé dans la chambre d'Isabelle de Bourbon, femme du comte de Charolais, depuis Charles le Téméraire, fut garni ainsi richement, à l'occasion de la naissance de Marie de Bourgogne, qui épousa le duc d'Autriche. C'était un usage, lors des couches des princesses, de tenir leur chambre fermée pendant quinze jours, et de la décorer de tout ce que le trésor du palais contenait de plus précieux. Les étoffes prenaient une place importante dans ces meubles ainsi garnis, et servaient de fond à la vaisselle posée sur les gradins ; on voit que l'étiquette, non-seulement imposait le nombre de ces gradins, mais aussi la forme et la dimension du dorsal, du dais et des bordures. Dans la chambre de parade, qui précédait la chambre de l'accouchée, il y avait un autre dressoir très-grand, tout chargé de grands flacons, pots et autre vaisselle d'argent doré, de tasses et drageoirs ; celui-ci était également couvert de nappes sur les degrés et autour, suivant l'usage. Marie de Bourgogne, comme fille du comte de Charolais, et héritière par conséquent, avait cinq degrés à son dressoir ; cependant les reines de France seules jouissaient de ce privilège. Une femme de chevalier banneret n'avait, pendant ses couches, que deux degrés à son dressoir ; une comtesse pouvait en avoir trois [122].

Les dressoirs n'étaient pas toujours disposés pour être adossés à la muraille ; ils étaient isolés quelquefois en forme de buffet (voyez ce mot), ronds, à pans ou carrés. Ce meuble ne paraît guère avoir été en usage avant le XIVᵉ siècle, car, jusqu'alors, les plus riches seigneurs et les souverains ne semblent pas avoir possédé une vaisselle somptueuse. Pendant l'époque féodale, les habitudes de la vie intérieure étaient simples, et les grands possesseurs de fiefs préféraient employer leurs trésors à bâtir des châteaux forts, à tenir près d'eux un grand nombre d'hommes d'armes, à les équiper et les nourrir, qu'à acheter de la vaisselle d'or ou d'argent. C'est depuis Charles V surtout que l'on voit apparaître ce désir d'étaler un luxe excessif. Ni les malheurs qui accablèrent la France pendant le XVᵉ siècle, ni la misère des classes inférieures ne purent arrêter les progrès du mal. Le peu de matières d'or ou d'argent que laissèrent les guerres dans ce malheureux pays étaient soustraites à la circulation pour décorer les dressoirs de la haute noblesse.

Dès la fin du XIVᵉ siècle, la maison de Bourgogne, puissante, possédant les domaines les plus productifs de l'Europe d'alors, faisait parade de sa richesse, donnait des fêtes qui surpassaient comme luxe tout ce que l'on peut imaginer ; la cour de France était plus jalouse encore peut-être de cette splendeur que de la prédominance politique qu'avaient acquise les ducs de Bourgogne. C'était donc à qui, à Paris ou à Dijon, éclipserait son rival par un déploiement de luxe inouï, par la montre d'une grande quantité de vaisselle d'or et d'argent, d'orfèvrerie de table, par des largesses et des fêtes renouvelées à de courts intervalles.

[120] *Mortiers,* chandelle de nuit, qu'on appelait aussi *mortiers de cire.*

[121] Aliénor de Poictiers. *Les Honneurs de la Cour.*

[122] Aliénor de Poictiers.

quelle façon est un dorseret, pour ce que beaucoup de gens ne sçavent que c'est ; un dorseret est de largeur de trois draps d'or ou d'un autre drap de soye, et tout ainsi fait que le ciel que l'on tend sur un lict, mais ce qu'est dessus le dressoir ne le passe point plus d'un quartier ou d'une demi aulne, et est à gouttières et à franges comme le ciel d'un lict, et ce qu'est derrière le dressoir, depuis en hault jusques en bas est à deux costez, bordé de quelque chose autre que le dorseret n'est ; et doit être la bordure d'un quartier de large ou environ, aussi bien au ciel que derrière.

« Item, sur le dressoir qu'estoit en la chambre de ladite dame, avoit toujours deux chandeliers d'argent, que l'on appelle à la cour mestiers [120], là où il y avoit toujours deux grands flambeaux ardens, tant qu'elle fut bien quinze jours avant que l'on commençât à

C'est aussi pendant le XVe siècle que les meubles, et particulièrement ceux d'apparat, prennent une importance inconnue jusqu'alors. Les dressoirs, qui étaient plutôt des meubles de luxe que d'utilité, se rencontrent dans toutes les descriptions de fêtes, de banquets, dans les entrées même des personnes souveraines, car les bonnes villes en établissaient alors, chargés de vaisselle, en plein air ou sur des litières transportées pendant le passage des princes ; ils les suivaient jusqu'à leur logis, où, bien entendu, on les laissait [123] (voy. LITIERE).

ÉCRAN, s. m. *Garde-feu.* Sorte de claie en osier que l'on plaçait devant le feu afin de ne point être incommodé par la trop grande chaleur [124].

« Tables, tretiaulx, fourmes, escrans [125]. »

Les appartements, pendant le moyen âge et jusqu'au XVIIe siècle, étaient chauffés au moyen de très-grandes cheminées dans lesquelles on brûlait des tronçons d'arbres énormes (voy. dans le *Dictionnaire raisonné de l'Architecture* le mot CHEMINÉE) ; ces feux devaient être tellement ardents, qu'on ne pouvait s'en approcher sans risquer, tout au moins, de roussir ses vêtements. Ces écrans en osier, plus ou moins grands, tempéraient la chaleur qui arrivait tamisée à travers les mailles de la claie ; ils étaient montés sur pieds, de manière à pouvoir être posés comme bon semblait. On fabriquait encore des écrans de ce genre, dans l'ouest de la France, à la fin du siècle dernier : souvent aussi on se contentait de les suspendre par deux boucles au manteau de la cheminée, pour pouvoir se chauffer les pieds sans avoir le visage brûlé. Nos aïeux prenaient, pour rendre le voisinage du feu agréable, une foule de précautions de détail qui indiquent combien on appréciait ce compagnon indispensable des longues soirées d'hiver. Si le feu était ardent et remplissait l'âtre, on approchait les écrans, petits et grands, que l'on disposait comme des mantelets pour tempérer le rayonnement de la flamme et de la braise ; si le feu commençait à s'éteindre et n'occupait plus qu'un petit espace du foyer on s'asseyait sous le manteau de la cheminée, sur des escabeaux. Parfois des lambrequins, accrochés au manteau, préservaient le visage des personnes qui voulaient se chauffer debout, en se tenant d'une main à des poignées scellées sous le grand linteau de la cheminée.

Voici **(fig. 1)** la copie d'un meuble qui sert à la fois de siège et d'écran ; c'est un banc double [126], avec dossier roulant sur un axe de manière à s'incliner soit d'un côté soit de l'autre, suivant que les personnes assises veulent faire face au feu ou lui tourner le dos. Ce meuble, placé devant l'âtre, permettait de profiter de toute la chaleur du foyer en s'asseyant du côté qui lui faisait face, ou de s'en garantir en jetant une pièce d'étoffe sur la barre du dossier. Cela est assez ingénieux.

On avait aussi, pendant le moyen âge, des paniers ou coffres d'osier dans lesquels on mettait les jambes lorsqu'on voulait s'asseoir près du feu sans brûler ses chausses [127].

ESCABEAU, s. m. *Escame.* Petit banc, sans dossier, court, bas et étroit.

« Uns compains estoit assomez (assoupi)
Qui romfloit dessus une escame [128]. »

L'escabeau est plus bas que le banc et la chaise ; l'inférieur auquel on permettait de s'asseoir prenait un escabeau **(fig. 1)** [129]. C'était un meuble commode pour causer avec les femmes, celles-ci étant assises sur des bancs ou des chaires ; il permettait de se tourner dans tous les sens, de se déplacer facilement. Aussi, les escabeaux étaient-ils souvent triangulaires **(fig. 2)** [130]. On ne s'en servait pas seulement comme de sièges, mais aussi comme de petites tables basses, ainsi que l'indique la dernière figure ; on posait dessus une tasse, un pot, une assiette pour goûter. Les femmes s'en servaient aussi comme de tabourets, lorsqu'elles travaillaient à l'aiguille et au métier, occupations pendant lesquelles il est nécessaire d'avoir les pieds élevés. Les meubles servant de sièges pendant le moyen âge sont très-variés de forme, de hauteur et de dimension ; autant les uns étaient fixes et lourds, autant les autres étaient légers et mobiles. Ces différences ne contribuent pas peu à donner à la conversation un tour facile, imprévu, piquant ; car, si l'on veut bien le remarquer, rien n'est moins pittoresque qu'une réunion de personnes, hommes et femmes, assis tous sur des sièges de formes et de hauteurs pareilles ; il semble qu'alors la conversation prenne quelque chose de l'uniformité de postures qui résulte de la similitude des sièges ; nous ne savons si la décence y gagne, mais certainement l'esprit y perd quelque chose de sa liberté.

[123] Suivant Nicod, ce qui distingue le dressoir du buffet, c'est que le premier n'a jamais de tiroirs ni d'armoires à portes. Le dressoir ne sert qu'à étaler la vaisselle qu'on tire du buffet. « Jacquemart Canisset, charpentier, fait un *drechoir à coulombe* (à tablettes ou compartiments) pour l'hôtel de ville de Béthune au commencement du XVIe siècle. » (Voy. *Les Artistes du nord de la France,* par M. le baron de Mélicocq. Béthune, 1848.)

[124] « A Noel l'escrainier, pour II grans écrans d'osier ; à lui pour II petits écrans d'osier achetés pour la chambre du roy et de Monseigneur de Valois. » Compte des dépenses du roi Charles VI, année 1382.

[125] *Le Miroir de Mariage* ; Eustache Deschamps, XIVe siècle.

[126] *Le Romuléon.* Man. de la Bib. imp., n° 6984.

[127] Pendant le dernier siècle (XVIIIe) encore, lorsque les hommes portaient tous des culottes et des bas de soie, on laissait, près de la cheminée, des jambards ou sortes de bottes en carton ou en osier, dont on avait le soin de s'armer pour se chauffer sans se rôtir les jambes.

[128] *Le Dit du Jeu des dés.* Eust. Deschamps, XIVe siècle.

[129] Man. de l'*Hist. de Girart de Nevers.* Bib. imp., fond La Vallière, n° 92, XVe siècle.

[130] Ibid.

[131] Pièce d'étoffe jetée sur un banc.

[132] *Les Honneurs de la Cour.* Aliénor de Poictiers (XVᵉ siècle).

Nous voyons que, pour rompre cette monotonie de poses, les hommes ont pris l'habitude de parler debout aux femmes assises ; mais celles-ci, le cou tendu, la tête levée, éprouvent de la fatigue, et bientôt de l'ennui par conséquent. Nous avons, au contraire, observé que, les hommes étant assis plus bas que les femmes, chacun se trouve dans la posture qui prête le mieux à une conversation suivie.

Les escabeaux étaient donc nombreux dans les appartements du moyen âge ; ils accompagnaient les grands sièges, et les hommes, dans la familiarité, les prenaient volontiers. Chez les gens riches, ces escabeaux étaient couverts de petits coussins ou de *banquiers* [131].

« Item, en la chambre des dames doit avoir une chaire à doz emprez le chevet du lict, couverte de velours ou d'aultre drap de soye, ne chault de quelle couleur il soit ; mais le velours est le plus honorable qui le peut recouvrer. Et au plus près de la chaire y aura place où l'on peut mettre un petit banc sans appois (sans appui ni bras), couvert d'un banquier, et des quarreaux de soye ou aultres pour s'asseoir quand on vient veoir l'accouchée [132]. »

Nous donnons, pour clore cet article, un joli escabeau copié sur les bas-reliefs des stalles de la cathédrale d'Amiens **(fig. 3)**.

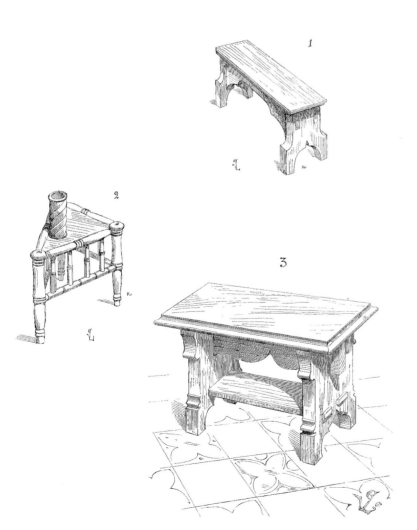

FAUTEUIL, s. m. *Fadesteuil, faudesteuil, faudestuef, faudestuel* [133]. C'est un pliant en bois ou en métal que l'on pouvait transporter facilement et qui, recouvert d'un coussin et d'une tapisserie, servait de siège aux souverains, aux évêques, aux seigneurs ; c'est, à proprement parler, un trône. Le plus ancien de ces meubles connu est certainement le fauteuil dit de Dagobert, conservé dans la Bibliothèque impériale, provenant du trésor de Saint-Denis, et dont la fabrication est attribuée à saint Éloi. Nous ne reviendrons pas sur ce qui a été dit à propos de ce précieux meuble par M. Ch. Lenormant [134] ; la notice de ce savant archéologue est aussi complète que possible, et nous paraît prouver, de la manière la plus évidente, que le trône de Dagobert appartient aux premiers temps mérovingiens, et n'est pas, comme on l'a prétendu, une chaise consulaire antique. Cette forme de siège se trouve d'ailleurs reproduite dans les manuscrits d'une époque fort reculée (VIIIᵉ, IXᵉ et Xᵉ siècles), et persiste jusqu'au XVᵉ siècle. Que le *faldistorium* soit une tradition antique, cela ne peut être nié ; mais le moyen âge en fit de nombreuses applications, et le fauteuil fut toujours considéré comme un siège d'honneur. « Le fauteuil de l'évêque, dit Guillaume Durand [135], désigne la juridiction spirituelle qui est annexée à la dignité pontificale…. »

Voici **(fig. 1)** Nabuchodonosor assis sur un faudesteuil copié sur un manuscrit du IXᵉ au Xᵉ siècle [136]. Ce meuble est élevé, les pieds du roi ne touchent point à terre. Nous ne pensons pas que ce soit là une fan-

taisie du dessinateur, car cet exemple n'est pas le seul. Ce n'était pas sans raison que ces meubles se pliaient facilement ; dans les temps mérovingiens et carlovingiens, les souverains étaient souvent en campagne ; Grégoire de Tours nous fait voir sans cesse le roi recevant en plein champ sous une tente ou même à l'abri des forêts ; on ne pouvait transporter, sur les chariots qui suivaient la cour, un mobilier considérable ; on se contentait de quelques bancs assez bas, sortes d'escabeaux, et d'un trône pour le roi ; ce trône était fait de façon à se plier. Cette vie nomade contribua, nous le croyons, autant que les traditions romaines, à faire conserver le faudesteuil comme siège d'honneur, à cause de la facilité avec laquelle on pouvait le transporter et le monter en tous lieux ; peut-être alors tenait-on à ce qu'il fût assez élevé pour dominer une assemblée de personnes debout. Plus tard, en conservant la forme traditionnelle de pliant donnée au faudesteuil, ces meubles n'étant plus sans cesse chargés sur des chariots ou sur des bêtes de somme, on les fit plus larges et on les posa sur une estrade, où ils furent accompagnés d'un escabeau sur lequel les pieds du personnage s'appuyaient. « L'escabeau, dit Guillaume Durand [137], ou marche-pied (*scabellum*) (qui accompagne le faudesteuil), désigne la puissance temporelle, qui doit être soumise à la puissance spirituelle... » C'est possible ; mais il devient un appendice obligé des fauteuils laïques aussi bien que des trônes épiscopaux dès le XIIe siècle.

La **fig. 2** nous montre un roi assis sur un faudesteuil, avec un large escabeau en avant [138]. Ce siège est fort élevé et présente cette particularité que les deux montants de derrière sont beaucoup plus hauts que ceux de devant ; ce n'est plus là, par conséquent, un meuble facile à transporter. Au XIIe siècle déjà, le trône dit de Dagobert avait été restauré par Suger, et de pliant il était devenu rigide, au moyen de l'adjonction d'un dossier en bronze [139].

Contrairement au dernier exemple **(fig. 2)**, les branches du faudesteuil sont habituellement terminées, à leur partie supérieure, par des têtes d'animaux. M. C. Lenormant regarde l'adjonction des têtes et pattes de lion aux branches de la chaise curule antique comme une modification qui eut lieu sous l'influence des idées chrétiennes. « Le lion, dit-il, est, dans le langage allégorique de notre religion, l'emblème de la justice, à cause des deux lions qui formaient les bras du trône de Salomon, le roi juste par excellence, et des douze lionceaux qui en ornaient les marches. » Cependant les têtes d'animaux qui terminent les quatre montants du trône de Dagobert sont des têtes de panthères, ainsi que celles figurées sur le dessin **(fig. 2 bis)** [140]. Ce dernier exemple nous fournit encore un renseignement précieux : c'est la draperie ou tapis jeté sur le faudesteuil et qui tombe presque jusque sur le marche-pied. Nous voyons ce morceau d'étoffe figuré sur presque tous les trônes pliants du XIIe siècle, et, plus tard, il prend une grande ampleur.

Les sceaux royaux français, à partir du XIIe siècle jusqu'au XVe, présentent des exemples assez nombreux de trônes pliants, rarement avec des têtes de lions ; ce sont des panthères, des dragons, des levriers, des chiens ; le roi Jean est figuré sur un trône termi-

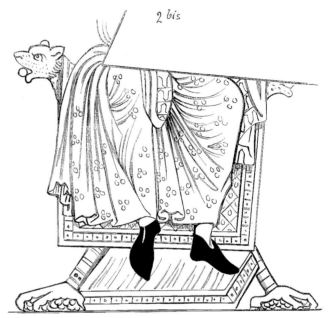

né par des têtes d'aigles, peut-être, ainsi que l'observe M. Ch. Lenormant, en l'honneur du patron du roi, saint Jean.

Au XIVe siècle, les faudesteuils royaux sont accompagnés de dossiers avec dais et estrade ; des lionceaux servent de marche-pied. C'est ainsi qu'est figuré le fauteuil de Charles V sur le sceau de ce prince. La **fig. 3** nous montre ce meuble, que la belle exécution du creux permet de rétablir d'une façon complète.

Mais vers le XVe siècle, les formes du faudesteuil s'altèrent ; ne conservant du pliant que l'apparence, il est accompagné de dossiers, de barres, qui le rendent fixe et lourd. Nous donnons comme un des derniers vestiges de ce meuble un fauteuil copié sur les bas-reliefs en bois des stalles de la cathédrale d'Amiens **(fig. 4)**. Il est décoré de franges attachées aux barres horizontales, suivant un usage assez répandu à la fin du XVe siècle, au moyen de bandes de tôle étamée clouées sur le bois ; plus tard encore, les bandes de tôle sont remplacées par des galons en passementerie. Ces petites franges se retrouvent sur les bois des fauteuils jusque vers le milieu du XVIIe siècle.

[133] *Faldistorium, sella plicatilis...* Ducange, Gloss. — *Unam cathedram, quam faudestolam vocant...* Matt. Paris, *in Vitis abbat.* S. Albini.

[134] *Mélanges d'archéol.,* par les RR. PP. Martin et Cahier, t. I, p. 457. Et à la suite de la notice de M. C. Lenormant, la gravure fidèle du fauteuil de Dagobert.

[135] *Rational,* t. II, cap. XI.

[136] Bible, manusc. n° 6-3. Bib. imp.

[137] *Rational,* I. II, cap. XI.

[138] Bible franç., manusc. de 1294, n° 35. Bib. du Corps législatif.

[139] Voy. les *Mélanges archéol.* des RR. PP. Martin et Cahier.

[140] Manusc. d'Herrade de Landsberg, XIIe siècle. Bib. de Strasbourg.

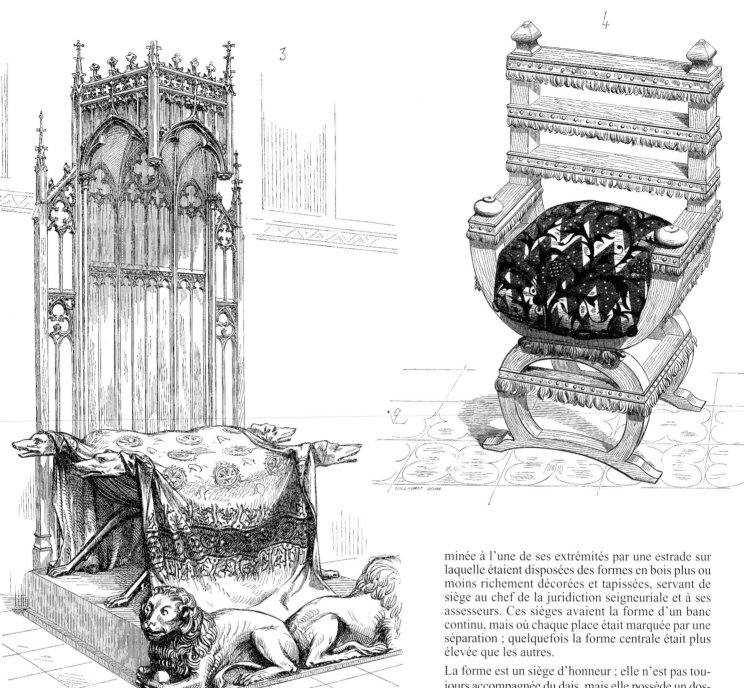

FORME, *fourme.* Mot qui s'emploie quelquefois comme *chaire* (siège), mais plus généralement comme banc divisé en stalles avec appui, dossier et dais. On donnait aussi le nom de *fourmes* aux stalles des églises. Nous n'avons pas à nous occuper ici des stalles fixes, qui sont immeubles ; nous ne parlerons que des bancs divisés par des appuis, qui conservent le caractère d'un meuble pouvant être déplacé. Nous avons dit ailleurs déjà que les sièges étaient, pendant le moyen âge, de formes et de dimensions très-variées. Les grandes salles des châteaux étaient destinées à divers usages ; c'était là qu'on recevait, qu'on assemblait les vassaux, que la famille se réunissait, qu'on donnait les grands repas, que le seigneur rendait la justice. La grande salle était ordinairement ter-

minée à l'une de ses extrémités par une estrade sur laquelle étaient disposées des formes en bois plus ou moins richement décorées et tapissées, servant de siège au chef de la juridiction seigneuriale et à ses assesseurs. Ces sièges avaient la forme d'un banc continu, mais où chaque place était marquée par une séparation ; quelquefois la forme centrale était plus élevée que les autres.

La forme est un siège d'honneur ; elle n'est pas toujours accompagnée du dais, mais elle possède un dossier.

Les peintures murales, les vignettes des manuscrits et les bas-reliefs des XIᵉ et XIIᵉ siècles, nous présentent des formes généralement dépourvues de dais mais divisées par stalles avec dossier. Pendant l'époque romane, et jusqu'à l'entier développement du style adopté au XIIIᵉ siècle, ces sièges à plusieurs places sont massifs et ne pouvaient se transporter facilement. S'ils sont en bois, ils paraissent taillés et sculptés à même de pièces énormes de charpente. Ce n'est pas par l'élégante combinaison des différents membres de la menuiserie que ces meubles se font remarquer, mais bien plutôt par l'éclat des peintures ou des étoffes dont ils sont couverts. S'ils se composent de riches matières, telles que l'ivoire, des bois précieux, de l'or, de l'argent, ou même de l'étain, leur caractère général conserve une certaine lourdeur en harmonie avec le style adopté dans l'architecture ; mais ils se couvrent de dessins très-fins obtenus par des incrustations ou de la marqueterie.

Il n'existe plus nulle part, que nous sachions, de ces meubles entiers d'une époque aussi reculée ; on n'en trouve que des fragments épars dans des musées, fragments qui ont changé bien des fois de destination, et qui n'ont été conservés qu'à cause de la richesse des incrustations. Mais nous en trouvons un grand nombre dans les manuscrits carlovingiens et même dans ceux du XIIe siècle. Le beau manuscrit d'Herrade de Landsberg, de la bibliothèque de Strasbourg, contient plusieurs formes qui paraissent être entièrement décorées de fines incrustations. Nous en choisissons une entre autres à trois places, servant de siège à trois apôtres. Plutôt que de copier en *fac-simile* cette vignette, qui explique grossièrement la combinaison et les détails de cette forme, nous croyons plus utile pour nos lecteurs d'en donner ici **(fig. 1)** comme une sorte de traduction, afin de faire mieux comprendre la disposition et le mode de décoration de ce meuble roman. L'ivoire était, pendant toute la période romane, souvent employé dans la composition des sièges, des tables, et des meubles à la portée de la main ; cette matière était tournée, gravée de dessins délicats que l'on remplissait d'une matière noire, rouge ou verte, ou bien en placages également gravés, et collés ou cloués sur une carcasse en bois. C'est d'après ces données que nous supposons que la forme **(fig. 1)** est fabriquée. Les montants de face, les appuis et les pieds sont en partie composés de morceaux d'ivoire et de plaques gravés et niellés. L'appui est une marqueterie d'ivoire, de bois et de morceaux de métal ; un tapis sans coussins couvre la tablette servant de siège. Une marche en bois, plaquée d'ouvrages de marqueterie, est, suivant l'usage, placée en avant du siège. Toutes les salles intérieures des palais, des monastères et des habitations privées étant toujours carrelées ou dallées, il était nécessaire de disposer sous les pieds des personnes assises un parquet tenant au siège.

Les formes romanes ou de la période ogivale conservent un aspect sévère, une sorte de rigidité que nous ne trouvons pas dans les autres sièges ; c'est que les formes étaient destinées, dans l'ordre religieux ou civil, à des personnes remplissant de graves devoirs, pendant l'accomplissement desquels il était convenable de garder une posture décente. Nous voyons ces meubles garnis de tapis le plus souvent sans coussins. Les dossiers sont droits, les appuis disposés plutôt pour servir de séparation que d'accoudoirs. Vers la fin du XIIe siècle, les dossiers prirent plus de hauteur, et, plus tard encore, ils furent souvent surmontés de dais. Nous trouvons dans quelques manuscrits des formes qui semblent avoir été disposées pour que les assesseurs du personnage principal ne puissent converser entre eux pendant la séance.

Nous donnons **(fig. 2)** un de ces sièges [141]. La forme centrale est élevée de deux marches et placée en avant des formes secondaires ; ces dernières sont comme autant de niches carrées en bois complètement séparées les unes des autres par des cloisons pleines. On comprend qu'une pareille disposition ne permettait aux assesseurs ou auditeurs aucune distraction ; mais aussi devaient-ils s'endormir volontiers dans leur compartiment, pour peu que la cause ou la discussion se prolongeât.

[141] *Le Romuléon,* man. n° 6981. Bib. imp. (XVe siècle).

[142] Il existe, dans le musée de Cluny, une forme à trois places qui provient de quelque salle capitulaire probablement ; les sièges sont à bascule, avec miséricordes. Ce meuble date de la renaissance ; mais il a certainement été recomposé en grande partie au moyen de divers fragments. Toutefois il est bon à consulter comme disposition générale. La forme présentée ici est prise de morceaux de boiseries placés aujourd'hui dans le chœur de l'église Saint-Andoche de Saulieu.

[143] « Ordo cereorum instar rastri circa altare. Usus culturæ cenoman. Mss. accendantur omnes lampades Ecclesiæ et *rastrum* ante et retro. » Consuet. Mss. S. Crucis Burdegal. ante anno 1305 : « Debent portari cadavera familiarium per quatuor familiares dicti monasterii coram altari B. M. V. extra januaria ejusdem altaris, et *rastellum* ejusdem altaris debet compleri de candelis. » Ducange, *Gloss.*

S'il nous reste en France un assez grand nombre de formes fixes ou stalles, nous n'en possédons pas de mobiles composées d'un grand nombre de sièges. Celles que l'on voit dans quelques musées ou collections particulières ne comprennent guère que trois places, et datent des XVe et XVIe siècles ; ce sont des formes provenant de pièces d'appartements privés pour la plupart. Ce qui distingue particulièrement les formes en usage dans l'ordre civil des formes usitées dans l'ordre religieux, c'est que les premières ne sont que des bancs divisés, tandis que les autres sont faites comme de véritables stalles ; c'est-à-dire que les sièges sont à bascule, se relèvent au moyen d'un axe et permettent aux personnes qui veulent s'en servir, ou de s'asseoir sur la tablette abaissée, ou de se tenir à peu près debout, tout en s'appuyant sur une petite console ménagée sous la tablette relevée, console appelée *patience* ou *miséricorde.* Dans ce cas, la forme mobile n'est réellement qu'une fraction des stalles continues fixes. Nous pourrions donner des exemples de ces formes d'usage religieux tirés de manuscrits ; mais les vignettes n'indiquent toujours que d'une manière assez vague ou conventionnelle les dispositions de ces meubles, et nous préférons présenter à nos lecteurs une forme dont la composition est fournie par ces renseignements peints, et dont les détails sont tirés de stalles fixes existantes. Nous croyons donner ainsi à notre exemple une application plus utile [142]. La **fig. 3** explique clairement ce qu'était la forme d'usage religieux au XIIIe siècle.

Lorsque les trônes épiscopaux ne furent plus placés au fond de l'abside, comme dans la primitive Église, on les disposa généralement à côté du maître autel : « Dans l'église cathédrale de Sens, dit le sieur de Mauléon (*Voyages liturgiques en France*), vis-à-vis du grand autel du côté de l'épître, il y a un fort beau banc, grand et long, composé de cinq sièges toujours en baissant, dont le premier, qui est le plus haut, est pour le célébrant, et les autres pour les diacres et sous-diacres. Immédiatement au-dessous est la chaire de l'archevêque, qui est assez belle, et de menuiserie bien travaillée. » Le trône épiscopal se trouvait ainsi en haut des stalles du chœur et était souvent accompagné de deux sièges plus bas. Cet ensemble constituait une forme à trois places, et était décoré avec un certain luxe. Malheureusement les XVIIe et XVIIIe siècles firent disparaître ces beaux meubles des chœurs de nos églises pour les remplacer par de lourdes charpentes décorées de sculpture de mauvais goût et de draperies simulées en bois, avec force glands, nœuds et franges également en menuiserie ; ou bien encore, enlevés pendant la révolution, on leur substitua des estrades avec fauteuils et tentures provisoires, souvent d'un aspect peu convenable. Les prélats veulent avec raison aujourd'hui rétablir ces meubles nécessaires au service religieux, et beaucoup d'architectes cherchent, soit à se rattacher à des traditions perdues, lorsqu'il s'agit de replacer ces trônes avec leurs accessoires, soit à satisfaire au programme, en donnant un libre cours à leur imagination.

Au mot TRONE, nous essayerons de fournir les documents qui peuvent être utiles en pareil cas.

3

HERSE, s. f. *Ratelier.* Sorte de traverse de fer, de cuivre ou de bois posée sur un ou deux pieds, ou suspendue par des potences, sur laquelle on disposait des cierges dans les chœurs, à côté ou devant l'autel, devant les châsses des saints, près des tombeaux particulièrement vénérés, dans certaines chapelles. Ce meuble est encore en usage dans les églises ; il se compose habituellement aujourd'hui d'un triangle de fer hérissé de pointes verticales, en forme d'if, destinées à retenir de petits cierges.

« Entre le chœur et le sanctuaire (de la cathédrale de Lyon), au milieu est un chandelier à sept branches appelé *râtelier,* en latin *rastrum* ou *rastellum* [143], composé de deux colonnes de cuivre hautes de six pieds, sur lesquelles il y a une espèce de poutre de cuivre de travers, avec quelques petits ornements de corniches et de moulures, sur laquelle il y a sept bassins de cuivre avec sept cierges qui brûlent aux fêtes doubles de première et de seconde classe….. A cette porte (du haut du chœur) il (l'archevêque) salue d'une inclinaison de tête l'autel, puis étant à côté du râtelier ou chandelier à sept branches, il ôte sa mitre [144]. »

La gravure que le sieur de Mauléon donne de ce meuble est fort grossière ; elle ne peut que nous fournir un renseignement plus précis que le texte. Nous chercherons à l'interpréter ici du mieux qu'il nous sera possible **(fig. 1)**. Les colonnes cannelées qui supportent la traverse feraient supposer que la herse de la cathédrale de Lyon pouvait appartenir au style du sanctuaire (fin du XIIe siècle), dans lequel on remarque un grand nombre de pilastres cannelés. L'une des deux colonnes porte un crochet. « L'encensoir est accroché, dès le commencement de vêpres, au pilier droit du râtelier, et la navette est au milieu de l'autel. Le thuriféraire, qui doit être sous-diacre et en aube et rabat, sans amict, prend l'encensoir en passant….. [145] »

Les herses ou râteliers fournissaient aux artisans du moyen âge un beau programme ; ils durent en profiter avec le goût qu'ils savaient mettre dans tous les objets d'un usage habituel. Les manuscrits et les vitraux reproduisent un grand nombre de ces meubles, dont il ne reste guère de traces dans nos églises.

La **fig. 2** représente une herse figurée dans un des manuscrits de la Bibliothèque impériale [146], dont la disposition est originale ; elle paraît être en métal, sa forme ne se prêtant guère à l'emploi d'une autre matière, et porte cinq cierges. Quelquefois les herses se composaient simplement d'une tringle fixée à la muraille sur deux consoles ; telle est celle que nous montre la **fig. 3** [147]. Ce râtelier est posé à côté d'un autel, et devait recevoir les cierges que les fidèles faisaient brûler en grand nombre devant l'autel ou la statue de Notre-Dame. De là vient le dicton, lorsque quelqu'un avait évité un péril : « Il doit un beau cierge à la sainte Vierge. »

Dans le chœur de l'église cathédrale de Bourges, il existait encore, au commencement du dernier siècle, ainsi que le constate le sieur de Mauléon, dans ses *Voyages liturgiques en France,* une grande herse, dont il donne, du reste, une description assez vague : « Au pied du cierge, dit-il, qui brûle devant le Saint-Sacrement, est une barre de fer grosse comme le bras, laquelle soutient une petite poutre longue du travers du chœur, sur laquelle sont trente-deux cierges. De là jusques à l'autel il y a six grands chandeliers de cuivre hauts de quatre ou cinq pieds….. »

Les râteliers étaient souvent posés sur un seul pied ; c'étaient alors de véritables chandeliers. Beaucoup d'églises en possédaient, ordinairement à sept branches, en mémoire du célèbre chandelier du temple de Jérusalem. Un assez grand nombre de ces objets nous ont été conservés ; nous avons cru devoir les classer parmi les *ustensiles* (voy. CHANDELIER).

Autour des tombeaux dans les églises, on plaçait aussi, le jour des Morts, de ces râteliers de fer ou de cuivre, que l'on couvrait de cierges. Les tombeaux élevés par saint Louis, dans l'église de Saint-Denis, aux rois de France ses prédécesseurs, étaient presque tous munis, du côté de la tête, de deux colonnettes

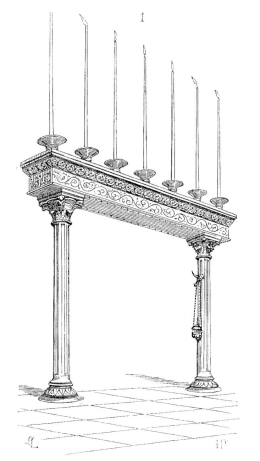

[144] *Voy. liturg. de France,* par le sieur de Mauléon, p. 44.

[145] *Voy. liturg. de France,* par le sieur de Mauléon, p. 46.

[146] Anc. f. Saint-Germ., n° 37 (XIIIe siècle). Bib. imp.

[147] *Mss. des Miracles de la sainte Vierge.* Bib. du sémin. de Soissons (XIVe siècle) : « Du cierge qui descendi sus la viele au vielecus devant lymage Notre-Dame. »

[148] *Hist. de Bourgogne,* par dom Plancher, t. I, p. 48.

[149] Vers 21288 et suiv.

[150] Mém. d'Olivier de la Marche, liv. II.

[151] *Le Mirouer de Mariage.* Eust. Deschamps (XIVᵉ siècle).

sur les chapiteaux desquelles on devait poser une tringle garnie de bassins pour recevoir des lumières. Les vestiges de cette disposition nous sont conservés dans le curieux recueil de Gaignères, faisant aujourd'hui partie de la bibliothèque Bodléienne à Oxford (voyez le *Dictionnaire d'Architecture,* au mot TOMBEAU).

HORLOGE, s. f. Nous ne parlons ici que des horloges meubles, non des horloges fixes, comme celles qui tiennent à un monument et sont destinées à donner l'heure aux habitants d'une cité ou d'un quartier. L'usage de placer des horloges dans l'intérieur des appartements n'est pas nouveau ; toutefois, jusqu'au XVᵉ siècle, ce meuble était un objet assez rare pour que l'on ne le trouvât que dans des palais, des monastères ou des châteaux. Dans l'antiquité et dans les premiers temps du moyen âge, on avait déjà des horloges transportables dont le mouvement était produit par l'écoulement de l'eau (clepsydre). En 505 ou 506, Gondebaud, possesseur du royaume de Bourgogne, reçut de Théodoric, roi d'Italie, deux horloges, dont l'une était mue au moyen de l'eau [148]. Les statuts de l'ordre de Cîteaux parlent d'horloges meubles mues par des rouages et des poids. Plus tard, nous les voyons mentionnées dans le *Roman de la Rose :*

Et refait sonner ses orloges,
Par ses sales et par ses loges,
A roës trop sotivement
De pardurable movement [149].

Nous n'essayerons pas de décrire le mécanisme de ces horloges primitives ; cela devait ressembler beaucoup à ces *coucous* que l'on rencontre encore dans presque toutes les maisons de paysans de notre temps. Quant à la boîte dans laquelle était renfermé le mécanisme, elle pouvait être plus ou moins richement

1

3

décorée de sculptures et de peintures, mais ne se composait que d'ais de bois, sorte de petite armoire au milieu de laquelle se détachait le cadran, la sonnerie était placée au-dessus, presque toujours visible ; c'était le clocher de l'horloge. Ce petit meuble, dont le mécanisme était mu par des poids, ne pouvait être placé sur une table ou sur une console ; on le suspendait à la muraille, assez haut pour que les poids pussent parcourir une distance aussi longue que possible.

Nous voyons figuré, dans le bas-relief de l'Annonciation des stalles de la cathédrale d'Amiens, une horloge d'appartement dont la forme appartient aux dernières années du XVᵉ siècle **(fig. 1)**. Dans cet exemple, on se rend parfaitement compte du mécanisme au moyen duquel le marteau frappait sur le timbre supérieur fait en forme de toit conique.

Il était d'usage, dans les tournois, de limiter parfois la durée des joûtes entre deux champions à la durée d'un sablier qu'on appelait horloge. Celui qui, des deux adversaires, pendant cet espace de temps, avait obtenu un plus grand nombre d'avantages, était déclaré vainqueur. On empêchait ainsi que des joûtes à armes courtoises, ne pussent, par suite de l'acharnement des joûteurs, dégénérer en luttes sanglantes.

« Aussi tost qu'ils eurent d'un costé et d'autre les lances sur la cuisse, le nain (qui estoit sur le perron) drécea son horloge (qui estoit de verre plein de sablon, par tout le cours d'une grande demye heure), et puis sonna sa trompe tellement que les deux chevaliers le purent ouyr. Si mirent les lances es arrest, et commencèrent leur jouste, laquelle fut bien courue et joustée… et durant celle demye heure rompit le chevalier à l'Arbre d'or plus de lances que le chevalier venant de dehors, parquoy il gaigna la verge d'or comme il estoit contenu es articles du pas. Ainsi se passa la demye heure que tout le sablon fut coulé… [150] »

HUCHE, s. f. Meuble en forme de coffre monté sur quatre pieds, avec dessus formant couvercle.

« Il faut escrins, huches et coffres [151]. »

(Voy. BAHUT). Nos paysans ont encore conservé la huche ; ce meuble sert à renfermer la farine pour faire le pain, et à façonner la pâte.

IMAGE, s. f. (*ymage*). On donnait ce nom, pendant le moyen âge, à toute représentation sculptée ou peinte qui décorait l'extérieur ou l'intérieur des monuments et des habitations privées. Une suite de ces images sur un portail, autour d'un chœur, s'appelait *ymagerie,* et l'on désignait sous la dénomination d'*ymagiers* les artistes peintres ou sculpteurs chargés d'exécuter ces représentations fréquentes. Mais nous n'avons à nous occuper ici que des images meubles, de celles qui, comme nos tableaux ou nos œuvres de sculpture transportables, sont disposées dans nos intérieurs d'églises ou d'appartements, sur des meubles, ou appendues aux murailles. Ces images meublantes étaient, le plus souvent, dans les appartements, enfermées dans des sortes de petites armoires dont les ventaux étaient décorés de peintures ou même de sculpture. Dans les chambres à coucher, par exemple, il y avait toujours une image de la Vierge ou de Notre-Seigneur, ou du patron de l'habitant. Les ventaux qui la cachaient ne s'ouvraient qu'au moment de la prière du matin ou du soir, ou lors de quelque solennité de famille. Les musées et les collections particulières renferment un grand nombre de ces images, mais presque toutes des XVe et XVIe siècles, alors que l'intérieur des appartements était, même chez les petits bourgeois, décoré avec un certain luxe. Le musée de Cluny, à Paris, possède, entre autres, deux images à volets, que nous donnons ici **(fig. 1 et 2).** La première représente une Vierge avec l'Enfant Jésus surmontée d'un dais ; sa disposition générale est assez adroitement combinée. La seconde représente la sainte Trinité dans le panneau du milieu ; deux anges, sculptés dans les panneaux des volets, jouent des instruments de musique. On lit, dans le livre ouvert sur les genoux du Père et du Fils : *Ego sum via, veritas et vita.* Dieu le Père, ainsi qu'il était d'usage parmi les imagiers du XVe siècle, est représenté en pape, la tiare à triple couronne sur la tête. Le Fils n'est vêtu que d'un manteau. Derrière cette image, on lit l'inscription suivante :

A seur Perrette
Dobray et luy feut doñee
L'an MVXLII au moy de
decembre par ses frères et seur
Et a couste XVIII^l X^s I^d.
Je prie à tous ceulx et celles qu'y
prendront devo^n ce gardent de
La gaster et prie po^r moy et po^r
Ceulx q^l me lont donnee
Se^r Perrette Dobray.

Le désir de Perrette Dobray a été respecté ; l'image est demeurée à peu près intacte : ces images faisaient donc partie du mobilier des chambres à coucher ; on se les donnait en cadeau, comme aujourd'hui ces petits meubles qui abondent dans les appartements des femmes.

Les tablettes sculptées en bois ou en ivoire à deux ou trois panneaux, et qu'on désigne ordinairement sous le nom de dyptiques ou de tryptiques, ne sont autres que des images destinées à être transportées dans les voyages ou à décorer la ruelle d'un lit, le dessus d'un prie-Dieu, ou ces petits oratoires qui avoisinaient souvent les chambres à coucher. Il existe encore un grand nombre de ces précieux objets qui datent des XIIIe et XIVe siècles, ce qui fait supposer qu'alors on en trouvait dans les appartements des

bourgeois comme des seigneurs. Toutefois il est rare d'en rencontrer dont l'exécution soit parfaite : on voit que ces images se fabriquaient en grand nombre et pour toutes les bourses. Lorsque les images d'ivoire à deux ou trois volets, des XIIIᵉ et XIVᵉ siècles, sont belles et exécutées avec soin, ce sont des œuvres d'art fort remarquables.

Une des plus belles que nous connaissions appartient encore, nous le croyons, à M. le prince Soltykoff, et date du milieu du XIIIᵉ siècle ; elle se compose d'une tablette centrale accompagnée de deux autres tablettes formant volet, le tout en ivoire. Les sujets sculptés sont divisés en trois zones, décorées de colonnettes très-délicates et d'une riche arcature.

Les images portatives en bois ou en ivoire n'avaient pas toujours un caractère religieux ; il en existe qui étaient évidemment destinées seulement à récréer les yeux, et qui représentent des jeux, des chasses, des passe-temps de nobles et de damoiselles ; mais ces sculptures sont comparativement en petit nombre

Au XVIᵉ siècle, les images à volets en ivoire, si fort prisées jusqu'alors, furent remplacées par des images peintes sur émail par les artistes de Limoges. Il existe, au musée de Cluny, une image fort précieuse exécutée d'après ce procédé, ayant appartenu à Catherine de Médicis, et sur laquelle est représentée cette princesse à genoux devant un prie-Dieu ; c'est un des meubles les plus remarquables que possède cette riche collection.

Nous ne devons pas omettre ici les images ouvrantes si fort en vogue pendant les XIIᵉ et XIIIᵉ siècles. On donnait ce nom à des statues ou statuettes qui s'ouvraient par le milieu, et laissaient ainsi voir dans leur intérieur soit des reliques, soit des scènes sculptées. Le musée du Louvre possède une image de ce genre extrêmement précieuse à cause de la beauté du travail. C'est une statuette de la sainte Vierge, en ivoire, dont nous donnons une copie (fig. 3), au tiers de l'exécution. La statue est représentée de face et en perspective, de profil et en géométral. Ces deux aspects A et B font voir comment s'ouvre l'image en trois parties ; les deux, composant la face, se développent des deux côtés de celle qui forme le fond ; quand l'image est ouverte, le socle, qui est fixe, laisse une saillie, représentant assez bien la figure d'un petit autel devant un grand retable à volets ; la fig. 4, montrant l'image ouverte, explique cette disposition gracieuse. Les trois compartiments d'ivoire étant développés, laissent voir une suite de petits bas-reliefs dont la série commence à la gauche du spectateur. Dans le compartiment de gauche sont figurées les scènes qui précèdent immédiatement le crucifiement de Notre-Seigneur ; Jésus est amené devant Pilate ; il est flagellé, il porte sa croix. Au centre est représenté le crucifiement ; deux anges tenant le soleil et la lune accostent les bras de la croix ; au sommet est sculptée la figure symbolique de l'Agneau dans un nimbe. De chaque côté du Christ on voit, à sa droite, la sainte Vierge, puis l'Église représentée par une femme couronnée, tenant un calice qu'elle élève pour recevoir le sang du Christ ; à sa droite, saint Jean et la Synagogue sous la forme d'une femme tenant un étendard brisé et les tables de l'ancienne loi renversées ; ses yeux sont couverts d'un bandeau. Au-dessous du sujet principal, le Christ mort est enseveli ; on aperçoit, sous le sarcophage, un animal ressemblant assez à un loup. Dans le compartiment de droite, au sommet, Jésus-Christ ressuscite assisté de deux anges ; les saintes femmes viennent au tombeau, l'ange leur montre le sarcophage vide, des soldats sont endormis sous une arcade. Jésus apparaît à Marie-Madelaine, et lui dit : « Ne me touchez pas, car je ne suis pas encore monté vers mon Père [152]. » Il tient un phylactère dans sa main droite. Deux demi-cercles font voir les quatre Évangélistes à la base des compartiments, placés dans l'ordre suivant : saint Marc, saint Matthieu, saint Jean, saint Luc. Dans les lobes pris aux dépens de la tête de la statue se trouvent, au centre, le Christ ressuscité, bénissant et tenant le livre des Évangiles ouvert ; à sa droite et à sa gauche, deux anges adorateurs. On retrouve ici le socle représentant la Nativité que nous avons vu sous les pieds de l'image fermée.

L'image ouvrante du musée du Louvre a 0,45 c. de hauteur ; elle devait être accrochée et non posée, comme le prouve le crochet fixé derrière le dossier du siège de la Vierge. Il était d'usage aussi de placer dans les églises des statues ouvrantes d'une assez grande dimension, dans lesquelles on déposait des reliques. Lorsqu'en 1166 le sanctuaire de l'église abbatiale de Vézelay fut détruit par un incendie, Hugues de Poitiers raconte qu'une statue de la sainte Vierge en bois, seule, ne fut pas atteinte par le feu. Cette circonstance étant considérée comme miraculeuse, les moines examinèrent la statue avec soin et ils virent qu'elle avait une petite porte très-bien fermée, entre les deux épaules. L'ayant ouverte, le prieur et les assistants constatèrent l'existence de reliques précieuses déposées dans le corps de la statue, qui dès lors fut placée sur le nouveau maître autel, où elle demeura exposée à la vénération des nombreux pèlerins qui affluaient à l'abbaye de toutes parts. Le même historien ajoute que, les moines ayant été accusés de satisfaire leur avarice par les offrandes de ce grand concours de peuple, ils se virent obligés, pour se mettre à couvert de ce reproche, d'empêcher qu'on ne baisât ni ne touchât l'image miraculeuse.

Les images de cire étaient aussi fort en usage pendant le moyen âge ; on en plaçait dans les églises et même dans les palais. Ces images représentaient des donateurs ou des personnages vénérés dont on voulait perpétuer la mémoire ; on les revêtissait d'habits comme des personnes vivantes, et elles demeuraient en place jusqu'au moment où elles tombaient de vétusté. Les sorciers, pendant le moyen âge, considéraient les images de cire qu'ils se plaisaient à façonner, comme un des moyens les plus puissants d'influence sur la destinée de ceux qu'ils prétendaient soumettre à leur volonté. Dans la célèbre procédure contre les templiers, sous le règne de Philippe le Bel, il est question d'images du roi percées de styles, employées comme maléfices contre ce prince. Les sorciers baptisaient aussi certaines images de cire.

LANDIER, s. m. *Chenet.* Les cheminées, dans les habitations du moyen âge, étaient larges et hautes. Généralement un homme pouvait y entrer debout sans se baisser, et dix ou douze personnes se plaçaient facilement autour de l'âtre [153]. Il fallait, à l'intérieur de ces cheminées, de forts chenets en fer, désignés alors sous le nom de *landiers,* pour supporter les bûches énormes que l'on jetait sur le foyer et les empêcher de rouler dans l'appartement. Il y avait les landiers de cuisine et les landiers d'appartement ; les premiers étaient assez compliqués comme forme, car ils étaient destinés à plusieurs usages. Leur tige était munie de supports ou crochets pour recevoir les broches, et leur tête s'épanouissait en forme de petit réchaud pour préparer quelques mets, comme nos cases de fourneaux, ou pour maintenir les plats chauds. Dans les cuisines, l'usage des fourneaux divisés en plusieurs cases n'était pas fréquent comme de nos jours ; les mets cuisaient sur le feu de la cheminée, et on comprend facilement que ces foyers ardents ne permettaient pas d'apprêter certains mets qu'il fallait remuer pendant leur cuisson ou qui se préparaient dans de petits poêlons. Les réchauds remplis de braise à la tête des landiers, se trouvant à la hauteur de la main et hors du foyer de la cheminée, facilitaient la préparation de ces mets.

Nous donnons (fig. 1) un de ces landiers de cuisine déposé au musée de Cluny. Sa hauteur est de $1^m,12$; le diamètre du réchaud supérieur est de 0,25. A la base de la tige, on voit trois crochets destinés à supporter la broche. Vers la partie supérieure de la tige est un crochet recouvert A, muni d'une boucle B, à

[152] Évang. selon saint Jean.

[153] Voy. le mot CHEMINÉE dans le *Dictionnaire raisonné d'Architecture.*

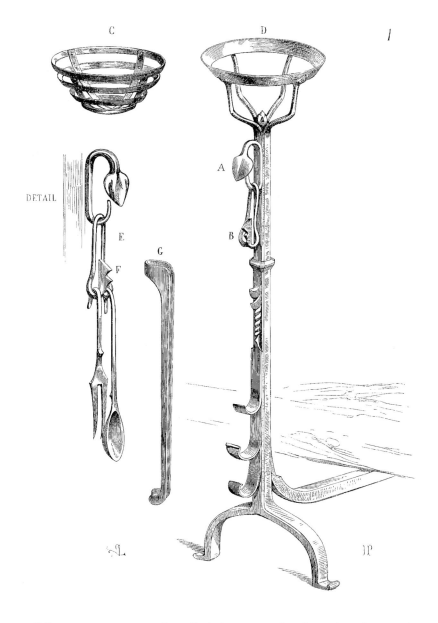

« Bien vos sai dire que reporte li tierz :
Preoz et pailles, chauderons et trepiez,
Et cros aguz, tenailles et landiers ;
Quant il venront et règne essilié
Que bien en puissent atorner à mengier ;
S'en serviront Guillaume le guerrier,
Et en après trestoz les chevaliers. »

La **fig. 2** fera comprendre les divers procédés de cuisson employés simultanément autour de l'âtre. Ordinairement un gros anneau était fixé à la tige des landiers pour pouvoir les remuer avec plus de facilité, lorsqu'on voulait les éloigner ou les rapprocher l'un de l'autre, suivant le besoin. La même figure montre la disposition de ces anneaux. Les landiers de cuisine sont simples quoique forgés avec grand soin ; mais ceux qui devaient être placés dans les appartements étaient souvent fort riches, ornés de brindilles de fer étampé soudées sur la tige, de pièces de forge finement exécutées. On rencontre peu de landiers antérieurs au XVᵉ siècle qui aient quelque valeur comme travail, ces objets ayant, depuis longtemps, été vendus comme vieille ferraille. Nous en avons dessiné un cependant qui existait encore, il y a quinze ans, dans une maison de Vézelay, et qui provenait probablement de l'abbaye [156]. Cette paire de landiers datait certainement du XIIIᵉ siècle ; elle était d'une exécution assez grossière, mais d'une belle forme et bien composée. Nous reproduisons ici **(fig. 3)** notre croquis. Ce landier est formé d'une tige de fer plat de 0,05 c. sur 0,02 à 0,03 c. de gros, gravée et sur laquelle sont soudées des embrasses d'où s'échappent des feuilles étampées et soudées après ces embrasses. L'extrémité supérieure du landier se compose d'une tête d'animal fort bien forgée et soudée sur la tige ; une des embrasses maintient un anneau ; le pied se termine en jambes d'homme. La queue du landier, destinée à supporter les bûches, est rivée au moyen de trois gros rivets à tête ronde après la tige. Ce landier n'avait pas moins de 0,90 c. de hauteur.

Voici **(fig. 4)** un landier d'une cheminée d'appartement aujourd'hui conservé dans le musée de Cluny ; il est en fer fondu, probablement sur un modèle en bois, avec ornements appliqués en cire. La queue du landier est assemblée à tenon dans le pied en fonte et rivée, ainsi que l'indique la gravure ; sa hauteur est de 0,64 c. ; nous le croyons du commencement du XVᵉ siècle ; on remarque sur sa face un écusson sur le champ duquel sont posées trois merlettes. A partir de cette époque, il n'est pas rare de rencontrer des landiers en fonte de fer. Il en existait deux il y a quelques années, posés en guise de bornes, sur la place de Saint-Taurin, à Evreux, nous ne savons s'ils s'y trouvent encore. Ces deux landiers en fonte de fer paraissent appartenir aux dernières années du XIVᵉ siècle et sont fort grands ; avec la partie des pieds enterrée, ils devaient avoir plus d'un mètre de haut. La portion supérieure, seule apparente, représente une figure d'homme debout tenant un écu et une massue ; l'écu et le vêtement de la figure sont échiquetés. M. de Caumont en donne un croquis dans le onzième volume du *Bulletin monumental*, page 644.

L'époque de la renaissance apporta un grand luxe dans la composition des landiers ; mais alors ils sont presque toujours en fonte de fer coulée sur des

[154] Nous avons encore vu cet usage conservé dans quelques campagnes de l'ouest et du centre de la France.

[155] Il existait encore, il y a quelques années, des landiers à deux réchauds dans une cuisine dépendant de l'hôtel de la Poste à Saulieu ; on en trouve un assez grand nombre dont les deux branches supérieures sont conservées, mais dont les réchauds ont été enlevés, dans les provinces du centre de la France.

[156] Depuis lors nous avons recherché cette paire de landiers qui était d'une assez belle exécution, afin de l'acheter pour le musée de Cluny ; mais nous n'avons pu savoir ce qu'elle était devenue : il est probable qu'elle aura été, comme tant d'autres anciennes pièces de forges éparses dans nos petites villes de province, vendue avec de vieux fers.

laquelle étaient suspendues les petites pincettes destinées à attiser le feu du fourneau supérieur C, une cuiller en fer ou une fourchette, pour retourner les viandes ou remuer les sauces. Cette boucle, dont nous donnons le détail en E, était faite de façon à ce que les pincettes, en raison de la forme de leur tête G, pouvaient facilement être suspendues au crochet F. Les objets accrochés aux boucles E servaient également pour le rôti. On voit en C le réchaud en tôle qui se posait à la tête D du landier, pour recevoir la braise. Les gens de la cuisine mangeaient même sur ces petits fourneaux, tout en se chauffant [154]. Quelquefois, mais plus rarement, la tête du landier se divisait en deux réchauds [155]. C'était donc alors quatre plats que l'on pouvait apprêter et faire cuire en dehors du foyer, sur lequel étaient suspendues une ou plusieurs marmites au moyen de la crémaillère et de trépieds, et devant lequel tournaient une ou deux broches garnies de plusieurs pièces. La cheminée suffisait seule ainsi pour apprêter un repas abondant **(fig. 2)**.

Dans le *Charrois de Nymes*, IIᵉ livre de Guillaume d'Orange (chansons de gestes des XIᵉ et XIIᵉ siècles), il est question du bagage du prince porté par trois cents bêtes de somme ; les meubles et ustensiles destinés à la cuisine ne sont pas oubliés

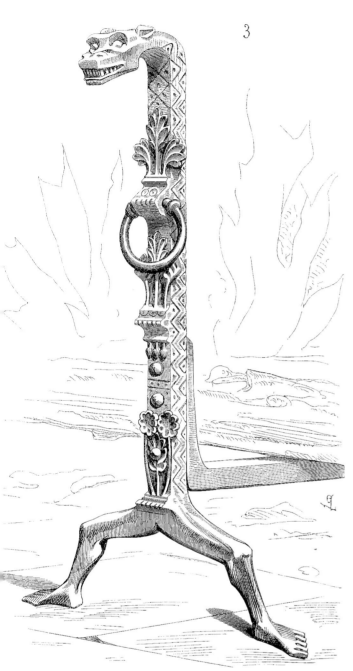

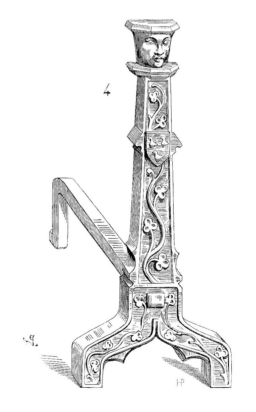

modèles en cire exécutés souvent par de très-habiles artistes. Ils sont ornés de figures humaines, d'animaux fantastiques, et le plus souvent ils étaient dorés ou argentés. Ce n'est guère qu'au milieu du XVIIe siècle que l'on commença à fondre des landiers en cuivre ; ceux-ci ont complètement abandonné la forme haute primitive, et s'étendent, au contraire, en largeur devant le foyer, en se reliant même parfois au moyen de galeries destinées à empêcher le bois enflammé de rouler sur les parquets qui, dans les appartements riches, remplaçaient les anciens carrelages en terre cuite émaillée.

LAMPESIER, LAMPIER, *lampe* [157]. S'entendait, au moyen âge, comme lustre portant de petits godets dans lesquels on versait de l'huile et qui étaient munis de mèches. Ce meuble se fabriquait en argent, en cuivre, en fer ou en bois. Il consistait généralement

[157] « Item trois lampiers d'argent pendans devant la grant-porte. » *Invent. de la Sainte-Chapelle de Paris,* 1376. Bib. imp. « Lampadarium, candelabrum sustinendis lampadibus in Ecclesiis. » *Bulle d'Innocent VIII.* Voy. Ducange, *Gloss.* Dans l'antiquité romaine, toutefois, le mot « lampadarius, lampas, » s'appliquait dans certains cas, non point à des luminaires contenant de l'huile, mais à des candélabres portant des bougies de cire.

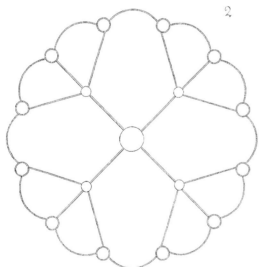

[158] Paul le Silentiaire, *Descript. de Sainte-Sophie.*

[159] Paul le Silentiaire, *Descript. de Sainte-Sophie* (voy. la savante dissertation du R. P. Cahier, dans les *Mélanges d'Archéologie,* vol. III, p. 1, sur la couronne de lumière d'Aix-la-Chapelle).

[160] L'invasion française fut cause que ces statuettes, ainsi que la dentelle d'argent qui garnissait le milieu des bandes de cuivre, ont été enlevées.

[161] Vol. III.

[162] Morel, *Notice sur la cathéd. de Toul.*

en un cercle d'un diamètre plus ou moins grand, en raison du nombre de godets que l'on voulait placer, suspendu par une ou plusieurs chaînes, ordinairement trois ; on avait, dans les églises, des lampiers qui, lorsqu'ils contenaient un grand nombre de godets, étaient désignés sous le nom de *couronne de lumières,* ou de *roues.* Le clocher central de la grande église abbatiale de Cluny était appelé le clocher des lampes, parce que sous sa voûte était suspendue une couronne de lumières. C'est, de toute antiquité chrétienne, une manière d'honorer Dieu que de placer des lumières dans son église. « La lumière qui est allumée dans l'église, dit Guillaume Durand dans son *Rational,* est la figure du Christ, selon cette parole : « Je suis la lumière du monde, » et Jean dit : « Il était

la lumière véritable qui illumina tout homme venant en ce monde. » Et les lampes de l'Église signifient les apôtres et les autres docteurs, par la doctrine desquels l'Église resplendit comme le soleil et la lune, et dont le Seigneur a dit : « Vous êtes la lumière du monde, » c'est-à-dire : Vous donnez les exemples des bonnes œuvres. C'est pourquoi, en les avertissant, il leur dit : « Que votre lumière luise devant les hommes. » Et c'est d'après les ordres du Seigneur que l'église est éclairée ; et voilà pourquoi on lit dans l'Exode : « Ordonne aux fils d'Aaron de m'offrir l'huile la plus pure que l'on tire des olives, afin que la lampe brûle toujours dans le tabernacle du témoignage…… »

Il était d'usage, autrefois comme aujourd'hui, de maintenir au moins une lampe allumée devant l'autel, et, pendant les fêtes solennelles, de garnir un grand nombre de lampes de godets et de bougies de cire, non-seulement dans l'enceinte des églises, mais même dans les rues. Cet usage avait été pratiqué dans les églises de Byzance dès les premiers siècles du christianisme, et Sainte-Sophie se distinguait entre toutes les églises de la capitale de l'empire d'Orient par son riche luminaire [158]. En Occident, nous voyons que des rentes fixes et des revenus fonciers étaient affectés à l'entretien du luminaire dans les églises abbatiales, collégiales, paroissiales et dans les cathédrales. A en juger par l'importance de ces dotations, le luminaire des églises devait être autrefois très-considérable. Les lampiers étaient, vulgairement, fabriqués en cuivre doré, enrichis d'émaux, de boules de cristal, de dentelles découpées dans le métal, de pendeloques qui rehaussaient encore l'éclat des lumières. En Orient, il existait des lampiers en forme de navire contenant un grand nombre de lumières ; le mât était terminé par une croix [159].

Il n'existe plus en France une seule de ces lampes qui se trouvaient encore, avant la révolution du dernier siècle, en grand nombre dans nos églises ; tout a été jeté au creuset ou détruit. Nous n'en pouvons connaître la forme que par quelques descriptions assez vagues ou des représentations peintes ou sculptées. Nous sommes donc forcés d'avoir recours à ces renseignements. Toutefois on voit encore, dans l'église d'Aix-la-Chapelle, une couronne de lumière donnée par l'empereur Frédéric Barberousse, qui peut passer pour une œuvre des plus remarquables et des plus complètes du moyen âge, sous le double rapport du goût et de l'exécution ; le travail en est occidental et nous semble plutôt avoir été exécuté de ce côté-ci du Rhin qu'au delà. Elle se compose, en plan horizontal, de huit segments de cercle retenus par huit chaînes se réunissant en quatre ; aux points de rencontre des arcs de cercle et au sommet de chacun des arcs sont des lampes ajourées, autrefois garnies de statuettes d'argent [160] ; deux bandes de cuivre gravées, formant les lobes de la couronne, rappellent, en vers latins, le don de l'empereur. Outre les lampes, quarante-huit bobèches permettaient de placer des cierges sur la crête à jour de la couronne. Toute la richesse de ce lampier est obtenue au moyen de gravures sur le cuivre, lesquelles sont remplies d'un mastic brun et noir comme un ouvrage niellé. Les chaînes sont alternativement composées de boules, de chaînons et de petits cubes aux points de rencontre. Les gravures détaillées que les RR. PP. Martin et Cahier ont données de cette couronne de lumière dans les *Mélanges archéologiques* [161], nous dispenserons de nous étendre davantage sur ce précieux objet.

La cathédrale de Toul possédait encore, dans le siècle dernier, une énorme couronne de lumière en avant de l'ancien maître autel, qui passait pour être en argent et en or (probablement en cuivre doré). « La bande circulaire de la couronne, haute de 0,22 c. environ, était garnie des statuettes des douze apôtres, ayant entre chacune d'elles huit girandoles. L'évêque Pibon, qui avait donné cette couronne à la cathédrale, au commencement du XIIᵉ siècle, y avait fait graver des vers de sa composition. Douze chaînes en cuivre réunissaient le cercle à une chaîne plus forte, également en cuivre [162]. »

L'église abbatiale de Saint-Remy de Reims avait aussi, avant la révolution, sa couronne de lumière, dont il ne reste qu'un assez médiocre dessin dans un manuscrit de la fin du XVIᵉ siècle [163]. Ce dessin est cependant assez précis pour permettre de donner une idée de ce que devait être ce grand lampier portant à la fois, comme la couronne d'Aix-la-Chapelle, des lampes et des cierges. Nous le reproduisons ici (**fig. 1**). « C'est, dit l'auteur du manuscrit, le portraict de la coronne qui est au millieux du chœur de ladicte esglise de Sainct-Remy, laquelle a esté mise en cest endroict en l'honneur et souvenance de l'aage dudict patron qui vescut IIIIˣˣ xvj ans, partant y alle tour IIIIˣˣ et xvj chierges. » Cette couronne se divisait en douze lobes ou segments de cercle, séparés par autant de lanternes ; elle paraît avoir été fabriquée pendant le XIIᵉ siècle. Chaque lobe portait huit cierges sur de petites bobèches terminées par une pointe ; c'était donc en tout quatre-vingt-seize cierges.

Le plan (**fig. 2**) indique comme étaient disposées les chaînes, de douze tringles aboutissant à quatre, puis à une seule chaîne. Ainsi que la couronne d'Aix-la-Chapelle, le lampier de Saint-Remy présentait des figures découpées à l'entour des tourelles contenant les lampes (**fig. 3**). Les RR. PP. Martin et Cahier, et M. de Caumont considèrent les couronnes de lumières suspendues aux voûtes des églises comme des représentations de la Jérusalem céleste. En effet, cette opinion est confirmée par les inscriptions gravées ou émaillées autour de ces phares.

A Hildesheim, il existe encore deux couronnes de lumières fort belles. « L'une d'elles, la plus grande, dit M. de Caumont [164], remonte à l'évêque Hézilon. Elle se compose de cercles d'un très-grand diamètre portant des tours et des flambeaux en cuivre doré sur lesquels se lisent des inscriptions émaillées : la dentelle du pourtour était en argent. Les douze tours attachées sur les cercles de métal, comme dans la couronne d'Aix-la-Chapelle, logeaient chacune quatre statuettes en argent représentant des personnages de l'Ancien Testament et les personnifications des vertus, ce que prouvent les noms qu'on lit encore sur ces tours. Au milieu des espaces compris entre les tours se trouvent des niches qui portent les noms des douze apôtres, preuve qu'elles en renfermaient les statuettes. Il y aurait donc eu soixante statuettes dans les niches et les tours qui garnissent les cercles de cette grande couronne. On croit que les lampes étaient

Coupe

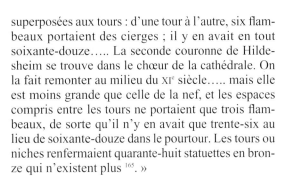

superposées aux tours : d'une tour à l'autre, six flambeaux portaient des cierges ; il y en avait en tout soixante-douze….. La seconde couronne de Hildesheim se trouve dans le chœur de la cathédrale. On la fait remonter au milieu du XIᵉ siècle….. mais elle est moins grande que celle de la nef, et les espaces compris entre les tours ne portaient que trois flambeaux, de sorte qu'il n'y en avait que trente-six au lieu de soixante-douze dans le pourtour. Les tours ou niches renfermaient quarante-huit statuettes en bronze qui n'existent plus [165]. »

[163] Voici le titre de ce curieux manuscrit : *Recherches de plusieurs singularités par Françoys Merlin, contrôl. gén. de la maison de feu Mad. Marie, Eliz., fille unique du feu roy Charles dernier que Dieu absolve. Portraictes et escrites par Jac. Cellier, demourant à Reims. Commencé le 3ᵉ jour de mars 1583 et achevé le 10ᵉ sept. 1587.* Bib. imp, S. F., n° 153.

[164] Voy. le *Rapport* de M. de Caumont sur les couronnes de lumières de Hildesheim, *Bull. monum.*, vol. XX, p. 289.

[165] Voy., dans le même rapport, un croquis de cette seconde couronne, fait sur une gravure de M. le docteur Kratz.

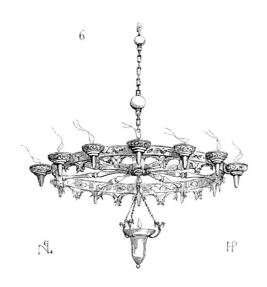

6

7

A. PEVARD. SC

[166] Du bas-relief de la porte Sainte-Anne, à Notre-Dame de Paris, XIIᵉ siècle.

[167] Voy. la *Bible d'Alcuin.* Brit. Mus.

[168] Voy. *Roma subterranea,* tab. secund. Cœmeterii pontiani via portuensi. Une croix peinte sur les bras de laquelle sont posés deux flambeaux.

[169] Les ruines de l'abbaye de Beauport (Bretagne) possèdent encore une de ces grandes niches, surmontée d'une triple arcature supportée par des culs-de-lampe. M. Alf. Ramé nous a fourni un dessin de cette niche reproduit dans le *Dictionnaire d'Architecture.*

Les lampiers, couronnes ou phares, n'avaient pas toujours ces dimensions considérables, et il en était beaucoup qui ne portaient qu'une seule lampe ; celles-ci sont encore plus rares que les grandes couronnes, s'il est possible ; leur peu d'importance les a fait supprimer depuis longtemps dans les églises. Il nous faut avoir recours aux vignettes des manuscrits, aux vitraux ou aux bas-reliefs, pour pouvoir nous rendre compte de leur disposition et de leur forme.

Les petits lampiers à une seule lampe étaient habituellement suspendus au-dessus des autels, et leur forme la plus vulgaire est celle reproduite dans la **fig. 4** [166]. Quelquefois la lampe est placée au milieu d'un cercle en métal ciselé, ainsi que l'indique la **fig. 5**, copiée sur l'un des bas-reliefs du porche nord de la cathédrale de Chartres (XIIIᵉ siècle). Souvent aussi les lampes sont disposées autour d'une roue, et le lampier était alors appelé *roue*. Dans un des vitraux de l'église Saint-Martin de Troyes, représentant sainte Anne et saint Joachim apportant un agneau dans le temple, on voit une roue entourée d'un certain nombre de godets, et sous laquelle est suspendue une dernière lampe **(fig. 6)**. Ce vitrail date du XVIᵉ siècle.

Il paraîtrait, en consultant les bas-reliefs et les vignettes des manuscrits, que la forme circulaire donnée aux couronnes de lumières ou lampiers serait la plus ancienne. La division en lobes semble avoir été préférée pendant les XIIᵉ et XIIIᵉ siècles. Dans les peintures des XIVᵉ et XVᵉ siècles, on en voit qui semblent adopter, en plan, la figure d'une étoile à six ou huit branches. Il en existe aussi en forme de croix, dans les églises qui subissent l'influence byzantine. A Saint-Marc de Venise, on voit encore, suspendue à la coupole de la nef, une croix en cuivre qui paraît remonter au XIIIᵉ siècle, et qui servait de luminaire les jours fériés. Les bras de cette croix lumineuse sont doubles et se coupent à angle droit, ainsi que l'indique la **fig. 7**. Les godets contenant l'huile se trouvaient suspendus entre les branches de ce lampier, au moyen de chaînettes.

La croix illuminée est une fort ancienne tradition, dont on retrouve la trace dans des manuscrits carlovingiens [167] et beaucoup plus anciennement dans les peintures des catacombes de Rome [168]. Le peu de renseignements précis qu'il est possible de recueillir encore sur les lampiers, si communs dans nos églises pendant le moyen âge, indiquent assez l'importance de ce meuble, le luxe avec lequel il était traité, la richesse des matières employées. Il est certain que les orfèvres de cette époque avaient déployé, dans la fabrication de ces objets, toute leur habileté, ce goût parfait qui distingue leurs œuvres ; employant à la fois le cuivre doré, le vermeil, les fines dentelures, le cristal, les émaux, ils avaient su donner aux grandes couronnes de lumières un aspect éblouissant qui représentait aux yeux des fidèles, les jours de fête, l'image de la Jérusalem céleste. Ces grands cercles lumineux complétaient l'éclairage des chœurs garnis de râteliers, de nombreux candélabres, de flambeaux autour de l'autel, de lampes sur les tombeaux.

LAVOIR, *lavabo.* Il était d'usage de placer, à proximité des réfectoires des établissements monastiques ou des palais, souvent dans la salle elle-même, de grands bassins de pierre, de marbre, de cuivre ou de plomb, destinés au lavement des mains avant et après le repas. On voit encore, dans un grand nombre de monastères, la place destinée à recevoir ces meubles d'un usage journalier [169]. C'est ordinairement une niche peu profonde mais fort large, couronnée par une arcature soutenue par des consoles (voy. le *Dictionnaire d'Architecture,* au mot RÉFECTOIRE). Ces lavoirs étaient munis d'une grande quantité de petites gargouilles qui répandaient l'eau sur les mains des personnes qui venaient laver. Quelquefois, dans les couvents, le lavoir était une grande vasque circulaire placée à l'un des angles du cloître (voy. le *Dictionnaire d'Architecture,* au mot CLOITRE). Mais ces derniers objets ne pouvant être considérés comme des meubles, nous n'avons pas à nous en occuper ici. Les lavoirs de bronze ou de plomb étaient fréquents ; il n'est pas besoin de dire qu'ils ont tous disparu des établissements monastiques pendant la révolution de 1793, et même avant cette époque, leur usage n'étant plus, pendant le dernier siècle, conforme aux habitudes des moines. Ces meubles étaient ordinairement en forme d'un grand coffre, long, assez profond, posé sur un appui au-dessous duquel était une auge en pierre ou en métal, recevant l'eau tombant par les gargouilles et l'épanchant au dehors par une rigole. On en voit des représentations assez grossières et fort simples dans des vignettes de manuscrits, et la reproduction de ces vignettes ne peut avoir plus d'intérêt qu'une description. Mais on trouve, dans la collection Gaignières de la bibliothèque bodléienne, un grand dessin assez bien exécuté d'un de ces lavoirs. A défaut de monument existant, nous devons nous trouver fort heureux de rencontrer une copie fidèle d'un meuble de cette importance [170].

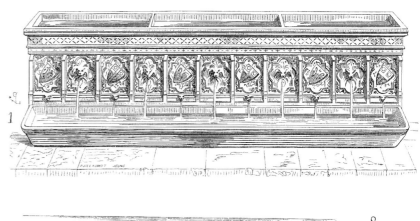

Voici **(fig. 1)** une réduction de cette copie, au-dessous de laquelle est écrite cette légende : « Piscine ou lavoir dans l'abbaye de Saint-Amand de Rouen, auquel sont les armes de plusieurs abbesses, et qui a été fondu en 1702 pour employer aux dépenses du bâtiment neuf. »

Ce lavoir est en bronze, divisé en trois compartiments, que l'on remplissait probablement en raison de la quantité de personnes qui venaient laver ; ou chaque compartiment ainsi que les gargouilles y correspondant était peut-être affecté aux différents degrés du couvent : aux abbesses, prieures, sous-prieures, etc. ; aux nonnes et aux novices. Il est percé de onze gargouilles posées à des hauteurs différentes. Le dessin fait supposer que le bronze était émaillé sur les écussons armoyés et dans les bordures. La cuvette qui reçoit les eaux était également en bronze. Ce magnifique lavoir datait certainement de la fin du XIIIe siècle ou du commencement du XIVe. La **fig. 2** en donne le détail.

Dans les palais, depuis le XIIIe siècle, on ne se servait plus des lavoirs ; lorsque l'on se mettait à table, des écuyers apportaient à laver, dans un bassin, au seigneur ; des serviteurs, aux personnages moins élevés en dignité (voy. le *Dictionnaire des Ustensiles*, au mot BASSIN). Cet usage se conserva jusqu'au commencement du dernier siècle. C'était sur la crédence que l'on plaçait le bassin et l'aiguière destinés au lavement des mains avant et après les repas.

Les lavoirs n'avaient pas toujours l'importance de celui que nous avons donné fig. 1 ; dans les maisons, dans les châteaux, on se servait, pendant le moyen âge, de lavoirs en marbre, en terre cuite, en pierre, en cuivre ou en plomb, munis d'un ou de deux robinets avec une cuvette au-dessous. M. Parker, dans son ouvrage sur l'architecture domestique du moyen âge, donne un de ces lavoirs du XIVe siècle. Nous en connaissons un autre existant encore dans l'un des bâtiments du palais archiépiscopal de Narbonne, mais il est en pierre et fait partie de la construction. Ces lavoirs privés sont toujours disposés dans de petites niches pratiquées dans la muraille et souvent décorées avec élégance. On trouve beaucoup de ces niches

[170] Ce dessin, qui a 25 c. de long, et bien exécuté, se trouve dans le I, I des *Épitaphes des églises de Normandie*, p. 53. Bib. bodl. Oxford.

[171] Dom Doublet, liv. I, p. 286.

[172] *Ibid.*, p. 245.

[173] T. II, p. 18.

[174] Liv. I.

dans les salles de nos anciens châteaux ; quant aux lavoirs, ordinairement en métal, ils ont disparu. Les petites fontaines en faïence ou en cuivre que l'on rencontre encore dans quelques vieilles maisons et dans la plupart des auberges de province, suspendues à l'entrée des salles à manger, sont un dernier vestige de ces meubles du moyen âge.

LUTRIN, *lectrin, leutrin, poulpitre, pupitre.* Meuble en bois ou en métal, disposé pour recevoir un ou plusieurs livres ouverts de manière à en faciliter la lecture. Il y a plusieurs sortes de lectrins : les lectrins fixes placés au milieu des chœurs des églises à l'usage des chantres, les lectrins facilement transportables pour lire l'épître et l'évangile sur le jubé à l'entrée du chœur, les lectrins de librairie, de bibliothèques pour poser des livres à consulter.

1

A

Moitié du Pied

Pendant le moyen âge, les lutrins de chœurs étaient souvent d'une grande richesse comme matière et comme travail ; on s'en servait en France dès le VIIe siècle, car dom Doublet, dans ses *Antiquitez de l'abbaye de Sainct-Denys en France,* rapporte, qu'au milieu de la première partie du chœur de cette église, « est posée l'aigle (ou poulpitre) de cuivre, enrichie des quatre évangélistes et aultres figures, donnée par le roy Dagobert, provenant de l'église de Sainct-Hylaire de Poictiers, lorsque ledit roy ruina la ville dudict Poictiers pour cause de rebellion [171] » Ce lutrin avait été doré de fin or par l'abbé Suger [172].

Dans la primitive Église, les clercs se tenaient debout autour de l'autel, en cercle, et chantaient les psaumes à l'unisson ; mais Flavianus et Theodorus établirent qu'ils chanteraient et psalmodieraient alternativement. En France, en Allemagne et en Angleterre, un lectrin fut donc placé au milieu du chœur et les chantres au-dessous à droite ou à gauche.

Le lutrin était un meuble nécessaire dans toutes les églises abbatiales, cathédrales et paroissiales. Lebœuf, dans son *Histoire du diocèse d'Auxerre,* parle de « deux aigles qu'on fit faire, vers 1390, pour la cathédrale d'Auxerre, dont l'une était destinée à la chapelle de Saint-Alexandre [173]. » « En 1400, dit Dubreuil [174], l'évêque Guillaume fit faire l'aigle et le pupitre de cuivre qui se trouvaient de son temps au milieu du chœur de l'église Saint-Germain-des-Prés. » Le lectrin était toujours en effet placé au milieu du chœur devant le sanctuaire.

Le lutrin était généralement surmonté d'un aigle, qui dominait les deux tablettes inclinées destinées à porter les livres de chant ou qui recevait la tablette sur ses ailes, si le lutrin n'en possédait qu'une. L'aigle prend son vol vers les régions les plus élevées ; c'est pourquoi il accompagne le lutrin, comme pour porter vers Dieu le chant des clercs. Guillaume Durand dit qu'on donne à saint Jean la figure d'un aigle, parce que son Évangile est celui qui s'élève le plus haut, lorsqu'il dit : « Dans le principe était le Verbe. » Saint Jérôme exprime cette pensée de l'élévation du chant d'église vers Dieu lorsqu'il conseille aux jeunes gens de ne pas écouter le chant. « On doit, ajoute-t-il, chanter pour Dieu, non pas autant avec la voix qu'avec le cœur. »

Les anciens lutrins de chœurs ont disparu de nos églises ; ceux que nous y voyons encore aujourd'hui ne remontent pas au-delà du XVe ou XVIe siècle, et encore sont-ils fort rares. Nous n'en connaissons aucun de l'époque romane qui ait quelque valeur. Il faut donc nous contenter de donner les seuls exemples existants.

Comme nous l'avons dit plus haut, le lutrin de chœur est simple ou double, c'est-à-dire qu'il se compose d'une seule tablette inclinée ou de deux. On voit encore un des premiers dans l'église de Saint-Symphorien à Nuits, qui date du milieu du XVe siècle **(fig. 1)**. L'aigle et le pied sont en bois, le support du livre en fer. Ce support est muni d'une rallonge A avec flambeaux qui permet de placer, pendant les offices de nuit, le livre de chant plus bas, près de l'œil, et de l'éclairer au moyen de bougies. L'aigle tient un dragon entre ses serres et pivote, à la volonté des chantres, sur son pied, au moyen d'un fort cylindre de fer entrant dans une douille pratiquée dans la tige octogone du pied. Cet aigle est doré, ainsi que la boule qui le porte ; le dragon est peint en vert. Quant au pied, il a conservé sa couleur naturelle [175].

Les vignettes des manuscrits nous donnent d'assez nombreux exemples de lutrins de chœurs dont les dispositions méritent d'être signalées. La **fig. 2** nous

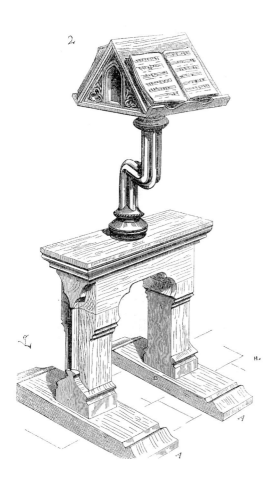

présente un lutrin à double tablette posée sur un pivot, sans aigle [176]. Ce meuble date de la fin du XIIIᵉ siècle. La tige est contournée comme une manivelle, afin de permettre d'avancer plus ou moins les tablettes supérieures portant les livres de chant. Cette tige entre dans une douille, percée dans un socle, figurant une petite arcade, afin de donner, dans un sens, du pied au meuble, tandis que les deux patins A lui en donnent dans l'autre ; on évitait ainsi une trop grande lourdeur dans la partie inférieure du lutrin ; les tablettes tournaient elles-mêmes sur la tige. Souvent la crête formée par la réunion des deux tablettes était garnie de lacets de soie avec un petit poids au bout, afin d'empêcher les pages du livre de se retourner mal à propos. La **fig. 3** indique cette disposition. Ces lacets avaient encore l'avantage de pouvoir servir de signets.

Quelquefois les lutrins de chœur possédaient des tiges à vis permettant d'élever ou d'abaisser les tablettes supérieures suivant le besoin. La **fig. 4**, copiée sur une vignette d'un manuscrit de la Bibliothèque impériale [177], nous fait voir un lutrin établi conformément à cette donnée.

En Angleterre et en Belgique, il existe encore quelques lutrins des XIVᵉ et XVᵉ siècles, en bois ou en bronze ; mais le style de ces meubles est complètement différent de celui des meubles du même temps que l'on trouvait dans les églises de France, et nous craindrions de les donner comme des modèles bons à suivre. Leur disposition générale est d'ailleurs semblable à celle des lutrins français dont nous venons de présenter quelques exemples à nos lecteurs.

Nous avons dit, qu'outre les lutrins fixes placés au milieu des chœurs, les églises en possédaient d'autres plus légers, facilement transportables, que l'on plaçait sur les jubés, à l'entrée des chœurs, pour lire l'épître et l'évangile, ou suivant les besoins du culte. Ces meubles, très-simples de forme, généralement fabriqués en fer, ont échappé au vandalisme du dernier siècle et aux dévastations de la révolution. Nos églises en possèdent un assez grand nombre encore utilisés aujourd'hui.

L'un des plus anciens et des plus intéressants par sa forme que nous connaissions est certainement le lutrin en fer que l'on voit dans le chœur de la cathédrale de Narbonne. Il ne se compose que de deux tiges adroitement combinées pour obtenir en même temps une grande légèreté et une assiette parfaite sur le pavé de l'église.

Nous le donnons **fig. 5**. Ce meuble date du XIIIᵉ siècle. La garniture supérieure destinée à supporter le livre est en cuir ; étant flexible, elle permettait de fermer le lutrin pour le transporter plus facilement. En A, nous avons présenté le détail d'une des fourchettes supérieures qui reçoivent les traverses munies de pommes. Une riche couverture d'étoffe était jetée sur

[175] Ce lutrin est reproduit, à une grande échelle, dans l'*Architecture du* Vᵉ *au* XVIIᵉ *siècle* de M. Gailhabaud, en publication.

[176] Bible franç., man. de 1290. Bibl. du Corps législ., n° 35.

[177] *Vita et pass. S. Dyonisii Areop.*, fond latin, n° 35, man. XVᵉ siècle. On remarquera ici que la bière du mort est placée entre le lutrin et l'autel, ce qui est indiqué par la position des chantres.

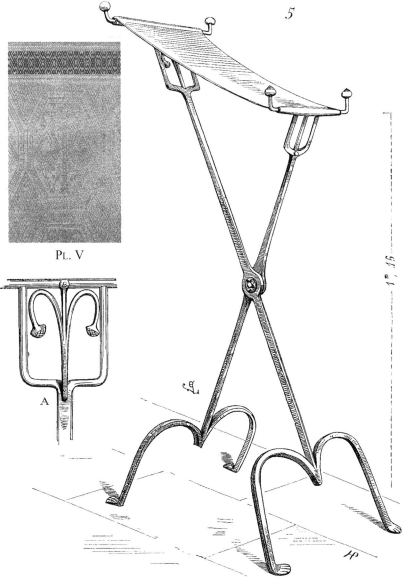

PL. V

ce meuble ouvert avant de poser le livre saint ; les petites pommes qui terminent les traverses étaient destinées à empêcher cette étoffe de glisser à droite ou à gauche et à retenir le livre ouvert. Le trésor de la cathédrale de Sens a conservé un de ces parements de pupitre fort précieux qui paraît dater du Xᵉ au XIᵉ siècle. C'est un morceau d'étoffe de lin tissé exprès pour l'usage auquel il était destiné ; il a 1m,83 de long sur 0,78 c. de large et se termine par un effilé à chaque extrémité. La partie de devant est couverte d'ornements ; celle de derrière est beaucoup plus simple et ne présente qu'un quadrillé ; le fond de l'étoffe est jaune écru avec ornements rouges et verts. Nous en donnons un fragment (Pl. V).

Le musée de Cluny possède un charmant lutrin transportable, en fer, du XVᵉ siècle, dont nous donnons ici une copie (fig. 6). Le tablier de cuir portant le livre est renforcé par quatre sangles. Deux galeries en tôle découpée servent l'une de couronnement, l'autre d'arrêt à la partie inférieure du tablier ; cette dernière galerie est échancrée au milieu pour laisser passer les signets du livre ouvert. Les quatre tiges de fer qui servent de supports sont légèrement renforcées près de l'axe et finement forgées, ainsi que l'indiquent les détails A et B. On voit en C le détail de la galerie supérieure et en D le détail de l'un des pieds.

Les lutrins destinés à l'usage privé et qui se trouvaient soit dans les librairies (bibliothèques), soit dans les cabinets des personnes livrées à l'étude des lettres, des copistes, sont beaucoup plus variés de forme que ceux réservés aux chœurs des églises. Il ne faut pas les confondre avec les *scriptionalia,* qui étaient des pupitres sur lesquels on posait le vélin pour écrire (voy. PUPITRE). Dans les vignettes des manuscrits du moyen âge, à partir du XIIIᵉ siècle, on voit souvent les personnages occupés à écrire ayant un *scriptionale* devant eux, quelquefois même sur leurs genoux, et un lectrin à côté de leur siège. Le lutrin était donc uniquement destiné à porter les livres à consulter. Alors les livres étaient fort chers et par conséquent fort rares ; le lectrin à lui seul pouvait contenir la bibliothèque d'un homme lettré. A cet effet, outre la tablette propre à recevoir plusieurs livres ouverts, il était muni de petits casiers dans lesquels on rangeait les manuscrits. Un lectrin pouvait ainsi renfermer une vingtaine de volumes, et beaucoup de gens d'étude n'en possédaient pas autant.

Voici (fig. 7) un de ces lectrins réservés à l'usage particulier, qui date du XIIIᵉ siècle ; il est tiré d'un manuscrit de la bibliothèque impériale [178].

Afin de pouvoir consulter un certain nombre de volumes à la fois, on donnait souvent à la tablette du lectrin de bibliothèque la forme circulaire. Le lectrin s'appelait alors *roë* (roue). Nous donnons (fig. 8) un de ces meubles. La disposition en est ingénieuse et mérite que nous nous y arrêtions quelques instants [179]. Le personnage est assis dans une chaire à dais, munie par-devant d'un *scriptionale* mobile posé sur deux petites potences. Des lacets de soie avec poids au bout sont attachés à la partie inférieure du pupitre et servent à maintenir le vélin sur la planchette inclinée. Le lectrin (*roë*) est placé à la gauche de l'écrivain, qui peut faire tourner à volonté sur son axe la tablette circulaire garnie de plusieurs livres ouverts.

Un plateau, porté sur trois pieds, surmonte la tablette aux livres et reçoit au centre une bougie qui, pendant le travail de nuit, éclaire à la fois les pages des livres à consulter et la tablette de la personne qui écrit. Nous savons, par expérience, combien il est fatigant d'avoir, sur la table où l'on écrit, plusieurs livres ouverts pour faire des recherches, le temps que l'on perd à placer ces volumes d'une façon commode, le danger qu'ils courent d'être maculés d'encre ou d'huile. On voit que les gens livrés à l'étude, autrefois, savaient prendre leurs aises pendant leurs occupations les plus graves, et qu'au moins ceux-ci ne méritent pas l'épithète de barbares. Des lectrins placés sur les tables de nos bibliothèques publiques seraient, nous le croyons, fort appréciés par les personnes qui obtiennent la permission de consulter à la fois plusieurs ouvrages. Les lecteurs y trouveraient moins de fatigue et les livres seraient préservés des taches d'encre.

Voici (fig. 9) un lectrin analogue au précédent [180], mais qui paraît destiné à poser les livres à plat ; c'est une façon de guéridon, au centre duquel on peut ficher un cierge sur une pointe en fer pour lire la nuit. Ces meubles, destinés à l'étude, abondent dans les manuscrits des XIVe et XVe siècles.

Voici (fig. 10) encore un lectrin circulaire terminé en cône ; il est tiré d'un manuscrit du XVe siècle. Le pupitre de l'écrivain n'est pas ici maintenu, comme dans la fig. 8, par deux potences fixées aux bras de la chaire, mais par une corde attachée aux montants du dossier, de façon à permettre de l'incliner plus ou moins. Mêmes lacets avec poids au bout pour maintenir la feuille de vélin sur la tablette.

Nous terminerons cette série de lectrins circulaires tournant sur un axe par un joli meuble copié sur un imprimé de la fin du XVe siècle [181] (fig. 11). Le plateau circulaire de ce lectrin tourne sur un arbre fixe en forme de vis, et peut ainsi être élevé ou abaissé à volonté pour lire debout ou assis. L'arbre servant d'axe est fiché au milieu d'un coffre tenant lieu de petite bibliothèque, et se termine à son sommet par un pinacle sculpté.

Les lectrins circulaires ne sont pas les seuls cependant qui aient été adoptés par les hommes d'étude vers les derniers temps du moyen âge ; il en est qui sont simplement composés de deux tablettes inclinées, ainsi que les lectrins d'église, ou de quatre tablettes formant comme un petit toit à deux croupes. Parmi ces derniers, nous en choisissons un qui offre cette particularité de pouvoir être plus ou moins rapproché du lecteur, sans cependant déranger le meuble (fig. 12). Le chapeau de ce lectrin A tourne sur l'arbre B coudé en façon de manivelle, et cet arbre pivote lui-même dans une douille percée dans le socle C ; on pouvait ainsi, à volonté, éloigner ou avancer le chapeau sur lequel quatre volumes ouverts trouvaient place, deux grands et deux petits. Sur la tablette du socle qui sert à renfermer des livres, on voit une horloge de sable contenue dans un étui à volets, une écritoire et le grattoir indispensable pour écrire sur le vélin [182].

On trouve encore, dans quelques-unes des bibliothèques des collèges d'Oxford, de ces meubles destinés à faciliter l'étude des livres ; mais ils ne remon-

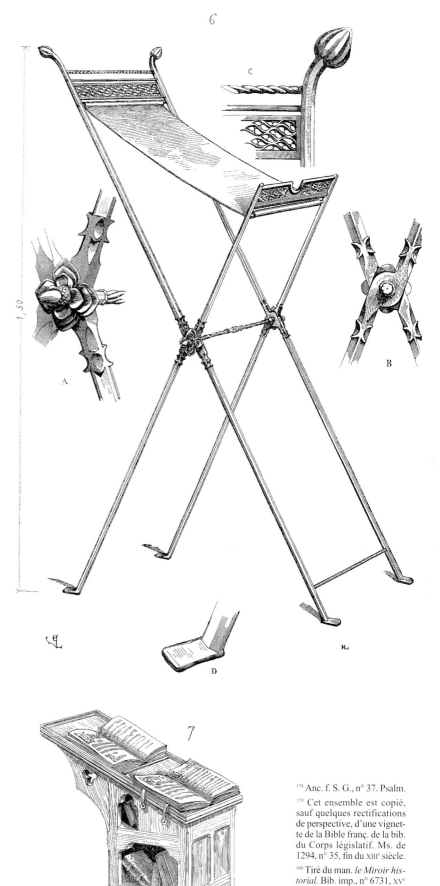

[178] Anc. f. S. G., n° 37. Psalm.

[179] Cet ensemble est copié, sauf quelques rectifications de perspective, d'une vignette de la Bible franç. de la bib. du Corps législatif. Ms. de 1294, n° 35, fin du XIIIe siècle.

[180] Tiré du man. *le Miroir historial*. Bib. imp., n° 6731, XVe siècle.

[181] *L'art de bien vivre et de bien mourir*. Paris, 1492. In-4°.

[182] Vignette d'un man. intit. *Proverbes, adages, allégories, portraicts*. Man. franç. du XVe siècle, f. Lavallière, n° 44. Bib. imp.

tent pas au delà du XVIe siècle. Il serait difficile de dire pourquoi ils ont cessé d'être en usage, chez nous, dans nos bibliothèques publiques ou privées, car ils présentent les plus grandes facilités aux personnes appelées à faire des recherches, aujourd'hui surtout que les études sur les livres anciens sont très-répandues et que nos bibliothèques, à Paris du moins, sont encombrées de lecteurs.

LIBRAIRIE, s. f. On donnait ce nom, pendant le moyen âge, aux pièces qui renfermaient des meubles en forme de casiers sur les rayons desquels on plaçait des manuscrits, et, par extension, aux meubles eux-mêmes.

Les livres, avant l'invention de l'imprimerie, étaient fort rares et par conséquent chers ; une bibliothèque qui se composait de cent volumes était un luxe peu commun ; les abbayes, les évêchés, les palais des souverains pouvaient seuls posséder un assez grand nombre de manuscrits pour qu'il fût nécessaire de disposer des salles garnies de meubles propres à les

renfermer. Le lectrin avec une petite armoire, une simple tablette disposée dans un angle de la chambre ou d'un cabinet, pouvaient contenir toute la bibliothèque d'un particulier se livrant à l'étude.

Presque toutes les abbayes possédaient déjà, au XIIe siècle, une bibliothèque à proximité de laquelle se trouvaient des cellules destinées aux copistes. Dans les cloîtres mêmes, il y avait un petit réduit dans lequel on renfermait les livres laissés aux religieux pour les lectures ordinaires pendant les heures de repos. Ce réduit, appelé *armariolum,* était garni au pourtour de quelques tablettes et fermé par une porte donnant sur l'une des galeries du cloître. A proximité des chœurs des églises abbatiales et cathédrales, ou dans leur enceinte même, une grande armoire, bien fermée, contenait les Évangiles et les livres de chant nécessaires au service religieux (voy. ARMOIRE).

Charles V réunit, dans l'une des tours du château du Louvre, une belle bibliothèque pour son temps, qui forma le premier noyau de la riche collection de livres conservés aujourd'hui rue de Richelieu. Comment étaient faits les meubles de cette librairie ? c'est ce que nous ne pouvons savoir aujourd'hui ; c'était, autant qu'on peut en juger par les peintures des manuscrits, des tablettes sur lesquelles étaient rangés les livres, soit sur leur plat, soit le dos contre la muraille et la tranche vers le dehors ; car les manuscrits, fermés par deux bandes de cuir et des agrafes (*pipes*), avaient, le plus souvent, leur titre gravé sur la tranche et non sur le dos. Ou bien c'étaient des armoires basses, sortes de buffets fermés avec tablette sur laquelle on ouvrait les livres lorsqu'on voulait les consulter. Sauval [183], qui pouvait puiser des renseignements à des sources perdues aujourd'hui, dit que Charles V « n'oublia rien pour rendre la bibliothèque du Louvre la plus nombreuse et la mieux conditionnée de son temps….. Si bien que, outre les bancs, les roues, les lettrins et les tablettes de la bibliothèque du Palais qu'on y avoit transportés, il fallut que le roi en fît faire encore quantité d'autres. Il ne se contenta pas de cela ; car, pour garantir ses livres de l'injure du temps, il ferma de barreaux de fer, de fil d'archal et de vitres peintes, toutes les croisées ; et afin qu'à toute heure on y pût travailler, trente petits chandeliers et une lampe d'argent furent pendus à la voûte, qu'on allumoit le soir et la nuit. On ne sait point de quel bois étoient les bancs, les roues, les

[183] Liv. VII, p. 15.

tablettes, ni les lectrins ; il falloit néanmoins qu'ils fussent d'un bois extraordinaire, et peut-être même rehaussé de quantité de moulures ; car enfin les lambris étoient de bois d'Irlande, la voûte enduite de cyprès, et le tout chargé de basses tailles (bas-reliefs)….. »

LIT, s. m. Meuble en bois ou en métal garni de matelas, couvertures, oreillers, courtes-pointes et draps, destiné au repos. De toute antiquité, les lits ont été en usage ; les peintures et bas-reliefs égyptiens, grecs et romains, nous en donnent de nombreux exemples. Les anciens, jusqu'aux IVᵉ et Vᵉ siècles, prenaient même leurs repas couchés sur des lits disposés en fer à cheval autour d'une table sur laquelle étaient placés les mets. Cet usage paraît avoir été abandonné vers le VIᵉ siècle. A dater de cette époque ou environ, les lits furent uniquement destinés au repos. Le moyen âge mit un grand luxe dans la façon et la décoration des lits, qui prirent en même temps des formes très-variées. Le métal, le bronze, l'argent, les bois précieux, l'ivoire, la corne étaient employés dans la construction de ces meubles qui formaient l'ornement principal des chambres à coucher.

Dans l'antiquité, les lits de repos étaient souvent fabriqués en métal, et il semble que cet usage ait persisté assez longtemps. Les manuscrits de l'époque carlovingienne fournissent un grand nombre d'exemples de ces meubles qui, par leur forme et leur disposition, indiquent l'emploi du bronze. Ces lits étaient beaucoup plus élevés du côté du chevet que vers les pieds, de manière que la personne couchée se trouvait presque sur son séant. Nous voyons cette forme de lits persister jusqu'au XIIIᵉ siècle. C'est par des amas de coussins plus nombreux et plus épais vers la tête que l'on donnait une grande déclivité à la couchette. Ces lits étaient souvent garnis, sur l'un des grands côtés, comme nos sofas modernes, et la sangle n'était qu'un réseau de cordes lacées sur les deux traverses basses.

Nous donnons **(fig. 1)** un de ces lits [184]

A cette époque, et plus tard encore, les personnages couchés sont presque toujours représentés nus [185]. Il semblerait qu'on se drapait dans l'ample linceul qui était jeté sur les amas de matelas et de coussins. C'était encore là un reste des usages antiques. Le personnage représenté couché, **fig. 1**, quoique nu, est coiffé d'un bonnet bizarre et que nous avons rendu tel que la vignette nous le donne. Ce bonnet est décoré de palmettes qui paraissent être en étoffe découpée.

Mais c'est surtout à partir du XIIᵉ siècle que l'on déploya un grand luxe dans la confection des lits de repos. Les manuscrits du XIIᵉ siècle nous donnent des lits d'une grande richesse ; les bois semblent couverts d'ornements incrustés ; sculptés ou peints ; les matelas ornés de galons et de broderies ainsi que les couvertures. Alors ces lits sont généralement accompagnés de courtines suspendues à des traverses ou à des ciels portés sur des colonnes.

Les lits ne semblent pas être, en largeur, d'une dimension extraordinaire, quoique souvent deux personnes soient couchées ensemble.

Voici **(fig. 2)** une copie d'une vignette du manuscrit d'Herrade de Landsberg, de la bibliothèque de Strasbourg, représentant Salomon couché sur un lit magni-

1

E. GUILLAUMOT .

fique [186]. Le roi est habillé, la couronne sur la tête ; il ne faut pas prendre, bien entendu, cette représentation à la lettre ; c'était là, dans les peintures antérieures au XIVᵉ siècle, une manière de désigner le personnage. Parmi les fragments des beaux bas-reliefs du XIIIᵉ siècle provenant du jubé de la cathédrale de Chartres, on voit encore les trois rois mages couchés, réveillés par l'ange annonçant la naissance du Sauveur, couronnés et habillés. Ce n'est que lorsque le *réalisme* commence à dominer dans les bas-reliefs et peintures du moyen âge, c'est-à-dire vers le milieu du XVᵉ siècle, que les artistes abandonnent ces traditions ; jusqu'alors un roi, un évêque, un pape, quelles que soient leur position ou l'action dans laquelle ils figurent, sont toujours revêtus de leurs insignes. Dans la vignette reproduite **fig. 2**, on voit indiquées les cordes ou tringles de fer qui sont attachées aux deux montants du chevet et maintiennent le matelas très-incliné du côté de la tête ; un tapis couvert d'ornements est placé sous le matelas, qui lui-même est couvert d'une étoffe très-riche ; sous la tête de Salomon est placé un petit oreiller, et le roi est enveloppé dans une couverture doublée de fourrure (vair). Des courtines sont suspendues au-dessus du lit ainsi qu'une petite lampe. L'usage des veilleuses suspendues au-dessus des lits paraît avoir été habituel pendant les XIIᵉ, XIIIᵉ et XIVᵉ siècles. On semblait craindre l'obscurité complète pendant le repos de la nuit. A une époque où l'on croyait aux apparitions, à l'influence des mauvais esprits, il n'est pas surprenant que l'on voulût avoir une lampe allumée près de soi pendant le sommeil, la clarté d'une lampe rassure les personnes qui éprouvent cette vague inquiétude que cause l'obscurité complète. On supposait d'ailleurs que les lumières éloignaient les esprits malfaisants ou les revenants.

[184] Tiré du man. de la Bib. imp. Bible, nᵒ 6-3, Xᵉ siècle. Les vignettes au trait de ce manuscrit sont fort grossières et la perspective en est, comme toujours, très-irrégulière. Nous avons, tout en conservant l'exactitude du dessin, redressé ces imperfections pour mieux faire comprendre la construction de ce meuble.

[185] « La pucele ki fut moult cointe,
Et li vallés ki moult biax fut,
Se couchèrent tot nut à nut. »
Le *Roman des sept Sages*, XIIIᵉ siècle.

[186] Cette copie est réduite de moitié. Le manuscrit date du XIIᵉ siècle et appartient à l'école rhénane.

Il s'agit d'une veuve qui se retire dans un monastère, voulant abandonner les pompes du siècle :

« Or avoit donc en usage
Que pres du lit ou elle jesoit
Touz temps par nuit mettre fesoit
Deux chandelles qui y ardoient,
Quar tenebres mal li faisoient.

....

Une nuit gesoit moult grevee

....

Si vit entre les .ii. lumieres
Devant son lit saint Pierre ester
Quel connut bien sans arreter.
...... [187] »

Les courtines sont, au XIIᵉ siècle, comme nous l'avons dit plus haut, attachées à des traverses, avec ou sans ciels.

Voici encore un exemple **(fig. 3)** tiré du même manuscrit [188] représentant le songe de la femme de Pilate. Le lit paraît être en bois tourné décoré d'incrustations. Un seul matelas, très-relevé vers le chevet, pose sur un drap jeté sur la sangle. Un linceul enveloppe le personnage qui, du reste, paraît vêtu d'une tunique et dont la tête est couverte d'un voile. Un petit oreiller couvert d'une riche étoffe est placé au chevet et un marchepied au bas du lit. Les courtines sont attachées à des poutres sans ciel, de manière à former seule-

ment deux paravents. Il faut remarquer qu'à cette époque les lits étaient placés le chevet vers la muraille ; on pouvait y monter à droite ou à gauche. Cet usage se conserva jusque pendant le dernier siècle, et ce n'est que depuis que les appartements ont été tracés sur des plans exigus que, pour gagner de l'espace, on a placé les lits dans les angles des chambres à coucher, ou l'un des grands côtés contre la muraille. Autrefois, on laissait d'un côté un espace assez étroit entre le mur et l'un des grands côtés du lit, qui était la *ruelle,* et c'était dans cet espace que l'on recevait les intimes lorsqu'on gardait le lit [189]. Les alcôves ne paraissent pas avoir été d'usage avant le XVIᵉ siècle.

Le XIIIᵉ siècle déploya, dans la construction et la garniture des lits, un luxe qui ne le cède en rien au siècle précédent.

Quand on recevait un hôte, on lui faisait dresser un lit dans la *salle,* c'est-à-dire dans la pièce principale de la maison ; on avait donc ainsi des lits facilement transportables. On paraît avoir, à cette époque, abandonné presque complètement le métal dans la confection des lits. Les vignettes des manuscrits, les bas-reliefs, les représentent en bois avec des peintures ou des sculptures et disposés d'une façon particulière. En cela, comme en tout, le XIIIᵉ siècle est innovateur. Les lits de cette époque se composent habituellement d'une sorte de balustrade posée sur quatre pieds, avec un intervalle libre dans le milieu de l'un des grands côtés, pour permettre à la personne qui veut se coucher de se placer sans efforts entre ses draps. Ces lits sont bas, de la hauteur d'un sofa. La tête de la personne couchée est relevée par plusieurs oreillers posés les uns sur les autres.

Voici **(fig. 4)** un de ces lits [190], dont la forme et les ornements se reproduisent souvent dans les manuscrits du XIIIᵉ siècle. Alors on ne montait pas sur son lit comme on le fait généralement aujourd'hui pour se coucher ; on s'asseyait entre les deux montants du milieu, et, en soulevant la couverture, on se glissait entre les draps. Des courtines pendues au plafond, à des tringles en fer ou en bois, protégeaient le dormeur. Le peu d'élévation de ces lits au-dessus du sol, placés dans la salle et pouvant au besoin servir de sièges, explique ce passage curieux d'un de nos meilleurs romans du XIIIᵉ siècle. Une jeune femme, mariée à un vieux seigneur, veut éprouver sa patience. « La dame s'en vint en sa meson. Il fu tart ; li feus fut biaus et ardoit cler, et li lit furent bien paré de belles coutes pointes, de biauz tapis ; et la dame fu vestue d'une pelice d'escurens toute fresche. Maintenant vint li sires de chacier ; ele se leva contre lui, si li oste sa chape, si li volt oster ses esperons si s'obéist moult à li, et aporte .i. mantel d'escarlate forré, et li met à ses espaules et apareille une chaière (approche un siège), et li sire s'i asiet ; d'autre part s'asiet la dame sor une sele. Et li chien vindrent de toutes parz, si s'en montèrent sus les liz ; et la levrière vient, si s'asiet sor le peliçon à la dame ; la dame esgarde .i. des boviers qui fu venuz de la charrue. Si ot .i. costel à sa ceinture. La dame saut, si prant ce costel et fiert (frappe) cele levrière, si l'ocit, si que li peliçon fu ensanglantez, et li foiers. Li sires regarde celle merveille : Qu'est-ce, dame, fait-il, commant fustes vos si hardie que vos osastes ocirre ma levrière ? — Commant, sire, donc

[187] *Poésies diverses d'un prieur du mont Saint-Michel.* Extraits pub. en 1837, p. 11, Caen, chez Mancel.

[188] D'Herrade de Landsberg, bib. de Strasbourg, XIIᵉ siècle. Nous avons ici, comme dans la fig. 1, rectifié la perspective et le dessin.

[189] Voy. le mot CHAMBRE, *Dict. raisonné d'Archit.*

[190] Voy. le man. de la fin du XIIIᵉ siècle, Bib. imp., n° 6767. Ce manuscrit contient l'*Hist. du Saint-Graal,* la *Branche de Merlin,* le *Roman des sept Sages, Chron. fab. depuis Adam jusqu'à Néron ;* transl. du latin en français. Le lit représenté sur notre gravure est copié scrupuleusement sur une des vignettes ; nous n'avons fait que rectifier la perspective de l'ancienne miniature.

ne véez vos, chacun jor, commant ils atornent vos liz ; il ne passera ja .iii. jorz qui ne nos conviengne fere buée (lessive) por vos chiens ; par la mort Dieu ! si les occiroies avant, toz, de mes meins, que il alassent ainsint par ceanz….. [191]. »

Au XIVe siècle, les bois de lits prennent moins d'importance et sont complétement recouverts par de larges draperies flottantes. Mais le chevet s'élève souvent beaucoup au-dessus de la tête de la personne couchée et est composé de panneaux pleins moulurés et sculptés. La décoration principale de ces meubles consiste dans la richesse des couvertures ou courtes-pointes ; celles-ci sont en soie, en velours, en drap d'or même, doublé de fourrures. « Item un couvertouer et demi d'escarlatte vermeille fourré de menuver, pour son lit à parer [192]. »

Le luxe déployé à cette époque dans les chambres à coucher des princes ou princesses est fait pour nous surprendre. Les lits sont entourés d'étoffes précieuses tissées de riches couleurs brodées d'argent et d'or ; on les surmonte de ciels avec lambrequins (gouttières), courtines, dossiers, pendants (queues).

« Pour sept mille de treffles, fais d'argent, dont la coustepointe, le ciel, le cheveciel (le chevet garni depuis les oreilliers jusqu'au ciel), les gouttières et huit quarriaus, furent semez entre les pappegaus (perroquets) et pappeillons, pour argent, pour soye, de quoy ils furent faiz, 4 d. pour pièce, valent 116 l. 13 s. 4 d. — Pour pourtraire les pappegaus, pappeillons et treffles, par deux fois, l'une fois sus taille, et l'autre fois pour faire l'armoierie, 30 l. … — Pour assembler les veluiaus (velours) de la coustepointe, du ciel, du cheveciel, des gouttières et des huit quarriaus, et la saierie d'entour le lit… — Pour douze aunes de frenges dont les gouttières furent frengées, 6 s. pour l'aune, valent 72 s. — Pour la façon du materas, 16 s. [193] »

Nous donnerons une idée de ces lits du XIVe siècle sur lesquels étaient jetées des courtes-pointes larges, et qui se terminaient au chevet par un haut dossier, en reproduisant une vignette d'un manuscrit de cette époque **(fig. 5)** [194]

Quant aux draps de lits, ils étaient déjà, pendant le XIVe siècle, au nombre de deux, comme de nos jours, l'un posé sur les matelas, l'autre sous la couverture.

Robert le Diable simule la folie à la cour de l'empereur de Rome, couche auprès du chien, et ne se fait pas connaître :

« Se tu me veulz servir à gré
(dit l'empereur à son écuyer en parlant de Robert),
« Oste de ci premierement (prends ici d'abord)
Et puis t'en vas isnellement
Et li portez coste et cossin,
Couverture et deuz dras de lin,
Pour li couchier [195]. »

Le XVe siècle renchérit encore sur le XIVe quant au luxe des matelas, coussins, couvertures, courtes-pointes, courtines ou ciels. Au XIIIe siècle, le lit ordinaire ne se composait que « d'une couste, d'un coussin et un faissel de feurre [196] » Au XIVe siècle, au lieu d'un seul matelas on en mettait déjà deux, des couvertures et deux draps. Au XVe, le nombre des matelas et des coussins grands et petits était plus considérable, et les lits étaient en outre garnis d'un

traversin. Les matelas des grands seigneurs étaient recouverts de satin vermeil ou d'autre étoffe de soie [197] ceux des riches particuliers, en coutil de Caen ; ceux des bourgeois, en toile. Les linceuls (draps) étaient amples ; on les enroulait autour de soi avant le XIIIe siècle, mais depuis ils furent posés de façon à ce que la personne couchée les laissât tomber autour du lit [198].

Ce fut pendant le XVe siècle que les lits commencèrent à prendre des dimensions exagérées ; ils portaient déjà, à cette époque, sept pieds de long sur six pieds de large, et même quelquefois plus. Ces dimensions expliquent la charge singulière des fourriers du

[191] Le *Roman des sept Sages*. Le lit, dans les manoirs, était dans la salle où se rassemblait la famille, dans la pièce principale, où venaient même les bouviers revenant de la charrue pour rendre compte de l'emploi de leur journée. Ce passage donne l'idée des mœurs intérieures des petits seigneurs de cette époque, chez lesquels on trouvait encore les habitudes patriarcales de la féodalité primitive avec un certain amour du luxe, des étoffes précieuses, des meubles et habillements somptueux.

[192] *Comptes de Geoffroi de Fleuri*, 1326 ; *Comptes de l'argenterie des rois de France,* pub. par L. Douët-d'Arcq, 1851.

[193] *Ibid.*, p. 59 et 60. Chambre brodée, à Reims, de la reine, femme de Philippe le Long ; 1317.

[194] Les *Miracles de Notre-Dame*, Bib. du Séminaire de Soissons : « Du prestre que Notre-Dame deffendi de l'injure que son evesque li vouloit faire parce qu'il ne savoit chanter que une messe de Notre-Dame. »

[195] *Miracle de N.-Dame de Robert le Dyable*. Man. du XIVe siècle. Bib. imp.

[196] *Ordonn. de l'hôtel*, 1290 (J. reg. 57, fol. 16).

[197] *Comptes de Charles VI.*

[198] « Et si leur fault encor avoir
Beaux lis, beaux draps, chambres tendues.
………. »
Le *Miroir du Mariage*, Eust. Deschamps, XIVe et XVe siècles.

palais, qui devaient, chaque soir, avant le coucher des princes, battre le lit, afin de s'assurer que personne n'y était caché ; c'était comme marque de cette charge que le fourrier portait un bâton de bois vert. Ces dimensions extraordinaires données aux lits n'empêchaient pas les princes d'en mettre deux dans une même chambre.

« La chambre de Madame » (Isabelle de Bourbon, femme de Charles le Téméraire, alors comte de Charolais), dit Aliénor de Poitiers dans ses *Honneurs de la Cour*, « estoit grande et y avoit deux grands licts l'un emprez l'autre d'un rang, et au milieu des deux licts y avoit une allée (ruelle) bien de quatre ou cinq pieds de large… Item il y avoit un grand ciel de drap de damas verd, lequel ciel comprenoit tous les deux grands licts, et y avoit courtines de demi-satin verd tout autour ceste entrée des deux licts, et lesdictes courtines estoient cousues au ciel, et ne couvroient point celles des pieds, et n'approchaient point l'une l'autre d'aussi large que l'allée (ruelle) estoit entre les deux licts ; les franges qui estoient autour des

gouttières (lambrequins) du ciel estoient de soie verde.

« Aux pieds des deux grands licts estoient lesdites courtines à annelets (anneaux) pour courre toute deux, joindans (joignants) ensembles, quant on vouloit ; et estoient lesdictes courtines tendues aussi hault que le ciel ; et à deux ou trois pieds loing des autres courtines, et quand on vouloit on les clooit tout prez, que l'on ne voyoit point l'allée entre lesdicts licts, mais de jour elles estoient ouvertes, autant que l'allée entre les deux licts portoit.

« Au milieu des deux grands licts, il y avoit une pareille courtine (de séparation), laquelle estoit troussée tout hault, comme l'on trousse courtines, et estoit toute serrée au bout (de l'allée) dessus la chaire (placée entre les deux lits à la tête), et cette courtine n'estoit jamais tendue. Ces trois courtines dont j'ay icy parlé (une entre les deux lits et les deux autres des deux côtés extérieurs) on les appelle traversaines ; et ay ouy dire que quand la royne de France gist, elle en a une plus, et est au travers de la chambre (comme paravent) : mais Mme la duchesse de Bourgongne ne Mme de Charrolois sa belle-fille n'en avoient que trois, comme cy-dessus est escript !

« La couchette [199] estoit tendue d'un pavillon quarré aussy grand que la couche estoit, aigu amont et avoit audit pavillon tout autour courtine de satin verd, lesquelles estoient cousues audit pavillon, mais aux deux costez les courtines estoient fendues pour les lever de quelque costé que l'on vouloit, et estoit le dessus dudict pavillon de damas verd, comme le ciel des licts… Les deux grands licts et la couchette estoient couverts d'ermines arminées (mouchetées, avec les queues), et le dedans desdicts couvertoirs estoit de fin drap violet ; et passoit le drap violet bien trois quartiers de la panne (fourrure) ; et quand ils estoient sur les licts, la panne et le drap pendoient bien à terre aulne et demie, et est à sçavoir que l'on met toujours la panne dehors. Dessus ces couvertoirs il y avoit deux beaux draps de fins couvrechief de crespe empesé (toile fine comme de la batiste), qui traînoient plus long que les couvertoires, et la couchette estoit couverte comme les grands licts, et estoient touts les licts rebrassés (relevés), comme pour s'y coucher ; mais les couvertoirs d'ermine estoient si hault que l'on ne voyoit point les draps ; sinon au chevet, et estoit ledit chevet couvert de drap de crespe (batiste) ; sur chaque grand lict avoit sur le chevet un carreau ; et estoient lesdicts quarreaux de trois quartiers de long et de deux de large ou environ… » La couchette était à roulettes et placée devant le feu.

Il ne paraît pas que l'on fît, avant le XVIe siècle, des lits à colonnes ; les ciels et courtines étaient, avant cette époque, suspendus aux murs ou au plafond. Voici **(fig. 6)** un grand lit disposé comme ceux que décrit Aliénor de Poitiers, avec couverture de riche étoffe violette rehaussée d'or et courtines de drap d'or ; les draps sont blancs [200] et tombent, ainsi que la couverture, jusqu'à terre.

Au XVe siècle, on employait déjà la plume dans la confection des sommiers [201] ; pour les matelas, ils étaient rembourrés de cosses de pois [202], de paille [203]. Il n'est pas fait mention de laine ou de crin.

[199] Cette couchette était disposée dans la chambre quelques jours avant l'accouchement de la princesse ; c'était ce qu'on appelle aujourd'hui le *lit de misère*.

[200] Le *Romuléon*, man. du XVe siècle, n° 6984. Bib. imp.

Chez les paysans et les petits bourgeois, le lit servait souvent à toute la famille. Père, femme et enfants reposaient ensemble.

Outre les lits de repos, il y avait des lits de parade, et des lits sur lesquels on s'asseyait ou l'on s'étendait comme sur nos sofas, mais qui n'étaient pas faits pour se reposer la nuit entre des draps.

« Li nobles duc d'Anjou n'i fist arrestement ;
En sa chambre mena roi Henri vistement :
Sur .i. lit sont assis qui fu de parement,
Là li compta li rois tout son demainement.
« ...... [204] »

On était dans l'usage aussi, pendant le moyen âge, de dresser des lits de parade dans une pièce précédant la chambre à coucher d'un prince ou d'une princesse. Au Louvre, il y avait la chambre de parade du roi, dans laquelle il ne couchait point, mais où se trouvait cependant un grand lit richement garni. C'était dans ces chambres que l'on recevait certaines personnes de la cour qui n'entraient pas dans la chambre à coucher, mais qui jouissaient cependant du privilége d'être reçues d'une façon plus intime que la foule des courtisans et des officiers du palais ; c'était souvent dans la chambre de parade ou de parement que l'on recevait les ambassadeurs en audience particulière ou des grands seigneurs auxquels on voulait faire honneur. Ce sont ces chambres de parade qui établirent la distinction, conservée jusque dans le siècle dernier (XVIIIᵉ), entre le petit et le grand lever des souverains. Le petit lever se faisait primitivement dans la chambre à coucher, et le grand dans la chambre de parade.

La chambre à coucher de la femme du comte de Charolais dont nous avons parlé ci-dessus était précédée d'une « grande chambre, de laquelle on entroit dans la chambre de Madame, et estoit ceste chambre appellée la chambre de parement, laquelle estoit parée, comme s'ensuit :

En ladite chambre ayoit seulement un grand lict, lequel estoit tendu de satin cramoisy tout autour, et le couvertoir de mesme, et avoit au ciel un autre couvertoir, en chacune pièce un grand soleil aussy grand que le tapis brodé de fin or moult riche, et estoit appellée cette tapisserie la chambre d'Utrecht, et crois que ceux d'Utrecht la donnèrent au duc Philippe. Les tapis (tapisseries) d'autour la chambre estoient de soie rouge, à ce que j'ai retenu, les courtines de samyt cramoisy, et estoient troussées, et le lict fait et couvert du couvertoir, comme un lict où nully ne couche :

à un bout du chevet il y avoit un grand carreau de drap d'or cramoisy, item autour du lict, tant aux pieds qu'au chevet, un fort grand tapis velus [205] »

A l'occasion de certaines cérémonies, on dressait des lits de parade ; lors du baptême des princes, par exemple : « En la chapelle auprès du chœur de l'église estoit fait un lict de carreaux de drap d'or, et est à sçavoir que c'estoit une table quarrée sur deux tretteaux haults comme un lict. Dessus cette table avoit un beau fin drap de toillette de Hollande, et dessus ce drap avoit un couvertoir de drap violet fourré d'ermines arminées (mouchetées de leurs queues), et passoit le drap violet une demie aulne la panne, et estoit ledit couvertoir mis sur ladicte table tout estendu, et traînoit tout autour bien une aulne, et estoit mise la panne dehors, comme aux licts, et pardessus un beau fin drap de crespe empesé, et dessus tout avoit deux carreaux (sorte de coussins) de drap d'or cramoisy, l'un au chevet et l'autre plus bas, comme on fait au lict.

« Item, dessus le lict estoit tendu un pavillon vert quarré aussy grand que la table, et estoient les courtines roullées (relevées) devant ; et estoit le dessus du pavillon vert et les courtines de samyt.

[201] A deux sols la livre. *Décor. et ameubl. du palais abbat. de Saint-Bertin, aux* XVᵉ, XVIᵉ *et* XVIIᵉ *siècles.* Docum. hist., *Bull. monum. des comit. hist.* Janvier 1851.

[202] Pezats de pois à quatre sols la botte, *ibid.*

[203] Gluis à deux sols six deniers par matelas, *ibid.*

[204] *Chron. de Bert. Du Guesclin,* poëme du XIVᵉ siècle, vers 43088 et suiv. Coll. des doc. inéd. sur l'hist. de France.

[205] Aliénor de Poictiers, *Les Honneurs de la Cour.*

[206] Ibid, *Baptesme de mademoiselle Marie de Bourgongne.*

[207] « Le vingt-quatrième jour de juillet 1527, le matin, le roy estoit en son siége et trône royal, au parquet du Parlement (à Paris), tenant son Lict de Justice : pour monter auquel y avoit sept degrez, couverts d'un tapis de veloux bleu, semé de fleurs de lys d'or en façon de broderie, et au-dessus un ciel de même. Et à l'entour, derrière ledit sieur (le roi), et sous les pieds, y avoit quatre grands carreaux de mesme. Au costé dextre du roy, aux hauts siéges (estrade), estoient le roy de Navarre, etc... Au costé senestre, aux hauts siéges... estoient : le cardinal de Bourbon,... etc. Aux pieds du roy estoient le duc de Longueville, grand chambellan de France, le plus près de la personne du roy du costé dextre, couché en terre sur le plus haut degré..... Devant le roy estoient à genoux, Anne de Resne, dit Michelet, capitaine du Pont de Sée, et le sieur Nagu, huissiers de la chambre du roy, tenans chacun une verge à la main.... » Le *Cérémonial françois,* Godefroy, Lit de justice du roy François I, t. II, p. 463.

[208] « ..... Et in camera magna debent reperire principem in regem consecrandum sedentem, et quasi jacentem supra thalamum decenter ornatum..... » *Formul. des sacres et couronn. des roys ; corrig. et mis par escrit en l'an 1365, du commandement du roy Charles V.* Godefroy, Le *Cérémon. françois,* t. I, p. 32.

[209] *Rom. du Renart,* vers 9978 et suiv.

[210] *Li Rom. de Robert le Dyable,* XIVᵉ siècle.

[211] *Comptes de l'argenterie des rois de France au XIVᵉ siècle,* pub. par L. Douët-d'Arcq, 1851. *Sociét. de l'histoire de France.*

[212] En 1474.

« Item, tout autour estoient tapis velus… [206] »

L'usage des chambres et lits de parade se perpétua jusque vers la fin du XVIIᵉ siècle.

Ce qu'on appelait un *lit de justice* était, en effet, une estrade tapissée, surmontée d'un dais duquel pendaient des courtines. Sur cette estrade était posé un trône large, garni de coussins, avec carreau devant. Le souverain était plutôt étendu qu'assis sur ce siège. Autour de lui, sur le parquet et les marches de l'estrade, se tenaient assis, sur des pliants et tabourets, debout, couchés ou à genoux sur les degrés, les princes de la famille, les grands du royaume et les officiers du palais [207].

Lors du sacre et couronnement des rois de France, un lit était dressé dans la grand'salle du palais archiépiscopal de Reims pour le roi, qui recevait, assis sur ce lit, les évêques et chanoines venant le prendre processionnellement pour le conduire à la cathédrale [208].

Pendant le moyen âge, on attachait une grande importance à la décoration des lits d'appartements. La renaissance mit plus de luxe encore dans la façon de tapisser les lits ; chez les grands, les lits furent surmontés souvent de doubles ciels et de doubles courtines sur lesquelles l'art du brodeur figurait des sujets, des emblèmes qui choqueraient fort nos mœurs modernes. Les bois étaient de cèdre, de rose, d'ébène et d'ivoire, posés sur des tapis de soie avec une multitude de carreaux. Le luxe des lits des seigneurs persista ; les lits des XVIIᵉ et XVIIIᵉ siècles sont d'une grande richesse ; chez les souverains, les lits, à dater du XVIIᵉ siècle, sont entourés d'une balustrade au dedans de laquelle, au petit lever, se tenaient les grands seigneurs particulièrement favorisés. La première toilette du roi s'achevait dans l'espace compris entre la balustrade et le lit.

Pendant le moyen âge et jusqu'au dernier siècle, il était d'usage de bénir le lit des nouveaux époux avant la première nuit des noces. Les seigneurs féodaux avaient un droit sur cette première nuit, qui se payait non point au moyen d'une odieuse concession de l'époux, comme on a voulu le faire croire, mais bien par une redevance en argent, qui n'était pas plus immorale que beaucoup de nos lois fiscales.

LITIÈRE, s. f. La litière était une sorte de lit couvert ou découvert, juché sur un double brancard et porté par deux chevaux. Les femmes, les malades voyageaient souvent en litière, et ce mode de locomotion, hors d'usage chez nous depuis longtemps, est encore usité en Orient, en Sicile et en Espagne. Dans l'antiquité, on se servait de litières. L'absence de route rendait cette façon de voyager fréquente pendant le moyen âge ; si elle n'était pas des plus rapides, elle était du moins fort douce et permettait de traverser sans fatigue des pays dans lesquels on ne trouvait pas souvent de voies carrossables, car une litière passe partout où peut passer un cheval.

Nos plus vieux auteurs parlent de litières :

« … une geline
Que l'on amenoit en litière
Fete autresi con une biere [209]. »

Quand Robert le Diable veut se faire ermite, l'empereur de Rome

« … a mendé les charpentiers,
Et fet une litière ovrer,
Appareiller et manovrer,
Puis fait mettre Robert de seure
Qui avec lui plus ne demeure [210]. »

Dans les cérémonies publiques, les princesses étaient le plus souvent portées en litière. C'est ainsi qu'Isabeau de Bavière fit son entrée à Paris, en 1389, le 20 juin. Froissard et Godefroy, dans le *Cérémonial françois,* ont décrit les magnificences de cette fête. La reine était en litière découverte, « si richement parée, que rien n'y "failloit." »

Dans le compte des dépenses du mariage de Blanche de Bourbon avec le roi de Castille [211], nous trouvons le détail de toutes les pièces qui composent la litière de la reine. Ce sont deux pièces de drap d'or et de soie « tenans sur l'azur pour housser ladicte litière par dedens après la peinture ; six aunes d'escarlate vermeille pour couvrir ladicte litière et housser le fonz d'icelle ; huit aunes de toile vermeille pour mettre dessous le drap d'or ; huit aunes de toile cirée pour mettre dessous la toile teinte ; huit aunes de chanevaz à mettre entre l'escarlate et ladicte toile cirée ; trois onces de soye à brouder les fenêtres, les pendans (glands), les mantellez et les las de ladicte litière ; sept quartiers d'un marbré brun de graine à faire rayes, cousues doubles, pour mettre dessoubs les cloux ; sept aunes d'un autre marbré de Saint-Odmer, à faire une housse dessus et deux mantellez pour ladicte litière ; huit aunes de toile bourgoise pour faire une autre housse et deux mantellez. Il est donné 140 l. par. à un certain Robert de Troies, pour le fust (le charronnage) d'icelle litière, pour la peinture, pour les clous dorés et autres qui y appartiennent, pour les pommeaux, aneaux et chevilètes à fermer ladicte litière, tout de cuivre doré, et pour le hernois de deux chevaus, c'est assavoir selles, colliers, avalloueres et tout ce qui y appartient pour ledit hernois, fait de cordouan (de cuir de Cordoue) vermeil, garnis de clos dorez, et les arçons devant et derrière pains de la devise de ladicte litière ; un tapiz provenant du mobilier de la reine ; deux pièces de velluau (velours) vermeil des fors, deux pièces de cendal vert des larges, un quartier et demi de drap d'or et une demi-aune de camocas d'outremer. »

Olivier de la Marche, dans ses *Mémoires,* raconte comment, pendant les fêtes données à la cour de Bourgogne [212], lors du mariage du duc Charles avec Marguerite d'York, sœur du roi d'Angleterre, le bâtard de Bourgogne, qui avait été blessé dans un tournoi, se fit toutefois apporter en litière couverte de drap d'or cramoisi : « et les chevaux qui portoyent la litière estoyent enharnachés de mesme, à gros boullons d'argent dorés. Il étoit, ajoute-t-il, dedans sa litière, vestu d'une moult riche robe d'orfévrerie. Ses archers marchoyent autour de sa litière, et ses chevaliers et gentils-hommes autour de luy ; et certes il entra dedans la lice, selon le cas, si pompeusement et par si bel ordre, qu'il ne sembloit pas estre un bastard de Bourgongne, mais héritier d'une des plus grandes seigneuries du monde. En cette ordonnance se fit amener jusques à un hourd qu'il avoit fait faire à ce propos au bout de la lice, sur lequel hourd fut sa litière posée, et fut soudainement close et baillée ;

tellement qu'il fut hors du danger de toute presse de chevaux. »

Le même auteur décrit la litière du seigneur de Ravestain qui figure dans les mêmes fêtes. « Suyvant ledict chevalier, dit-il, venoit la personne de monsieur de Ravestain en une litière richement couverte de drap d'or cramoisy. Les pommeaux de ladicte litière estoyent d'argent, aux armes de mondict seigneur de Ravestain, et tout le bois richement peinct, aux devises de mondict seigneur. Ladicte litière estoit portée par deux chevaux noirs moult beaux et moult fiers ; lesquels chevaux estoyent enharnachés de velours bleu, à gros cloux d'argent, richement ; et sur iceux chevaux avoit deux pages vestus de robes de velours bleu, chargés d'orfévrerie, ayant barrettes de mesmes ; et estoyent houssés de petits brodequins jaunes, et sans esperons ; et avoient chascun un fouet en la main. Dedans ladicte litière estoit le chevalier, à demy assis sur de grans coussins de riche velours cramoisy ; et le fond de sa dicte litière estoit d'un tapis de Turquie. Le chevalier estoit vestu d'une longue robe de velours tanné, fourrée d'ermines, à un grand colet renversé, et la robe fendue de costé, et les manches fendues par telle façon, que quand il se dréça en sa litière l'on voyoit partie de son harnois. Il avoit une barrette de velours noir en sa teste, et tenoit toute manière de chevalier ancien (vieux), foulé et débilité des armes porter. Ladicte litière estoit adextrée de quatre chevaliers qui marchoyent à pié, grans et beaux hommes, qui furent habillés de paletots de velours bleu, et avoyent chacun un gros batton en la main. »

Nous donnons (**PL. VI**) une de ces litières.

Ces descriptions peuvent faire connaître le luxe que l'on déployait dans les litières et dans les harnais des chevaux qui les portaient. Ordinairement, les conduc-teurs des litières étaient à pied et menaient les chevaux par la bride ; ou bien, si la route était longue, étaient à cheval des deux côtés des porteurs. En voyage, la litière d'un seigneur impotent ou d'une dame était accompagnée de nombreux serviteurs à pied et à cheval qui formaient comme une escorte autour d'elle.

On avait aussi de simples litières découvertes, sortes de brancards portés par deux chevaux, sur lesquelles on enlevait les combattants blessés dans un tournoi, pour les transporter à leur hôtellerie.

[213] *Compte de Geoffroi de Fleuri. Comptes de l'argenterie des rois de France au* XIVᵉ *siècle,* pub. par L. Douët-D'Arcq.
[214] *Ibid.*

✠

MALLE, s. f. Coffre de voyage. La malle, pendant le moyen âge, accompagne presque toujours le bahut. « Pour 4 malles à la garde-robe du commun, 40 s. pour pièce, valent 8 l. Pour une grant malle à chevaliers nouviaus, 30 s. [213] » Elles étaient faites habituellement de drap vert. « Item, 2 aunes de vert (drap) pour faire malles [214]. »

Ces malles ressemblaient à des ballots fermés par des courroies.

MALLÈTE. Petite malle.

MATELAS, s. m. Grand sac d'étoffe, rembourré de cosses de pois ou de laine, que l'on posait sur les bois de lits ou sur des bancs pour s'asseoir ou se coucher. Les matelas étaient souvent faits, pendant le moyen âge, d'étoffes précieuses et décorés de broderie (voy. COUSSIN, COUTE, LIT).

PL. VI

[215] *Les Lamentations Bourrien.* H. Baude (XVe siècle).

[216] *Les Recherches et Antiquitez de la ville de Caen,* par C. de Bourgueville, sieur de Bras. 1570.

[217] *Les quinze joyes de Mariage* (XVe siècle), édit. Janet, 1853, p. 77. Le mot de *touaille* s'emploie encore, dans le midi de la France, pour serviette.

[218] *Hist. Franc.,* lib. VII, cap. XXII.

[219] *De Inventor. rer.,* lib. V, cap. VI.

[220] *Diss. sur les princ. autels des églises,* chap. XXI.

[221] *Uz.,* c. 53.

MIROIR, s. m. Pièce de verre étamé ou de métal poli destinée à refléter les objets. On ne possédait, avant le XVIe siècle, dans les appartements, que de petits miroirs à main (voy. au *Dictionnaire des Ustensiles*). [On voit cependant un miroir accroché au mur dans le célèbre tableau de Jan van Eyck, *Les époux Arnolfini,* daté de 1434 et conservé à la National Gallery, à Londres, tableau que Viollet-le-Duc ne connaissait pas, NDE].

NAPPE, s. f. Pièce de toile ou de lin que l'on posait sur les tables à manger, sur les dressoirs et les crédences (voy. CRÉDENCE, DRESSOIR, TABLE).

« Et sur ce point on apporta la nappe,
Où il congnent qu'il le diner s'advance [215]. »

Les nappes de tables à manger, et principalement celles que l'on étendait sur les tablettes des dressoirs, étaient souvent très-riches, en linge damasquiné, avec bordures en velours et or, franges de soie, etc. Les nappes de tables étaient doubles comme aujourd'hui, celle du dessous tombant jusqu'à terre, celle du dessus, le naperon, couvrant le milieu de la table et ne la débordant pas. Le plus beau linge de table damasquiné se tissait à Caen ; on l'appelait linge de haute lice. « Les artisans telliers, dit le sieur de Bourgueville, y représentent toutes sortes de fleurs, bestes, oyseaux, arbres, medalles, et armoiries de roys, princes et seigneurs, voire aussy naifvement et proprement que le plus estimé paintre pourroit rapporter avecques son pinceau….. [216] »

« Or demande le bonhomme des napes, des touailles (serviettes) ouvrées et blanches : mais on lui rapporte qu'il n'en peut point avoir….. [217] »

Aujourd'hui, on met sur les autels des églises trois nappes, et autrefois la nappe de dessus devait descendre des deux côtés jusques à terre. Dans l'église grecque, qui conservait religieusement les traditions de la liturgie primitive, on mettait aux quatre coins de la table de l'autel quatre morceaux de drap qu'on appelait *évangélistes,* « parce que, dit Thiers dans ses *Dissertations sur les principaux autels des églises,* le nom et l'image de chacun des quatre Évangélistes y étaient….. Sur ces quatre morceaux de drap, on mettoit une première nappe appelée *ad carnem,* parce qu'elle est la figure du linceul blanc dans lequel le corps de Notre-Seigneur fut enseveli….. Sur cette nappe, on en mettoit une autre de fil plus délié, parce qu'elle représente la gloire du fils de Dieu assis sur l'autel comme dans son trône….. Enfin, on mettoit par-dessus ces quatre morceaux de drap et ces deux nappes un corporal, qui estoit tout ensemble la figure de la mort et de la résurrection de Jésus-Christ. »

Chez les Latins, dans les siècles primitifs, les traditions sont moins précises ; il est question souvent de nappes de soie.

Saint Sylvestre (IVe siècle) fut le premier qui ordonna que les nappes d'autels fussent de linge blanc et non de soie teinte ; et cependant Grégoire de Tours, sur la fin du VIe siècle, parle de nappes d'autels en soie [218], à propos d'un songe qu'il eut : « Putabam me quasi in hac basilica sacro-sancta missarum solem-

nia celebrare ; cumque jam altarium cum oblationibus *pallio serico* coopertum esset….. » Enfin, Polydore Virgile dit [219] que ce fut Boniface III (VIIe siècle) qui, le premier, ordonna que l'on couvrirait à l'avenir les autels de nappes blanches ; cependant Thiers [220] ne considère pas le texte de cet auteur comme faisant autorité, et il ajoute, d'après Anasthase le bibliothécaire, que l'empereur Constance étant venu à Rome, et ayant visité l'église de Saint-Pierre, il y fit présent d'une pièce de drap d'or pour couvrir l'autel….. Que le pape Zacharie fit faire une couverture de pareille étoffe pour le même autel, sur laquelle il fit représenter la Nativité de Notre-Seigneur, et qu'il l'enrichit de pierreries ; mais ces nappes étaient plutôt des parements d'autels que des nappes comme celles adoptées depuis le XVe siècle, car ces couvertures tombaient sur le devant de la table, et il est probable que les broderies et les pierreries se trouvaient sur la face vue de cette couverture. Nous penchons à croire qu'il en était de même des nappes d'autel données par le pape Adrien Ier à la basilique de Sainte-Marie-Majeure, nappes de toile d'or sur lesquelles étaient représentées l'Assomption de la Vierge, des fleurs et figures avec bordure d'écarlate ; de celles données par Léon III à la même église, et qui représentaient l'une la Nativité en broderie, l'autre des figures de griffons sur toile écarlate, des roues ornées de clous d'or, etc. ; la troisième, l'histoire de la Passion, donnée à l'église de Saint-Laurent, et enfin des trois autres données à la basilique Saint-Paul ; la première, de soie blanche avec des clous d'or et l'histoire de la résurrection ; la seconde, de soie à clous d'or avec l'histoire de la Nativité et des saints Innocents, et la troisième, d'écarlate avec l'histoire de l'aveugle-né et une résurrection. Thiers considère aussi ces nappes d'autels comme servant également de parements ; et, à l'appui de son opinion, il cite une nappe d'autel existant de son temps dans l'église de l'abbaye de Chaise-Dieu en Auvergne, laquelle « couvre le dessus, le devant et les côtés du grand autel. » Guillaume Durand, mort à la fin du XIIIe siècle, ne parle que de deux nappes sur les autels, pour marquer l'habit du corps et celui de l'esprit, et le corporal, de son temps, était une de ces deux nappes. Toutefois, l'ordre de Cîteaux mettait dès le XIIe siècle, trois nappes sur les autels de ses églises [221].

Depuis le XVe siècle, les rubriques des missels et des cérémoniaux veulent trois nappes sur les autels, ou deux au moins, dont une pliée en deux. Le synode d'Angers, en 1507, et le concile provincial de Toulouse, en 1590, ordonnent absolument de mettre trois nappes sur les autels.

Quant à la forme donnée à ces nappes d'autels, nous ne pouvons en prendre une idée que, d'après les bas-reliefs ou vignettes des manuscrits, les églises ayant depuis longtemps perdu ces couvertures sacrées. Or les plus anciennes représentations d'autels que nous connaissions en France indiquent une nappe tombant des deux côtés de l'autel jusqu'à terre, et, par-dessus, le corporal plié.

Nous avons donné des copies de ces autels dans le *Dictionnaire d'Architecture* (voy. le mot AUTEL, **fig. 6, 7, 12, 19, 21 et 22**), et ces exemples appartiennent à des monuments des XIe, XIIe, XIIIe et XVe siècles.

Fig. 1

Mais voici **(fig. 1)** un autel tiré d'un manuscrit de la fin du XIIIᵉ siècle [222] qui indique d'une manière précise les trois nappes. Celle du dessous tombe sur le devant jusqu'à moitié de la hauteur de l'autel ; elle est de couleur, bordée d'un galon et drapée ; la seconde porte une bordure avec écussons armoyés et frange ; et enfin la troisième, qui paraît être le corporal, tombe sur les côtés ; elle est blanche avec fines bordures et petites franges aux extrémités.

Les nappes d'autels ornées d'écussons armoyés paraissent avoir été assez communément adoptées à partir de la fin du XIIIᵉ siècle. En effet, dans l'inventaire des meubles de la comtesse Mahaut d'Artois, de 1313 [223], nous lisons : « Item une nape d'autel, parée d'une pareure des armes d'Artois et de Beaugiu, tout à pelles, ou pris de II c. lib. » Ces nappes sont souvent désignées, à cette époque sous le nom de *touailles.* « Item II touailles d'autel, ou pris de .XL. s. »

Ce ne fut qu'à dater du XVᵉ siècle que l'on attacha aux nappes d'autel des ouvrages en fil à jour, des guipures ; mais, à cette époque, ces ornements n'étaient attachés qu'aux extrémités de la dernière nappe tombant des deux côtés de l'autel. Quant à la seconde nappe, elle n'était bordée souvent sur le devant de l'autel que par une petite frange de fin or de deux ou trois doigts de haut. Le sire de Mauléon dit, dans ses *Voyages liturgiques en France* pendant le siècle dernier, avoir vu encore une certaine quantité de ces nappes frangées d'or.

NATTE, s. f. Treillis de joncs que l'on posait sur les planchers des maisons et châteaux.

« A Regnaut Laucon, nattier, pour avoir livré et assiz audict Louvre en la chambre à parer du roy, devers la Fauconnerie, et en la chambre à parer de la royne, dix toises et demys de nattes en réparation [224]. »

On posait aussi des nattes sur les bancs et les coffres servant de sièges dans les salles des palais. Les lits (châlits) des prisonniers étaient couverts de nattes.

OREILLER, s. m. *Orillier.* Sac d'étoffe carré, rembourré de laine ou de plume, que l'on posait à la tête du lit.

« L'oreiller crolle (tombe) et cil est estormis [225]. »

Si les matelas des lits étaient richement couverts, les oreillers ne l'étaient pas moins.

….. « Pour I orillier de veluyau (velours) vermeil semé de perles d'Orient losengié d'armoyerie de France et de Bourgoigne, et y a arbreciaux d'or, et y faillent (manquent) les 4 boutons de perles des 4 corneiz et 15 autres perles que ledict Estienne doit rendre [226]. »

Ce n'était là, comme on l'entendra facilement, qu'un oreiller de parade ; mais cependant, pour l'usage habituel, les oreillers étaient souvent couverts de broderies et faits d'étoffe de soie (voy. LIT).

PARAVENT, s. m. *Clotet, Eperon (esperum), Otevent.* Les appartements des châteaux étaient très-

[222] Man. de l'*Apocalypse,* appartenant à M. B. Delessert. Ouverture du cinquième sceau ; sous l'autel sont les âmes des martyrs, qui demandent vengeance au Seigneur.

[223] Pub. par M. Le Roux de Lincy. Bib. de l'École des Chartes, 3ᵉ série, t. III, p. 53.

[224] *Comptes des dépenses faites par Charles V,* pub. par M. Le Roux de Lincy.

[225] *Li Romans de Gurin le Loherain.*

[226] *Invent. de l'argent.* dressé en 1353. *Comptes de l'argenterie des rois de France, au* XIVᵉ *siècle.*

[227] *Compte de Geoffroi de Fleuri. Comptes de l'argenterie des rois de France, au* XIVe *siècle.*

[228] *Ibid.*

[229] Liv. IV.

[230] Anastase le bib., *In Leone III.*

[231] Voy. la *Notice sur ce devant d'autel,* insérée dans le *Bull. monum.* de M. de Caumont, t. XVIII, p. 276.

[232] *Hist. du dioc. de Paris,* t. VIII, p. 492.

[233] Doyenné de Château-Fort.

vastes, et, bien que les portes fussent étroites et basses, les fenêtres rares, les murs épais, les cheminées énormes qui chauffaient les pièces réservées à l'habitation établissaient un courant d'air fort gênant. Il est un fait digne de remarque d'ailleurs : les hommes habitués à la vie en plein air, du moment qu'ils s'enferment dans une chambre, tiennent à être bien clos. Nos paysans qui passent tout le jour aux champs, sitôt rentrés dans leur chaumière, ferment portes et fenêtres et craignent plus les courants d'air que les personnes qui vivent habituellement dans l'intérieur des appartements. Les habitants des châteaux et maisons du moyen âge prenaient toutes sortes de précautions pour éviter l'humidité, le froid et les courants d'air. Outre les doubles vitrages, qui étaient assez fréquents, les portières en tapisserie tombant sur les portes, les vastes cheminées, on plaçait, dans les salles où l'on se réunissait le soir ou dans les chambres à coucher, de grands paravents dont la disposition est singulière. Ces paravents étaient des sortes de tambours placés au-devant des portes à l'intérieur, composés de deux joues et d'un plafond. Une draperie tombait devant l'ouverture.

Il est souvent question de ces sortes de paravents, appelés *éperons,* dans les ordonnances du règne de Henri III d'Angleterre. Ils sont désignés aussi sous le nom de *escrinia* (écrans) ; mais, dans ce dernier cas, les paravents ne paraissent être qu'une garde en bois élevée sur le montant de la porte du côté de l'ouverture du vantail. Quelquefois les paravents étaient de grandes tentures libres que l'on pendait au plafond en travers des pièces et qui manœuvraient sur une tringle au moyen d'anneaux et de cordes.

« Item pour 3 pièces de cendaus noirs, dont l'en fist 1 clotet, pesant 55 onces, 2 s. 6 d. l'once, valent 6 l. 17 s. 6 d….. Item pour la façon de ce clotet, et pour corde et ruben, et pour aniaus, 30 s. [227]. »

Ces clotets ne sont pas des courtines ordinaires placées devant les portes, les fenêtres et autour des lits ; ils ont une destination toute spéciale.

« Pour faire une grant courtine de salle et 1 clotet, 9 pièces de cendaus vermeus. »….. « Pour la façon d'un clotet pour le roy, de cendaus vermeus, pour une grant corde et pour ruban de soie, pour aniaus, et pour façon, 30 s. » ….. « Pour la façon d'un clotet de cendaus rouges, pour une grant corde, pour soye, pour aniaus, pour ruben de soie et pour façon, 30 s. [228]. »

Plus tard, l'usage des paravents à feuilles, analogues à ceux que nous avons vus encore lorsque les appartements avaient des dimensions moins exiguës, paraît s'être établi. Philippe de Commines rapporte [229] que « le roy (Louis XI) fit mettre (cacher) le seigneur de Contay *dedans* un vieil *oste-vent* qui estoit dedans sa chambre, et moy (Commines) avec luy, afin qu'il entendist et pust faire rapport à son maistre des paroles dont usoient ledict connestable et les gens dudit duc ; et le roy se vint seoir sur un escabeau, rasibus dudit oste-vent, afin que nous pussions mieux entendre les paroles que disoit Louis de Creville….. Et en disant ces paroles, pour cuyder complaire au roy, ledit Louis de Creville commença à contrefaire le duc de Bourgongne, et à frapper du pied contre terre, et à jurer Saint-Georges, et qu'il appeloit le roy d'Angleterre Blanc-borgne, fils d'un archer qui portoit son nom ; et toutes les moqueries qu'en ce monde étoit possible de dire d'homme. Le roy rioit fort, et lui disoit qu'il parlât haut ; et qu'il commençoit à devenir un peu sourd ; et qu'il le dît encore une fois ; l'autre ne feignoit pas, et recommençoit encore une fois de très bon cœur. Monseigneur de Contay, qui estoit avec moy en cet oste-vent, estoit le plus esbahy du monde….. »

PAREMENT (D'AUTEL), s. m. Table de métal, de bois, ou pièce d'étoffe que l'on posait et que l'on pose encore devant les autels des églises. Dans les premiers siècles du christianisme, les autels étaient creux, en forme de table ou de coffre, en marbre ou en pierre, en métal ou même en bois (voy. le *Dictionnaire d'Architecture,* au mot AUTEL). Il était d'usage, dans l'église latine, dès une époque fort reculée, de poser des parements devant les autels. Le pape Léon III (VIIIe siècle) fit don de parements de vermeil aux églises de Saint-Grégoire, de Saint-André et de Sainte-Pétronille à Rome [230]. Le célèbre Hincmar, archevêque de Reims, passait pour avoir donné à sa cathédrale un parement d'autel d'or. Il existait, devant le maître autel de l'église abbatiale de Saint-Denis en France, une plaque d'or qui avait été donnée par Charles le Chauve. Suger l'avait fait réparer et y avait joint deux autres plaques de même métal lorsqu'il rebâtit son église. Nous ne possédons d'ailleurs aucun dessin de ces parements. La table d'or aujourd'hui déposée au musée de Cluny, et qui provient du trésor de la cathédrale de Bâle, était un retable et non un parement, ainsi qu'on le suppose généralement. Il existe, dans le musée de Munster, une table de bois ornée de figures peintes sur fond d'or, dont le style appartient à la fin du XIIe siècle, qu'on prétend être un parement d'autel ; mais nous pencherions à croire que cet objet est aussi un retable [231].

Jusqu'au XVe siècle, les autels se composaient, le plus souvent, d'un dossier, avec une, deux, trois ou quatre colonnettes recevant la table. Cette disposition, très-simple, était destinée à être masquée par un parement ; et ces parements, dès une époque très-reculée, furent habituellement faits d'étoffes brodées enrichies de perles et de pierres précieuses. Les plus anciens parements d'étoffe couvraient le dessus de l'autel et tombaient par devant jusqu'au socle (voy. NAPPE). Ils ne devaient être autrefois, en France, que blancs, rouges, noirs ou verts. Du temps de Guillaume Durand, cependant, qui mourut en 1296, le violet était une des couleurs admises dans les ornements ecclésiastiques. Les retables des autels avaient aussi leurs parements d'étoffe ; mais cet usage ne paraît pas remonter au delà du XIVe siècle. L'abbé Lebeuf [232] dit qu'il a vu dans l'église paroissiale de Toussus [233] un parement d'autel composé « d'une pièce de tapisserie parsemée de fleurs de lis, sur laquelle est représenté un saint évêque et un saint diacre ; on y voit, ajoute-t-il, brodé en lettres de petite gothique, que *Tanneguy Aubery et Jeanne Formentin sa femme ont donné à cette église ces deux parements*….. Vu les fleurs de lis, il y a apparence que ce fut à Saint-Germain-l'Auxerrois de Paris que Tanneguy Aubery fit présent de ce parement qui était double, c'est-à-dire l'un pour la table de l'autel, l'autre pour le retable. »

Dans l'inventaire des meubles dressé en l'église de Sainte-Madelaine de Genève, le 9 août 1535, on trouve cet article : « Le drapt d'ort de vellour roge borde de vellours pert, appartenant aut grant otel….. Item ung aultre drapt pert semé à figure de Madellene….. Item ung drapt de vellours noir et la croys de damas roge figuré à frenges [234]. »

Si les parements d'autels étaient souvent très-riches en broderie ou même en peinture, ceux des retables ne l'étaient pas moins. On voit, dans le musée du Louvre, un parement de retable en soie peinte d'une très-grande dimension et provenant de la cathédrale de Narbonne (voy. RETABLE). Le musée du Grand-Jardin, à Dresde, conserve deux parements d'autels en étoffe brodée ; l'un d'eux, qui date de la fin du XIIIe siècle, représente un arbre de Jessé, dont les figures et ornements sont délicatement tracés par la broderie sur une étoffe de lin blanche ; l'autre appartient au commencement du XIVe siècle ; il est brodé en soie de couleur et or sur toile. Le centre de ce beau parement, qui appartient à l'école française, représente le couronnement de la Vierge ; à la gauche du Christ est saint Jean-Baptiste, et à la droite de la mère de Dieu, saint Jean l'évangéliste [235].

Piganiol [236] dit avoir vu, dans la sacristie de l'église des Dominicains à Toulouse, un parement d'autel en broderie or et argent avec fleurs au naturel ; il vante fort cet ouvrage, mais ne nous en donne pas la date.

L'usage des parements d'autel s'est conservé jusqu'à nos jours ; on les change suivant les fêtes de l'année.

On disait chambre de parement, pour chambre de parade.

PLACET, s. m. Tabouret pour s'asseoir. Ce petit meuble ne prit ce nom qu'à la fin du XVIe siècle (voy. QUARREL).

POELE, s. m. *Poisle, Palle* (de *pallium,* drap d'or ou de soie). Voile que l'on suspendait en signe d'honneur au-dessus de la tête des grands personnages, et que l'on posait sur les reliquaires lorsqu'on les transportait hors de l'église. Quand Guillaume le Bâtard fait promettre à Harold de lui livrer l'Angleterre à la mort du roi Édouard, afin de donner plus de solennité à son serment :

« A Baieues, ço solent dire,
Fist assembler un grant concire ;
Toz li corz sainz list demander,
Et en un liu (en un lieu) tuz assembler ;
Tut une cuve en fist emplir,
Pois d'un paele les fist covrir
……. »

Quand, en 1440, Frédéric, roi des Romains, arriva à Besançon et fut reçu par le duc de Bourgogne, « tant chemina celle noble compagnie, qu'ils arrivèrent à l'entrée de la cité : et là les citoyens apportèrent un palle de drap d'or, porté par les plus notables d'icelle cité, sous lequel palle entra le roy des Rommains, et à la vérité il travailla beaucoup, et mit grand'peine de faire que le duc de Bourgongne entrast avecques luy sous ledict palle. Mais le duc ne le voulut point faire….. [237] »

« Et fut la place du duc de Bourgongne (lors de la solennité de la Toison-d'Or) au maistre et principal siége, couvert de son palle, qui fut de drap d'or….. [238] »

On couvrait aussi les cercueils d'un drap ou poële lorsqu'on les transportait ou lorsqu'ils étaient déposés dans une chapelle (voy. DRAP). Ces sortes de poëles, tissus d'or et de soie, n'étaient pas toujours revêtus de la croix, mais de broderies de diverses couleurs. La tapisserie de Bayeux nous montre le cercueil du roi Édouard transporté sur les épaules de huit hommes et recouvert d'un poële brodé d'ornements de diverses couleurs ; de petites croix surmontent les deux extrémités de la bière.

Nous voyons un cercueil ainsi couvert d'un poële dans le roman d'Alexandre, de la Bibliothèque impériale [239]. Nous en donnons une copie **(fig. 1)**.

Il est question, dans l'inventaire du trésor de l'église de Sainte-Madelaine de Genève, de poëles mortuaires brodés de dauphins d'or et d'armoiries.

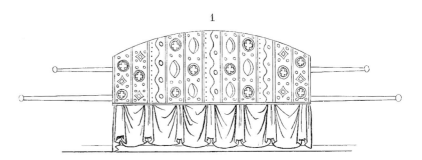

PRIE-DIEU, s. m. Sorte de pupitre destiné à la prière. L'usage de ce meuble n'est pas ancien et ne remonte pas au delà des dernières années du XVe siècle. Jusqu'alors, lorsqu'on disait la prière du soir ou du matin, les seigneurs se rendaient avec leur famille et leur monde dans la chapelle du château, les bourgeois dans la salle principale de la maison ; là on s'agenouillait à terre ou sur des tapis et des coussins. Les églises n'avaient ni chaises ni bancs ; on se tenait debout pendant les offices ou à genoux sur les dalles. Mais, à la fin du XVe siècle, lorsque les habitudes de luxe et de *comfort* commencèrent à se répandre dans toutes les classes de la société, on plaça des bancs dans les églises, des prie-Dieu dans les oratoires et chapelles des châteaux pour les seigneurs. Des oratoires, ces meubles pénétrèrent dans les chambres à coucher ou les retraits (cabinets) y attenant. La prière cessant d'être commune, chacun voulut avoir un meuble particulier pour la dire à son aise. Les prie-Dieu de la fin du XVe siècle et du commencement du XVIe ne sont pas rares ; les vignettes des manuscrits et les bas-reliefs de cette époque en sont remplis, et ils adoptent tous la même forme.

Voici **(fig. 1)** l'un de ces meubles copié sur les bas-reliefs des stalles de la cathédrale d'Amiens. Les prie-Dieu de cette époque n'ont pas toujours, comme les nôtres, une marche inclinée en avant pour se mettre à genoux, mais un carreau garni d'étoffe ; le panneau de devant, ou l'un de ceux des côtés, s'ouvre afin de permettre de déposer le livre d'heures dans l'intérieur du meuble, comme dans une petite armoire. Dans les cérémonies, les prie-Dieu des princes étaient recouverts d'une pièce d'étoffe, de soie, d'or ou d'argent, tombant tout autour jusqu'à terre.

[234] *Hist. de l'archit. sacrée du quatrième au dixième siècle de Genève, Lausanne et Sion,* par J.-D. Blavignac, 1853, ch. 3.

[235] Ce parement est fort bien gravé dans le catalogue du musée du Grand-Jardin de Dresde. Dresde, 1852.

[236] *Nouv. descript. de la France,* t. VI. p. 274.

[237] *Mém. d'Olivier de la Marche,* liv. I, chap. VII.

[238] *Ibid.,* liv. I, chap. XV.

[239] *Rom. d'Alexandre,* fond Lavallière, n° 45, fin du XIIIe siècle.

[240] « Cil guerpissent murs et bretèches
Et quarriaus de plume ou de bourre. »
(Guill. Guiart, vers 4010.)

[241] Tiré de la vignette de la Création de l'homme. Man. d'Herrade de Landsberg, Bib. de Strasbourg.

[242] *Compte de Geoffroi de Fleury. Comptes de l'argenterie des rois de France, au* XIVᵉ *siècle,* pub. par L. Douët-D'Arcq.

[243] *Compte d'Estienne de la Fontaine,* ibid.

[244] *Ibid.*

[245] Saint Pierre, interrogé par la servante, renie son maître.

QUARREL, s. m. [240] Coussin carré ; tabouret pour poser les pieds et aussi pour s'asseoir. La variété des petits meubles servant de sièges ou annexés aux grands sièges est innombrable, pendant le moyen âge, comme forme et dimension. On s'asseyait fréquemment à terre sur des tapis, sur des coussins ; des carreaux, pour se livrer au plaisir de la conversation, et même pendant certaines séances solennelles.

Les faudesteuils, les trônes, les chaires étaient toujours accompagnés d'un carreau en bois recouvert d'étoffe, ou simplement en étoffe, sur lequel la personne assise posait les pieds. Ces carreaux étaient sur pieds **(fig. 1)** [241] ou pleins **(fig. 2)**, en bois sculpté, en marqueterie, plats ou rembourrés de laine ou de plume. On en plaçait près des lits ; ceux-ci étaient généralement très-larges et servaient de marchepied (voy. CHAIRE, FAUDESTEUIL, FORME, LIT, TRONE).

Les inventaires des XIVᵉ et XVᵉ siècles font souvent mention de carreaux. « Pour la façon de 15 quarriaus de duvet pour 2 chambres….. [242] ….. Pour pièce et demie de samit vert baillé audit Thomas pour couvrir les 6 petits quarreaux de ladite chambre (du roi), les deux grans quarreaux de l'oratoire….. [243] ….. Pour une pièce et demie de cendal de grainne, et une pièce de toile vermeille, baillées audit Thomas pour recouvrir 3 grans carreaux, apportés de par devers Monseigneur le Dauphin le VIIᵉ jour de février CCCLI, pour recouvrir, c'est assavoir les deux de son oratoire, et un autre pour les nappes….. [244] » Ces derniers carreaux ne sont, à proprement parler, que des coussins d'étoffe et n'étaient pas montés sur châssis de bois ; car, à dater du XIVᵉ siècle, on paraît avoir abandonné les carreaux sur pieds ou sur cadre pour les sacs d'étoffe rembourrés de laine ou de plume. Ces derniers carreaux se posaient sur les meubles, bancs, formes, chaires, escabeaux, lits, par terre, sur les nattes et les tapis, dans les litières et les chariots de voyage.

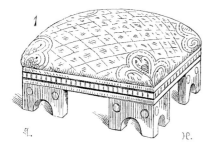

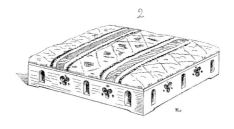

RÉCHAUD, s. m. Sorte de récipient en tôle ou en fer forgé à jour dans lequel on plaçait de la braise allumée pour chauffer l'intérieur des appartements. Ce meuble était le plus ordinairement monté sur roulettes ; on remplissait le récipient de braise en dehors de l'appartement, et lorsque celle-ci était incandescente, qu'elle avait ainsi perdu la plus grande partie des gaz incommodes, on roulait le réchaud dans la pièce que l'on voulait chauffer. On se sert encore, en Italie et en Espagne, de meubles analogues à nos réchauds du moyen âge ; ce sont des cuves en tôle ou en bronze, posées sur un trépied, et que l'on remplit de braise et de cendres chaudes. Dès le XIᵉ siècle, dans les abbayes, on avait d'immenses réchauds en fer forgé dont le fond et les côtés formaient une sorte de grillage ; sous cette caisse à jour était une plaque de tôle avec rebords, pour recevoir les cendres, et montée sur quatre roues ; une flèche ou timon permettait de traîner ce brasier à travers les dortoirs, avant l'arrivée des moines, et répandait de la chaleur dans ces vastes salles. On en avait dans les bibliothèques et dans les sacristies, pour permettre aux prêtres de se chauffer les doigts avant d'aller à l'autel ou lorsqu'ils en revenaient. Au XIᵉ siècle, beaucoup d'églises abbatiales de la Bourgogne et du Midi étaient dépourvues de vitraux ; les fenêtres, assez étroites et dont les ébrasements étaient coupés en bizeau à l'extérieur et à l'intérieur, ne permettaient pas au vent de s'engouffrer dans l'intérieur ; mais lorsque les moines venaient, en hiver, chanter les matines et qu'ils restaient dans leurs stalles depuis une heure après minuit jusqu'au lever du soleil, ils devaient, malgré leurs épais vêtements, souffrir cruellement du froid. En sortant du chœur, ils se rendaient au chauffoir ; c'était une pièce attenante au cloître et autour de laquelle on plaçait plusieurs réchauds remplis de braise incandescente. Avant d'aller vaquer à leurs travaux du jour, les religieux pouvaient chauffer devant ces brasiers leurs membres engourdis par le froid de la nuit. Dans les châteaux, dans les palais, avant le XIIIᵉ siècle, époque pendant laquelle on établit des cheminées dans toutes les pièces importantes, ces réchauds roulants étaient fort usités. Il y a quelques années, on voyait encore un de ces réchauds dans l'une des salles de l'ancien archevêché de Narbonne, et quoiqu'il fût en fort mauvais état on pouvait cependant se rendre compte de sa construction. Nous en donnons **(fig. 1)** le dessin. Ce meuble paraissait appartenir au commencement du XIIIᵉ siècle.

Le manuscrit d'Herrade de Landsberg, de la bibliothèque de Strasbourg, contient une vignette [245] dans laquelle est figuré un réchaud disposé pour se chauffer les mains ; il est monté sur quatre pieds, mais sans roulettes. La **fig. 2** est une réduction de cette vignette.

L'art de la serrurerie forgée était poussé très-loin pendant les XIIᵉ et XIIIᵉ siècles, et ces meubles en fer devaient être, dans les châteaux ou les riches abbayes, fort beaux comme ouvrages de forge. Quelquefois

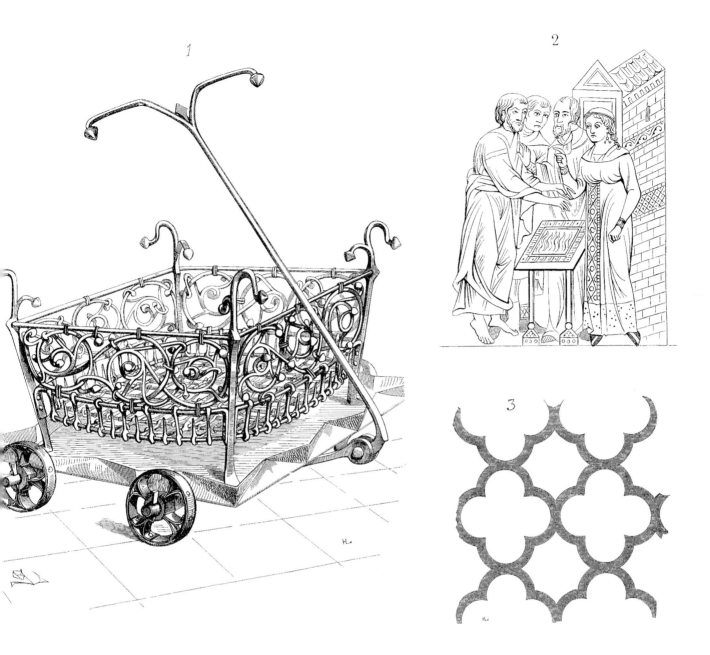

même les panneaux à jour dont ils se composaient étaient en fonte de fer. Il existe encore, dans les magasins de l'église de Saint-Denis, une de ces plaques de fer délicatement fondue et qui appartient au XIIIᵉ siècle ; c'est une suite de *quatre-feuilles* à jour formant le compartiment indiqué **fig. 3.**

Les sacristies des églises possédaient toutes des réchauds, comme encore aujourd'hui, pour fournir de la braise allumée aux thuriféraires ; ces réchauds n'étaient ordinairement qu'un bassin avec poignées garnies de bois, posé sur un trépied. Quelques églises possèdent encore des débris de ces meubles, qui disparaissent tous les jours pour être remplacés par des objets d'une forme le plus souvent barbare. On trouve un de ces réchauds dans la sacristie de l'église de Saint-Pierre de Beauvais : il est carré **(fig. 4)**, posé sur quatre pieds à roulettes, et est surmonté d'un petit toit destiné à condenser la vapeur de la braise. La hauteur des pieds, qui n'est que de 0,40 c., indique assez que ce réchaud n'était pas fait pour se chauffer les mains, mais pour mettre la braise au niveau

de la capsule de l'encensoir que le thuriféraire tient de la main gauche ; de la droite, au moyen des pincettes suspendues à l'une des consoles, il choisissait les morceaux de charbon rougis qu'il devait jeter dans la capsule. Une petite pelle longue et fine servait à retourner les cendres pour trouver la braise enfouie. Deux poignées, placées de manière à ce que la chaleur du brasier ne pût les échauffer, permettaient de transporter le réchaud, fort léger, sans être obligé de le faire rouler, et d'aller le remplir de sa braise. Ce meuble date du XVᵉ siècle ; il est finement forgé [246].

On fabriquait aussi, pendant le moyen âge, de petits réchauds propres à faire chauffer de l'eau ; c'étaient ordinairement des cylindres en tôle ou en terre cuite, ou des cônes tronqués, creux et percés de trous, afin d'activer le feu. Un chapiteau en métal portait la bouilloire ; le tout était posé sur un plateau en terre cuite. Voici un de ces petits meubles **(fig. 5)** [247], avec la pelle servant à retirer les cendres du fourneau.

[246] Ce réchaud est gravé dans le *Bulletin du Comité des arts de la France* ; années 1853, 1854, n° 3.

[247] Man. de la Bib. imp., f. Lavallière, n° 44. *Proverbes, adages, allégories, portraits,* XVᵉ siècle.

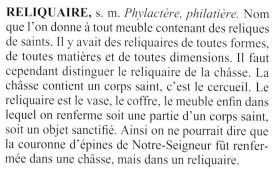

RELIQUAIRE, s. m. *Phylactère, philatière*. Nom que l'on donne à tout meuble contenant des reliques de saints. Il y avait des reliquaires de toutes formes, de toutes matières et de toutes dimensions. Il faut cependant distinguer le reliquaire de la châsse. La châsse contient un corps saint, c'est le cercueil. Le reliquaire est le vase, le coffre, le meuble enfin dans lequel on renferme soit une partie d'un corps saint, soit un objet sanctifié. Ainsi on ne pourrait dire que la couronne d'épines de Notre-Seigneur fût renfermée dans une châsse, mais dans un reliquaire.

Dans l'église de l'abbaye de Saint-Denis en France, la châsse renfermant les ossements de saint Louis était déposée derrière l'autel matutinal, ce qui n'empêchait pas le chapitre de la Sainte-Chapelle de Paris de posséder un reliquaire contenant le chef du saint roi. On comprend dès lors que, pendant le moyen

âge, si le nombre des châsses était limité par le nombre des corps saints, il n'en était pas de même des reliquaires, puisque la possession d'une parcelle d'un de ces corps, ou d'un morceau d'étoffe, ou d'un objet ayant appartenu à un saint, obligeait le possesseur à faire faire un reliquaire. Aussi n'essayerons-nous pas de donner un catalogue, même très-sommaire, des principaux reliquaires du moyen âge. Non-seulement les trésors des abbayes, des cathédrales et même des églises paroissiales en possédaient en quantité innombrable, mais les oratoires des princes ou des seigneurs en étaient garnis. Les particuliers mêmes avaient des reliquaires dans leurs maisons. La plupart de ces meubles, grands ou petits, richement ornés ou simples, étaient faits en métaux précieux, ou tout au moins en cuivre ou en ivoire. Il y avait cependant des reliquaires en bois précieux, en cristal et même en étoffe. On donnait aussi le nom de phylactères aux reliquaires. Guillaume Durand décrit ainsi les *phylatteria* : « C'est un petit vase d'argent ou d'or, ou de cristal ou d'ivoire, ou d'autre matière aussi précieuse, dans lequel sont enfermées les cendres ou les reliques des saints. Or, comme Elindius appelait les fidèles *cendreux* (*cinericios*), à cause de ce qu'ils conservaient ces cendres, il fut établi dans l'Église, contre son avis, qu'on les garderait d'une manière honorable dans de précieux petits vases ; et ce nom est tiré de *phulattein, garder,* et de *teron, une extrémité,* parce que dans ces vaisseaux on garde un fragment de l'extrémité du corps des saints, comme, par exemple, une dent ou un doigt, ou quelque chose de semblable….. [248] ».

Eginhard parle de saintes reliques transportées dans des sacs de soie déposés dans des coffres de bois ; c'est de cette manière qu'il fait venir de Rome à Séligenstadt les restes des saints Marcellin, Pierre et Tiburce. La translation de ces reliques, longuement décrite par cet auteur, et pleine de détails curieux, fait ressortir l'importance que l'on attachait alors à

[248] *Rational*, lib. I, cap. III.

la possession des corps saints, de quels soins et respects on entourait ces restes, et, il faut le dire, du peu de scrupule que l'on apportait dans la manière de se les procurer. Le bénéfice de la possession semblait excuser, aux yeux des personnages les plus respectables, la fourberie et le vol. Il est sans cesse question, dans l'histoire du moyen âge, de reliques dérobées et dont la possession n'en est pas moins profitable aux larrons, comme si l'intercession des saints était attachée à leurs cendres. On comprend alors avec quelle ardeur on désirait posséder des reliques qui étaient considérées comme de véritables talismans ; comment certains personnages, dont la vie n'était qu'un tissu de crimes abominables, croyaient cependant à l'efficacité de quelques ossements pour les préserver de tout châtiment dans ce monde et dans l'autre ; comment ils s'en entouraient et les portaient même avec eux, croyant que le saint dont ils possédaient un fragment ne pouvait se dispenser de veiller sur leur salut. Cette croyance fit que les reliquaires se multiplièrent à l'infini, si bien qu'à plusieurs reprises le clergé dut s'élever contre un abus qui tenait plus de la superstition que de la véritable foi, et déclarer fausses et sans valeur toutes les reliques dont l'origine n'était pas dûment constatée par l'Église [249].

Pendant les XIIe et XIIIe siècles, les juifs faisaient un véritable trafic de reliques, et contribuaient ainsi à détruire le prestige qui s'attachait aux restes des martyrs. Cependant, jusqu'au XVIe siècle, on ne cessa de fabriquer des reliquaires, non-seulement pour les églises, mais pour des particuliers, et il faut dire même que plus la croyance en l'efficacité des précieux restes diminuait, et plus on donnait de richesse et d'élégance au contenant ; si bien qu'au moment de la Réformation les reliquaires étaient devenus plutôt des objets de luxe propres à décorer un oratoire que des meubles sacrés.

Non-seulement, pendant le moyen âge, chacun désirait posséder des reliques de quelque martyr, mais on en était venu à porter sur soi des objets auxquels on attachait une vertu particulière, par exemple : l'Évangile de saint Jean pendu au cou dans un tuyau de plume d'oie brodé par les deux bouts et orné de franges de soie, ce qui garantissait d'une infinité de maux ; un morceau de verre sur lequel on gravait le psaume 9e ; un rosaire, un scapulaire, une ceinture de saint Augustin, un ceinturon de sainte Monique, un cordon de saint François, ou quelque autre signe de piété, ce qui devait vous préserver de la damnation éternelle et vous assurer les sacrements de l'Église à l'article de la mort, eussiez-vous vécu en païen ; ou bien encore des croix faites de certaines manières, des sachets remplis de mots cabalistiques. Tous les théologiens s'élevaient naturellement contre de pareilles pratiques ; mais la preuve que le mal était fort répandu, c'est qu'ils ne cessent de s'en plaindre comme étant l'œuvre du démon.

Nous diviserons les reliquaires en reliquaires de trésors déposés dans les églises, les saintes chapelles et les oratoires, et les reliquaires portatifs que l'on portait avec soi ou sur soi. Les premiers sont encore aujourd'hui fort communs ; quant aux autres, étant de petite dimension et faits de matières précieuses, ils sont assez rares. Jusqu'au XIIe siècle, les reliquaires

n'étaient pas aussi nombreux qu'ils le devinrent plus tard, car les églises qui possédaient des corps saints entiers n'en laissaient pas aisément distraire quelques parcelles. Le culte pour les précieux restes des martyrs avait quelque chose de touchant dans les premiers temps de l'Église, et on comprend parfaitement le respect que les populations portaient aux tombeaux, demeurés intacts, des confesseurs de la foi. Mais peu à peu les abbayes, qui la plupart possédaient des corps saints, soit pour obtenir les bonnes grâces d'un grand personnage, soit pour reconnaître un service signalé, donnèrent des fragments de ces corps, et il fallut faire des reliquaires pour contenir ces parcelles. Les croisades contribuèrent puissamment à répandre la passion pour les reliques saintes. Tous ceux qui revenaient de Palestine rapportaient quelque fragment sacré ou quelques ossements de saints. Constantinople et Venise en vendaient à toute la chrétienté, et fabriquaient les coffres ou étuis en métal, bois ou ivoire qui les contenaient. C'est ainsi probablement que les premiers émaux byzantins, imités plus tard à Limoges, vinrent en France ; que les arts de l'orfévrerie et de la sculpture sur ivoire pénétrèrent en Occident. Cette origine orientale est évidente ; elle subsiste longtemps dans ces meubles ou objets sacrés, et lorsque déjà les arts de l'architecture et de la grande sculpture ont pris un caractère franchement occidental. L'orfévrerie, la sculpture sur ivoire, les émaux, la ciselure sur métaux, les nielles sont encore empreints des arts industriels de l'Orient au commencement du XIIIe siècle, tandis qu'à cette époque l'architecture rejette complètement les traditions d'outre-mer.

Ce qui caractérise les reliquaires fabriqués en Occident, particulièrement pendant les XIIe et XIIIe siècles, c'est qu'ils affectent à l'extérieur la forme des objets qu'ils renferment ; est-ce un crâne, le reliquaire est un buste d'or, d'argent ou de cuivre, reproduisant les traits du saint ; est-ce une côte, le reliquaire se recourbe en suivant les contours de cet os ; est-ce un bras, le reliquaire est façonné en forme de bras vêtu, avec la main bénissant. Tandis que les reliquaires venus d'Orient, pendant les XIIe et XIIIe siècles, sont des coffres, des boîtes plus ou moins riches, mais qui étaient évidemment des objets fabriqués d'avance et dans lesquels on plaçait les reliques qu'on envoyait. Jamais ces reliquaires ne retracent en sculpture, ciselure ou émaux, des scènes ayant un rapport avec l'histoire du personnage dont ils contiennent les restes, et quelquefois même ce sont des scènes profanes qui entourent la boîte sacrée.

Le plus ancien et le plus précieux de tous les reliquaires vénérés pendant le moyen âge est le Saint-Graal.

Nous n'entreprendrons pas, après MM. Paulin Pâris, Le Roux de Lincy et Francisque Michel, de dire quelque chose de neuf sur la légende du Saint-Graal. Le Saint-Graal est le vase qui servit à Jésus-Christ pour célébrer la cène [250] et dans lequel Joseph d'Arimathie recueillit des gouttes du sang de Notre-Seigneur après la Passion. Ce vase passa, dit la légende, des mains de Joseph d'Arimathie, qui vécut plus de deux siècles, en celles de son neveu ; nommé Alain. L'histoire de ce précieux vase a fourni le sujet de plusieurs romans pendant le moyen âge.

[249] Saint Thomas d'Aquin examine et discute cette question : *Utrùm suspendere divina verba ad collum sit illicitum ?* Le cardinal Tolet la nomme *observantia reliquiarum.*

[250] «Leenz eut un veissel moult gent,
Où Criz feisoit son sacrement ;
.... »
(*Le Roman du St-Graal,* vers 395. Man. de la Bib. imp., f. St-G., n° 1987.)

[251] T. XVI, p. 277.
[252] Dom Félibien, dom Bouillart.
[253] 1678. In-f°.

Après cette relique, celle de la vraie croix occupe la première place. Découverte par sainte Hélène, elle fut transportée à Constantinople, et, de là, des fragments plus ou moins considérables furent donnés à la plupart des princes de la chrétienté. La Sainte-Chapelle de Paris en possédait plusieurs morceaux renfermés dans un étui fabriqué à Byzance.

Jérôme Morand, dans son *Histoire de la Sainte-Chapelle,* donne une gravure assez bien exécutée de ce reliquaire, dans lequel étaient incrustées trois croix à doubles branches, une grande et deux petites. Saint Louis avait acheté la sainte couronne d'épines de Beaudoin de Courtenay, empereur de Constantinople ; il lui fit faire un magnifique reliquaire d'or, qui existait encore, dans le trésor de la Sainte-Chapelle, en 1789, et dont nous possédons une assez belle copie coloriée dans le manuscrit des Heures d'Anne de Bretagne. Ce reliquaire était en forme de couronne royale, avec les douze apôtres dans des niches sur le cercle ; un cylindre de cristal entrant dans ce cercle renfermait la relique ; le tout était porté sur un pied. Si le reliquaire fut fondu en 1792, la relique fut conservée ; elle est aujourd'hui déposée dans le trésor de la cathédrale de Paris. Parmi les reliquaires les plus célèbres, il faut encore signaler celui qui contenait la tunique de la sainte Vierge appartenant au trésor de la cathédrale de Chartres, et qui avait été donné à cette église par Charles le Chauve, en 876.

Ainsi que nous l'avons dit plus haut, les formes données aux reliquaires pendant le moyen âge sont très-variées ; les plus anciens sont ordinairement des coffres de métal ou d'ivoire, quelques-uns sont façonnés en forme de tours ou ressemblent assez à une lanterne. Le trésor de Conques possède encore un reliquaire de ce genre, en bois recouvert de feuilles de cuivre et d'argent. Carré à sa base, il arrive à l'octogone au moyen de pans coupés, comme certains clochers du Limousin ; sa partie supérieure est à jour. Les *Annales archéologiques* de M. Didron ont donné une très-bonne gravure du reliquaire de Conques, accompagnée d'une notice à laquelle nous ne pouvons mieux faire que de renvoyer nos lecteurs [251]. Une inscription constate que ce reliquaire fut donné par l'abbé Bégon, qui gouverna le monastère de Conques de 1099 à 1118. Le musée de Cluny possède un fort beau reliquaire en forme de coffre qui appartient aux dernières années du XIᵉ siècle ; il est connu sous le nom de *châsse de saint Yvet,* et provient de l'abbaye de Braisne. Ses faces et son couvercle sont sculptés dans des plaques d'ivoire ; les figures qui l'entourent représentent, sur l'une des grandes faces, les trois mages, un ange thuriféraire, la Vierge et le Christ avec saint Joseph et saint Siméon ; sur la face opposée, le Christ bénissant, saint Pierre et saint Paul ; puis, à droite, saint André, saint Thomas, saint Jacques, saint Jude, saint Barnabé et saint Barthélemy ; à gauche, saint Jean, saint Jacques le Mineur, saint Philippe, saint Mathias, saint Mathieu et saint Simon ; sur le couvercle, du côté de la Vierge, Moïse, Isaïe, Jacob, David, Salomon et Aaron ; du côté du Christ, Jérémie, Samuel, Roboam, Balam, Abraham et Daniel ; au-dessus des petites faces, à la droite du Christ, Adam, Noé et les archanges Michel et Gabriel ; à sa gauche, Jessé, Jonas et les archanges Raphaël et Jérubin.

Nous donnons (**fig. 1**) l'ensemble de ce reliquaire, et (**fig. 2**) un détail de la sculpture sur ivoire. Le reliquaire de saint Yvet n'a pas, ainsi qu'on peut en juger, une destination spéciale ; c'est un coffret pouvant renfermer quelque objet sacré que ce soit ; tandis que les *chefs,* par exemple, ou bustes de métal renfermant la tête d'un saint, indiquaient parfaitement leur contenu. Les trésors des abbayes et des cathédrales en conservaient en assez grand nombre, entre autres ceux des églises de Saint-Denis en France et de Saint-Germain-des-Prés ; ces chefs sont gravés dans les histoires de ces abbayes [252].

Un des chefs les plus célèbres était celui que possédait la Sainte-Chapelle de Paris et dans lequel était renfermée la partie supérieure du crâne de saint Louis ; ce chef était en or, décoré de pierres précieuses. Il avait été donné à la chapelle royale par Philippe le Bel, et reproduisait les traits du saint roi. Il est fort bien gravé dans l'*Histoire de saint Louis* du sire de Joinville, publié par Du Fresne Ducange [253]. Nous croyons devoir donner ici une copie de ce reliquaire, afin, s'il est possible, de détruire une erreur grossière perpétuée depuis la révolution par nos peintres d'histoire. M. A. Lenoir, en classant son musée des monuments français, avait fait enlever les statues de Charles V et de Jeanne de Bourbon, sa femme, qui décoraient le portail des Célestins à Paris, et, changeant les noms de ces deux personnages, les avait exposées au public comme étant les figures de saint Louis et de Blanche de Castille ; il lui semblait regrettable de laisser dans sa collection une lacune aussi importante ; et, comme il possédait deux statues de Charles V et deux de Jeanne de Bourbon, il s'était permis cette innocente supercherie. Mais quand, au retour des Bourbons, on commanda aux artistes bon nombre de bas-reliefs ou de tableaux dans lesquels devait figurer le saint roi, ceux-ci copiè-

1

rent tous, avec la plus scrupuleuse fidélité, la tête et le costume de la statue des Célestins, et donnèrent ainsi au roi Louis IX les traits passablement vulgaires du sage roi Charles V. Or Joinville dit que son maître avait la taille élevée, le port noble et la tête haute [254] ; portrait qui répond parfaitement au buste de la Sainte-Chapelle que nous donnons **(fig. 3)**, mais qui ne ressemble en rien au masque de Charles V. Il serait convenable, lorsqu'on veut peindre ou sculpter les traits du saint roi, ou de les trouver dans l'imagination de l'artiste, ou, si l'on veut rester fidèle à la tradition, de ne point perpétuer cette erreur qui prête au ridicule. Nous ne savons, au point de vue de l'art, ce que pouvait valoir le chef de la Sainte-Chapelle exécuté en or repoussé ; si l'on en juge par la gravure, c'était une œuvre remarquable.

Il existe encore, dans quelques églises, musées et collections particulières, des reliquaires de ce genre qui sont beaux. Un des plus anciens est le chef de saint Candide, copié par M. Blavignac [255]. Ce chef est fait de lames d'argent clouées sur un bois dur. La coiffure et les moustaches du saint sont ornées d'arabesques, ainsi que la bordure du collet. Le buste est monté sur un piédouche carré, sur lequel est représenté en petit relief le martyre du saint. Ce monument paraît dater du IXe ou Xe siècle. La cathédrale de Vienne en Dauphiné conservait le chef de saint Maurice, lequel était d'or couronné de pierreries ; ce reliquaire datait du IXe siècle [256]. Comme travail de repoussé, un des plus beaux chefs que nous connaissions se trouve dans la collection de M. Louis Fould. C'est là une œuvre d'une grande valeur ; nous ne

connaissons pas la provenance de ce monument, qui appartient aux premières années du XIIIe siècle, et est en cuivre fort épais complètement repoussé au marteau ; les cheveux seuls sont retouchés au burin. Notre gravure **(PL. VII)** ne peut donner qu'une faible idée de ce chef-d'œuvre.

Le trésor de la cathédrale de Laon était singulièrement riche en reliquaires. Plusieurs de ces reliquaires figuraient des images de la sainte Vierge portant de petits vases, des médaillons contenant de précieuses reliques ; d'autres avaient la forme de petites châsses, beaucoup étaient de cristal, afin de permettre de voir les reliques qu'ils renfermaient. Dans l'inventaire de ce trésor [257], on remarque un magnifique reliquaire servant en même temps d'ostensoir [258], plusieurs statuettes et des reliquaires (monstrances) en forme de candélabre, des coffrets (pixides), des boîtes en forme de boule, de croix, etc. ; des couronnes autour desquelles étaient suspendus de petits vases et des médaillons contenant des reliques. Le nombre des reliquaires du trésor de Laon s'élevait à près de cent quatre-vingts, et la plupart étaient en matières précieuses. Les cathédrales de Reims, de Rouen, de Bourges, de Chartres, d'Arras, de Saint-Omer, de Troyes, de Sens, n'étaient guère moins riches en

[254] «… Et vous promets que oncques si bel homme armé ne veis, car il paressoit par dessus tous depuis les espaules en amont… » Joinville, *Histoire de saint Louis.*

[255] *Histoire de l'Architecture sacrée dans les anciens évêchés de Genève, Lausanne et Sion,* p. 7. D. Blavignac. 1853.

[256] Bérodi, *Histoire de saint Sigismond,* p. 364.

[257] *Inventaire du trésor de la cathédrale de Laon,* publié par Edouard Fleury, 1855.

[258] Voyez p. 4 de cet inventaire.

PL. VII

RELIQUAIRE DE Sᵀ OSWALD.

ARGENT REPOUSSÉ

Viollet-le-Duc del.

Ad. Varin sculp.

²⁵⁹ Les publications archéologiques ont reproduit déjà un grand nombre de ces charmants petits meubles sacrés, et nous renvoyons nos lecteurs aux *Annales archéologiques* de M. Didron, aux *Mélanges archéologiques* des RR. PP. Martin et Cahier, à l'ouvrage déjà cité de M. Blavignac, pour prendre une idée générale de ces conceptions variées et souvent très-belles. Dans la partie de notre *Dictionnaire* qui traite de l'orfèvrerie, nous aurons d'ailleurs l'occasion de revenir sur ces objets, dans lesquels la finesse du travail l'emporte toujours sur la richesse de la matière.

objets de ce genre, qui, malheureusement pour l'histoire de l'art, sont aujourd'hui fondus ou dispersés. Mais c'était dans les abbayes particulièrement qu'on trouvait les plus riches et les plus nombreux reliquaires. Celle de Saint-Denis en France contenait, dans son trésor, une quantité incroyable de ces meubles sacrés ; les plus remarquables sont gravés dans l'œuvre de Félibien. Celle de Saint-Germain-des-Prés n'était guère moins riche. Les trésors des églises paroissiales elles-mêmes possédaient des reliquaires célèbres, et l'abbé Lebœuf, dans son *Histoire du Diocèse de Paris,* en signale un grand nombre dont quelques-uns paraissent fort anciens.

La plupart des églises cathédrales et paroissiales avaient, dans leurs trésors, de grands-coffres, sortes de châsses dans lesquelles on enfermait les reliques les plus vénérées, afin de les transporter dans les villes et villages du diocèse, pour recueillir des dons destinés à subvenir aux dépenses de la construction ou aux réparations de l'église. C'est en transportant au milieu des populations les plus précieuses reliques de leurs trésors que les cathédrales d'Amiens, de Noyon, de Senlis, purent achever les constructions entreprises à la fin du XIIᵉ siècle et au commencement du XIIIᵉ. Ces voyages que l'on faisait faire aux reliques des églises, accompagnées de plusieurs religieux, s'étendaient souvent bien au delà du diocèse particulièrement intéressé à l'achèvement de l'œuvre, et les dons recueillis ainsi étaient parfois considérables. Cependant, à la fin du XIIIᵉ siècle déjà, ces collectes ne produisaient probablement plus des résultats assez importants pour valoir la peine et les dangers auxquels les religieux s'exposaient en transportant au loin leurs plus saintes reliques ; car, à partir de cette époque, sauf dans les cas de calamités publiques, les reliques restent dans les trésors, et c'est aussi à cette époque que les chapitres comme les abbés font faire un grand nombre de reliquaires sur des formes nouvelles et très-variées, afin d'attirer l'attention des fidèles sur le contenu par la beauté du contenant. C'est évidemment autant le besoin de réchauffer le zèle attiédi des populations, que le désir de donner aux reliques des enveloppes dignes d'elles, qui engagea le clergé, pendant les XIIIᵉ, XIVᵉ et XVᵉ siècles, à faire exécuter une quantité si prodigieuse de reliquaires sur les dessins les plus riches et les plus propres à émerveiller les fidèles. Le clergé du moyen âge avait parfaitement l'intelligence de son temps, et il savait qu'il captivait autant et plus peut-être les peuples par les yeux que par la parole et les saintes maximes. Les monuments qu'il éleva, qu'il couvrit de sculptures, de peintures et de vitraux, qu'il remplit des meubles les plus précieux, les plus curieusement travaillés, font ressortir l'importance qu'il attachait aux arts comme moyen de retenir les populations autour de lui.

Pour donner à nos lecteurs une idée de quelques-unes des conceptions les plus heureuses de cette époque, en fait de reliquaires, nous choisirons plusieurs exemples, inédits autant que possible ²⁵⁹, et exécutés en France ; car, il faut le dire, la moisson serait beaucoup plus riche si nous allions chercher ces exemples en Allemagne ; mais les caractères de l'orfèvrerie des pays d'outre-Rhin, comme style et moyens de fabrication, sont tellement différents de ce qui tient aux anciens arts industriels de notre pays, que nous ne pourrions, sans jeter la confusion dans l'esprit de nos lecteurs, prendre indifféremment nos exemples en deçà ou au delà du Rhin.

Voici **(fig. 4)** un reliquaire (monstrance) dépendant du trésor de la cathédrale de Reims qui, comme composition et travail, est une œuvre remarquable. Il consiste en une sorte de tableau peu profond, porté sur un pied, et est fabriqué en argent et cuivre repoussé et doré. Cet objet d'orfèvrerie appartient à la première moitié du XIIIᵉ siècle. La partie centrale, comprise dans l'arcature, est détruite et était destinée à recevoir une statuette probablement assise, ainsi que nous avons cru devoir le figurer. Ce reliquaire s'ouvre par-derrière au moyen d'une plaque en cuivre gravé et doré montée sur charnière. Au centre de cette plaque, la gravure représente Samson déchirant le

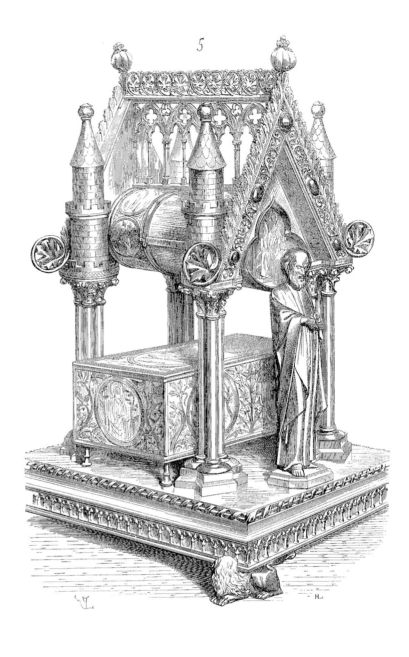

lion avec ses mains. Sur le devant du pied, on voit représenté un personnage portant une épée et attaquant un lion. Le pied de cette monstrance est charmant comme forme et comme travail ; le quatre-lobes repoussé sur ce pied est couvert de gravures représentant des rinceaux d'un beau caractère.

Notre **fig. 5** donne un reliquaire dépendant du trésor de la même église, et qui consiste en un cylindre de cristal enchâssé entre deux gâbles, une sorte de faîtage et quatre tourelles. Sous le cylindre est posée une cassette couverte de charmantes gravures. Ce reliquaire est quelque peu postérieur au précédent ; il appartient à la seconde moitié du XIIIᵉ siècle, et n'est malheureusement pas complet ; ainsi que la plupart de ces objets, il a été dépouillé de quelques ornements et remonté assez grossièrement. Il présente cependant encore un ensemble gracieux et original. On remarquera la statuette en argent repoussé qui est posée en avant de l'un des deux gâbles ; cette sta-

tuette représente un des apôtres portant de la main gauche une bourse qu'il montre de la droite ; nous la supposons provenir d'un autre reliquaire ; cependant elle est de la même époque que celui-ci et du plus beau travail. Comme repoussé, c'est là une œuvre du plus haut intérêt. Nous donnons **(fig. 6)** un fragment des gravures appartenant au couvercle de la petite cassette posée sur le plateau inférieur.

Beaucoup de ces objets étaient enrichis de pierres précieuses, d'intailles ou camées antiques ; ces ornements ont été presque toujours enlevés et dispersés. Les trésors de Notre-Dame de Chartres, de Paris, de Reims, de Bourges, de l'église de Saint-Denis, possédaient une grande quantité de reliquaires sur lesquels étaient incrustées des pierres antiques. Quelquefois même des vases antiques en jaspe, en cristal de roche ou en agate, furent montés en argent ou en or et considérés comme des reliquaires d'un grand prix.

[260] Description de Saint-Denis en France.

Le trésor de l'église de Saint-Denis possédait un de ces reliquaires **(fig. 7)**, composé d'un vase en porphyre monté en vermeil ; cette monture figure un aigle ; elle date du XIIᵉ siècle et est d'un travail précieux, ainsi qu'on en peut juger par le détail **(fig. 8)** de la tête de l'aigle. Sur le collet en métal du vase, on lit ces deux vers latins :

« Includi gemmis lapis iste meretur et auro :
Marmor erat, sed in his marmore carior est. »

Pendant les XIVᵉ et XVᵉ siècles, on composa beaucoup de reliquaires avec des figures comme supports ; c'étaient des anges, des religieux, des rois, des évêques qui portaient un vase ou un cylindre de cristal renfermant les précieux restes d'un saint. Tel était le reliquaire, également déposé dans le trésor de Saint-Denis et qui renfermait la mâchoire inférieure de saint Louis. « La relique, dit Félibien [260], était portée par deux figures couronnées, dont l'une représentait Philippe le Hardi et l'autre Philippe le Bel. » Sous la capsule contenant la relique, était représenté, à genoux, l'abbé mitré Gilles de Pontoise, tenant un autre petit reliquaire où se voyait enchâssé un fragment d'os du saint roi. Derrière l'abbé, sur le soubassement, était gravée cette inscription : « Ægidius abbas sancti Dionysi qui in honorem beati Ludovici præsens vas fieri fecit, quod ejus sacris istis reliquiis decenter ornavit. » On trouve la gravure de ce reliquaire dans l'ouvrage de Félibien.

Voici **(fig. 9)** un autre petit meuble de ce genre, qui fait partie de la collection du musée de Cluny. C'est un cylindre de cristal, enchâssé dans du cuivre doré, avec crête décorée de boules en cornaline. Quatre abbés portent la relique sur une sorte de brancard. Le tout est posé sur une feuille de cuivre soutenue par quatre colonnettes. Ce reliquaire appartient à la fin du XIVᵉ siècle.

Nous avons dit qu'il était d'usage, pendant le moyen âge, d'avoir des reliquaires portatifs ; et, bien que ceux-ci ne puissent être considérés comme des meubles, cependant nous ne croyons pas devoir les séparer des reliquaires à demeure. Ces reliquaires étaient de deux sortes : les uns se plaçaient dans les bagages avec les ustensiles sacrés que la plupart des princes et seigneurs faisaient porter avec eux en voyage ; les autres se plaçaient dessus ou dessous les vêtements, de manière à mettre en tout temps et en tous lieux le possesseur sous la protection du saint dont il conservait les reliques. Pendant leur séjour en Palestine, les croisés récoltaient une grande quantité de reliques ; tout était relique sur la terre sainte : les pierres du sépulcre de Jésus-Christ, les pierres du Calvaire, les pierres des portes sous lesquelles Notre-Seigneur avait dû passer. Si, parmi les croisés, il se trouvait bon nombre de chevaliers et d'écuyers qui entreprenaient le voyage par des motifs peu édifiants, la plupart étaient croyants et ramassaient avec un pieux empressement quantité de fragments provenant des lieux visités par Jésus-Christ et sa mère. De retour dans leur pays, ils s'empressaient de faire enchâsser ces parcelles dans des reliquaires, comme nos touristes aujourd'hui recueillent et gardent dans un écrin des morceaux de monuments et même des fragments du sommet des montagnes qu'ils ont visités [261]. Souvent ces écrins sacrés des croisés étaient faits en forme de dyptique ou de tryptique d'une assez petite dimension pour être portés partout avec eux.

M. Arondel possède un précieux reliquaire de ce genre qui date de la première croisade de saint Louis [262]. C'est un tryptique en bois, recouvert en dedans et en dehors de lames de cuivre repoussées à l'étampe, gravées et dorées. Les trois plaques intérieures, dont nous donnons l'ensemble au tiers de l'exécution, représentent, au sommet, le crucifiement, avec saint Jean et la Vierge, le soleil et la lune et deux anges pleureurs **(fig. 10)**. Derrière saint Jean est un chevalier armé et agenouillé ; derrière la Vierge, une femme également agenouillée : ce sont les deux personnages qui ont dû recueillir les reliques et qui les ont fait enchâsser dans ce reliquaire portatif. Au sommet de la plaque de droite est un saint Jean Bouche-d'Or assis devant un scriptionale ; une main sortant d'une nuée le bénit. Au sommet de la plaque de gauche est représentée la Visitation et saint Zacharie. Au-dessous de ces sujets sont percées, dans les plaques de cuivre, une quantité de petites ouvertures en forme de roses ou de fenêtres, renfermant des fragments collés sur le bois qui fait le fond de ces ouvertures. Des inscriptions gravées surmontent chacune de ces petites cases et indiquent ce qu'elles contiennent : ce sont des reliques de sainte Élisabeth, de saint Zacharie, de saint Jean Chrysostôme ; des parcelles de pierres du Calvaire, du saint sépulcre, de la grotte où Jésus s'est désaltéré, du rocher du mont des Oliviers où Dieu pleura, du bloc sur lequel saint Georges eut la tête tranchée, de la colonne où le Christ fut attaché ; des fragments du bois de la crèche, de la porte Noire, etc. Ces reliques sont au nombre de trente-six.

Nous donnons **(fig. 11)** un détail, grandeur d'exécution, de l'un des compartiments du reliquaire, et **(fig. 12)** la copie, également grandeur d'exécution, du che-

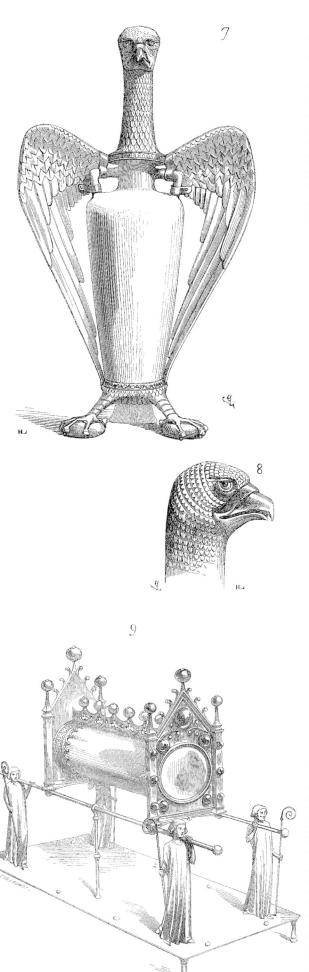

valier agenouillé. La partie externe du reliquaire est couverte de gravures représentant un lozangé dans lequel apparaissent des fleurons, des fleurs-de-lis et des tours de Castille. En voici (**fig. 13**) un morceau, moitié d'exécution. De petites plaques émaillées devaient autrefois être incrustées dans les deux écus suspendus au-dessus des personnages agenouillés. Ces plaques ont disparu, de sorte qu'il est assez difficile de savoir à qui ce reliquaire portatif appartenait. La présence des fleurs-de-lis et des tours de Castille gravées sur les plaques qui revêtent l'extérieur du reliquaire ne désigne pas nécessairement le possesseur ; car, à cette époque, on mettait des fleurs-

[261] Ce n'est pas d'aujourd'hui, on le voit, qu'est né chez les peuples de l'occident ce désir de conserver des souvenirs palpables, matériels, des lieux que l'on voit en passant. Au XIXe siècle, les touristes rapportent un petit morceau du Parthénon ou inscrivent sur un bâton ferré tous les sommets de montagnes qu'ils ont gravis ; cela est à coup sûr fort innocent, mais il ne faut pas s'étonner de trouver chez les pèlerins du moyen âge les mêmes idées auxquelles se mêle un sentiment religieux, et il ne faut pas pour cela les traiter de barbares. C'était un mérite au moyen âge, aux yeux de la société d'alors, d'avoir visité les lieux saints, et ceux qui avaient le bonheur d'en revenir en rapportaient des preuves matérielles. Il n'y a nul danger aujourd'hui à visiter l'Égypte et les Alpes, mais c'est un mérite dans le monde d'avoir vu beaucoup de pays, et on en rapporte des preuves. Le plaisir de raconter les événements et les dangers du voyage était aussi vif chez les croisés que chez nos pèlerins savants ou désœuvrés. Pendant la bataille de la Massoure, Joinville rapporte « que le bon Conte de Soissons se railloit avec lui, et disoit : Senneschal, lessons crier et braire cette quenaille. Et par la creffe Dieu, ainsi qu'il juroit, encores parlerons-nous vous et moy de cette journée en chambre devant les Dames. » Pèlerins du moyen âge et touristes peuvent se donner la main.

[262] M. Arondel a bien voulu nous communiquer ce précieux petit meuble et nous permettre de le faire graver.

de-lis sur beaucoup d'objets qui ne dépendaient pas pour cela du trésor royal. M. Arondel, le possesseur de ce précieux meuble, et plusieurs archéologues avec lui, ne semblent pas douter qu'il ait appartenu au roi saint Louis ; mais, si cela était, le chevalier agenouillé serait couronné suivant l'usage, et on verrait entre le lozangé extérieur, avec les fleurs-de-lis et les tours de Castille, les armes de Marguerite de Provence, sa femme, qui, l'ayant suivi en terre sainte, serait alors la personne agenouillée derrière la Vierge. D'ailleurs ce reliquaire portatif est trop grossièrement exécuté et fabriqué en matière trop commune pour donner lieu de croire qu'il ait fait partie du trésor du saint roi. Peut-être a-t-il appartenu à l'un des membres de sa famille. Les plaques intérieures, ainsi que nous l'avons dit, sont repoussées à l'étampe ; ce qui fait supposer que c'est là un de ces meubles de *pacotille* comme on en pouvait fournir à tous ceux qui rapportaient de terre sainte des reliques à enchâsser ; les fleurs-de-lis n'indiqueraient dans ce cas que la croisade dirigée par Louis IX. Cet exemple, unique peut-être et qui appartient bien évidemment au milieu du XIIIe siècle, n'en est pas moins d'un grand intérêt, en ce qu'il fait ressortir un usage de l'époque.

Le trésor de la cathédrale de Sens possède un reliquaire, de la fin du XIIe siècle, destiné à être porté sur les vêtements. Il est fait en forme de petite châsse, en cuivre doré plaqué sur bois, et se suspendait en bandoullière, comme nos gibernes de cavaliers. Il s'ouvre par-dessous à coulisse. Nous en donnons **(fig. 14)** une copie.

Les reliquaires destinés à être portés sous les vêtements étaient de formes très-variées ; c'étaient des médaillons, des sachets, des dyptiques. Souvent même, certains bijoux recevaient des reliques, tels

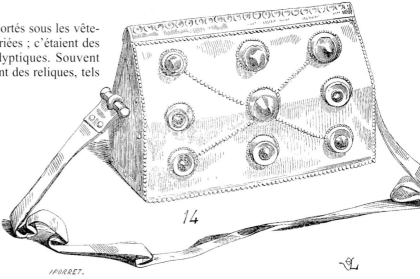

que les agrafes, les anneaux, les boucles (voy. les *Dictionnaires des Vêtements* et *des Bijoux*).

RETABLE, s. m. C'est le nom que l'on donne à la table posée verticalement au-dessus du dossier de l'autel. Nous n'avons pas à nous occuper ici des retables fixes, mais des retables meubles que l'on posait sur l'autel à l'occasion de certaines solennités. Ces retables étaient en bois sculpté, peint, ou en métal, or, argent, cuivre repoussé et émaillé. La célèbre *pala d'oro* de l'église Saint-Marc de Venise est un retable, le plus riche et le plus précieux qu'il y ait en Europe. C'est une grande table de vermeil et d'or fin, de 3m,70 de long sur 2m,30 de haut, qui fut commandée à des orfèvres de Byzance, en 976, par Pierre Orseolo. A plusieurs époques, ce retable fut augmenté et décoré de nouveaux ornements. Le comte Cicognara [263] estime que quelques panneaux byzantins de ce magnifique monument d'orfèvrerie appartiennent à l'année 976 ; ce sont ceux qui contiennent des inscriptions grecques. Il paraîtrait que ce fut le doge André Dandolo qui fit remonter entièrement la *pala* vers 1345, en se servant de toutes les pièces successivement ajoutées à celles du retable primitif. Les figures sont en vermeil et en or, faites au repoussé et ciselées ; la plupart des fonds sont émaillés et enrichis d'une quantité considérable de pierres précieuses, parmi lesquelles il y en a de fort belles. Au centre est le Christ bénissant et tenant le livre des évangiles ouvert ; autour de lui sont posés, dans des médaillons circulaires, les quatre évangélistes. Au-dessus on voit, dans cinq compartiments de formes différentes, deux archanges et deux chérubins ; au centre, un trône surmonté d'une colombe et d'une sphère avec une croix. Ces sujets forment ensemble un carré parfait et sont la partie la plus ancienne du retable. A droite et à gauche sont les apôtres et les archanges ; au-dessous, les prophètes ; au-dessus et sur les côtés, diverses petites scènes : un crucifiement, Jésus au milieu des docteurs, Jésus descendant aux limbes, des sujets de la vie de saint Marc et de la Vierge. Enfin, dans la grande frise supérieure, on voit, au centre, l'archange saint Michel ; à sa droite, le crucifiement, la résurrection et l'entrée à Jérusalem ; à sa gauche, l'Ascension, la Pentecôte et la mort de la Vierge.

Comme nous le disions au commencement de cet article, ces sortes de retables n'étaient point à demeure sur les autels, et ce sont les plus anciens. Dans les églises primitives, et particulièrement dans les cathédrales, il n'y avait pas de retables fixes sur les autels principaux, puisque le trône épiscopal se trouvait au fond de l'abside. D'ailleurs, Guillaume Durand [264] dit expressément : « Que c'est pour symboliser la fuite des apôtres, après que Jésus eut été livré, qu'après avoir reçu l'hostie le prêtre cache la patène sous le corporal, ou au moins que le sous-diacre, l'ayant enlevée de dessus l'autel, la tient enveloppée par derrière..... ou ne laisse à découvert qu'une petite partie de la patène, pour montrer que la bienheureuse Vierge et le bienheureux Jean l'évangéliste ne s'enfuirent pas et ne se cachèrent pas.... C'est pourquoi le prêtre, avant de dire : *Pax domini,* comme pour annoncer la bonne nouvelle de la résurrection du Seigneur, reprend la patène..... » Et plus loin il ajoute [265] : « S'il en est (des diacres et sous-diacres) qui se tiennent debout derrière l'autel, *les yeux fixés sur l'évêque,* ils représentent les femmes qui virent la Passion de loin. Tous ceux qui sont derrière l'évêque ou derrière l'autel s'inclinent, par respect pour la majesté divine et l'incarnation du Seigneur..... » Ces passages indiquent clairement que, du temps de Guillaume Durand, c'est-à-dire à la fin du XIII⁰ siècle, en France, il ne pouvait y avoir de retable sur le maître autel des cathédrales, puisque la présence du retable eût empêché l'officiant de reprendre la patène, et les diacres, rangés derrière ce retable, d'avoir les yeux fixés sur l'évêque. Mais, dans les églises abbatiales, il y avait, bien avant cette époque, des retables mobiles sur les principaux autels ; et, dans les églises paroissiales et les chapelles, il en existait, dès le XII⁰ siècle, de fixes.

L'église abbatiale de Saint-Denis possédait un retable d'or sur l'autel de la Trinité, dit *autel matutinal* (voy. *Dictionnaire d'Architecture,* au mot AUTEL, **fig. 7**). Si, en France, les cathédrales ne possédaient pas de retables fixes avant le XVI⁰ siècle, il paraîtrait qu'il en était de même en Allemagne, en Italie et en Angleterre ; la *Pala d'oro* de Saint-Marc est, comme on l'a vu plus haut, d'une époque fort reculée, mais c'est un retable mobile ; et la cathédrale de Bâle en Suisse possédait un retable d'or du temps de saint Henri, que l'on plaçait sur son maître autel, à l'occasion de certaines solennités seulement. Ce retable fait aujourd'hui partie de la collection du musée de Cluny ; nous en parlons dans le *Dictionnaire de l'Orfévrerie,* quoique ce ne soit pas là une œuvre française.

On voit aujourd'hui, dans la sacristie de l'église impériale de Saint-Denis, un retable mobile de cuivre repoussé et émaillé, d'une grande pureté de style, qui appartient au XII⁰ siècle et fut rapporté de Coblentz pendant les guerres de la révolution. Ce retable porte 2m,16 de longueur sur 0,59 c. de hauteur, non compris l'arcade centrale. Notre **PL. VIII** en donne l'ensemble. Au sommet est représenté le Christ en buste, bénissant de la droite à la manière grecque, et tenant dans sa main gauche un livre ouvert, sur les pages duquel on lit : « *Pax vobis.* » Le Sauveur est entouré de langues de feu. Au-dessous de lui sont rangés, assis, les douze apôtres. Des rayons partant du Christ se répandent derrière eux sur le fond du retable. La tête de chaque apôtre porte un nimbe magnifique en émail, et une flamme descend sur chaque nimbe. Ces personnages sont très-animés ; plusieurs tiennent des livres, un seul porte un phylactère, quelques-uns montrent le Christ par un geste expressif, d'autres semblent écouter la voix d'en haut. Nous donnons **(fig. 1)** la copie d'une de ces figures pleines de style et d'une exécution parfaite. Toutes sont en ronde-bosse, en cuivre doré très-mince, repoussé et rempli de bois et de mastic. Les émaux des nimbes sont de fabrique byzantine et d'une grande finesse. Les colonnes et les chapiteaux qui séparent les apôtres deux par deux sont une restauration moderne (voy., pour les détails relatifs à la fabrication de ce meuble, le *Dictionnaire de l'Orfévrerie*).

Un des plus anciens grands retables (meubles) que nous connaissions est celui que l'on voit encore aujourd'hui accroché dans le bas-côté sud du chœur de l'église de Westminster à Londres, et qui, par sa dimension, n'a pu servir qu'au maître autel de cette célèbre abbaye. Ce retable est de fabrication française ; sa longueur est de 3m,30 de long (10 pieds) sur 0,96 c. de haut (3 pieds) ; il date du milieu du XIII⁰ siècle. Il se compose d'un parquet de bois à compartiments et sculpté, entièrement revêtu de vélin collé à la colle de fromage, couvert de gauffrures dorées, de plaques de verre fixant des dessins d'or sur couleur, d'une extrême finesse, et de peintures d'un beau style. Le moine Théophile parle longuement, dans son *Traité des divers arts,* de ce genre de décoration appliquée sur panneaux de bois. La moitié environ de ce beau retable est malheureusement altérée, au point qu'on a peine à reconnaître les sujets ; mais ce qui en reste suffit pour donner une haute idée de la perfection apportée dans la fabrication de ces meubles qui garnissaient nos églises. Nos lecteurs ne

[263] Cicognara, *Fabbriche più cospicue di Venezia.*
[264] *Rational,* lib. IV, cap. XXX.
[265] *Rational,* lib. IV, cap. XXXIV.

PL. VIII

1

nous saurons pas mauvais gré de leur donner de nombreux renseignements sur un objet peut-être unique en Europe, et qui permet, en l'étudiant avec soin, de ressusciter un genre de fabrication entièrement oublié aujourd'hui, produisant les effets les plus splendides avec des moyens très-simples.

D'abord, la **fig. 2** donne l'ensemble de toute la composition, de l'armature de bois. La partie centrale présente, dans l'arcature A, le Christ debout bénissant ; il tient dans sa main gauche une sphère sur laquelle sont peints le firmament, la terre et les eaux ; à sa droite, dans l'arcature B, est la Vierge, et dans l'arcature C, à sa gauche, saint Jean. Dans la niche D, on voit saint Pierre, et dans celle E, saint Paul. Divers sujets peints, d'un style remarquable, garnissaient les huit étoiles ; trois de ces sujets seulement sont assez bien conservés ; l'un représente la femme adultère et Jésus écrivant sur le sable ; le second représente la résurrection de la fille du centurion ; le troisième, la multiplication des pains. Nous donnons (**PL. IX**) le saint Pierre avec son entourage. Pour le mode de fabrication de ces sortes de meubles, voir le RÉSUMÉ HISTORIQUE.

L'église abbatiale de Saint-Germain-des-Prés possédait un beau retable en cuivre doré, qui avait été donné à l'abbaye par l'abbé Simon, en 1236 [266]. Ce retable, qui avait 3m,00 de long sur 0,70 c. de hauteur, se composait d'une suite d'arcatures séparées par des colonnettes ; dans l'arcature centrale, plus large que les autres, on voyait le Christ en croix, saint Jean et la Vierge, puis l'abbé Guillaume à genoux, rapporté, en 1409, devant le crucifix. Dans les trois arcatures jumelles, à la droite du Christ, étaient placées les statuettes en cuivre repoussé et doré de saint Jean-Baptiste, de saint Pierre, de saint Jacques, de saint Philippe, de saint Germain et de sainte Catherine ; dans les arcatures, à la gauche du Christ, celles de saint Paul, de saint André, de saint Michel archan-

[266] Ce retable est assez bien gravé dans l'*Histoire de l'Abbaye,* de dom Bouillart, pour faire voir que le bénédictin se trompe lorsqu'il prétend que l'abbé Guillaume III le fit refondre en 1409. Ce n'est pas la seule erreur de dom Bouillart à ce sujet ; il donne le retable comme un parement d'autel, parce que, de son temps, ce meuble était, en effet, enchâssé dans une riche bordure d'orfévrerie et se trouvait placé devant le maître autel. Mais les dimensions en hauteur de cette plaque de cuivre repoussé, ciselé, émaillé et doré, ainsi que les sujets qui la décorent, ne peuvent laisser douter qu'elle n'ait été originairement un retable mobile, de même que le style de l'ornementation la font certainement remonter au XIIIᵉ siècle. La petite figure qui est à genoux devant le Christ, au milieu du retable, portait, sous ses pieds, cette inscription : « Guillermus tertius hujus ecclesiæ abbas. » C'est probablement là ce qui fit croire à dom Bouillart que le retable en entier avait été refondu par cet abbé. Mais ceci prouve seulement que Guillaume trouva

bon de faire ajouter sa statuette au devant du retable qu'il répara peut-être ; on voit très-bien, d'ailleurs, que cette statuette n'a aucun rapport avec le reste de la composition et ne s'y relie en aucune façon. Puis Guillaume, n'eût été le donateur du retable, n'eût pas manqué d'ajouter « hoc opus fecit, » suivant l'usage, et comme il n'avait pas manqué de le dire dans l'inscription de la grande châsse refaite par lui. Ajoutons que dom Bouillart reconnaît plus loin son erreur, car il dit : « Mais parce que ce *retable* n'avait pas assez de hauteur pour remplir le devant de l'autel, on y a ajouté une bordure….. » Si nous insistons sur ce fait, c'est qu'il est important de constater qu'avant le XVIᵉ siècle on plaçait rarement des sujets et des personnages saints, surtout le Christ, *devant l'autel.* Et, en effet, cette représentation de personnes divines devant les genoux de l'officiant, ne parait guère convenable.

[267] *Biblia sacra.* Bib. imp., f. lat., n° 10.

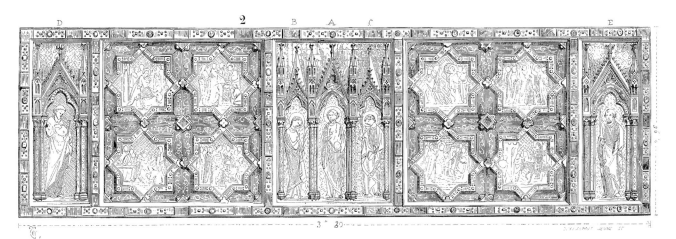

2

ge, de saint Vincent (premier patron de l'abbaye), de saint Barthélemy et de sainte Madeleine. La bordure était ornée d'émaux et de filigranes.

L'usage des retables mobiles paraît avoir cessé vers la fin du XIVᵉ siècle. Les maîtres autels de quelques cathédrales continuèrent à en être dépourvus jusque vers le milieu du siècle dernier ; quant aux autels des églises paroissiales et des chapelles, ils possédaient depuis longtemps des retables fixes (voy. le *Dictionnaire d'Architecture,* au mot RETABLE).

SCRIPTIONALE, s. m. Pupitre que l'on plaçait sur les genoux pour écrire, ou qui était monté sur pieds. Ce meuble est d'un usage très-ancien ; on le voit figuré dans des manuscrits grecs et latins du IXᵉ siècle, et il ne cesse d'être employé jusqu'au XVᵉ siècle.

Les scriptionales portatifs les plus anciens se composent de deux tablettes de bois réunies par trois planchettes verticales, de façon à former comme une petite boîte, dans laquelle on rangeait les rouleaux ou feuillets de vélin, le grattoir et les plumes. La tablette supérieure était munie d'une queue percée à son extrémité pour y placer une écritoire de corne.

Nous voyons sculptés, sur la première rangée de personnages qui entourent le grand tympan de la porte de l'église de Vézelay (XIᵉ siècle), du côté gauche, deux personnages assis qui ont chacun un scriptionale sur leurs genoux. Voici **(fig. 1)** la forme de l'un de ces petits meubles ; on voit, sous la tablette supérieure, trois rouleaux rangés dans la petite boîte ; à l'extrémité de la queue, en A, l'écritoire dans son trou. Une feuille de vélin est déployée sur le scriptionale ; les tablettes supérieure et inférieure, dépassant la boîte, permettaient de prendre et de porter facilement ce petit meuble. Nous trouvons, à la porte de droite de la façade occidentale de la cathédrale de Chartres, dont les sculptures appartiennent au XIIᵉ siècle, des scriptionales à peu près semblables à celui-ci.

Les écoliers qui fréquentaient, pendant les XIIᵉ et XIIIᵉ siècles, les écoles des monastères et des cathédrales portaient avec eux ces scriptionales, dans lesquels ils plaçaient ce qu'il faut pour écrire, comme aujourd'hui les jeunes gens qui suivent les cours se munissent de cahiers-pupitres pour prendre des notes. Lorsqu'on cessait d'écrire, on bouchait l'encrier de corne et on le suspendait à sa ceinture ; le scriptionale, on le plaçait sous son bras, avec les plumes et peaux de vélin qu'il contenait. Quant aux scriptionales à pieds, ils ressemblent assez à nos guéridons, si ce n'est que la tablette supérieure est carrée et inclinée. On voit ces meubles figurés dans un grand nombre de manuscrits ; ils paraissent avoir été souvent assez richement décorés et fabriqués en métal ou en bois.

Dans la **fig. 2**, copiée sur une vignette du Xᵉ siècle[267] représentant saint Jean ailé, on voit un scriptionale à trois pieds et dont la tablette supérieure inclinée est portée par trois branches. Ce meuble paraît être en métal ; mais ici l'écritoire est portée par l'aigle de l'évangéliste. Une belle vignette d'un évangéliaire du IXᵉ siècle, faisant partie de la bibliothèque

PL. IX

[268] Notre dessin représente ce meuble d'une façon moins conventionnelle que la vignette du manuscrit, afin de rendre sa forme et sa construction plus intelligibles.

[269] *Rommans d'Alexandre.* Bib. imp., f. La Vallière, n° 45.

[270] *Hist. Franc.,* lib. VI.

[271] « Missorium » signifie un plateau destiné à servir à table.

d'Amiens, représente saint Luc ayant devant lui un scriptionale dont la forme est singulière [268]. Nous le donnons ici **(fig. 3)**. Il semblerait que le support A était en métal, en fer ou cuivre, et que la tablette B, sur laquelle on écrivait, pouvait s'enlever et s'incruster au moyen des deux tasseaux C sur la planchette fixe E. Cette disposition d'une tablette mobile paraît se présenter fréquemment, et elle était justifiée par la nécessité où se trouvait le copiste de tendre sa feuille de vélin pour écrire ou peindre, au moyen de fils passant à travers de petits trous ménagés dans les tasseaux C, comme on tend la peau d'un tambour. Ce qui prouve que les copistes et les dessinateurs et peintres en miniature tendaient les peaux de vélin avant de s'en servir, c'est qu'on remarque encore, sur les bords des marges des manuscrits, des traces de tension et même quelquefois des trous rapprochés. L'usage de tendre les peaux de vélin au moyen de fils a causé ces ondulations qui se voient sur les tranches des manuscrits et qui empêchent les feuillets d'être parfaitement planes, comme le sont nos papiers soumis à la presse avant d'être reliés.

Nous donnons ici **(fig. 4)** un joli scriptionale, de la fin du XIIIᵉ siècle, provenant d'une vignette du roman d'Alexandre [269]. Ce scriptionale est muni, dans sa partie inférieure, d'une grosse bague destinée à donner du poids au pied et à empêcher le meuble de basculer sous la pression de la main s'appuyant sur la tablette. Le moine écrit avec une plume et tient un grattoir de la main gauche suivant l'usage ; ce grattoir était destiné à tailler la plume et à enlever les aspérités qui se rencontraient sur la peau de vélin. La chaire dans laquelle ce moine est assis est d'une forme assez peu commune.

Les scriptionales à un pied étaient souvent, pendant le XVᵉ siècle, munis d'une double tablette pouvant s'incliner plus ou moins au moyen d'une petite crémaillère en fer. Il existait encore, en 1835, dans les galetas de l'abbaye du mont Saint-Michel-en-Mer, des débris de plusieurs scriptionales ayant la forme indiquée dans la **fig. 5**. La planchette supérieure, maintenue à la planchette inférieure au moyen de deux charnières, était garnie d'une peau de vélin collée sur le bois, puis percée de trous, ainsi que l'indique notre figure, afin de permettre de tendre les feuilles sur lesquelles on voulait écrire. La petite crémaillère à trois crans est indiquée en A. Dans la planche B, d'un pouce d'épaisseur, servant de support principal, viennent s'assembler, de biais, deux pieds C, formant ainsi un trépied fort simple. Le support principal B est disposé de manière à ne point gêner les genoux du copiste qui, grâce au peu d'épaisseur et à la direction de cette planche verticale, peut approcher le meuble entre ses jambes, tout près de sa poitrine. La faculté de pouvoir incliner plus ou moins la tablette, comme on le fait pour les tables dites *à la Tronchin,* rendait ce scriptionale fort commode. N'ayant que trois pieds, il était parfaitement fixe sur le sol, celui-ci n'eût-il pas été parfaitement de niveau.

Les scriptionales à un support n'étaient pas les seuls en usage pendant le moyen âge ; quelquefois ils étaient façonnés en forme de pupitre sur quatre pieds, comme certains lectrins. Une des clefs de voûte du jubé de la cathédrale de Chartres, déposée dans les magasins de cette église ; nous a conservé un scrip-

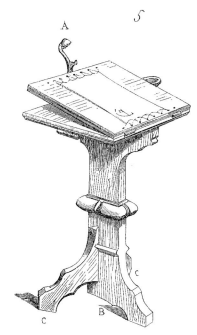

tionale de ce genre près d'une figure de saint Jean l'évangéliste. Ce scriptionale, d'une simplicité primitive, se compose d'une tablette épaisse portée sur quatre pieds réunis par des croix de saint André. Un pot de terre contient l'encre.

Nos petits pupitres modernes renfermant du papier, de l'encre, et dont la tablette inclinée est garnie de peau ou de drap, sont un dernier vestige du scriptionale du moyen âge.

SURTOUT DE TABLE, s. m. L'usage des surtouts est fort ancien. Grégoire de Tours raconte que, s'étant rendu à la maison royale de Nogent [270], Chilpéric lui montra un grand plateau : *Ibique nobis rex missorium* [271] *magnum.... ostendit,* fabriqué par son ordre, composé d'or et de pierres précieuses et du poids de cinquante livres : « Je l'ai fait, dit-il, pour donner du relief et de l'éclat à la maison de Francs. J'en ferai encore bien d'autres, si Dieu me conserve la vie. » Le poids et la richesse de ce plateau indiquent une pièce d'orfèvrerie qui était destinée à décorer la table et à contenir une certaine quantité de vases plus petits et peut-être des fleurs et des fruits. Plus loin, le même auteur [272] dit que la reine Frédégonde, devenue veuve, laissa à Chelles une partie du trésor royal, et, entre autres pièces, « ce bassin *missorium* d'or, fabriqué depuis peu. »

Pendant le moyen âge, il était d'usage de placer sur les tables de grandes pièces d'orfèvrerie représentant des monuments, des fontaines, des jardins, des combats, qui tenaient exactement lieu de nos surtouts modernes. La cour de Bourgogne particulièrement, pendant le XVᵉ siècle, déploya un grand luxe dans ces sortes de décorations de tables.

TABERNACLE, s. m. De *tabernaculum,* tente. Dieu commanda à Moïse, sur le mont Sinaï, de faire un tabernacle composé de tapisseries les plus riches. Depuis plusieurs siècles, on appelle tabernacle, dans l'église, le petit édicule fermé posé sur la table de l'autel et dans lequel on réserve la sainte Eucharistie ; mais, pendant les premiers siècles du moyen âge, il ne paraît pas qu'on mît des tabernacles sur les autels. Guillaume Durand [273] ne parle du tabernacle que dans le sens figuré, comme représentant le sanctuaire, ainsi que chez le peuple hébreu. Thiers [274] est d'opinion qu'il n'y avait pas de tabernacles dans la plupart des églises, « parce qu'on n'y réservoit point du tout la sainte Eucharistie pour les malades ; ou que, si on l'y réservoit, ce n'étoit point sur les principaux autels. » Ce savant auteur prétend (et les monuments confirment son opinion) que l'Eucharistie était réservée dans des armoires pratiquées dans la muraille derrière ou à côté des autels, ou encore dans des tours transportables, habituellement déposées dans la sacristie et que l'on n'apportait près de l'autel qu'au moment de la communion des fidèles. Ce qui est certain, c'est que la divine Eucharistie était réservée, dans beaucoup d'églises cathédrales et conventuelles, dès le XIIᵉ siècle, dans une colombe ou une petite boîte d'or ou d'argent suspendue au-dessus de l'autel au moyen d'une chaîne. Quant à ces tours servant de tabernacles et placées à côté des autels, le même Thiers dit en avoir vu une de bronze assez ancienne dans le chœur de l'église paroissiale de Saint-Michel de Dijon. Fortunat, évêque de Poitiers, loue saint Félix, archevêque de Bourges, qui vivait vers 570, de ce qu'il avait fait faire une tour d'or très-précieuse pour mettre le corps de Jésus-Christ. Frodard [275] rapporte que Landon, archevêque de Reims, fit faire une tour d'or pour être placée *sur* l'autel de l'église cathédrale de Reims. Grégoire de Tours raconte qu'un diacre indigne de la ville de Riom, voulant porter une tour d'une sacristie voisine dans l'église, cette tour s'échappa de ses mains et se transporta d'elle-même en l'air sur l'autel où l'on célébrait les saints mystères. Ces textes, et bien d'autres qu'il serait superflu de citer, nous font assez voir que si, dans les premiers siècles du moyen âge, il n'y avait pas de tabernacles fixes sur les autels, les églises en possédaient de portatifs qui conservaient ainsi le caractère de meubles, et qui, à ce titre, doivent trouver ici leur place. Nous nous occuperons d'abord des tabernacles en forme de tours suspendues ou posées sur les autels ou près d'eux. Le nom de tabernacle nous indique assez que, dans l'origine, les meubles destinés à renfermer la sainte Eucharistie devaient être revêtus d'une sorte de tente.

L'Église grecque, à laquelle il faut revenir toutes les fois que l'on veut retrouver les traditions primitives, conservait et conserve encore l'Eucharistie dans une boîte entourée d'un morceau d'étoffe, ou même dans un sac suspendu à la muraille, près de l'autel. En Italie, il est encore d'usage de porter le saint sacrement dans une boîte placée sous une sorte d'enveloppe d'étoffe précieuse qui, tombant tout autour, forme au-dessus d'elle une sorte de petite tente. Enfin, l'un des chapiteaux du cloître de Moissac (XIIᵉ siècle), nous donne la représentation sculptée d'un dais encourtiné qui a toute l'apparence de reproduire la forme des tabernacles les plus anciennement adoptés par l'Église. Nous donnons **(fig. 1)** une copie de ce curieux fragment.

Les tours de métal servant de tabernacles ont disparu depuis longtemps de nos églises ; mais, heureusement, ces meubles n'étaient pas toujours fabriqués en matières précieuses ; beaucoup étaient simplement en bois peint et doré. On voit encore, dans l'église de l'ancienne abbaye de Sénanque (Vaucluse), une de ces tours qui date du XIIIᵉ siècle ; elle est en bois dur, à deux étages séparés par un petit plancher, percés de fenêtres vitrées en verre d'un ton verdâtre. Quoique repeinte grossièrement à une époque récente, on retrouve l'ancienne peinture sous la nouvelle, et le plafond du premier étage a conservé ses tons primitifs.

[272] Lib. VII.
[273] *Rational,* lib. I.
[247] *Dissert. sur les principaux autels des églises,* ch. XXIV.
[275] *Hist. rem.,* lib. II, cap. VI.

[276] M. Joffroy, architecte à Avignon, a bien voulu dessiner ce précieux meuble pour nous.

[277] *Hist. du dioc. de Paris*, t. IX, p. 155.

[278] T. II, p. 420.

[279] *Bulletin monum.*, t. IX, p. 321.

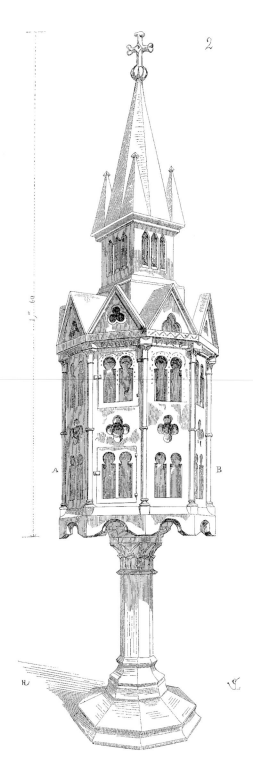

Voici **(fig. 2)** une copie de ce meuble, destiné à être porté sur un pied dont on aperçoit l'attache sous la planchette inférieure. Chaque étage est muni d'une petite porte simplement fermée par un tourniquet en bois. La croix qui devait terminer la pyramide principale n'existe plus. Sur les bandeaux qui portent les pignons, entre les tailloirs des chapiteaux, on lit l'inscription suivante, repeinte probablement d'après l'ancienne : QUI : MANDUCAT : HUNC : PANEM : VIVET : IN : ÆTERNUM. Chaque mot occupant une des faces de l'octogone, l'une d'elles, par conséquent, est vide [276].

La **fig. 3** présente le plan du tabernacle au niveau A B, et la **fig. 4**, le plan au-dessus des pyramides.

L'abbé Lebeuf [277] dit avoir vu, sur le grand autel de l'église de Choisel, du doyenné de Châteaufort, un retable de pierre « devant lequel est posé un tabernacle à l'antique qui est en forme de pyramide ou tourelle à jour. L'abbé Chastelain et autres célèbres liturgistes estimoient fort ces sortes de tabernacles, dont quelques-uns qui restent peuvent avoir trois ou quatre cents ans d'antiquité ; mais ils ajoutent que leur place étoit à côté de l'autel, comme on les voit communément dans les Pays-Bas. »

Piganiol, dans la *Nouvelle description de la France* [278], rapporte que Louis IX, avant de mourir, donna à la cathédrale d'Arras, entre autres legs pieux, un tabernacle et une statue de la Vierge d'argent pesant deux cent cinquante marcs. On voit encore, dans l'église de Maltot (Calvados, canton d'Evrecy), un tabernacle replacé par les soins du curé de cette église en 1842. « Ce tabernacle, dit M. de Caumont [279], offre l'image d'une tour pentagone terminée par une gracieuse pyramide garnie de crochets. Deux étages superposés dans la hauteur d'un joli tourillon sont percés sur chaque face de fenêtres d'une délicatesse extrême dans le genre flamboyant. Ces étages sont séparés l'un de l'autre par une rampe simulée, dans le même style que les fenêtres….. Tout porte à croire que ce tabernacle est à peu près du temps de Louis XII. L'étage inférieur était destiné à contenir les hosties, et l'étage supérieur pouvait servir d'exposition. » Ces descriptions et l'exemple que nous donnons **(fig. 2)** indiquent assez quelle était la forme habituelle de ces sortes de meubles, posés, comme le disent Thiers et l'abbé Lebeuf, plutôt à côté des autels que sur les retables.

Pour les tabernacles suspendus, et qu'on désignait sous le nom de *suspension,* ils étaient fréquents, ainsi que nous l'avons dit, dans les églises cathédrales et monastiques. Mabillon, Thiers, le sieur de Moléon, l'abbé Lebeuf, citent un grand nombre de ces sortes de tabernacles, dont la forme la plus ordinaire était celle d'une colombe posée sur un plateau suspendu par trois chaînettes et une chaîne principale à une crosse en bronze ou même en argent doré. Nos musées conservent encore un assez grand nombre de ces tabernacles, ce qui indique suffisamment qu'ils étaient fort communs. On en voit plusieurs au musée de Cluny. M. le prince Soltykof en possède un fort beau en cuivre doré et émaillé.

La **fig. 5** reproduit l'une de ces colombes. Le couvercle est placé sur le dos de l'oiseau. Les ailes, au lieu de simuler des plumes, sont couvertes d'arabesques d'un beau style et qui donnent la date précise de cet objet (XIIᵉ siècle).

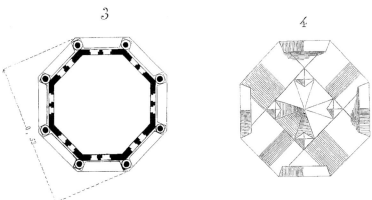

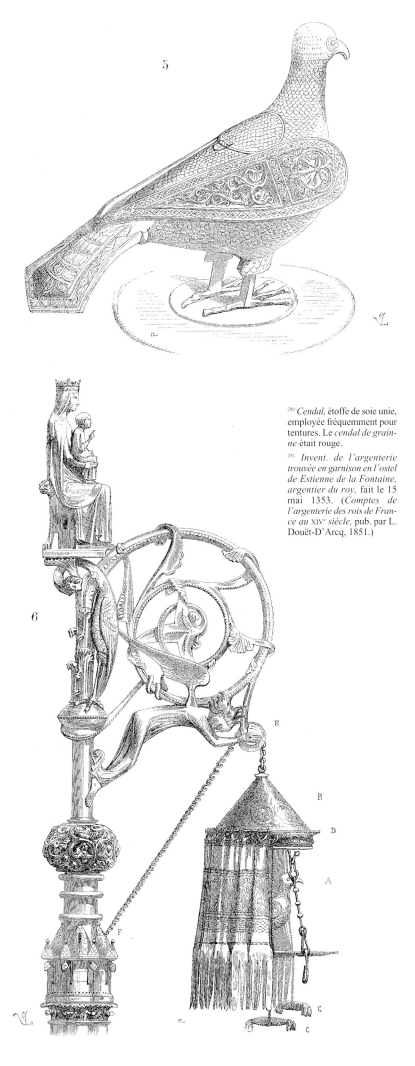

Nous ne saurions faire comprendre les dispositions d'ensemble de ces tabernacles suspendus, sans une figure **(6)**, qui nous évitera de longues descriptions. On voit, en A, la colombe disposée sur son plateau, accrochée au dais B par trois chaînes pouvant être facilement décrochées, de manière à enlever le plateau avec le ciboire, si l'on ne veut le laisser exposé. Au dais B est fixée une tringlette circulaire par deux attaches, l'une derrière, l'autre devant. Un petit rideau, garni au chef de ganses de soie, muni de deux annelets, peut entourer complètement le plateau inférieur, si l'on tire les deux bouts C de la ganse passant par les annelets. Cette manœuvre est facile à comprendre. Voulant fermer le tabernacle (la petite tente), le prêtre tient de la main droite le bord antérieur du plateau, afin de l'empêcher de basculer ; de la gauche, il prend les deux glands C, tire sur les annelets qui tendent à se réunir au point D, les ganses du chef du rideau glissant ainsi sur la tringlette circulaire. On voit que la chaîne principale roule sur une poulie E, puis vient entrer dans une petite lucarne percée en F dans les combles d'un groupe de tourelles. Une autre poulie, cachée dans l'intérieur de la tige de la suspension, renvoie la chaîne jusqu'au pied de la colonne, où elle est accrochée à un goujon caché par une petite porte fermant à clef. C'est le même mécanisme que celui servant à faire descendre et à hisser les anciens réverbères suspendus à des crosses de fer.

Dans notre *Dictionnaire d'Architecture,* au mot AUTEL, on trouve plusieurs de ces suspensions audessus des retables. Quelquefois le tabernacle suspendu se composait d'une boîte (custode) accrochée sous le dais par un anneau sans plateau. Le plus ordinairement, une petite tente en étoffe entourait cette boîte, comme dans l'exemple que nous venons de donner. « …….. Pour cinq pièces de custodes de cendal de grainne [280] pour l'oratoire du roy pour la feste de l'Estoile…. [281]. Le nom de tabernacle, conservé à travers les siècles, pour indiquer la réserve de la sainte Eucharistie, indique assez que la forme d'une tente fut longtemps adoptée. L'enveloppe en étoffe, qui était destinée à entourer la boîte (custode) suspendue sans plateau, était fixée au dais ; mais sa partie inférieure était garnie d'une ganse cousue seulement de distance en distance. Un cordonnet passant entre la ganse comme dans des anneaux permettait de fermer la petite tente par le bas, qui avait ainsi l'apparence d'un sac retourné.

La **fig. 7** indique ce genre de tabernacle ouvert, et la **fig. 7 bis** le tabernacle fermé. Jusqu'à la fin du dernier siècle, l'usage de suspendre la sainte Eucharistie au-dessus du maître autel s'est conservé dans la plupart de nos grandes églises cathédrales et abbatiales ; mais depuis le rétablissement du culte, il a complètement disparu, bien que l'on voie encore quelques cathédrales, comme Reims et Amiens, qui ont conservé la suspension. Il arrivait aussi que l'on suspendait la boîte contenant l'Eucharistie au bec d'une colombe ; nous avons encore vu, il y a quelques années, dans l'église de Saint-Thibaut (Côte-d'Or), une crosse et une colombe en bois doré posées au-dessus du retable de l'autel et servant à suspendre la boîte aux hosties ; mais ces objets étaient d'une fabrication assez récente et grossièrement exécutés.

[280] *Cendal,* étoffe de soie unie, employée fréquemment pour tentures. Le *cendal de grainne* était rouge.

[281] *Invent. de l'argenterie trouvée en garnison en l'ostel de Estienne de la Fontaine, argentier du roy,* fait le 15 mai 1353. (*Comptes de l'argenterie des rois de France au XIV* siècle, pub. par L. Douët-D'Arcq, 1851.)

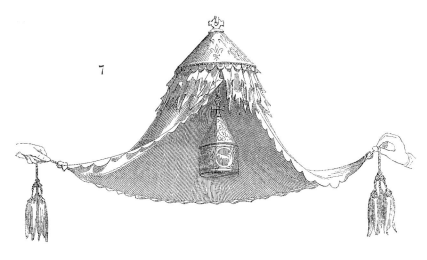

7

7 bis

[282] Man., n° 6-3.
[283] Le *Roman des sept Sages.*
[284] Herrade de Landsberg.
[285] P. 119.

TABLE, s. f. Meuble composé d'un plateau circulaire ou de figures rectilignes portant sur des pieds. Les tables ont, de tous temps, été destinées à des usages divers : les unes, couvertes de nappes, servaient à placer les mets pendant les repas ; d'autres étaient disposées dans les appartements des palais, pour jouer à divers jeux ; quelques-unes n'étaient guère que des objets de luxe. Nous commencerons par parler des tables à manger. Il est difficile de préciser l'époque où l'on cessa de prendre les repas couchés sur des lits inclinés, autour d'une table étroite disposée ordinairement en fer à cheval. Il ne paraît pas que les barbares qui envahirent les Gaules aient conservé cet usage antique ; leurs mœurs sauvages ne se prêtaient pas à de pareils raffinements, et les monuments écrits les plus anciens que nous possédions font supposer que les Germains et les Francs s'asseyaient, pour manger, autour de tables assez

basses. Grégoire de Tours parle souvent de tables sur lesquelles sont posés les mets, mais il n'indique pas que ces tables fussent entourées de lits. Il est certain que, dès les premiers temps de la période carlovingienne, on s'asseyait autour de tables rondes ou rectangulaires pour prendre les repas. Une Bible manuscrite du IXe ou Xe siècle, de la Bibliothèque impériale, et contenant un grand nombre de vignettes au trait [282], nous donne la forme des tables à manger de cette époque.

Nous donnons **(fig. 1)** le *fac simile* de l'une de ces vignettes représentant le festin de Balthazar. La table est de forme semi-circulaire, posée sur des tréteaux pliants. Un rebord ou galerie, qui semble avoir une hauteur de quelques centimètres, cerne les bords de la table dans tout son pourtour. De cette galerie pendent des draperies qui masquent en partie les tréteaux. Au milieu, un seul plat, posé sur un pied élevé, contient un chevreau ; à côté du plat est un vase, peut-être une salière. D'ailleurs on n'y voit ni assiettes ni fourchettes, mais des couteaux, des pains, et des os dépouillés de chair. Les convives se détournent pour boire dans des cratères énormes ou à même des bouteilles, ce qui paraît indiquer que les vases à boire étaient placés en dehors de la table, autour des convives. C'était là un usage des Germains, qui se levaient de table pour aller boire à même des vases disposés le long des murs de la salle. On prenait les viandes avec les mains, après les avoir coupées par quartiers, et les os restaient sur la table, alors dépourvue de nappes.

Au XIIe siècle, il semblerait qu'on avait encore conservé ces galeries ou rebords saillants autour des tables et les pentes drapées tombant de ce rebord à terre. Le manuscrit d'Herrade de Landsberg, de la bibliothèque de Strasbourg, nous fait voir une table à manger ainsi disposée **(fig. 2)**. Les pentes sont attachées par des anneaux à une tringle qui pourtourne le rebord de la table.

« Les tables furent mises et li tabliers, et li saliers, et li coustel ; et il s'assistrent [283]. » Bien que ce texte appartienne à un roman du XIIIe siècle, le mot *tablier* indiquerait ces pentes drapées. Ici, il n'est question ni de nappes, ni d'assiettes. Notre **fig. 2** ne montre, en effet, que des plats sur pieds, des couteaux, des salières et des fourchettes à deux branches qui paraissent destinées à pincer les morceaux que les convives prenaient dans les plats, plutôt qu'à les piquer. Le roman du châtelain de Coucy, qui fut écrit vers le commencement du XIIIe siècle, parle de tables à manger autour desquelles les convives s'asseyaient, ayant une seule assiette pour deux personnes. Ces tables sont couvertes de nappes. Du reste, le manuscrit déjà cité de la bibliothèque de Strasbourg [284] nous fait voir une table servie qui paraît être entièrement couverte d'une nappe ; mais il faut dire que cette table oblongue est accompagnée d'un dossier sur l'un de ses deux grands côtés, ce qui lui donne l'apparence de ces meubles que nous désignons sous le nom de buffets.

Nous donnons **(fig. 3)** une copie réduite de la vignette [285].

Il est certain qu'au XIIIe siècle les tables à manger étaient habituellement couvertes de nappes.

« Einsi s'esbatent sanz dangier
Tant qu'il fu ore de mangier
Et que les napes furent mises,
Et desus les tables assises
Et les salieres et li pains [286] »

Après le repas, les convives se levaient ; des serviteurs enlevaient les nappes, et, sur les mêmes tables qui avaient servi à manger, on jouait aux échecs, aux tables (trictrac), aux dés.

« Rois Arragons les fist moult bien servir,
A mengier orent assez et pain et vin,
Grues et gentes et bons poons rostiz ;
Des autres mès ne sai que vos devis :
Tant en i ot com lor vint à plésir.
Quant ont mengié et béu à loisir,
Cil eschançons vont les napes tolir.
As eschès jeuent paien et Sarrazin [287]. »

Ce texte, antérieur au précédent, parle déjà de nappes enlevées de dessus les tables à manger pour permettre aux convives de jouer.

Les tables à manger du XIIIᵉ siècle sont ordinairement carrées, lorsque le nombre des convives est petit ; oblongues ou en fer à cheval, lorsque ce nombre est grand. A l'occasion de certaines fêtes, lorsqu'on donnait de grands repas auxquels prenaient part de nombreux invités, il était d'usage aussi de dresser quantité de petites tables.

« Fromons commande qu'on les tables méist,
Et l'on si fait, léans en un jardin ;
Onze vint tables i poïssiez choisir [288]. »

La rapidité avec laquelle, dans les grandes salles des châteaux, on dressait et on enlevait les tables à manger ou à jouer, indique assez que ces meubles n'étaient composés que de grands panneaux posés sur des tréteaux pliants, qu'ils n'étaient pas à demeure. Suivant que le nombre des convives était plus ou moins grand, on dressait et on assemblait un nombre

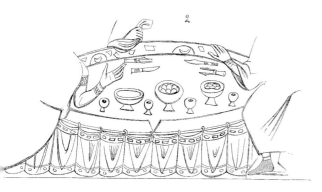

plus ou moins considérable de ces tables. Cependant il existait, dans certaines grandes salles, des tables fixes en pierre ou en marbre destinées à divers usages. Dans la grand'salle du Palais de la Cité à Paris, il y avait, à l'un des bouts, dit Sauval [289], « une table, qui en occupoit presque toute la largeur, et qui de plus portoit tant de longueur, de largeur et d'épaisseur, qu'on tient que jamais il n'y a eu de tranches de marbre plus épaisses, plus larges, ni plus longues. Elle servoit à deux usages bien contraires ; pendant deux ou trois cents ans, les Clercs de la Basoche n'ont point eu d'autre théâtre pour leurs farces et leurs momeries ; et cependant c'était le lieu où se faisoient

les festins Royaux, et où on n'admettoit que les Empereurs, les Rois, les Princes du sang, les Pairs de France, et leurs femmes, tandis que les autres Grands Seigneurs mangeoient à d'autres tables. Tout cela fut consumé en 1618…. »

Toutes les représentations de repas laissent toujours un des grands côtés des tables libre pour le service ; c'est-à-dire que, sur une table longue, par exemple, les convives n'étaient assis que d'un côté ; l'autre côté était, comme dans l'antiquité, laissé libre pour faciliter le service.

[286] Le *Roman du Renart*, vers 22,769 et suiv.

[287] *La Prise d'Orenge*, vers 551. (*Guill. d'Orange*, chansons de geste des XIᵉ et XIIᵉ siècles, pub. par J. A. Jonckbloet. La Haye, 1854.)

[288] *Li Romans de Garin le Loherain*. Édit. Techener, 1833. T. II, p. 143.

[289] *Antiq. de la ville de Paris.* T. II, p. 3.

[290] *Vità Karoli imperatoris,* XXXIII.

[291] M. Teulet, dans les notes qu'il a jointes à sa traduction de la vie de l'empereur Charles, dit (t. I, p. 3), d'après Thégan, chap. VIII : « Que de tous les trésors de Charlemagne, Louis le Débonnaire ne se réserva, en mémoire de son père, que cette table, formée de trois boucliers réunis ; » et d'après les *Annales de Saint-Bertin,* qui la décrivent « comme un disque d'argent d'une grandeur et d'une beauté remarquables, sur laquelle brillaient, sculptés en relief et occupant des espaces distincts, la description du globe terrestre, les constellations et les mouvements des diverses planètes. »

[292] *Chron. de Bertrand Du Guesclin. Collect. des docum. inéd. sur l'hist. de France.* T. I, vers 9,093 et suiv.

[293] C'était une croyance généralement répandue alors, que l'escarboucle brillait la nuit et donnait une lumière assez vive pour éclairer l'intérieur d'une pièce comme un flambeau.

[294] C'est-à-dire : « Que si on lui apportait la table sur laquelle des mets auraient été empoisonnés ; » donc les mets étaient posés sur cette table comme sur un plateau pour être présentés à la personne qui voulait être servie.

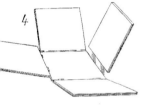

4

Dans les châteaux des princes et grands seigneurs, les tables à manger étaient si larges, que souvent, pendant les entremets, des personnages y montaient pour réciter des couplets, pour distribuer des fleurs aux convives ou représenter quelque scène allégorique. Il n'est pas besoin de dire que ces tables devaient être solidement établies.

Les personnages qui possédaient de grandes richesses faisaient fabriquer des tables de métal, de bronze, d'or ou d'argent, qui semblent n'avoir eu d'autre usage que de décorer les intérieurs des appartements. Éginhard, en rapportant le testament de Charlemagne, mentionne [290] l'existence de trois tables d'argent et d'une table d'or d'une dimension et d'un poids considérables. « L'une d'elles, dit-il, de forme carrée, sur laquelle est représentée la ville de Constantinople, devoit être jointe aux autres dons destinés à la basilique de Saint-Pierre de Rome et y être transportée ; l'autre, de forme ronde, ornée d'une vue de la ville de Rome, devoit être donnée à l'église de Ravenne ; la troisième, qui surpasse de beaucoup les deux autres par la beauté du travail comme par le poids, et qui, formée de trois cercles, contient une description de l'univers entier, tracée avec autant d'art que de délicatesse, étoit destinée, ainsi que la table d'or, que l'on a déjà dit être la quatrième, à augmenter le lot qui devoit être réparti entre ses héritiers et distribué en aumônes [291]. » Ces tables étaient-elles montées sur pieds, ou étaient-ce des tableaux destinés à être adossés aux murs des appartements, ou des plateaux sur lesquels on apportait des fruits, des épices, des parfums, ainsi qu'on le fait encore en Orient ? C'est ce que nous ne saurions décider. Toutefois, il nous est resté une description d'une table d'or, enrichie de pierreries et d'un admirable travail, d'une époque plus rapprochée de nous, qui était évidemment destinée à servir de plateau, qui se développait au moyen de charnières et sur laquelle on apportait du vin, des épices, comme on le fait encore aujourd'hui avec nos tables de déjeuners, qu'un serviteur apporte toutes montées et pose sur un trépied ou un pliant. Cette table célèbre est celle apportée, par Don Pèdre de Castille, à Angoulême, et dont il fit présent au prince de Galles, afin d'obtenir des secours contre Henri de Transtamare. Voici ce que Cuvelier, trouvère du XIVᵉ siècle, dit de cette table [292] :

« La table du roy Pietre dont je vous voi comptant
Ne saroient nombrer nul clerc qui soit lisant ;
Car trestoute estoit d'or, en croix aloit ploiant **(fig. 4)**
A charnières d'or fin qui bien furent séant
Et qui moult justement vont gentement fermant ;
De pierres précieuses, de pieres (perles) d'Oriant
Estoit environnez et de maint diamant (aymant) ;
D'asur et de sinople y ot euvre plaisant,
Où ymages taillées y avoit de Rolant,
De tous les .XII. pers, d'Olivier le poissant ;
Comment furent vendu à Marsille la grant (le grant)
Et dedens Roncevaux occis en combatant ;
Et en mi celle table dont je vous vois comptant
Estoit .I. escharboucle si clère et si poissant
Qu'elle rendoit clarté par jour à nuit faillant [293]
Ainsi con li solaus va à midi luisant ;
Et delez l'escharboucle, qui valoit maint besant,
I avoit une table (une pierre) qui de vertu ot tant
Que nulz homs ne pooit ne roy ne amirant
Aporter nul venin qui tant fu mal faisant,
Que s'on li apportoit la table en servant [294]
Que pierre n'alast tout en l'eure changent :
Noire comme charbon se changoit en samblant. »

Ces derniers vers indiquent bien clairement que cette table était destinée au service, qu'on y plaçait des mets ou des épices, puisque l'auteur prétend que si ces mets étaient empoisonnés, fût-ce par un roi ou un amiral, les pierres précieuses devenaient noires comme charbon. Plus loin, en donnant la table merveilleuse au prince de Galles, Don Pèdre indique l'origine de ce riche joyau :

« Sire, cestui joiiel je vous le donne en don
Qui me vint par eschange de mon père Alfon ;
Et sachiez que jadis la conquist mon tayon (aïeul)

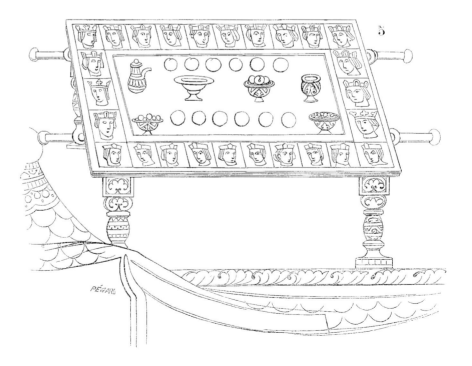

5

Au roy qui de Grenade maintenoit le royon ;
Car il le tint jadis et mist en sa prison
Et se riche joiel il en ot à rençon [295]. »

Sans croire aux vertus merveilleuses du joyau de Don Pèdre, ce curieux passage nous fait voir qu'alors ces tables portatives étaient en usage et que parfois elles étaient d'une excessive richesse.

Le manuscrit d'Herrade de Landsberg [296], dans la miniature qui représente les meubles et ustensiles réunis par Salomon dans le temple de Jérusalem, donne une table carrée ornée de têtes de rois gravées sur le dessus [297]. Voici **(fig. 5)** la réduction de cette table, telle que la vignette la donne.

Chez les particuliers et dans l'intérieur des châteaux, on avait des tables de petite dimension pour manger, lorsque l'on n'avait point de convives. Les princes et les grands seigneurs avaient l'habitude, même lorsqu'ils recevaient des étrangers, de manger sur une table séparée ; ces tables étaient longues et étroites, accompagnées d'un banc avec marchepied et garni quelquefois d'un dais. L'inventaire du mobilier du Louvre, sous Charles V, mentionne des tables à dais, et un grand nombre de vignettes de manuscrits des XIVe et XVe siècles représentent de grands personnages, rois ou princes, mangeant seuls ou avec leur femme sur des tables dont les bancs sont garnis de dossiers et de dais tendus de tapisseries **(fig. 6)**. Parfois aussi, ces bancs sont simples ; mais les tables à manger affectent toujours la forme barlongue **(fig. 7)** [298]. Les mets, les vins étant déposés sur les buffets et les crédences, les serviteurs n'apportaient sur la table que l'assiette dans laquelle l'écuyer tranchant avait déposé la pièce de viande découpée et le hanap contenant le vin versé après avoir fait l'essai. Ce n'était que dans les repas composés d'un grand nombre de convives que l'on déposait sur les tables des viandes et pièces montées, que l'on découpait sur le buffet après qu'elles avaient été vues par les invités, comme cela se fait encore de nos jours. Dans le privé ou sur les tables séparées des princes, il n'y avait que de petits pains, les assiettes servies, la coupe de chaque convive, des fourchettes [299] et cuillers, suivant la nature du mets placé sur les assiettes. Les serviteurs présentaient souvent en face des personnes assises des plats dans lesquels, grâce à l'étroitesse des tables, on pouvait choisir le morceau qui convenait. Les bancs sur lesquels on était assis étant munis d'un marchepied, les tables étaient plus hautes que les nôtres ; cette disposition faisait ressortir davantage les personnages assis à des tables spécialement réservées pour eux.

Nous terminerons ce passage sur les tables barlongues par des figures indiquant les divers assemblages des pieds de ces meubles pendant le XVe siècle et le commencement du XVIe **(fig. 8)** [300]. De petits goussets A, assemblés dans les montants et les traverses, étaient destinés à empêcher le roulement des pieds et à leur donner une parfaite rigidité.

Il ne faudrait pas croire que les tables à un pied n'étaient pas en usage pendant le moyen âge. Dans les appartements des femmes, il y avait çà et là des guéridons sur lesquels on déposait les ouvrages d'aiguille, des vases de fleurs, des livres, etc. Dans le manuscrit des chroniques du roi Louis XI, nous trouvons une vignette représentant une table carrée à un pied **(fig. 9)** [301].

[295] Vers 10,650 et suiv.

[296] XIIe siècle. Bib. de Strasbourg.

[297] « Il donna (David) de même de l'or pour faire les tables qui devoient sérvir à exposer les pains, selon les mesures qu'elles devaient avoir ; et donna aussi l'argent pour en faire aussi d'autres tables d'argent. » Paralip., ch. XXVIII, V. 16.

[298] Vignette de l'Hist. de Girart, comte de Nevers. Man. de la Bib. imp., f. La Vallière, n° 92.

[299] L'usage des fourchettes ne fut guère introduit qu'au XIIIe siècle.

[300] Des bas-reliefs des stalles de la cathédrale d'Amiens.

[301] Mélanges pour servir à l'histoire. Bib. imp., vol. 748. Man. du commencement du XVIe siècle.

TABLEAU, s. m. Panneau composé d'ais assemblés présentant une surface plane que l'on recouvrait de cire, de toile ou de peinture, suivant la destination particulière du meuble. Nous parlerons d'abord des tableaux de *tour,* c'est-à-dire des panneaux appendus aux piliers des églises et sur lesquels on écrivait, avec un poinçon, les noms de ceux qui devaient faire l'office de la semaine.

Au commencement du dernier siècle, il existait encore, près du maître autel de la cathédrale de Rouen, contre un pilier, un tableau enduit de cire destiné à cet usage [302], c'est-à-dire à recevoir les noms de ceux qui devaient faire l'office de célébrant pendant la semaine, de diacre, de sous-diacre ou porte-chapes. Une fois inscrits au tableau de semaine, les manquants étaient punis d'une grosse amende pécuniaire. Le même usage était observé dans l'église de Saint-Lô de Rouen. Ces sortes de tableaux sont encore usités de nos jours dans les cathédrales ou grosses paroisses ; seulement le panneau, au lieu d'être enduit de cire, est couvert d'un drap sur lequel on pique la liste des semainiers écrite sur un papier.

Il existe encore, dans l'ancienne cathédrale de Chur en Suisse, un tableau de ce genre, qui date du XIIᵉ siècle. Il est fait en bois de châtaignier, à deux faces et monté sur gonds, de manière à pouvoir présenter à la vue l'une ou l'autre de ses deux faces. Il est entouré d'un double cadre richement sculpté et percé de petits trous. M. le docteur Keller, de Zurich, à qui nous devons des détails sur ce meuble précieux, dit « qu'il est destiné à contenir, sur l'une de ses faces, la liste des membres de la congrégation et à indiquer les noms de ceux dont le tour arrive le lendemain, soit pour dire la messe, soit pour remplir d'autres fonctions. Le tour de service est pointé au moyen d'une cheville de bois fixée dans le trou qui correspond au nom de la personne désignée. »

Voici **(fig. 1)** la face de devant de ce tableau. La face opposée présente la même disposition ; les ornements seuls qui décorent le cadre et le tympan sont différents. Nous donnons **(fig. 2)** le sommet de cette autre face [303]. La sculpture est plate, franchement coupée dans le bois, et indiquerait chez nous une époque antérieure au XIIᵉ siècle. Mais les parties les plus anciennes de la cathédrale de Coire ne remontant pas au delà de cette époque, il n'est pas probable que ce tableau soit plus ancien ; les arts de ces contrées sont, d'ailleurs, fort en retard sur ceux de la France. Ce tableau présente encore des traces de peinture ; le fond de la face qui contient l'Agneau est peint en brun rouge, les feuillages se détachent en vert et les figures du tympan en bleu d'outremer.

Ce n'est que fort tard, vers la fin du XVᵉ siècle, que l'usage de suspendre des tableaux peints aux murailles fut introduit dans les églises. Jusqu'alors on réservait ce genre de décoration, assez peu commun, pour les intérieurs des sacristies, des salles des palais et châteaux. Les peintures des églises étaient faites sur les murs ou remplissaient les verrières (voy. le *Dictionnaire d'Architecture,* au mot PEINTURE). Il faut reconnaître que l'effet des tableaux appendus aux murailles ou piliers des églises n'est pas heureux et indique, de la part de ceux qui tolèrent ce genre de décoration, un singulier mépris des formes de l'architecture et aussi de la peinture, souvent même l'oubli des plus simples convenances. Mais ce n'est pas ici le lieu de discuter cette question.

Dès le XIIᵉ siècle, on peignait des tableaux sur panneaux de bois. Le moine Théophile [304] indique les moyens de préparer ces panneaux. Ils étaient formés d'ais de bois séchés au four, collés avec de la colle de fromage, mis sous presse, enduits d'une prépara-

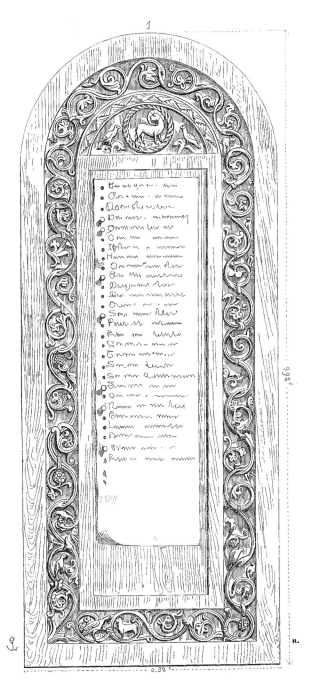

tion de plâtre et de colle de peau. Ces tableaux n'étaient guère destinés qu'à la décoration des retables d'autels, des oratoires ; ils étaient de petite dimension, presque toujours à volets et peints avec un soin et une recherche infinis sur fond d'or gaufré, enrichis quelquefois même de verroteries et de pierres. Peu à peu, on donna des dimensions plus grandes à ces tableaux ; on les entoura de cadres décorés de sculptures dorées. Tout le monde connaît les tableaux précieux des anciennes écoles italiennes et flamandes déposés dans nos musées et provenant presque tous d'établissements religieux. La sacristie de la cathédrale d'Amiens possédait, avant 1820, une suite de tableaux entourés de cadres d'une excessive richesse donnés par la confrérie de Notre-Dame du Puy. Vers cette époque, un évêque d'Amiens donna les cadres à Madame la duchesse de Berry, et ces meubles, respectés par la Révolution, furent ainsi dispersés [305].

Pendant le moyen âge, il était d'usage de suspendre dans les rues, les jours de fêtes, des tableaux couverts d'armoiries et d'emblèmes. « Devant ledict hostel [306] avoit un riche tableau tout peint d'or et d'asur, au milieu duquel avoit deux lions élevés, tenant un écu armoyé des armes de Monsieur de Bourgongne ; et à l'entour dudict tableau avoit douze blasons des armes des païs de mondict seigneur….. Et au-dessus du tabernacle estoit à un des costés saint Adrien, et au-dessous dudict tableau estoyent des fusils pour devise, et le mot de mondict seigneur, qui dit : "Je l'ay emprins……" »

Dans l'une des salles des châteaux, il existait presque toujours un grand tableau peint sur bois représentant la généalogie du seigneur. Dans les hôtels de ville, quelques tableaux étaient aussi appendus aux murailles des chambres principales. En 1535, on voyait encore, dans une salle de l'hôtel de ville de Béthune, un certain « grand rolle ou estoit empraint et figuré, par privilége, toute la noble généalogie et descente de l'empereur. » Puis « une painture sur parchemin, ou estoient pourtraictz les eschevins, le greffier et le clerc, selon l'anchienne loy, avecq dictiez et escriptz comment juges doibvent maintenir justice [307]. » Dans la salle des plaids, on voyait aussi un tableau représentant le jugement dernier, et un nommé Micquiel Le Thieulier, peintre, fournissait, en 1540, moyennant vingt livres, un nouveau tableau représentant « une histoire en forme d'arbre, ou s'observoient les sept pechiés mortelz et les branches et deppendances d'iceulx ; ainsi que pluisseurs personnaiges, auctorités, et escriptions de la saincte escripture [308]. » On voyait, dans la salle du parlement à Paris, à la fin du dernier siècle, un magnifique tableau (triptique) représentant un Crucifiement, de Jean de Bruges, entouré d'un cadre sculpté, et au fond duquel était représentée la cour du May [309].

Les tableaux allégoriques furent en vogue à la fin du XVe siècle et pendant le cours du XVIe. Les seigneurs ou les bourgeois tenant pour tel ou tel parti aimaient à placer sous leurs yeux des allégories plus ou moins transparentes qui représentaient le triomphe de leur opinion, tout en étant une énigme pour les étrangers. Au moment de la réformation, cette mode fut suivie dans les châteaux comme dans les plus humbles maisons.

[302] Voy. liturg. en France, par le S. de Moléon. 1718, p. 275.

[303] Nous devons ces dessins à l'obligeance de M. Didron, directeur des Annales archéologiques.

[304] Essai sur divers arts.

[305] Ces tableaux sont aujourd'hui déposés dans l'escalier de l'évêché d'Amiens ; deux cadres sont placés dans le musée de la même ville, deux autres dans le château de Rosny.

[306] Du duc de Bourgogne. Entrée de la duchesse à Bruges (Mémoires d'Olivier de la Marche).

[307] Les Artistes du nord de la France, etc., aux XIVe, XVe et XVIe siècles, par Al. De la Fons, baron de Mélicocq. Béthune, 1848.

[308] Ibid.

[309] Pub. par MM. Challe et Quantin. 1848. T. I, p. 231.

[310] L'abbé Lebeuf, t. I, p. 186.

[311] D. D. Martenne et Durand. Hist. monast. S. Florenti Salm.

[312] Par le prévôt Pierre le Jumeau (voy. la Notice sur les manufactures de tapisseries et de tapis réunies aux Gobelins, par M. Lacordaire, 1852).

[313] Voy. l'Archit. domest. pend. le moyen âge. — Some account of domest. Archit. in England. Parker, t. I, p. 98. Mathieu Pâris, p. 782.

[314] Roman de Mahomet, en vers, du XIIIᵉ siècle, publ. par MM. Reinaud et Francisque Michel. 1831.

[315] Le Roman du Renart, vers 1170.

[316] De Naturis rerum, man. Harl., 3737, f. 95, 6.

[317] Voy. Domest. Archit., Parker, t. I, p. 15, auquel nous empruntons ce passage.

[318] Frodoard, p. 67 ; Collection des mémoires, M. Guizot.

[319] Man. d'Herrade de Landsberg, bibl. de Strasbourg.

[320] Man. d'Herrade de Landsberg, bibl. de Strasbourg. Le sujet représente la mort d'Holopherne.

TAPIS, *Tapiz,* s. m. **TAPISSERIE,** s. f. L'usage des tapis et tapisseries remonte à l'antiquité. Pendant les premiers siècles du moyen âge, on en plaçait à profusion dans les églises, soit sur le pavé, soit comme tentures. Dans les cathédrales, les côtés du chœur étaient tendus en tapisserie de diverses sortes que l'on changeait suivant les temps de l'année, et, dès le Xᵉ siècle, les évêques affectaient des sommes importantes à l'acquisition de ces tissus, qui venaient presque tous de l'Orient. L'abbé Lebeuf, dans ses *Mémoires concernant l'histoire civile et ecclésiastique d'Auxerre* [310], rapporte que l'évêque Gaudry, vers 925, possédant « une très-belle tenture parsemée de lions, au milieu de laquelle étoit une inscription brodée en lettres grecques, n'eut point de repos qu'il n'eût trouvé une autre tenture de même dessin. L'ayant trouvée, il l'acheta et la donna à l'église, afin qu'elles ornassent les deux côtés….. » L'usage de décorer les églises de tapisseries se perpétua jusque vers le commencement du dernier siècle (XVIIIᵉ), et les trésors des cathédrales et des églises abbatiales renfermaient une grande quantité de ces tissus que l'on étendait dans les sanctuaires et même dans les nefs pendant les jours fériés ou à l'occasion de certaines cérémonies. Dans les châteaux, les appartements d'habitation, les salles de *parements* ou de parade étaient tendues le plus souvent de tapisseries, ou tout au moins de toiles peintes (voy. TOILE). Il est difficile de donner la date de l'introduction des fabrications de tapis en France. Dès le IXᵉ siècle, saint Angelme, trente-quatrième évêque d'Auxerre, faisait présent à la cathédrale de très-belles tapisseries pour orner le lieu où se tenait le clergé [311]. Il n'est pas certain que ces tapisseries fussent de fabrication occidentale ; mais, vers 985, les religieux de l'abbaye de Saint-Florent de Saumur fabriquaient eux-mêmes, dans leur monastère, des tapisseries [312]. En 1025, la ville de Poitiers possédait des fabriques de tapis ; il en était de même à Troyes, à Beauvais, à Reims, à Arras, à Saint-Quentin. Ces tapisseries étaient à *haute lisse,* c'est-à-dire que la chaîne servant à faire le tissu était placée verticalement sur le métier. Ce genre de fabrication, qui remonte à la plus haute antiquité, puisqu'il était connu des Égyptiens, fut probablement pratiqué en Occident dès l'époque de la domination romaine. Quant aux tapis veloutés, ils furent introduits en France, pendant le moyen âge, par les Orientaux. Au XIIᵉ siècle, sous le règne de Philippe-Auguste, les fabricants de ces sortes de tapis portaient le nom de *Sarrasinois,* et on entendait par tapis *sarrasinois* les tapis veloutés ; ces fabricants formaient alors une corporation règlementée par des statuts. Au commencement du XIVᵉ siècle, les tapissiers *sarrasinois* et les tapissiers *hauts lissiers* furent soumis à une même maîtrise, dont les règlements datent de 1302 [313]. Ce ne fut que sous le règne de François Iᵉʳ que la fabrication des tapis, qui jusqu'alors était du domaine de l'industrie privée, fut confiée par ce prince à quelques maîtres venus de Flandre et d'Italie et prit un nouvel essor. Cette première manufacture royale fut d'abord établie à Fontainebleau et était destinée à fournir à la décoration de cette belle résidence.

L'usage d'étendre des tapis sur le sol des appartements paraît avoir été fort anciennement adopté chez les peuples orientaux ou ceux qui subissaient leur influence, et introduit en France à l'époque des croisades. Nous voyons qu'en Angleterre les tapis de planchers furent importés, au XIIIᵉ siècle, par Éléonore de Castille et les ambassadeurs espagnols qui précédèrent son arrivée [314] Mathieu Pâris raconte que les habitants de Londres s'indignaient du luxe déployé par les seigneurs étrangers, qui couvraient leurs planchers de précieux tapis, tandis que leur suite était misérable, désordonnée, et n'était montée que sur des mules. Il ajoute que quand Éléonore arriva à Westminster, elle trouva les appartements qui lui étaient destinés, décorés, par le soin des envoyés de son pays, de riches tentures, comme l'étaient les églises, et les planchers couverts de tapis, conformément à la mode espagnole. Il ne paraît pas qu'avant le XIVᵉ siècle les intérieurs des appartements en France fussent tendus de tapisseries de haute lisse, du moins nous ne trouvons à cet égard aucun renseignement certain, mais plutôt de toiles peintes et d'étoffes.

En haut font tendre les cortines,
Où il y a estoires devines
De la loy anciennes pointes,
De maintes bonnes coulors taintes.
….. [315]
Encourtiné ont
De dras d'or la maison trestoute [316].

Ces tapisseries, soit de haute lisse, soit brodées sur un fond d'étoffe, paraissent avoir été réservées pour séparer des pièces, comme portières, ou encore comme courtines de lits. Cependant Necham [317], lorsqu'il censure [318] le luxe étalé dans les constructions de son temps, parle avec dédain des vestibules couverts de sculptures comme étant le réceptacle de toiles d'araignées. Il dit encore que les murailles de la chambre privée devraient être couvertes de tentures pour éviter les mouches et les araignées ; il fait observer que la tapisserie serait convenablement suspendue devant l'épistyle, et cela dans le cas où la chambre se trouvait divisée par des colonnes.

Les vignettes des manuscrits du XIIᵉ siècle nous donnent de nombreux exemples de ces tapisseries, suspendues en guise de grandes portières pour séparer les pièces d'un appartement ou même pour diviser une chambre. Frodoard rapporte que saint Remy laissa, par testament, à l'évêque son successeur, « trois tapis qui servent les jours de fête à fermer les portes de la salle du festin, du cellier et de la cuisine [319]. »

La **fig. 1** [320] nous donne une de ces tentures suspendue à l'entrée d'une salle. Cet usage se perpétua fort tard ; des tableaux et des gravures du XVIᵉ siècle en font voir quantité d'exemples, et même encore, au commencement du XVIIIᵉ siècle, dans les palais, certaines pièces n'étaient fermées que par des portières sans vantaux. Saint-Simon, en racontant la scène qui, au château de Marly, précéda la mort de Monsieur, frère du roi, remarque que le cabinet de Louis XIV n'était fermé que par des portières ; ce qui permit à tous les courtisans, et même aux gens de service, d'entendre la querelle des deux princes.

Au XIIᵉ siècle, on tendait autour des lits des tapisseries dont la disposition mérite d'être remarquée. C'était comme une sorte de tente dont la partie supérieure était fixée à une tringle de bois ou de métal, et qui tombait des deux côtés avec une ouverture permettant d'entrer dans le lit, à peu près comme les moustiquaires en usage dans le Midi. Voici **(fig. 2)** une de ces tapisseries de lit [321].

Au XIVe siècle, l'emploi des tapisseries comme tenture devint général ; beaucoup de salles de châteaux de cette époque ont conservé les clous à crochet qui servaient à suspendre ces tapisseries maintenues seulement au chef, tombant jusqu'au sol, et masquant les portes. Il faut observer que, dans les distributions intérieures, on ne ménageait point de ces portes larges de quatre à cinq pieds, comme on le fit vers le milieu du XVIe siècle, mais seulement des baies larges de trois pieds au plus et hautes de six pieds, qui, souvent même, n'étaient pas munies de vantaux. Une fente verticale, pratiquée dans la tapisserie, permettait aux entrants et aux sortants de passer en soulevant l'un des pans de la tenture, ainsi que le fait voir la **fig. 3**. Derrière ces tapisseries, on pouvait se cacher ; aussi, chaque fois que l'on voulait être seul, on avait le soin de tâter la tapisserie autour de la pièce. Dans la tragédie de Shakspeare, Hamlet, s'apercevant que quelqu'un écoute, derrière la tenture, son entretien avec sa mère, tire son épée et perce Polonius à travers la tapisserie : « Comment ! ici un rat ?... Mort !... Un ducat qu'il est mort [322] ! » Qu'on se figure la scène d'Hamlet au milieu d'une pièce entièrement tendue de tapisseries dont les franges traînent à terre, l'action du héros est d'un effet terrible ; mais que Polonius soit caché derrière une portière comme un enfant jouant à *clignemusette,* Polonius est un niais, et le coup d'épée, l'acte d'un fou enragé. Hamlet ferait mieux alors d'aller prendre Polonius par les oreilles et de le jeter à la porte. C'est ainsi que, sur nos théâtres, la mauvaise mise en scène d'anciens chefs-d'œuvre altère la pensée du poëte. Ceci dit sous forme de parenthèse.

Ces vastes pièces tendues de tapisseries étaient trop peu sûres pour la vie intime ; cela explique pourquoi, dans les châteaux, on réservait presque toujours, près des grandes pièces, de ces réduits étroits où l'on pouvait s'enfermer lorsque l'on voulait se livrer à quelque entretien secret ou lorsqu'on cherchait la solitude.

Les tapisseries les plus riches étaient possédées par les églises ; comme nous l'avons dit plus haut ; ces tapisseries étaient exposées dans les chœurs et même dans les nefs à l'occasion de certaines fêtes religieuses. De ces tentures, il ne nous reste rien qui soit antérieur au XVe siècle, si ce n'est la tapisserie de Bayeux attribuée à la reine Mathilde, femme de Guillaume le Conquérant, et qui est certainement un monument de la seconde moitié du XIe siècle. Cette tapisserie n'est qu'une longue bande de canevas sur laquelle des événements relatifs à la conquête d'Angleterre par les Normands sont brodés sans fond. Il y a tout lieu de supposer qu'elle était destinée à décorer le chœur des chanoines comme une frise continue accrochée pendant certains jours de l'année [323]. La collection Gaignères de la Bibliothèque bodléienne à Oxford contient une suite de tapisseries fort belles, du XIIIe siècle, qui existaient encore dans l'église Saint-Médard-en-l'Ile, à Paris, au commencement du dernier siècle, et figuraient la légende du patron de l'église.

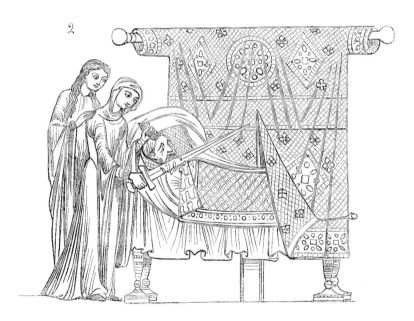

En 1483, Louis Raguier, chanoine de Paris, devenu évêque de Troyes, donna à son église quatre grandes pièces de tapisserie qui représentaient plusieurs sujets de la vie de saint Pierre et les figures des évêques canonisés de Troyes. Ces tapisseries étaient destinées à décorer le chœur [324].

La cathédrale de Sens possède encore quelques-unes des magnifiques tapisseries qui étaient gardées dans son trésor ; elles datent du XVe siècle et sont d'un travail admirable ; l'une d'elles surtout, qui représente le couronnement d'Esther, est traitée avec une finesse exquise. Les personnages sont certainement des portraits, et l'Assuérus est très-probablement une image de Charles VIII. Les vêtements, les meubles, les bijoux sont rehaussés de fils d'or très-habilement mêlés à la laine, et les têtes, qui n'ont que six à huit centimètres de haut, sont modelées par des artistes fort habiles. Cette tapisserie est de haute lisse. Les cathédrales de Reims [325], les églises de Saint-Rémi

[321] How now ! a rat ? Dead, for a ducat. Dead.

[322] Voy. Un Mot sur les discuss. Relat. à l'orig. de la tapiss. de Bayeux, par M. de Caumont. Bullet. monum., t. VIII, p. 73.

[323] Voy. Comptes de l'œuvre de l'égl. de Troyes. Troyes, 1855.

[324] Voy. l'ouvrage de MM. Leberthois et Louis Paris sur les toiles peintes et tapisseries de la ville de Reims, Paris, 1843, et entre autres les pièces de tapisseries de haute lisse représentant l'histoire de Clovis.

[325] Compte de Geoffroi de Fleuri (1316). Comptes de l'argenterie des rois de France, au XIVe siècle, par L. Douët-D'Arq.

[326] Ibid.

[327] Compte de Geoffroi de Fleuri (1316). Comptes de l'argent. des rois de France, au XIVᵉ siècle, par L. Douët-D'Arq.

[328] Invent. de l'argent. dressé en 1353. Ibid.

[329] Conférences du roi Philippe de Valois et du roi David d'Écosse. Chroniq. de Jehan le Bel, chan. de Saint-Lambert à Liége, pub. par M. L. Polain. Liége, 1850.

[330] Voy. les vers de maître II. Baude, recueillis par M. J. Quicherat. Paris, Aug. Aubry, 1856.

[331] Palais de justice aujourd'hui.

[332] Condamnation des banquetz, par Nicolle de la Chesnaye, poète de la fin du XVᵉ siècle. Paris, 1836. Voy. la notice de M. Achille Jubinal sur la tapisserie de Nancy.

de Reims, de Montpezat (Tarn-et-Garonne), conservent encore de fort belles tapisseries qui datent du XVᵉ et du XVIᵉ siècle.

Quant aux tapis destinés à être étendus sur le sol des églises, on en fit longtemps venir d'Orient. On voit encore, dans beaucoup de nos églises, des fragments de ces tapis qui sont originaires de Perse. L'église de Mantes possède encore un magnifique tapis persan qui paraît dater du XVIᵉ siècle, et qui était tendu sur les marches de l'autel. Il représente, au milieu d'arabesques d'un goût charmant, des chasseurs et des animaux. Les chasseurs portent des arquebuses assez semblables à celles dont on se servait en France vers le commencement du XVIᵉ siècle.

Les tentures des appartements se composaient souvent d'étoffes brodées ou couvertes d'applications. Quand Duguesclin fut fait connétable, la chambre qu'il occupait dans le logis du roi était tendue de drap semé de fleurs de lis d'or.

« Pour une chambre broudée pour madame la Royne, qu'elle ot à son couronnement à Rains.

Premierement. Pour la façon de 1321 pappegaus, faiz de broudeure amantelés des armes nostre sire le Roy, pour la façon de ces pappegaus, pour or, pour soie, de quoy ils furent faiz, et pour paine d'ouvriers, 6 s. pour pièce, valent 396 l. 6 s. [326]. »

Ces tentures étaient souvent couvertes d'armoiries, de devises.

« .... Pour la chambre de la Toussains, dont le cheveciel est vert, bordé d'une bordeure de soucie tout entour, de compas des armes de France et de monsseigneur de Vallois, de monsseigneur d'Evreus et de monsseigneur de la Marche, tenant 9 aunes quarrées, 15 s. l'aune, valent 6 l. 15 s. Item, pour 6 tapiz vers, dont les 3 tiennent 30 aunes, et les autres 3, 24 aunes,

toutes quarrées, et sont à tiex esauciax comme le cheveciel, 11 s. pour aune, valent 29 l. 14 s [327]. »

« …Pour une chambre vermeille de dix tappiz,….. qui sont semez de pappegaus armoiez de France, et de pappeillons armoiez de Bourgongne, et entre deuz semez de treffles d'argent….. [328]. »

La serge était employée souvent comme tenture.

« …Pour une sarge de tapisserie semée de feuillage de vigne… [329]. »

Les salles de villes, les parlements étaient tendus d'étoffes fort riches souvent, pendant certaines solennités.

« Quant ilhs furent la venus, sachies que la ville fut durement plaine de singnours, chevaliers, eskuwiers et daltres gens, et fut li halle de la ville engordinee de beais draps dor et de soye, come les chambres de roys [330]. »

A l'occasion des fêtes publiques, des entrées de rois et reines, on tendait des tapisseries dans les rues devant les maisons, et on se plaisait, vers la fin du XVᵉ siècle, à représenter sur ces tapisseries des histoires morales, des caricatures, des satires. Henri Baude, poëte du XVᵉ siècle, donne plusieurs *Dictz moraulz* pour mettre en tapisserie, tels que ceux-ci :

— « Des pourceaulz qui ont répandu ung plain panier de fleurs » (avec cette devise) :

« Belles raisons qui sont mal entendues
Ressemblent fleurs à pourceaulz estendues. »

— « Ung bonhomme regardant dans un bois ouquel a entre deux arbres une grant toile d'éroigne. Ung homme de court luy dit :

Bonhomme, diz-moy, si tu daignes,
Que regarde-tu en ce bois ?
LE BONHOMME.
Je pence aux toilles des éreignes
Qui sont semblables à noz droiz :
Grosses mouches en tous endroiz
Passent ; les petites sont prises.
LE FOL.
Les petitz sont subjectz aux loiz,
Et les grans en font à leurs guises [331]. »

Nous renverrons nos lecteurs au poëte ; plusieurs de ces satires sont assez vives.

Pendant les XVᵉ et XVIᵉ siècles, on se plaisait fort à garnir les murailles des appartements de ces tapisseries sur lesquelles étaient figurés des allégories, des fables, des apologues, des moralités. Tout le monde connaît les tapisseries trouvées dans la tente de Charles le Téméraire, après la bataille de Nancy, et déposées aujourd'hui dans l'ancien palais ducal de cette ville [332]. Ces tapisseries font ressortir les dangers de la bonne chère, au moyen d'une suite de tableaux allégoriques dans lesquels Gourmandise, Friandise, Passe-temps, Je-bois-à-vous et Bonne-compagnie, deviennent les victimes de Banquet et Souper, qui conspirent contre leurs hôtes en appelant à leur aide Gravelle, Goutte, Colique, Apoplexie. Souper et Banquet finissent par être traduits devant le tribunal de Dame Expérience, assistée de docteurs. La plainte entendue, Banquet est condamné à être pendu ; des circonstances atténuantes sont admises en faveur de Souper.

« Quant à Soupper qui n'est pas si coulpable,
Nous luy ferons plus gracieusement ;
Pour ce qu'il sert de trop de metz sur table
Il le convient restraindre aucunement.
Poignets de plomb pesans bien largement
En long du bras aura sur son pourpoint,
Et du Diner prins ordinairement
De six lieues il n'approchera point. »

Maître Avicenne, présent au parquet, prend le soin d'expliquer la partie de l'arrêt relative aux six lieues :

« Qu'entre eux deux fault ordonner
Six heures par digestion [333]. »

Tout cela est d'un assez pauvre goût, mais les tapisseries sont fort curieuses, pleines de détails de costumes, de meubles, qui sont pour nous aujourd'hui d'un grand intérêt.

Pendant le XVIᵉ siècle, la mythologie païenne vint remplacer les moralités du XVᵉ siècle, et on exécuta alors un nombre prodigieux de tapisseries retraçant l'histoire des dieux, les métamorphoses, et quantité d'allégories plus ou moins transparentes, suivant le goût des seigneurs. Plus tard, les paysages, les fables d'Ésope, les chasses, les sujets historiques eurent leur tour ; ces dernières tapisseries étaient fort en vogue pendant le XVIIᵉ siècle, et il en existe encore un grand nombre dans nos musées ou nos châteaux. Dans les vieux inventaires, les tapisseries représentant des animaux, des chasses, des paysages, sont désignées sous le nom de tapisseries à *figures de bêtes*.

A voir les tapisseries qui, dans des peintures ou les bas-reliefs, décorent les murs ou qui drapent les grands meubles, pendant le moyen âge, comme les lits, les dais, les trônes, il est facile de reconnaître qu'à cette époque les tapissiers avaient acquis une grande habitude pratique de tailler les étoffes de manière à produire certains effets de plis, de chutes très-mesquinement rendus de notre temps, non pas tant à cause de l'économie apportée dans l'emploi de la matière que par un défaut d'instruction première. Beaucoup de personnes seraient fort étonnées si on leur disait qu'un bon tapissier doit posséder à fond la géométrie et l'art de développer les surfaces ; rien cependant n'est plus certain. Nous voyons tous les jours des pentes de lits, des tentures drapées qui, malgré l'abondance de l'étoffe mise en œuvre, sont maigres et d'un aspect pauvre ; c'est que la plupart de nos tapissiers ne se rendent pas un compte exact de l'effet que doit produire la coupe de l'étoffe avant de la mettre en place, qu'ils tâtonnent et emploient des surfaces considérables en pure perte. Avec un même aunage d'étoffe, on peut faire une tenture ample ou mesquine ; le tout est de savoir la tailler. On reconnaît de suite, en voyant les plis d'un rideau, par exemple, si le tapissier est géomètre ou s'il n'est qu'un artisan ignorant. Pendant le moyen âge et plus tard, dans le dernier siècle encore, les tapissiers avaient conservé certaines traditions de coupes qui produisaient toujours un effet sûr. Ces traditions ont été perdues, et il serait à désirer pour nos bourses, aussi bien que pour l'effet de nos tentures d'appartements, que les tapissiers voulussent bien apprendre la géométrie.

TOILE, s. f. Tissu de fil. La toile peinte était une des tentures les plus ordinaires pendant le moyen âge.

On commençait par coucher un encollage assez épais sur le tissu, à peu près comme le font encore nos décorateurs de théâtres, et sur cet apprêt on peignait soit des sujets, soit des ornements.

Dans les premiers siècles de notre ère, à l'imitation des anciens, on employait les toiles peintes pour décorer et couvrir les rues lors des grandes solennités publiques. Grégoire de Tours dit qu'à l'occasion du baptême de Clovis, les rues de la ville de Reims étaient ombragées par des toiles peintes [334]. Et, encore aujourd'hui, l'Hôtel-Dieu de cette ancienne cité possède une nombreuse collection de toiles peintes représentant la mise en scène du théâtre des confrères de la Passion [335], qui datent de la fin du XVᵉ siècle et du commencement du XVIᵉ.

Nos collections, nos églises et nos châteaux ne possèdent point de fragments de ces tentures antérieures à cette époque ; nous ne pouvons avoir qu'une idée assez vague du genre d'ornementation qui s'y trouvait appliqué. Les comptes des XIVᵉ et XVᵉ siècles mentionnent souvent des toiles et des couleurs destinées à les décorer, mais ne nous donnent aucun détail sur le caractère de ces décorations. Ces documents, si précieux d'ailleurs, parlent de toiles employées comme doublures de tentures, de courtines, de tapis. La toile, dans ce cas, était piquée, ainsi que cela se pratique encore de notre temps pour les doublures.

TRONC, s. m. Pièce de bois creusée, munie d'un couvercle avec une fermeture solide, destinée à recevoir les aumônes des fidèles à l'entrée des églises, des monastères, des hôpitaux, maisons de refuge, etc. Cette dénomination de *tronc* indique assez que ces meubles étaient originairement composés d'une bille de bois évidée. En effet, les plus anciens troncs sont ainsi façonnés ; on obtenait ainsi une plus grande solidité, et les voleurs ne pouvaient songer à s'emparer des sommes déposées dans ces meubles, scellés d'ailleurs à la muraille. En France, les anciens troncs ont été partout remplacés par des boîtes en bois mal faites et qui n'opposent aux larrons qu'une très-faible résistance ; mais l'amour de la nouveauté a prévalu ; on ne fabrique plus depuis longtemps de troncs évidés dans une bille de bois. Cependant les provinces de l'Est et l'Allemagne en possèdent encore quelques-uns qui rappellent les formes primitives, quoiqu'ils ne soient pas fort anciens.

Nous donnons **(fig. 1)** le tronc qui se trouve scellé, à l'intérieur, près de la porte de la cathédrale de Fribourg en Brisgau. Il paraît être du XIVᵉ siècle, et, comme on le voit, est ferré avec un luxe remarquable. C'est une seule pièce de bois, percée d'un trou à sa partie supérieure pour le passage des pièces de monnaie, évidée à l'intérieur et munie à sa base d'une petite porte fermée par deux barres en croix entrant dans des pitons auxquels sont appendus des cadenas cylindriques. Nous donnons en A l'un de ces cadenas en fer. Il est probable qu'il fallait, pour ouvrir le tronc, le concours de deux personnes ; c'est ce qui explique la présence des deux cadenas.

Nous avons vu quelquefois, dans des églises françaises, des troncs pratiqués dans la muraille ; ils n'étaient alors que de petites armoires fermées par

[333] Telis depictis adumbrantur plateæ.

[334] Toiles peintes et tapisseries de la ville de Reims, par C. Leberthois et L. Paris, 1843.

[335] Man. d'Herrade de Landsberg. Bibl. de Strasbourg, XIIᵉ siècle.

A

PÉGARD.

336 Siège de Dagobert. Bibl. impériale. Voy. FAUTEUIL.
337 Ivoire du XIᵉ siècle, moulage appartenant à l'auteur.

une porte ferrée solidement et percée d'une fente pour le passage des pièces de monnaie.

TRONE, s. m. Siège réservé aux rois et aux évêques pour les occasions solennelles. Nous donnons, dans les articles CHAISE et FAUTEUIL, des sièges qui peuvent passer pour de véritables trônes. Mais ce qui constitue le trône, ce n'est pas tant la forme particulière donnée au siège que les accessoires qui l'accompagnent, tels que les gradins, les dossiers et les dais. Un fauteuil pouvait devenir un trône du moment qu'on le plaçait sur un emmarchement et qu'on l'entourait de tapisseries ; c'est cet ensemble qui constitue, à proprement parler, le trône, et non la forme donnée au siège. Les fauteuils ou *faudesteuils* pliants, par exemple, si fréquemment employés pen-

dant les premiers siècles du moyen âge, et qui faisaient partie du bagage des princes, devenaient de véritables trônes du moment qu'on les posait sur des gradins et qu'on les surmontait de dais. Il est à croire que l'usage d'entourer, dans certaines occasions solennelles, un siège royal de courtines était venu de l'Orient. En effet, dans ces contrées, un roi, encore de nos jours, ne se laisse pas voir facilement ; à l'idée de puissance sur les hommes s'attache l'idée du mystère, et, chez ces peuples du moins, la foule respecte d'autant mieux le pouvoir souverain qu'elle ne voit celui qui le représente qu'à l'occasion de certaines solennités pendant lesquelles il n'apparaît que comme un être mystérieux qui demeure habituellement caché aux regards humains. Les Romains étaient fort éloignés de partager ces idées, et les empereurs tenaient, au contraire, à être vus et connus de tous ; ils paraissaient continuellement en public, dans les fêtes, dans les occasions qui réunissaient un grand concours de monde. Leur siège alors demeurait découvert, et s'il était plus élevé que les autres, c'était autant comme marque de leur dignité que pour faire voir leur personne. Mais lorsque les empereurs s'installèrent à Byzance, ils prirent peu à peu aux Orientaux quelques-unes de leurs habitudes, et le souverain s'entoura bientôt de mystère. Les palais devinrent des sanctuaires dans lesquels on ne pénétrait qu'avec de grandes difficultés ; le représentant du pouvoir ne se montra plus aux peuples que comme on montre une châsse vénérée, avec tout l'appareil et toute la pompe dont on entoure ces objets sacrés. Les trônes furent entourés de courtines qui demeuraient baissées, et que l'on n'ouvrait qu'au moment où le prince devait faire acte de présence. Ces dispositions durent avoir une influence en Occident ; mais là les traditions romaines étaient encore vivaces et les habitudes des barbares complétement opposées aux idées des peuples orientaux : si l'on prit aux trônes des princes byzantins leur décoration, on n'en adopta point la signification mystérieuse ; les draperies ne furent qu'un ornement destiné à donner plus de majesté au siège royal, non point un moyen de cacher la personne souveraine aux yeux de la foule. Les vignettes des manuscrits des Xᵉ et XIᵉ siècles nous représentent quantité de ces trônes entourés de draperies disposées comme un fond derrière les sièges, ou bien comme des lambrequins appendus à des sortes de coupoles qui les surmontent en guise de dais. La tapisserie de Bayeux (XIᵉ siècle) montre le roi Edward assis sur une sorte de banc garni d'un coussin et dont les pieds se terminent, sous la tablette, par des têtes d'animaux, et au pied par des griffes ; ce trône est surmonté d'une arcade dont le fond est drapé.

Voici (**fig. 1**) une copie de ce fragment. Les formes des trônes sont très-variables pendant le moyen âge, soit comme sièges, soit comme accessoires. Quelquefois les sièges sont des bancs longs sans dossiers, ou de larges chaires à dossier (**fig. 2**) 336, ou des pliants 337 en métal ou en bois. Les dais qui les surmontent ne paraissent pas avoir eu, avant le XIVᵉ siècle, une forme consacrée ; ce sont de petites coupoles portées sur quatre colonnes, ou des demi-berceaux reposant sur un dossier plein, ou des cadres suspendus au plafond et garnis d'étoffes. Pendant la

104

période romane, les bois de ces trônes paraissent avoir été de préférence ornés d'incrustations de métal, d'ivoire et de pierres dures ; plus tard, pendant la période gothique, la sculpture l'emporta sur la marqueterie.

Lorsque, dans les cathédrales, les trônes ou chaires des évêques n'étaient point à demeure, c'est-à-dire en pierre ou en marbre (voy. le *Dictionnaire d'Architecture,* au mot CHAIRE), mais en bois, ou plus fréquemment en métal, ils affectaient la forme de pliants ; et, en effet, avec l'habit épiscopal, cette forme est la meilleure, en ce qu'elle permet de passer la chasuble ou la chape derrière le meuble, et d'éviter ainsi de s'asseoir sur un vêtement décoré de broderies. D'ailleurs, ces trônes pouvaient être facilement changés de place, et cela était nécessaire lors de certaines cérémonies. Il est certain que, déjà au XIᵉ siècle, les sièges épiscopaux fixes ou mobiles étaient surmontés de dais et souvent accompagnés de dorsals ou parement d'étoffe derrière le dossier ; ils constituaient donc de véritables trônes.

Nous ne pouvons avoir quelque idée de ces meubles primitifs que par les manuscrits, les ivoires ou les bas-reliefs, et c'est d'après ces documents, fort incomplets, il est vrai, que nous avons cherché à restituer un de ces trônes romans **(fig. 3)** [338]. Les pliants furent bientôt remplacés par des sièges à dossier bas, car, pendant des offices très-longs, il était fatigant pour un prélat d'être assis sans pouvoir s'appuyer [339] ; puis

[338] Au XIIᵉ siècle, le trône pliant de Dagobert fut surmonté d'un dossier.

[339] Ce trône est copié sur un ivoire du musée du Louvre ; salle des émaux. — n° 866.

on supprima les colonnettes antérieures qui, le plus souvent, soutenaient le dais, afin de laisser un espace plus libre autour du personnage assis, et ces dais furent ou suspendus aux voûtes ou fixés au dossier. Aux formes simples des trônes primitifs, on substitua de riches sculptures et des étoffes d'un grand prix.

Au XIIIᵉ siècle, le mobilier des églises était d'une telle valeur comme matière et comme travail, qu'il fallait mettre en harmonie les trônes des évêques avec la splendeur des objets qui les entouraient. De ces meubles, il ne reste que des représentations tout à fait insuffisantes dans les manuscrits, les vitraux ou les bas-reliefs, et les textes ne font que les énoncer. En réunissant toutefois ces renseignements, si faibles qu'ils soient, particulièrement ceux qui nous sont laissés par les ivoires délicatement travaillés de la seconde moitié du XIIIe siècle, on peut arriver à donner une idée de ces grands meubles, et c'est ce que nous avons essayé de faire ici **(fig. 4)** [340]. Les XIVe et XVe siècles renchérirent encore sur le XIIIe, quant à la sculpture ; les étoffes jouèrent un rôle plus important dans la composition des trônes ; on en trouve beaucoup dans les manuscrits de ces époques qui sont complétement drapés et ne laissent voir que peu de bois. Ce qui distingue toujours ces meubles des chaires, c'est que le siège est indépendant du dossier et du dais, ainsi que le font voir ces deux derniers exemples. Ces sièges sont, pour les trônes laïques, des pliants terminés par des têtes d'animaux, recouverts de coussins et de draperies, ou des sortes de coffres sans dossier, mais enrichis d'incrustations d'or, d'argent et d'ivoire. Vers le XIIIe siècle, les pliants persistent encore [341], et un grand nombre de sceaux des XIIIe et XIVe siècles nous en ont conservé la forme, ou sont remplacés par des sièges dont le dossier ne se compose que d'une sangle drapée maintenue par deux montants qui paraissent être en métal, comme le corps du meuble, et sont richement ouvragés.

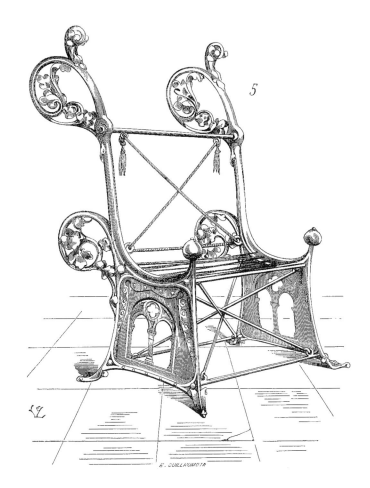

Nous donnons **(fig. 5)** un de ces sièges (trône) de la fin du XIIIe siècle [342]. Nous avons supposé ce meuble dépouillé de ses draperies, du dossier et des coussins, pour en mieux faire comprendre la forme. Quelquefois ces montants, ornés et recourbés, au lieu de former le dossier du siège, surmontent ses côtés ; alors le trône a la figure d'un banc assez long, accompagné latéralement de ces appendices qui semblent destinés à servir d'accoudoirs ou tout au moins de saillies pour poser les mains.

La **fig. 6** reproduit un de ces sièges si fréquemment représentés dans les vitraux, les peintures ou les vignettes des manuscrits [343].

On sait quel était le luxe de la cour du duc de Bourgogne pendant le XVe siècle. Lorsque les affaires de France furent rétablies et que Charles VIII eut fait son expédition d'Italie, la cour de France dépassa, comme splendeur, ce que l'on avait vu jusqu'alors ; elle avait pris outre monts des idées de grandeur qui influèrent sur l'architecture, les meubles, les vêtements et sur le cérémonial. Pendant le XVe siècle, le goût dominant de cette époque, recherché à l'excès, donnait à tout ce que l'on faisait alors, quelle que fût la richesse des sculptures, des peintures et des étoffes, une apparence de maigreur et de pauvreté. La jeune cour du roi Charles VIII abandonna bien vite ces tra-

[340] Voy. FAUTEUIL.

[341] Man. de la Genèse, d'une partie de l'Anc. Test. et de la généal. de la Vierge. Musée britannique, vij, p. 22.

[342] Voy. l'un des médaillons du réduit gauche de la Sainte-Chapelle du Palais à Paris.

[343] Atlas, p. 22.

[344] Vertevelle, serrure à moraillon.

[345] *Dissert. sur les principaux autels des églises*, par J.-B. Thiers, chap. XIV.

[346] *De l'ancienne police de l'Église*, t. II, c. X.

[347] Fabricant de serrures à boîtes pour meubles.

ditions vieillies. Les meubles particulièrement, la manière de les draper prirent plus d'ampleur. Les artisans français, arrivés à une exécution aussi parfaite que possible, l'appliquèrent aux modes nouvelles. La composition plus large des meubles fut cependant soumise à cette exécution parfaite, et la cour imprimant le mouvement, ce changement se fit sentir d'abord dans les meubles tenant au cérémonial. Ceux-ci prirent un certain air de grandeur que l'on ne trouvait pas encore dans l'architecture, plus lente à se conformer aux idées nouvelles. Les peintures, les vignettes et les gravures de la fin du XVᵉ siècle et du XVIᵉ nous ont conservé des représentations des meubles d'apparat qui, comme disposition générale, comme ampleur, comme entente de l'*effet*, l'emportent certainement sur ce qui se faisait sous Charles VII et Louis XI. La disposition pittoresque des draperies, leur abondance, indiquent la connaissance du vrai luxe. A ce point de vue, nous ne saurions trop étudier les œuvres de cette époque et même celles du XVIIᵉ siècle qui conservèrent ces qualités précieuses. Pour nous, aujourd'hui, les meubles d'apparat, étrangers à nos mœurs, sont ou mesquins ou théâtrals ; ils ne s'accordent ni avec nos vêtements étroits, ni avec nos habitudes bourgeoises ; ils sont chargés d'ornements dont on ne comprend pas la destination ; leurs draperies pauvres indiquent trop les efforts du tapissier, avare de sa précieuse marchandise ; rarement l'invention de l'artiste. Or, il est bon d'observer que pour qu'un meuble de luxe ait l'apparence de la véritable grandeur, il faut que sa construction soit claire, simple, et que la richesse soit obtenue, non par des combinaisons cherchées, mais par l'ampleur et la juste disposition des parties décoratives. Il ne faut pas prendre ici le *gros* pour le *grand*, l'exagération d'échelle des détails pour la magnificence ou la majesté. Le *gros* a l'inconvénient, dans les meubles d'apparat, d'amoindrir l'objet principal, le personnage.

VESTIAIRE, s. m. *Revestiaire, revestouère.* Coffre renfermant les habits sacerdotaux. Beaucoup de petites églises ne possédaient pas de sacristies, mais une armoire ou un grand coffre derrière l'autel, où l'on enfermait les habits religieux du desservant. M. Blavignac, dans son *Histoire de l'architecture sacrée* dans les anciens évêchés de *Genève, Lausanne et Sion*, a donné le dessin d'un de ces coffres déposé dans l'église Notre-Dame de Valère [344]. Il se compose d'une grande caisse longue fermée par un couvercle et déposée sur quatre pieds ajourés par de petites arcades plein cintre découpées dans les madriers. La face antérieure du coffre est décorée d'une double arcature bas-relief. Il est fermé par une vertevelle [345]. Ce meuble paraît être du XIIIᵉ siècle et de fabrication méridionale. On rencontre encore, dans nos petites églises de villages, de ces bahuts vestiaires, fortement ferrés et très-simples de forme. Il en existe un assez complet encore, mais fort grossier, dans l'église de Montréale (Yonne).

PL. X

VOILE, s. m. On entend par voile, pendant le moyen âge, les courtines qui entouraient les autels. Thiers observe avec raison [346] que les anciens autels dans les églises d'Orient et d'Occident étaient entourés de voiles « que l'on tenait dépliés et étendus au moins pendant la consécration et jusqu'à l'élévation de la sainte hostie, afin de procurer plus de vénération aux divins mystères….. Monsieur de l'Aubespine, évêque d'Orléans, ajoute-t-il, appelle l'autel fermé de toutes parts *le premier sanctuaire, ou le vestibule du Sancta sanctorum,* et assure que c'est de ce vestibule qu'on doit entendre *les oraisons du voile…..* » Ce prélat n'entend parler ici toutefois que de l'Église grecque. Il dit [347] : « Dans ce vestibule et premier sanctuaire, il y avait un espace fermé, non de balustres, mais de rideaux et de voiles, dans lequel était le *Sancta sanctorum…..* L'oraison du voile, qui se trouve dans les liturgies, et particulièrement dans celle de saint Jacques et dans celle de saint Basile, de la version Arabique, *oratio veli, oratio velominis,* se doit expliquer du *Sancta sanctorum* et du voile qui le fermait… »

En Occident, pendant le XIIIᵉ siècle, Thiers croit qu'on n'avait conservé que les deux voiles latéraux de l'autel ; mais cependant les tableaux déposés dans la sacristie de la cathédrale d'Arras, et qui représentent les anciens autels principaux de cette église, les gravures de l'ancien maître-autel de Notre-Dame de Paris et quantité de vignettes de manuscrits nous font voir autour des autels, non-seulement des voiles latéraux, mais aussi un voile postérieur, et le tableau de Van Eyck représentant l'autel matutinal de l'église de Saint-Denis, reproduit dans notre *Dictionnaire d'Architecture,* au mot AUTEL, indique encore un voile antérieur relevé pour laisser voir le saint sacrifice. Cette tradition se perpétua pour les principaux autels des églises régulières ou séculières jusqu'à la fin du XVIᵉ siècle, et même alors, en enlevant les courtines, on laissa subsister souvent les colonnes qui les portaient. Il n'est pas besoin de dire que la plupart de ces voiles étaient faits d'étoffes précieuses, et richement brodés. Plusieurs représentaient des scènes de l'Ancien ou du Nouveau-Testament ou des images de saints, les signes des Évangélistes. Un de ces voiles nous est conservé ; il fait partie de la collection de M. A. Gérente : c'est une toile verte brodée de soie jaune et rehaussée de traits noirs dessinés au pinceau. Au centre est la Charité, sous la figure d'une femme assise dans un trône ; deux autres femmes debout lui amènent des enfants ; toutes ces figures sont nimbées. La Charité tient sur son giron une petite fille vêtue et un petit garçon nu ; autour d'elle d'autres enfants jouent à divers jeux. Aux quatre coins sont brodés les signes des Évangélistes. Nous donnons **(PL. X)** le sujet principal du voile et l'un des signes des Évangélistes. Cette broderie paraît appartenir aux dernières années du XVᵉ siècle ; elle est exécutée avec soin. Une ganse de soie, cousue de distance en distance au chef, tenait lieu d'anneaux en passant dans la tringle posée d'une colonne à l'autre. Il est vraisemblable que deux autres voiles accompagnaient celui-ci et représentaient, au centre, l'Espérance et la Foi. (Voyez, pour la position de ces voiles, le mot AUTEL du *Dictionnaire raisonné d'Architecture.*)

Vie privée de la noblesse féodale

LE CHÂTEAU

Mœurs de ses habitants. Son mobilier

Il nous faut prendre le château lorsqu'il devient une demeure contenant tous les services nécessaires à la vie sédentaire, lorsqu'il cesse d'être simplement une enceinte plus ou moins étendue protégée par un donjon, et renfermant des bâtiments, ou plutôt des baraques en bois destinées au logement d'une garnison temporaire. Ce n'est guère qu'au XIIᵉ siècle que le château commence à perdre l'aspect d'un camp retranché ou d'une *villa* entourée d'un retranchement, pour prendre les dispositions qui conviennent à une demeure permanente, et destinée à des propriétaires habitués déjà au bien-être, au luxe même, cherchant à s'entourer de toutes les commodités de la vie. Il serait fort inutile d'essayer de donner un aperçu de la vie de château avant cette époque : les documents font défaut ; puis, par ce qui reste des habitations des Xᵉ et XIᵉ siècles (fragments rares d'ailleurs), on doit supposer que la vie s'y passait à peu près comme elle se passe dans un campement fortifié. Excepté le donjon, qui présentait une demeure bâtie d'une manière durable, et qui ne contenait qu'une ou deux salles à chaque étage, le reste de ces enceintes défendues n'était qu'une sorte de hameau ou de village où l'on se logeait comme on pouvait. Ici une écurie, là une salle de festin, plus loin des cuisines, puis des hangars pour serrer les fourrages et les engins. Le long des murailles, des appentis pour la garnison qui, en temps ordinaire, habitait les tours. Mais, vers la fin du XIIᵉ siècle, la noblesse féodale avait rapporté d'Orient des habitudes de luxe, des étoffes, des objets et meubles de toute nature qui devaient modifier profondément l'aspect intérieur des châteaux. A cette époque aussi, la féodalité cléricale, singulièrement enrichie depuis les réformes de Cluny et de Cîteaux, donnait l'exemple d'un luxe raffiné, dont nous pouvons difficilement aujourd'hui nous faire une idée, malgré les nombreux abus si souvent signalés alors et dont les textes font mention. Les seigneurs laïques ne pouvaient, près des riches abbayes, des évêchés déjà somptueux, à leur retour d'Orient, conserver les mœurs grossières de ces châtelains des Xᵉ et XIᵉ siècles, ayant pour habitude de porter leur avoir avec eux ; avoir qui ne consistait qu'en quelques bijoux, quelques meubles transportables, une vaisselle d'étain, force armes et harnais, et un trésor en matière qui ne les quittait pas.

Pour qu'un homme songe à se bâtir une demeure dans laquelle il accumule peu à peu les objets nécessaires à la vie, des provisions, dans laquelle il laisse en dépôt ses richesses, il faut qu'il soit arrivé à un degré de civilisation assez avancé. Il faut qu'il ait confiance non-seulement en la sûreté de cette demeure, mais en la fidélité du personnel chargé de la garder. Il faut qu'il ait des garanties, des sûretés autour de cette demeure ; qu'il ait acquis, par la crainte ou le res-pect, une influence morale sur ses voisins. Tant qu'il n'est pas arrivé à ce résultat, il n'a que des repaires et non des demeures. La femme n'était pas, vis-à-vis le chef germain, ce qu'elle était chez les Romains ; quelle que fût l'infériorité de sa position, voisine de l'esclavage, cependant elle participait jusqu'à un certain point aux affaires, non-seulement de la famille, mais de la tribu. Le christianisme développa rapidement ces tendances ; l'émancipation fut à peu près complète. Le clergé sut profiter avec adresse de ces dispositions des conquérants barbares, et il fit tout pour relever la femme à leurs yeux ; par elle, il acqué-rait une influence sur ces esprits sauvages ; et plus la compagne du chef franc sortait de l'état de domesti-cité, plus cette influence était efficace.

Le système féodal était d'ailleurs singulièrement propre à donner à la femme une prépondérance mar-quée dans la vie journalière. Les Romains, qui pas-saient toute leur vie dans les lieux publics, ne pou-vaient considérer la compagne attachée à la maison que comme un être réservé à leur plaisir, une socié-té n'ayant et ne pouvant exercer aucune influence sur leur vie de citoyen. Mais, dans le château féo-dal, quelle que fût l'activité du seigneur, il se pas-sait bien des journées pendant lesquelles il fallait rester près de l'âtre. Ce tête-à-tête forcé amenait nécessairement une intimité, une solidarité entre l'époux et l'épouse dont le Romain n'avait point l'idée. Cette vie isolée, parquée, de lutte contre tous, rendait le rôle de la femme important. Si le seigneur faisait quelque lointaine expédition, en défiance per-pétuelle, ne comptant même pas toujours sur le petit nombre d'hommes qui l'entourait, il fallait bien qu'il confiât ses plus chers intérêts à quelqu'un ; que, lui absent, il eût un représentant puissant et considéré comme lui-même. Ce rôle ne pouvait convenir qu'à la femme, et il faut dire qu'elle le remplit presque toujours avec dévouement et prudence. Le moral de la femme s'élève dans l'isolement ; n'éprouvant pas les besoins d'activité physique au même degré que l'homme, étant douée d'une imagination plus vive, son esprit lui crée, dans la vie sédentaire, des res-sources qu'elle sait mettre à profit. Il ne faut donc point s'étonner si, au moment où la féodalité était dans sa force, le rôle de la femme devint important, si elle prit dans le château une autorité et une influen-ce supérieure à celle du châtelain sur toutes les choses de la vie ordinaire. Plus sédentaire que celui-ci, elle dut certainement contribuer à l'embellissement de ces demeures fermées, et les rivalités s'en mêlant, au XIIIᵉ siècle déjà, beaucoup de châteaux étaient meublés avec luxe et contenaient en tentures, tapis, boiseries sculptées, objets précieux, des richesses d'autant plus considérables qu'elles s'accumulaient sans cesse, la roue de la mode ne tournant pas alors avec la vitesse que nous lui voyons prendre depuis un siècle. Il n'était pas aisé d'ailleurs, alors comme aujourd'hui, de remplacer un mobilier vieilli : il fallait faire sculpter les bois, ce qui était long ; pour cela s'adresser au huchier, au boîtier [1] ; acheter les étoffes à la ville, et souvent le château en était éloigné ; s'adresser au mercier, au cloutier, au crespinier [2], au cardeur, au chavenacier [3], puis enfin au tapissier. Tout cela demandait du temps, des soins, beaucoup d'argent, et c'est ce dont les seigneurs féodaux, vivant sur leurs domaines, manquaient le plus ; car la plupart des redevances se payaient soit en nature [4], soit en services.

Jusqu'à la fin du XVᵉ siècle, le service intérieur des châteaux était fait au moyen de corvées [5]. Les difficultés n'étaient pas moindres lorsqu'il fallait transporter jusque dans la résidence du châtelain des meubles fabriqués au loin. Il fallait alors réclamer les services des vavasseurs ou des villages et hameaux. Tel canton devait un char traîné par plusieurs paires de bœufs, tel village ou tel vavasseur ne devait qu'un cheval et une charrette ou une bête de somme [6]. Les dépenses, la difficulté d'obtenir du crédit, l'embarras d'avoir affaire à toutes sortes de fournisseurs, faisaient qu'on gardait ses vieux meubles, qu'on ne les remplaçait ou plutôt qu'on n'en augmentait le nombre qu'à l'occasion de certaines solennités. Peu à peu cependant, ne détruisant rien, on accumulait ainsi, dans les résidences féodales, une énorme quantité d'objets mobiliers, reléguant les plus vieux dans les appartements de second ordre, dans les galetas, où ils pourrissaient sous une vénérable poussière.

Les distributions intérieures des châteaux étaient larges, et ne ressemblaient guère à nos appartements. Les bâtiments, simples en épaisseur, ne contenaient souvent qu'une suite de grandes salles avec quelques dégagements secrets. On suppléait à ce défaut de distribution par des divisions obtenues au moyen de tapisseries tendues sur des huisseries, ou par des sortes d'alcôves drapées qu'on appelait des *clotêts* (voyez ce mot), des *éperviers* ou *espevriers,* des *pavillons* [7]. Ces distributions s'enlevaient, au besoin, lors des grandes réceptions, des fêtes, ou même pendant la saison d'été. On retrouve encore, dans cet usage qui fut suivi jusqu'à l'époque de la renaissance, une tradition des mœurs primitives féodales : car, dans les premières enceintes fortifiées, les habitations, comme nous l'avons dit plus haut, n'étaient, pour ainsi dire, qu'un campement que l'on disposait en raison des besoins du moment [8].

Au XIIᵉ siècle, les manoirs, habitations des chevaliers, sans donjons ni tours, ne se composent généralement à l'intérieur que d'une salle basse à rez-de-chaussée contenant la cuisine et le cellier, d'une salle au premier étage avec une garde-robe voisine. Par le fait, les distributions des appartements des châteaux ne différaient de celle-ci que par leurs dimensions ou par une agglomération de pièces répétant cette disposition primitive. Dans la salle, qui était le lieu de réunion, se trouvait la chambre à coucher, prise aux dépens de la pièce. Le mobilier de la salle se composait de bancs à barres avec coussins, de sièges mobiles, de tapis, ou tout au moins de nattes de jonc, de courtines devant les fenêtres et les portes, d'une grande table fixée au plancher, d'un dressoir, d'une crédence, de pliants et de la chaire du seigneur. Le soir, des bougies de cire étaient posées sur des bras de fer scellés aux côtés de la cheminée, dans des flambeaux placés sur la table, ou sur des lustres façonnés au moyen de deux barres de fer ou de bois en croix, suspendus au plafond. Le feu de la cheminée ajoutait son éclat à cet éclairage. Le mobilier de la chambre consistait en un lit avec ciel ou dais, en une chaire ; des coussins en grand nombre, quelquefois des bancs servant de coffres, complétaient ce mobilier. Des tapisseries de Flandre, ou des toiles peintes, tendaient les parois, et sur le pavé on jetait des tapis sarrasinois qu'alors on fabriquait à Paris et dans quelques grandes villes. Dans la garde-robe étaient rangés des bahuts renfermant le linge et les habillements d'hiver et d'été, les armes du seigneur ; cette pièce devait avoir une certaine étendue, car c'était là que travaillaient les ouvriers et ouvrières chargés de la confection des habits [9] ; c'était encore dans la garde-robe que l'on conservait les épices d'Orient, qui alors coûtaient fort cher [10]. Un château grand ou petit devait contenir les mêmes services, car le régime féodal faisait de chaque vassal de la couronne un petit souverain ayant sa cour, ses archives, sa juridiction, ses audiences, ses hommes d'armes, son sénéchal, son sommelier, son veneur, ses écuyers, etc.

Mœurs féodales

Vers la fin du XIIIᵉ siècle, les mœurs étaient devenues plus raffinées ; on séparait alors les appartements privés des appartements destinés aux réceptions, des salles d'audience, des salles réservées aux hommes d'armes. Ce fut ce changement dans les mœurs féodales qui fit modifier et rebâtir en partie les vieux

[1] Fabricant de serrures à boîtes pour meubles.

[2] Faiseur de crépines.

[3] Marchand de grosse toile, canevas, pour doublures.

[4] Les redevances des paysans s'appelaient, en Normandie, *regarda, regardamenta, regardationes, roarda et respectus ;* elles consistaient en poules, chapons, œufs, oies et gibier de rivière, pains de diverses espèces, pains fêtis, pains quartonniers, fouaces, tarières et tourteaux ; quelquefois une rente en deniers s'ajoutait à ces redevances (voy. *Études sur la condit. de la classe agric. en Normandie au moyen âge,* par Léop. Delisle, 1851, p. 57).

[5] En Normandie, cette classe de paysans était désignée sous le nom général de *bordiers.* Les bordiers étaient assujettis aux travaux les plus pénibles, tels que le curage des étangs, des égouts, des fossés, le nettoyage et balayage des salles du château, de la cour, des écuries ; ils aidaient aux maçons… (*Ibid.,* p. 15, 20, 79, 83 ; voy. les notes p. 709).

[6] « … Per servitium roncini. » *Cart. de la Chaise-Dieu.* « Servicium ad saccum cum masculo equo. » « Par service de cheval sont entendus les villains services qui se font à sac et à somme, lesquels on appelle communément *sommages*… » *Liv. des fieux de Saint Floscel* (voy. Delisle, p. 78).

[7] *Interclusoria,* dans les anciens textes latins.

[8] Les manuscrits des XIᵉ et XIIᵉ siècles, les peintures murales ou des vitraux et les bas-reliefs des XIIᵉ et XIIIᵉ siècles, indiquent souvent ces sortes de clôtures provisoires en tapisseries établies dans de grandes salles. On trouve là d'ailleurs une tradition antique.

[9] On ne pouvait alors se procurer certaines étoffes qu'aux foires périodiques qui se tenaient dans les villes ou gros bourgs. Il fallait donc acheter à l'avance les fourrures, les draps, les soieries nécessaires pendant toute une saison. Or la plupart des seigneurs se chargeaient de fournir des vêtements aux personnes attachées à leur maison, et tout cela se façonnait dans le château.

[10] Ces épices sont désignées sous le nom général de *stomatica.*

châteaux des XIIᵉ et XIIIᵉ siècles. Les seigneurs féodaux n'admettaient plus la vie commune avec leurs hommes. On fit des chambres à coucher séparées des appartements de réception ; ces chambres eurent toutes leur garde-robe, leur issue particulière ; on y joignit même souvent des cabinets ou retraits, comme au château de Coucy, par exemple, à Pierrefonds, à Creil, à Loches. Ces cabinets étaient garnis de boiseries et meubles en bois précieux [11], de rouets, de métiers propres à des ouvrages de femmes. Alors les appartements des femmes étaient séparés de ceux du châtelain, souvent dans un corps de logis particulier. Il en était de même des appartements destinés aux étrangers : ceux-ci étaient placés le plus ordinairement à proximité des dehors, ayant leur escalier et leurs dégagements privés.

Pour donner une idée de ce qu'était la vie de château au XIVᵉ siècle, nous ne saurions mieux faire que de citer ici un passage de la *Cronica del conde Don Pero Niño* [12] :

« Il y avait près de Rouen un noble chevalier qu'on nommait monsieur Arnaud de Trie, amiral de France, lequel était vieux. Et il dépêcha au capitaine Pero Niño pour qu'il le vînt visiter. Adonc se partit de Rouen et s'en vint en un lieu nommé Girefontaine où demeurait l'amiral. Lequel le recueillit très-bien et le convia d'y reposer avec lui, et s'y donner du bon temps après si grand travail en la mer. Et de fait y reposa trois jours. Or l'amiral était un chevalier vieil et dolent, tout cassé par les armes qu'il avait faites, ayant toujours été pratique en la guerre ; car il avait été bien rude chevalier en armes, mais lors ne pouvait pratiquer ni la cour ni les armes. Il vivait retiré dans son château, où il tenait force commodités et toutes choses à sa personne nécessaires. Et son château était simple et fort, mais si bien ordonné et garni comme s'il eût été dans la ville de Paris. Là entretenait ses gentilshommes et serviteurs de tous offices comme à un si grand seigneur appartenait. Dans ledit château était une chapelle moult bien pourvue dans laquelle tous les jours on lui chantait messe. Devant le château passait une rivière le long de laquelle on trouvait force bois et jardinets. De l'autre côté dudit château était un étang fort poissonneux bien fermé à clef, et tous les jours on en eût pu tirer du poisson pour rassasier 300 personnes. Et quand on voulait prendre le poisson on détournait l'eau d'en haut qu'elle n'entrât pas en l'étang, et on ouvrait un canal par où se vidait toute l'eau, et l'étang demeurait à sec. Lors prenait-on le poisson à choix, laissant le reste ; puis ouvrant le canal d'en haut, en peu d'heures l'étang était rempli. Et il entretenait 40 ou 50 chiens pour courre le fauve avec gens pour en avoir soin. Item jusques à vingt chevaux pour son corps, parmi lesquels il y avait des destriers, coursiers, roussins et haquenées. Que dirai-je de tous les meubles et provisions ? A l'entour ne faillaient grands bois pleins de cerfs, daims et sangliers. Outre plus

avait des faucons *neblis,* que les Français appellent *gentils,* pour voler le long de la rivière, très-bons héroniers. Ce vieux chevalier avait à femme la plus belle dame qui fut lors en France, laquelle venait du plus grand lignage de Normandie, fille du seigneur de Belanges, et était fort louable en toutes perfections appartenant à si noble dame, de grand sens, et entendue à gouverner sa maison mieux que dame quelconque du pays, et riche à l'avenant. Elle avait sa maison seigneuriale à part de celle de M. l'amiral, entre lesquelles deux était un pont-levis. Or les deux maisons étaient comprises dans une même enceinte. Les meubles et pourvéances d'icelles étaient tant et de si rare façon que le conte en serait long. Là se tenaient jusques à 10 damoiselles de parage, bien étoffées et habillées, lesquelles n'avaient d'autre soin que de leurs corps et de garder leur dame tant seulement. Entendez qu'il y avait force filles de chambre. Je vous conterai l'ordre et la règle que madame observait. Se levait le matin avec ses demoiselles, et allait dans un bois là près, chacun son livre d'heures en main et son chapelet, et s'asseyaient à part et disaient leurs prières, sans mot souffler tant que priaient ; après cueillaient violettes et fleurettes, ainsi s'en retournaient au château, en la chapelle, et entendaient basse messe. Sortant de la chapelle, on leur apportait un bassin d'argent ouquel étaient poules et alouettes et autres oiseaux rôtis ; lors mangeait ou laissait à leur volonté, et on leur donnait le vin. Rarement madame mangeait, elle, le matin, ou peu de chose pour faire plaisir à ceux qui là étaient. Aussitôt madame chevauchait ensemble ses demoiselles toutes sur haquenées, les meilleures et les mieux harnachées qui se pussent voir, et avec elles les chevaliers et gentilshommes qui se trouvaient là, et allaient s'ébattre aux champs faisant chapelets de verdure. Là aussi entendre chanter lais, virelais, rondes, complaintes, ballades et chansons de tout art que savent les *trouvères* de France, en voix diverses et bien accordées. Là venait le capitaine Pero Niño avec ses gentilshommes, pour qui se faisaient toutes ces fêtes, et semblablement s'en retournaient au château à l'heure de dîner ; descendaient de cheval et entraient dans la salle à manger où trouvaient les tables dressées. Le vieux chevalier, ne pouvant plus chevaucher, les attendait et les accueillait si gracieusement que c'était merveille, car il était chevalier très-gracieux bien que dolent en son corps. A table s'asseyaient l'amiral, madame et Pero Niño, et le maître d'hôtel donnait ordre à la table et plaçait chacun un chevalier à côté d'une damoiselle ou un écuyer. Les viandes étaient très-diverses et abondantes avec bons ragoûts tant de chair que de poisson et de fruits selon le jour de la semaine. Tant que durait le dîner, qui savait parler, celui-là, pourvu qu'il gardât l'honnêteté et la modestie, d'armes et d'amour il pouvait deviser, sûr de trouver oreille pour l'écouter et langue pour lui répondre et le rendre satisfait. Cependant ne manquaient pas jongleurs pour jouer gentils instruments de main. Le *Benedicite* dit et les nappes ôtées, venaient les ménestrels, et madame dansait avec Pero Niño et chacun de ses chevaliers avec une damoiselle, et durait icelle danse environ une heure. Après la danse, madame donnait la paix au capitaine, et chacun à la dame avec qui il avait

---

[11] Au château de Marcoucies, il y avait anciennement, dit Lebeuf, des meubles de chêne entremêlé de cèdre et bois odoriférant, « aussi bien que des tables longues ou caisses à nourrir des vers à soye, et jusqu'à des moulins et ustensiles à façonner les soyes. » (*Hist. du dioc. de Paris,* t. IX, p. 272)

[12] M. Mérimée a bien voulu nous traduire ce curieux passage en vieux langage français, avec lequel le texte espagnol a beaucoup de rapports.

dansé. Puis on apportait les épices et le vin, et on allait dormir la sieste. Le capitaine allait dans sa chambre, laquelle était dans la maison de madame, et l'appelait-on la *chambre touraine*. Aussitôt qu'on se levait après dormir on montait à cheval, et les pages portaient les faucons et d'avance on avait dépisté les hérons. Madame prenait un faucon *gentil* sur son poing, les pages faisaient lever le héron, et elle lançait son faucon si adroitement qu'on ne saurait mieux. Là enfin une belle chasse et grande liesse : chiens de nager, tambours de battre, leurres de sauter en l'air, et damoiselles et gentilshommes s'ébattaient si joyeusement le long de cette eau qu'on ne le saurait couter. La chasse terminée, madame mettait pied à terre et tous avec elle dans un pré, et on tirait des paniers poulets, perdrix, viandes froides et fruits dont chacun mangeait, puis on faisait des chapelets de verdure et l'on s'en retournait au château en chantant belles chansonnettes. La nuit venant on soupait et madame sortait à pied aux champs pour s'ébattre, et l'on jouait à la boule jusqu'à nuit noire. On rentrait aux torches dans la salle, puis venaient les ménestrels et l'on dansait bien avant dans la nuit. Alors on apportait des fruits et du vin, et prenant congé chacun allait dormir. »

« Or de la façon que j'ai dite se passaient tous les jours toutes les fois que venait le capitaine ou d'autres, selon leur mérite. Tout cela était régi et ordonné par madame, et ses terres et autres biens régis par elle, car l'amiral était un riche seigneur, possédant des terres et de grosses rentes, mais ne se mêlait de rien, car sa dame suffisait à tout. Et Pero Niño fut tant aimé honnêtement de madame pour le mérite qu'elle voyait en lui qu'elle lui parlait un peu de ses affaires, et le pria qu'il allât voir son père, un noble chevalier qui s'appelait Belanges et vivait en Normandie. »

Parmi les renseignements que nous fournit ce passage, l'un des plus curieux est certainement celui concernant la châtelaine, qui remplit exactement les fonctions d'une maîtresse de maison, comme on dirait aujourd'hui, dont l'appartement est séparé des autres corps de logis par un pont-levis, qui exerce, dans le domaine, un pouvoir entier. Au XIVe siècle donc, l'importance de la femme dans le château féodal était considérable. Le passage de Don Pero Niño n'est pas le seul qui puisse nous éclairer sur ce fait ; Froissard et les auteurs du XVe siècle parlent fréquemment de châtelaines possédant la direction des affaires du seigneur. On comprendra facilement comment, sous une pareille influence, les châteaux des seigneurs féodaux devaient se garnir non-seulement de tous les objets nécessaires à la vie, mais encore de toutes les superfluités et du luxe dont s'entoure bientôt toute existence riche et oisive. Dans l'espace d'un siècle, les mœurs féodales s'étaient profondément modifiées. Les romans du XIIIe siècle sont remplis d'histoires dans lesquelles les femmes sont loin d'avoir acquis cette indépendance que nous leur voyons prendre pendant le XIVe ; traitées avec égards et respect, leur rôle n'est cependant que celui de sujettes. Il n'est point de ruses que les poëtes leur prêtent pour se soustraire à la dépendance absolue de l'époux ; ces ruses ont toujours un plein succès, bien entendu. Lorsqu'on lit, comme nous avons dû le faire, les romans si nombreux écrits pendant les XIIIe et XIVe siècles, on reconnaît bientôt que les mœurs de cette époque étaient fort éloignées de la barbarie. On sent dans ces œuvres littéraires un parfum de politesse exquise ; à chaque page percent des habitudes raffinées, un amour du luxe, de bien-être, qui ne rappellent guère les mœurs farouches, les grossières rodomontades et le sans-gêne que la plupart de nos auteurs modernes ont bien voulu prêter à la noblesse et à la bourgeoisie de cette époque. On pourrait, avec plus de raison, reprocher à cette société des XIIIe et XIVe siècles une recherche excessive poussée jusqu'à l'afféterie.

Charles V avait donné à la reine Jeanne de Bourbon, sa femme, un train magnifique ; il l'avait entourée des plus nobles dames de France, « toutes de parage, honestes, duites d'onneur, et bien morigénées, car, autrement, ne fussent ou lieu souffertes, et toutes vestues de propres abis, chascune, selon sa faculté, correspondens à la solemnité de la feste….. Les aornemens des sales, chambres d'estranges, et riches broderies à grosses perles d'or et soyes à ouvrages divers ; le vaissellement d'or et d'argent et autres nobles estoremens n'estoit se merveilles non. » Sa maison était parfaitement réglée et gouvernée ; « car autrement ne le souffrist le très sage roy, sanz lequel commandement et ordonnance ne feist quelconques nouvelleté en aucune chose ; et comme ce soit de belle pollicie à prince, pour la joye de ses barons, resjoyssans de la présence de leur prince, mengeoit en sale communément le sage roy Charles ; semblablement luy plaisoit que la royne feust entre les princepces et dames, se par grossesse ou autre impédiment n'en estoit gardée ; servye estoit de gentilzhommes, de par le roy, à ce commis, sages, loyaux, bons et honnestes, et, durant son mangier, par ancienne coustume des roys, bien ordonnée pour obvyer à vaines et vagues parolles et pensées, avoit un preudomme en estant au bout de la table, qui, sans cesser, disoit gestes de meurs virtueux d'aucuns bons trespassez. En tel manière le sage roy gouvernoit sa loyal espouse, laquelle il tenoit en toute paix et amour et en continuelz plaisirs, comme d'estranges et belles choses luy envoyer, tant joyauls comme autres dons, se présentez luy fussent, ou qu'il pensast que à elle deussent plaire, les procuroit et achetoit ; en sa compagnie souvent estoit et tousjours à joyeux visages et moz gracieux, plaisans et efficaces… [13] »

Mobilier des châteaux

Vers le commencement du XIIIe siècle, les mœurs de la noblesse se ressentent déjà de la galanterie romanesque et affectée si fort en honneur pendant le XIVe siècle. De la déférence et du respect pour les femmes, on arrivait à exprimer des sentiments de dévouement aveugle ; véritable culte dont les romans de cette époque nous donnent la mesure et nous font connaître l'exagération. Dans les choses ordinaires de la vie, cette direction des esprits se manifeste par un luxe inouï dans les habits, les parures, les armes et le mobilier. Parmi les seigneurs, c'était à qui surpasserait ses rivaux en dépenses de tout genre. Peu à peu, ce qu'il pouvait y avoir de sincère dans ce désir de plaire aux femmes dégénéra en vanité ; et la passion s'estimait

[13] Christine de Pisan. *Le Livre des fais et bonnes meurs du sage roy Charles V*, ch. XX.

en raison du luxe déployé dans les tournois, dans les fêtes, les banquets et les demeures. Non-seulement les meubles étaient précieux par leur travail et la matière, par les étoffes dont on les couvrait, mais ils étaient nombreux et d'une incroyable variété de formes ; les appartements se remplissaient de ces superfluités innombrables qui sont considérées, dans une société raffinée, comme des nécessités. Quand on parle de la simplicité de nos aïeux, il ne faut pas espérer la trouver dans les époques comprises entre les règnes de saint Louis et de Charles VI. Il faut remonter plus haut ou ne pas aller au delà de la fin du XVIᵉ siècle, alors qu'une partie de la noblesse, ayant embrassé les tendances de la réformation, livrée à la guerre civile, n'avait ni le loisir de s'abandonner au luxe, ni les moyens de se le procurer. A la fin du XIIᵉ siècle, la plupart des gentilshommes avaient été en Orient ; ils avaient rapporté de ces contrées le goût des habitations splendides, des meubles précieux, et les artisans devenant de plus en plus habiles et nombreux sous le règne de Louis IX, les châteaux se garnirent de riches tapis, de meubles sculptés, incrustés, peints et dorés. Les lourds bahuts, sièges et lits romans, étaient remplacés par des objets plus maniables, plus élégants et plus commodes. On ne s'en tenait pas là : on voulait avoir des pièces mieux chauffées, mieux fermées ; on encourtinait les fenêtres, on garnissait les murailles de boiseries ou de tapisseries. Dans les vastes chambres des châteaux, on disposait des réduits, des clotêts en menuiserie ou en tentures, derrière lesquels on abritait les lits :

« …. en la chambre qui bien est estoupée,
De dras d'or et de soie très bien encourtinée [14]. »

Devant les bancs, les chaires, on posait des marche-pieds et des carreaux pour éviter le froid des carrelages. On étendait sur le sol des tapis de laine, des fourrures ou des nattes et des *jonchées ;* on les parfumait.

« Elle vet (passe) avant et il après : si trespassèrent la tor et viennent en une grant sale jonchiée de jonc menuz ; et fleroit si souef comme se totes les espices dou monde i fussent espandues [15]. »

On multipliait à l'infini les sièges : les uns fixes, larges, bien garnis, couverts de dais et d'abris ; les autres mobiles, de toutes dimensions et formes ; l'usage si ancien de s'asseoir à terre se conservait cependant, et de nombreux coussins, des fourrures, de petits tapis étaient, à cet effet, répandus dans les pièces :

« Quant il les voit, sis apela,
Mut les chéri è honera,
Entur ses bras prist Graeleut
Si l'acola estreitement :
De joste li séir le fist
Sor un tapi, puis si li dist [16]… »

Et dans le roman de *Berthe aux grands piés* (XIIIᵉ siècle) :

« En la chambre s'assient tous trois sur les tapis. »

Ce qui donnait alors aux appartements un aspect particulier, c'étaient ces dispositions provisoires, ces sortes de campements que l'on établissait au milieu de pièces immenses, pour les distribuer suivant les besoins du moment ; puis ce mélange de services domestiques et d'habitudes de luxe. Arrive-t-il un étranger, on lui dresse un lit dans la pièce occupée par les maîtres, on encourtine le lit, on lui compose une petite chambre dans la grande, un pavillon à lui. Les romans, les chroniques rapportent sans cesse des faits de ce genre. Dans ces grandes pièces, à côté d'un meuble élégant, on trouve le bahut dans lequel on range les draps et la perche pour les étendre. Le chevalier Gugemer est surpris dans la chambre de la reine par son époux :

« Gugemer est en piez levez,
Ne s'est de nient éffréez ;
Une grosse perce de sap (sapin),
U suleïent pendre li drap,
Prist en sa main, si les alent,
Il en ferat aukun dolent [17]. »

Ces perches, destinées à suspendre le linge ou les habits, reparaissent souvent dans les romans ou les chroniques :

« Tot maintenant lor fist doner
Mantiax vairs et pelices grises,
Qui à ses perces furent mises [18]. »

Et dans le *Roman de la Charrette* [19] :

« Et lors va jus de la Charrete (Lancelot), si a monté contremont les degrez en une tor, et trove une blanche et bele chambre devers senestre ; et il entre enz, si se lesse en vue des plus beles couches dou monde qui i estoit. Si clot fenestres qui estoient overtes por la chambre plus ennubler ; si se commence tot par lui desarmer. Mès tantost i viennent dui vallet illecques, si le desarment. Et il voit un mantel à une perche pendre, si le prent et s'en afuble, et envelope sa teste que l'en ne le quenoisse. »

Le luxe était si bien passé dans les habitudes au XIVᵉ siècle, que ce n'était pas, pour un gentilhomme possédant un bien médiocre, une petite affaire de prendre femme. Aussi Eustache Deschamps, écuyer des rois Charles V et Charles VI, châtelain de Fismes et bailli de Senlis, fait-il, sous forme de satire, une longue énumération des charges qu'entraîne le mariage pour un gentilhomme :

« Et sces-tu qu'il fault aux matrones [20]
Nobles palais et riches trones ;
Et à celles qui se marient,
Qui moult tost leurs pensers varient [21],
Elles veulent tenir d'usaige
D'avoir pour parer leur mesnaige,

[14] *Li Romans de Berte aus grans piés* (XIIIᵉ siècle), c. LXXXII.

[15] *Le Roman de la Charrette.*

[16] *Lai de Graelent. Poes.* de Marie de France, pub. par Roquefort, t. I, p. 490. — Dans l'*Hist. de saint Louis* du sire de Joinville, on lit ce passage : « Fesoit (le roy) estendre tapis pour nous seoir entour li. »

[17] Le *Lai de Gugemer. Poes.* de Marie de France, t. I, p. 92.

[18] *Chron. du roi Guillaume d'Angleterre. Recueil d'extraits et d'écrits relat. à l'hist. de Normandie,* etc., pub. par Fr. Michel, 1840. T. III, p. 166.

[19] *Le Roman de la Charrette.* Gauthier Map et Chrestien de Troies. Pub. par le Dʳ Jonckbloet. La Haye, 1850, p. 9.

[20] *Le Mirouer de mariage.*

[21] On est trop disposé à croire que les modes des habits ne variaient pas alors avec la même rapidité qu'aujourd'hui. Il suffit de jeter les yeux sur les vignettes des manuscrits du XIVᵉ siècle pour être assurés que, dans un espace de temps très-court, les modes se modifiaient profondément.

Et qui est de nécessité,
Oultre ta possibilité,
Vestemens d'or, de drap de soye,
Couronne, chapel et courroye
De fin or, espingles d'argent. »

La femme énumère tous les objets de toilette qui lui sont nécessaires, dit-elle ; puis elle demande un char, une haquenée, le tout pour faire honneur à son seigneur ; d'ailleurs, n'est-elle pas de bonne maison ? peut-elle n'avoir point le train qu'on voit prendre à des bourgeoises ?

« Encore voy-je, » dit-elle, « que leurs maris,
Quant ilz reviennent de Paris,
De Reins, de Rouen ou de Troyes,
Leur apportent gans ou courroyes,
Pelices, anneaulz, fremillez (agrafes),
Tasses d'argent ou gobelez,
Pièces de cuevrechiés entiers.
Et aussi me fust bien mestiers
D'avoir hourses de pierrerie,
Couteaulx à ymaginerie,
Espingliers tailliez à esmaulx ;
Et chambre, quant j'aray les maulx
D'enfans, belle et bien ordonnée
De blanc camelot, et brodée,
Et les courtines ensement,
Pigne, tressoir [22] semblablement,
Et miroir, pour moy ordonner,
D'yvoire me devez donner ;
Et l'estuy qui soit noble et gent,
Pendu à cheannes d'argent. »

Il lui faut encore des Heures bien peintes et couvertes de drap d'or ; puis vient le train de maison :

« Escuier fault et chambrière [23]
Qui voisent [24] devant et derrière
Et qui facent vuidier les rens [25],
Et si fault faire grans despens ;
Un clerc fault et un chapelain
Qui chantera la messe au main (matin) ;
Un queux (cuisinier), une femme de chambre,
Et si fault, quant je m'en remembre,
Maistre d'ostel et clacelier (chef d'office) ;
Grant foison grain en un celier.
Bestaulx, poulailles, garnisons,
Foings, avoines en leurs maisons,
Grans chevaulx, roncins, haguenées,
Salles, chambres bien ordonnées,
Pour les estrangiers recevoir ;
Et si leur fault encor avoir
Beaux lis, beaux draps, chambres tendues,
Et qu'ils mettent leurs entendues
A belles touailles et nappes.
Et si fault, ains que tu eschapes,
Belles chaières et beaux bans,
Tables, tretiaulx, fourmes, escrans,
Dreçoirs, grant nombre de vaisselle ;
Maint plat d'argent, et mainte escuelle
Si non d'argent, si com je tain,
Les fault-il de plomb ou d'estain ;

[22] Démêloir.

[23] Non point femme de chambre, mais demoiselle de compagnie.

[24] L'accompagnent.

[25] Faire place.

Pintes, pos, aiguiers, chopines,
Salières, et pour les cuisines
Fault poz, paelles, chauderons,
Cramaulx (crémaillères), rostiers, sausserons,
Broches de fer, hastes de fust (broches de bois),
Croches hanes (fourgons), car ce ne fust,
L'en s'ardist la main à saichier
La char du pot, sans l'acrochier.
Lardouère fault et cheminons (chenets),
Pétail (pilon), mortier, aulx et oignons,
Estamine, poelle trouuée (passoire)
Pour plus tost faire la porée (purée),
Cuilliers grandes, cuilliers petites,
Cretine (lard) pour les leschefrites. »

La dame de maison ne s'arrête pas en si beau chemin ; elle demande des pelles à four, des terrines, des couteaux de cuisine, et du bois, du charbon, du sel, du vinaigre, des épices en grand nombre, des tranchoirs, de la poudre à mêler à l'hypocras, du sucre blanc pour la pâtisserie, des fruits, des conserves, des dragées, des drageoirs, des serviettes pour la table et pour laver, etc :

« Encore ne t'ay-je pas ouvert
Qu'il fault escrins, huches et coffres. »

Elle décrit la garde-robe du gentilhomme, puis la sienne ; l'on peut en conclure que les artifices de la toilette des dames d'aujourd'hui ne sont pas plus étranges que ceux employés par les élégantes du XIVe siècle.

L'auteur finit par ces trois vers :

« Des nopces qui sont de grans coux (dépense)
Puisse bien sermonner à tous
Que c'est folie de les faire. »

Le luxe, dès le XIVe siècle, s'était introduit dans la bourgeoisie, et les demeures des riches marchands ne le cédaient guère, comme richesse de mobilier, à celles des nobles. Chez les bourgeois comme chez les seigneurs, les femmes sont accusées, par les romanciers ou les poëtes, de provoquer des dépenses hors de proportion avec le bien de leurs époux :

« Pancez vous quelle preignent garde
Commant largent se depent. Non [26]. »

Il faut dire que le luxe de bon aloi n'est que plus ruineux. Les étoffes étaient fort chères ; l'industrie n'en était pas arrivée à fabriquer à bon marché et à donner l'apparence pour la réalité. La sculpture, répandue à profusion sur les meubles, attachait à chacun d'eux la valeur d'un objet d'art. Mais ce qui caractérise le mobilier du moyen âge, ce n'est pas tant sa richesse que le goût et la raison dans l'adoption des formes, la destination franchement accusée, la variété infinie et l'apparence de la solidité, l'emploi vrai de la matière en raison de sa qualité. Le bois, le cuivre, le fer conservent les formes qui leur conviennent ; la structure reste toujours apparente, quelle que soit l'abondance de l'ornementation. Par le fait, les meubles de bois ont toujours l'apparence primitive de la charpente ; ce n'est que pendant le XVe siècle que cette construction est masquée par une décoration confuse. Jusqu'alors les étoffes sont particulièrement destinées à revêtir d'une enveloppe la forme

[26] *La Complainte du nouveau marié* (XVe siècle).

simple des meubles : aussi étaient-elles, chez les riches nobles, employées avec une grande profusion ; on en peut juger en fouillant les inventaires, en examinant les vignettes des manuscrits.

Nous terminerons cet article en donnant à nos lecteurs des appartements meublés de châteaux aux XIIe, XIIIe, XIVe et XVe siècles.

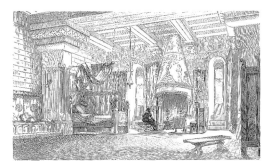

PL. XII

La **PL. XII** représente une chambre de seigneur vers le milieu du XIIe siècle ; l'architecture est d'une grande simplicité : des poitraux accolés, portés par de lourds piliers, traversent la pièce et reçoivent les poutres qui elles-mêmes supportent le solivage. La cheminée est circulaire [27] ; sa hotte est décorée de peintures [28]. A côté est suspendue une image du patron du maître de la chambre ; au-dessous, un bras de fer attaché à la muraille est destiné à recevoir un cierge. Des courtines suspendues à des potences mobiles en fer peuvent masquer les jours des fenêtres [29]. Le lit est protégé par deux courtines attachées à des tringles de fer tenant au mur par des pitons et au plafond par des cordes. Une lampe était allumée la nuit, au pied du lit. Les meubles ne consistent qu'en escabeaux, pliants, chaises de bois, armoires et bancs servant de coffres. Les murs ne sont décorés que par des peintures simples, à deux ou trois tons, parmi lesquels le jaune et le brun-rouge dominent. Les étoffes seules sont déjà riches et rehaussées de broderies ou d'applications Le pavé est fait en petits carreaux de terre cuite émaillée.

[27] Voy. le *Dict. rais. d'archit. franç.,* au mot CHEMINÉE.

[28] Salle de la maîtrise, près la cathédrale du Puy-en-Vélay.

[29] Dans les chambres des châteaux des XIIe et XIIIe siècles, on voit encore, le long des fenêtres, les pitons en fer qui étaient destinés à recevoir ces potences mobiles.

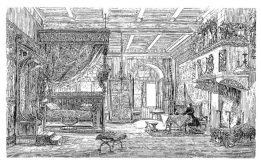

PL. XIII

La **PL. XIII** nous montre une chambre de château vers le milieu du XIIIe siècle. Les fenêtres sont plus grandes ; les plafonds, exécutés en solivages apparents, traités avec plus de soin et d'élégance, décorés de moulures et de quelques ornements. La cheminée plus vaste, et son manteau décoré de sculptures. Le lit est garanti par un clotêt peu élevé, sorte de paravent fixe ; il est surmonté d'un dais ou ciel suspendu au plafond et garni de courtines sur les trois côtés ; celle du devant est relevée et nouée, suivant l'usage, pendant le jour. A côté du lit est la chaire, le siège honorable avec deux degrés. Entre les fenêtres est placée une armoire décorée de ferrures, de sculptures et de peintures. Les murs sont tendus de tapisseries fendues devant les portes. Les courtines des fenêtres sont attachées à des tringles avec corde de tirage, et les vitres garnies de volets. Des bancs fixes recouverts de coussins sont réservés dans les ébrasements des baies. Les sièges se composent de bancs à dossiers, ou bancs-coffres, d'escabeaux et pliants. Des coussins, des tapis par terre et sur les sièges.

PL. XIV

La **PL. XIV** reproduit une chambre de château du commencement du XIVe siècle. Le lit est disposé dans un angle avec ruelle et amples courtines. Un banc à dossier tient lieu de paravent au pied de ce lit. Un dressoir est placé à côté de la fenêtre. La cheminée est riche ; son manteau est décoré d'un grand écusson armoyé avec deux supports. Les solives et poutres des plafonds sont moulurés avec soin. Les meubles sont plus nombreux, plus riches et d'un usage plus commode.

PL. XV

La **PL. XV** est une chambre du commencement du XVe siècle. Les parois des murailles sont entièrement boisées, et le lit est lui-même enfermé dans un clotêt de menuiserie. Les fenêtres sont larges et les solives du plafond disposées déjà de manière à former comme une suite de caissons.

CHAMBRE DE CHATEAU AU XIIᵉ SIECLE

CHAMBRE DE CHATEAU AU XIIIe SIECLE

117

Meubles, P. XIV.

CHAMBRE DE CHATEAU AU XIVᵉ SIECLE

CHAMBRE DE CHATEAU DU XVᵉ SIECLE

Meubles, P. XVI.

GARDE-ROBE D'APPARTEMENT, XVᵉ SIÈCLE

120

BANQUET AU XIVᵉ SIECLE

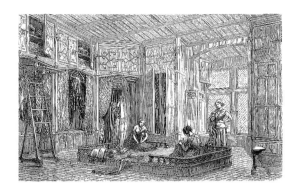

PL. XVI

La **PL. XVI** nous donne une garde-robe de la même époque [30]. On voit, tout autour de la pièce, des armoires et bahuts destinés à renfermer les vêtements, les armes, les bijoux, des provisions d'étoffes. Au centre, une table basse pour les tailleurs, les couseuses, etc.

Cours, fêtes, banquets

La salle principale des châteaux, la grand'salle, n'était jamais trop vaste ; et lorsqu'on examine le plan des châteaux bâtis depuis le XIIe siècle, on reconnaît que les salles occupaient un espace considérable comparativement aux autres pièces. C'est que, par le fait, la vie du châtelain et de ses hommes se passait dans la grand'salle, lorsqu'il n'était pas en course ou en chasse. C'était là qu'il rendait la justice, qu'il assemblait ses vassaux, qu'il donnait des fêtes et banquets.

Guillaume le Roux fit bâtir, près l'abbaye de Westminster, où les rois normands résidaient souvent, une salle, une des plus riches du monde, dit la chronique. « Ançois k'ele fust parfaite, le vint veoir, si le blasma moult durement (la salle), ses gens li demanderent por coi il le blasmoit, s'ele li sambloit estre trop grans. — Par Diu ! dist li rois, chou n'est nulle chose : elle est trop grans à chambre, et trop petite à sale [31]. »

Il prit fantaisie à Guillaume de tenir une cour plénière dans sa nouvelle salle ; elle n'était pas encore couverte. « Or oüés que il fist : toutes les escarlates (étoffe de soie) de Londres fist prendre, si en fist couvrir sa sale ; et tant comme la fieste dura, fu-elle couvierte d'escarlate. »

On ne s'étonne pas des dimensions extraordinaires données aux grand'salles des palais et châteaux lorsqu'on voit quel était le nombre de personnes qu'il y fallait réunir dans certaines circonstances. Guillaume le Conquérant, lors de son retour en Angleterre, tint une cour plénière :

« En Engleterre s'enrevint,
A Westmoster sa feste tint ;
En la sale que ert novele
Tint une feste riche et bele.
Mult i out rois, contes et ducs ;
Treis cenz huissers i ont as huis,

Chescuns avoit ou veir ou gris
U bon paille d'autre païs.
Si conduient les barons
Por les degrez par les garçons,
Od les verges k'es mains tenoient
As évesques voie fesoient
Que nul garçon n'i apresmast,
Si aucuns de eus n'el comandast [32]. »

Il arrivait souvent encore, au XIIIe siècle, que l'on trouvait difficilement des emplacements propres à contenir de si nombreuses assemblées ; aussi est-ce à cette époque que l'on commence à élever des salles immenses dans les châteaux et les résidences seigneuriales. Quand Louis IX alla à Poitiers, avant la levée de boucliers du comte de la Marche, il tint une grande cour à Saumur. Joinville [33], témoin oculaire, a laissé une description détaillée du nombreux personnel qui y figura. La fête se tint dans les halles de Saumur ; « et disoit l'en que le grand roy Henri d'Angleterre les avoit faites pour ces grans festes tenir. Et les hales sont faites à la guise des cloistres de ces moinnes blans ; mès je croi que de trop il n'en soit nul si grant. » Le roi et la reine sa mère occupaient une des galeries, avec vingt évêques et archevêques, entourés de nombreux chevaliers et « serjans ». La galerie opposée contenait les cuisines, panneteries, bouteilleries et dépenses. Les deux autres ailes et le préau étaient remplis de convives ; « et dient que il y ot bien trois mille chevaliers. »

Froissard nous donne le détail du banquet offert par le duc de Lancastre au roi de Portugal, en 1386. « Et, dit-il, étoient en l'hôtel du duc chambres et salles toutes parées de l'armoirie et des draps de haute lice et de broderie du duc, aussi richement et aussi largement que si il fût à Londres. » L'ordre des tables est celui-ci : une haute table, à laquelle séaient le roi de Portugal, quatre évêques et archevêques, le duc de Lancastre, « un petit audessous du roi, et audessous du duc le comte de Novarre et le comte d'Angousse, Portingalois. » Deux autres tables séparées, probablement disposées en retour, ainsi qu'il était d'usage, pour les grands maîtres des ordres, les hauts barons, les dignitaires, abbés et ambassadeurs. D'autres tables séparées étaient réservées pour « les chevaliers et escuyers de Portingal, car oncques Anglois ne sist à table ce jour en la salle ou le grand dîner fut ; mais servoient tous chevaliers et escuyers d'Angleterre, et asséoit à la table du roi messire Jean de Hollande ; et servit ce jour le vin devant le roi de Portingal Galop Ferrand Percek, Portingalois ; et devant le duc de Lancastre, le vin aussi, Thierry de Soumain de Hainaut. Le dîner fut grand et bel et bien étoffé de toutes choses ; et y ot là grand-foison de menestrieux qui firent leur métier. Si leur donna le duc cent nobles et aux heraults autant, dont ils crioient largesse à pleine gueule..... » Après le repas : « Vous vissiez varlets ensonniés (empressés) de descendre draps et detrousser, et ne cessèrent toute la nuit ; et le dimanche on mit tout à voiture..... [34] »

[30] Au château de Pierrefonds, il reste des traces de ces garde-robes boisées et garnies de tablettes. Dans ces pièces était ordinairement une chaise percée ou un siège d'aisances ; ce qui n'empêchait pas de recevoir les intimes dans cette annexe de toute chambre à coucher. A Pierrefonds, les garde-robes sont munies de cheminées et de sièges d'aisances.

[31] *Hist. des ducs de Normandie,* d'ap. deux mss. de la Bib. imp., pub. par Francisque Michel, p. 65. Paris, 1840.

[32] *Chron. de Geoffroi Gaimar.*

[33] Ire partie.

[34] Froissard. *Chron.,* l. III, c. XLI. Édit. Buchon.

Pendant ces banquets, le siège du prince était ordinairement couvert d'un dais et sa table plus élevée que les autres. Les convives n'étaient assis que d'un côté ; les tables assez peu larges pour que le service pût se faire en face des personnes assises. Au XVᵉ siècle, cependant, on avait déjà des tables doubles fort larges et sur lesquelles on représentait même diverses scènes. Le cérémonial de ces repas de fêtes est décrit tout au long dans l'*Estat de la maison du duc Charles de Bourgongne* (Charles le Téméraire), composé par Olivier de la Marche [35]. Le service était fait, lorsque le suzerain présidait au festin, par des nobles, souvent à cheval ; dans l'intervalle des services, on représentait quelque fable dialoguée en vers, ou des pantomimes, que l'on appelait des *entremets*.

Pʟ. XVII

Voyez notre **Pʟ. XVII**, qui figure un de ces repas de cours plénières vers la seconde moitié du XIVᵉ siècle. Sauf les personnes suzeraines, tous les convives étaient assis sur des bancs [36] recouverts de tapis et coussins. Le pavé était jonché de feuillées et de fleurs. Les nappes étaient *peluchées* et pliées en double (doubliers). Des cierges de cire portés par des valets composaient le principal éclairage. Dans la salle du banquet étaient disposés des buffets et dressoirs qui servaient à étaler la vaisselle d'argent ou de vermeil, la verrerie et les émaux. Il y avait un dressoir pour chaque espèce de vaisselle. Suivant la tradition antique, on jetait des fleurs sur les tables ; les convives en portaient des *chapels,* et l'on en couronnait les vases à boire. Le moment du repas s'annonçait au son du cor ; ce qui s'appelait *corner l'eau,* parce que, avant de s'asseoir, on présentait à laver. Après le repas, on enlevait les nappes : c'était alors le moment des jeux, et l'on servait les épices comme ne faisant pas partie du repas, mais seulement comme on sert aujourd'hui le café. Ce ne fut guère qu'au XVIᵉ siècle que l'on donna des fruits crus aux convives après les viandes. Avant cette époque, on les servait souvent au commencement du repas. Legrand d'Aussy, dans son *Histoire de la vie privée des François,* donne à ce sujet de nombreux détails qu'il est inutile de reproduire ici, cet ouvrage étant entre les mains de tout le monde.

Notre **Pʟ. XVII** indique la disposition des tables simples. Au fond de la salle est la place du suzerain, plus haute que les autres, et au milieu d'une table

particulière à laquelle sont assis les membres de sa famille ou les personnages auxquels il prétend faire honneur. Derrière lui sont les dressoirs sur lesquels est rangée sa vaisselle particulière ; les vins sont placés de même, hors de la table, sur des crédences. Des nobles à cheval apportent les mets, qui sont présentés par un seigneur un genou en terre, puis portés à l'écuyer tranchant. Des deux côtés de la salle est la foule des convives ; deux grands buffets sur lesquels on apporte les plats de la cuisine servent à découper les viandes, à disposer les assiettes et tout le menu service. Les valets viennent prendre les plats découpés sur ces buffets et les présentent devant les convives ; ceux-ci choisissent et sont servis sur des assiettes d'argent ou d'étain. Derrière les convives sont les valets portant des torches et les échansons servant à boire ; le long du mur sont disposées des crédences sur lesquelles sont rangés les vases contenant les boissons. Devant la table du prince, on représente une scène (entremets). Une tribune (échafaud) est dressée d'un côté de la salle pour l'assistance. Outre les torches portées par des valets, on pendait des lustres aux plafonds ; quelquefois des torchères étaient posées sur les tables même. Le service des tables est dirigé par des maîtres d'hôtel.

Ces sortes de repas, mêlés d'entremets joués, et composés d'une quantité considérable de services, devaient être fort longs et fort étourdissants. Ils coûtaient des sommes fabuleuses ; on doit croire qu'ils étaient du goût de la noblesse pendant les XIVᵉ, XVᵉ et XVIᵉ siècles, car ils se répètent à chaque occasion et sont décrits par les historiens du temps avec une abondance de détails et une minutie qu'ils ne mettent point lorsqu'il s'agit de sujets plus graves.

Fabrication des meubles

Le Huchier

Les huchiers, au XIIIᵉ siècle, fabriquaient des portes, des fenêtres, des volets, des coffres, bahuts, armoires, bancs [37]. Cet art équivalait à celui de menuisier. Défense leur était faite de prendre des ouvriers *tâcherons.* Ils étaient compris dans la classe des charpentiers [38], c'est qu'en effet les meubles, à cette époque, aussi bien que la menuiserie, étaient taillés et assemblés comme de la charpenterie fine. Les bois étaient toujours employés de fil, assemblés à tenons et mortaises, chevillés en bois ou en fer [39]. Les collages n'étaient employés que pour les panneaux, les applications de marqueterie, de peaux ou de toiles peintes ; quant aux moulures et à la sculpture, elles étaient taillées en plein bois, et non point appliquées.

Pour éviter les longueurs et rendre nos descriptions des moyens de fabrication plus vives et plus claires, nous nous supposons introduits dans un atelier de menuiserie en meubles, d'un huchier, vers la fin du XIIIᵉ siècle, et nous rendons compte du travail des ouvriers.

Jacques le huchier nous fit voir d'abord, derrière son atelier, une assez grande pièce remplie de bois de

---

[35] Voy. la *Nouv. collect. des mém. relat. à l'hist. de France,* par MM. Michaud et Poujoulat ; t. III, p. 579 et suiv. Ce cérémonial est des plus curieux et décrit jusque dans les moindres détails.

[36] D'où le nom de *banquets.*

[37] Voy. les *Ordonn. relat. aux métiers de Paris.* (*Coll. des doc. inéd. sur l'hist. de France,* 1ᵉ série.)

[38] *Règlem. d'Etienne Boileau.*

[39] « Item, ne huchier ne huissier ne peuent ne ne doivent faire ne trappe ne huis ne fenestre, sans gouions de fust ou de fer. » (*Règlem. d'Étienne Boileau.*)

chêne refendu, disposé là pour sécher, en nous faisant observer qu'il n'emploie que du merrain [40] emmagasiné depuis plusieurs années, en ayant le soin de remplacer le vieux par du neuf, afin de conserver toujours la même provision. De ces bois, les uns sont carrés comme du chevron plus ou moins gros, les autres sont refendus en planches d'un à deux pouces d'épaisseur pour les encadrements et panneaux. Quand il a quelque ouvrage de choix à exécuter, Jacques nous dit qu'il soumet les panneaux à l'action de la fumée pendant plusieurs semaines, en les suspendant au-dessus de l'âtre de la cheminée. Jacques n'a et ne peut avoir qu'un apprenti [41] ; son fils et son neveu complètent l'atelier. Ils sont donc trois ouvriers ; lui, Jacques, ordonne, s'occupe de ses bois dont il a grand soin, va chez les seigneurs ou les bourgeois pour prendre les commandes, et travaille aussi de ses mains ; c'est un habile homme. Il nous montra un banc à barre, servant de coffre **(fig. 1)**, et dont toutes les pièces, terminées, étaient prêtes à être assemblées. « Vous voyez, nous dit Jacques, les quatre montants principaux, ceux du dossier A plus élevés que ceux du devant B pour recevoir la barre C. Je fais toujours mes assemblages de barres à doubles tenons D avec embrèvement, car j'ai remarqué que ces barres sont sujettes à se désassembler ; je les renforce à l'assemblage, cela perd un peu de bois, mais les personnes à qui je les fournis ne me les renvoient jamais pour être réparés. On s'appuie sur ces barres ; les valets peu soigneux tirent dessus pour reculer ou avancer les bancs, et si elles ne sont pas solidement assemblées et chevillées, elles ont bientôt quitté les montants. Deux tenons valent mieux qu'un, car ils sont tous deux serrés par les doubles mortaises. Vous voyez aussi que je donne de la force à mes bois là où je suis obligé de pratiquer des mortaises, puisque celles-ci affaiblissent les pièces. Maintenant, nos seigneurs ne veulent plus de ces meubles massifs comme ceux que l'on faisait autrefois ; ils veulent être commodément assis, se plaignent quand ils trouvent sous leur main des arêtes vives. Il faut nous soumettre à ces exigences, et, sans nuire à la solidité, je diminue autant que je puis la force du bois entre les assemblages, soit par des adoucis, des chanfreins ou quelques colonnettes. Remarquez cet appui E, comme il permet de poser le bras sans fatigue, et comme je l'assemble par de bons doubles tenons pour réunir le grand montant A au petit B. Devant mon banc, j'ai une suite de panneaux F serrés entre deux traverses et des montants. J'en fais autant par derrière ; puis, sur les côtés, j'ai des joues H qui portent les tasseaux I recevant le couvercle K qui sert de siège. Le bord des joues L affleure la tablette à charnières. Ces charnières **(fig. 2)** sont forgées avec soin ; on les pose avec des clous rivés sur le coffre, et les bords du fer sont fraisés pour ne point accrocher les habits des personnes qui s'asseoient. C'est une précaution assez inutile, car personne ne s'assied sur un banc sans coussins. J'ai vu un temps, qui n'est pas très-éloigné, où les couvercles des bancs servant de coffres étaient ferrés avec des pentures saillantes sur le dessus du couvercle ; mais on ne veut plus de ces lourdes ferrures sur les meubles ; déjà on nous demande de les dissimuler autant que possible, et on arrivera à nous demander de les supprimer entièrement. — Vous regardez ces sculptures qui décorent les montants et la barre. C'est mon neveu qui les exécute, et j'espère en faire un imagier ; d'ici à quelque temps il entrera en apprentissage chez l'imagier Belot, l'un des meilleurs de Paris et que je vous engage à visiter. Tous les jours on nous demande de la sculpture sur les meubles, et on ne veut plus entendre parler de ces incrustations d'ivoire, d'étain, de cuivre ou d'argent que l'on aimait beaucoup jadis. Cependant les seigneurs et les bourgeois riches qui exigent de la sculpture sur les bois des meubles les plus ordinaires n'y mettent pas un prix raisonnable, et nous sommes obligés ou de travailler pour rien, ou de nous contenter d'une exécution grossière. Puis les imagiers prétendent que nous empiétons sur leurs priviléges, et si nous avons recours à eux, ils se font si bien payer, qu'il ne nous reste pas de quoi payer le bois. » Jacques nous fit voir alors dans un coin de son atelier une assez grande armoire prête à être livrée. Sur notre observation que ce meuble paraissait être de forme ancienne, bien qu'il fût neuf, Jacques nous dit qu'il était destiné à l'abbaye de ***, qu'il devait renfermer des reliquaires et vases sacrés, que l'abbé avait exigé que ce meuble fût couvert de peintures et dorures afin de s'accorder avec l'ancien mobilier du sacraire, exécuté il y a plus d'un siècle. « J'ai eu grand'peine, continua le huchier, à faire cette armoire, on ne veut plus de ces meubles dont la fabrication exige beaucoup de temps et de soin ; aujourd'hui on est pressé, et personne ne consent à attendre un meuble pendant un an, car il n'a pas fallu moins de temps pour terminer celui-ci ; encore, les peintures ne sont-elles pas achevées ; le peintre imagier de l'abbé a plus d'ouvrage qu'il n'en peut faire. Voyez comme ces faces de volets sont unies ; on croirait voir du marbre poli. Mon grand-père a fait beaucoup de ces meubles peints et dorés pour les églises et les appartements des seigneurs, et c'est à lui que je dois de savoir les fabriquer. Les volets sont composés d'ais parfaitement secs, collés ensemble sur leur rive avec de la colle de fromage ; il faut beaucoup de peine et de soin pour la bien assembler [42]. Ces ais tiennent ainsi entre eux, sans grains-d'orge, par la seule force de la colle ; car les grains-d'orge [43] ont l'inconvénient de paraître toujours à la surface du panneau et les font fendre le long des joints. Quand tous les ais d'un panneau sont bien collés et secs, il faut râcler sa surface avec un fer tranchant, mais peu à peu ; autrement on éraille le fil du bois, et on n'obtient pas une surface unie. Après cela, on tend sur les panneaux une peau de cheval, d'âne ou de vache, non encore tannée, mais bien macérée et dépouillée de son poil ; la peau est collée au panneau avec cette même colle de fromage. Ceci fait, il faut laisser sécher doucement, sous presse, et ne point se hâter de toucher aux panneaux, car si la peau n'est pas parfaitement desséchée, elle fait coffiner les panneaux. En été, il faut compter un mois au moins pour que ces apprêts soient secs et en état d'être employés. Alors, dans un lieu frais mais non humide, on passe,

---

[40] Bois refendu et non scié.

[41] *Règlem. d'Étienne Boileau.*

[42] Voy. la manière de faire la colle de fromage dans l'*Essai sur divers arts,* du moine Théophile, chap. XVII.

[43] On assemblait alors les planches à grain-d'orge, et non par des languettes comme aujourd'hui.

sur la peau ainsi tendue sur les ais, trois couches de plâtre bien broyé, que l'on fait chauffer dans de l'eau avec de la colle de peau ; entre chaque couche, il faut laisser s'écouler un temps assez long pour que le plâtre sèche parfaitement. Après quoi, on râcle doucement la surface et on la dresse avec un fer plat et tranchant ; ce travail exige une main exercée, car si l'ouvrier appuie sur un point plus que sur un autre, il se produit des bosses et des dépressions ; il faut recommencer l'opération ; encore ne réussit-elle jamais comme la première fois. Les couches de plâtre applanies au fer, il faut les polir avec de la prêle jusqu'à ce que la surface devienne brillante comme du marbre. Ceci terminé, on passe sur le plâtre une première couche de peinture bien broyée avec de l'huile de lin, puis une seconde. C'est sur ce fond que l'imagier trace et peint les figures ou les ornements, qu'il applique les feuilles d'or ou d'argent, au moyen d'une colle faite de clair de blanc d'œuf battu sans eau ; s'il veut brunir l'or ainsi appliqué et lui donner un certain relief, ce qui est fort plaisant aux yeux, il superpose jusqu'à trois feuilles d'or battu, en ayant le soin de coller chacune d'elles ; puis, quand l'ouvrage est bien ferme, mais non encore complètement desséché, il brunit doucement l'or ou l'argent avec une pierre d'agate polie et arrondie en forme de dent de loup. Il rehausse sa peinture et cerne la dorure par un trait de couleur brune détrempée dans un vernis composé d'huile de lin et de gomme laque que l'on a fait cuire à un feu doux. S'il veut donner du brillant à la peinture, il passe sur toute sa surface une couche de ce même vernis fait avec le plus grand soin dans un pot neuf et bien propre. Quant aux parties sculptées du meuble sur lesquelles on ne peut tendre de la peau, on se contente de passer les couches de plâtre sur le bois, puis on répare avec de petits outils de fer et on polit avec de la prêle, comme je viens de le dire tout à l'heure. Ces meubles sont fort beaux, très-riches, brillants et propres ; ils décorent mieux les salles et les chambres que nos meubles de bois sculpté, souvent grossièrement peints ; mais cela est passé de mode aujourd'hui, et on n'emploie plus guère ce genre de fabrication que chez les écriniers, pour les litières, pour les selles de chevaux, les écus et quelques petits coffres de voyage. » Jacques nous fit voir ensuite une huche d'une dimension énorme, telle qu'un âne eût pu y être enfermé [44]. Sur ce que nous étions ébahis de voir pareille huche, Jacques nous dit : « Vous vous émerveillez, messieurs, mais on nous demande aujourd'hui des huches de cette taille ; nos seigneurs et même nos bourgeois et bourgeoises ne trouvent jamais les huches assez grandes pour serrer leurs besognes. Levez le couvercle, et vous trouverez en dedans plusieurs coffres faits pour la place. Si la huche est bien travaillée, les coffres le sont mieux encore. Vous allez me demander comment on peut sortir ces coffres ? Or remarquez que le devant de la huche est divisé en deux ventaux, retenus par une feuillure, un loqueteau et le moraillon attaché au couvercle ; ouvrant les ventaux, vous tirez les coffres à votre plaisir. Il y a dans cette huche (**PL. XVIII**) quatre malles ; la tablette qui supporte les deux malles supérieures permet de tirer celles du dessous. — Mais pourquoi enfermer des coffres dans une huche ? — Ah ! voici pourquoi, continua Jacques : quand on part en campagne, on emporte un, deux, trois ou quatre coffres avec soi, suivant le besoin ; dans l'un doit être enfermé du linge, dans le second des habits, dans le troisième des armes, dans le dernier de la vaisselle ; celui-ci est encore, à l'intérieur, divisé en trois petites caisses séparées et fermées chacune ; dans l'une est de l'argenterie, dans l'autre des bijoux et dans la troisième des épices et des dragées [45]. On peut ainsi charger chacune de ces caisses sur des bêtes de somme, ou les placer facilement dans des chariots ; on les enveloppe alors dans des peaux munies de boucles et courroies qui servent à les attacher. Si l'on part avec ses caisses, on ôte la tablette intérieure, qui est mobile, et on enferme dans

la huche des courtines, des fourrures, des tapis, des draps, que l'on ne veut point laisser à la poussière ou qui pourraient être gâtés par les insectes et les rats. Les petits bourgeois et les paysans ont aussi de ces grandes huches grossières : quand ils sont à la maison, ils y mettent la farine et y font le pain ; quand ils quittent le logis, ils y enferment leurs ustensiles de ménage et les habits qu'ils ne veulent pas emporter avec eux. Dans tous les ménages grands ou petits, vous verrez au moins une huche. Nous en faisons toujours, et jamais nous n'en avons de reste ; souvent même on vient nous en demander à louer pour porter les morts au cimetière, et quoique ce profit nous soit interdit, il est des moments de mortalité où le prévôt est obligé de fermer les yeux, car bien de pauvres gens ne peuvent payer une bière, et on fait semblant de croire qu'ils ont pris leur huche pour ensevelir leur parent, tandis que la même huche sert à une douzaine d'enterrements en quelques jours. Mais tirons un des coffres de la grande huche que vous voyez. Chacun des côtés de ces coffres est garni de charnières bien ferrées qui permettent d'abattre le devant, les côtés, le couvercle et le derrière. On voit ainsi d'un coup d'œil tout ce qu'on a rangé dans son coffre. Vous remarquez que chaque abattant est maintenu par de petits prisonniers sur ses rives, qui forment autant de tenons quand tout est fermé au moyen de la vertevelle. Ces coffres sont munis de poignées sur le devant pour les tirer et sur les côtés pour les soulever et les transporter **(fig. 3)**. Aujourd'hui, il est rare que nous soyons chargés de fabriquer les coffres intérieurs ; ce sont ordinairement les *écriniers* qui se mêlent de cette besogne, car ils font, pour les voyages, des malles en bois très-légères, recouvertes de cuir gaufré, et qui sont extrê-

[44] Les vignettes des manuscrits du commencement du XIVᵉ siècle indiquent déjà des huches énormes, et dans les romans il est souvent question de huches dans lesquelles on renferme quantité d'objets et des coffres, des malles. Ces grandes huches furent longtemps en usage. (Voyez la nouvelle LXI. Le C… dupé. *Cent nouvelles nouvelles.*)

« L'an mil. CCCC.XVIII. ung gentilhomme frequentant les armes, appelé Casin du Boys, estoit en garnison ou chasteau de Beau Mont sur Oyse, lequel chasteau le duc de Bourgoigne assaillit, et dura l'assault trois jours et troys nuiz… Lequel Casin fut prins et mené en ung villaige environ deux lieues de Beaumont, et la fut enfermé en une huche fermante de clef, et en oultre fut lié ladite huche d'une moult grosse corde tout à travers, à l'endroit de la claveure, … et fist coucher un homme dessus la dite huche, affin qu'il ne peust trouver manière de soy en sortir ne eschapper… » (*Les Miracles de Madame sainte Katherine de Fierboys*, 1375-1446 ; mss. de la Bib. imp., pub. par M. l'abbé Bourassé. Tours, 1858.)

[45] « Pour 4 bahuz pour les sommiers de la chambre.... »
« Pour 4 bouges, desquelles il en y a 2 fermanz à clef... »
« Pour ses chauces et pour ses sollers, 1 coffre.... »
« Pour un coffre à espices... »
« Pour 1 grant coffre à mectre les robes de madame la Royne.... »
« Pour 4 coffres, … pour la chambre de la Royne.... » (*Comptes de Groffroi de Fleuri.*)

« Guillaume Le Bon, coffrier, pour un grand coffre fermant à clef, délivré le XXIIIᵉ jour de mai CCCLII, par mandement du Roy, rendu à court, pour mectre et porter les robes dudit seigneur, 12ˡp.

« Ledit Guillaume, pour 4 paires de coffres garniz de 4 bahuz, livrés en ce terme en la chapelle du Roy…

« Ledit Guillaume, pour 4 malles et 4 bahus, baillés et délivrés en ce terme à Thomas de Chaalons, coutepointier le Roy, pour charger dedens la coutepointerie et tapisserie des chambres du Roy et de Nosseigneurs, et porter hors de Paris aus termes de Pasques et de Toussains, quelle part qu'ils soient ; pour malle et bahu, 50ᵉ pièce, valent 10ˡp. » *Compte d'Etienne de la Fontaine* (voy. *Comptes de l'Argenterie des Rois de France au XIVᵉ siècle*, pub. par L. Douët-d'Arcq.)

« La nuit prenant fin, le jour commença à primer. Alors on ouvrit les coffres de voyage ; car il fallait bien choisir avec soin maintes pierreries qui devaient orner les robes de prix préparées par la main des femmes Elles choisirent leurs meilleurs habits. » (*Les Niebelungen*, 13ᵉ aventure. Trad. de Mᵉ Moreau de la Meltière.)

Dans le *Voyage d'oultremer en Jhérusalem* par le seigneur de Caumont, l'an 1428, on trouve un inventaire des joyaux rapportés par ce seigneur dans une « huche de siprés ». La huche devait être grande, car l'inventaire mentionne des étoffes, des pierres précieuses, des chapelets, des croix, des reliques, des parfums, une bouteille d'eau du Jourdain ; cette huche en contenait plusieurs autres.

« Item, trois caixons ; l'un de siprès, et les deux de fust pinte (de bois peint) où sont l'une partie des joyes susdites. »

« Item une autre petite caixette de siprés où il ha quatre larges de saint George de ma devise ouvréez de fil d'argent et de soye. »

« …lesquelles joyes de celuy païs je pourtay pour donner à ma femme et aux seigneurs et dames de mon païs. » (Voy. la pub. de ce voyage par le marquis de la Grange, d'après le manusc. du Musée britan. 1858.)

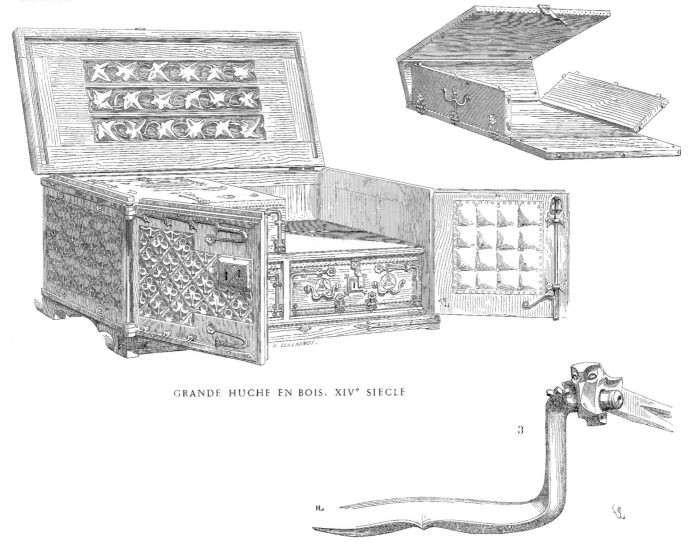

GRANDE HUCHE EN BOIS, XIVᵉ SIECLE

mement solides ; on préfère ces écrins à nos coffres de menuiserie, car ceux-ci sont lourds. Si vous voulez, je vais vous conduire chez mon voisin l'écrinier ; vous y verrez de très-beaux ouvrages de ce genre. » Nous nous empressâmes d'accepter la proposition de Jacques le huchier ; et, ôtant sa robe de travail et son tablier [46], il nous conduisit chez Pierre Aubri, l'écrinier.

L'Écrinier

Pierre Aubri est un homme âgé, d'un aspect vénérable, et qui prend volontiers des airs d'importance, car il fait des affaires avec toute la noblesse ; il est souvent appelé dans les appartements des seigneurs et des damoiselles pour recevoir leurs ordres et s'occuper du mobilier de l'intérieur des familles. Il tient à paraître discret et réservé, non sans raisons, car il sait bien des secrets de nobles dames et riches seigneurs. Dans la boutique, sur la rue, on ne voit guère que des coffrets recouverts de lames de cuivre

---

[46] Les menuisiers huchiers endossaient, pour travailler, une sorte de blouse juste au corps, à manches courtes, et mettaient devant eux un petit tablier (vignettes de manuscrits, vitraux). Ce vêtement se conserva jusqu'au XVIᵉ siècle (voy. une très-belle vignette du temps de Louis XII appartenant à M. Delaherche de Beauvais) ; on retrouve dans cette vignette tous les outils alors en usage ; ce sont les mêmes que ceux dont se servent encore aujourd'hui nos menuisiers.

étampé ou de plaques d'étain fondu, puis de petites tables incrustées d'os et d'ébène. Mais lorsque Jacques lui eut assuré que nous étions étrangers et très-capables d'apprécier le mérite de ses œuvres, il nous fit passer dans un atelier situé au premier étage où travaille son apprenti. Là, nous nous trouvâmes au milieu de petits meubles de toute forme et de toute matière, les uns en bois, d'autres en ivoire ou en os, en marqueterie de métal et de bois étrangers, en cuir de vache, d'âne ou de cheval ; les uns peints des plus brillantes couleurs et dorés, d'autres couverts de plaques d'émaux. En soulevant quelques-uns de ces coffrets, nous fûmes surpris de leur extrême légèreté, et notre étonnement à ce sujet fit sourire Pierre Aubri. « Il n'y a qu'ici, messieurs, nous dit-il, où vous trouverez des écrins aussi solides qu'ils sont légers. Voyez ce coffre, poursuivit-il en nous mettant dans les mains une assez grande boîte recouverte de cuir gaufré et qui paraissait ancienne, il y a douze ans que je l'ai fabriquée pour un riche marchand de bijoux qui ne cesse de courir les foires toute l'année ; eh bien ! il n'a jamais laissé ce coffre chez lui, toujours il le porte à cheval, en croupe, ou en chariot ; il me l'a rendu pour réparer les coins qui sont usés et y mettre une serrure neuve à secret comme celles que je fais fabriquer depuis peu. D'ailleurs, il pourrait servir longtemps sans y rien faire. » Nous avisâmes un coffret en ivoire fort beau et couvert de sculptures et d'écus armoyés peints et dorés. — « Oh ! je vois que vous aimez les œuvres qui méritent d'être examinées ; c'est un bel écrin celui-ci, dit maître Aubri en soulevant le coffre avec précaution par ses deux poignées et le plaçant sur une petite table **(Pl. XIX)**. Vous n'êtes point de la ville, n'est-ce pas ? car, y demeurant, vous connaîtriez la personne à laquelle ce coffre est destiné ; vous me permettrez de ne pas vous la nommer : c'est un présent que fait un noble baron des environs à une belle dame de la ville qu'il aime fort. Laissez faire, je vous l'ouvrirai tout à l'heure. Toute cette enveloppe est composée de plaques d'ivoire assemblées non sans peine. Les charnières, poignées, la bosse de la vertevelle et son moraillon sont en argent ciselé ; les clous sont de même en argent. Sur le devant de l'écrin, au milieu, j'ai figuré LOYAUTÉ, tenant un écu sur lequel sont gravées deux mains entrelacées. A sa droite, des damoiselles cueillent des fleurs et des feuilles pour en faire des chapels ; à sa gauche, un chevalier et une gentille dame se divertissent en jouant des instruments [47]. Sur le retour de droite sont des chevaliers qui devisent de leurs faits ; deux damoiselles les écoutent sans se faire voir. De l'autre côté, de nobles dames tiennent quelque gentil propos, et un chevalier survient qui prend plaisir à les entendre. L'une des damoiselles trouve les devis de son ami plus doux que ceux de ses compagnes. Sur la plaque de derrière, divisée en trois compartiments comme le devant, vous voyez, au milieu, CONSTANCE, et des deux côtés des seigneurs et dames qui se promènent par couples dans un jardin, et vont boire à la fontaine du dieu Cupido. Sur le couvercle sont sculptés et peints les blasons de la dame à laquelle appartiendra cet écrin. Il y a huit écus armoyés : ce sont ses huit quartiers. » Après nous avoir laissé le temps d'admirer les ivoires sculptés de ce meuble, lesquels, en vérité, nous ont paru fort délicats et sont gracieusement rehaussés de couleurs dans les fonds et de fines dorures sur les habits des personnages, mais sans profusion, en laissant paraître la pâleur de l'ivoire sur les têtes et les mains et sur toutes les parties nues des figures, Pierre Aubri mit une petite clef d'argent bien travaillée dans la serrure attachée à l'un des rampants du couvercle, et nous fûmes surpris de voir comment s'ouvre cet écrin. Le dessus se sépare en deux plaques d'ivoire, maintenues par le moraillon de la serrure et par deux charnières d'argent. Ces deux plaques renversées de çà et de là, les deux rampants le développent devant et derrière, et tout le devant tombe d'une pièce. Alors **(Pl. XX)** on aperçoit, à l'intérieur, quatre petites liettes [48] gracieusement ornées sur le devant de feuillages, de fleurs et d'oiselets gravés et d'annelets d'argent. La tablette qui couvre les tirettes, le revers des abattants des couvercles, sont gravés de même, et cette gravure est bien remplie, jusque dans les traits les plus déliés, d'une matière brune qui la fait ressortir. Cet ensemble était d'un aspect si doux et gracieux, la couleur de l'ivoire si délicate, qu'il

semblait vivant. Maître Aubri jouissait, sans mot dire, du plaisir que nous éprouvions à voir un si beau travail, nous regardant nous baisser et nous relever tour à tour pour examiner les détails et l'ensemble. « Tirez une des liettes, nous dit enfin l'écrinier, mais doucement ; il n'est pas besoin d'effort. » Notre admiration redoubla en sentant les liettes tourner sur leur angle comme les tiroirs d'un chapier, et former, en s'ouvrant, deux cases étagées à droite et à gauche. « Examinez bien ceci, continua Aubri. Cet écrin est pour enfermer tous les objets de toilette de la dame ; dans les tirettes du haut, elle met d'un côté les parfums, de l'autre tous les menus objets de la coiffure, peignes d'ivoire, épingles, poudre blonde et poudre d'or ; dans celles du bas, elle enfermera ses bijoux de col, de coiffure et de corsage, ses bracelets, ses baguiers, son riche fermail, son aumônière brodée, ses ceintures d'orfèvrerie, ses patenôtres, et tant d'autres menus objets de femme. Mais il ne faut pas perdre de place dans des meubles de ce genre, qu'on emporte souvent en voyage. Levez le petit couvercle en forme de triangle qui est engagé dans la tablette du dessus ; c'est dans ce petit réduit bien doublé de velours que la dame met son miroir à main, ses baguettes de fer enveloppées dans un étui pour rouler les cheveux, les pinces pour les faire friser, des ciseaux, des spatules d'ivoire et d'argent pour gratter et polir la peau, et même des boîtes de couleurs pour la colorer suivant la circonstance. Sur la tablette et dans l'intervalle qui reste entre elle et les abattants du couvercle, on place de fines touailles [49] de lin pour la toilette. Remarquez que les côtés courbes et droits des liettes étant vus lorsqu'elles sont ouvertes, j'ai jugé bon de les graver comme le reste ; quand tout l'écrin est développé, c'est comme un petit dressoir de dame. Ainsi le dedans comme le dehors de cet écrin sont composés de tablettes d'ivoire collées ensemble, de manière à contrarier les joints, et maintenues encore par de petits clous d'argent munis de leur rondelle [50], afin de ne pas faire fendre l'ivoire en frappant sur la tête de ces clous, qui sont d'ailleurs posés le plus souvent dans les joints mêmes, et maintiennent ainsi chacun deux plaques d'ivoire. Si l'on place l'écrin sur le bord d'une table, l'abattant du devant peut tomber verticalement, car vous voyez que les charnières de cet abattant sont posées sous la plaque du fond. Les tirettes sont fortement maintenues chacune par trois pentures d'argent attachées avec des clous rivés par-dedans sur une rondelle ; car il faut prendre garde que ces tirettes fatiguent beaucoup lorsqu'elles sont ouvertes, et si la dame, impatiente peut-être, cherche brusquement les objets dont elle a besoin. « Nous demandâmes alors à maître Aubri combien coûtait un pareil écrin. « Je ne le sais pas encore, nous répondit-il, car je n'ai pas tout fait ; l'imagier de crucifix [51] a fait les sculptures du dehors ; l'orfèvre a fabriqué les pieds, les bandes, charnières, poignées et anneaux d'argent ; un serrurier habile a fait la serrure ; un gaînier, les compartiments en velours des tirettes que je n'ai pas encore placées. Et quand j'aurais tous ces comptes

---

[47] Les habitants des châteaux et les dames particulièrement aimaient fort à passer leur temps à deviser dans les jardins, les vergers qui entouraient leur résidence ; on cueillait des fleurs, on inventait des jeux.

[48] Tirette, tiroir. *Liette,* d'où est venu *layette.*

[49] Serviettes.

[50] La figure A donne un de ces clous avec sa rondelle.

[51] Les imagiers qui travaillaient l'ivoire.

Pl. XIX

ECRIN EN IVOIRE

Pl. XX

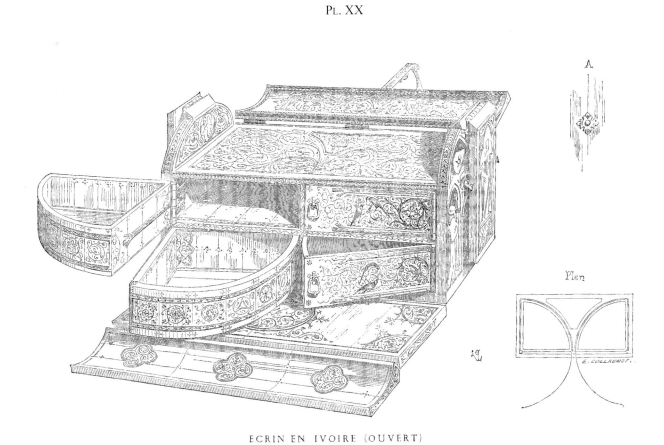

ECRIN EN IVOIRE (OUVERT)

par-devers moi, vous m'excuseriez de ne pas vous dire le prix de cet écrin, car le noble seigneur qui me l'a commandé ne me pardonnerait pas de l'avoir dit à d'autre qu'à lui. Ce dont vous pouvez être assurés, c'est que cela coûte gros, car il y a pour plus de six mois de travail rien que pour moi et mon apprenti. » — « Je le crois bien, répliqua Jacques le huchier, tel va le siècle ; nos riches hommes dépensent le plus clair de leurs revenus en habits, en écrins, en étoffes, en bijoux, et il est de nobles damoiselles qui portent sur elles de quoi acheter un château. » — « Pourquoi nous en plaindrions-nous ? reprit Aubri, cela enrichit les bourgeois et les gens de métiers. Mon père ne faisait que des malles de voyage en cuir de vache, et encore ne le payait-on pas toujours ; les seigneurs ne venaient à la ville que pendant les parlements et cours plénières, ils vivaient comme des loups ; aujourd'hui, ils engagent leurs terres, mais ils nous payent ; nous ne nous en trouvons pas plus mal. » — « Les juifs y trouvent encore mieux leur compte que nous, ajouta Jacques. »

Maître Aubri rompit brusquement le propos en prenant un assez grand étui de couleur brune et en forme de mallette : « Prenez ceci, messieurs, nous dit-il, ce n'est guère pesant, c'est l'écrin du maître-queux de notre seigneur le comte de *** (PL. XXI). Dans toute cette pièce, il n'entre pas un copeau de bois, tout est fait en cuir bouilli. Ni la pluie ni le soleil ne peuvent altérer cette enveloppe, lorsqu'elle est bien fabriquée. Observez que cet étui est double, que ce n'est qu'une liette entrant dans une enveloppe. Voici d'abord quatre petits compartiments pour les épices, poivre, cannelle, poudre pour les sauces et piment ; puis, au bout de la tirette, un grand compartiment divisé par des lanières de peau souple pour serrer les couteaux, lardoirs, les cuillers et fourchettes. Deux anneaux attachés aux deux bouts permettent de passer une courroie et de porter l'étui en bandoulière. La tirette est fermée par une petite serrure à moraillon. Voyez comme les angles sont légèrement relevés pour que la tirette glisse bien droit dans son étui. Je donne une surface quelque peu cylindrique à trois côtés, parce que cette forme est plus solide, puis parce que le frottement se trouve diminué, les courbes des faces de la tirette étant un peu plus plates que celles de l'étui. La face du dessous est plate pour pouvoir poser l'étui sur une table. La fabrication de ces étuis demande beaucoup d'expérience et de soin, et je puis me vanter d'être le premier qui ait fait de ces écrins qui ne se gauchissent ni à la chaleur ni à l'humidité. Je commence par faire un moule en bois de tilleul ou de hêtre bien séché au four, suivant la forme que je veux donner à l'écrin ; ce moule est en plusieurs pièces, l'une au centre en forme de coin ; puis je prends la meilleure peau de veau que je puis trouver, non tannée, je la fais macérer longtemps dans de l'eau avec de l'écorce de chêne ; il faut changer l'eau plusieurs fois ; après quelques semaines, j'étends la peau sur une table de pierre polie, et je la gratte en enlevant le poil jusqu'à ce qu'il n'en reste plus trace. Je la retourne et je la racle avec un racloir de fer large et bien affûté. J'enlève ainsi toutes les parties étrangères au cuir, et cette opération étend la peau d'un cinquième au moins. Ceci fait, je la laisse sécher, non au soleil, mais dans un lieu sec et fermé. Il faut huit

jours au moins, en été, pour qu'elle soit sèche. Je plonge alors cette peau, qui est devenue roide, dans une cuve d'eau bouillante avec un peu de très-belle colle de peau faite avec des peaux de lapins. Je laisse bouillir dix heures, renouvelant l'eau, afin que les peaux demeurent bien baignées. Pendant ce temps, j'ai mouillé d'eau gommée l'extérieur du moule, et je l'ai saupoudré de sable de plaine très-fin et pur. Alors je retire la peau de la cuve, je l'étends sur une pierre tiédie, je la coupe suivant le besoin, j'amincis les bords qui doivent se rejoindre et se couvrir, je la plonge ainsi coupée dans un bain chaud de colle de peau claire, et je l'étends sur le moule avec les mains, en ayant grand soin de jeter du sable sur le moule pour qu'il soit bien poudreux ; puis on frotte la peau avec un outil de bois à mesure qu'elle se refroidit, de façon à ce qu'elle touche le moule partout et que ses deux bords soient parfaitement collés. Je laisse sécher, pas trop cependant ; je retire le moule au moyen du coin, comme les cordonniers font avec leurs embauchoirs. Je tâte mon étui, je vois s'il ne s'y trouve aucun défaut en dedans et en dehors ; il est encore souple ; m'étant bien assuré qu'il n'y manque rien, je saupoudre de nouveau le moule de sable et je remets le cuir sur la forme. Il faut laisser sécher doucement pendant plusieurs jours. On fait alors cuire de l'huile de lin avec de la gomme arabique dans un pot de terre vernie neuf, et prenant une peau d'âne très-belle et unie, on la trempe dans cette huile très-chaude jusqu'à ce qu'elle soit devenue souple comme du lin ; on met une couche de cette même huile chaude sur le cuir de veau, toujours sur forme, et retirant la peau d'âne de son pot, on l'étend sur ce cuir ; on la coupe, on amincit les bords sur une pierre chaude et on la colle en frottant avec une agate, de façon à polir l'œuvre et lui donner exactement la forme du moule. On laisse sécher quatre ou six jours suivant le temps ; et ensuite, avec un petit fer chaud, on fait tous les dessins que vous voyez sur la surface, les lignes, les filets, les figures, les animaux, tout ce que l'on veut, en appuyant fortement sur la peau. Il ne s'agit plus alors que d'être bon imagier et d'avoir la main ferme, égale et sûre, car tout faux trait ne se peut réparer. Il faut aussi que les fers soient toujours à la même température, assez chaude pour qu'on ne puisse y tenir la main, mais pas assez pour brûler la peau. Ces dessins ont encore l'avantage de donner beaucoup de solidité à tout l'ouvrage, en reliant ensemble par une quantité de linéaments et en faisant adhérer davantage les deux peaux l'une à l'autre. J'ai quelquefois employé de la peau de chien préparée avec du vert-de-gris ; cet ouvrage se polit bien, est brillant et plaisant à l'œil, mais on n'y peut tracer des dessins. Il faut dessécher complètement l'ouvrage dans un four, à une chaleur très-douce et égale, après quoi on retire le moule ; mais faut-il s'assurer auparavant que tout est bien sec, autrement l'écrin se gauchirait. Quand tout est fini, si l'on veut, on peut, avec un pinceau, de la couleur et de l'huile de lin chaude, peindre les figures, les animaux, les feuillages, et même étendre des feuilles d'or par partie ou sur le tout. On vernit par-dessus avec de l'huile de lin et de la gomme cuites ensemble. Un écrin ainsi disposé est dur comme le bois le plus dur ; il ne saurait cependant se briser et est très-léger. On fait les

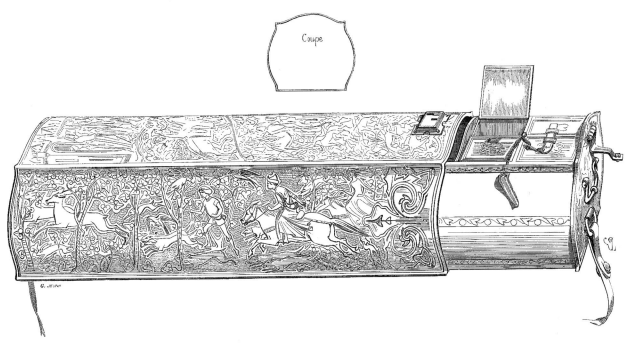

ECRIN DE QUEUX, XIVᵉ SIECLE

trous pour poser les anneaux, les poignées, la serrure, fixés avec des rivets. On dispose des compartiments faits de la même manière et qui sont roides comme des planchettes ; on les colle avec de la bonne colle de peau. On fait des charnières en cuir souple de chevreau, collées de même avec de la colle de peau ; on colle, si l'on veut, en dedans, du drap, de la peau douce, du velours ou des feuilles d'or et d'argent, comme je l'ai fait pour les cases aux épices. Pour que la tirette glisse parfaitement dans l'étui, j'ai frotté ses parois avec une agate. Vous pouvez vous asseoir sur cet étui sans qu'il subisse la moindre déformation. »

Maître Aubri nous fit voir encore quantité de coffrets, d'étuis et de mallettes exécutés avec beaucoup d'art et de soin. Après quoi, il nous offrit de nous conduire chez un de ses amis, peintre imagier, qui travaille en même temps et pour les églises et pour les palais [52].

L'Imagier

Nous entrâmes bientôt dans un atelier assez vaste, bien éclairé, au milieu duquel travaillaient un assez grand nombre d'ouvriers, car Guillaume Beriot est l'imagier le plus occupé de Paris, et il peut avoir avec lui autant d'apprentis et de valets qu'il en veut prendre ; les priviléges de sa corporation lui permettent même de travailler de nuit quand besoin est. Guillaume Beriot façonnait alors un beau retable de bois recouvert de reliefs, de peintures et de dorures. Laissant de côté ses pinceaux et sa petite palette en bois divisée en plusieurs cases dans lesquelles se trouvaient des couleurs humides, et après quelques compliments, car les bourgeois de Paris sont polis et affables, il nous montra son atelier ; de tous côtés nous vîmes des planchettes de bois bien dressées et préparées pour la peinture et la gaufrure, de petites figures de bois et d'os, des baquets dans lesquels trempaient des peaux d'âne ou de cheval, des pots bien nets remplis de colle, et quantité d'outils très-délicats pour sculpter et graver. Revenant au grand retable, il se mit à nous en détailler la fabrication : « C'est une pièce considérable, nous dit-il, et qui m'occupe, moi et mes hommes, depuis plus de six mois, encore n'est-elle point achevée. Le huchier, mon compère, qui vous accompagne, m'a fait la grande table de bois assemblée par petites pièces, embrévées et collées ensemble de manière à ne point jouer ; de grandes barres à queue maintiennent le tout bien uni et toutes les pièces jointives ; vous voyez ces petits cadres en étoiles qui s'entrelacent, ces colonnettes en relief avec leurs arcatures et leurs gâbles, tout cela est pris non dans la masse, mais rapporté sur le champ et collé avec soin. Sur ce premier travail de bois, j'ai étendu plusieurs couches de colle de peau, puis des feuilles de peau d'âne, puis enfin d'autres couches de colle de peau mélangées avec du plâtre fin, après quoi j'ai tracé tous les dessins que

[52] Au XIIIᵉ siècle, du temps d'Étienne Boileau, il existait, à Paris, deux corporations d'imagiers : les « ymagiers-tailleurs qui taillent crucefis ; » ceux-ci sculptaient l'os, l'ivoire, le bois, façonnaient des crucifix, des figures de saints, des manches de couteaux et autres menus objets ; puis les « paintres et taillières ymagiers », qui pouvaient sculpter et peindre des meubles, ustensiles et tableaux ; ceux-ci subsistèrent seuls et fabriquèrent les objets sacrés et profanes. (Voy. les *Registres des métiers et marchandises* d'Étienne Boileau, titres LXII et LXIII.)

131

vous voyez en relief : au moyen d'outils de fer, j'ai gravé les compartiments principaux ; dans chacun d'eux, j'ai posé une couche très-épaisse de ce mélange de colle de peau et de plâtre, et pendant que la matière était molle, j'ai estampillé les ornements saillants au moyen de petites matrices en plomb préparées exprès, comme on imprime un sceau sur de la cire **(fig. 4)** [53]. Tous ces reliefs très-légers qui garnissent les fûts des colonnettes et les champs seront dorés, comme vous le voyez de ce côté ; la dorure appliquée, je redessine le relief par des lignes brunes, presque noires, très fines, qui donnent à l'or du brillant et aux reliefs la netteté nécessaire à un meuble de cette nature destiné à être vu de loin. La peau collée sur le bois ne pouvant suivre la sculpture des chapiteaux, ceux-ci sont laissés unis, et les feuilles sont simplement redessinées en noir **(fig. 5)**. Afin de donner au retable une grande richesse à laquelle l'application seule de l'or ne saurait atteindre, de place en place j'ai collé des pâtes de verre de diverses couleurs faisant l'effet de cabochons, puis quelques pierres dures, intailles et camées, qui m'ont été données pour cet objet. Ces pierres et gouttes de verre sont enchâssées dans un orle de pâte faite avec de la gomme laque et de l'huile de lin cuites ensemble ; cette même matière sert à les coller ; les sertissures sont dorées comme le reste, et sous chaque pierre est une petite feuille d'argent qui leur donne de l'éclat. Dans les fonds et les bordures, j'ai collé des plaques de verre, qui, vous le voyez, ont tout l'éclat des plus brillants émaux et une apparence plus délicate et plus transparente. Voyez celles-ci **(A et B, Pl. XXII)** : ce sont des verres bleus et pourpres. Voici comment on obtient l'effet qu'ils produisent : on commence par coller sous le verre une feuille d'argent battu avec de la gomme arabique pure mélangée d'un peu de miel. Puis, sur le verre, on peint des ornements délicats avec de l'huile de lin mêlée à de la cire, de l'essence de térébenthine et de la sanguine, que l'on fait cuire ensemble à un feu très-doux. Sur cette assiette encore molle, on applique de l'or en feuille ; quand l'assiette est durcie, on brosse l'or, et il ne reste que l'ornement : puis on colle la plaque comme les pâtes de verre. L'ornement doré extérieur projette une ombre sur la feuille d'argent du dessous ; cela donne une grande élégance et du relief à l'ornement. Ces autres fonds **(C)** sont peints de diverses couleurs rehaussées de dorures sous un verre blanc verdâtre ; on applique sous la peinture, qui est transparente, une feuille d'or, et on colle la plaque comme les autres : cela prend un vif éclat et ne peut s'altérer. Mais il faut apporter dans ces menus travaux beaucoup de soin et de délicatesse, car de pareils ouvrages paraissent communs s'ils ne sont exécutés par des mains habiles, et ressemblent à ces boîtes que l'on vend dans les foires aux petites gens pour enfermer leurs bijoux. Les sujets colorés sur les fonds gaufrés et

dorés sont peints à l'œuf et vernis très-légèrement au moyen d'une couche d'huile de lin cuite avec de la gomme arabique. Ce vernis s'étend avec la paume de la main, afin de ne faire aucune épaisseur et de ne donner qu'un brillant très-doux. Quelques parties de la dorure sont également vernies, pour leur donner de la chaleur et leur enlever l'apparence trop métallique, notamment dans les fonds gaufrés ; car si l'on ne prenait cette précaution, la peinture paraîtrait terne et terreuse [54]. » Après avoir admiré l'œuvre de Guillaume Bériot, nous lui demandâmes s'il faisait pour les appartements des riches seigneurs des ouvrages de cette nature : « Oui, nous dit-il, j'ai fait des lambris et des plafonds ainsi décorés, recouverts de toile fine collée sur le bois, dorés et couverts de pâtes gaufrées et de plaques de verre, de feuilles d'argent, de peintures représentant des feuillages et des oiseaux, et de petites figures en relief peintes au naturel. J'ai fait ainsi des bois de lits, des armoires et des dressoirs ; mais ces ouvrages sont chers, et aujourd'hui on préfère les meubles en bois sculpté et recouverts de belles étoffes ou de tapisseries. »

Le Serrurier

En sortant de chez l'imagier, Jacques le huchier nous engagea à entrer avec lui dans l'atelier du serrurier qui fabrique des pentures, charnières et serrures pour les coffres et armoires aussi bien que pour les écrins. « Hugues, nous dit Jacques, est un serrurier déjà vieux, mais qui fabrique suivant la mode du jour ; le fer semble doux comme le plomb entre ses mains : il le tourne, l'amincit, le burine, le façonne aussi facilement que de la pâte, et il n'est pas de forgeron à Paris qui travaille plus rapidement. Vous lui voyez faire des grilles, des landiers, de grandes pentures de portes et les ouvrages les plus fins, de petits coffrets de fer, des étuis, de petites serrures, des cadenas, que vous prendriez pour de l'orfèvrerie, tant la matière est délicatement travaillée. Hugues emploie aussi parfois l'argent pour certains objets, tels que les écrins que vous avez vus tout à l'heure. On est surpris de voir ses larges mains noires et calleuses façonner adroitement les objets de métal les plus délicats ; cependant il a le poignet solide, et il n'est pas un forgeron qui étampe aussi nettement que lui un morceau de fer rouge. »

L'atelier de Hugues est grand ; on y voit une forge fixe, de petites forges mobiles avec leurs soufflets, des enclumes et bigornes de toutes dimensions, de gros marteaux, d'autres très-menus, des ciseaux, des pinces de toutes tailles et quantité d'étampes ou matrices d'acier soigneusement rangées sur des tablettes. Hugues n'a qu'un apprenti, mais lui-même est un homme vigoureux malgré son âge et travaille tant que dure le jour.

En nous voyant entrer, Hugues salua de la tête le huchier et l'écrinier et leur demanda la permission de terminer son travail. Il forgeait à petits coups une plaque de fer très-mince, qu'il remettait à chaque ins-

PL. XXII

Voir pages couleurs.

[53] Nous avons indiqué, dans notre fig. 4, non les matrices, mais les empreintes, pour rendre le dessin plus intelligible. Ces matrices étaient quelquefois faites en bois, en pierre fine ou en ardoise. On comprend comment, avec une seule matrice ayant la forme donnée par la fig. A, on peut estamper un fond étendu, ou même des parties cylindriques. L'ornement A provient du retable de Westminster ; celui B, d'un fragment de boiserie en notre possession, et celui C, du tabernacle de la Sainte-Chapelle de Paris, avant sa restauration.

[54] C'est ainsi qu'est fabriqué le beau retable déposé dans le collatéral sud du chœur de l'église abbatiale de Westminster, et dont nous avons donné l'ensemble au mot RETABLE, lig. 2. (Voy. pour ces derniers procédés l'*Essai sur divers arts,* du moine Théophile.)

tant dans un tas de braise incandescente sans trop la laisser rougir. « Que faites-vous là, maître Hugues ? dit le huchier. » « — Une boîte de serrure à bosse, répondit le serrurier. Vous savez que je les fais toujours d'une seule pièce ; c'est pour rendre le fer ferme et malléable que je le chauffe ainsi doucement et le bats à petits coups, afin de ne point brûler et de ne point crever la boîte, qui doit être très-relevée pour contenir le mécanisme. » Laissant alors son marteau, il nous fit voir une serrure à bosse en forme d'écu, fort délicatement travaillée : « Voici, ajouta-t-il, une pièce pareille, ou peu s'en faudra, à celle dont je fais la boîte. Tout cela n'est que de la forge avec quelques burinages **(PL. XXIII)**. Les feuilles et tigettes qui ornent la boîte sont soudées à chaud, relevées au marteau, puis attachées au fond par de petits rivets que vous voyez apparents. Il faut de bon fer pour un travail aussi délicat et qu'un coup de feu trop vif brûlerait sans ressource ; c'est dans les vieilles ferrailles des anciennes portes, dans les rebuts et les vieux clous, que je trouve le fer convenable pour faire ces travaux très-fins ; les fers qu'on nous vend aujourd'hui sont cassants et mal corroyés. Vous ne voyez dans tout ceci ni cuivre, ni étain. Le mécanisme **C** est en acier ; c'est un pène qui entre dans le moraillon au moyen d'un tour de clef. L'entrée de la serrure est masquée par une garde retenue par un ressort ; en poussant le bouton **A**, la garde saute d'elle-

même par l'effet d'une paillette entaillée à côté de l'entrée, et on introduit la clef. » — « Pourquoi, dit l'écrinier, ne me faites-vous jamais d'aussi belles pièces, maître Hugues ? » — « C'est que vous ne me les payez pas assez cher. Un riche marchand, mon voisin, m'a commandé cette serrure pour un vieux coffre très-beau qu'il a acheté en Touraine ; c'est un amateur. Les seigneurs qui vous commandent des écrins ne veulent pas mettre le prix à ce qui ne brille point, et tous les jours l'art du forgeron se perd ; les serruriers d'aujourd'hui n'ont pas l'occasion de se donner tant de peine, et vous n'en trouveriez plus un seul en état de forger les pentures de Notre-Dame de Paris. » — « Je le crois bien, répliqua le huchier, ces pentures ont été forgées par le diable ! » — « Voire ! dit Hugues ; mon grand-père les aurait bien forgées, sans avoir besoin d'appeler le diable. Voilà une de ses œuvres que mon père a toujours gardée chez lui et que je conserve de même, sans la vouloir vendre. Qui achèterait cette pièce, d'ailleurs ? Personne aujourd'hui. » En disant cela, maître Hugues ouvrit une armoire dans laquelle était enfermée une grande pièce de forge qu'il nous laissa le temps d'admirer **(PL. XXIV)**. « C'est, continua maître Hugues, un pied de cierge pascal. L'abbé de Saint-Germain-des-Prés l'avait commandé à mon grand-père ; mais, l'ouvrage terminé, l'abbé était mort ; son successeur, amateur des choses nouvelles, n'offrit de ce pied qu'un prix fort inférieur à celui qui avait été convenu, car on voulait alors faire dans l'abbaye de grosses dépenses pour la construction du réfectoire et de la chapelle de la Sainte-Vierge. Mon grand-père garda son œuvre, espérant toujours que, les travaux achevés, on la lui payerait ce qu'elle vaut ; mais il mourut avant que Pierre de Montereau eût terminé les constructions nouvelles de l'abbaye. Plus tard, cependant, mon père fit porter le pied de cierge chez l'abbé ;

les religieux trouvèrent le travail ancien, firent les connaisseurs, prétendirent avoir pour le prix demandé un pied qui décorerait mieux le chœur de l'église. Le candélabre revint donc à la maison, et je le garde pour me remettre toujours en mémoire, ainsi qu'à mes apprentis, comment on savait forger le fer autrefois. Les gens du siècle et les religieux veulent aujourd'hui des meubles qui brillent, qui soient chargés d'argent et d'or et de petits morceaux de verre

PL. XXIII

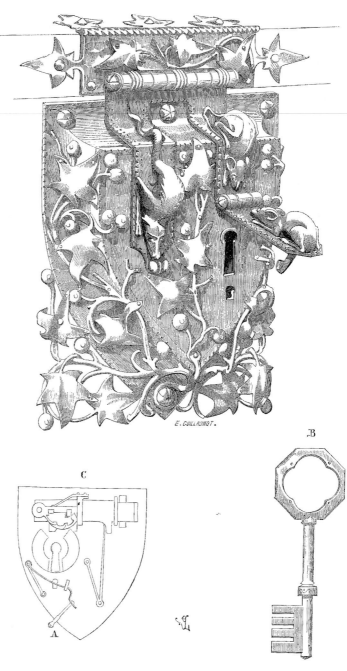

SERRURE A BOSSE, XIVᵉ SIECLE

que le menu peuple prend pour des pierres précieuses ; peu de personnes savent apprécier ce qui est bon et bien fait ; chacun tient à paraître : aussi les artisans perdent les traditions de leur métier. » — « Vous feriez bien encore, maître Hugues, un candélabre comme celui-ci ? » — « Hum ! peut-être ; mais je suis vieux, et j'ai fabriqué de ces sortes d'ouvrages avec mon père ; les jeunes gens ne sauraient s'en tirer, et moi-même il me faudrait, pour achever une œuvre pareille, le double du temps qu'y a mis mon grand-père. Remarquez bien que chacun des trois grands panneaux de rinceaux est d'une seule pièce ; les trois pieds ou branches sont chacun aussi d'une seule pièce. Il n'y a donc dans ce candélabre, haut comme un homme, que six pièces, la bague supérieure et le plateau inférieur avec sa pointe. Les pièces principales sont maintenues ensemble, non par des rivets, mais par des brides qui tiennent à l'ornement. Bien que le tout ne pèse guère, cependant lorsqu'un homme forge un de ces panneaux, aidé seulement par son apprenti, croyez qu'il lui faut de bons bras pour retourner dans la braise et sur l'enclume une pièce de cette longueur, la façonner, souder chaque branche, tigette et bouquet, et leur donner le contour convenable. Chaque tigette, fleur ou feuille, est d'abord forgée et étampée à part, puis on soude ces petites pièces ensemble de façon à en composer les bouquets ; puis enfin, lorsque ces bouquets ont reçu leur contour, on les soude ensemble pour composer le panneau par leur réunion. Ainsi, dans un panneau, il y a environ quarante fleurettes ou feuilles, ou têtes, qui, pour être étampées et façonnées de manière à pouvoir être soudées, ont passé chacune au moins quatre fois au feu, ce qui fait déjà cent soixante passages dans la braise. Pour souder et contourner ces petites pièces de manière à former les bouquets et leur donner le contour convenable, il faut compter au moins dix passages au feu en moyenne par bouquet, ce qui fait cinquante, puisqu'il y a cinq bouquets par panneau. Pour les souder ensemble, faire les embrasses et entrelacs, il faut compter pour le moins trente passages au feu, ce qui fait pour un panneau deux cent quarante ou deux cent cinquante chauffages, et pour les trois panneaux sept cent cinquante environ. Si nous comptons quarante chauffages par pied ou branche, vingt pour la bague et le plateau, nous aurons en tout bien près de mille passages au feu pour forger ce candélabre. Ajoutons à cela les retouches et les gravures au burin, les pièces manquées qu'il faut recommencer, vous comprendrez qu'aujourd'hui on n'estime pas un pareil travail ce qu'il coûte de temps, de sueurs et de charbon. Les habiles forgerons qui façonnaient autrefois ces pièces, ne gagnant plus leur vie ici, se sont établis ou en Angleterre ou dans les villes de l'Allemagne, car dans ces pays on estime et on paye encore ces sortes d'ouvrages. A Paris, vous voyez quantité de serruriers, ou de gens se disant tels, n'ayant d'autre souci que de découper de petites plaques de fer aminci, de les river les unes sur les autres, d'y graver quelque dessin au burin, et de faire ainsi des ouvrages qui séduisent les ignorants par leur apparence délicate, mais qui ne sont ni solides ni beaux, et devraient être laissés aux chaudronniers ou à ceux qui fabriquent des bossettes pour les selles et les chariots, ou des

Pl. XXIV

PIED DE CIERGE PASCAL, XIIIᵉ SIECLE

plaques de ceintures et de hauberts. » Ayant dit, maître Hugues nous laissa admirer le candélabre fabriqué par son grand-père, et se remit à sa forge. « Mais, » reprit-il après avoir plongé le fer dans la braise et pendant que son garçon soufflait, « nous ne devons pas nous plaindre ; en somme, je gagne deux fois plus que mon père chaque année, et lui-même gagnait plus que son père ; les seigneurs et les riches hommes recherchent moins ce qui est bon et bien fait qu'autrefois, mais ils dépensent plus d'argent pour renouveler leurs meubles et leurs maisons ; les gens de métier sont plus heureux, moins foulés ; ils mangent du pain et de la viande tous les jours, et s'ils sont moins habiles, ils se font mieux payer. Moi aussi je m'accommode au temps. Tenez, voici une vertevelle que je viens de finir **(Pl. XXV)** ; cela ne donne pas grand'peine à façonner ; ce n'est que de la tôle découpée, quelque peu relevée à froid et burinée. Cependant j'ai soudé dessus ces grappelettes faites à la forge pour recevoir les têtes des clous, afin que celles-ci n'appuient pas sur la tôle à cru, ce qui ne vaut rien. C'est pour une armoire servant de librairie. Vous voyez que j'ai orné le moraillon d'un petit clerc assis tenant un livre ouvert ; j'ai conservé l'habitude de placer ainsi quelques pièces de forge très-fines, même sur les objets les plus vulgaires ; il faut s'entretenir la main, et montrer aux apprentis à ne jamais laisser perdre le métier. Voici encore une pièce de serrurerie comme nous en fabriquons chaque jour pour les églises et les châteaux ; c'est un grand chandelier à couronnes ; cela ne demande ni beaucoup de peine ni beaucoup de soin. Vous voyez au centre une tige en fer rond au sommet, à six pans dans la partie inférieure **(Pl. XXVI)** [55], puis des traverses plates posées en croix, soulagées par des potences qui maintiennent les trois cercles auxquels sont fixées des pointes pour les grands cierges et des viroles pour les petits cierges. Le candélabre est porté sur trois pieds, et ne peut ainsi vaciller, quelle que soit l'inégalité du sol. Je fais de ces grands porte-lumières par douzaine, et cela ne coûte pas cher ; mais aussi n'est-ce ni long ni difficile à fabriquer. Les branches soutenant les cercles sont assemblées avec ceux-ci au moyen de rivets, et leur extrémité inférieure passe à travers les petits plateaux circulaires qui sont enfilés par la tige de fer. Les cercles peuvent ainsi tourner sur l'arbre central, afin que l'allumeur de cierges ne soit pas obligé de faire le tour du porte-lumières. Les petits ornements qui égayent les supports des cercles sont eux-mêmes rivés. Ainsi, dans ces grandes pièces, les difficultés de forge sont évitées ; il n'y a point de soudures ; les pièces sont tournées à chaud, quelque peu gravées par des coups de burin et rivées les unes aux autres. De pareilles œuvres déplaisent à un vrai forgeron ; elles gâtent la main. Cependant, ces pièces ne coûtant pas cher et ayant de l'apparence, quelques-uns les font dorer et les placent dans les salles de banquet. A distance, on peut croire que ce sont là des porte-lumières d'un beau travail…. Que voulez-vous ? Si nous passions notre temps à ne faire que des ouvrages recherchés par les amateurs, nous ne pourrions gagner assez pour donner du pain à nos enfants. Mon voisin, Jacques Blin, qui était un bon serrurier et façonnait ces beaux ouvrages tant prisés, est mort dans la misère, sans laisser de quoi l'enterrer. Quand il venait me voir, et si j'avais sur ma forge une pièce comme celle-ci, j'étais honteux ; il ne disait rien, et se sauvait. Ce sont ces ouvrages de peu de valeur qui nous rapportent les plus gros bénéfices. » Maître Hugues reprit alors sa boîte de serrure, et nous le quittâmes.

« Avant que le soleil soit couché, nous avons encore le temps, si vous voulez, nous dit Jacques le huchier, d'aller visiter l'atelier de mon compère le lampier, Alain Le Grant. C'est un habile et riche homme qui a voyagé longtemps et qui sait bien son métier ; il est fort considéré par les seigneurs qui lui confient l'exécution de leurs sceaux, bien que ces ouvrages ne dépendent pas de son état ; c'est, comme vous savez, une besogne délicate, car on doit craindre les faux ; s'il gagne beaucoup à faire ces petits ouvrages, ce n'est pas là ce que je vous ferai voir chez lui, mais de belles œuvres de fonte d'archal et de cuivre. Il a des secrets pour jeter en moule de grandes pièces d'un seul jet, et il est rare qu'il les manque. »

Le Lampier

Nous allâmes donc chez Alain Le Grant. Son atelier est au fond d'une allée, près d'une cour assez spacieuse autour de laquelle sont bâtis des hangars renfermant des fourneaux et des provisions de sable, de terre grasse, du bois sec, des lingots de cuivre jaune et rouge, des pots de terre et des creusets de toutes dimensions. Sur la rue, Alain Le Grant ne possède qu'une boutique étroite, sur la devanture de laquelle on voit de petits chandeliers, des anneaux, des plaques de chariots, de harnais, et quantité de petits objets qui se vendent habituellement. Maître Alain était occupé à façonner un grand lampier en cire brune, car il est bon modeleur [56] « Voici, dit Jacques, des étrangers de mes amis qui demandent la permission de visiter vos ateliers, et qui voudraient bien voir quelques-unes de ces belles pièces de fonte que vous avez chez vous. » — « Soyez les bienvenus, messieurs, dit Alain, vous me faites honneur ; je vous ferai voir ce que j'ai de meilleur, et si vous restez à Paris, vous pourrez, si bon vous semble, voir couler cette pièce que je termine et qui sera prête à fondre dans un mois environ. On dit que j'ai des secrets, mais ce sont là des contes ; mon secret est de savoir mon métier et de ne jamais rien négliger. Si les fondeurs, mes confrères, ne réussissent pas comme moi, c'est qu'ils ne mettent pas à leur travail le temps et la patience qu'il y faut apporter, ou qu'ils craignent la dépense. A Paris, on veut aller trop vite en besogne, et pour un fondeur le temps et le soin font les trois quarts du travail. J'ai été longtemps en Brabant, en Bourgogne, en Allemagne et en Italie, où il se trouve de bons fondeurs, que l'on paye bien, parce que, dans ces pays, on estime leur travail, et si l'on me trouve habile ici, c'est que je n'ai pas perdu mon temps en chemin et ne me suis pas amusé, comme tant d'autres, à blâmer ce qu'ils voient chez les étrangers, sans songer à profiter de ce qu'ils savent et pratiquent mieux que nous. C'est à Milan et à Venise que j'ai appris à mélanger les métaux, chose d'une grande importance pour nous ; que j'ai vu comment on préparait de grands modèles et comment on fait pénétrer le métal en fusion jusque dans les parties les plus délicates du moule. Ne croyez pas qu'en France on ne sût pas fondre autrefois ; il y a un siècle et demi, nos devanciers savaient bien leur métier, et vous en

---

[55] Candélabre en fer tiré du cabinet de M. A. Gérente.

[56] « Premierement, que nulle ne pourra ouvrer ou dit mestier de nuys, fors tant seulement come il verra du jour, se ce n'est pour fondre…. Item, que nus chandelliers de cuivre ne soient faiz de pieces soudées pour mètre sus table, ne lampes ne soient faites que d'une piece, se ils ne sont à clavail (pièces retenues par des clavettes)…. Item, que nuls ne puisse nulles vielles euvres réparer ne brunir, ne vendre pour neuves, sus paine de perdre les, et de paier l'amende, etc…. » (*Regist. des mét. et marchand.* d'Ét. Boileau.)

PL. XXV PL. XXVI

VERTEVELLE, XIVe SIECLE CANDELABRE EN FER, XIVe SIECLE

aurez la preuve si vous allez à Saint-Remi de Reims, par exemple [57]. Vous verrez, dans le chœur des religieux, un candélabre qui est aussi beau comme fonte que le grand chandelier à sept branches de Milan [58]. J'ai recueilli dans mes voyages quelques belles pièces que je conserve comme modèles ; je voudrais les vendre que je ne pourrais en tirer un bon prix, car cela est passé de mode, et aujourd'hui on ne veut plus que des pièces de fonte toutes remplies de petites figures, de niches, de colonnettes, de feuillages, de clochetons ; cela est surprenant, mais c'est, entre nous, bien moins difficile à fabriquer que les anciens meubles, car on dissimule les défauts sous la multiplicité des détails. On attache les petites pièces les unes aux autres par des goupilles, on les retaille, on les couvre de ciselures ; s'il se trouve une soufflure, on la remplit d'étain. Mais les gens d'Église et les seigneurs n'y connaissent rien, et veulent avoir beaucoup pour peu d'argent ; il faut bien les satisfaire. Toutefois j'aime mon métier, j'ai de quoi vivre, et n'entreprends que les travaux qui me plaisent. Le grand lampesier dont je termine le modèle en ce moment est pour notre sire le roi ; il doit être suspendu dans sa chambre, au Louvre. Il sera fondu en sept pièces. Mais tout à l'heure, quand les apprentis auront dîné, je vous ferai voir les modèles déjà terminés. Entrez dans cette chambre, où je conserve les objets que j'ai pu me procurer pendant mes voyages. » Maître Alain nous ouvrit une petite porte basse, et nous nous trouvâmes dans une assez belle chambre toute tendue de vieilles tapisseries, contre lesquelles sont rangés des débris de meubles de métal et aussi quelques meubles entiers, de grands chandeliers, des suspensions pour les autels, des brasiers et des plateaux à jour en cuivre comme nos drageoirs, mais plus grands ; des lampiers de toute forme, des bras pour recevoir des cierges, et quantité d'objets d'une finesse extrême de travail, tels qu'encensoirs, navettes, crosses, fermaux, pièces de harnais, etc. Il eût fallu une journée entière pour examiner toutes ces choses à loisir, car dans le nombre il y en avait qui me parurent d'une singulière délicatesse. « C'est ici, nous dit maître Alain, que je viens me reposer de mon travail et chercher les moyens de perfectionner mes modèles et ma fonte. Voici, par exemple, des ouvrages sarrasinois que j'ai achetés à Venise ; ce sont de petits vases en argent faits pour contenir des boissons chaudes, enveloppés d'un réseau ajouré en fonte de cuivre, afin d'éloigner les mains du vase et de ne point brûler les doigts. Voyez comme ces ornements sont déliés, regardez ce métal comme il est beau. J'ai bien des fois cherché à obtenir une fonte pareille, mais je n'ai pu encore y parvenir. De ce côté est une de mes plus belles pièces : c'est une table de campagne, comme les grands seigneurs en faisaient mettre dans leurs bagages et sur lesquelles on servait un repas. Lorsqu'on campait, on apportait les mets sur ce plateau garni de rebords, chacun s'asseyait autour sur

des tapis, de la paille ou du foin, et on posait les assiettes sur des escabeaux ou même à terre [59]. Deux hommes pouvaient facilement porter le plateau au moyen de deux bâtons que l'on passait dans les anneaux (fig. 6). Aujourd'hui nos seigneurs, à la guerre, veulent être servis comme dans leurs châteaux : au camp, on met des tables et des nappes, on place des sièges autour, et il faut de nombreux serviteurs ; mais, autrefois, un connétable, ou même un roi en campagne, se contentait d'un plateau comme celui-ci pour son souper. Ce plateau peut se démonter ; les quatre pieds ne sont que des boulons qui passent à travers des œils ménagés aux extrémités des rebords, qui portent en-dessous un repos sur lequel pose le panneau du fond en bois, que l'on couvrait d'une nappe débordant par-dessous des deux côtés, de façon à faire deux nappes pour poser les assiettes, le pain et le sel. En apportant la table et lorsqu'on la desservait, les deux pans de la nappe étaient reployés sur le plateau et on emportait la table avec son service en un moment [60]. Il fallait que ces tables fussent légères ; aussi les quatre galeries à jour d'une fonte si fine, les quatre boulons et l'ais de bois qui forme le plateau, ne pèsent ensemble plus de vingt-cinq livres, bien que le tout soit assez grand pour contenir plusieurs plats [61]. Dans ces ouvrages de fonte anciens on enchâssait volontiers des cabochons de cristal de roche [62]. Cela n'est plus de mode depuis longtemps ; je le regrette, car ces pierres transparentes et brillantes donnent quelque chose de précieux aux ouvrages de fonte, surtout lorsqu'ils ne sont pas destinés à être dorés. Cependant ce que je possède de plus riche, c'est ce *faudesteuil*, fondu en Flandre il y a plus de cent ans ; car alors il faut dire que les fondeurs en cuivre étaient plus habiles qu'ils ne le sont aujourd'hui. Ce siège (**PL. XXVII**) se démonte, afin de pouvoir être transporté avec le bagage du seigneur. Après avoir retiré les clavettes à ressort **D,** on enlève les quatre montants **A, B,** qui passent à travers les œils réservés aux extrémités supérieures du pliant, dans les accoudoirs et le dossier ; les quatre pieds croisés, à têtes de compas, se plient ; les plaques d'appui et celles du dossier ne sont alors que des panneaux légers que l'on met dans un coffre. Les deux têtes tenant aux montants du devant sont en cristal de roche, ce qui est fort sain, parce que cette matière, étant toujours froide, entretient la fraîcheur des mains…. Mais les apprentis [63] ont fini de dîner, et si vous voulez, messieurs, nous allons rentrer dans l'atelier ; ils m'aideront à vous faire voir le lampier du roi notre sire." En effet, plusieurs apprentis s'étaient remis au travail : les plus âgés battaient des pièces sur des modèles, d'autres enduisaient de terre des objets en cire ; nous en vîmes deux qui étaient occupés à fondre de l'or dans une coupelle de terre au milieu d'un réchaud muni d'un soufflet (fig. 7) [64]. Auprès d'eux se trouvait le moule d'une croix dont le pied reposait au fond d'une sorte d'auge en terre destinée à recevoir le surplus du métal. Maître Alain, voyant que j'examinais le soufflet avec attention, nous dit : « Vous voyez là un de ces souf-

[57] Un fragment du candélabre de Saint-Remi de Reims se voit encore dans le musée de cette ville ; c'est une des plus belles pièces de fonte que nous connaissions : ce candélabre fut fabriqué vers la fin du XIIe siècle. Mais l'une des pièces de fonte de cuivre les plus remarquables que l'on puisse voir est le grand chandelier qui appartient à M. Espaular, au Mans. Il est fondu au cire perdue et date du XIIe siècle. (Voy. les *Mélang. archéol.*, t. IV, des RR. PP. Martin et Cahier.)

[58] Ce chandelier existe encore dans le trésor de la cathédrale ; il a été publié dans les *Ann. archéol.* de M. Didron.

[59] Bien que dès le IXe siècle l'usage des tables hautes et des sièges fût généralement adopté en France, même en campagne, cependant il est question parfois, pendant les XIe et XIIe siècles, de tapis étendus à terre pour manger (voy. la *Vie de saint Arnould*. évêque de Soissons ; voy. *Hist. de la vie privée des François*, t. III, p. 153, Le Grand d'Aussy).

Pl. XXVII

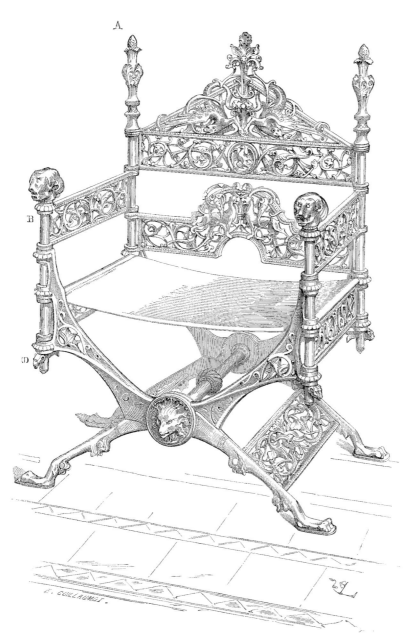

FAUDESTEUIL EN BRONZE, XIIᵉ SIECLE

flets que j'emploie de préférence à tout autre pour obtenir un courant d'air égal et continu. Il se compose de trois cellules, de façon qu'en poussant et en tirant le fond comme le fait l'apprenti, au moyen de soupapes intérieures en peau, l'air est toujours chassé par le tuyau. Je fais presque tous mes outils moi-même, et vous voyez que le conduit en métal du soufflet s'attache à la peau par une tête de bête. Soyez assuré que ce luxe n'est pas inutile ; il porte les apprentis à soigner et à respecter les ustensiles dont ils se servent journellement. La petite tête d'animal n'ajoute rien à la bonté du soufflet, mais elle le fait durer plus longtemps, parce que les jeunes gens sont naturellement disposés à ménager des objets qui paraissent précieux par le travail ; je me trouve ainsi largement dédommagé de la peine que j'ai prise à mettre de l'art dans un objet vulgaire. Maintenant l'apprenti a monté la tige principale de mon lampesier et l'une de ses six branches ; vous pouvez vous figurer ce que deviendra l'ensemble du travail lorsqu'il sera terminé (**PL. XXVIII**). Les six cavaliers seront variés, les ornements seuls se répètent à toutes les branches. Chacune de ces branches sera fondue d'un seul jet, sauf les plateaux des cierges qui sont rapportés avec leurs pointes. Pour qu'une pièce de fonte soit belle, la première condition c'est que le travail du modèle soit irréprochable. Celui-ci vous semble achevé, cependant il me faut deux ou trois semaines pour le terminer. Tout ce que vous voyez est en cire ; mais, au milieu des parties les plus épaisses, il y a des noyaux en terre pétrie avec de la paille pourrie. La cire bien modelée à ma satisfaction avec ces outils de bois et de fer, j'enduirai le tout avec grand soin d'une couche d'argile légère, puis d'une autre, et toujours ainsi jusqu'à ce que la *forme* ait la solidité convenable, en réservant des entonnoirs, des jets et des évents, en maintenant les parties délicates au moyen de petites tiges de fer et de renforts d'argile. Quand cette forme sera bien sèche, je mettrai la pièce au-dessus d'un feu très-doux, et, par des trous réservés exprès, la cire coulera fondue ; lorsqu'il n'en restera plus dans les formes, je placerai celles-ci au milieu de braise que l'on allumera peu à peu et bien également. Cette opération est très-délicate, car, faute de soin, on peut faire éclater le moule. Je chaufferai ainsi successivement jusqu'à ce que la forme blanchisse au feu ; après quoi, l'en ayant retirée, je l'enduirai de nouveau d'argile, puis je la placerai dans une fosse avec de la terre battue tout autour, en laissant les entonnoirs et les évents libres. Alors je jetterai le métal en fusion dans le moule. Lorsqu'il est refroidi, on casse la terre, et, par des trous laissés exprès dans des parties cachées, on enlève les noyaux intérieurs. Vous voyez ici, à travers la cire, les parties du noyau qui doivent toucher la forme, afin que, la cire étant fondue, ce noyau ne ballotte pas dans le moule. Ce sont ces parties adhérentes qui produiront les issues par lesquelles le noyau sera enlevé à l'aide de fers recourbés [65]. »

Maître Alain Le Grant ne voulut nous laisser prendre congé de lui qu'après nous avoir fait accepter à chacun une boucle de ceinture d'un joli travail. Il se faisait tard, et nous allâmes souper chez notre ami le huchier.

[60] Au XIIᵉ siècle encore, les tables étaient souvent munies de rebords (VOY. TABLE). Quant aux meubles transportables, nous avons expliqué ailleurs qu'ils étaient fort en usage jusque vers la fin du moyen âge. Le métal se prêtait mieux que toute autre matière à la fabrication de ces meubles, qu'il fallait démonter souvent, qui devaient occuper peu de place et peser le moins possible. Nous savons par expérience, de nos jours, comment des meubles en métal, adroitement composés et exécutés, ont moins de poids que des meubles en bois. Lord Londesborough possède, dans sa magnifique collection d'objets du moyen âge, un *faudesteuil* (pliant à dossier) de fabrication espagnole, qui date probablement du XVIᵉ siècle et qui est entièrement en fer, travaillé avec une délicatesse rare, composé de panneaux ajourés pouvant se démonter, se plier et se placer facilement parmi les bagages (voy. *Miscell. Graphica : represent. of ancient, medieval, and renaissance remains ;* London, 1857). Il est à croire que les Maures possédaient beaucoup de ces meubles portatifs ; ils excellaient dans les ouvrages de métal. La table de dom Pèdre de Castille était d'origine mauresque.

[61] Nous ne possédons sur ces tables portatives que des données assez vagues, et l'exemple que nous donnons ici ne s'appuie (quant à la forme et aux détails de l'ornementation) que sur un calque fait sur les dessins de la collection Garnerey, vendue il y a vingt-cinq ans, et malheureusement dispersée. Jusqu'à nos jours, les personnes souveraines avaient pour habitude de manger seules. Leur repas était apporté dans des barquettes couvertes, et les mets étaient déposés couverts sur la table (d'où le mot *couvert* pour désigner une table servie). Ces usages s'étaient conservés encore sous les rois Louis XVIII et Charles X. Le dîner du roi était porté des cuisines à la salle à manger, dans une ou deux barquettes, par des valets, et précédé d'un quartier-maître en uniforme et de gardes du corps. De temps à autre, le quartier-maître criait : « Messieurs ! la viande du roi, » et chacun de se découvrir. Notre table peut bien avoir servi de barquette. Mais alors (au XIIᵉ siècle) le cérémonial n'était pas réglé comme il le fut plus tard. Pour prendre une idée de ce qu'était le cérémonial de table au XVᵉ siècle, il faut voir l'*État de la maison de Charles le Hardy*, par Olivier de la Marche. Cet auteur dit (chap. du *tiers-estat*) : « Or il est besoin que je déclare comment l'escuyer trenchant sert, ne en quelle manière, quand les estats sont appointés, et la table parée, l'escuyer trenchant qui doit servir doit mettre son chapperon ou chappeau sur le buffet, ès mains du somellier, et en doit le somellier prendre garde, et doit bailler à l'escuyer à laver, qui essuie ses mains à la nappe du buffet, et ces choses ne doit-on souffrir ne laisser faire à autre que à l'escuyer trenchant ; et le prince assis, l'escuyer trenchant va devant luy, puis desveloppe le pain, et baise la petite serviette qu'il y trouve enveloppée (avec le pain), et la mect entre les mains du prince, et puis prend celle où estoit le pain enveloppé, il l'escout (la secoue) et la mect sur son col, et y mect les deux bouts d'icelle devant luy, et la cause est telle, car l'escuyer trenchant doit tousjours veoir toutes les choses qui doivent toucher au pain, à la viande et aux cousteaux, dont il doit trencher, et doit toucher à ses mains et à sa bouche." Ce passage doit s'entendre ainsi : l'écuyer tranchant examinera avec soin tous les ustensiles qui doivent toucher au pain et aux mets ; il les prendra en sa main et les approchera de sa bouche, pour faire l'essai, et s'assurera si ces ustensiles ne sont point empoisonnés. « Puis il prend le pain et le met en la main sénestre, qui doit estre couverte de la serviette (attachée à son col), et du plus grand cousteau le doit partir en deux (partager le pain en deux), et en doit prendre l'une, et la bailler au vallet servant pour faire son essay, puis prend l'épreuve de la licorne en la petite nef, et touche le pain tout à l'entour, et puis trenche devant le prince, et quand il a servi le pain, il le remet sur la table (la petite nef), entre luy et le panetier, et puis prend un petit cousteau, et baise le manche, et puis le mect devant le prince, et tous les mects et toute la viande qui est sur la table, il la doibt descouvrir l'un après l'autre, et mettre devant le prince, soit fruict ou autrement, et quant le prince a mangé de l'un, il luy baille de l'autre, selon son appétit, et doit avoir discrétion de présenter au prince les mets comme ils doivent aller, c'est à sçavoir, les potages premiers que le plat, et les œufs avant le poisson, et quand il a mis a chascun plat devant le prince, il le doibt descouvrir, et puis faire espreuve de la licorne, et après faire son essay avant que le prince en mange, et si c'est viande qu'il faille trencher, il doit prendre un trenchoir d'argent (plat propre à découper), et mectre dessus quatre trenchoirs de pain et les mettre devant le prince, et devant soy doit mettre quatre trenchoirs de pain, et sur iceux un autre qui font le cinquiesme trenchoir de la crouste, pour soustenir le fais du trenchoir et du cousteau, et doit l'escuyer prendre la chair sur son cousteau, et le mettre devant le prince ; et s'il est bon compaignon, il doit très bien manger, et son droit est de manger ce que luy demeure en la main en trenchant, et certes s'il mange bien, le prince luy en sçait bon gré, car en ce faisant il lui montre seureté et appétit, il peut aller boire au buffet, et ne luy peut-on refuser le vin de bouche, toute la viande qui est devant le prince est sienne, pour en faire mange publiquement, car si le prince mangeoit en sa chambre à privé, en ce cas la viande est à ceux de la chambre, et n'en alleroit l'escuyer trenchant que par portion. »

[62] Comme on peut le voir encore dans le fragment du candélabre de Saint-Remy de Reims. (Bibl. de Reims.)

[63] Les fondeurs en métaux à Paris pouvaient avoir autant d'apprentis qu'ils voulaient. (Et. Boileau.)

[64] Bibl. imp., ms. ancien f. Saint-Germain, n° 37, XIIIᵉ siècle. On voit, dans cette vignette, le boisseau dans lequel est la provision de char-

Pl. XXVIII

FRAGMENT D'UN LAMPESIER EN FONTE DE CUIVRE, XIVᵉ SIECLE

bon ; puis, par derrière, le moule d'une croix que le fondeur s'apprê-
te à remplir. Comme aujourd'hui, le fondeur a la tête garnie d'un bonnet feutré dont la visière peut se rabattre sur ses yeux lorsqu'il coule
les métaux.

[65] Voy. Théophile. *Diversarum artium schedula. De thuribulo fusili,*
lib. III, c. IX..

141

Vie privée de la haute bourgeoisie

Si, de nos jours, quelques industries nouvelles se sont élevées, s'il en est d'anciennes qui se soient perfectionnés, il en est plusieurs qui n'ont fait que décroître depuis le XVIᵉ siècle. Les corps de métiers avaient l'inconvénient de maintenir la main-d'œuvre à un prix élevé, de composer une sorte de coalition permanente, exclusive, jalouse et toujours en situation de faire la loi à l'acheteur ; mais ces corps conservaient les traditions, repoussaient les incapacités ou les bras inhabiles. La maint-d'œuvre, n'ayant pas de concurrence ruineuse à craindre, tenait à la bonne renommée qui faisait sa richesse et lui assurait le travail de chaque jour. Il faut bien reconnaître qu'en France nous ne savons pas profiter de la liberté avec la tempérance et la tenue qui peuvent seules en garantir la durée, et qu'une barrière n'est pas plutôt renversée que tout le monde veut passer en même temps, sous peine de tomber les uns sur les autres. Les industries affranchies de toute entrave par les principes de 1789 se sont bientôt livrées à une concurrence effrénée, à ce point que plusieurs ont cessé d'inspirer toute confiance et ont vu les demandes cesser peu à peu, surtout à l'étranger, à cause de l'infériorité de la fabrication. Aucun peuple ne sait faire d'aussi bonnes lois que nous, mais aucun peut-être ne sait moins s'y soumettre. Nos chefs d'industrie sont très-capables, nos ouvriers sont pleins d'intelligence ; mais, dans le cours ordinaire des choses, maîtres et ouvriers se contentent d'*à peu près*. S'il agit d'une exposition industrielle, de paraître devant les autres nations, la plupart de nos fabricants pourront se trouver au premier rang, envoyer des produits incomparables sous le rapport du goût et de l'exécution ; mais s'il s'agit de multiplier ces produits à l'infini, d'en exporter des milliers, ils seront la plupart défectueux, négligés, incomplets. Ce malheureux défaut, qui tient à notre caractère, nous a fermé des débouchés sur toute la surface du globe ; tandis que nos voisins les Anglais, inférieurs à nous sur bien des points, s'emparent des marchés par l'égalité de leurs produits. L'organisation des jurandes et maîtrises apportait un frein à cette déplorable habitude de fabriquer d'autant moins bien qu'on fabrique davantage. Nous avons tous éprouvé que l'on ne peut aujourd'hui prendre dans le commerce les objets qui demandent une exécution régulière et soignée, et que si nous voulons, par exemple, de bonnes serrures, il faut les faire exprès ; que si nous avons un appartement à meubler, nous devons commander chaque meuble et veiller à ce que son exécution soit irréprochable.

L'amour irréfléchi pour le luxe qui s'est répandu dans toutes les classes est venu encore augmenter chez nous cette disposition de l'industrie mobilière à donner son attention à l'apparence, au détriment du fond. Si bien que, pour aucun prix, l'on ne trouve, dans les ateliers, un meuble simple, mais irréprochable comme exécution ; s'il vous prend fantaisie d'en posséder un, il faut le faire faire. Il est vrai qu'aujourd'hui un chef de famille change cinq ou six fois son mobilier pendant le cours de sa vie, et qu'autrefois les mêmes meubles servaient à deux ou trois générations. Les meubles étaient de la famille, on les avait toujours vus, on s'y attachait, comme il est naturel de s'attacher à tout objet témoin des événements de la vie et des occupations de chaque jour. Sans être très-profond observateur, chacun peut reconnaître qu'il s'établit entre les hommes et les objets qui les entourent, quand ces objets demeurent constamment sous leurs mains, certains rapports harmonieux qui, à notre avis, donnent aux habitations un caractère particulier, comme une âme.

Tous s'enchaîne et se tient dans la vie des hommes ; il serait illogique de demander aux familles du XIXᵉ siècle une perpétuité dans leurs meubles qui n'existe plus dans les mœurs. Les familles se dispersent aujourd'hui à chaque génération, après chaque décès, et nous ne pouvons raisonnablement demander à un chef de famille de meubler *sa maison* pour un temps illimité, puisque, lui mort sa maison sera démembrée. Mais telle est la force des traditions, malgré les lois, malgré les mœurs, que nous voyons cependant chaque jour des hommes graves oublier qu'ils sont, au XIXᵉ siècle, à l'auberge leur vie durant, et qu'après eux un voyageur inconnu habitera leur chambre.

Du XIIIᵉ au XVIᵉ siècle, le luxe s'était singulièrement développé, non-seulement chez les nobles, mais aussi parmi la classe bourgeoise. Pendant les malheurs politiques des XIVᵉ et XVᵉ siècles même, il semble que dans les habitations des villes le mobilier devint plus riche et plus nombreux. A cette époque, la bourgeoisie profitait de l'affaiblissement de la noblesse et rivalisait de luxe avec elle dans ses maisons et sur ses habits. Elle ne se ruinait pas comme les gentilshommes à la guerre ; elle vendait, achetait, prenait en gage, se plaignait fort, obtenait des privilèges, imposait des conditions usuraires aux seigneurs qui avaient besoin d'argent, et se moquait d'eux quand elle les voyait dénués de tout.

« Hommes d'onneur, chevalereux,
« Gentilz, sages, loyaulx et preux
« N'en savoient leur cuer abaisser
« De tousjours ses dons demander (au roi) ;
« Mais hommes bas, de néant venus,
« Qui vueulent le bas monter sus,
« N'ont honte de riens demander ;
« Puys parle qui en vouldra parler,
« Car ils l'auront pour flatoyer,
« Ou pour la robe desplumer :
« Sy se riront des chevaliers
« Qui n'auront robes ne deniers,
« Qui ont porté pour le Roy douleur,
« Et sont prests de porter greigneur,
« Et de mourir com bon vassal
« Pour garder le Roy de tout mal.
« Les autres, par sainte Marie,

« Le serviront de flaterie
« Et de porter nouvelle guise ;
« N'oncques leurs pères n'eust la mise
« Que il peust payer la façon.
« Après vouldront faire maison
« De deux sales de lis tendus,
« D'argent vaisselle comme dus
« Vouldront-il avoir tost après,
« Et s'ils treuvent rentes assés
« Que veulent vendre gentilz hommes,
« Les achèteront cès prudommes.
« Le mondes est huy très puissans
« Quant des sy bas fait sitost grans ;
« Car de vray vilain, chevalier :
« Ne de droit buzart, esprevier :
« Ne de toille, franc camelin :
« Ne de Goudale, sade vin,
« Souloient dire les anciens,
« Non se pourroit faire pour riens.
« Se au prince falloit conseil querre
« Ou s'il survenoit une guerre,
« De quoy lui sauroyent ayder ?'
« Ne le me vueilliez demander.
« .... [1]. »

Ailleurs, le Sarrasin reproche aux François les abus du temps :

« Vous avez une autre police
« Qui certes me samble trop nice,
« Qu'entre vous je voy ces truans
« Voulans contrefaire les grans :
« Se un grans portoit mantel en ver,
« Incontinent un vilain sers
« Aussy se prent en ver porter
« Pour les bien nobles ressambler.
« .... »

Puis, c'est le Juif qui demande à rentrer en France ; car les marchands, dit-il, se livrent, à l'abri de leur négoce, à une usure cent fois pire que la sienne. Jehan lui reproche de ne cultiver aucun art, de n'être ni laboureur ni marin :

« Pourquoi estes-vous venus cy ?

Le Juif répond :

« Loy de Dieu, Sire, je vous pry
« Que vous me vueilliez escouter :
« Je suy çà venus espyer,
« Par mandement de nos Juifz,
« Se nous pourrions estre remis`
« Et retourner en ceste terre.
« Nous avons oy que tel guerre
« Y font les usuriers marchans
« Qu'ilz gaignent le tiers tous les ans :
« Sy font secrètement usure
« Tel qui passe toute mesure,
« Car il fauldra grand gage perdre
« Se cilz ne vient au jour por rembre ;
« Et qui gage bailler ne puet
« Il aura perles se il vuelt,
« Mais il fault qu'il les pleige bien,
« Autrement n'emportera rien.
« Les perles on ly monstrera,
« Mille francs les achètera :
« Il confessera cel achat,
« Mais il vendra de l'autre part
« Un marchant qui marchié fera,

« Et pour huit cens francs les aura
« Et sy sera mise journée
« Pour payer la somme nommée,
« Et s'il ne paye celluy jour
« Oncques ne fut tant mal séjour,
« Car il fault prendre autre terme
« Mais il fault bien l'interest rendre
« Tel que, se je disoye tot
« Pires usures oncques ne vy
« Qu'ils font aujourd'uy, je vous dy :
« Les courratiers font ce Lendit.
« .... »

Ces braves marchands des villes qui rançonnaient si bien les seigneurs et qui n'avaient nulle occasion de déployer un luxe ruineux à l'extérieur se meublaient richement, mettaient leur plaisir à avoir de bonnes maisons bien closes et bien garnies, de belle vaisselle, de bons vêtements ; et certainement il était, au XIVᵉ siècle, plus d'un baron en France qui se fût trouvé heureux de posséder le mobilier, l'argenterie, les provisions de toiles, de drap et d'étoffes de tel gros bourgeois de la ville voisine. Les documents écrits qui nous restent de cette époque et qui donnent quelques détails sur la vie privée de la bourgeoisie sont tous empreints de cet amour du chez soi, qui indique toujours le bien-être intérieur, la vie régulière, l'aisance et ce luxe privé, égoïste, que nous appelons le *comfort*. Il est un livre fort curieux à lire lorsqu'on veut prendre une idée complète des habitudes de la riche bourgeoisie au XIVᵉ siècle en France, c'est *le Ménagier de Paris* [2]. L'auteur de cet ouvrage entre dans tous les détails de la vie privée ; il nous fait connaître que le luxe s'était répandu partout sous les règnes de Charles V et de Charles VI, et qu'alors, plus qu'aujourd'hui peut-être, la vie était embarrassée de ces soins infinis, de ces habitudes de bien-être, de ces menus détails, qui appartiennent à une société très-raffinée. Nous allons essayer de résumer les passages de ce traité qui se rapportent à notre sujet. Notre auteur recommande à sa femme de prendre soin de son mari, dans la crainte qu'il ne s'éloigne d'elle. Les hommes, dit-il, doivent s'occuper des affaires du dehors ; c'est aux femmes à avoir cure de la maison. Le mari ne craindra ni le froid, ni la pluie, ni la grêle, ni les mauvais gîtes, s'il sait au retour trouver ses aises, « être deschaux à bon feu, être lavé des piés, avoir chausses et soulers frais, bien peu (repu), bien abreuvé, bien servi, bien seignouri (traité en maître), bien couchié en blans draps, et cueuvrechiefs blans, bien couvert de bonnes fourrures... » Trois choses, dit-il, « chassent le preudomme de son logis : c'est assavoir maison découverte, cheminée fumeuse et femme rioteuse... Gardez en yver qu'il ait bon feu sans fumée, et entre vos mamelles bien couchié, bien couvert, et illec l'ensorcellez. Et en esté gardez que en vostre chambre ne en vostre lit n'ait nulles puces, ce que vous povez faire en six manières, si comme j'ay oy dire... » Plus loin, il recommande à sa femme de se garantir des cousins (cincenelles) au moyen de moustiquaires (cincenelliers), des mouches, en prenant certaines précautions encore en usage de nos jours [3]. L'auteur parle de chambres dont les fenêtres doivent être bien closes de « toile cirée ou autre, ou de parchemin ou autre chose. » On pourrait croire, d'après ce passage, que

[1] *L'apparition de Jehan de Meun*, par Honoré Bonet, prieur de Salon, XIVᵉ siècle. Pub. par la Soc. des bibliop. franç., 1858.

[2] *Le Ménagier de Paris, composé vers 1393 par un Parisien pour l'éducation de sa femme*. Pub. pour la prem. fois par la Soc. des bibliop. franç. 2 vol., 1857.

[3] T. 1, art. VII, p. 169 et suiv.

les châssis de fenêtres des habitations bourgeoises, au XIVᵉ siècle, n'étaient fermés que par de la toile cirée, du parchemin ou du papier huilé [4] ; mais cependant on employait depuis longtemps le verre à vitre, et on en trouve des traces nombreuses dans les constructions mêmes des XIVᵉ et XVᵉ siècles, et des représentations dans les peintures et les vignettes des manuscrits. Nous pensons que ces toiles cirées, parchemins, etc., s'appliquaient bien plutôt sur les volets dont on laissait partie découpée à jour. Cette précaution était d'autant plus utile pour se garantir du froid, du soleil et des mouches, que les verres à vitres n'étaient alors, dans les habitations, que des *boudines*, c'est-à-dire de petits culots de verre circulaires réunis par un réseau de plomb. L'air devait passer entre ces pièces de verre, et le soleil traversant ces lentilles eût été insupportable si on n'eût tempéré son éclat par des châssis tendus de toile ou de parchemin.

Plus loin [5], il est fait mention des soins donnés aux chevaux revenant de longues courses et aux chiens revenant de la chasse. Les chevaux sont déferrés et couchés (mis au bas) ; « ils sont emmiellés, ils ont foing trié et avoine criblée... Aux chiens qui viennent des bois et de la chasse fait-l'en lictière devant leur maistre, et luy même leur faict lictière blanche devant son feu ; l'en leur oint de sain doulx leurs piés au feu, l'en leur fait souppes, et sont aisiés par pitié de leur travail...

Les bourgeois des villes n'avaient pas autour d'eux les ressources que possédait le châtelain pour se faire servir ; ils n'avaient pas de paysans corvéables et étaient obligés de prendre des valets à gage. Dans le *Roman du roi Guillaume d'Angleterre* [6], le héros, fugitif, se voit forcé de se mettre en service chez un bourgeois, auquel il se présente sous le nom de Gui :

« Or me dit (le bourgeois), Gui, que sès-tu faire ?
« Saras-tu l'eue del puc traire [7],
« Et mes anguilles escorcier ?
« Saras-tu mes cevax torcier [8] ?
« Saras-tu mes oisiax larder ?
« Saras-tu ma maison garder ?
« Se tu le sès bien faire nete
« Et tu sès mener me carete,
« Dont deserviras-tu molt bien
« Çou que jou donrai del mien. »
« - Sire, fait Gui, je ne refus
« Tout çou à faire et encor plus ;
« Jà de faire vostre servisse
« Ne troverés en moi faintise. »
« En liu de garçon sert li rois
« Molt volentiers chiés le borgois,
« Ne ja par lui n'iert refusée
« Cose qui lui soit commandée. »

Un valet chez un bourgeois, au XIIIᵉ siècle, remplissait ainsi l'office de cuisinier, de palefrenier, de cocher, de majordome, de portier, d'homme de peine. Il faut dire qu'alors les maisons de ces bourgeois étaient petites et qu'elles ne contenaient que deux ou trois pièces à chaque étage, simplement meublées. D'ailleurs, les bourgeois étaient tous ou fabricants ou négociants, et, comme tels, ils avaient un ou plusieurs apprentis qui demeuraient chargés d'une partie du service intérieur de la maison.

Les seigneurs féodaux résidant sur leurs terres pouvaient facilement faire tout le service grossier de l'intérieur du château avec un intendant [9] et des corvées ; mais les bourgeois, dès que les habitudes de luxe se furent introduites chez eux, ne pouvant avoir un nombre considérable de valets, en louaient, suivant le besoin, pour certains services. Les serviteurs, dit l'auteur du *Ménagier* [10], « sont de trois manières. Les uns qui sont prins comme aides pour certaine heure, à un besoing hastif, comme porteurs à l'enfeutreure [11], brouetiers **(voy. fig. 8)** [12], lieurs de fardeaulx

8

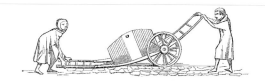

[4] Voy. la note, t. I, p. 173, *Le Ménagier.*

[5] T. 1, p. 175.

[6] *Chron. anglo-normandes ; Recueil d'extraits et d'écrits relat. à l'hist. de Norm. et d'Anglet.* Pub. par Francisque Michel. T. III, p. 79.

[7] Tirer l'eau du puits.

[8] Panser mes chevaux.

[9] Au XIIIᵉ siècle, nous voyons apparaître déjà cet intendant, dont les fonctions sont définies dans le *Lai d'Ignaurès :*

« Il vint por mi une autre rue
Avoec lui avoit un *aufage*
Ki li faisoit tout son message :
Icil li assembloit sa rente.
La dame Ki fu en atente
Avoit le postic (la porte) entr'ouvert.
Li bers i entre tout en apert ;
(Ains d'il en isse aura anui)
La dame vint encontre lui ;
Son message à l'ostel renvoie,
Il n'a cure ke il le voie. »

Ce nom d'*aufage*, pour intendant, n'est par ordinaire, et nous ne l'avons vu employé que dans ce petit poème.

[10] T. II, p. 53.

[11] Porteurs munis d'un bourrelet feutré ou d'un coussin pour placer sur la tête ou les épaules et faciliter ainsi le port de la charge, comme le font encore nos porte-faix.

[12] Ms. *Vita et Passio S. Dyonysii Areopagi.* Bib. imp., f. latin, n° 5286.

et les semblables ; ou pour un jour ou deux, une sep-maine ou une saison, en un cas nécessaire ou pénible ou de fort labour (travail), comme soieurs, faucheurs, bateurs en granche ou vendengeurs, bottiers, fou-leurs, tonneliers et les semblables. Les autres à temps pour un certain mistère (ministère), comme coustu-riers, fourreurs, boulengiers, bouchiers, cordœnniers et les semblables qui œuvrent à la pièce ou à la tâche pour certain œuvre. Et les autres sont pris pour estre serviteurs domestiques pour servir à l'année et demourer à l'ostel. Et de tous les dessusdis aucun n'est qui voulentiers ne quière besongne et maistre. » Pour les premiers, continue l'auteur, que l'on prend pour tous les travaux de peine, les transports, etc., ils sont « communément ennuyeux », grossiers, arro-gants, prêts à dire des injures lorsqu'il s'agit de les payer : aussi faut-il faire, avec eux, prix d'avance ; quant aux seconds, il est bon de régler clairement et souvent leur compte pour éviter toute discussion. Mais pour les serviteurs à gage, notre auteur veut qu'on s'informe de leurs précédents, « de quel pays et gens ils "sont", pourquoi ils ont quitté leurs pre-miers maîtres. Il entend qu'on doit tenir un livret de leur entrée, du lieu de naissance de leurs parents, de leurs répondants. » « Et nonobstant tout, aiez en mémoire le dit du philosophe, lequel s'appelle Ber-trand le vieil, qui dit que se vous prenez chambrière ou varlet de haultes responses et fières, sachiez que au départir, s'elle peut, elle vous fera injure ; et se elle n'est mie telle, mais flateresse et use de blan-dices, ne vous y fiez point, car elle bée en aucune autre partie à vous trichier ; mais se elle rougist et est taisant et vergongneuse quant vous la corrigerez, amez la comme vostre fille. »

Notre auteur a un intendant, Jehan le dépensier *(dis-pensator)*, et une première femme de ménage, Agnès la béguine ; ce qui indique un personnel nombreux de gens. « Si soiez advertie, continue-t-il, et dictes à dame Agnès la béguine qu'elle voie commencier devant elle ce que vous aurez à cuer estre tost fait ; et premièrement qu'elle commande aux chambrières que bien matin les entrées de vostre hostel, c'est assa-voir la salle et les autres lieux par où les gens entrent et s'arrestent en l'ostel pour parler soient au bien matin balléyés et tenus nettement, et les marchepiés (devant les bancs), banquiers et fourmiers (garni-tures, coussins, tapis posés sur les formes) qui illecques sont sur les formes, despoudrés et escoués ; et subséquemment les autres chambres pareillement nettoiées et ordonnées pour ce jour, et de jour en jour, ainsi comme il appartient à nostre estat. »

« *Item*, que par ladicte dame Agnès vous faciez prin-cipalement et songneusement et diligemment penser de vos bestes de chambre comme petis chiennés, oise-lets de chambre : et aussi la béguine et vous pensez des autres oiseaulx domeschés, car ils ne pevent par-ler, et pour ce vous devez parler et penser pour eulx, "se vous en avez". » S'ensuivent de longues recom-mandations sur les soins à prendre des bêtes, au vil-lage, dans la propriété des champs, moutons, bœufs, gélines, oies, chevaux, sur l'état qu'il en faut tenir, sur leurs produits ; comment il faut que la maîtresse prenne intérêt à ces détails, se faire renseigner, afin que les domestiques soient plus diligents. Puis des recettes pour détruire les loups, les rats ; les soins à

apporter pour la conservation des fourrures, des draps, pour détacher les étoffes, pour conserver les vins. Encore sur les repas des domestiques, qui doivent être abondants mais courts ; car, disent « les com-munes gens : *Quant varlet presche à table et cheval paist en gué, il est tems qu'on l'en oste, que assez y a esté.* » Sur la clôture la nuit, sur le couvre-feu. « Et ayez fait adviser, par avant, qu'ils aient chascun (les gens) loing de son lit le chandelier à platine (à large plat) pour mettre sa chandelle, et les aiez fait intro-duire (instruire) sagement de l'estaindre à la bouche ou à la main avant qu'ils entrent en leur lit, et non mie à la chemise [13]. » Il recommande à la maîtresse de faire coucher ses chambrières de quinze à vingt ans « pour ce que en tel aage elles sont sottes et n'ont guère veu du siècle » près d'elle, en la garde-robe ou en chambre qui n'ait ni lucarne ni fenêtre basse. Cette instruction se termine par ces mots : « … Si est que se l'un de vos serviteurs chiet en maladie, toutes choses communes mises arrière, vous mesmes pen-sez de luy très amoureusement et charitablement, et le revisetez et pensez de luy ou d'elle très curieuse-ment en avançant sa garison, et ainsi aurez acompli cet article. »

Ces extraits font assez voir qu'à la fin du XIVe siècle la vie intérieure de la riche bourgeoisie ne différait guère de celle de la noblesse ; mais si nous parcou-rons les parties de ce curieux livre qui traitent de la table, on sera surpris du luxe et des raffinements qui s'étaient introduits dans la manière de recevoir des hôtes et dans tout ce qui tenait à l'existence maté-rielle. Cependant les maisons habitées par la haute bourgeoisie, les gens de robe, ne contenaient pas de salles assez vastes pour permettre de recevoir un très-grand nombre de convives. A l'occasion de certaines fêtes de famille, comme les noces par exemple, on louait la salle meublée de quelque hôtel seigneurial. Nous trouvons la trace de cet usage dans le *Ména-gier* [14]… « Sur quoy est assavoir que l'ostel de Beau-vais [15] cousta à Jehan du Chesne quatre francs ; tables, testaulx, fourmes *et similia*, cinq francs ; et la chap-pellerie luy cousta quinze francs [16]. » Le personnel loué en pareil cas était considérable. Il faut, dit l'auteur du *Ménagier* : 1er trouver un clerc ou un valet qui se chargera d'acheter « erbe vert, violette, cha-peaulx, lait, fromages, œufs, busche, charbon, sel, cuves et cuviers tant pour sale que pour garde-men-giers, vert jus, vinaigre, ozeille, sauge, percil, aulx nouveaulx, deux balais, une poesle et telles menues choses ; 2e un queux (cuisinier) et ses varlets qui cous-teront deux francs de loyer, sans les autres drois, mais le queux paiera varlets et portages, et dient : *à plus d'escuelles, plus de loyer* ; 3e deux porte-chappes [17], dont l'un chappellera pain et fera tranchouers [18] et sallières de pain [19], et porteront le sel et le pain et tranchouers aux tables, et fineront pour la sale de deux ou trois couloueres pour gecter le gros relief comme souppes, pain trenché ou brisié, tranchouers, chars et telle chose : et deux seaulx pour gecter et recueillir brouets, sausses et choses coulants [20] ; 4e convient un ou deux porteurs d'eaue ; 5e sergens grans et fors à garder l'uis ; 6e deux escuiers de cuisine, desquels l'un ira marchander de l'office de cuisine, de paticerie et du linge pour six tables ; ausquelles convient deux grans pos de cuivre pour vingt

[13] On se couchait nu ; il paraî-trait que les domestiques avaient l'habitude d'éteindre leur chandelle en jetant leur chemise dessus.

[14] T. II, p. 116.

[15] L'hôtel de l'évêque de Beauvais.

[16] *La chappellerie*, c'est-à-dire l'acquisition des cou-ronnes ou chapels de fleurs que l'on donnait aux convives.

« *Totes estoient desfublées, Ensi sans moelekins (coiffes) estoient, Mais capeaux de roses avoient En lor chiés mis, et d'aiglen-tier, Por le plus doucement flai-rier.* » Le *Lai du Trot*, XIIIe s.

[17] Porteurs de pains.

[18] Tranches de pain sur les-quelles on servait les viandes.

[19] Le sel se mettait dans des morceaux de pain creusés en forme de godets.

[20] La viande était servie à chaque convive sur des *tran-choirs*, c'est-à-dire sur des morceaux de pain rassis, cuits exprès pour cet usage. Les écuyers tranchants découpant les viandes plaçaient chaque morceau sur ces tranchoirs rangés sur un plat ; on les pré-sentait aux convives, qui désignaient le morceau à leur convenance, afin qu'on le plaçât devant eux avec son tranchoir sur la nappe, ou, chez les grands, sur une assiette d'argent. Chacun coupait ainsi sa viande sur ce lit de pain, sans endommager la nappe ou sans faire grincer le couteau sur la vaisselle plate. Chez les petites gens, on mangeait avec ses doigts. Quant aux potages, aux brouets, ils étaient servis dans des écuelles ou assiettes creuses communes à deux convives ; d'où la locution « à pot et à cuiller », c'est-à-dire dans la plus grande intimité avec quelqu'un. Dans l'*Apo-logie pour Hérodote*, on lit ce passage, l. 1er, ch. XXI : « Un boucher ayant perdu sa femme et mesme pensant qu'elle fust morte (au moins estoit-elle bien perdue pour luy, mais non pas pour les cordeliers, avec lesquels elle estoit *cum poto et cochlea-ri*, à pot et à cueiller, ainsi que nous avons ouy parler Menot), et voyant un novi-ce… » « Bien que l'usage de manger deux dans la même écuelle et avec la même cuiller se soit perpétué jusqu'au XVIIe siècle, déjà cependant, au XIVe siècle, on voit que, dans les repas somp-tueux, chaque convive pos-sède son écuelle à potage. Les *couloueres* étaient des vases percés de trous, comme nos passoires ; nous serions disposés à penser que les *cou-loueres* se posaient sur les *seaulx*, et qu'en jetant les restes des mets solides et

escuelles, deux chaudières, quatre couloueres, un mortier et un pestail (pilon), six grosses nappes pour cuisine, trois grans pos de terre à vin, un grant pot de terre pour potage, quatre jattes et quatre cuillers de bois, une paelle de fer, quatre grands paelles à ance, deux trépiers et une cuiller de fer. Et aussi marchandera de la vaisselle d'estain : c'est assavoir dix douzaines d'escuelles, six douzaines de petis plas, deux douzaines et demie de grans plas, huit quartes, deux douzaines de pintes, deux pos à aumosne [21]. Et l'autre escuier de cuisine ou son aide ira avecques le queux vers le bouchier, vers le poulaillier, l'espicier, etc., marchander, choisir et faire apporter, et paier portages ; et auront une huche fermant à clef où seront les espices, etc., et tout distribueront par raison et mesure. Et après ce, eulx ou leurs aides retrairont et mettront en garde le surplus en corbeillons et corbeilles, en huche fermant pour eschever le gast et excès des mesnies ; 7e deux autres escuiers convient pour le dressouer de sale, qui livreront cuilliers et les recouvreront ; livreront hanaps, et verseront tel vin comme chascun leur demandera pour ceulx qui seront à table, et recouvreront la vaisselle ; 8e deux autres escuiers pour l'eschançonnerie, lesquels livreront bon vin pour porter au dressouer, aux tables et ailleurs ; et auront un valet qui traiera le vin ; 9e deux plus honnestes et mieulx savans, qui compaigneront toujours le marié et avec luy yront devant les mets ; 10e deux maistres d'ostel pour faire lever et ordener l'assiette des personnes, un asséeur et deux serviteurs pour chascune table, qui serviront et desserviront ; getteront le relief ès corbeilles, les sausses et brouets ès seilles ou cuviers, et retrairont et apporteront la desserte des mets aux escuiers de cuisine ou autres qui seront ordonnés à la sauver, et ne porteront rien ailleurs. L'office du maistre d'ostel est de pourveoir des salières pour la grant table ; hanaps, quatre douzaines ; gobelets couvers dorés, quatre ; aiguières, six ; cuillers d'argent, quatre douzaines ; quartes d'argent, quatre ; pos à aumosne, deux ; dragouers, deux. — Une chappelière qui livrera chappeaulx le jour du regard [22] et le jour des nopces. L'office des femmes est de faire provision de tapisseries, de ordonner à les tendre, et par espécial, la chambre parer et le lit qui sera benoist (béni) (VOY. LIT). Lavendière pour tressier [23]. Et *nota* que se lit est couvert de drap, il convient penne de menu vair ; mais s'il est couvert de sarge, de broderie, ou courte-pointe de cendail, non. » Ce curieux passage, résumé, par M. Jérôme Pichon, de la manière la plus claire dans la savante Introduction placée en tête du *Ménagier* [24], nous donne une idée complète de ce qu'était le luxe de table, à la fin du XIVe siècle, dans la classe moyenne, les jours de fêtes de famille, lorsqu'on réunissait un nombre de convives assez considérable pour être obligé de louer une salle garnie de ses meubles, des gens, de la vaisselle, etc. Dans la vie habituelle, l'auteur du *Ménagier* nous fait assez voir que les riches bourgeois avaient, de son temps, des habitudes de bien-être et de luxe même fort avancées. Outre les détails infinis qu'il donne sur l'intérieur d'une maison bien tenue (non noble), il raconte à sa femme quelques histoires morales pleines de renseignements précieux. Entre autres, cette histoire d'une femme qui, par caprice, fantaisie ou ennui, veut prendre un amant, mais qui, conseillée par sa mère, éprouve par trois fois la patience de son époux, avant d'en venir à le tromper ; les deux premières épreuves lui réussirent, le mari se contient ; à grand'peine la mère décide sa fille à tenter une dernière épreuve : « Essayer tant et tant, dit la fille, et encores et encores, ainsi ne fineroie jamais ! — Par mon chief ! fait la mère, tu l'essaieras encore par mon los (conseil), car tu ne verras jà si male vengence ne si cruelle comme de vieil homme… —Ainsi auray essaié monseigneur par trois fois de trois grans essais, et légièrement rappaisié, et à ce savez-vous bien que ainsi légièrement le rappaiseray-je des cas plus obscurs et couvers et ès quels ne pourra déposer que par souspeçon… » Voici donc cette troisième épreuve. La fille, rentrée chez elle, « servit cordieusement, par semblant, et moult attraiement et bien son seigneur, et moult bel, tant que le jour de Noël vint. Les vavasseurs de Romme (la scène se passe à Rome) et les damoiselles furent venues, les tables furent décrées et les nappes mises, et tous s'assirent, et la dame fist la gouverneresse et l'embesongnée, et s'assist au chef de la table en une chaire [25], et les serviteurs apportèrent le premier mès et brouets sur table. Ainsi, comme les varlès tranchans orent commencié à tranchier, la dame entortille ses clefs ès franges de la fin de la nappe, et quant elle sceut qu'elles y furent bien entortillées, elle se lieve à un coup et fait un grant pas arrière, ainsi comme se elle eust chancelé en se levant ; si tire la nappe, et escuelles plaines de brouet, et hanaps pleins de vin, et sausses versent et espandent tout quanque il y avoit sur la table. Quant le seigneur vit ce, si ot honte et fut moult courroucié, et luy remembra (se ressouvint) des choses précédens. Aussitost la dame osta ses clefs qui estoient entortillées en la nappe. Dame, fit le seigneur, mal avez exploictié ! — Sire, fait la dame, je n'en puis mais, je aloie querre vos cousteaulx à tranchier qui n'estoient mie sur la table, si m'en pesoit. — Dame, fit le seigneur, or nous apportez autres nappes. La dame fit apporter autres nappes, et autres mès recommencent à venir… [26]

liquides dans ces couloueres, les premiers y restaient, tandis que les seconds tombaient dans les seaux.

[21] Vases destinés à recevoir les reliefs que chaque convive voulait faire remettre aux pauvres. « Et après luy (le panetier) va le somellier qui porte en ses bras la nef d'argent qui sert aux ausmones, et dedans icelle nef d'argent sont les trenchoirs d'argent et la petite sallière, et une autre petite nef, ensemble le baston d'argent et licorne, dont on faict l'espreuve en la viande du prince… » (*Estat de la maison de Charles le Hardy* ; Olivier de la Marche.) Chez les grands, au lieu de reliefs du festin, on déposait des pièces de monnaie pour les pauvres, dans la grande nef d'argent, à la fin du repas.

[22] Repas de noce rendu par les parents des mariés.

[23] Probablement des nattes, d'herbes fraîches et aromatiques destinées à couvrir le sol, au lieu des simples jonchées usitées pendant les XIIe et XIIIe siècles.

[24] P. XL.

[25] Ce n'est pas d'hier que la maîtresse de la maison prend le haut bout de la table dans la bourgeoisie.

[26] *Le Ménagier*. Hist. de la Romaine, t. I, p. 458 et suiv.

DEUXIÈME PARTIE

USTENSILES

ACÉROFAIRE, s.m. *(acérofère)*. Du Cange dit que l'*acerra* est le vase sacré dans lequel les églises conservent l'encens[1], il l'entend comme *navette*. M. de Laborde, dans son *Glossaire*[2], considère l'acérofaire comme l'encensoir ou le trépied sur lequel on le pose. Cette dernière définition conviendrait mieux à l'étymologie du mot. En effet, les encensoirs les plus anciens ne sont pas munis d'un pied, ce sont des cassolettes sphériques (voyez ENCENSOIR). Lorsque ces encensoirs n'étaient pas suspendus au râtelier[3], qu'il fallait, ainsi que la liturgie l'exigeait, dans certains cas, les déposer sur l'autel ou sur les marches de l'autel, un trépied devait être prêt à les recevoir. Nous pensons donc qu'il faut entendre par acérofaires ces petits trépieds ou coupelles destinés à porter l'encensoir. Nous n'avons pas trouvé d'ailleurs d'exemples existants de ces petits meubles, et n'en avons point vu de figurés dans des peintures ou bas-reliefs anciens.

AIGUIERE, s.f. *(aiguier)*[4] Vase, ainsi que son nom l'indique, à contenir de l'eau, garni d'une anse et d'un pied, habituellement reposant sur un plateau ou cuvette destinée à laver. L'aiguière, pendant le Moyen Age, est faite de métal ou de matières précieuses garnies des métal. L'argent, l'or, les émaux, contribuaient à la décoration de ces vases destinés à divers usages. L'Eglise se servait et se sert encore d'aiguières pendant certaines cérémonies. Dans la vie civile, c'était l'aiguière qu'on donnait à laver avant et après le repas. On appelait aussi aiguière un plateau contenant tout ce qui était nécessaire au service d'une collation, flacons, tasses, salières, etc. M. Blavignac[5] donne une gravure de la célèbre aiguière décorée d'émaux cloisonnés, qui fut envoyée, dit la tradition, par un kalife à Charlemagne, et qui se trouve aujourd'hui déposée dans le trésor de l'abbaye de Saint-Maurice. Il est certain que ce vase d'or, enrichi non-seulement d'émaux, mais de saphirs, est de fabrication orientale, et qu'il peut remonter au VIIIᵉ siècle. Sa hauteur est de 30 centimètres ; sa panse

E. GUILLAUMOT.

est en forme de disque surmonté d'un goulot prismatique à huit pans, terminé par un orifice à trois lobes ; il est muni d'une anse et d'un pied. Nous voyons des aiguières figurées dans des vignettes de manuscrits occidentaux du IXᵉ siècle qui rappellent encore les formes antiques **(fig. 1)**[6]. Les aiguières représentées dans quelques bas-reliefs du commencement du XIIᵉ siècle sont souvent munies de couvercles **(fig. 2)**[7]. Parfois, mais rarement, ces aiguières sont dépourvues d'anses **(fig. 3)**[8]. Les trésors des princes renfermaient beaucoup de ces vases de luxe, qui décoraient les dressoirs et buffets pendant les fêtes et les banquets. On leur donnait les formes les plus variées et les plus propres à exciter l'attention.

[1] Du Cange, *Gloss*, ACERIS pro ACERRA.

[2] *Gloss et Répert.*, notice des émaux, bijoux, etc., expos. dans les galeries du Louvre, par M. le comte de Laborde, Paris, 1853.

[3] Voyez à l'art. HERSE, *Meubles*, 1ʳᵉ partie.

[4] « Pintes, pos, aiguiers, chopines. » (Eust. Deschamps, *Le Miroir de mariage).*

[5] *Hist. de l'archit. sacrée dans les anc. dioc. de Genève, Lausanne et Sion,* 1853.

[6] Biblioth. impér., mss. des *Constellations.*

[7] D'un chapiteau de la nef de l'église abbatiale de Vézelay.

[8] Manuscr. de Herrade de Landsberg, biblioth. de Strasbourg.

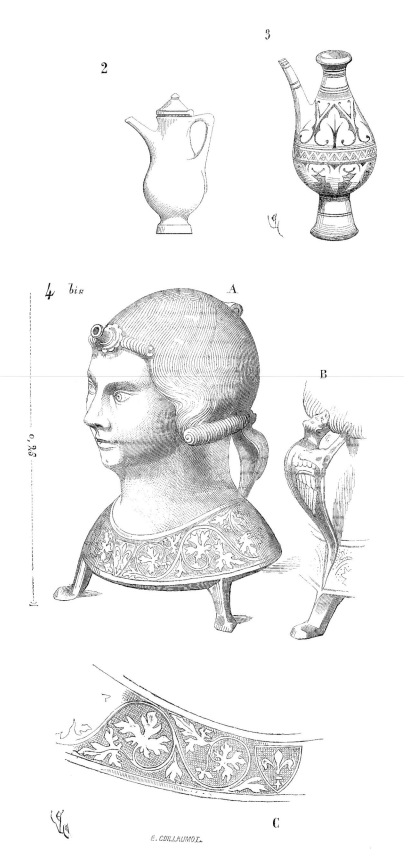

E. GUILLAUMOT.

⁹ *Invent. du garde-meuble de l'argenterie en* 1353, Archives de l'emp. rég., k 8, fᵒˢ 174 à 182. Voy. *Comptes de l'argenterie des rois de France au* XIVᵉ *siècle*, publ. par M. Douët d'Arcq, 1851.

L'inventaire de l'argenterie du roi dressé en 1353, au moment où Etienne de la Fontaine quitta les fonctions d'argentier ⁹, relate une assez grande quantité de ces aiguières, curieusement composées.

Il va sans dire que tous ces objets étaient la fabrication antérieure à cette époque. Voici quelques-uns de ces vases : « Pour une aiguière quarrée, assise sur un entablement à 3 lionceaux, pesant 4 mars 6 onces 5 esterlins… » — « Pour une aiguière d'un homme assis sur un coq esmaillée, pesant 6 mars 2 onces … » — « Pour une aiguière d'un homme assis sur un serpent à elles dorée et esmailliée, pesant 6 mars 5 onces 10 esterlins… » — « Pour une aiguière d'une seraine filant, dorée et esmaillée, pesant 4 mars 6 onces… » — « Pour une aiguière d'un homme assis sur un griffon… » — « Pour 2 aiguières, l'une d'un coq, l'autre d'une géline, dont le ventre est de coquille de perles, pesant l'un 4 mars 5 onces, l'autre 3 mars 3 onces 10 esterlins… » — « Pour une aiguière nervée et esmailliée… » — « Pour une aiguière semée d'esmaux… » — « Pour une aiguière ciselée… » — Pour une aiguière venue du Temple (provenant du trésor du Temple), etc. » On compte dans cet inventaire seulement quarante-quatre de ces aiguières d'argent, de vermeil avec pierres ou émaux. Pendant les XIIᵉ et XIIIᵉ siècles, on fabriquait beaucoup de ces vases en façon d'animaux, de monstres avec figures d'hommes. On retrouve ce même goût chez tous les peuples à une certaine époque de leurs arts, depuis les Egyptiens jusqu'au Moyen Age. Il est à croire que les aiguières qui sont mentionnées dans l'inventaire royal de 1353, et qui affectent des formes qui semblent se prêter si peu à l'usage auquel ces objets sont destinés, étaient d'une époque relativement ancienne. De ces objets il ne reste rien ou presque rien dans les collections particulières ou publiques. Voici cependant un de ces pots à eau dont la matière (laiton) et le travail sont grossiers, quoique d'un assez bon style, qui ne paraît pas être postérieur à 1250 **(fig. 4)** ¹⁰, et qui rappelle quelques-uns des vases cités dans l'inventaire de 1353. On fabriquait encore des pots de ce genre, mais en terre cuite, dans les Flandres et en Champagne, il y a quelques années. Ces vases étaient aussi désignés sous le nom d'*aquamanille* (eau à la main), lorsqu'ils étaient pourvus d'anses, munis d'un goulot et d'une ouverture supérieure pour les remplir. Dans l'exemple donné **(fig. 4)**, l'eau était introduite dans l'aiguière en soulevant le dessus de la tête de l'homme, et était versée par le bec du griffon. Ce vase semblait avoir été fait pour être posé au milieu d'un plateau, les pattes du griffon étant fixées sur un disque circulaire possédant deux encoches latérales, réservées probablement pour le maintenir. Mais aussi ces vases étaient-ils simplement posés sur leur pied, et, lorsqu'on donnait à laver, on prenait un bassin.

Le musée de Cluny possède une belle aiguière de cuivre fondu, ciselé et doré **(fig. 4bis)**, qui représente une tête de jeune garçon. Un ornement placé sur son front, en guise de bijou, sert de goulot, et ce vase se remplit par un orifice, avec couvercle à charnière placé en **A** sur le sommet de la tête. Une anse dont nous donnons le détail en **B**, et qui figure un petit dragon, permet d'incliner l'aiguière lorsqu'on veut verser l'eau qu'elle contient. En **C** est tracé le détail, moitié d'exécution, de la broderie gravée sur le collet. Une fleur de lis, en plein, sur un écu, est placé au centre du collet. La fonte de cette aiguière est d'une légèreté remarquable et d'une seule pièce sans soudures ; les broderies, les cheveux, les yeux et les détails du dragon ailé sont retouchés au burin avec une sûreté de main merveilleuse. La hauteur totale du vase est de 0,25 m. Il porte sur trois pieds.

Le musée de Vienne (Autriche) renferme une de ces aiguières en forme de cheval qui devaient être assez communes pendant les XIIᵉ, XIIIᵉ et XIVᵉ siècles, car on en rencontre dans plusieurs collections qui datent de ces époques, et entre autres dans celle de l'hôtel de Cluny, laquelle possède deux de ces vases de cuivre fondu. Nous reproduisons **(fig. 4 ter)** l'un d'eux, qui ne manque pas de style. Un dragon posé sur le cheval forme l'anse ; on introduisait l'eau par orifice **A** muni d'un couvercle à charnière, et le biberon **B** est garni d'un robinet, de telle sorte que cette aiguière pouvait servir de fontaine pour laver les mains avant les repas. Jusqu'à la fin du dernier siècle, il y avait à l'entrée de toutes les salles à manger de ces fontaines de cuivre ou de faïence qui étaient la dernière tradition de l'aiguière. On en rencontre encore dans les campagnes ou les hôtels de petites villes. Il semblerait, d'après ce qui précède, que les aiguières affectaient fréquemment des formes empruntées au règne animal, aux bestiaires. Cependant le trésor de l'église abbatiale de Saint-Denis possédait deux jolies aiguières données par Suger, et qui étaient façonnées en forme de vases. L'une d'elles est conservée dans la galerie de l'orfèvrerie et des bijoux du Louvre. Sa panse est de cristal de roche. Elle est dépourvue d'anse et son couvercle est arraché. Mais cet objet est plutôt une burette qu'une aiguière ; il est fort bien reproduit dans l'ouvrage de M. Labarte [11]. Lorsque la panse de ces vases était faite de pierre dure, jaspe, cristal de roche, onyx, calcédoine, les montures hautes et basses, de métal, étaient souvent réunies par des filets, car il n'était pas toujours possible de les attacher solidement à ces pierres dures **(fig. 5)**. Il n'est guère besoin d'ajouter que ces sortes de vases n'étaient que pour la montre [12]. Les aiguières dont on se servait à table, comme nous l'avons dit, étaient de cuivre ou d'argent fondu ou repoussé, avec semis d'émaux, aux armes du seigneur, et d'une assez grande dimension pour contenir au moins une pinte d'eau. D'une main celui qui donnait à laver tenait le plateau, de l'autre il versait de l'eau sur les doigts de la personne qui quittait la table.

Ces vases [13] se conformaient aux modes de chaque époque ; et au commencement du XVᵉ siècle, alors

que le luxe s'était développé avec une sorte de fureur, ils étaient d'une richesse excessive. « Une esguière d'or poinçonnée à oizeaulx, à trois biberons (goulots) et le pié de dessoubz à coulombes et à fenestres, pesant 11 marcs V onces III esterlins [14]. » Il n'est pas besoin de rappeler ici les belles aiguières que l'on fabriquait pour les riches personnages pendant le XVIᵉ siècle, soit en émaux, soit en métaux précieux repoussés et ornés de pierreries. Nos musées renferment d'assez beaux exemples de ces objets dont il est facile de se procurer des copies. A cette époque, on fabriqua aussi beaucoup d'aiguières de terre cuite. Elles ont, de notre temps, atteint des prix exorbitants. Limoges produisit une quantité prodigieuse de ces vases émaillés sur métal (cuivre rouge).

AIGUILLIER, s.m. *(aguiller)*. Etui à mettre des aiguilles.

« Lors trais une aiguille d'argent
« D'un aguiler mignot et gent,
« Si pris l'aiguille à enfiler [15]. »

[10] Coll. des dessins de l'auteur ; copié sur l'original, de cuivre fondu, en vente à Bordeaux, 1843.

[11] *Hist. des arts industriels.*

[12] « Le comte Thibaut ordonna d'apporter, au milieu de ceux qui l'entouraient, deux vases d'or d'un poids considérable et d'un admirable travail, sur lesquels étaient incrustées des pierres précieuses de la plus grande valeur, que son oncle Henri, roi des Anglais, avait, lors de la solennité de son couronnement, fait placer à table devant lui pour étaler sa gloire et ses richesses… » (Arnaud de Bonneval, *Vie de Saint Bernard*, liv. II, *Coll. des mémoires relat. à l'hist. de France*).

[13] Voyez ORFEVRERIE.

[14] *Comptes de la duchesse d'Orléans, Valentine de Milan* (voy. *Louis et Charles d'Orléans…*, par A. Champollion-Figeac, Paris, 1844).

[15] *Le Roman de la Rose,* édit. Méon, vers 90.

arrosoirs disposés pour cet usage [19], exactement façonnés comme ceux que nous retrouvons dans les débris de poterie du Moyen Age. Ces sortes d'arrosoirs (**fig. 1**) consistent en un pot de terre d'une capacité médiocre (un litre environ) muni d'une anse, d'un petit trou supérieur et de trous multipliés percés dans le fond. Pour remplir ces arrosoirs on les plongeait dans l'eau ; le liquide, grâce à la prise d'air supérieure A, entrait dans le ventre du vase par les trous capillaires du fond. Le vase plein, avec le pouce on bouchait l'orifice A, et l'on retenait ainsi toute l'eau qui remplissait le vase. Lorsqu'on voulait arroser le pavé, on laissait entrer l'air par cet orifice A, l'eau s'échappait alors en minces filets par les trous du fond B. Nous avons maintes fois trouvé des débris de ces arrosoirs, et nous ne savons si nos musées en possèdent un seul entier.

Ces étuis étaient d'os, d'ivoire ou de métal ciselé ou émaillé. Voici (**fig. 1**) un de ces objets d'os qui nous paraît être de fabrication française et appartenir au commencement du XIVᵉ siècle [16].

Ces aiguilliers étaient offerts aux dames, celles-ci occupant leurs loisirs, dans les châteaux, à broder des étoffes, à faire de la tapisserie et d'autres menus ouvrages de femmes. Il y avait aussi des aiguilliers de bois recouverts de cuir gaufré ou d'étoffes précieuses.

AMPOULE, s.f. *(ampulle)*. Fiole, burette, petit vase au ventre large et au goulot long et étroit, ordinairement sans anses, qui était destiné à conserver l'huile sainte, le saint chrême, le vin destiné à la célébration de la messe. On en fabriquait en verre et en métal. Le moine Théophile [17] donne le moyen de faire des ampoules en argent repoussé, de les orner de reliefs, de nielles, et de les dorer, de les ciseler, d'y souder une anse et un goulot. (Voyer ORFEVRERIE). Il existe, dans le musée des antiquaires de Caen, une très-jolie ampoule de cristal de roche, avec couvercle en orfèvrerie garni de pierres fines [18].

ARROSOIR, s.m. *(arrousoir)*. De tout temps on a fabriqué des ustensiles propres à arroser les plantes des jardins. Les arrosoirs d'horticulteurs, pendant le Moyen Age, ne différaient guère des nôtres, et il est probable que ces objets usuels dataient des Romains, grands amateurs de jardins, comme on sait. Mais on se servait aussi d'arrosoirs (de terre cuite) propres à l'arrosage des pavés dans les appartements. Les Grecs, dès la plus haute antiquité, possédaient des

ASSIETTE, s.f. Ce mot n'est guère employé qu'à la fin du XVᵉ siècle. Les assiettes de métal, de terre ou de bois, dans lesquelles on mangeait, étaient appelées : plats. Ce n'est guère qu'au XIIᵉ siècle que l'on voit des assiettes posées devant les convives ; encore une assiette servait-elle habituellement pour deux personnes. Avant cette époque on prenait les mets découpés dans les plats, avec la main, ainsi que cela se pratique encore en Orient ; les débris étaient laissés sur la table ou jetés à terre. L'assiette devint d'un usage général quand l'art culinaire se perfectionna et que l'on servit des ragoûts, des crèmes. Les peuples primitifs font, avant tout autre mets, usage des viandes grillées. On servait sur la table certains brouets, mais chacun alors avait sa cuiller et puisait à même le vase, comme nos soldats puisent à la gamelle. Avant de faire usage des assiettes, chez les personnages où régnait un certain luxe, les viandes étaient posées devant chaque convive, par l'écuyer tranchant, sur un morceau de pain plat. Sur cette tranche de pain, chacun coupait sa viande avec un couteau, ou se ser-

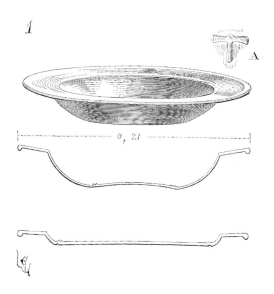

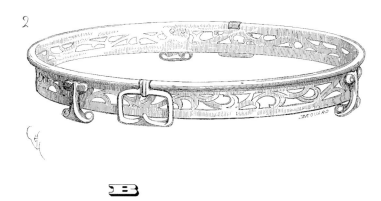

vait de ses doigts pour la séparer en bouchées. A chaque viande on changeait l'assiette de pain. L'usage de placer sous le menu gibier rôti des tranches de pain est une dernière tradition de cette ancienne coutume qui s'est conservée jusqu'à notre temps.

Les assiettes les plus anciennes rappellent à très-peu près la forme de nos assiettes modernes. Cependant elles étaient plus petites, très-plates, si l'on servait des mets secs, très-creuses, au contraire, pour les mets liquides. On faisait rarement usage d'assiettes de terre. Le bois chez les pauvres, l'étain chez les personnes aisées et l'argent chez les grands seigneurs, étaient les matières employées. Le métier de potier d'étain avait-il aussi, pendant le Moyen Age, une très-grande importance. Nous avons eu souvent entre les mains de ces assiettes d'étain dont la fabrication datait du XIVᵉ siècle ; nous donnons **(fig. 1)** deux de ces assiettes, l'une plate, l'autre creuse [20]. Les petits plats de terre cuite ont la forme d'écuelles et ne possèdent pas le bord horizontal qui distingue particulièrement l'assiette ; c'est pourquoi nous ne les rangeons pas dans cet article.

Un ménage bien monté comportait, au XIVᵉ siècle, un grand nombre de ces plats servant d'assiettes.

« Maint plat d'argent, si com je tain
« Les faut-il de plomb ou d'estain [21]. »

Certains mets étaient servis très-chauds dans des assiettes d'argent ou d'étain ; pour ne pas brûler les mains du serviteur qui plaçait ces assiettes devant les convives, on avait des doublures de métal à jour, ayant la forme de cylindres plats. On trouve encore des débris de ces doublures d'assiettes dans quelques collections [22]. L'orbe plat de l'assiette débordait quelque peu la galerie ajourée de la doublure, et cette galerie ne reposait que sur trois petits pieds, sans fond. Voici **(fig. 2)** un dessin d'une de ces doublures d'assiettes de cuivre, qui date du XVᵉ siècle [23]. Ces doublures étaient munies de deux anses mobiles, de sorte que les mains ne pouvaient toucher l'assiette en la transportant. L'assiette chaude était isolée et ne portait pas sur la nappe. Dans les comptes du château de Gaillon du commencement du XVIᵉ siècle, il est encore question de ces plats doubles : « Pour la corbeille, les plats doubles et gobelletz… [24]. »

BAGHE, s.f. *(bague).* Vieux mot qui exprime tout l'avoir qu'on peut emporter sur des sommiers, dans des malles, dans une peau de vache, *vacca* ; d'où *bacca*, et le mot conservé de *bâche.* Quand une garnison capitulait honorablement, elle pouvait sortir « vies et bagues sauves », c'est-à-dire que chacun pouvait enlever son avoir transportable [25].

BAIGNOIRE, s.f. On croit assez volontiers que l'usage des bains n'était pas habituel pendant le Moyen Age, et, de ce qu'au XVIIᵉ siècle la cour de Louis XIV ne se montrait pas difficile en fait de propreté, on en conclut que deux ou trois siècles auparavant, nobles et vilains prenaient peu de soin de leur corps. Cette appréciation n'est pas établie sur les faits. Les guerres de religion de la fin du XVIᵉ siècle eurent, à ce point de vue, une influence fâcheuse sur les habitudes de la cour et de la ville ; des raffinements excessifs de la cour des Valois on tomba dans l'excès opposé, et chacun sait que le bon roi Henri se vantait d'avoir « le gousset fin ». Les chansons et romans des XIIᵉ et XIIIᵉ siècles mentionnent souvent des scènes de bains, et, pour ne citer qu'un de ces passages :

[16] Dessin de la collect. Garneray, provenant, dit une note, de l'ancien trésor de la cathédrale d'Arras.

[17] *Diversarum artium schedula,* lib. II, cap. LVII : *«De ampulla ».*

[18] Ce joli vase est parfaitement gravé dans les *Annales archéologiques* de Didron, t. XXII, p. 143.

[19] M. Salzmann a découvert à Camyros (île de Rhodes) quelques arrosoirs grecs, semblables à ceux dont nous retrouvons des fragments dans les fouilles des sols du Moyen Age. Mais telle est notre insouciance, lorsqu'il s'agit d'objets de cette dernière époque, qui nous touche de si près, à moins qu'il n'aient une valeur intrinsèque, que nous laissons perdre les ustensiles vulgaires du Moyen Age, tandis que nous recueillons avec scrupule ceux qui datent de la période antichrétienne. Aussi savons-nous avec plus d'exactitude comment vivaient les contemporains de Périclès que nous ne savons comment vivaient nos ancêtres sous Philippe-Auguste.

[20] Du musée des fouilles du château de Pierrefonds. En A est donnée la marque de fabrique poinçonnée sur ces plats.

[21] Eust. Deschamps, *Le miroir de mariage,* XIVᵉ siècle.

[22] Ces objets sont habituellement désignés à tort comme des réchauds ou comme provenant de réchauds.

[23] Dessins du cabinet de l'auteur.

[24] *Dépenses du château de Gaillon,* p. 345.

[25] Voyez le *Glossaire et Répertoire* de M. le comte de Laborde : *Notice des émaux, bijoux et objets divers exposés dans les galeries du Louvre.* Voyez, dans la partie des BIJOUX, le mot BAGUE.

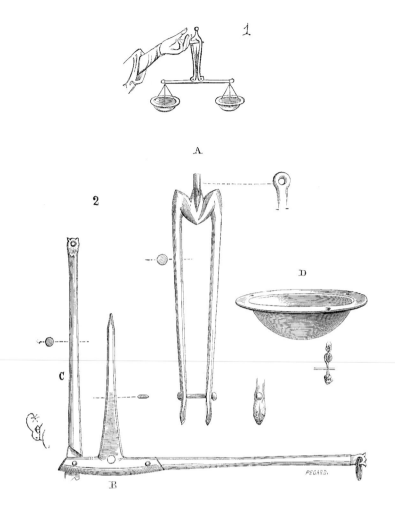

nous autres de nous rafraischir, je me trouvay au milieu d'une bonne et agréable compaignie de bourgeoises et dames de Paris, qui estoient venues au mesme lieu pour ce subject… [27] »

En énumérant ce qu'il faut aux nouveaux mariés pour monter une maison, Eustache Deschamps, entre autres objets, cite les « chaudière, baignoire et cuviaux », comme essentiels. On avait donc, au XIVᵉ siècle, des baignoires chez soi.

Ces baignoires d'appartement, figurés dans des vignettes de manuscrits, sont de bois et faites en forme de cuves cylindriques ou ovales.

Dans les châteaux, on établissait souvent la chambre des bains, l'étuve, qui contenait une piscine de pierre qu'on remplissait d'eau tiède, et dans laquelle plusieurs personnes pouvaient se baigner en compagnie. Il existe encore, dans quelques villes du nord de l'Angleterre, des piscines faites de cette façon. La scène extraite des *Caquets de l'accouchée*, citée plus haut, se passa dans une étuve ou piscine commune.

BALAI, s.m. La forme de cet ustensile ne diffère pas, pendant le Moyen Age, de celle actuellement en usage. On avait des balais de bouleau ou de jonc, les balais de crin pour les appartements, les balais de four *(escovillons, escovettes)* :

« Sec et noir comme escovillon [28]. »

Le dicton : *Rôtir le balai*, s'applique à ces balais de four.

BALANCES, s.f. On voit des balances figurées dès les premiers siècles de notre ère. Les Grecs et les Romains de l'antiquité n'employaient, pour peser, que la tige (levier) armée d'un plateau à l'une de ses extrémités avec poids mobile à l'autre bout, que l'on appelle *romaine*. Mais, parmi les peintures récemment découvertes dans l'ancienne basilique de Saint-Clément, à Rome, sont figurées des balances avec leurs deux plateaux.

Des manuscrits du IXᵉ siècle montrent des balances dans leurs vignettes, munies, comme les nôtres, de deux plateaux suspendus à trois chaînes, d'un fléau, d'un style et d'une bielle. Ces représentations sont fréquentes. Au XIIIᵉ siècle, les plateaux sont souvent orlés d'un bord horizontal **(fig. 1)** [29].

On fabriquait aussi des balances avec fléau pliant que l'on pouvait mettre dans la poche. Voici **(fig. 2)** une de ces balances, qui paraît dater du XIVᵉ siècle [30]. Notre dessin est à moitié de l'exécution. En A est tracée la bielle, et en B le fléau, dont l'un des bras C est relevé contre le style ; en D, un plateau avec bord plat. Cet objet de bronze est finement travaillé, d'un joli caractère et bien à la main. On voit encore dans les marchés des villes du Midi des balances à fléau pliant, que les femmes mettent dans leur poche après avoir décroché les deux plateaux.

« Mais au matin se lievre tempre,
« .I. bain fait caufer, puis le tempre ;
« A priés à sa dame esvillie.
« Tant s'est la vielle travillie,
« Qu'en la cambre bainguier la mainne :
« Anchois que passast la semainne,
« Comperra-elle le baignier ;
« Molt le devoit bien resoignier.
« Quant elle dut el baing en'rer,
« Ne se valt pas nue monstrer ;
« La vielle maintenant commande
« Qu'elle isse fors ; car ne demande
« Que nule ame avoec il remaigue
« En dementiers qu'ele se baigne [26]. »

Les hommes se baignaient fréquemment en eau courante, et dans toute les villes et bourgades étaient établis des bains chauds. Beaucoup de ces localités ont encore conservé le nom de *rue des Etuves*. Il semble que ces habitudes de propreté n'étaient pas perdues dans la bourgeoisie au commencement du XVIIᵉ siècle, car dans les *Caquets de l'accouchée*, on lit se passage :

« … Je me résolus, avec quelques-unes de mes voisines, d'aller aux étuves pour me rafraîchir ; car la nature est tellement sortie de ses premiers ressorts qu'il n'est point maintenant permis aux femmes de se baigner à la rivière, à cause peut-être qu'on les verroit à découvert… Comme je fus arrivée aux baings, où d'ordinaire nous avons coustume entre

[26] Gilbert de Montreuil, *Roman de la Violette*, XIIIᵉ siècle, vers 615, publ. par Francisque Michel.

[27] Publ. pour la première fois en 1622 (voy. l'édition publ. par M. Ed. Fournier, Jannet, 1855, p. 195).

[28] Villon.

[29] Mss. *Apocalypse*, Biblioth. impér., n° 7013, fonds français.

[30] Fouilles du château impérial de Pierrefonds, musée du château.

BARIL, s.m. *(barris, barisiaux)*. Petits tonneaux faits habituellement de bois précieux : « Barisiaux de ciprès [31] ». Les barilliers formaient une corporation à Paris, et ne pouvaient employer que certaines qualités de bois, savoir : le cœur de chêne, le poirier, l'alisier et l'érable ; ils façonnaient aussi les barils en bois de senteur [32].

On faisait encore des barillets d'ivoire : « Quatre barils de ivoir garny de laton [33] » ; d'argent, que l'on plaçait sur les buffets et dressoirs pendant les repas, et qui contenaient des liqueurs, des eaux de senteur, de la moutarde : « A Guillaume Arode, orfèvre, pour avoir rappareillé et mis à point un baril d'argent à mettre moustarde, pour le Roy, pour ce — XII s. p. [34] » ; des sauces froides, condiments : — « Deux barils d'argent blanc, à mettre saulces, fermant à clef, pesant XVII marcs [35]. » Ces barils de buffets étaient parfois richement ornés et portés par des figurines : « Un baril de bois, tout à œuvre de Damas, ouvré d'argent doré, dont les deux fons sont d'yvoire à ymaiges enlevées, séant sur quatre angelz d'yvoire chacun tenant un doublet, et y a une ceinture azurée clouée de cloux de semblable œuvre — XXIV liv. t. [36] » — Ces sortes de barils s'ouvraient par l'un des bouts ou étaient munis d'un petit robinet. Il y avait aussi des barils que l'on transportait au moyen d'une courroie, sur les épaules ou sous le bras. Les religieux quêteurs s'en allaient avec des barils sur l'épaule, demander du vin ou de l'huile **(fig. 1)** [37].

où est le vin du prince, sans estre cognu, ou par congé [38]. » Les barils de table, de bois, posés pendant les repas, sur les crédences et buffets, étaient maintenus par des supports de cuivre, d'argent ou de vermeil, et ceux des princes étaient fermés par un cadenas. L'officier (échanson) chargé de faire l'essai avait la clef de ce cadenas. La **figure 2** présente un de ces barils avec son support [39], consistant en deux figurines de *hotteux* portant deux crochets A sur lesquels le sommelier dépose le baril. Le moraillon B du cadenas fermait la bonde ; il a été ouvert, et un robinet a remplacé cette bonde. Les figurines sont fixées sur un plateau à rebord, afin que le liquide ne puisse égoutter sur la table de la crédence. Un gobelet est placé sous le robinet, prêt à être rempli. Ce n'est qu'au XVIe siècle que l'on a commencé à placer sur les tables à manger des flacons contenant les boissons ; jusqu'alors, chez les personnes riches et les grands, les convives passaient leurs gobelets aux échansons, valets ou pages, qui étaient chargés de les rapporter pleins (voyez COUPE, GOBELET, HANAP). A l'article TABLE du *Dictionnaire du mobilier* [40], on voit un repas pendant lequel les convives, suivant l'antique usage des Germains, boivent en dehors de la table. Ce

Chez les grands, la charge de barillier était importante. Le duc de Bourgogne (Charles le Hardi), écrit Olivier de la Marche, « a deux barilliers, lesquels doivent livrer l'eaue au sommelier pour la bouche du prince, et avoir le soing des barils que l'on porte en la salle pour la grande despense. » (Il y avait beaucoup d'ordre dans la maison des ducs de Bourgogne). « Et aussi doivent-ils mettre en escript les quarts de vin (barils) qui se donnent par jour et despensent, noter ceux lesquels sont hors d'ordonnance (qui ne sont pas de mesure), les crues (fournitures) qui se font, « à quoy, qui et comment, et aussi combien, pour les bailler au sommelier, afin d'en rendre compte au bureau, et dessoubs eux (les deux barilliers) a (il y a) deux porte-barils, qui doivent porter les barils du commun de l'eschansonnerie en la salle. Et en la cave doit avoir un portier, afin que nul homme n'entre

[31] *Invent. d'Artois,* 1313.

[32] *Livre des mestiers* d'Etienne Boileau.

[33] *Invent.* de Pierre Gaveston.

[34] *Comptes royaux.*

[35] *Idem.*

[36] *Invent. du duc de Berry,* XIVe siècle.

[37] Manuscr. anc. fonds Saint-Germain, n° 37, Biblioth. impér.

[38] Olivier de la Marche, *Etat de la maison du duc de Bourgogne (Coll. des mémoires).*

[39] *Invent.* de Charles V.

[40] Tome 1er.

n'étaient donc pas des bouteilles que l'on apportait pour les repas, mais des tonneaux, pendant l'époque primitive de la conquête des peuples du Nord, et plus tard, quand les mœurs s'adoucirent, des barils. Au lieu de poser ces barils à terre, on les mit sur des crédences, puis sur des supports, pour faciliter le service, et l'on fabriqua ces objets avec des matières plus ou moins précieuses.

On donnait aussi le nom de *barisiaux* ou *barillets* à de petites boîtes cylindriques avec couvercle, fermant à clef, faites d'ivoire ou de bois précieux, montées en argent. Ces boîtes servaient à renfermer des parfums, des épices rares. On en trouve encore quelques-unes dans nos musées, d'une époque assez ancienne. Ces objets paraissent avoir été, dans l'origine, fabriqués en Orient, car il en existe quelques-uns qui sont évidemment dus à des artisans d'outremer. Le trésor de la cathédrale de Narbonne possède

un de ces barillets d'ivoire avec une inscription arabe, qui paraît dater du XIIIe siècle.

Voici **(fig. 3)** un barillet de fabrication française du commencement du XIIIe siècle [41]. Les cylindres de la boîte et du couvercle sont tournés ; le fond et le dessus rapportés, ainsi que l'indique le détail (profil A). Les montures sont d'argent. La boîte de la serrure à morillon est faite de même métal et très-finement gravée (voy. le détail B). En D est donné le détail de l'attache de la charnière. Ce barillet à 0,105 m de hauteur sur 0,11 m de diamètre. Il porte sur trois pieds d'argent maintenus au fond par des rivets.

BASSIN, s. m. (*bacin, bachin*). Il y avait plusieurs sortes de bassins : les *bassins à laver* avant et après le repas ; les *bassins de toilette* ; les *bassins à barbe* ; les *bassins des offrandes*, à l'église, ou *de mariage* ; les *bassins à puiser de l'eau* ; les *bassins magiques* et les *bassins à lampes*. La forme de ces diverses sortes de bassins se rapproche toujours de celle d'une large capsule.

Les bassins à laver sont habituellement doubles ou accompagnés de leur aiguière (voyez ce mot), et ces ustensiles apparaissent dès la plus haute antiquité. Les sculptures et peintures de l'Égypte montrent des bassins à laver avec leur vase propre à contenir de l'eau. On en voit figurés sur les bas-reliefs de l'antiquité grecque et sur les peintures de leurs poteries. Les vignettes des manuscrits grecs des premiers siècles du christianisme indiquent la continuité de l'emploi de cet ustensile. Le beau psautier de la Bibliothèque impériale, qui date de la fin du IXe siècle [42], dans la vignette qui représente la maladie d'Ezéchias, reproduit un de ces bassins à aiguière d'une composition remarquable **(fig. 1)**. Cet objet paraît être de terre cuite, le bassin à laver est muni d'un goulot qui sert en même temps de manche, de manière à pouvoir vider le contenu dans un évier, sans avoir à craindre les éclaboussures. Ces goulots (biberons) se retrouvent adaptés à des bassins destinés à cet usage, pendant toute la période du moyen âge. En effet, on voit encore dans nos musées [43] des bassins doubles (gémillons) qui datent des XIIe et XIIIe siècles, dont l'un est muni d'un orifice latéral. Tel est le célèbre bassin trouvé près de Soissons, et qui fait partie de la collection de la Bibliothèque impériale **(fig. 2)**. Ce bassin est de cuivre rouge avec émaux champlevés. Les fonds sont bleus et les figures, qui représentent des joueurs d'instruments, se détachent en or sur ces fonds. Le goulot de vidange est en forme de tête de dragon [44]. Les inventaires des trésors des princes mentionnent un grand nombre de ces bassins d'argent et même d'or. Dom Vaissette rapporte [45] que Sisenand, l'un des principaux chefs des Wisigoths, demandant des secours à Dagobert, lui offrit, au prix de ce service, un riche bassin d'or qui était conservé dans le trésor de la couronne. Plus tard les Wisigoths, n'ayant pas voulu souffrir que cet objet passât en des mains étrangères, le rachetèrent 200 000 sols d'or, et ce serait avec cette somme que Dagobert aurait fait élever l'église de Saint-Denis. Si l'histoire est vraie, ce bassin était un cratère de plusieurs mètres de circonférence. Aussi ne garantissons-nous pas le fait, malgré tout ce que l'on sait de la richesse du trésor des souverains wisigoths.

3

A

B   E. GUILLAUMOT.   D

Dans l'inventaire du duc d'Anjou, dressé vers 1365, on ne compte pas moins de soixante grands bassins d'argent et de vermeil, parmi lesquels plusieurs sont émaillés et munis de *biberons,* c'est-à-dire de goulots. Ces bassins sont généralement désignés sous le titre de *bassins à laver sur table.* « Deux bacins d'argent, dorez dedenz et dehors, ensizelez les bors de menuz feuillages, et ou fons de chascun a un esmail ront d'azur sur lequel a .II. papegaux (perroquets) vers, qui s'entreregardent, et tient chascun en son bec une longue feuille vert, et dessure leur testes a un serpent volant. Et en l'un d'iceux bacins a un biberon qui est d'une teste, et poisent en tout XI mars [46]. »

Nos musées possèdent un grand nombre de bassins de vermeil, d'argent blanc ou d'étain, qui datent du XVIᵉ siècle. Plusieurs sont d'un travail excellent et habituellement accompagnés de leur aiguière. Voici un de ces objets, datant de la fin du XVᵉ siècle **(fig. 3)** [47].

A l'occasion de certaines cérémonies, ou pour donner à laver à table à de grands personnages, on devait donc se servir de deux bassins, l'un couvrant l'autre. Celui de dessous était seul muni d'un goulot et contenait l'eau à laver, dans laquelle on jetait des essences, de l'eau de rose, etc. Au moment du lavement des mains, « le maistre d'hostel appelle l'eschanson et abandonne la table et va au buffet et treuve les *bacins couverts* que le sommelier a apportés et apprestés, il les prend et baille l'essay de l'eauë au sommelier » (c'est-à-dire fait reconnaître par le sommelier, dont c'est la charge, si l'eau est préparée comme il convient), « et s'agenouille devant le prince, et lève le bacin qu'il tient de la main senestre, et verse de l'eau de l'autre bacin sur le bord d'iceluy, et en fait créance et essay, donne à laver de l'un des bacins et reçoit l'eauë en l'autre bacin, et sans recouvrir les dits bacins, les rend au sommelier [48]. »

Cette description explique clairement l'usage de ces bassins doubles si fréquemment relatés dans les inventaires. Dans ce cas, il n'était pas besoin d'aiguière. L'eau aromatisée était préparée dans l'un des bassins muni d'un goulot, l'autre bassin était placé sur celui-ci. L'échanson prenait de sa main droite le bassin du dessous, contenant l'eau, de la gauche il enlevait le bassin du dessus et versait l'eau du premier

[41] De la collection de M. Arondel.

[42] Comment. des Pères de l'Église grecque sur les Psaumes, n° 189.

[43] Notamment au musée du Louvre, au musée de Cluny.

[44] Notre figure est au quart de l'exécution. Ce bassin devait avoir son double, sans orifice, ainsi que la plupart des bassins à laver, désignés souvent, dans les inventaires, sous le nom de *gémillons.* Nous engageons nos lecteurs à recourir à l'article de M. Darcel, sur les *bassins émaillés,* inséré dans les *Annales archéol.* de Didron (t. XXI, p. 190), qui donne la copie exacte d'un de ces bassins émaillés, avec écus armoyés, provenant du trésor de l'abbaye de Conques. Ce même article reproduit une vignette d'un manuscrit du XIIIᵉ siècle, de la Bibliothèque impériale (fonds Saint-Germain, latin, n° 37), qui représente Pilate se lavant les mains ; un serviteur se sert des deux plats. Nous rendons compte plus loin de cet usage.

[45] *Hist. du Languedoc,* t. I, p. 252.

[46] *Inventaire du duc d'Anjou.*

[47] Tapisserie de Nancy.

[48] Olivier de la Marche, *État de la maison de Charles le Hardy. (Coll. des mémoires,* Michaud, Poujoulat, t. III, p. 588)

bassin dans le second par le goulot, sur les mains du personnage auquel on donnait à laver ; l'opération achevée, il passait au sommelier les deux bassins **(fig. 4)**. Ainsi peut-on se rendre un compte exact de l'utilité de ces goulots (biberons) dont étaient munis certains bassins.

Ce cérémonial n'était adopté que pour les princes. L'officier donnait à laver aux autres personnes en versant de l'eau d'une aiguière qu'il tenait de la main droite, sur leurs doigts ; cette eau tombait dans le bassin qu'il soutenait de la main gauche.

Dans les inventaires, d'autres bassins sont mentionnés « pour chaufouère ». Ils sont plats et servaient de réchauds, au moyen d'un double fond que l'on remplissait de cendre chaude.

Les bassins de toilette « à laver la teste » étaient plus creux que ceux à laver sur table ; ils étaient grands, fabriqués en argent ou en cuivre, et munis d'un goulot. Lisses par dedans pour pouvoir être facilement rincés et ne pas retenir le savon, leur dehors était parfois orné de gravures ; mais leur dimension ne permettait pas de les émailler. Ces bassins étaient posés à terre sur des nattes, et l'on se lavait à genoux, non-seulement la tête, mais le haut du corps **(fig. 5)** [49]. « Un bacin crois (creux), d'argent tout blanc (uni) à laver la teste, et poise XI mars VII onces [50]. »

Les bassins à puiser étaient quelquefois munis d'anses ou d'oreilles **(voy. ÉCUELLE, PUISETTE)**. Quant aux bassins à lampes, ils étaient placés sous les petites lampes qui garnissaient les lustres, pour que l'huile ne pût tomber sur le sol en cas de fuite **(voy. LAMPE)**. On en voit encore attachés à quelques couronnes de lumières.

Les bassins magiques servaient aux sorciers à prédire l'avenir, comme aujourd'hui encore un vase rempli d'eau sert aux charlatans qui courent les campagnes, à faire retrouver les objets perdus.

BÉNITIER, s. m. (*orzuel, ourcel, benoistier, embenoistier*). Vase habituellement de métal, avec anse, propre à contenir l'eau bénite. Un goupillon est toujours joint au bénitier. Les plus anciens bénitiers sont façonnés en forme de seau :

« Le guipellon avant porta
« Que en l'orzuel primes molla [51]. »
« Ourcel avec l'esperget (goupillon) [52]. »
« Pour refaire l'aspergès d'un embenoistier d'argent [53]. »

La figure 1 montre un de ces bénitiers qui ne sont que des seaux en cône tronqué [54] ; **la figure 2**, un autre bénitier qui ne pouvait être posé que sur un trépied lorsqu'on ne le tenait pas à la main [55].

Cette forme de bénitiers persista longtemps ; ils étaient souvent fabriqués en métaux précieux repous-

sés, ou même creusés dans des pierres dures ou dans un tronçon d'ivoire. Le trésor de la cathédrale de Milan conserve un de ces derniers bénitiers, qui date du XIᵉ siècle et qui est d'un beau style. Ce seau d'ivoire porte 0m,19 de hauteur sur 0m,12 de diamètre au bord supérieur et 0m,09 à la base. Les figures de la Vierge et des quatre évangélistes décorent son pourtour en plat relief ; une anse de métal richement ciselée et maintenue par deux mufles de lion sert à porter ce vase, très-bien reproduit dans les tomes XVI et XVII des *Annales archéologiques* de Didron. Le trésor de la cathédrale de Lyon possède également un bénitier d'ivoire dû à l'art italien. Mais le plus ancien de ces seaux se trouve dans le trésor d'Aix-la-Chapelle ; on croit qu'il date du IXᵉ siècle, et cela est possible. Taillé de même dans un morceau d'ivoire, il est décoré de cabochons et d'arcatures que remplissent des personnages armés, des princes et des évêques [56].

Le trésor de Saint-Marc de Venise possède encore un bénitier d'une époque très-ancienne, taillé dans un grenat. Il est donc certain que l'Église considérait ces vases comme très-précieux dès les premiers siècles, et qu'ils étaient, relativement à ceux en usage depuis le XVᵉ siècle, de petite dimension. Voici **(fig. 3)** un bénitier de cuivre repoussé [57], d'un très-beau style, et qui nous paraît dater, si l'on tient compte des procédés de fabrication, de la fin du XVᵉ siècle. Cette forme se retrouve assez fréquemment dans les vignettes, les peintures et les vitraux de cette époque ; le pied est soudé à l'étain au-dessous de la bague perlée inférieure. Quant au collet d'oves supérieur, il est pris sous l'orle retourné et battu de la gorge. Les attaches de l'anse sont rivées et cette anse est fondue. Le goupillon G est copié sur un de ces objets sculpté sur un bas-relief du portail nord de la cathédrale de Reims.

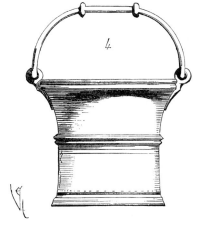

Un de ces bas-reliefs, qui représente le baptême de Clovis, montre un bénitier en forme de seau, mais à galbe courbé avec ceintures **(fig. 4)**, d'un profil gracieux. Ce bas-relief date de 1230 environ.

Voici **(fig. 5)** un de ces bénitiers en forme de seau, coulé en bronze, et qui date du XVᵉ siècle. La ceinture supérieure est décorée d'une inscription. La hauteur de ce vase est de 0m,19.

Au XIVᵉ siècle, on fabriquait des bénitiers fort riches par la matière et le travail :

« Pour .i. eaubenoitier avec l'espergès de cristal assiz sur 3 pieds d'argent dorez, pesant 5 mars 5 esterlins.… [58] »

[49] *Ménagier de Paris.*

[50] *Invent. du duc d'Anjou.*

[51] *Roman du mont Saint-Michel,* XIIIᵉ siècle.

[52] *Invent. d'Artois,* 1313.

[53] *Invent. de l'argent. des rois de France,* XIVᵉ siècle.

[54] Manuscr. Biblioth. impér., anc. fonds Saint-Germain, n° 37, XIIIᵉ siècle.

[55] Manuscr. *Biblia sacra,* Biblioth. impér., anc. fonds Saint-Germain, latin, n° 1191, XIIIᵉ siècle.

[56] Voyez, dans les *Annales archéol.,* t. XVII, p. 139, l'article de M. Darcel.

[57] Du cabinet de l'auteur.

[58] *Invent. de l'argent. des rois de France dressé en* 1353, publ. par la Soc. de l'*Hist. de France,* Douët D'Arcq.

BIBERON, s. m. L'invention du biberon destiné à l'allaitement n'est pas nouvelle.

On donnait aussi le nom de *biberons* à certains petits vases de terre que l'on suspendait au cou des enfants, et qui contenaient du lait ou quelque liqueur sucrée. Voici **(fig. 1 et 2)** des formes variées de ces vases [59] qui datent de la fin du XIVe siècle. L'un **(fig. 1)** est fait en façon de barillet à pieds, avec un goulot et deux anses pour passer un cordon ; il est émaillé. L'autre **(fig. 2)** rappelle la forme de ces bouteilles de grès que les laboureurs portent en bandoulière. Les orifices de ces vases sont très-étroits ; il fallait nécessairement humer la liqueur qu'ils contenaient. Pleins, ils ne peuvent être vidés que si on les secoue fortement.

Le nom de *biberons* était donné aussi aux goulots dont certains bassins à laver étaient munis. **(Voyez Bassin.)**

BIDON, s. m. (*canter*). Grande bouteille en forme de disque, avec goulot et oreilles pour la porter. Les bidons étaient employés en campagne et étaient fabriqués en fer. On les suspendait aux chariots au moyen d'une chaîne, et ils contenaient l'eau à boire ; c'est pour cela qu'on les fabriquait en fer. Le musée de Cluny conserve un bidon du XVe siècle aussi remarquable par sa forme que par sa fabrication **(fig. 1)**. Ce bidon est de fer battu, façonné en deux coquilles soudées à l'étain. Deux bandes A, également de fer battu avec renforts B, enveloppent de chaque côté une partie de la circonférence, et se terminent par les oreilles C, qui reçoivent la chaîne avec poignée qui sert à porter le vase. Ces bandes sont rivées et soudées ; elles répartissent le tirage sur une partie notable du bord de la panse. Le goulot D est soudé à la panse au moyen d'une plaque carrée de fer battu. Trois

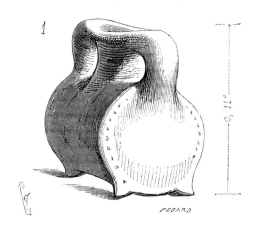

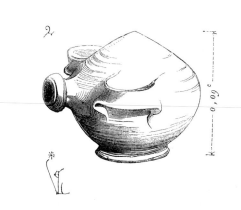

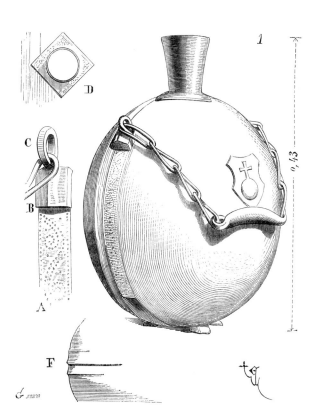

pieds courts permettent de poser ce bidon sur une surface plane. Un écu chargé d'un globe surmonté d'une croix décore seul ce vase de campagne, qui contient environ vingt-cinq litres. En F, on voit comment les deux coquilles de fer battu sont emboîtées et soudées.

Quand les bidons étaient de petites dimensions et qu'ils pouvaient ainsi faire partie de l'équipement d'un homme, on les appelait des *biberons* (voyez ce mot).

BOITE, s. f. (*boiste, liette*). Petit coffret **(voyez Coffret, page 33, t. Ier).** On fabriquait des boîtes d'orfèvrerie **(voyez Orfevrerie).**

« Pour 1 boiste de cristal, garnie d'argent, à mettre pain à chanter….. [60] »

BOUGETTE, s. f. Petite valise.

BOUSSOLE, s. f. (*marinière, marinette*). La propriété de l'aiguille aimantée de diriger l'un de ses pôles vers le nord était connue dès la fin du XIIe siècle, ainsi que le prouve le texte de Guyot de Provins [61]. Ces premières boussoles consistaient en une aiguille aimantée couchée en un fétu de paille que l'on laissait flotter sur l'eau remplissant un bassin.

BOUTEILLE, s. f. On ne se servait point de bouteilles de verre pendant le moyen âge pour conserver le vin. Cette liqueur était enfermée dans des fûts ou dans des vases de terre appelés *boutiaux, boutilles, bouties.* Les Anglais fabriquaient des bouteilles de cuir qui étaient fort estimées :

« Pour 2 boteilles de cuir achetées à Londres pour monseigneur Philippe, 9 s. 8 d. [62] »

Les bouteilles de verre étaient plutôt des flacons destinés à contenir des liqueurs précieuses :

« Pour 2 petites boteiles de voirre grinellé garnies d'argent, à tout les tissuz de soye senz ferrure….. [63] »

Cependant des vignettes de manuscrits des IXe et Xe siècles figurent des repas pendant lesquels des convives boivent à même des bouteilles en forme de *ballons* [64]. Nous ne saurions dire si ces bouteilles étaient de terre cuite ou de verre.

BROCHE, s. f. (*hastier*). L'usage des broches pour faire cuire les viandes remonte à la plus haute antiquité. Les héros de l'*Iliade* rôtissaient les viandes à l'aide de broches de bois ou de métal. Les peuples venus du nord-est dans les Gaules, au Ve siècle, étaient grands mangeurs de viandes rôties, comme le sont tous les descendants des races âryennes. Eginhard [65] rapporte que le repas de Charlemagne se composait de quatre mets, sans compter le rôti, qui lui était ordinairement apporté en broche par les chasseurs, et dont il mangeait avec plus de plaisir que de toute autre chose.

La tapisserie de Bayeux nous montre l'armée de Guillaume le Bâtard festinant aussitôt qu'elle a mis le pied sur le sol anglo-saxon. Des serviteurs apportent quantité de viandes embrochées aux chevaliers, qui mangent devant leurs boucliers disposés en guise de tables. Dans le camp, les chevaliers prennent ces viandes à même les broches. A table, on les présentait devant chaque convive sur des tranches de pain. Nos aïeux tenaient fort à manger chaud, et les pièces rôties étaient désembrochées juste au moment d'être portées sur table. Les broches étaient tournées par des garçons devant le brasier, et l'usage des tourne-broches mécaniques à poids ne remonte pas au delà de la fin du XIVe siècle. Elles étaient posées sur des crochets tenant aux landiers [66].

BROUETTE, s. f. Petit véhicule à une roue, muni de deux bras qui servent à maintenir en équilibre et à pousser le fardeau placé sur un plateau garni de rebords. Nous ne savons qui le premier a dit que la brouette avait été inventée par un sieur Dupin, en 1669 [67]. Beaucoup de manuscrits des XIIIe, XIVe et XVe siècles mentionnent cependant des brouettes. On pourrait croire peut-être que ce mot ne signifiait pas exactement ce que nous entendons aujourd'hui par une brouette. Or voici (**fig. 1**) la copie d'une vignette d'un manuscrit de la fin du XIIIe siècle [68], qui donne

une brouette absolument semblable à celles que l'on emploie aujourd'hui, et cet exemple n'est pas le seul ; ce qui n'empêchera certainement pas de répéter longtemps encore que la brouette, ce petit véhicule, est une de ces découvertes aussi simples qu'utiles, due au grand siècle. C'est une question d'ordre public dans un certain monde, que tout, depuis l'art de penser jusqu'à la brouette inclusivement, date du règne de Louis XIV. Avouons cependant, pour ne rien exagérer, que les esprits larges admettraient peut-être que le XVIe siècle a été témoin d'un certain effort de l'esprit humain, et qu'alors, peut-être, la brouette aurait pu sortir du cerveau d'un des novateurs de cette époque. Mais remonter au delà, donner à la brouette une origine plus ancienne, est une de ces témérités qui ne tendent à rien moins qu'à nous faire rétrograder en pleine féodalité.

BUFFET, s. m. Vieux mot qui désignait l'ustensile que nous appelons aujourd'hui *soufflet,* et qui sert à activer le feu. On disait encore *buffet* ou *bufflier* pour soufflet, en Champagne, il y a cinquante ans. Le mot *buffet* s'entendait aussi comme soufflet (sur la joue). Voici un jeu de mots qui le prouve clairement :

« Se je di à un vilain : "Je te donrai un buffet", il s'ira clamer de moi ; et encore valt mes *buffès* v. sols u. vj. à mettre en la maison d'un borgois [69]. »

Cet ustensile, le soufflet, est de date ancienne ; nous ne saurions dire à quelle époque le mot « soufflet » a été substitué au mot « buffet », mais la double signification du mot « soufflet » s'est évidemment substituée à la double signification du mot « buffet ».

Sur les chapiteaux de la nef de l'église abbatiale de Vézelay, qui date des premières années du XIIe siècle, nous voyons déjà un buffet sculpté ayant exactement la forme de nos soufflets modernes (**fig. 1**). Il est vrai que le personnage représenté ici est un vanneur qui épure le grain. Cet ustensile n'est pas, dans cette sculpture, destiné à souffler le feu, c'est un instrument d'agriculture.

Au XIIIe siècle, le soufflet conserve cette même forme et est employé à activer la flamme (**fig. 2**) [70]. Quelquefois le porte-vent est orné [71] ; les tablettes de bois se couvrent de sculptures. C'est au XVe siècle que cet ustensile, introduit dans les appartements et appendu aux montants des cheminées, est souvent richement décoré, garni de clous de cuivre, d'un porte-vent de bronze très-finement ciselé.

1

[59] Musée des fouilles du château impérial de Pierrefonds.

[60] *Invent, de l'argent, des rois de France,* 1353.

[61] Bible. Voyez *Fabliaux ou contes du* XIIe *et du* XIIIe *siècle.* Legrand d'Aussy, édit. 1779, t. II, p. 27 (note).

[62] *Journal de dépense du roi Jean en Angleterre.*

[63] *Invent. de l'argent, des rois de France dressé en* 1353.

[64] Voyez le *Dict. du mobilier,* t. 1er, à l'art. TABLE.

[65] *Vita Karoli imperatoris,* XXIV.

[66] Voyez le *Dict. du mobilier,* t. Ier, art. LANDIER.

[67] Dans son excellent *Dictionnaire de la langue française,* M. Liuré reproduit cette erreur. Cela peut paraître d'autant plus étrange, qu'il cite des documents des XIIIe et XIVe siècles, dans lesquels la brouette est mentionnée.

[68] *Hist. du saint Graül,* Biblioth. impér., n° 6769.

[69] *La riote du monde,* XIIIe siècle.

[70] *Apocalypse,* Biblioth. impér., fonds français, n° 7013.

[71] Voyez dans le *Dict. du mobilier,* t. Ier, le résumé historique.

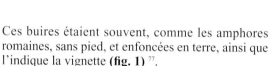

A

Ces buires étaient souvent, comme les amphores romaines, sans pied, et enfoncées en terre, ainsi que l'indique la vignette **(fig. 1)** [77].

Il y avait des buires de toutes grandeurs ; toutefois la buire est portative et elle est généralement munie d'une anse. On en fabriquait en terre et aussi en métal précieux. Ces dernières étaient de petites dimensions et ressemblaient aux vases qu'on appelle aujourd'hui burettes.

La figure 2 est une buire de terre cuite trouvée dans les fouilles du château de Pierrefonds ; elle date du XIVe siècle [78]. Le XVIe siècle fabriqua des buires en faïence et en émaux d'une grande richesse. Nous avons l'occasion de parler de ces vases dans le *Dictionnaire de L'Orfèvrerie,* blanche, dorée et émaillée.

La figure 3 présente un de ces buffets qui date des premières années du XVe siècle [72]. Les plats sont de bois et le porte-vent de cuivre. En A est tracé l'évent, qui est percé dans le plat postérieur uni. Nous ne connaissons pas de soufflets anciens à deux ventricules.

Les musées et beaucoup de collections particulières possèdent de beaux soufflets des XVIe et XVIIe siècles, mais d'une forme beaucoup plus lourde que celle de l'objet donné **(fig. 3)**.

BUIRE, s. f. (*buye, buie*). Vase en manière d'amphore, avec ou sans pied, propre à contenir des liquides et particulièrement du vin.

« Del vin enporte plaine buire… [73] »

« Avoir veulz le vin à la buire [74]. »

« Au dehors du chastel et de la ville a une très-belle fontaine, où, par usage, tous les matins, les femmes de la ville venoient à tout buires et autres vaisseaux….. [75] »

« Payé pour les plats doubles, la nef et la buye d'argent….. [76] »

des chevaliers de la Table ronde. Au XIIe siècle, un roman fut écrit en latin par Gautier Map, chapelain du roi d'Angleterre Henri II, sur le saint Graäl, c'est-à-dire sur les aventures des chevaliers en quête du saint Graäl. Cet écrit fut mis en français par Robert de Borron.

La conquête de ce calice type, divin talisman, fut pendant le moyen âge le sujet de maintes légendes, de romans, de peintures et tapisseries. C'est ainsi, d'après le roman français du *saint Graäl* [80], que s'exprime Jésus lui-mème, apparaissant à Joseph d'Arimathie :

« Cist veissiaus où men sanc méis,
« Quant de men corps le requeillis,
« Calices apelez sera,
« La platine ki sus girra
« Iert la pierre senefiée
« Qui fu deseur moi seelée,
« Quant ou sepulchre m'éus mis [81]. »

BURETTE, s. f. Petit vase en forme d'aiguière, et qui était particulièrement destiné à contenir le vin et l'eau pour le sacrifice de la messe. Deux burettes étaient placées sur un plateau oblong pour cet usage. Elles étaient généralement fabriquées en argent ou en cuivre doré et émaillé. **(Voyez la partie de *L'Orfè-vrerie.*)**

CADENAS, s. m. Nom que l'on donnait au coffre fermé d'une chaîne, avec vertevelle ou petite serrure, et dans lequel on enfermait les divers objets du service de table des grands, c'est-à-dire la salière, les épices, les cuillers, fourchettes, couteaux, etc. Ce coffre, habituellement en forme de nef, était placé sur la table, devant le personnage, et était ouvert devant lui au moment du service. **(Voy. NEF.)**

CALICE, s. m. Coupe dans laquelle, depuis les premiers siècles de l'Église, le prêtre, à l'autel, verse le vin du sacrifice de la messe, en commémoration de la cène de Jésus et des apôtres.

Suivant l'Évangile apocryphe de Nicodème, Joseph d'Arimathie, disciple de Jésus, ayant conservé la coupe dont son divin maître s'était servi pendant la cène, aurait recueilli dans ce vase des gouttes du sang qui tombait des plaies de Jésus, après que le corps eut été descendu de la croix, et aurait légué ce calice, ou *graäl,* à son neveu, nommé Alain.

Sur ce thème, le moyen âge fit une des légendes les plus populaires en Occident. « Un des premiers missionnaires qui vinrent en Angleterre prêcher le christianisme se nommait Josèphe. A ces époques d'ignorance et de foi crédule, il ne fallut pas beaucoup de temps et beaucoup de peine pour faire de cet apôtre de la Grande-Bretagne le fils du personnage de l'Évangile [79]. »

Le cycle des épopées bretonnes fit de ce Joseph, supposé fils de Joseph d'Arimathie, l'ancêtre d'Artus et

Dés les premiers siècles du christianisme, le calice était adopté dans la célébration des saints mystères. Le testament de Perpetuus, évêque de Tours, mort en 474, lègue à son église « deux calices d'or ».

A Gourdon, près de Châlon-sur-Saône, on trouva en 1846 un vase d'or qui était certainement un calice de chapelle privée (*singularis*), et qui est orné de turquoises et de grenats. Ce calice est muni de deux anses. Ainsi est souvent représenté le calice dans lequel l'Église personnifiée recueille le sang de Jésus sur la croix. Telle était probablement la forme donnée aux calices de la primitive Église **(fig. 1)**, forme à laquelle on substitua celle d'un cratère avec pied, et qui fut conservée jusqu'au XVe siècle. Un des plus beaux calices de ce genre, de style français, est le célèbre calice de saint Remi, qui date du XIIIe siècle. Cette coupe est d'or **(fig. 2)** et est ornée d'émaux et de pierres fines. Faisant autrefois partie du trésor de

[72] Collect. des dessins de l'auteur.

[73] *Poème anglo-normand,* t. III, p. 111, publ. par Francisque Michel.

[74] Eust. Deschamps, *Poésies,* XIVe siècle.

[75] Froissart, XVe siècle.

[76] *Invent. du château de Gaillon,* XVIe siècle.

[77] Manuscr. Biblioth. impér., anc. fonds Saint-Germain, n° 37, XIIIe siècle.

[78] Musée du château impérial de Pierrefonds.

[79] Voyez la *Notice* publiée par M. Francisque Michel en tête du *Roman du saint Graäl.* Bordeaux, 1841.

[80] Voyez la publ. de ce roman par M. Fr Michel.

[81] Vers 907 et suiv.

Notre-Dame à Reims, ce calice passa dans celui de Saint-Denis. En 1792, il fut déposé à la Bibliothèque nationale, où il resta jusqu'en ces derniers temps. Aujourd'hui, ce précieux objet a été confié au trésor de la cathédrale de Reims.

La forme de cratère fut remplacée, vers la fin du XVe siècle, par une coupe en manière de tulipe **(voy. L'Orfèvrerie)** [82].

On ne se sert plus aujourd'hui que de calices d'argent ou de vermeil ; mais, dans les premiers siècles du moyen âge, on en fabriquait de toutes matières, bois, verre, ivoire, cuivre, étain. En Angleterre, après le payement de la rançon du roi Richard, le clergé ne se servait plus que de calices de bois [83]. L'abbé Lebeuf parle, dans son *Histoire du diocèse de Paris* [84], d'un calice de cuivre rouge qui aurait appartenu à saint Crodegand, évêque de Séez, et qui était déposé dans le trésor de l'abbaye de Saint-Martin des Champs à Paris. Ce calice avait été doré, ainsi que la patène, et datait du VIIIe siècle. La coupe était étroite et profonde, comme celle des calices primitifs ; il n'était orné que par une inscription et une colombe gravées sur ses parois.

Nous n'avons pu découvrir exactement à quelle époque la patène fut jointe au calice. L'usage de la patène dut être admis au moment où le culte, en ce qui concerne la manière de communier à l'autel, fut réglé par l'Église en Occident.

CANIF, s. m. (*kenivet*). — Voy. COUTEAU.

CANTINE, s. f. Jusqu'au XVe siècle, les nobles avaient pour habitude de transporter avec eux, en campagne, tous les ustensiles nécessaires à la vie matérielle : batterie de cuisine, meubles, vaisselle, etc. Les bagages occupaient ainsi, dans les armées mobiles, un nombre considérable de valets, de goujats, de charretiers, qui devenaient souvent l'occasion d'embarras et même de désastres. Après les tristes campagnes du commencement du XVe siècle, les capitaines qui continuèrent la lutte contre l'invasion anglaise prirent des habitudes militaires plus conformes aux nécessités du temps. Obligés de se multiplier, de tenir les champs, trouvant partout des villages abandonnés, des partis ennemis, des châteaux fermés, il leur fallut faire la guerre de partisans, et ne plus traîner avec eux ces bagages encombrants qui suivaient les corps d'armée de la noblesse sous Charles VI. Le temps n'était plus où un camp ressemblait à une ville, où le luxe de table pouvait se déployer dans des tentes divisées comme des habitations permanentes, où chaque baron traînait derrière lui des cuisiniers, des pourvoyeurs, des valets et des chariots munis de tout ce qui peut contribuer au bien-être. Des capitaines comme les Dunois, les la Hire, les Poton de Xaintrailles et tant d'autres, toujours par les chemins, ne pouvaient avoir avec eux qu'un bagage fort mince. Il fallait vivre cependant, et vivre dans des provinces dévastées par vingt ans de guerres. Ce fut alors, et au moment de l'organisation des compagnies régulières, qu'on s'occupa des moyens de pourvoir ces corps de vivres pour quelques jours pendant les expéditions ; les capitaines

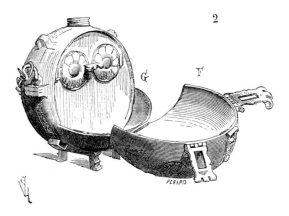

eurent alors leur cantine. Et habituellement ces vivres et cantines étaient transportés sur les chariots d'artillerie. Les troupes des ducs de Bourgogne étaient bien pourvues, vers le milieu du XVe siècle, de ces transports de guerre, qui pouvaient suivre les mouvements d'une armée, si rapides qu'ils fussent. Les cantines des capitaines étaient disposées parfois de manière à transporter les repas tout préparés pour une journée. Le musée de Cluny possède une de ces cantines, qui, bien que d'une fabrication plus récente (XVIIe siècle), confirme la forme de celles que les vignettes des manuscrits du XVe figurent suspendues aux chariots d'artillerie. Nous donnons cette cantine **(fig. 1)** ; elle est de fer battu et étamé. L'anse supérieure est de bronze, et permet de dévisser le bouchon qui ferme un orifice A, par lequel on introduisait de l'eau bouillante dans la moitié de la sphère. Une autre anse attachée à deux chaînettes était passée dans la cour-

F. GUILLAUMOT.

roie de suspension ; d'autres courroies passées par les oreilles B empêchaient la cantine de ballotter. Un cadenas et une clavette fermaient les moraillons en C. La cantine ouverte est représentée **fig. 2** ; le bouchon supérieur est dévissé. On aperçoit à l'intérieur deux disques qui bouchent des manchons (sortes de petits fours) pouvant contenir des viandes cuites, tenues chaudes par l'eau bouillante. Un autre manchon s'ouvre à l'extérieur en sens inverse. Dans la partie abattue F et posée sur un brasier, ou même dans la poche G, on pouvait cuire des légumes, une soupe. La coquille, abattue, était ainsi une véritable gamelle. Cette cantine a 40 centimètres de hauteur. Dans la partie antérieure qui s'abat, on logeait facilement un pain, une serviette, des couteaux, cuillers et fourchettes.

Cet objet est fabriqué avec beaucoup de soin ; les coquilles sont renforcées par des nerfs rivés, et les attaches tiennent à des bandes de fer battu rivées et soudées. Les charnières sont également rivées très-solidement. Dans une expédition d'une journée, cette cuisine portative suffisait à deux ou trois personnes ; et si l'on n'avait pas le temps d'allumer du feu, l'eau bouillante jetée au départ dans la demi-sphère close maintenait les viandes chaudes pendant plusieurs heures.

CHALUMEAU, s. m. Fistule d'argent ou d'or destinée à boire le vin versé dans le calice, lorsqu'on communiait sous les deux espèces. Le chalumeau était usité dans la primitive Église. Du temps de Piganiol, les religieux se servaient encore, dans l'église abbatiale de Cluny, d'un chalumeau pour communier. Bocquillot [85] décrit ainsi le chalumeau eucharistique dont on se servait pour la communion sous les espèces du vin : « Le bout que l'on trempoit dans le calice étoit large et convexe, ou fait en bouton, et l'autre bout, qui se mettoit dans la bouche, étoit tout petit et tout uni. On le tenoit dans un petit sac de toile ou d'étoffe fait exprès [86]…. »

L'inventaire du trésor de la cathédrale de Laon mentionne un *roseau* d'argent doré par les bouts et milieu, « pour administrer au diacre le sang précieux de N. S., sous les espèces du vin. »

CHANDELIER, s. m. Porte-lumière. S'entendait comme candélabre, porte-bougie de cire ou chandelle de résine ou de suif, porte-lampe, fixe ou mobile. On admet généralement que nos aïeux s'éclairaient fort mal. Nous ne mettons pas en doute que leurs salles fussent très-médiocrement éclairées, si l'on prétend comparer ce qui se pratiquait alors avec ce que nous voyons aujourd'hui dans nos salons. Mais, entre l'abus des lumières et l'obscurité, il est un moyen terme. On doit admettre que, pendant le moyen âge, dans les fêtes de nuit, dans les cérémonies religieuses, l'abondance du luminaire était considérée comme un *luxe nécessaire,* et ce luminaire consistait principalement en bougies de cire, cierges et *tortis* ou torches à main. Les bougies de cire étaient fichées, soit sur des chandeliers suspendus (lustres), soit sur des candélabres fixes, à plusieurs branches, soit sur des chandeliers mobiles. En outre, pendant les banquets, les bals, des serviteurs en grand nombre portaient des torches de cire. Nos musées, nos trésors d'églises possèdent encore des exemples variés

de ces chandeliers de toutes formes et dimensions ; on en fabriquait en bois, en fer, en cuivre, en argent et même en or. Des chandeliers d'argent, il en reste très-peu ; des chandeliers d'or, si tant est que les inventaires soient exacts, pas un seul. Mais les chandeliers de cuivre abondent, fabriqués ou repoussés, fondus, émaillés, niellés, à une ou plusieurs branches ; et ces ustensiles affectent une variété de formes incroyable. Les termes qui servent à désigner ces objets sont nombreux : *tortis, torches, chandélabres, flambiaux, chandeliers, cierges, chandeliers à l'huile, flambiaux de poing, chandeliers à branches.* Il est difficile de croire que des gens qui possédaient une si grande variété de supports de lumières s'éclairassent aussi mal qu'on voudrait le supposer.

Nous avons parlé, dans le *Dictionnaire du mobilier,* des couronnes de lumières, des lampiers, des grands candélabres fixes, à plusieurs branches, des pieds de cierge pascal, etc., que l'on plaçait dans les églises et les grand'salles des châteaux ; nous ne reviendrons pas sur ces objets. Il n'est question ici que des supports de lumières transportables, qui rentrent dans la catégorie des ustensiles.

Dans les *Mélanges archéologiques* des RR. PP. Martin et Cahier [87], sont gravés plusieurs chandeliers de cuivre fondu des XIe, XIIe et XIIIe siècles, qui représentent un dragon sur lequel est assis un personnage tenant une fleur épanouie qui sert de bobèche à la bougie. Ces chandeliers, d'une forme singulière, proviennent de plusieurs collections privées. Ils ne sont pas les seuls. En Angleterre, en France, en Belgique, dans le nord de l'Italie, on retrouve encore des exemples assez nombreux de ces flambeaux aux figures symboliques. Le R. P. Cahier admet que ces sujets sont empruntés à la mythologie scandinave ; quelques archéologues ont même prétendu que ces porte-lumière étaient de fabrication orientale. Cette dernière hypothèse ne nous paraît guère admissible, car on retrouve dans le style de ces bronzes tous les éléments de notre sculpture romane du commencement du XIIe siècle. Nous ne discuterons pas ce point archéologique, ce n'est pas de cela qu'il s'agit ici ; il suffit de présenter l'un de ces exemples **(fig. 1)** [88], dont la fabrication paraît appartenir aux dernières années du XIe siècle. L'enroulement qui se détache au-dessus de la croupe du monstre servait d'anse, et ces flambeaux auraient eu ainsi à peu près la destination donnée à nos bougeoirs. Ces objets sont habituellement bien fondus à cire perdue, et retouchés au burin, comme le sont les bronzes hindous. Nous les croyons cependant de fabrication occidentale. Mais il ne faut pas oublier qu'à cette époque, l'Occident rapportait d'Orient un grand nombre d'objets qui eurent sur le style des arts appliqués à l'industrie une

---

[82] Voyez la *Notice* très-développée de M. l'abbé Barraud, sur les calices, insérée dans le tome VIII du *Bulletin monumental* publ. par M. de Caumont, p. 385.

[83] André Pottier. Guillaume Durand parle de calices de bois et de verre.

[84] Tome Ier, p. 310.

[85] *Traité histor. de la liturgie sacrée.*

[86] Voyez la note de M. Ch. Barthélemy dans sa traduction du *Rational* de Guillaume Durand, t. II, p. 394.

[87] Tome I, p. 91, pl. XIV, XV, XVI et XVII.

[88] Anc. collection de M. Dugué.

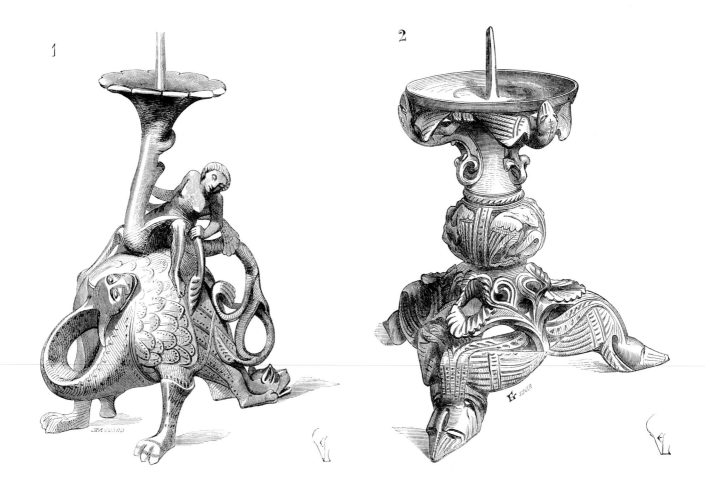

grande influence. Nous avons eu l'occasion maintes fois de constater ce fait [89]. Ces formes bizarres données à certains petits flambeaux de main persistèrent assez tard. On en voit qui datent du XIVe siècle ; mais, dans ces derniers, le style oriental s'efface. Vers le même temps, c'est-à-dire du XIe au XIIe siècle, on fabriquait aussi beaucoup de petits flambeaux dont la forme se rapproche de ceux en usage aujourd'hui. Nos musées et collections privées en possèdent un assez grand nombre. Ils sont fondus de même sur cire perdue et retouchés au burin. Voici **(fig. 2)** un de ces objets [90], qui paraît dater des dernières années du XIe siècle. Le dragon est, presque sans exception, un des symboles employés dans l'ornementation de ces ustensiles jusqu'au XIIIe siècle [91]. L'époque romane nous a laissé un assez grand nombre de flambeaux conçus d'après ce motif et exécutés avec plus ou moins de soin. Il en est dont la fonte et les retouches au burin sont tellement grossières, qu'on en doit conclure que l'usage en était très-répandu. Vers la fin du XIIe siècle apparaissent les flambeaux de cuivre battu et émaillé **(fig. 3)** [92]. Plus légers, plus élevés que les chandeliers précédents, ceux-ci paraissent avoir été fort répandus pendant le cours du XIIIe siècle. L'exemple que nous présentons ici, et qui se trouve souvent répété quant à la forme générale, possède une bobèche, une bague et un pied émaillés-champlevés. La tige est simplement burinée. Le tout était doré, l'émail appelant nécessairement la dorure.

A la même époque, on se servait aussi de chandeliers composés d'un plateau circulaire ou polygonal, surmonté d'une longue pointe sur laquelle on fichait le cierge de cire. Ces plateaux, larges, légèrement coniques ou en pyramide, sont généralement décorés de gravures et d'émaux. Parmi ces flambeaux, un des plus remarquables fait partie de la collection de M. le comte de Nieuwerkerke. Sur le plateau sont gravés quatre cavaliers armés et deux servants d'armes. Ces figures se détachent sur un fond émaillé en bleu et fleurdelisé or. Les quatre cavaliers portent des écus armoyés de leurs armes, et sont montés sur des chevaux houssés de même à leurs armes (voyez, **fig. 3 *bis*,** l'ensemble de ce chandelier). Le premier cavalier porte de France ancien au lambel de gueules chargé de tours de Castille ou de couronnes. Ce peut être Charles d'Anjou, roi de Sicile ; car cet objet appartient bien évidemment au milieu du XIIIe siècle. Le quatrième est un duc de Bourgogne, puisqu'il porte bandé d'or et d'azur de six pièces, à la bordure de gueules. Le deuxième porte fascé d'argent et d'azur, qui est de Dammartin. Le troisième porte échiqueté d'or et de gueules au franc canton d'hermine, à la bordure de gueules, qui est de Dreux-Bretagne. Les deux servants d'armes sont couverts d'une dalmatique d'argent (émail blanc) à la croix fleurdelisée de gueules. La **figure 3 *ter*** donne, grandeur d'exécution, l'un des cavaliers et l'un des servants d'armes. Ce flambeau a dû être fabriqué à l'occasion d'un tournoi auquel aurait pris part Charles d'Anjou. On remarquera que les cavaliers ont tous le même geste, ne sont armés ni de lances, ni d'épées. Ils ont le bras droit étendu, s'apprêtant à prendre les lances avec pennons que tendent les servants d'armes, pour entrer en lice. Il était d'usage, en effet, pendant le moyen âge, de reproduire des faits contemporains sur les ustensiles et meubles vulgaires ; et c'est pourquoi il est bon d'examiner avec une attention scrupuleuse les objets qui n'ont pas une destination religieuse. Ils peuvent, comme les médailles, aider à expliquer certains faits historiques. Aussi a-t-on voulu voir, dans le chandelier que nous donnons ici, un monument rappelant le défi porté par Charles d'Anjou au roi d'Aragon, Pierre III, et le tournoi projeté à Bordeaux à cette occasion. Mais le cavalier qui porte fascé d'argent et d'azur ne peut être un roi d'Aragon, puisque les armes d'Aragon sont d'or aux quatre pals de gueules. Peut-être le cavalier (troisième) est-il Arthur II, vicomte de Limoges et de Bretagne. Quel que soit le fait auquel se rattache la fabrication de ce chandelier, il peut passer pour un des ustensiles les plus curieux du XIIIᵉ siècle, d'autant que la gravure en est d'un très-bon style.

Il ne faut pas omettre les flambeaux à pieds tournants qu'on pouvait ranger facilement dans les bagages. Voici **(fig. 4)** un de ces objets qui se trouve aujourd'hui dans le musée de Nevers. La bague est émaillée ; les trois pieds gravés se replient les uns sous les autres, ainsi que le fait voir notre gravure. Au XIIIᵉ siècle encore, les seigneurs emportaient en voyage tout un mobilier, siéges pliants, lits de camp, flambeaux, batterie de cuisine ; or, il était facile de ranger dans un coffre plusieurs de ces flambeaux à pieds tournants, et qui tenaient ainsi peu de place. En A est figuré le dessous de la bobèche, en B la bague, et en C l'un des trois pieds vu sur son plat.

[89] Voyez l'article SCULPTURE dans le *Dictionnaire d'architecture.*

[90] Collection de l'auteur ; aux deux tiers de l'exécution.

[91] Voyez, dans les *Annales archéol.* de Didron (t. XVIII, p. 161, et t. X, p. 141), des gravures faites d'après des flambeaux analogues.

[92] Du musée de Cluny.

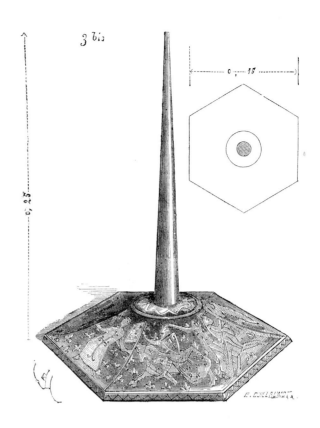

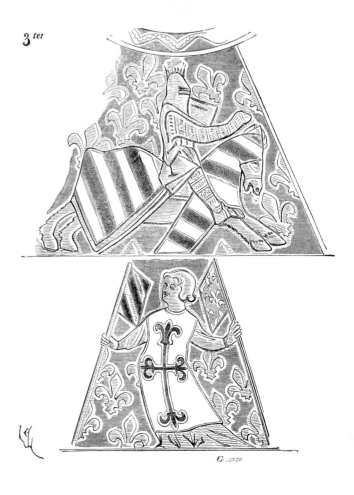

On observera que les cierges étaient fichés sur les bobèches au moyen d'une pointe qui entrait dans la partie inférieure du cylindre de cire. Ce n'est guère qu'au XIVᵉ siècle que la pointe est remplacée par une douille dans laquelle entre le pied de la bougie, comme cela est encore pratiqué aujourd'hui. Alors (au XIVᵉ siècle) on fabrique des flambeaux simplement cylindriques, ou à pans, ou en lobes, ou carrés, avec large pied. Voici **(fig. 5)** un de ces flambeaux, dont la tige donne, en section horizontale, la forme tracée en A. Le cylindre de cire entrait plus aisément dans des tubes prismatiques ou lobés que dans des tubes cylindriques, car les parois de la cire ne touchaient ainsi que sur certains points, et comme les cierges n'étaient pas parfaitement réguliers, puisqu'ils n'étaient point encore moulés, mais simplement *roulés,* en forçant un peu, leur souche pouvait être introduite dans la douille ; tandis que lorsque celle-ci était cylindrique, ou le cierge ballottait, s'il ne la remplissait pas très-exactement, ou il ne pouvait entrer, s'il avait un diamètre un peu plus fort que celui de la douille. Ce n'était donc pas sans motif que l'on donnait aux tiges des flambeaux des formes prismatiques ou à quatre ou six lobes. Les cierges destinés à ces flambeaux étaient gros et devaient donner beaucoup de lumière. Ils étaient munis d'un petit cornet de parchemin ou de bois léger peint, qui tenait lieu de nos bobèches de verre. Le pied de ces sortes de flambeaux est très-large et souvent plaqué d'un écu armoyé émaillé, ainsi que le fait voir la **figure 5**. Les tiges sont percées de part en part de manière à pouvoir repousser en dehors la souche du cierge lorsqu'il a brûlé jusqu'au ras de la douille.

Nous donnons dans L'Orfèvrerie un très-beau chandelier de cette époque, d'argent doré.

Ce n'est que vers le milieu du XVᵉ siècle que cette forme de flambeaux est abandonnée pour une nouvelle, se rapprochant beaucoup plus de celles en usage aujourd'hui.

La **figure 6** [93] donne un de ces chandeliers si fréquents à dater du règne de Charles VII jusqu'au moment de la renaissance. Cette nouvelle forme était une importation vénitienne. Venise fabriquait alors un très-grand nombre de ces objets imités des formes orientales [94]. La douille pour recevoir la bougie est portée sur une tige et munie d'ajours, afin de permettre l'extraction de la souche de cire lorsque la bougie est brûlée. Le pied, relevé, possède un rebord qui empêche la cire de couler en dehors du flambeau ; un trou A est pratiqué dans le bord de ce pied pour recevoir la chaînette à laquelle est attachée une paire de mouchettes, déposée dans le plateau. Alors aussi on fabriquait des chandeliers à deux douilles **(fig. 7)**, qui pouvaient être placés sur un pied ou sur une potence de fer fixée à la boiserie ou scellée à la muraille. Notre **figure 7** [95] montre un de ces chandeliers. Le collet A est élégi en B, pour entrer dans la douille du pied C, et est percé pour pouvoir être fiché, si on le préfère, sur un goujon D d'un bras fixé au mur. Ici les douilles E des bougies sont percées de part en part, afin de permettre l'extraction des bouts de cire.

Nous ne devons pas omettre de mentionner les chandeliers à deux bougies qu'on pouvait hausser ou baisser à volonté, et qu'on fabriquait communément à la fin du XIVᵉ siècle et au commencement du XVᵉ. Voici **(fig. 7 *bis*)** un de ces flambeaux, de laiton fondu, qui fait partie du musée de Cluny. Sa hauteur est de 25 centimètres. La tige est en forme de vis, et la douille A est taraudée de manière à pouvoir monter ou descendre le long de cette tige, selon qu'on tourne les bras dans un sens ou dans l'autre. Mais comme on risquerait de faire tomber de la cire brûlante sur les doigts en tournant les bras, un animal est embroché à l'extrémité de la tige et pivote facilement sans pouvoir s'engager dans la vis. Si l'on prétend hausser ou baisser les bougies, on prend cet animal par la queue et on le fait pivoter à droite ou à gauche ; le corps de la bête touche les bougies ou même les douilles et les fait tourner dans un sens ou dans l'autre, c'est-à-dire monter ou descendre, sans que la cire fondue puisse couler sur les doigts.

Vers la fin du XVᵉ siècle on se servait, chez les particuliers riches, de flambeaux à plusieurs bougies posées sur une seule ligne. Ces sortes de candélabres étaient spécialement destinés à la table, et ils étaient souvent fabriqués en argent, d'après ce que rapportent les inventaires. La collection de M. Arondel possédait un de ces flambeaux datant de la fin du XVᵉ siècle **(fig. 8)**, d'une bonne exécution et de laiton fondu et ciselé.

Les jours de gala, ces candélabres étaient garnis de fleurs ou de boules de cristal. Dans l'exemple que nous donnons ici, il est à croire que la petite coupelle réservée en A était destinée à recevoir une de ces boules.

On se servait aussi, pour éclairer les salles, de grands candélabres qui portaient plusieurs lumières étagées. Le musée de Cluny possède un de ces candélabres de fer forgé qui appartient à la fabrication de la fin du XIVᵉ siècle. Sa tige **(fig. 9)** se compose de quatre verges de fer rondes **(voy. en A)**, réunies de distance en distance par des bagues soudées à chaud. Le sommet du candélabre porte un large plateau avec pointe, pour recevoir un gros cierge ; puis, de chacune des deux bagues supérieures de la tige sortent deux douilles carrées, dans lesquelles on fichait des bouts de bras avec bobèches, comme on peut le voir en C et C'. Ainsi, obtenait-on un éclairage étagé. Les douilles sont carrées **(voyez en D)**, afin d'empêcher les bras de tourner ; ceux-ci étaient le plus souvent fabriqués en bronze. On trouve assez fréquemment de ces bouts de bras qui, par la facilité avec laquelle on les posait et on les enlevait, permettaient de transporter sans embarras le pied de fer d'une salle dans l'autre. On ne fichait les bras dans leurs douilles qu'autant qu'on voulait allumer un plus ou moins grand nombre de bougies ; et ces candélabres à longue tige, posés à terre, portaient souvent un grand nombre de ces douilles.

La plupart des ustensiles que nous venons de décrire appartiennent à la fabrication ordinaire : ce sont des objets usuels, comme on en trouvait partout. Nos collections et certaines publications présentent des flambeaux d'un travail beaucoup plus précieux ; mais nous tenons principalement à faire connaître ces objets vulgaires qui indiquent seuls l'état d'une civilisation. Or, on voudra bien reconnaître que, si simples que soient ces ustensiles, leur forme est toujours heureuse et parfaitement appropriée à la destination.

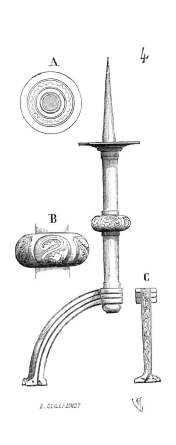

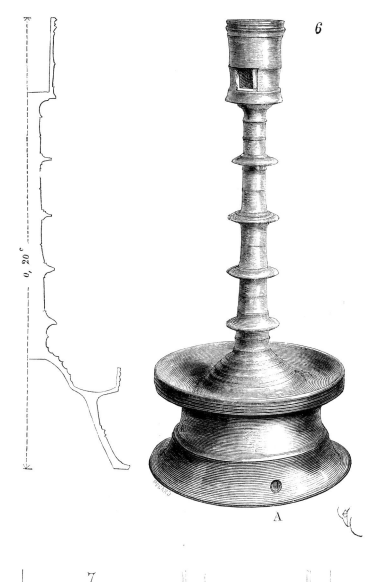

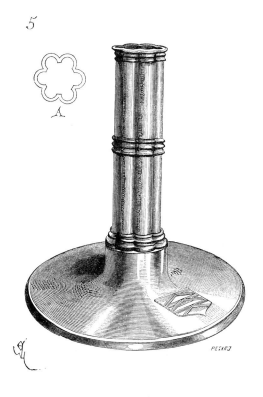

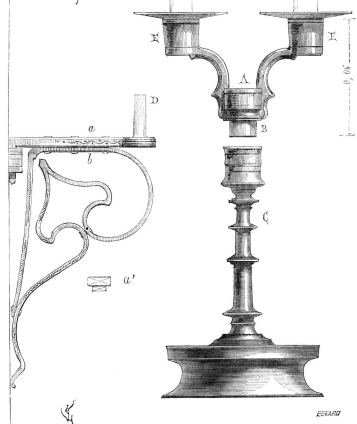

[93] Musée des fouilles du château de Pierrefonds.

[94] Il existe un grand nombre de ces flambeaux vénitiens qui datent des XVe et XVIe siècles et qui sont décorés de gravures imitées des dessins orientaux, ou niellés.

[95] Musée des fouilles du château de Pierrefonds. Le tracé est à moitié de l'exécution. La section *a'* est faite sur *ab*.

167

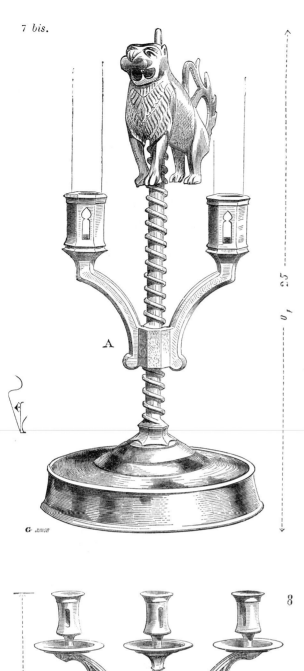

7 bis.

9

8

Si l'on trouve ainsi des traces d'art dans les objets les plus ordinaires, à plus forte raison l'art se développe-t-il dans des meubles et ustensiles d'une certaine valeur comme matière ou comme travail. Nous n'avons que des débris des magnifiques candélabres à plusieurs branches qui décoraient certaines églises, notamment celle de l'abbaye de Saint-Remi à Reims [96], et quelques rares exemples de chandeliers remarquables par la main-d'œuvre ou la matière [97]. Le plus beau parmi ces chandeliers d'église faisait, il y a quelques années, partie de la collection de M. d'Espaulart, au Mans ; il avait appartenu à la cathédrale de cette cité, qui l'avait reçu de l'abbaye de Saint-Pierre de Glocester, ainsi que le constatent les inscriptions gravées sur ses parois. En effet, sur les bords de la coupe supérieure à trois lobes **(voy. pl. XXIX)**, on lit cette inscription :

LUCIS : ONUS : VIRTUTIS : OPUS : DOCTRINA : REFULGENS : PREDICAT : UT : VICIO : NON : TENEBRETUR : HOMO.

Sur le ruban qui entoure la colonne :

ABBATIS : PETRI : GREGIS : ET : DEVOTIO : MITIS : ME : DEDIT : ECCLESIE : SCI : PETRI : GLOCESTRE.

En dedans de la coupe, gravée après la dorure et postérieurement à la fabrication du chandelier, on lit :

† HOC CENOMANENSIS RES ECCLESIE POCIENSIS : THOMAS DITAVIT CUM SOLANNUM.

Ce chandelier avait donc été donné à la cathédrale du Mans par Thomas de Poché (manoir du Maine), et avait appartenu auparavant au trésor de l'abbaye de Saint-Pierre, à Glocester. Or, ainsi que le signale le R. P. A. Martin dans la notice donnée sur ce monument (voyez *Mélanges archéologiques* [98]), cet abbé, Pierre, gouverna l'abbaye de Glocester de 1109 à 1112 au moins, et le caractère archéologique du monument concorde parfaitement avec cette date.

On ne distingue sur ce chandelier, en fait de sujets symboliques explicables, que les signes des quatre évangélistes (sur la bague) ; tout le reste de la décoration consiste en des figures d'hommes et d'animaux fantastiques mêlés à des rinceaux d'un style excellent. L'objet a été fondu sur cire perdue, tout d'une pièce, retouché au burin, et nous devons avouer qu'on aurait grand'peine aujourd'hui à obtenir un bronze aussi pur, dans tous ses détails, d'une seule fonte.

Ce chandelier a été racheté, il y a quelques années, par l'Angleterre, à la vente de M. d'Espaulart.

L'inscription du bord de la coupe que le R. P. Martin traduit ainsi : « *La dette des lumières est la pratique de la vertu. La doctrine lumineuse (de l'Evangile) engage l'homme à fuir les ténèbres du vice* », explique peut-être l'imagerie étrange de ce chandelier. En effet, sur la bague sont représentés les quatre évangélistes ; partout ailleurs règne une confusion cherchée d'hommes et de bêtes qui semblent se tuer, se dévorer, se poursuivre. Est-ce une image du mal en opposition avec la doctrine évangélique ?....

CHAUFFERETTE, s. f. (*chaufête, escaufaile, escaufaile de mains*). Il y avait des chaufferettes pour les pieds, des chaufferettes pour les mains.

« Pour enfans, fault bers et drapiaux,
« Nourrice, chaufete et bacin [99]. »

Les inventaires des trésors mentionnent la chaufferette à mains [100]. Villard de Honnecourt la décrit de la manière suivante : « Si vous voulez faire un chaufferette à mains, vous ferez comme une pomme de cuivre de deux moitiés qui s'emboîtent. Par dedans la pomme de cuivre il doit y avoir une petite poêle suspendue par deux tourillons. Les tourillons doivent être contrariés de telle façon que la petite poêle à feu reste toujours horizontale, car chaque cercle porte les tourillons de l'autre [101].... » En effet, une sphère creuse garnie de deux cercles à l'intérieur, mobiles sur tourillons contrariés, permet à un vase de conserver l'horizontalité. C'est le principe adopté pour la suspension des boussoles marines. Villard de Honnecourt, dans le croquis qu'il donne, multiplie les cercles

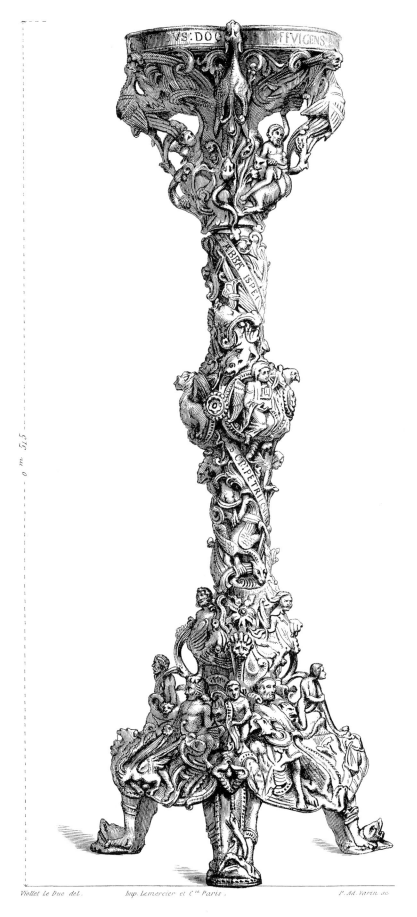

[96] Voyez dans le musée de la ville de Reims le tiers du pied de ce beau candélabre de bronze, qui datait du XIIe siècle.

[97] Voyez L'Orfèvrerie.

[98] Tome IV, p. 279.

[99] Eustache Deschamps.

[100] Du Cange, *Gloss.*, CALEFACTORIUM.

[101] *Album* de Villard de Honnecourt, arch. du XIIIe siècle, publ. par J. B. Lassus et A. Darcel, 1858, pl. XVI.

jusqu'au nombre de six, plus le noyau, la poêle dans laquelle on pouvait mettre des charbons allumés ; mais deux cercles suffisent.

M. Carrand possède, dans sa précieuse collection, une de ces chaufferettes à mains, d'un beau travail, et qui date du XIIIe siècle. Bien entendu, cette sphère s'ouvre en deux coquilles, et celles-ci sont ajourées pour permettre aux charbons de rester allumés. Ces chaufferettes à mains étaient posées sur un trépied, ou suspendues par une chaînette. Le prêtre, en hiver, en avait une sur l'autel pour dégourdir ses doigts. Voici une de ces *escaufailes* à mains, qui provient du musée de Cluny **(fig. 1)**. Elle est de laiton repoussé et ne conserve qu'un de ses cercles intérieurs ; une chaîne permettait de la suspendre. Cet objet, d'un travail grossier, est d'une fabrication assez récente (XVIe siècle), mais il est identique comme forme avec les chaufferettes si fréquemment employées pendant les XIIIe et XIVe siècles. Voici **(fig. 2)** une coquille appartenant à une chaufferette à mains du XIIe siècle, dont la convexité est richement décorée de rinceaux à jour d'un très-beau style [102].

Souvent aussi on se contentait de suspendre dans ces sphères une boule de fer rougie au feu.

Les plus anciennes chaufferettes à pieds que nous connaissions sont de date assez récente (XVe siècle) ; elles sont de terre, de forme cylindrique, munies de deux boutons avec une anse de fer, et étaient placées dans des *placets* (tabourets) de bois. On se servait aussi de chauffe-pieds de métal, dans lesquels on versait de l'eau bouillante, et qui avaient la forme d'un carreau. Ces chauffe-pieds entraient dans un sac de fourrure ou d'étoffe.

CIBOIRE, s. m. Vase de métal, or ou argent, destiné à renfermer les hosties consacrées. On fabriquait aussi, pendant le moyen âge, des ciboires de cuivre doré et émaillé, le plus souvent en forme de colombe. Dans la partie touchant L'Orfèvrerie, nous nous occupons de quelques-uns de ces objets [103].

CISEAUX (PAIRE DE), s. m. (*cisiax*). Les anciens connaissaient cet outil, et le moyen âge l'a de tout temps employé.

Les ciseaux sont à pivot ou à ressorts :

« Et uns cisiax et un bacin [104]. »

On en fabriquait en métaux précieux.

« Uns ciseaux d'or pesans une once IX esterlins. » (*Invent.* de *Charles V.*)

(Voyez la partie des OUTILS.)

CLOCHETTE, s. f. (*cloquette*). Sonnette maniable, en usage, pendant le moyen âge, pour le service religieux principalement, pour accompagner le prêtre portant le viatique. Ces clochettes étaient parfois ajourées et d'un joli travail. Tout le monde connaît la clochette du XIIe siècle, ajourée, dont on a fait un grand nombre de surmoulés.

CORNET, s. m. (*écritoire*). — **Voyez le *Dictionnaire du mobilier*,** à l'article SCRIPTIONALE.

COUPE, s. f. (*cupe*). Vase à boire. On fabriquait pendant le moyen âge, comme pendant l'antiquité, des coupes d'or, d'argent, de pierres dures, d'étain et de bois :

« Itant (aussitôt) out li Quens un présent
« D'une cupe chiere d'argent. [105] »

« Bernars regarde le Lohérenc Garin
« Qui sert le roi de la coupe d'or fin [106]. »

Les vases à boire pendant les banquets étaient de formes diverses. Il y avait des coupes ou cratères à pied. Pour les personnages de distinction, les coupes étaient couvertes :

« Une coupe couverte, dorée et esmaillée, et ou fonds de ladite coupe a une ymage de saint Martin [107]. »

On se servait aussi de coupes sans pied pendant le XVe siècle. Dans L'Orfèvrerie, nous parlons des coupes faites de matières précieuses.

Voici **(fig. 1)** une coupe d'étain datant du XIVe siècle. [108] ....

Villard de Honnecourt donne une coupe, un cratère à pied [109], qu'il appelle *hanap* : « Vesci une cantepleure con peut faire en .I. "henap…" Ce nom de hanap ne fut donné beaucoup plus tard qu'aux gobelets allongés, à pied, couverts et fermés, dans lesquels on présentait à boire aux seigneurs. L'essai se faisait dans la coupelle qui formait couvercle.

Habituellement, à table, on se servait de coupes sans pied, de cratères de métal assez semblables, comme

forme, à une tasse très-large et basse, sans ansé. Souvent la coupe était accompagnée d'un gobelet cylindrique ; alors l'essai se faisait dans le gobelet.

Voici **(fig. 2)** une de ces coupes avec son gobelet, qui
fait partie du musée de Cluny. Ces objets sont de
mauvais argent et d'une forme très-simple (XVe
siècle).

Voici une autre coupe, d'un joli travail, de bel argent,
avec dorures, appartenant au même musée, et datant
du commencement du XVe siècle **(fig. 3)**. Le gobelet
manque, s'il a jamais existé.

Au fond de la coupe est fixée une plaque d'émail dont
le détail est présenté en A, grandeur d'exécution. Les
émaux sont rouge foncé, rouge clair et jaune mor-
doré pour le fond de l'oiseau, qui est très-délicatement gravé. En B, est tracé le profil de la coupe, moitié d'exécution. Cet objet porte un poinçon de
fabrique donné en P.

Dans les célèbres tapisseries de Nancy, qui datent de
la fin du XVe siècle, on voit des personnages à table,
buvant tous dans ces coupes sans pied et fort plates [110].

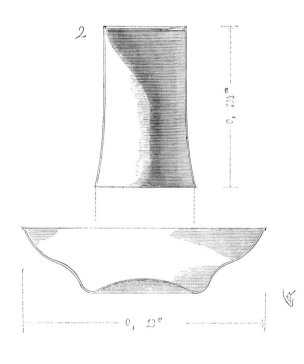

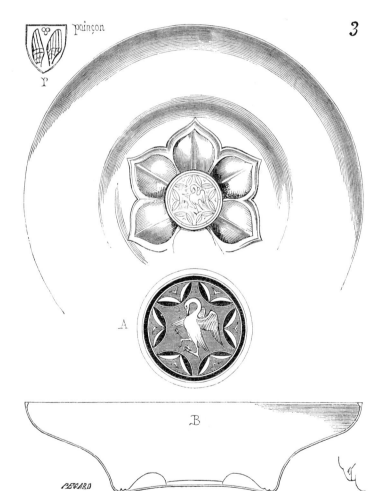

[102] Collection des dessins de l'auteur.

[103] Voyez le *Dict. du mobilier,* SUSPENSION.

[104] *Roman du Renart,* vers 2264.

[105] Le *Roman de Rou,* vers 7567, XIIe siècle.

[106] *Li Romans de Garin le Loherain,* t. II, p. 16, édition publ. par M.
P. Pâris. Techener, 1835.

[107] *Invent. du duc de Normandie,* 1363. (Voy. *Gloss. et Répert. de la
Notice des émaux, bijoux, etc., du musée du Louvre,* par M. le comte
de Laborde.)

[108] Musée des fouilles du château de Pierrefonds.

[109] *Album,* pl. XVI.

[110] Cet usage explique comment, dans les banquets, on semait des
feuilles de roses sur le liquide qui remplissait ces cratères larges et
plats.

Dans les monastères, les religieux buvaient dans des tasses de bois ressemblant à de petites écuelles. C'était une marque de déférence de boire dans des coupes découvertes en présence d'un personnage buvant dans une coupe couverte, après qu'on avait fait l'essai.

« Quand madame la Duchesse (de Bourgogne) mangeoit là où monsieur le Dauphin estoit, l'on ne la servoit point à couvert, et ne faisoit-on pas d'essay devant elle, mais bevoit en sa couppe sans couvrir. » (Aliénor de Poictiers.)

COUTEAU, s. m. [*cuteal, cutel, coutel, coteal, coulteaulx, kenivet, knivet* (petit couteau)].

Nous ne nous occupons ici que des couteaux de table ou de poche ; il est question des couteaux de combat ou de chasse dans la partie des Armes.

Il y avait diverses sortes de couteaux destinés à la table, pendant le moyen âge. Les couteaux *à trancher* les viandes ; les couteaux *parepains,* destinés à chapeler le pain et à couper les tranches de mie sur lesquelles on servait les pièces de viandes rôties aux convives. Il y avait des couteaux pour le *maigre* et des couteaux pour le *gras ;* des couteaux *à imagerie,* c'est-à-dire dont les manches étaient ornés de figures ; les couteaux de *queux* pour la cuisine ; des *kenivets,* petits couteaux de poche avec étui, d'où l'on a fait le mot *canif ;* des couteaux pour ouvrir les huîtres.

Savoir dépecer les viandes était un talent qu'un gentilhomme ne devait pas négliger.

Après la consécration de l'église abbatiale de Longpont, en 1227, le roi Louis IX assista avec sa mère à un banquet somptueux, pendant lequel Raoul, comte de Soissons, fit les fonctions de sénéchal et de grand maître. Il servit le roi, et découpa les viandes présentées au jeune prince avec deux « grands couteaux d'une figure extraordinaire et dont les manches étaient couverts de lames d'or ciselées, et les lames damasquinées en plusieurs endroits. Ces lames, longues de onze pouces et larges de dix-huit lignes, étaient terminées en forme de croissant ». Ces couteaux étaient encore conservés dans l'abbaye de Longpont en 1774 [111]. Joinville raconte comment il servait d'écuyer tranchant à la table du roi saint Louis : « Et à une autre table devant le Roy, à l'endroit du conte de Dreux, mangeoit le Roy de Navarre, devant lequel je tranchoie….. » Et ailleurs il dit comment le roi servait les pauvres : « En quaresme et ès auvens croissoit le nombre des poures et pluseurs foiz avint que le Roy les servoit et leur mettoit la viande devant eulz et leur tranchoit la viande devant eulz….. » Ces lames de couteaux à découper, terminées en forme de croissant, se retrouvent figurées dans des vignettes de manuscrits et dans des bas-reliefs. Et, en effet, la pointe extrême du croissant, dont la concavité était tournée du côté du dos, servait à piquer les morceaux de viande, dépecées, pour les placer sur les plats ou les tranchoirs, comme il convenait **(fig. 1)**. Ces couteaux sont toujours mentionnés par paires, et une paire de couteaux s'entend comme une trousse de couteaux, à savoir : « Pour une paire de couteaux à manche de madre [112] et à grève [113], à viroles d'argent dorez, armoiez et esmaillez au armes du Roy et de la Royne, garnie de trois cousteaux et un parepain. » Une paire de couteaux à trancher comprenait deux

couteaux à dépecer, un couteau parepain, pour faire les tranchoirs sur lesquels on déposait les morceaux de viande, et plusieurs petits couteaux pour décou-

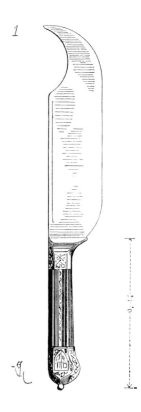

per le menu gibier ou la volaille. Mais il y avait de ces couteaux à trancher pour le carême, à manches d'ébène, d'autres pour les temps ordinaires, à manches d'ivoire, et d'autres enfin à manches mipartis d'ébène et d'ivoire, pour la fête de la Pentecôte. « Pour une paire, à manches d'ybenus, pour la saison du Karesme, et l'autre paire, à manches d'yvoire, pour la feste de Pasques… Pour une paire de couteaux à trancher, livrée en ce terme par devers le Roy, à tout le parepain, à manches escartelez d'yoire et d'ybenus, garniz de viroles et de cinglètes [114] d'argent, dorées et esmaillées aux dictes armes, pour la feste de la Penthecouste… [115]. »

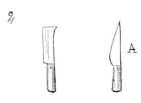

On distinguait encore par *gros coutel,* une gaîne ou trousse contenant un grand couteau, une fourchette, un ou plusieurs petits couteaux, un poinçon, une *lime* ou fusil propre à aiguiser les lames. « Un gros coustel d'Alemaigne, garni de VI cousteaulx, une lyme

et un poinsson et d'une forsetes, pendans à une courroye de fil blanc, à clous de leton. » Ces gaînes de
batteries de couteaux étaient habituellement fabriquées en cuir gaufré.

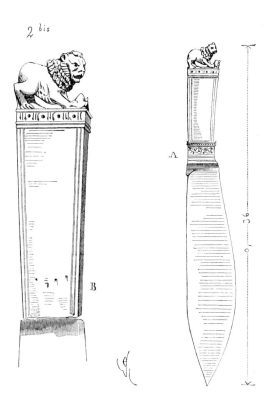

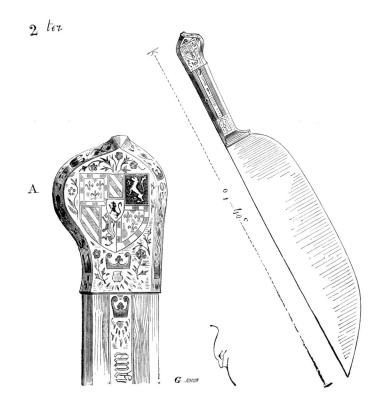

Nous ne connaissons pas de grands couteaux de service de table antérieurs au XIVe siècle, quoique ces
objets soient représentés souvent dans des vignettes
de manuscrits et dans des bas-reliefs antérieurs à cette
époque **(fig. 2)** [116]. Les lames de ces couteaux à trancher sont larges et terminées de diverses façons, tantôt arrondies, ou en forme de lame de cimeterre, ou
en pointe, ou carrément. La forme A est celle qu'on
trouve adoptée dans les documents les plus anciens.
M. le comte de Nieuwerkerke possède dans sa collection un beau couteau à trancher du commencement du XIVe siècle, dont le manche est d'ivoire **(voy.
fig. 2 bis)**. La lame de ce couteau est large, très-mince
et d'excellent acier. Une virole (d'argent probablement) était placée en A ; elle a été enlevée, et l'on
n'en aperçoit plus que les attaches (voy. le détail du
manche en B). La soie de la lame s'engage à force
dans le manche d'ivoire. Celui-ci est terminé par un
lion tenant un petit animal entre ses pattes.

A partir du règne de Charles V, nos collections renferment un assez grand nombre de ces couteaux à
trancher d'une belle fabrication. Un des plus remarquables appartient également à M. le comte de Nieuwerkerke. Nous en donnons la copie **(fig. 2 ter)**. La
lame est large, mince et d'un beau galbe ; le manche
est de bois dur, garni d'une virole, d'un pommeau et
de deux bandes d'argent doré et émaillé. Sur les
bandes, on lit la devise : « *Autre norai* », qui fut adoptée par Philippe le Bon, duc de Bourgogne, quand il
épousa, en 1429, Isabelle de Portugal. Les armes
émaillées sur les deux faces du pommeau et de la

virole sont bien celles de ce prince. En effet, l'écu
est écartelé au premier et quatrième de Bourgogne
moderne, et au deuxième et troisième, parti de Bourgogne ancien et de Brabant, de Bourgogne ancien et
de Limbourg, et brochant sur le tout de Flandre. Sous
l'écu et sur les rives se voit, au milieu de fleurettes
émaillées, le *briquet* de Bourgogne. En A, est figurée une des faces du pommeau. Cet objet, d'une merveilleuse conservation, est fabriqué avec un soin
extrême. La virole est fixée à la base de la lame et au
manche par une main habile, car on n'aperçoit sur
ce point délicat aucune trace d'ébranlement. Les
musées de Dijon et du Mans possèdent des couteaux
à trancher qui ont évidemment appartenu au même
prince, et qui peut-être faisaient partie de la vaisselle
de Charles le Téméraire. Cette vaisselle fut, comme
on sait, pillée à Granson et à Morat. Les couteaux de
Dijon possèdent leur gaîne de cuir gaufré avec le briquet bourguignon et deux C, ce qui indiquerait que
ces couteaux ont appartenu à Charles de Bourgogne,
qui épousa, étant alors comte de Charolais, Catherine de France en 1439. Le couteau du musée du Mans
est également d'une merveilleuse fabrication ; son
manche est d'ébène, et sur la virole se voient les deux
C [117].

[111] C. Carlier, *Hist. du duché de Valois,* t. II, p. 119.

[112] Peut-être une pierre dure de diverses nuances, comme l'agate.

[113] Garniture longitudinale de métal sur les faces étroites du manche.

[114] Anneaux.

[115] *Comptes de l'argent, des rois de France d'Étienne de la Fontaine,*
XIVe siècle, publ. par M. Douët d'Arcq, 1851.

[116] Manuscr. ancien fonds Saint-Germain, 37, Biblioth. impér., XIIIe
siècle.

[117] Voyez la Notice de M. Hucher sur le couteau du Mans, dans le *Bulletin de la Société d'agric., sciences et arts du Mans,* 1859.

Pour les couteaux de petite dimension, leur forme se rapproche sensiblement de celles aujourd'hui en usage. Voici **(fig. 3)** deux de ces couteaux. L'un, celui A, paraît dater du XIIIᵉ siècle ; son manche est d'ivoire et présente la section *a ;* il a 21 centimètres de longueur ; la soie de la lame est rivée à l'extrémité inférieure du manche ; une virole de cuivre est placée en *b*. Le couteau B est d'une date plus récente, fin du XIVᵉ siècle ; sa longueur n'est que de 15 centimètres, et le manche est de cuivre repoussé et soudé [118].

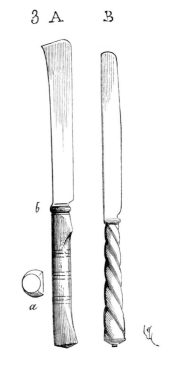

Cette forme donnée aux couteaux de table remonte à la plus haute antiquité, car on voit dans le musée égyptien du Louvre un couteau à lame de fer et à manche de bois **(fig. 3 *bis*)**, dont la forme ne diffère pas de celles encore usitées aujourd'hui. Le manche de bois présente la section A. La soie B de la lame, entrée à force dans le manche, est en outre maintenue serrée par deux petites cales de cuivre C, qui remplacent ainsi la virole.

Pour les petits couteaux de poche, à gaine ou fermants, on en retrouve qui datent d'une époque très-reculée. Le musée particulier du château de Compiègne possède un couteau fermant, à manche d'os, qui est certainement gaulois. Voici un de ces couteaux (non fermants) dont la lame et le manche sont de bronze, coulés d'une seule pièce, et qui, par son style, peut appartenir au XIᵉ siècle **(fig. 4)**. Cet objet est reproduit grandeur d'exécution ; il devait être suspendu à la ceinture par l'anneau A : la lame, très-usée par un long service et des repassages successifs, entrait dans une gaîne [119].

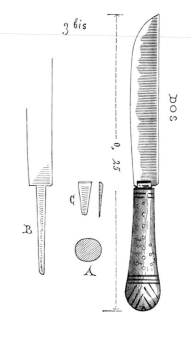

Les couteaux à huîtres sont également une invention très-ancienne. Nos aïeux, les Gaulois, étaient grands mangeurs d'huîtres, car on retrouve des écailles de ce coquillage en grande quantité dans les tombeaux et les traces d'habitations antérieures à la conquête romaine sur toutes les côtes de la Manche et jusque dans le voisinage de Paris.

Pendant le moyen âge on fabriquait des couteaux spéciaux pour ouvrir les huîtres. Voici **(fig. 5)** un de ces couteaux dont la lame se ferme dans le manche ajouré, en soulevant le ressort posé au dos [120]. Cette lame est de fer avec ornements gravés ; le manche est composé de deux plaques de cuivre jaune ajourées.

Aux gaines des couteaux de chasse ou de guerre, aux gaines des couteaux de *coutilliers* (fantassins), étaient joints de petits couteaux. **(Voy. la partie des ARMES.)**

COUTELET, s. m. Désignait un cure-dent. **(Voy. ce mot.)**

CRÉMAILLÈRE, s. f. Tige de fer avec crochet, pouvant être haussée ou baissée à volonté au moyen d'un engrenage vertical, et servant à suspendre les marmites au-dessus de l'âtre des cheminées. Des princes ont possédé parfois des crémaillères d'argent. L'inventaire de Charles V fait mention d'une de ces crémaillères du poids de 24 marcs 6 onces avec les grils et le trépied. On voit des crémaillères figurées dans des vignettes de manuscrits du XIII siècle, qui se composent d'une tige de fer avec un anneau oblong, à travers lequel passe une lame de fer dentelée se terminant en crochet à son extrémité inférieure. Mais nous ne connaissons pas de crémaillères

perfectionnées avant le XIVe siècle. Celle que nous donnons ici **(fig. 1)** date de cette époque ; elle est de fer forgé et très-complète [121]. Elle se compose d'une double tringle de fer A que l'on suspendait à un crochet tenant à une chaîne scellée dans le tuyau de la cheminée, au-dessus de l'âtre. A l'extrémité inférieure de ces tringles jumelles et terminées en boucle **(voy. en B)**, passe un boulon libre, muni d'une large rondelle C sur le devant, et d'un morceau de fer plié DE qui se croise ; il est traversé par un goujon F qu'on engage dans les dents de la crémaillère. Un guide G, fixé au sommet de celle-ci, coule sur l'une des tiges **(voy. la section *a*)**. Lorsqu'on veut hausser ou baisser la crémaillère, on prend d'une main l'extrémité E, de l'autre la fleur de lis, en soulevant la lame dentelée, le goujon F échappe l'engrenage, et on le fait entrer dans le cran convenable, suivant le niveau qu'on veut donner au crochet inférieur I. Quand le guide G vient toucher la rondelle C, le crochet I est aussi bas que possible ; quand le goujon F entre dans la dernière entaille K, le crochet I est au point le plus élevé. En H, est présentée la crémaillère de profil. Mais il fallait pouvoir suspendre à cette crémaillère une ou plusieurs marmites. A cet effet, était disposée la suspension L. L'anneau *b* entrait dans le crochet I de la crémaillère. A cet anneau, par un boulon, était attachée la tige plate M, terminée par une traverse N, munie de crochets *n* **(voy. le profil *n'*)**. Deux tringles T, attachées librement à un piton *p*, étaient terminées par deux boucles avec crochets *s*. Suivant que les marmites étaient d'un diamètre plus ou moins grand, on arrêtait les tringles T aux deux premiers ou aux deux seconds crochets *n*. Si l'on ne mettait qu'une marmite au feu, on la suspendait à la tringle centrale R. Tous ces objets sont tracés au dixième de l'exécution. Le musée de Cluny conserve de belles crémaillères du XVe siècle, de fer forgé. Ces objets, très-communs encore dans les petites villes et dans les campagnes, il y a quelques années, sont devenus fort rares ; la plupart ont été vendus comme vieille ferraille ; plusieurs ont été achetés par les brocanteurs et font aujourd'hui partie de collections particulières.

CROSSE, s. f. (*bàton pastoral*). Après les notices étendues et savantes données sur les crosses épiscopales par M. l'abbé Barraud et le Rév. P. Artur Martin [122] ; nous ne pourrions fournir sur cet ustensile symbolique, appartenant aux évêques, de nouveaux renseignements. Nous renvoyons nos lecteurs à ces articles et aux nombreuses planches qui les accompagnent. Nos musées sont très-riches en crosses épiscopales de matières variées : le bois, l'ivoire, le cristal de roche, le cuivre doré et l'or même, ont été employés dans la confection de ces objets, presque toujours d'un riche travail et parfois d'un beau style [123]. **(Voyez la partie de L'Orfèvrerie.)**

CRUCHE, s. f. — Voy. BUIRE.

CUILLER, s. f. (*coilliers, cuilliers*). Capsule de bois, de métal ou d'os avec manche, faite pour porter les mets liquides à la bouche :

« Cil prist li coilliers è bailla,
« En sa manche une en buta.
« .... »

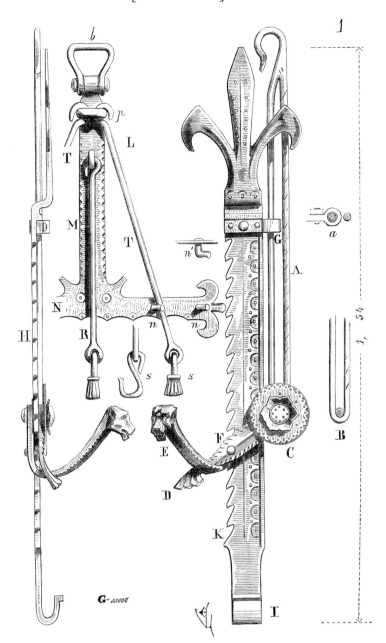

« Cil ki out li coilliers livrées,
« Al recoillir les ad cuntées,
« Li coilliers par nombre coilli,
« Et quant il a une failli,
« Asez la quist (chercha) è demanda,
« E cil ki l'oust, mot ne suna [124]. »

[118] Musée des fouilles du château de Pierrefonds. La lame, de fer, est presque entièrement rongée.

[119] Musée du château de Pierrefonds.

[120] Musée de Cluny, XVe siècle.

[121] Collect. des dessins de l'auteur, provenant de l'abbaye de Flavigny (Côte-d'Or).

[122] *Mélanges d'archéologie,* t. IV.

[123] Voyez aussi les *Annales archéologiques* et l'*Hist. des arts industriels* de M. Labarte.

[124] Le *Roman de Rou,* vers 7036 et suiv.

La cuiller se trouve mentionnée dans les plus anciens manuscrits du moyen âge ; on la voit figurée dans les vignettes dès le IXe siècle. Cet ustensile ne changea guère de forme depuis l'antiquité romaine jusqu'au XVIe siècle. On se servait, pendant le moyen âge, de cuillers destinées à divers usages. Il y avait les cuillers propres à servir les mets liquides, les cuillers-passoires, les cuillers à manger. Sur des bas-reliefs du XIIe siècle, sont figurées des cuillers à pot absolument semblables aux nôtres [125].

Les cuillers les plus anciennes, à l'usage de la table, sont à manche court et à capsule circulaire peu profonde. Ces objets étaient fabriqués en argent, pour les personnes riches ; le vulgaire se servait de cuillers de cuivre ou d'étain, et souvent chacun portait sa cuiller sur lui, comme on porte de nos jours un couteau de poche. Les cuillers de métal précieux sont devenues très-rares, mais il en existe beaucoup de laiton et d'étain, ou même de cuivre doré.

Les cuillers de cuisine étaient de fer, grandes et pesantes. Dans le *Roman de Garin,* Bègues appelle le cuisinier et ses aides, et tous s'arment de broches, de crochets, de cuillers, pour combattre Fromont, Isoré et les comtes de leur parti :

« La véissiez tant grant pestel (pilon) saisir,
« Tantes cuilliers et tant crochet tenir,
« Que il vouront desor Fromont férir [126]. »

La cuiller que nous donnons ici **(fig. 1)** a 18 centimètres de longueur et est d'étain ; elle est de forme ancienne, c'est-à-dire semblable à celle des cuillers figurées dans les vignettes du XIIe siècle [127]. La capsule est parfaitement circulaire et très-peu concave. Voici **(fig. 2)** la forme des cuillers usitées pendant le

XIIIe siècle ; l'exemple que nous présentons ici [128] est de cuivre fondu et retouché au marteau et au burin. Cet objet a 165 millimètres de longueur. En *b'*, est tracée la section du manche sur *ab.* Vers le XIVe siècle, les cuillers sont garnies de manches plus courts ; le cuilleron s'allonge, et le manche est façonné : l'exemple **(fig. 3)** [129] présente une de ces cuillers dont la longueur est de 134 millimètres. Elle est de cuivre

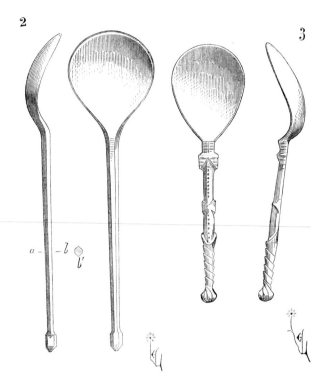

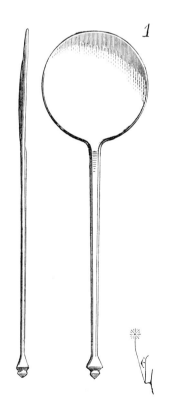

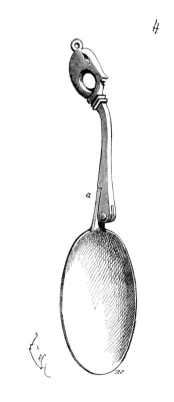

jaune fondu, martelé et ciselé. Ces cuillers étant portées habituellement dans la poche, on en fabriqua à manche pliant. Voici **(fig. 4)** une de ces cuillers, qui date du XVe siècle et qui provient du musée de Cluny : elle a 125 millimètres de longueur ; le manche se replie dans le cuilleron, et, quand il est développé, l'arrêt *a* empêche ce manche de se renverser.

Chez les princes, on avait des cuillers de cuisine d'argent :

« Pour rappareiller et ressouder une cuiller d'argent de cuisine… Pour faire et forger tout de neuf une cuiller de cuisine, d'un autre viex, dont le culleron estoit fendu à moitié… [130] » Il est fait mention aussi, dans les inventaires, de cuillers *à biberon*, c'est-à-dire à goulot, pour verser les sauces, de cuillers-passoires, de cuillers de drageoirs ; de cuillers d'argent à trous pour passer le vin de la messe [131], dont le manche est muni d'un grand anneau ; on façonnait aussi des cuillers *à ymaiges,* c'est-à-dire dont les manches étaient ciselés et figuraient des animaux ou des personnages. A la fin du XVe siècle, on fabriquait beaucoup de cuillers à manches d'ivoire ou d'ébène sculptés, avec viroles et agréments d'argent. Nos musées possèdent quelques-uns de ces objets.

CURE-DENT, s. m. (*furgette, kenivet, esguillette, coutelet*). Ces menus objets étaient renfermés dans la nef, ou le cadenas, qu'on plaçait sur la table devant le maître ; ils étaient parfois très-riches, d'or, garnis de pierres fines :

« Ung curedent ouquel est mis en œuvre ung de dyamant nommé la Lozenge et une grosse pointe de dyamant et une grosse perle [132]. »

Les trousses contenant un couteau, une fourchette, une cuiller et un poinçon, portaient aussi un curedent d'argent ou d'ivoire monté en or ou en argent.

CUSTODE, s. f. S'entendait comme étui, enveloppe, gaîne :

« Trois custodes de cuir, paintes d'or, où a, en chascune custode, deux fluctes d'yvoire que grandes que petites, dont l'une des deux grosses flutes est garnye au sifflet d'or et par en bas garnye de deux sercles d'or et semées de petites perles, d'émeraudes, grenas et rubis et n'y fault rien [133]. »

L'industrie des étuis ou custodes de cuir gaufré était très-florissante en France à dater du XIIIe siècle [134]. On en fabriquait pour renfermer des objets de table, des armes de main, des bijoux, des épices, des chartes, que l'on tenait à garantir contre les effets de l'humidité. L'église de Saint-Quiriace, à Provins, conserve encore l'étui de cuir gaufré qui contient la grande charte en parchemin, scellée d'un sceau de cire rouge, octroyée aux chanoines de Saint-Quiriace par le comte Henri, en 1176. Cet étui a été refait au XIVe siècle et est parfaitement approprié à sa destination, ainsi que le fait voir la **figure 1**. La charte est roulée, et le sceau trouve sa place dans la protubérance ménagée sur la paroi de l'étui [135].

Aujourd'hui on ne donne guère le nom de *custode* qu'aux petites boîtes de métal destinées à contenir l'eucharistie, et qui affectent ordinairement la forme d'un cylindre terminé par un couvercle conique. Ces custodes, très-communes pendant les XIIe, XIIIe et XIVe siècles, sont de cuivre doré et émaillé ; nous en donnons un exemple **(fig. 2)** qui appartient au musée de Cluny [136].

On entendait aussi par *custode,* pendant le moyen âge, le voile qui enveloppait le ciboire appendu à la suspension (voy. ce mot dans le *Dictionnaire du mobilier*).

Dans les chapitres, il y avait la charge de custode. Le trésorier custode gardait le trésor et les reliques.

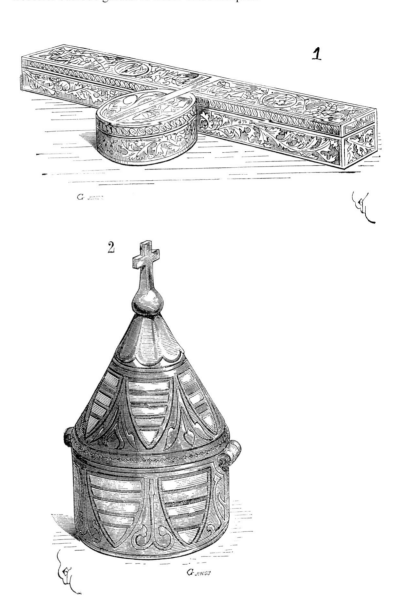

[125] Chapiteaux de l'église abbatiale de Vézelay.

[126] *Li Romans de Garin le Loherain*, t. II, p. 19, édit. de M. Paulin Paris, Techener, 1895.

[127] Du musée des fouilles du château de Pierrefonds.

[128] Idem.

[129] Idem.

[130] *Comptes d'Étienne de la Fontaine : Argent, des rois de France au* XIVe *siècle*.

[131] *Trésor de la cathédrale de Laon, invent.*

[132] *Invent. du duc de Bourgogne,* XVe *siècle.*

[133] *Ibid.,* 1467.

[134] Voyez, dans le *Dict. du mobilier*, l'article ÉCRINIER.

[135] Voyez, pour de plus amples détails sur cet objet, les *Monuments de Seine-et-Marne*, publ. par MM. C. Fichot et A. Aufauvre, 1858, in-fol.

[136] Les écus émaillés sur cette custode sont d'argent à deux fasces d'azur.

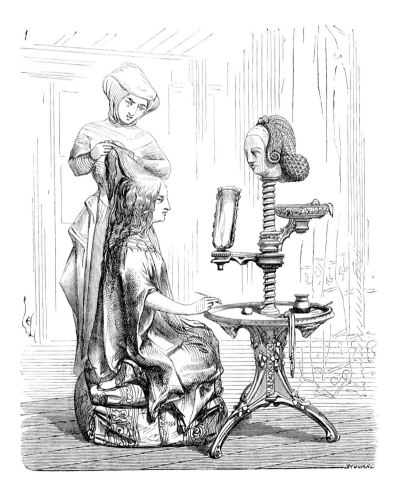

DAMOISELLE A ATOURNER, s. f. Cet objet était à la fois un meuble et un ustensile. C'était un porte-miroir, fait de bois ou de métal (voire d'argent), tournant sur un pied, et auquel les dames pouvaient suspendre des coiffures, de menus objets de toilette. — « Une damoiselle d'argent en iiij pièces, pesant vij mars x esterlins… [137]. » — « Ledit maistre Girart d'Orliens, paintre, pour la façon de iiij damoiselles de fust, nettement ouvrées et paintes, à bon or bruni, à tenir les miroirs desdictes dames, à cause de leur dict atour, iij écus la pièce [138]. » Le nom de *damoiselles* avait été donné à ces meubles de toilette, parce qu'ils se composaient de deux bras, d'un pied avec guéridon, et d'une tête sur laquelle on apprêtait la coiffure. Un des bras portait le miroir, l'autre des épingles, et sur le guéridon étaient posés les peignes, cosmétiques et affiquets de coiffure. Les ornements de tête pour les femmes, pendant la période comprise entre les XIIe et XVe siècles, étaient fort compliqués [139], et depuis le milieu du XIVe siècle notamment, jusque vers le milieu du XVe, les coiffures des dames nobles exigeaient des soins infinis et un temps très-long pour être convenablement posées ; il était naturel d'avoir, à cet effet, dans les garde-robes, des meubles et ustensiles spéciaux. La **figure 1** présente la disposition de ces objets et leur usage.

DÉ (A COUDRE), s. m. (*déel*). Cet ustensile, nécessaire à tout ouvrier en couture, date d'une haute antiquité. On trouve des dés à coudre, d'os, parmi les objets gaulois. Le dé est mentionné dans les fabliaux du XIIIe siècle :

« G'é laissié pendre mon déel
« Avec l'aguille en cel surcot
« Dont ge sui, lasse à tel escot,
« S'ainsi rendre le me convient [140]. »

On donnait le nom de *deyciers* aux fabricants de dés à jouer et à coudre : « Des deyciers fesères de dez à dame pour coudre [141]. »

DÉVIDOIR, s. m. (*vertou, desvidouere*).

« Ou en vertous, ou en fusiaus [142]…
« Une desvidouere [143]… »

Les femmes nobles, aussi bien que les roturières, s'occupaient beaucoup, pendant le moyen âge, à des ouvrages d'aiguille, broderies, tapisseries ; le dévidoir était donc un ustensile nécessaire. On en fabriquait en bois et en os ou en ivoire. Le dévidoir se composait d'un plateau inférieur à rebords, d'une tige et d'un moulinet horizontal formé de deux palettes divisées avec trous espacés, afin de pouvoir maintenir sur ces palettes des écheveaux de fil, de laine ou de soie de dimensions différentes, en avançant ou reculant les chevillettes qui entraient dans ces trous. Ces objets ne différaient pas de ceux encore en usage aujourd'hui. Voici un dévidoir copié sur une vignette d'un manuscrit du XVe siècle [144] **(fig. 1)**.

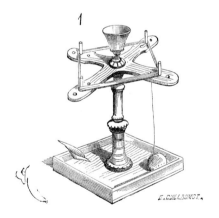

DRAGEOIR, s. m. (*dragier, dragoer*). Dans toutes les maisons, il y avait des drageoirs sur les crédences, et l'on offrait à chaque arrivant, ainsi que cela se pratique encore aujourd'hui en Orient, des sucreries, des confitures, des épices que contenaient ces drageoirs. Les drageoirs étaient présentés aux convives après le repas :

« En chambres, après les grans mangiers,
« Touailles blanches sans reprouche,
« A quoy on essura sa bouche,
« Quant le dragoir y est découvert [145]. »

Bien que les formes données aux drageoirs fussent très-variées, ces objets se composaient habituellement d'une sorte de coupe couverte, posée sur un plateau, garni de cuillers ou pellettes, pour prendre les confitures ou épices poissantes : « Un grant drageoir d'argent doré, dont le bacin et à pate (le pied) sont en façon de rose, armoyée de France sur les bords, et ou bacin un esmail rond de France et ou pommel du pied a viij petits esmails de France ronds, pesant XI marcs iij onces [146]. » — « Une peslecte d'argent doré, à prendre espices à un drageoir [147]. » Il y avait de grands et de petits drageoirs ; ces derniers étaient souvent d'or. Ils étaient ornés d'émaux, d'armoiries, de personnages.

le drageoir et baille l'essay à l'espicier, et puis baille le drageoir au plus grand de l'hotel du duc qui là soit, et sert iceluy du drageoir le prince, et puis le rend au premier chamberlan, et le premier chamberlan à l'espicier, ledit épicier délivre toutes drageries et confitures [149]. »

Les drageoirs de la maison des ducs de Bourgogne étaient d'une extrême richesse, comme tout ce qui dépendait du service de ces princes : « Tantost après fut aporté le vin et les espices, lesquelles espices estoyent en sept dragoers, dont la pluspart estoyent de pierreries [150]. » L'usage des drageoirs se conserva jusqu'au XVIIe siècle. Il en est encore question dans les *Caquets de l'accouchée.*

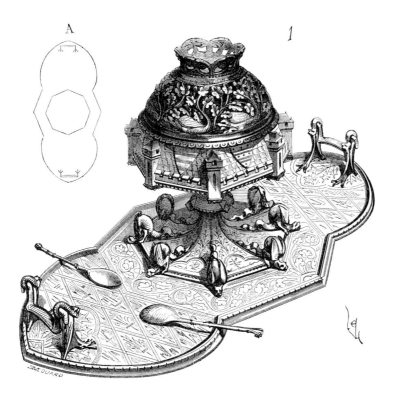

Le plateau sur lequel reposait le drageoir était généralement oblong et garni d'anses, de manière à pouvoir être facilement porté et présenté. Sur l'un des bouts du plateau on posait le couvercle du drageoir, sur l'autre les cuillers ou pellettes. Voici **(fig. 1)** un de ces drageoirs, qui, par sa forme, appartient au XIVe siècle [148]. Le couvercle enlevé était posé sur la couronne qui le surmonte, et pouvait recevoir les petites serviettes ou touailles qui devaient accompagner ces objets, et qui servaient à essuyer les pellettes ou les doigts des personnes qui puisaient au drageoir. En A, est tracé le plan du drageoir. C'était, chez les grands, l'épicier auquel incombait la charge de remplir les drageoirs : « Le duc de Bourgogne (Charles le Hardy) a deux espiciers et deux aides, et sont iceux espiciers si privés du prince, qu'ils lui baillent, sans nuls autres appeler, tout ce que le prince demande touchant médecine ; l'espicier apporte le drageoir du prince, jusques à sa personne, à quelque grand feste ou estat que ce soit, et le premier chamberlan prend

[137] *Invent. de la royne Clémence,* 1328.

[138] *Comptes royaux,* 1353.

[139] Voyez la partie des VETEMENTS.

[140] *D'Auberée la vieille maq.* (*Contes, dicts, fabliaux des* XIIIe*,* XIVe *et* XVe *siècles,* recueill. par A. Jubinal, 1839, t. I, p. 220.)

[141] *Us des mestiers de Paris.*

[142] *Ledict de la Maille* (voy. JONGLEURS et TROUVERES), publ. par Jubinal, 1835.

[143] *Invent. de la royne Clémence.*

[144] *Proverbes, adages, allégories,* manuscrits français, fonds la Vallière, n° 44, Biblioth. impér.

[145] Eustache Deschamps, *le Miroir de mariage,* XIVe siècle.

[146] *Invent. de Charles V,* 1380.

[147] *Invent. des ducs de Bourgogne,* XVe siècle.

[148] Manuscrits français du XVe siècle, biblioth. de Munich.

[149] Olivier de la Marche, *Estat de la maison de Charles le Hardy.*

[150] Olivier de la Marche, *Mémoires,* liv. I.

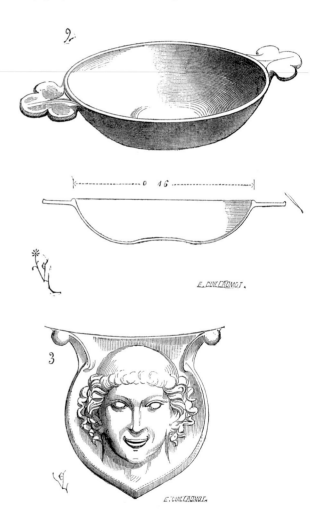

ÉCHIQUIER, s. m. (eschequier). — **Voyez les Jeux.**

ÉCRIN, s. m. (escrin). — **Voyez tome Ier, l'ÉCRINIER.**

ÉCRITOIRE, s. f. (escriptouère, calemart). On se servait d'écritoires fixes (tenant au scriptionale [151]), d'écritoires posées sur les tables et d'écritoires pendues à la ceinture, ces dernières en forme de corne. Louis XI, ayant appris, un jour, que plusieurs gentilshommes de sa maison n'avaient pas d'armures, envoya son trésorier, Jean le Clerc, acheter des écritoires, pour les attacher à la ceinture de ces barons négligents :

« ….. À Me Jehan Le Clerc… 27 s. 6 d. pour avoir achecté plusieurs escriptoueres pour donner à aucuns des gentilz hommes de son hostel, pour icelles porter en lieu de ce qu'ilz n'avoient point de harnois [152]. »

Les écritoires sur table ne se composaient pas seulement d'un récipient propre à contenir l'encre, mais comprenaient des plumes, un canif, des ciseaux, des poinçons, un grattoir, etc. « Une escritoire d'or, a façon d'une gayne (trousse) à barbier, et est hachiée par dehors aux armes d'Estampes ; et a dedans, une penne à escripre, un greffe (grattoir), un compas, une cizalles, un coutel, unes furgettes, tout d'or et pendent, avec un cornet à enque (encre) d'or, à un laz d'or, pesant ij marcs iiij onces ij esterlins [153]. »

ÉCUELLE, s. f. (escuele). Plat profond, avec rebord ou oreilles, dans lequel on servait un mets pour une ou deux personnes. L'écuelle a précédé l'assiette. On mangeait habituellement, pendant les repas, deux personnes dans la même écuelle avant le XVe siècle. « Il y eust jusques à huyt cent chevaliers séans à table, et si n'y eust celuy qui n'eust une dame et une pucelle à son costé ou à son escuelle [154]. »

L'écuelle était faite de bois, de terre cuite vernissée, d'étain, de cuivre ou d'argent. On apportait le repas d'une personne seule, d'un prisonnier, dans une écuelle :

« C'une petite fenestrele
« Où on mettoit une escuele
« Quant on lui donnoit à mangier
« Adès quand on avoit mestier [155]. »

Voici une écuelle de cuivre (laiton) qui date de la fin du XIVe siècle, et qui ressemble fort à ce qu'on appelle aujourd'hui une *gamelle* (**fig. 1** [156]). Elle est munie d'un rebord simplement gravé de deux cercles concentriques. Ce vase était probablement destiné à aller sur le feu, et paraît avoir été étamé.

L'écuelle d'étain à oreilles est encore en usage dans les campagnes de l'Est. La **figure 2** montre une de ces écuelles [157], qui appartient également à la fin du XIVe siècle. Ces oreilles étaient souvent délicatement travaillées, ou plutôt fondues en étain sur de bons modèles. Il n'en coûtait pas davantage. Nous donnons (**fig. 3**) une de ces oreilles portant une tête en plat relief, d'un excellent style, et qui semble appartenir au XIVe siècle [158].

ENCENSOIR, s. m. L'usage de l'encensoir remonte aux premiers siècles du christianisme et a été emprunté aux cultes orientaux. Cet ustensile se compose d'une capsule inférieure de métal, dans laquelle on dépose de la braise incandescente, d'une capsule formant couvercle, ajourée, glissant sur trois ou quatre chaînes fixées aux bords de la capsule inférieure ; de plus, une chaîne centrale, tenant à la par-

tie supérieure du couvercle, sert à enlever celui-ci. Les trois ou quatre chaînes sont retenues à une platine que le thuriféraire tient dans sa main, et la chaîne centrale, munie d'un anneau, passe à travers cette platine. Le moyen âge a fabriqué des encensoirs de formes variées ; les plus anciens figurent, lorsque les deux capsules sont jointes, une sphère complète, presque toujours munie d'un pied qui permet de poser l'objet à terre ou sur un meuble.

Les représentations très-grossières des encensoirs, avant le XIIᵉ siècle, ne permettent guère de se rendre un compte exact de leur usage, des moyens employés pour les ouvrir et jeter l'encens sur la braise allumée. Les capsules sont parfois attachées à trois chaînons qui se réunissent à une seule chaîne centrale. On ne comprend pas alors comment on pouvait soulever la capsule formant couvercle, sans se brûler les doigts. L'exemple **(fig. 1)** que nous donnons ici [159] présente un de ces encensoirs sphériques. La capsule inférieure est pleine, pour recevoir la braise. Cette capsule est munie de trois pieds ; trois tiges ou chaînons partant des bords de cette capsule, se réunissent à une chaîne centrale. La capsule-couvercle est percée de trous pour laisser passer la fumée de l'encens.

Les plus anciens encensoirs que possèdent les trésors d'églises, ou les collections particulières, ne remontent pas au-delà du XIIᵉ siècle, et, parmi ces objets, un des plus remarquables par son style et sa composition, est l'encensoir de Trèves **(pl. XXX)** [160]. Il est de bronze coulé, ciselé et doré, est muni de quatre chaînes coulantes et d'une chaîne centrale, et paraît dater de la seconde moitié du XIIᵉ siècle. Le plan de cet encensoir est tracé en A dans la figure 2. Les coulants des quatre chaînes ont été refaits après coup et masquent une partie de l'inscription qui remplit l'orle de la capsule supérieure. Au sommet, est représenté Salomon assis sur un trône entouré de quatorze lions. Sur les quatre gâbles s'élèvent les quatre patriarches emblématiques du sacrifice du Nouveau Testament, savoir : Abel, avec l'agneau ; Melchisédech, avec le pain et le calice ; Abraham prêt à immoler Isaac ; Isaac bénissant Jacob. La capsule inférieure montre, en bustes, Moïse, Aaron, Isaïe et Jérémie. Les quatre chaînes sont attachées au sommet de la tête de ces personnages. La platine de main **(voyez en B, fig. 2)** qui reçoit les chaînes porte les bustes de quatre apôtres. Une petite figure, qui probablement représente le Christ, surmonte cette platine et sert à retenir l'anneau terminal [161]. L'évêque de Munster, monseigneur Muller, auquel on doit la conservation de ce précieux ustensile, dans une notice fort détaillée, a donné les diverses inscriptions qui accompagnent ces figures symboliques [162]. « On conviendra, ajoutait le prélat, que l'artiste du moyen âge auquel est dû cet encensoir a su résumer dans cet objet les dogmes qui constituent l'essence de la liturgie, à laquelle il devait être employé. » L'observation est parfaitement juste, et c'est qu'en effet, dans les ustensiles qui tiennent à la liturgie, les artistes, au XIIᵉ siècle particulièrement, savaient choisir les sujets ou symboles exactement convenables à l'objet. D'ailleurs, si la composition de l'encensoir de Trèves est remarquable et le style assez bon, l'exécution en est barbare. Il n'en est pas de même de l'encensoir également de bronze coulé, ciselé et doré, qui pro-

Guicheret et Sauvageot sc.

vient d'une collection de Lille, et qui est, pensons-nous, aujourd'hui en Angleterre. Cet encensoir date du commencement du XIIIᵉ siècle et est en forme de sphère avec pied **(voyez pl. XXXI)**. Il est de fabrication française et d'une exécution excellente [163]. Sa composition est éminemment symbolique. La partie

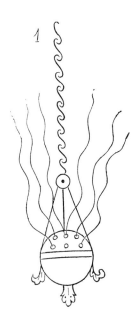

[151] Voyez tome I, SCRIPTIONALE.

[152] *Manuscrit interpolé de la chron. scand. Comptes de Jean Le Clerc* (voyez *Biblioth. de l'École des Chartes,* 4ᵉ série, t. I, p. 251).

[153] *Invent. de Charles V.*

[154] Perceforest.

[155] *Roman du Saint-Graal,* XIIIᵉ siècle.

[156] Musée des fouilles du château de Pierrefonds.

[157] Idem.

[158] Cabinet de l'auteur.

[159] Manuscrits du Xᵉ siècle (*Prophéties*), Biblioth. impér., 6/3.

[160] Cet encensoir est aujourd'hui conservé dans le musée de la cathédrale de Trèves. (Voyez, dans les *Annales archéologiques* de Didron, t. IX, p. 357, la description de cet encensoir.)

[161] Les dessins de ce curieux objet ont été relevés avec le plus grand soin par M. Bœswilwald, qui a bien voulu nous les communiquer.

[162] Voyez les *Annales archéol.,* t. IX, p. 358.

[163] Voyez, sur cet encensoir, la notice de Didron (*Annales archéol.,* t IV, p. 293).

2.

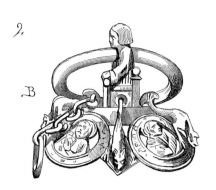

B

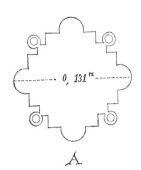

0, 131^m

A

3.

B

A

E. GUILLAUMOT.

PL. XXXI.

L. Gaucherel et Saumagent sc.

ENCENSOIR

EN CUIVRE FONDU ET DORÉ

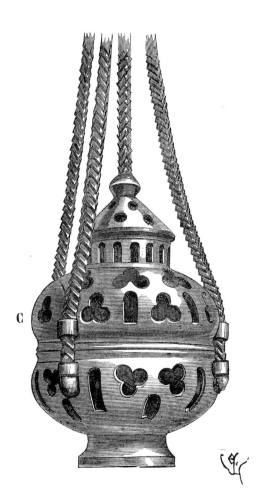

C

supérieure de l'encensoir représente les trois jeunes gens : Ananias, Misaël, Azarias, sauvés de la fournaise par l'ange envoyé du Seigneur. Suivant l'Écriture, ces jeunes gens entonnent le cantique dans lequel ils invitent la nature entière à louer Jéhovah. Trois cercles divisent la sphère, et à leur rencontre se trouvent les attaches et coulants des trois chaînes. Sur l'orle double qui sépare les deux capsules, on lit les trois vers hexamètres suivants :

† HOC . EGO . REINERUS . DO . SIGNUM . QUID . MIHI . VESTRIS . EXEQUIAS . SIMILES . DEBETIS . MORTE . POTI-TO . ET . REOR . ESSE . PRECES . VRANS . TIMIAMATA . CHRISTO.

que Didron a traduit ainsi :

« Moi, Reinerus, je donne ce gage. A moi en possession de la mort, vous me devez quelques preuves semblables d'amitié. Les parfums qu'on brûle en l'honneur du Christ sont, à mon avis, des prières. »

La hauteur totale de cet encensoir est de 0m,17. Les chaînes et la platine de main manquent.

Le moine Théophile, dans son *Essai sur divers arts* [164], indique la manière de faire les encensoirs de métal repoussé ou fondu à cire perdue [165]. Ses descriptions, très-minutieuses, signalent l'importance qu'au XIIᵉ siècle on attachait à ces ustensiles destinés au service religieux. Bien que les encensoirs de métal repoussé dussent être d'une moindre valeur que ceux de métal fondu sur cire perdue, Théophile orne son encensoir battu d'une quantité de détails gravés très-précieux, d'ajours délicats. Il n'est pas jusqu'à la platine de main, à laquelle il donne le nom de *lis,* qu'il ne décore de fleurs et d'oiseaux. Cet encensoir battu est muni de trois chaînes, tandis que l'encensoir fondu, qui représente la cité sainte, possède quatre chaînes.

Les encensoirs de métal repoussé étaient les plus communs et affectaient souvent une grande simplicité. Tels sont ceux qui sont représentés sur un grand-nombre de bas-reliefs, ou qui accompagnent des statues d'anges thuriféraires des XIIᵉ et XIIIᵉ siècles. Voici un de ces objets **(fig. 3)** qui tient à l'une des statues de la cathédrale de Chartres. Les deux capsules sont ajourées, ainsi que dans les deux exemples précédents ; mais une doublure pleine **(voy. en A)** était fixée à l'intérieur de la capsule inférieure, pour recevoir la braise et l'encens. Cet encensoir a trois chaînes avec coulants, et la chaîne centrale fixée à l'anneau B qui surmonte le lis. Comme cela se pratique aujourd'hui, quand on voulait soulever le couvercle C pour mettre du charbon ou de l'encens dans la capsule inférieure, on tirait sur l'anneau B. Ici les chaînes paraissent être fabriquées comme des gourmettes à section carrée, plus souples et moins sujettes à s'embrouiller que les chaînes ordinaires. Les encensoirs de cuivre repoussé et émaillé étaient en usage pendant le XIIIᵉ siècle, et nos collections publiques et privées possèdent un certain nombre de ces objets. Plus tard les encensoirs furent composés en façon de réunions de tourelles, avec toits, petites fenêtres découpées, gâbles, le tout très-chargé de gravures et de détails. Ces ustensiles ayant été reproduits bien des fois, il ne paraît pas nécessaire de les donner ici [166].

ESIMOUERE, s. f. Vieux mot employé pour *gaufrier.*

ESMOUCHOIR, s. m. (*flabellum, esmouchoer*). Cet ustensile était fort usité dès la plus haute antiquité. En Orient, on le voit figuré sur les bas-reliefs assyriens et égyptiens. Il consistait alors en une sorte d'éventail de feuilles ou de plumes au bout d'un long manche que les serviteurs agitaient au-dessus des personnages auxquels on voulait éviter l'incommodité des mouches. Les sacrificateurs assyriens sont accompagnés d'acolytes qui tiennent le flabellum formé de palmes au-dessus de l'autel. A côté des divinités égyptiennes ou des princes, on voit souvent des porteurs de grands éventails de plumes ou de feuilles. Dès les premiers siècles du christianisme cet ustensile fut considéré comme nécessaire à la célébration des saints mystères. Dans les *Coutumes de Cluny* [167], il est dit que deux diacres doivent toujours se tenir près du célébrant, munis d'esmouchoirs pour empêcher les mouches d'approcher de l'autel [168] : « Fla-

[164] Cap. LIX et LX.

[165] *Diversarum artium Schedula.* Paris, 1843, trad. du comte de l'Escalopier

[166] Voyez *Étude sur les encensoirs,* par M. l'abbé Fernand Pottier (*Moniteur de l'archéologue,* Toulouse, 1766).

[167] Udalric, lib. II, cap. XXIX.

[168] Voyez du Cange, *Gloss.,* vᵒ FLABELLUM.

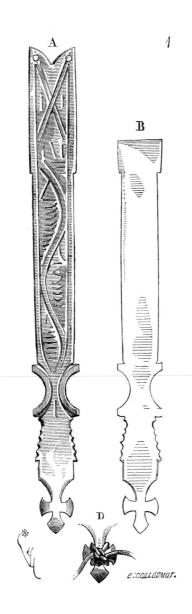

E. POULLEMOT.

débris carbonisés appartenant à cette époque. La figure 1 donne ces fragments grandeur d'exécution ; ils sont de métal d'alliage, cuivre et argent. Le morceau A présente l'un des plats, côté extérieur, et le morceau B l'une des branches. La tige A était rivée à une garde de bois ou de métal très-mince à laquelle était collée l'étoffe ou le vélin. La queue de cette tige et celle des branches n'étant pas percées, mais étant terminées par une croisette, il est à présumer que les plats et branches étaient réunis à leur extrémité inférieure au moyen d'un cordonnet de soie, ainsi que le fait voir le tracé D. Ce cordonnet de soie permettait de suspendre cet éventail à la ceinture. L'invention du *flabellum* remontant à une haute antiquité, il est difficile d'admettre que l'éventail, qui n'en est qu'un dérivé, n'ait été en usage qu'au XVIᵉ siècle, ainsi que certains auteurs l'ont prétendu (voy. ESMOUCHOIR).

FER (A REPASSER), s. m. L'usage des fers chauds, propres à repasser les étoffes et le linge particulièrement, remonte à une assez haute antiquité. Dès l'époque des Sassanides, on portait en Asie des vêtements d'étoffes légères, de mousseline, qui étaient plissés à très-petits plis, et qui conservaient cependant une certaine roideur, ce qu'on ne pouvait obtenir qu'au moyen du repassage. Cette coutume de porter des vêtements de dessous plissés, gaufrés au fer, était fort répandue en France dès la fin du XIᵉ siècle, probablement à la suite des croisades, et depuis lors on ne cessa jamais de repasser le linge de corps et même le linge de table ou de toilette. Nous ne possédons pas, cependant, parmi les ustensiles déposés dans nos musées, des fers à repasser antérieurs au XVᵉ siècle. Mais le peu de valeur de ces objets et la facilité avec laquelle ils se détruisent, expliquent leur disparition. Les fers les plus anciens que nous connaissions sont creux, habituellement, avec une petite tablette ouvrante, qui permet d'introduire à l'intérieur un saumon de fer rouge.

M. le comte de Nieuwerkerke possède, dans sa belle collection, un de ces fers qui date du XVIᵉ siècle, et qui est une œuvre d'art. Nous en donnons (**fig. 1**) le dessin. On voit comment on soulève la vanne A au moyen du bouton C : cette vanne glisse dans une rainure pratiquée à la partie postérieure du dessus du fer et dans une virole D tenant à l'une des branches de la poignée. A l'intérieur est fixé un fer contourné qui empêche le morceau de fer rouge de toucher le fond. La poignée est de bois et fixée aux branches, ainsi que l'indique le profil B. Cet ustensile est entièrement recouvert extérieurement, sauf au-dessous, bien entendu, de damasquinures saillantes d'argent, d'un charmant style.

FLACON, s. m. Bouteille à panse aplatie. On en faisait de verre, de cuir, d'argent, de fer (**voyez BIDON**).

Les flacons sont fermés à vis, « ou ferme bouteilles à bouchons et flacons à vis [174] », et peuvent être attachés au moyen de courroies ; c'est ce qui les dis-

bellum factum de serico et auro ad repellendas muscas et immunda [169]. » Dès le XIIᵉ siècle, on donna en France à l'esmouchoir une forme circulaire. Cet ustensile consistait alors en une bande de parchemin ou d'étoffe pliée autour d'un axe, muni d'un long manche (**fig. 1**) : « Un esmouchouer rond, qui se ploye, en yvoire, aux armes de France et de Navarre, à un manche d'ybenus [170]. » Il existe encore un de ces ustensiles provenant de l'abbaye de Tournus et qui paraît dater du commencement du XIIᵉ siècle. Le manche est d'ivoire orné d'arabesques, avec viroles de métal. Ces manches étaient parfois fabriqués en argent : « Un esmouchouer à tout le manche d'argent [171]. »

ÉVENTAIL, s. m. (*esventour*). Il est à croire que l'éventail adopté pendant les premiers siècles du moyen âge n'était autre chose que le *flabellum :* « un esventour de plumes duquel il esventa le feu [172]. » Cependant nous avons trouvé dans les fouilles du château de Pierrefonds [173] des fragments bien caractérisés d'un éventail construit comme ceux qu'on fait de nos jours, et ces fragments doivent être antérieurs au siège de 1422, puisqu'ils ont été trouvés dans les

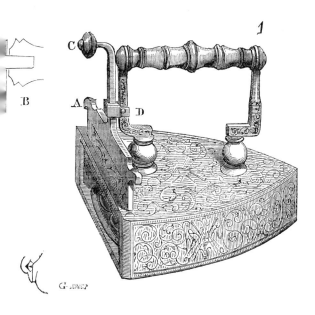

suspension également de fer, revêtu dans la hauteur du réservoir. Cette barre traverse latéralement les tourelles, et est garnie de rouleaux de bois pour suspendre des serviettes sans fin. Le robinet, de cuivre jaune fondu, traverse la plaque du fond, renforcée, sur ce point, par une rondelle intérieure ; cette rondelle et les tourelles ne sont là qu'un ornement soudé qui renforce ces angles.

tingue des bouteilles. « Deux flacons d'or à deux esmaux, chacun des armes de Monseigneur le Duc, à ij. courroyes de soye, ferrés d'or, poisant tout ensemble xxvij marcs vj onces [175] ». Ces flacons étaient souvent enrichis, non-seulement d'armoiries émaillées, mais de figures, de supports. On donnait aussi, au XVIᵉ siècle, le nom de *flacon* à des cantines **(voyez ce mot)** : « Ung flacon d'argent blanc que la ducesse de Bavière a donné à l'empereur (Charles-Quint), de l'un des costez armoyé aux armes de Bavières, et à l'autre costé *il se ouvre par le milieu, où il se peult mettre pain et chairs* qui veult, et à l'autre le vin, pesant, avec deux serrures de fer qui y sont, xj marcs xij onces [176]. »

FONTAINE, s. f. Il y avait presque toujours, dans les vestibules ou dans les pièces servant d'entrée aux salles à manger, dans les offices, des fontaines contenant une provision d'eau suffisante pour laver les tasses, les hanaps, ou pour les gens de service ; ces fontaines étaient posées sur une table, sur le buffet même, ou accrochées au mur. Les inventaires en signalent de fort riches : « Pour une grant fontaine en guise d'un chastel, à pilliers de maçonnerie, à hommes à armes en tour, avec le hanap et une quarte semée d'esmaux ; tout pesant 60 mars une once 10 esterlins. » — « Pour une fontaine à trois caritalles portans penthes esmaillées et dorées, et 1 gobelet à couvercle de cristal… Une fontaine de cristal à 3 brides avec le gobellet de cristal dessus à couvercle… » — « Pour une fontaine de maçonnerie en guise d'un chastel, à 3 sergens d'armes, seur le hanap, assis sur un entablement… » [177]. On en faisait d'argent. Il ne reste que de très-rares exemples de ces objets antérieurs au XVIᵉ siècle ; nous en avons parfois rencontré des débris dans des maisons des villes de province. Celle que nous donnons ici **(fig. 1)** a été dessinée par nous dans une maison à Cahors, en 1849. Elle est de cuivre jaune repoussé et gravé avec assez de soin. Pour la remplir, le toit s'enlève. Accrochée au mur, elle possédait son bassin comme nos fontaines à laver les mains. La corniche est formée d'une tige de fer rond recouvert d'une moulure de cuivre, et vient s'adapter aux deux montants de

[169] *Invent. de l'église d'Amiens.*

[170] *Invent. de Charles V.*

[171] *Invent. de la comtesse Mahaut d'Artois.* Voyez l'article FLABELLUM, dans le *Dictionn. iconogr.* de M. Guenebault, et la note sur cet ustensile dans la traduction du *Rational* de Guillaume Durand par M. C. Barthélemy, t. II, p. 501.

[172] Du Cange, *Gloss.,* vᵒ EVENTARE.

[173] Musée de ces fouilles.

[174] Tabourot.

[175] *Invent. du duc de Normandie,* 1363.

[176] *Invent. de Charles-Quint,* 1536.

[177] *Invent. de l'argenterie des rois de France,* dressé en 1353.

FOURCHETTE, s. f. Les Orientaux, les Grecs et les Romains de l'antiquité ne se servaient pas de fourchettes pour manger. La cuiller seule, pour les mets liquides, était admise pendant les repas ; les viandes rôties, les gâteaux, les fruits servis sur des tranches de pain, sur des plats ou sur la table, devant chaque convive, étaient séparés en morceaux avec le couteau et portés à la bouche avec les doigts. Nous avons quelque peine à nous figurer des personnages aux habitudes élégantes mangeant avec les doigts ; il faut cependant nous rendre à l'évidence. D'ailleurs, il y avait manière de s'y prendre, et l'on reconnaissait, du temps de Périclès, sous Auguste, comme sous saint Louis, une personne bien élevée à la façon dont elle portait les mets à sa bouche.

Dans le *Roman de la Rose* [178], le poète décrit avec délicatesse la contenance d'une femme bien élevée à table.

Elle doit s'asseoir la dernière,

« Et se face ung petit atendre »,

afin de s'assurer de la place occupée par chacun des convives ; à tous elle doit se rendre utile, découpant les viandes et distribuant le pain autour d'elle ; elle doit, avec grâce, servir celui qui doit manger en son plat (on avait alors une assiette pour deux personnes) :

« Et bien se gart qu'ele ne moille
« Ses dois es brocz jusqu'as jointes,
« Ne qu'el n'ait pas ses levres ointes
« De sopes, d'aulx, ne de char grasse,
« Ne que trop de morsiaus n'entasse,
« Ne trop gros nes mete en sa bouche,
« Du bout des dois le morsel touche
« Qu'el devra moiller en la sauce,
« Soit vert, ou cameline, ou jauce,
« Et sagement port sa bouchée,
« Que sus son piz (sa poitrine) goute n'en chée
« De sope, de savor, de poivre. »

Aujourd'hui on peut, dans tout l'Orient, voir avec quelle adresse et quelle élégance même les gens de distinction savent se servir de leurs doigts en guise de fourchette.

On ne voit apparaître les fourchettes, pour la première fois, pendant le moyen âge, que dans les inventaires des dernières années du XIIIe siècle [179], encore sont-elles rares. Pendant le XIVe siècle, les inventaires en mentionnent quelques-unes ; mais ces ustensiles semblent destinés seulement à manger certains fruits :

« Trois furchestes d'argent pur mangier poires [180]. »

Ces fourchettes sont souvent pour « manger mures », probablement parce que ce fruit laisse sur les doigts des taches difficiles à enlever : « Une bien petite fourchette d'or, à manche tortillé, pour mangier meures [181]. »

Ces fourchettes, grandes ou petites, n'ont que deux fourcherons. Elles sont habituellement emmanchées de cristal, de pierre dure ou d'ivoire, ce qui indique un ustensile de luxe. Si l'on trouve une grande quantité de cuillers de l'époque du moyen âge, les collections ne conservent qu'un très-petit nombre de fourchettes. Nous en donnons ici deux exemples : une grande **(fig. 1)**, emmanchée d'ivoire, avec virole et clous d'argent. Quant à la fourchette, elle est de métal d'alliage (argent et cuivre) [182]. Cette fourchet-

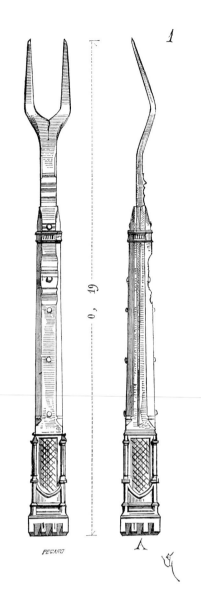

PEGARD

A

te paraît appartenir au XIVe siècle. Le manche est fendu à la scie **(voyez le profil A)**, pour loger la soie de métal, qui prend ainsi toute la largeur de ce manche. La **figure 2** donne une petite fourchette de cuivre doré, grandeur d'exécution, « à manger meures » probablement [183]. En A, est un fragment d'une autre fourchette dont les fourcherons sont très-délicatement reliés à la tige [184].

Les fourchettes deviennent assez communes à dater du XVIe siècle. Cependant il faut croire qu'alors il n'était d'usage encore de se servir de fourchettes que chez les grands, car l'auteur de l'*Isle des Hermaphrodites* [185], en décrivant un repas à la cour de Henri III ; s'exprime ainsi : « Les viandes de ce premier service estoient si fort hachées, descoupées, et desguisées, qu'elles en estoient incognües..... aussi apportoient-ils bien autant de façon pour manger, comme en tout le reste : car premièrement ils ne touchoient jamais la viande avec les mains ; mais avec des fourchettes ils la portoient jusques dans leur bouche en allongeant le col et le corps sur leur assiette, laquelle on leur changeoit fort souvent, leur pain mesme estoit tout destranché sans qu'ils eussent le peine de le couper... » Et plus loin : « ... Ils la pre-

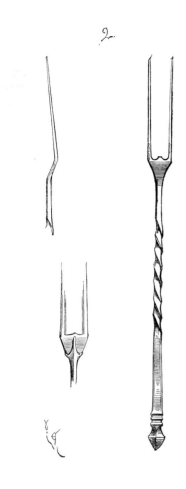

noient (la salade) avec des fourchettes, car il est def-
fendu en ce pays-là de toucher la viande avec les
mains, quelque difficile à prendre qu'elle soit, et
ayment mieux que ce petit instrument fourchu touche
à leur bouche que leurs doigts… On apporta quelques
artichaux, asperges, poix et febves escossées, et lors
ce fut un plaisir de les voir manger cecy avec leurs
fourchettes : car ceux qui n'estoient pas du tout si
adroits que les autres en laissoient bien autant tomber dans le plat, sur leurs assiettes, et par le chemin
qu'ils en mettoient en leurs bouches. »

GAINE, s. f. (*estuy*). On fabriquait des gaînes de
cuir, de métal, d'os, pour enfermer de petits ustensiles tels que cuillers, couteaux, ciseaux, objets de
toilette :

« Hue Pourcel, gainnier, pour une gainne entaillée à
ymages d'or, livrée à Jehan le Braisser pour le Roy,
20 s. p. »

« Ledit Hue, pour un estuy à mectre et garder la cuiller
d'or dudit seingneur, 10 s. p. »

« Ledit Hue, pour une gainne à uns petis couteaux
d'or… Ledit Hue Pourcel, pour un estuy à mectre
garder le gobelet d'or dudit seingneur… [186]. »

« …… Pour une gayne d'argent esmaillée à ymages,
pesant 7 onces 15 esterlins, à tous 1 coustel, qui est
de la forge de Maulve ; tous prisé 7 escuz [187] ».

Les gaîniers, écriniers, formaient une corporation
importante pendant le moyen âge. La fréquence des
déplacements pendant cette époque, non-seulement
de la classe élevée, mais de la bourgeoisie commen-
çante, et l'habitude qu'on avait alors de transporter
avec soi les ustensiles de table et de toilette, faisaient
qu'on se servait beaucoup de ces étuis spécialement
fabriqués pour chaque objet. **(Voyez la partie du
mobilier, page 127, art. ÉCRINIER.)**

GOBELET, s. m. Vase à boire :

« As-tu d'argent point de vaisselle,
« Nulle autre part ?
« Nanie, Sire, sé Dieu me gart,
« Sé ne sont ces sis gobeletz,
« Qui ne sont pas moult nettelez,
« Ce véez bien [188]. »

« Pour rappareiller un gobelet d'or pour monseigneur
d'Anjou, lequel gobelet estoit faict en maniere d'un
tonnel, et est assis sur un trépié de trois chiennes ;
pour y mectre 10 perles et 4 esmeraudes et 2 rubiz,
pour croissance (adjonction) d'or de touche, 6 esterlins, et pour les perles, esmeraudes, rubiz, déchié
(déchet) et façon, 8 l. p….. [189] ».

« Jehan Corbière, orfévre de Londres, pour l'or d'un
gobelet qu'il fait pour le Roy [190]… » **(Voyez HANAP.)**

GRAFIÈRE, s. f. (*greffe*). Style pour écrire sur des
tablettes de cire. **(Voyez TABLETTE.)**

GRIL, s. m. (*greil*). Ustensile de cuisine, de fer, destiné à faire griller des viandes sur des charbons.

Nos pères aimaient fort les grillades, et les grils étaient
façonnés de manière à cuire les viandes également
et à point. Nous donnons comme preuve l'un des grils
de fer forgé et fonte conservés dans le musée de
Cluny, et qui date du XVᵉ siècle. Ce gril **(fig. 1)** se
compose d'un disque de fonte de fer très-délicatement ajouré, tournant sur un axe emmanché dans un
trépied plat, muni d'un long pivot ; il ne touche point
les charbons. Ainsi pouvait-on imprimer un mouvement de rotation au gril, ce qui empêchait les viandes
de charbonner. En A, le gril est présenté en coupe,
et en B est figuré le trépied, le disque étant supposé

[178] Partie de Jehan de Meung, fin du XIIIᵉ siècle, vers 13596 et suiv.

[179] *Invent. d'Édouard Iᵉʳ d'Angleterre,* 1297.

[180] *Invent. de P. Gaveston,* 1313.

[181] *Invent. des ducs de Bourgogne,* 1420.

[182] Collection des dessins de l'auteur, provenant de la collect. Garneray.

[183] Idem.

[184] Idem.

[185] *Descript. de l'isle des Hermaphrodites,* pour servir de supplément
au *Journal de Henri III,* p. 104.

[186] *Comptes de l'argenterie d'Étienne de la Fontaine,* 1352.

[187] *Invent. de l'argent, dressé en* 1353.

[188] *Miracle de Notre-Dame* (*de Robert le Diable*), publ. d'après un
manuscrit de la Biblioth. impér. du XIVᵉ siècle, par la Société des antiq.
de Normandie, 1836.

[189] *Comptes d'Étienne de la Fontaine,* 1352.

[190] *Journal de la dépense du roy Jean en Angleterre,* 1359.

enlevé. Ce trépied est de fer forgé. Il y avait des ustensiles de ce genre d'une grande dimension. Si la chaleur de la braise était plus intense sur un point que sur autre, le mouvement rotatoire du gril faisait que les morceaux de viande n'en cuisaient pas moins également, et bien pénétrés d'air, ce qui est une condition importante dans l'art culinaire.

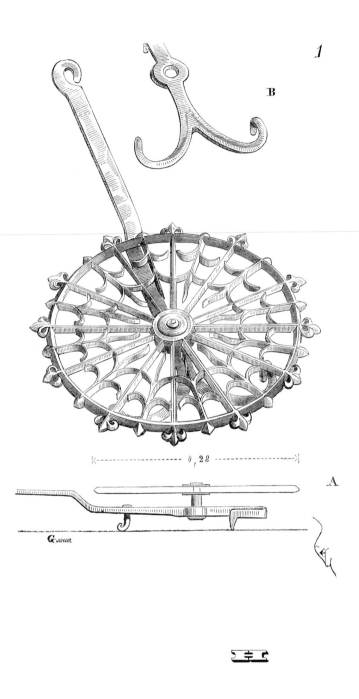

HANAP, s. m. (henap). Vase à boire d'une capacité assez vaste souvent, pour permettre à plusieurs personnes de boire à la même rasade. Dans *li Romans de Brut*[191] est indiquée clairement la formule de politesse saxonne, qui consistait à boire deux personnes au même hanap. Le premier qui buvait, disait : *Wes hel,* et celui qui recevait le gobelet pour le vider répondait : *Drinkel*[192].

« Costume est, sire, en son païs (des Saxons)
« Quant ami boivent entre amis,
« Que cil dist *wes hel* qui doit boire
« Et cil *drinkel* qui doit recoivre ;
« Dont boit cil tote la moitié,
« Et por joie et por amistié,
« Au hanap recoivre et baillier
« Est costume d'entrebaisier.
« Li rois, si com il li aprist,
« Dist trinkel et si sosrist ;
« Provent but et puis li bailla.
« Et en baillant le roi baisa. »

En effet, cette coutume saxonne s'était conservée encore chez les Anglais au XIIᵉ siècle. Dans le *Roman de Rou* on lit ces quatre vers :

« Mult les véissiez demener,
« Treper e saillir et chanter ;
« *Bublie* crient e *Weissel,*
« E *laticome* e *Drinche heil.* »

De ce vieux cri saxon nous avons fait le verbe *trinquer.*

Ces hanaps, ou coupes d'honneur, étaient faits de métal précieux. A l'occasion du couronnement d'Artur, Wace décrit le repas splendide qui fut donné ; on lit ce passage[193] :

« Mil damisiax (damoiseaux) avoit à soi
« Qui estoient vestu d'ermine,
« Cil servoient de la quisine ;
« Sovent aloient et espès
« Escueles portent et mès.
« Beduer, de l'altre partie,
« Servoit de la botellerie (l'échansonnerie) :
« Ensemble lui mil damisiax
« Vestus d'ermines gens et biax.
« As nés (nefs) d'or portoient le vin
« A copes, à hanas d'or fin. »

Et dans le *Roman de Parise la duchesse :*

« Li rois demande l'aive ou palais principer.
« Quant il orent lavé, s'asistrent au diner.
« A la plus maître table sert Hugues de vin clerc,
« A l'énap qui fu d'or, c'onques ne fu blamez[194]. »

Il n'est point dit que les hanaps, à cette époque, fussent couverts. C'étaient de grandes coupes en forme de cratères, si l'on s'en rapporte aux vignettes des manuscrits antérieurs au XIIIᵉ siècle. La **figure 1** présente un de ces hanaps que nous croyons d'origine orientale. Il est de cuivre battu et doré, et peut contenir un demi-litre[195]. En plan, le cratère donne la **figure 2**. Le bord de la coupe est divisé en huit lobes peu prononcés, qui formaient autant de *goulots,* et sa panse est circulaire. Le pied est à quatre lobes. La décoration ne consiste qu'en des gravures très-délicates.

C'est à dater du XIVᵉ siècle que les hanaps paraissent plus spécialement avoir été couverts. Le hanap dont se servait saint Louis était en forme de coupe ou de *petit bacin ;* il n'est pas dit qu'il fût couvert. Les hanaps couverts furent même chez les grands personnages fermés à clef. La forme des hanaps était très-arbitraire, surtout à dater du XIVᵉ siècle, et les maisons bien montées en possédaient un grand nombre. « L'inventaire de Charles V, dressé en 1380, donne la description de quatorze hanaps et autant d'aiguières, pesant près de 96 marcs d'or, et, en outre, de cent soixante-dix-sept hanaps d'argent doré et presque tous émaillés, formant une masse de 503 marcs d'argent [196] ». Le hanap n'était donc pas seulement, à cette époque, une coupe réservée au principal personnage, mais un vase à boire pour chacun des convives. Dans les conseils que le poète donne sur la façon dont les femmes devaient se comporter à table, il dit :

« Et gart que jà henap ne touche
« Tant cum ele ait morcel en bouche ;
« Si doit si bien la bouche terdre (essuyer),
« Qu'el n'i lest (laisse) nule gresse aerdre (s'attacher)
« Au moins en la levre desseure :
« Car quant gresse en cele demeure,
« Où vin en perent les maillettes,
« Qui ne sunt ne beles ne netes ;
« Et boive petit à petit,
« Combien qu'ele ait grant apetit ;
« Ne boive pas à une alaine.
« Ne henap plein, ne cope plaine,
« Ains boive petit et souvent.
« .... »
« Le bort du henap trop n'engoule,
« Si comme font maintes norrices,
« Qui sont si gloutes et si nices
« Qu'el versent vin en gorge creuse,
« Tout ainsinc cum en une huese (en une botte),
« Et tant à grans gars en entonnent,
« Qu'el s'en confundent et estonnent (s'étranglent) [197]. »

Si le hanap était alors pris comme coupe de table affectée à chaque convive, il n'en conservait pas moins, à l'occasion, son caractère de vase honorable, propre à plusieurs personnes. Dans le *Roman du Renard*, Renart engage Primaut, qu'il veut enivrer, à boire, et le défie :

« Mès tien le henap, si di, *have,*
« Compaingnon, je te di *guersai.*
« Par foi, dist Renart, je l'otrai,
« Or verron qui est recréeuz,
« Et par qui est plustost béuz
« Le vin et le henap vuidiez [198]. »

Ainsi nous trouvons ici le même usage que chez les Saxons : « Si tu dis : *have* (je salue) en buvant le premier, je te rendrai raison en répondant *guersai* [199] et buvant après toi. »

Renart remplit donc le hanap, fait semblant de le vider, le remplit de nouveau et le passe à Primaut.

Il y avait aussi des hanaps gobelets pour boire en dehors des repas, et dans lesquels on apportait une boisson toute préparée et couverte. On se servit long-temps de ces hanaps de bois d'érable, ce bois étant considéré, chez les peuples du Nord, comme particulièrement propre à faire des coupes à boire :

« Et mon coutel, mon henap maserin [200]. »

Voici **(fig. 3)** un de ces hanaps qui date du commencement du XVe siècle ; il est tourné dans un bloc de racine d'érable ; une anse de vermeil permet de le tenir sans échauffer la liqueur avec les doigts. Le dessus, formant couvercle, se retourne et présente alors un gobelet reposant sur la couronne qui lui sert de pied. En prenant la partie inférieure par son anse,

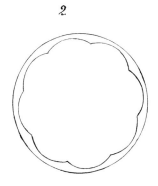

[191] Wace, XIIe siècle (voyez l'édit. d'après les manuscrits de la Biblioth impér., donnée par M. le Roux de Lincy, 1836, t. I, p. 330).

[192] « *Wes heil,* salvus esto. Formula veterum, tam salutandi quam propinandi, cui respondet alter : *Drinck heil,* bibe salutem tuam. » (Du Cange, *Gloss.*, VESSEIL.)

[193] *Li Romans de Brut*, vers 10744 et suiv., édit. déjà citée.

[194] *Li Romans de Parise la Duchesse*, commenc. du XIIIe siècle, publ. d'après le manuscrit unique de la Biblioth. impér., par M. de Martonne, 1836, p. 100.

[195] Collection des dessins de l'auteur, provenance inconnue, copiée en 1843 sur l'original en vente à Lyon.

[196] Voyez le *Glossaire et Répertoire* dans *Notice des émaux, bijoux et objets divers exposés dans les galeries du musée du Louvre*, par M. le comte de Laborde, 1853.

[197] Le *Roman de la Rose*, part. de Jehan de Meung, vers 31640 et suiv.

[198] Le *Roman du Renard*, t. I, vers 3168.

[199] *Guersai, guersoi*, vieux mot qui s'entend comme : *à planté, à cœur joie, avec excès.*

« Anglois qui de boire à guersoi,
A granz henaz plains de godale (bonne ale)
Sevent la guise bonne et male. »
(Guill. Guiart, vers 6935 et suiv.).

On disait *gueisseillier* pour *ivrogner.*
« Li Engleis sunt bon vantur, ne savent osteer
Mielz sevent as gros hanaps beivre e gueísseillier. »
(Jordan Fantosme, vers 979.

[200] Hanap mazerin ; *maezer*, érable, en belge. (*Li romans de Garin le Loherain*, t. II, p. 79.)

on verse alors dans ce gobelet la quantité de liqueur qu'on veut boire. En A, on voit comme le couvercle recouvre le récipient inférieur ; en B, nous donnons le détail, grandeur d'exécution, de la couronne de vermeil, et en C l'écu armoyé qui est placé au fond de cette couronne. Un plateau accompagnait certainement ce hanap de chambre [201].

Les hanaps se donnaient fréquemment en présents. Quand on voulait reconnaître un service d'un chevalier, d'une personne noble, on offrait un hanap. « Pour 1 hanap à couvercle ciselé, délivré à messire Jehan d'Argillières, le XVe jour de décembre, pour donner à……., chevaillier qui vint avec le petit Dauphin [202]……. ».

Les hanaps étaient aussi donnés comme prix, à l'occasion de certains concours solennels entre archers ou arbalétriers. Ces hanaps d'honneur étaient richement ornés, et consistaient en des pièces d'orfèvrerie d'une grande valeur, soit par le travail, soit par la matière.

Ces hanaps, à cause de leur capacité, étaient parfois l'occasion de paris. Il n'était pas donné à tous les buveurs de les vider d'un trait. Pierre de Fenin rapporte qu'à l'assemblée qui eut lieu à Amiens en 1423, « il y avoit plusieurs folz à qui on avoit donné douze pièces d'or, et dirent ensemble que on meist en ung grant hanap d'argent, en quoy ilz buvoient, une pièce d'or, et puis on l'emplit de vin, et que celluy qui buveroit le vin airoit la pièce d'or, et toutes les airoit, l'une après l'autre, s'il les povoit boire toutes douze. Là, y avoit ung nommé Doullet, qui avoit été folz au comte Valleran de Saint-Pol, qui dist qu'il les beveroit bien, et toutes les beut l'une après l'autre par convoitise d'avoir l'or ; mais quand les folz virent qu'ils avoient perdu l'or, ilz se courroucèrent ensemble, et batirent tant Doullet qu'il en mourut assez tost après : donc, on fit mainte risée pour cette besoigne [203]. »

JATTE, s. f. (*juste*). Ecuelle de bois habituellement. Certaines jattes étaient munies d'anses. Elles constituaient une mesure, comme les *quartes,* les *hydres,* les *chopines.*

3

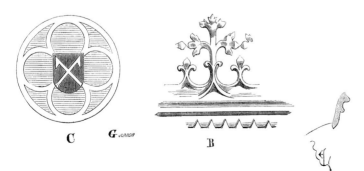

C   G·*junior*   B

A.

0 , 375

LAMPE, s. f. On sait quelle était la forme donnée aux lampes chez les Grecs et les Romains de l'antiquité. Cette forme persista longtemps, car on trouve des lampes de terre cuite des derniers temps de l'empire, qui, sauf le style, sont exactement fabriquées comme celles qu'on rencontre en si grand nombre à Pompéi et à Herculanum. Dans les manuscrits des IXe et Xe siècles on voit apparaître déjà des lampes en forme de godets, suspendues par des chaînes. C'était une importation orientale. Ces sortes de lampes ressemblaient fort à nos veilleuses. Les godets étaient de terre cuite ou de verre, et reposaient sur un cercle de métal suspendu par trois chaînes, ou bien entraient dans une sorte de trépied qu'on posait sur un meuble ou sur une saillie. Telle est la lampe que nous donnons **figure 1**, et qui est copiée sur un des bas-reliefs de la porte Sainte-Anne de Notre-Dame de Paris (XIIe siècle). Comme on le fait encore aujourd'hui ; on remplissait la partie étroite du godet avec de l'eau, puis on versait de l'huile sur cette eau. Une mèche flottante consommait cette huile. Cet éclairage ne pouvait donner qu'une faible lumière, puisque la mèche était toujours au-dessous du niveau des bords du vase, et que ces bords projetaient une ombre. On fit donc des lampes de métal suspendues, dont les mèches étaient libres, comme dans les lampes antiques. Le musée de Bourges possède une jolie lampe fabriquée suivant ce système **(fig. 2)**. Cette lampe est de bronze coulé : elle consiste en un godet suspendu à quatre tiges plates terminées chacune par une sorte de feuille en fer de lance ; un bec saillant tient au godet pour recevoir la mèche qui, par un orifice, baigne dans l'huile que contient la capsule. Cette mèche, dépassant le bout du bec, devait laisser égoutter l'huile qui était conduite dans un godet de trop-plein A, pouvant être décroché et vidé facilement. La lampe était suspendue à une chaîne C, passant à travers la rondelle du chapeau. En B, est tracé le géométral de cette lampe. Cet ustensile paraît dater du XIIIᵉ siècle.

On avait aussi de petites lampes de cuivre, avec bec, pour descendre dans les caves, lampes qui rappellent les ustensiles dont se servent encore les terrassiers mineurs. Ces lampes consistent **(fig. 3)** [204] en un simple réservoir muni au centre d'une tige avec goupille, afin de conserver à la capsule son horizontalité. La mèche s'appuyait dans l'angle saillant A.

Pendant le XVᵉ siècle, on fabriquait beaucoup de lampes de fer battu, qui ne se composaient que d'une coupelle suspendue à une longue tige munie d'un crochet. Voici **(fig. 4)** un de ces objets [205]. En A, nous avons tracé, grandeur d'exécution, la fleur de lis ajourée qui termine le support de la coupelle.

La **figure 5** donne également une lampe de fer appartenant à la seconde moitié du XVᵉ siècle et qui fait partie du musée de Cluny. Le système de suspension adopté est le même que celui de l'exemple précédent, mais la coupelle est munie de trois canaux pour recevoir trois mèches. Les bords de cette coupelle carrée sont décorés de gravures représentant des mains enlacées, un cœur et un chien. On lit entre ces emblèmes l'inscription suivante : « SER-VO. E ME. COSUMO. ALTRI. » L'idée est assez jolie. C'est bien, en effet, le rôle tout désintéressé de la lampe. En A et B sont tracés des fragments de la gravure entourant les bords de la coupelle, grandeur d'exécution.

Vers la fin du XVᵉ siècle, on se servait de lampes dont le récipient de verre était gradué, et qui donnaient

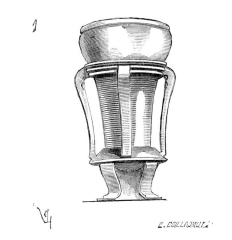

ainsi la mesure du temps. Le musée de Cluny possède une de ces lampes, qui date du XVIᵉ siècle. Le mécanisme de ces lampes se rapproche beaucoup de celui des quinquets adoptés au commencement du siècle. Les gens riches brûlaient dans ces lampes des huiles odoriférantes, ou tout au moins de l'huile d'olive, ainsi que cela se pratique encore de nos jours en Orient, en Italie et en Espagne. « Et la cambre où nous gisons est aournée d'or et de pieres précieuses, et une lampe art en nostre cambre de nuit plainne de bausme. Et en J. autre palais où nos tenons nostre court as fiestes anueus (pour les fêtes de nuit), en art une autre ki reat moult boine oudour [206].... »

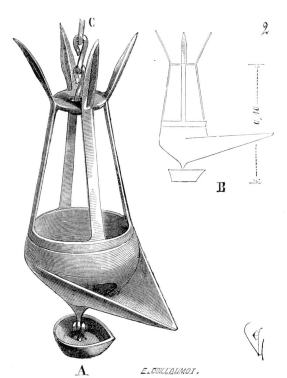

[201] Ce charmant objet fait partie de la collection de M. le comte de Nieuwerkerke.

[202] *Comptes de Geoffroi de Fleuri*, 1316.

[203] *Mém. de Pierre de Fenin* (*Coll. des mém.*, Michaud, Poujoulat, t. II, p. 619).

[204] Musée des fouilles du château de Pierrefonds, XIVᵉ siècle.

[205] De la collection de M. le vicomte d'Amailli.

[206] Addit. aux *Poésies* de Rutebeuf : *Lettre de Prêtre-Jehans à l'empereur de Rome*. (*Œuvr. compl. de Rutebeuf*, trouvère du XIIIᵉ siècle, recueillies par A. Jubinal, t. II. p. 466, édit. Paris, 1839.)

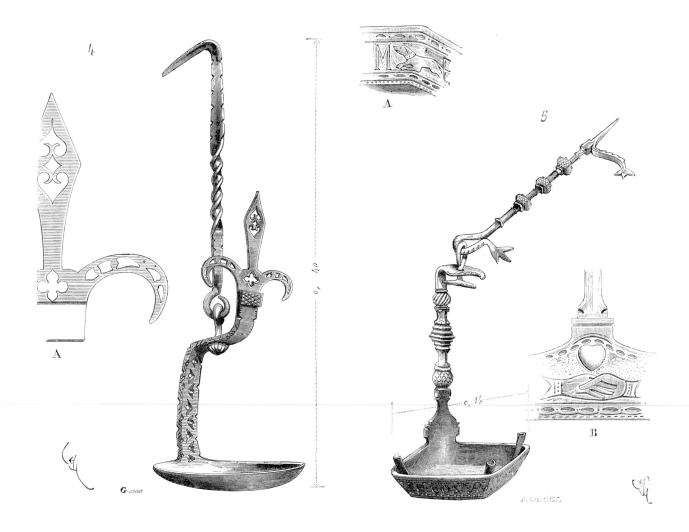

« Qui rendit lumerie plus clère
« Que sel fust de basme fetice [207]. »

LANTERNE, s. f. (*carbuncle, esconce, escouse*).

« En sum ces maz e en cez altes vernes (vergues)
« Asez i ad carbuncles e lanternes ;
« Là sus amunt pargetent (projetent) tel luiserne (clarté),
« Par la noit la mer en est plus bele ;
« E cum il vienent en Espaigne la terre,
« Tut li païs en reluist e esclairet :
« Jesqu'à Marsilie en parvunt les noveles. Aoi [208]. »

L'escarboucle, pierre précieuse [209], était considérée pendant le moyen âge comme possédant un éclat lumineux qui lui était propre ; de là lé nom de *carbuncle* donné à certains falots. Quant à l'*esconce* ou *escouse,* c'était la lanterne sourde.

« Pour une esconce de laton pour le Roy, 2 s. 5 d. [210]. »

« Tres laterne argentee que vernacula lingua vocantur *Escouses* [211]….. »

On avait des lanternes à anses pour se guider dans les ténèbres, ou pour porter de la lumière d'un lieu à un autre à l'abri du vent ; des lanternes suspendues et des lanternes emmanchées au bout d'un bâton pour accompagner les processions.

Voici (**fig. 1**) une de ces lanternes de cuivre battu, qui date du XVᵉ siècle [212] ; elle est à six ouvertures garnies de corne, avec petites tourelles entre chacune d'elles. Une des plaques de corne glisse dans une rainure pour pouvoir allumer la bougie placée sur un plateau avec bobèche au centre. Le toit conique, percé de trous, qui surmonte le cylindre, est couronné par un lanternon avec quatre ouvertures également garnies de lames de corne. En A, est tracé le plan de cette lanterne ; en B, le détail d'un des pinacles, et en C, le profil.

On fabriquait des lanternes en argent, en cuivre émaillé et en fer. « Une petite lanterne d'argent blanc, à trois esmaulx des armes de Madame la douagière d'Haynnau [213]. » On en faisait même de bois avec garniture de métal, en façon de tabernacles, pour placer dans les chambres et avoir de la lumière pendant la nuit. « A. Jehan Richebourt, chauderonnier, pour un long coffre de boys, ferré par dedans tout au long et par dehors à un large huisset de laiton, à petits troux, pour un cierge ardent de nuit en la chambre de Madame Jehanne de France, pour ce — Ixiiij s. p. [214]. » Ces sortes de lanternes étaient aussi posées dans les escaliers et galeries pendant la nuit, attachées au mur ou suspendues au plafond.

On donnait encore le nom de *lanternes* à des joyaux qui servaient à mettre des parfums, et que les femmes suspendaient à leur ceinture. « Une très petite lanterne d'argent d'orée, à une chaisne, pour mettre oiselles de Cypre, pesant une once et demie [215]. »

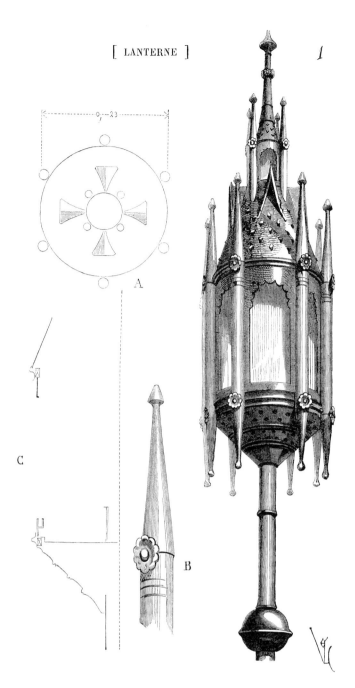

MIROIR, s. m. (*mirouer, mirour*). Il ne paraît pas qu'on se soit servi, pendant l'antiquité, de miroirs autres que ceux fabriqués en métal poli. L'étamage des glaces est une invention qui ne date que du XVIe siècle. Cependant, au XIIIe siècle, on eut l'idée de fixer des feuilles d'étain derrière des plaques de verre, et l'on obtint ainsi une réflexion des objets plus claire que celle donnée par le métal poli ; mais on ne se servait pas encore de l'amalgame du mercure et de l'étain. La feuille d'étain était collée sur la surface du verre au moyen d'une colle transparente. Vincent de Beauvais parle de miroirs étamés et les considère comme préférables aux autres [216]. On persista néanmoins à fabriquer des miroirs de métal jusqu'au XVIe siècle ; et le métal préféré était l'acier. Ces objets étaient généralement de petite dimension, et ce qu'on appelait un grand miroir ne dépassait pas le diamètre d'une assiette. Garnis d'orfèvrerie, d'émaux, parfois même de pierres précieuses et de perles, les miroirs

E. VIOLLET-LE-DUC.

pouvaient se tenir à la main, ou être posés sur un meuble **(fig. 1)** [217]. Quant aux miroirs de poche, ou qu'on portait avec soi, nous les rangeons parmi les objets de toilette [218]. Ceux-ci sont de beaucoup les plus riches par la matière et le travail. Cependant les inventaires des XIVe et XVe siècles mentionnent des

[207] *Le Rouman du mont Saint-Michel*, p. 28.

[208] La *Chanson de Roland*, CLXXXVI.

[209] Aujourd'hui grenat rouge.

[210] *Journal de la dépense du roy Jean en Angleterre.*

[211] *Invent. du trésor de la cathédr. de Laon.*

[212] De l'abbaye de Vézelay.

[213] *Invent. des ducs de Bourgogne*, 1467.

[214] *Comptes royaux*, 1388.

[215] *Invent. de Charles V*, 1380.

[216] « Inter omnia (specula) melius est speculum ex vitro et plumbo, quia vitrum propter transparentiam melius recepit radios. » (1250.)

[217] *Proverbes et adages*, manuscr. de la Biblioth. impér., XVe siècle.

[218] Voyez la partie des VÊTEMENTS.

miroirs non portatifs, qui, par leur composition et le travail de main-d'œuvre, devaient être des objets de prix. « Une damoiselle, en façon d'une serainne, d'argent doré, qui tient un mirouer de cristail en sa main, pesant marc et demye, prisé xiij francs [219]. »

« Ung miroir garny d'argent doré et y a devant ung esmail de Nostre-Dame et de son fils, assis dedans une raye de soleil et de l'autre costé a le couronnement Nostre-Dame assis sur un pié et la puignie (poignée) de cristal et y a de petites perles autour du myroir, pesant iij marcs [220]. »

MORTIER, s. m. Vase de pierre dure, de marbre, de fonte de fer ou de cuivre, destiné à piler des ingrédients propres à la cuisine ou à la pharmacie. L'usage du mortier remonte à l'antiquité. Beaucoup de substances nutritives pilées avec des épices, chez les anciens, trouvaient place sur les tables. Des herbes, notamment, subissaient cette préparation. On trouve des mortiers parmi les antiquités gauloises et galloromaines. Il en existe un grand nombre parmi les fragments recueillis dans des fouilles d'édifices du moyen âge. Les mortiers les plus anciens sont creusés dans des pierres dures ou dans du marbre. Toutefois il en existe de fonte de fer, qui datent du XIIIᵉ siècle. Voici un de ces mortiers **(fig. 1)** [221]. Deux de ces mortiers de fer ont servi longtemps de bénitiers dans l'église de Saint-Père-sous-Vézelay ; peut-être y sont-ils encore. Ils étaient d'une grande capacité (0m,80 de diamètre environ), bien fondus, avec quelques ornements et deux anneaux pour les porter. Ces mortiers provenaient probablement de l'abbaye de Vézelay. On en fabriquait en bronze, mais ceux-ci étaient de petites dimensions ; on ne les employait guère que pour la préparation de médicaments. La **figure 2** donne un de ces mortiers, qui date également du XVᵉ siècle [222]. Quant aux mortiers de pierre, ils affectent la forme hémisphérique et sont

munis de poignées réservées dans la masse. Dans les fouilles du château de Pierrefonds plusieurs de ces mortiers de pierre ont été trouvés ; ils proviennent des cuisines.

MOUCHETTES, s. f. Nous ne connaissons pas de mouchettes à moucher les chandelles qui soient antérieures au commencement du XVIᵉ siècle. Avant cette époque, les mouchettes sont mentionnées sous la dénomination de *sisiaux.* Mais, à dater de la fin du XVIᵉ siècle, on fit des mouchettes très-habilement combinées pour moucher les chandelles au moyen de détentes, et ces ustensiles sont souvent d'un travail précieux. Le musée de Cluny possède plusieurs de ces mouchettes qui, comme les nôtres, enferment instantanément la partie carbonisée de la mèche dans un récipient.

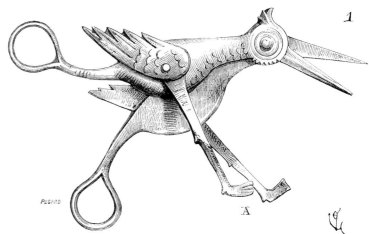

Les mouchettes-ciseaux se composent de deux branches terminées par deux lames tranchantes et réunies par un axe. On coupait ainsi le lumignon fumant, qui tombait dans la bobèche ou dans le plateau (voyez CHANDELIER), et il fallait saisir ce fumeron avec de petites pinces pour le jeter à terre, où on l'éteignait avec le pied. Cela était compliqué. Ces sortes de mouchettes affectent souvent la forme d'un oiseau (fig. 1). On voit en A les branches élastiques de la pince qui figurent les pattes de l'oiseau, et qui permettaient de saisir le lumignon lorsqu'il était tombé dans le plateau. On comprend que les mouchettes à récipient durent être regardées comme un perfectionnement très-notable sur ces ciseaux à pinces.

MOUSTARDIER, s. m. Les pots à moutarde sont mentionnés dès le XIIIᵉ siècle, et ils figurent dans les inventaires du XIVᵉ siècle. Nous ne savons s'ils affectaient une forme particulière.

NAVETTE, s. f. Petit récipient en forme de nef, dans lequel on enfermait les grains d'encens.

Les encensoirs possédaient leur navette appareillée, et beaucoup de représentations peintes ou sculptées de thuriféraires les figurent tenant de la main droite l'encensoir, de la gauche la navette. Les navettes à encens étaient de métal, cuivre ou argent, et souvent émaillées.

La **figure 1** présente un de ces objets faisant partie de la collection du musée de Cluny. La charnière A, disposée au milieu du dessus, permet d'ouvrir les deux valves du couvercle, qui sont émaillées, ainsi que le récipient. Un pied permettait de poser cette

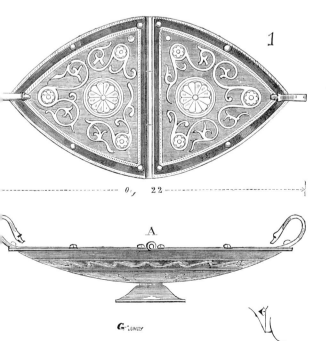

navette sur la crédence. Les deux anses B servaient à soulever les valves. Une petite cuiller était toujours jointe à la navette pour prendre les grains d'encens et les jeter sur la braise incandescente, que contenait la capsule de l'encensoir.

On donnait aussi le nom de *navettes* aux *cadenas* ou *nefs* placées sur la table, devant les personnages de distinction, et renfermant les objets nécessaires à table. « Une navette d'or goderonnée et y met on dedans, quand le Roy est à table, son essay, sa cuiller, son coutelet et sa fourchette, et poise, à tout couvescle, iij marcs v onces et demye [223]. » (**Voyez NEF.**)

[219] *Comptes du testam. de Jeanne d'Évreux* (1372).

[220] *Invent. des ducs de Bourgogne* (1467).

[221] *Proverbes, adages, portraits,* ms. Biblioth. impér., f. la Vallière, n° 44, XVᵉ siècle.

[222] Du cabinet de l'auteur.

[223] *Invent. de Charles V* (1380).

NEF, s. f. La nef était un vaisseau d'orfèvrerie qu'on plaçait à table, devant un personnage, le seigneur, et qui renfermait sous clef tous les objets dont ce personnage devait se servir pendant le repas, c'est-à-dire les cuillers, fourchettes, touailles (serviettes), les coupes, la salière, les épices etc. Le vin était contenu dans des barillets également fermés à clef (**voyez Baril**). On donnait aussi, à ce récipient des objets de table, le nom de *cadenas,* et l'usage des cadenas se conserva jusqu'au XVIIIe siècle dans les cours souveraines.

La crainte des poisons était fort répandue pendant le moyen âge, et, bien entendu, plus on supposait qu'il y eût un intérêt à recourir à l'empoisonnement, plus on accumulait les précautions autour des grands. On ne manquait jamais alors d'attribuer au poison les morts dont la science médicale, peu avancée, ne pouvait découvrir la cause. Sous Louis XIV encore, les mémoires du temps admettent un nombre prodigieux d'empoisonnements [224]. Il n'était donc pas surprenant que les hauts personnages fissent prendre autour d'eux des précautions qui aujourd'hui paraîtraient ridicules. D'ailleurs, c'était là un usage, une sorte de marque honorifique, car tel seigneur qui, chez lui, avait sa nef, mangeait chez son suzerain ou même ses pairs, sans recourir à ces précautions. Ces nefs affectaient, en effet, la forme d'un navire, et reproduisaient même parfois, avec une exactitude minutieuse, les détails d'un vaisseau muni de ses agrès et de son équipage. Les inventaires mentionnent une quantité prodigieuse de ces nefs de table, d'argent, d'or même, décorées d'émaux, de pierres, avec agrès et voilure de soie. L'*Inventaire de Charles V* mentionne cinq nefs d'or émaillées, du poids total de 258 marcs d'or, et vingt et une nefs d'argent du poids de 648 marcs d'argent. On plaçait aussi dans ces nefs des flacons de vin.

« Pour une nef dorée, semée d'esmaux aux armes de Valoys, à 2 lyons aux 2 bous enmantellez des dites armes, assise sur un entablement de maçonnerie, trouvée pesant 35 mars 3 onces 15 esterlins [225]…. ».

La **figure 1** donne l'aspect d'une de ces nefs d'argent avec émaux [226]. Elle peut avoir appartenu à un duc d'Orléans, si l'on s'en rapporte aux armoiries émaillées des bannières et pennons. Suivant l'usage admis dès le XIIIe siècle, dans la marine, les bordages du navire et l'arrière sont pavoisés de bannières arrondies au sommet. Ces bannières fermaient les ouvertures de la nef en se rabattant ensemble au moyen des charnières qui sont attachées à leur extrémité inférieure. On pouvait ainsi ouvrir cette nef par les deux flancs et par son arrière. Six lions la soutiennent sur un de ces plateaux dits *entablements de maçonnerie.* Elle est remplie d'hommes d'armes dont les écus sont appendus extérieurement aux parapets des châteaux, d'où est venue la dénomination de *pavoisée* attribuée aux navires qui, de notre temps encore, mettent tous les pavillons dehors.

On donnait aussi le nom de *nefs* à des vases en forme de barque, qui étaient consacrés au service du culte, dès les premiers temps de l'Église : « Un reliquaire d'or, en façon d'une nef à porter le corps de Notre-Seigneur que ij angelos soustiennent [227] ».

Le musée de Cluny possède une fort belle nef du XVIe siècle. Un brillant équipage, au milieu duquel sied l'empereur Charles-Quint, garnit tout le pont.

ORINAL, s. m. (*pot. de nuit*). La forme de ces vases ne diffère pas de celle qui leur est donnée encore aujourd'hui et qui est bien connue. Les vignettes des manuscrits des XIVe et XVe siècles nous montrent sous les lits, ou à côté des lits, des orinals pareils aux nôtres :

« Aportez moi un orinal
« Et si verrai dedenz le mal. »
dit Renart, qui fait le docteur [228].

On en fabriquait en verre : « Un petit orinal de voirre garni et pendant à quatre chaiennes d'or [229]. »

Celui dont parle le *Roman du Renart* était évidemment de verre, car :

« Lors le prent et au soleil va,
« L'orinal sus en haut leva ;
« Moult le regarde apertement,
« Torne et retorne moult souvent.
« ………. »

OSTENSOIR, s. m. (*monstrance, remonstrance*). Pièce d'orfèvrerie au milieu de laquelle on place une hostie consacrée, pendant l'adoration du saint-sacrement, afin de la laisser voir aux fidèles.

L'usage de l'ostensoir, tel que nous le connaissons aujourd'hui, n'est pas très-ancien et ne remonte pas au-delà du XVe siècle. Jusqu'à cette époque, le saint-sacrement était déposé dans une tour ou tabernacle placé près de l'autel… [230]. L'hostie consacrée n'était point apparente. Nous ne saurions dire les motifs qui déterminèrent le clergé, en France, à exposer le saint-sacrement ; peut-être était-ce pour réchauffer la foi chancelante des fidèles.

Jamais l'Église grecque, gardienne des traditions, n'adopta cet usage.

Il est question de l'exposition du saint-sacrement dans des *monstrances,* pour la première fois, dans les décisions du concile provincial de Cologne, tenu en 1452. Mais la forme de ces ostensoirs n'est point décrite, et le texte même indiquerait qu'elle était arbitraire [231]. Cependant l'inventaire du trésor de Notre-Dame de Paris, fait en 1438, signale un véritable ostensoir en forme de croix d'argent doré, soutenue par deux anges. Thiers [232] rapporte qu'il en existait un en 1494 dans l'église paroissiale de Sainte-Menehould en Champagne : « C'est, dit-il, une image de saint Jean-Baptiste, d'un pied et demi un peu plus de hauteur, y compris le pied d'estal. Il a le bras gauche un peu étendu et la main ouverte, sur laquelle il y a un livre, et sur ce livre un petit agneau de la tête duquel sort un soleil où l'on met la sainte Hostie, et de la main droite il montre ce qu'il tient dans sa gauche, comme s'il disait : *Ecce Agnus Dei,* etc. Au bas du pied d'estal l'on y voit ces mots : « *Sébille la Moque a donné ce présent vaissel l'an MCCC-*

CLXXXXIV. Priez Dieu pour elle. » D'un côté, il y a les armes de France ; de l'autre, les mêmes armes de France parties de Bretagne. » Le même auteur rapporte avoir vu la représentation d'un ostensoir dans une vignette d'un manuscrit de 1374, faisant partie de la bibliothèque des Célestins de Marcoussis. « Cet ostensoir représentait un évêque accompagné de deux acolytes, et portant le saint-sacrement dans une tourelle d'or percée en quatre endroits [233]. » Quant aux ostensoirs en forme de soleils, avec une boîte centrale ou lunelle de cristal, ils sont d'une date postérieure au XVIᵉ siècle. Nous n'avons donc pas à nous en occuper ici.

OULE, s. m. (*cruche*). — **Voyez** Poterie.

OVIER, s. m. (*coquetier*). On trouve de très-anciens oviers ou coquetiers de terre cuite, ou du moins de petits vases qui semblent avoir été destinés à cet usage. Ces *vaisselets* étaient en forme de cône avec pied, ou bien à deux fins, c'est-à-dire composés de deux cônes réunis à leurs sommets tronqués **(fig. 1)** [234]. Les inventaires ne mentionnent qu'assez tard des oviers de métal, et encore ne les désignent-ils pas habituellement par un nom particulier. « Un vaisselet d'argent à mangier œufs que donna, à monseigneur, monseigneur d'Estampes [235]. » — « Un engin à mettre et asseoir œufs [236]. » Encore ce dernier ustensile peut-il être un récipient propre à contenir les œufs pour les présenter à table : « Un ovier d'or, aux armes de la Royne, et ou couvescle une langue blanche de serpent [237]. » Ces langues de serpent étaient supposées devoir indiquer la présence du poison. (**Voyez** Saliere.)

PAIX, s. f. Tablette de bois, de métal ou d'ivoire, munie d'une anse ou d'un manche sur sa face postérieure, destinée à recevoir le baiser de paix que les fidèles, suivant les traditions de la primitive Église, devaient se donner entre eux pendant le sacrifice de la messe. Il serait difficile de dire à quelle époque remonte l'usage de faire baiser aux fidèles une tablette déposée sur l'autel pendant la messe. Dès le XIIIᵉ siècle, cette habitude était acceptée dans les églises de l'Occident et de la Palestine. Le fait suivant, rapporté par le sire de Joinville, en fournit la preuve [238] : « Tandis que le roy fermoit (fortifiait) Sayete, je alai

à la messe au point du jour, et il me dit que je l'attendisse, que il vouloit chevaucher ; et je si fis. Quand nous fumes aus chans, nous venimes pardevant un petit moustier, et veismes tout à cheval un prestre qui chantoit la messe. Le roy me dit que ce moustier estoit fait en l'onneur du miracle que Dieu fist du dyable que il geta hors du cors de la fille à la veuve femme ; et il me dit que se je vouloie, que il orroit léans (la dedans) la messe que le prestre avoit commenciée ; et je li dis que il me sembloit bon à fère. Quant ce vint à la pez (paix) donner, je vi que le clerc qui aidoit la messe à chanter, estoit grant, noir, megre et hericiés, et doutai que se il portoit au roy la pez, que espoir (peut être) c'estoit un Assacis, un mauvez homme, et pourroit occirre le roy. Je alai prendre la pez au clerc et la portoi au roy. Quant la messe fu chantée et nous fumes montez sus nos chevaus, nous trouvames le légat aus chans ; et le roy s'approcha de li et m'appela et dit au légat : « Je me pleing à vous dou séneschal qui m'apporta la pez et ne voult que le povre clerc la m'aporte. » Et je diz au légat la reson pour quoy je l'avoie fait ; et le légat dit que javoie moult bien fet. Et le roy respondi : « Vraiment non fist. Grant descort y ot d'eulz deuz et je ne demourai en pez » (vraiment non, car pendant le débat entre eux deux, je n'étais pas en paix).

Ces objets du culte étaient faits souvent de matières précieuses et étaient richement travaillés : « Un portepaix d'or, où il a un angle tenant un crucefix, couvert par dessus d'un cristal et garny entour de sept balaisseaux (rubis balais) et sezo perles, iiijxx liv. t. [239]. »

La patène recouvrant le calice ou le couvercle du ciboire servaient quelquefois de paix. On trouve encore la trace de cet usage dans l'inventaire de Gabrielle d'Estrées : « Une boete à mettre pain à chanter dont le couvercle sert de paix [240]. »

[224] Voyez, à ce propos, les *Mémoires* et la *Correspondance* de Mme la duchesse d'Orléans, princesse Palatine. A en croire cette princesse, la moitié des personnages de la cour morts de son temps auraient été empoisonnés.

[225] *Invent. de l'argenterie des rois de France,* dressé en 1353. Voyez aussi dans le *Glossaire et Répertoire* de M. le comte de Laborde l'article Nef, qui donne un grand nombre d'exemples de ces vaisseaux de table.

[226] Vignette du XVᵉ siècle, détachée, copiée par l'auteur.

[227] *Invent. de Charles V* (1380).

[228] *Roman du Renart,* vers 19509 et suiv., XIIIᵉ siècle.

[229] *Invent. du duc de Berry* (1416).

[230] Voyez l'article Autel, *Dictionnaire raisonné de l'architecture* ; voyez Tabernacle et Suspension, *Dict. du mobilier,* t. I.

[231] « In quibuscumque monstrantiis. »

[232] *De l'exposition du saint-sacrement,* t. I, p. 230.

[233] Piganiol de la Force parle de cet ostensoir dans sa *Description de la France,* t. I, p. 171.

[234] Fouilles de la forêt de Compiègne, parties mérovingiennes.

[235] *Invent. du duc de Normandie* (1363).

[236] *Invent. des ducs de Bourgogne* (1389).

[237] *Ibid.* (1403).

[238] *Histoire de saint Louis,* édit. publ. par M. F. Michel, p. 184.

[239] *Invent. du duc de Berry* (1416).

[240] Aujourd'hui on fait baiser la patène aux fidèles au moment de l'offrande ; cette patène tient lieu de la *paix* ou *porte-paix.*

PALETTE, s. f. Spatule composée d'un manche et d'un plateau circulaire destinée à recevoir une bougie comme nos bougeoirs, ou d'un cuilleron propre à brûler des parfums, à faire des fumigations ou à offrir des confitures aromatisées : « Une palette à condognac (cotignac), armoyée de France et de la royne Jeanne de Bourbon [241] ». — « Une petite palette d'ivoire à tenir chandelle… » — « Une petite palette d'argent à faire fumée [242]… ». Dans les chapelles, un serviteur tenait une de ces palettes près du seigneur, afin qu'il pût lire ses heures : « A Perrier Bernart, gainier, pour un estuy de cuir boully, poinconnez et armoiez aux armes de France, pour mettre et porter une palette d'ivoire, garnie d'or, pour mettre une chandelle pour tenir devant le Roy à dire ses heures [243]… ». Le bougeoir que l'on tient devant l'évêque aujourd'hui est une dernière tradition de ces palettes.

PATÈNE, s. f. Plateau destiné à recevoir les morceaux de l'hostie consacrée pendant le sacrifice de la messe et à couvrir le calice. **(Voyez CALICE, PAIX.)**

PELLE, s. f. (*pincette, pelle de fer, tenailles, tirtifeux*). Ustensiles qui faisaient partie de ce que nous appelons aujourd'hui *garniture de cheminée.* Les âtres de cheminées, pendant le moyen âge, étaient vastes, et les plus petits foyers de cette époque ne pourraient convenir aux plus grandes pièces de nos habitations. Ces cheminées étaient garnies de landiers (chenets) hauts, solides, sur lesquels on jetait des bûches longues et lourdes. Il fallait, pour remuer ces masses de bois, des instruments robustes, bien à la main ; de grandes tenailles de fer : aussi leur donnait-on ce nom.

« Pour une tenaille, une pincette et deux pelles de fer, XVI s. [244]. » La figure 1 présente en A une de ces tenailles de fer forgé [245], dont la longueur est de 1m,10. Les deux manches étaient garnis d'un cordonnet de grosse laine sur une peau, afin de donner une bonne prise aux mains, et de ne pas communiquer la chaleur. La pelle [246] a son manche rivé sur le sabot inférieur ; elle porte 1m,25 de longueur. Quant à la pincette B, faite pour ramasser la braise ou les menus tisons, elle n'a que 80 centimètres de longueur et est munie d'un anneau pour la suspendre [247]. Elle est finement forgée et très-souple.

Ces trois objets paraissent dater du XIVᵉ siècle, et dépendaient d'ailleurs de cheminées de cette époque. Dans les palais et châteaux, ces ustentiles devaient être plus ouvragés ; mais nous n'en connaissons pas qui soient antérieurs au XVIᵉ siècle. Les inventaires royaux mentionnent des pincettes d'argent. Était-ce des pincettes à feu ? C'est ce que nous ne pourrions affirmer.

Bien que l'ustensile de cuisine qu'on nomme encore aujourd'hui une *lèchefrite* fût en usage, il y avait des pelles longues, faites pour enlever les viandes cuites au four :

« Aler souvent querir au four
« Longue pelle fault à retour,
« Qui dessoubz le rost sera mise [248]. »

Il y avait aussi des pelles trouées (passoires) :

« Estamine, paelle trouuée [249]. »

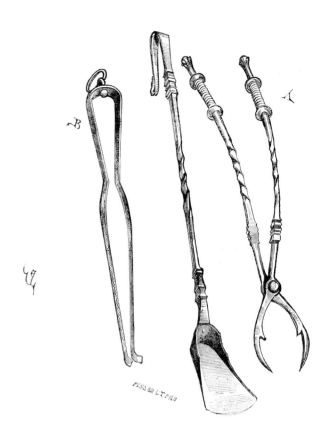

PINCETTES, s. f. (*tirtifeux*). — **Voyez PELLE.**

PLAT, s. m. — **Voyez ASSIETTE, BASSIN.**

POÊLE (*à frire*), s. f. Cet ustensile de cuisine est de date très-ancienne et sa forme n'a point changé.

POMME, s. f. De cuivre ou d'argent, servant de chaufferette pour les mains **(voy. CHAUFFERETTE).** Il y avait aussi des *pommes à refroidir,* faites de cristal, et qu'on tenait dans les mains pour les rafraîchir. Des pommes de cristal étaient souvent placées sur la partie antérieure du bras des chaires et trônes pour que les personnes assises pussent au besoin tenir leurs mains fraîches. Le musée de Cluny possède une pomme de ce genre, de cristal de roche, qui est d'une date très-ancienne, peut-être de l'époque mérovingienne. Cet usage existait dans l'antiquité.

POT, s. m. (*poteries*). Les poteries dont se servaient les Gaulois avant la domination romaine étaient grossières par la matière, mais assez bien galbées et tournées sur le tour à potier. Ces poteries se distinguent de celles qui furent en usage après la conquête par leur couleur noire et la porosité de la terre mal corroyée et fragile. On connaît les belles poteries rouges, fines et luisantes, qui datent de l'époque romaine. Lorsqu'au sein d'une civilisation prospère survient un de ces cataclysmes qui bouleversent la société, les industries qui dégénèrent le plus complètement sont les industries communes ; celles qui perdent le moins leurs traditions sont les industries de luxe. Les conséquences d'un bouleversement tel que celui dont les Gaules furent le théâtre pendant les Vᵉ et VIᵉ siècles amènent une inégalité très-marquée dans les classes : des richesses accumulées entre les mains de quelques-uns, et, pour les masses, une misère profonde. Les villes et bourgades, si prospères et si industrieuses encore vers les derniers temps de l'empire, se virent dépouillées et saccagées par les peuplades sorties de la Germanie. Mais les conquérants, et, parmi eux, ceux qui surent maintenir leur pouvoir, prétendirent imiter le luxe de la haute société romaine. Si ces barbares n'avaient aucune idée du bien-être dont s'entoure une civilisation avancée, et si, par exemple, ils mangeaient dans des plats de bois, ils couvraient leurs habits de bijoux précieux, avaient des armes garnies d'or, certains meubles d'apparat d'une grande richesse. Les industries de l'orfèvrerie, de la bijouterie, conservèrent donc un certain éclat. Il n'en fut pas de même pour ces industries dont les produits sont destinés à satisfaire aux besoins vulgaires ; elles s'effacèrent sous l'influence de la misère commune. Parmi ces industries, celle des potiers semble avoir perdu les belles traditions léguées par l'antiquité, et retombe au-dessous du niveau qu'elle avait atteint avant la domination romaine. Les poteries de l'époque mérovingienne sont, comme matière et travail, d'une grossièreté qui rappelle les premiers essais des peuples les plus barbares. Les terres inégales et poreuses reparaissent ; les formes perdent toute élégance ; plus de ces galbes purs, plus de pâtes serrées et fines, plus de ces ornements délicatement estam-

E. GUILLAUMOT.

pés sur les panses des vases. Le pot est lourd, gauche, suffisant à peine aux besoins les plus grossiers. De tous les ustensiles adoptés par un peuple, il n'en est pas qui indiquent plus clairement l'état de la civilisation que les poteries, parce qu'il n'en est pas qui soient d'un usage plus répandu, qui puissent être fabriqués à moins de frais. Mais il faut distinguer dans les poteries la forme et la matière. La qualité de la matière ou sa richesse n'indiquent point autant le degré de civilisation que la forme. Quand une société tout entière se contente de poteries dont la valeur comme matière est insignifiante, qui trouvent place chez le pauvre comme chez le riche, mais dont les formes sont belles et parfaitement appropriées au besoin, et belles précisément parce que ces formes possèdent cet avantage, on peut considérer cette société comme ayant atteint l'échelon le plus élevé de la civilisation. L'art du potier est de tous les arts le plus *démocratique,* et il n'atteint réellement la qualité d'art que quand il ne laisse sortir de ces ateliers que des

objets dont les formes sont excellentes, quelle que soit d'ailleurs leur importance. Il y a autant d'art dans le moindre cratère athénien de terre cuite que dans le vase destiné au vainqueur des jeux Olympiques.

Dans les sociétés barbares ou tombées dans la barbarie par suite de longs malheurs, les arts ne s'attachent plus qu'à quelques objets exceptionnels, ou qu'à des objets dont la matière a une valeur intrinsèque. Quant à la fabrication des objets vulgaires, elle est abandonnée aux mains les plus grossières, et produit de ces œuvres sans nom que la postérité ne saurait même classer, tant elles sont insignifiantes. On voit l'industrie du potier se développer au sein des républiques italiennes à dater du XIVe siècle, au sein des villes franches des Flandres, au sein des villes méridionales françaises qui avaient conservé la plupart de leurs droits municipaux, datant de l'empire romain ; dans les provinces riches, comme la Normandie, la Picardie, l'Auvergne, la Bourgogne, la Guienne, qui, relativement, maintenaient certaines franchises en face de la puissance féodale et vivaient sous un régime moins oppressif. Dans ces provinces, le peuple des villes était plus riche, parce qu'une plus grande sécurité lui était donnée et qu'il possédait des droits ; le peuple des campagnes était, vis-à-vis de la féodalité, dans des conditions moins dures que n'était, par exemple, celui de l'Ile-de-France, de la Champagne, de la Bretagne, du Poitou. C'est aussi dans ces provinces, jouissant d'une liberté relative, que l'art, essentiellement démocratique du potier, s'est maintenu, pendant toute la durée du moyen âge et jusqu'à nos jours, à un degré élevé, quant à la forme et au mode de fabrication. Qui n'a vu dans certaines cités du Midi, telles que Narbonne, Carcassonne, Toulouse, Bordeaux, dans quelques villes de l'Auvergne, de la Bourgogne et de la Normandie, ces jolies poteries communes qui abondent sur les marchés. Ces poteries sont encore aujourd'hui les mêmes que celles dont se servaient les populations depuis le XIIe siècle, car aucun ustensile ne perpétue les formes avec plus d'uniformité que les poteries, par cette raison qu'on s'en sert chaque jour, et qu'on veut remplacer celles qui manquent par d'autres exactement semblables. Il est facile de changer l'habillement d'une armée de six cent mille hommes ; il est impossible de modifier la forme des assiettes qui chaque jour couvrent les tables d'une population, et les lois, décrets ou règlements qui ont, en France surtout, porté sur tant d'objets divers, dès les premiers temps de la monarchie, depuis la forme à donner aux maisons jusqu'à celle des vêtements ou bijoux, ne se sont jamais occupés des pots autrement que pour constater leur capacité.

[241] *Invent. de Charles V* (1389).

[242] *Ibid.*

[243] *Comptes royaux* (voy. le *Gloss. et Répert.* de M. le comte de Laborde, dans *Notice des émaux et bijoux du musée du Louvre*).

[244] *Comptes des bastimens royaux* (1365).

[245] D'une maison à Cordes (Tarn-et-Garonne).

[246] Même provenance.

[247] Dessinée à Châlet-Censoir (Yonne).

[248] Eustache Deschamps, *le Miroir de mariage,* p. 211.

[249] *Ibid.*

Après les jolies poteries gallo-romaines, on voit apparaître, dans les sépultures du temps de l'invasion germanique, des vases de terre qui semblent, par leur fabrication, remonter au temps antérieur à la conquête romaine. C'est surtout dans les provinces de l'Est qu'on peut constater cette décadence, ou plutôt ce retour à une fabrication barbare. M. le colonel de Morlet a recueilli plusieurs de ces poteries dans des cimetières de l'époque mérovingienne aux environs de Strasbourg [250]. Nous en avons trouvé de semblables jusque dans le Soissonnais. Ces poteries sont assez mal cuites, composées d'une terre noirâtre mal corroyée, couvertes d'ornements faits avec le doigt ou un style sur la pâte encore molle **(fig. 1)**. Ces poteries très-grossières, postérieures au Ve siècle, n'apparaissent jamais dans la haute Normandie, dans le Poitou, la Guienne, l'Auvergne, les provinces méridionales, ce qui ferait supposer qu'elles étaient dues aux confédérés germains. Dans ces dernières provinces, bien que la poterie gallo-romaine disparaisse complètement au Ve siècle, cependant on reconnaît toujours, dans la pâte et dans les formes, la trace d'une fabrication qui soutient ses produits. Mais, sur les surfaces extérieures de ces vases, on ne voit plus trace d'ornementation saillante, faite à la main ou moulée ; parfois seulement, quelques festonnages sur les bords, obtenus sur la pâte molle par une légère pression du doigt, des tracés en losange ou pointillés au moyen du style, des lignes horizontales, des imbrications indiquées avant la cuisson. Sur toute l'étendue des anciennes Gaules, pendant le moyen âge, la poterie ornée de reliefs moulés ou modelés à l'ébauchoir n'apparaît qu'au XVe siècle. Le potier n'emploie que le tour, parfois avec beaucoup de délicatesse. Les formes reprennent au XIIe siècle un galbe assez beau, sous l'influence des poteries rapportées d'Orient. Quant à l'émaillage de ces poteries, il est fort ancien. Nous avons des fragments de poteries vulgaires émaillées dès le XIIe siècle, et cet émail est d'une grande finesse. Nous citerons, entre autres exemples, des plats qui autrefois étaient incrustés dans la façade de l'hôtel de ville de Saint-Antonin (Tarn-et-Garonne), façade qui date du milieu du XIIe siècle. Ces plats formaient des points colorés décoratifs sur les parements [251]. La planche XXXII donne la reproduction d'un de ces plats. La terre est d'un jaune rougeâtre ; un émail blanc jaunâtre très-fin recouvre le tout, et sur cet émail est apposée une coloration vert doux. Avec un style, avant que cette application colorée ait été passée au four, on a enlevé des ornements très-déliés qui laissent voir l'engobe sous-jacent. Cette poterie est d'une grande finesse, l'émail n'a qu'une épaisseur inappréciable. A cette époque (au XIIe siècle), les relations avec l'Orient étaient très-actives, et il y a tout lieu de supposer que ces poteries étaient une imitation de celles qu'on rapportait d'outre-mer ; d'autant que le caractère de l'ornementation rappelle beaucoup les faïences anciennes de la Perse et de la Syrie. Il n'est pas jusqu'à ces cartouches avec des linéaments qui ressemblent à des lettres arabes. Cependant la forme du vase est bien occidentale. Le potier avait des exemples rapportés d'Orient, et il considérait (ainsi que cela se rencontre souvent à cette époque) les lettres arabes comme des ornements. Avec ces émaux légers et ces ornements enlevés au

style sur la coloration, on décorait des vases et des carreaux pendant le XIIe siècle. Mais il semblerait que ce procédé fût abandonné en France à dater du XIIIe siècle, car les terres émaillées de cette époque, et jusqu'au XVe siècle, ont un tout autre caractère. Ce sont des poteries habituellement rouges ou jaunes, émaillées au moyen d'un émail transparent, ou rouge, ou vert, ou noir verdâtre, souvent décorées de gravures qui ne sont pas recouvertes par l'émail colorant. (Voyez planche XXXIII, un de ces plats, qui date du XIVe siècle [252]). La pâte est jaune ; un émail épais, rouge, la recouvre ; et avant la cuisson cet émail a été enlevé à la pointe, de manière à former des linéaments qui laissent voir le ton de la pâte. Au four, l'émail rouge est devenu brillant et a laissé les linéaments relativement opaques. Ces poteries sont d'ailleurs très-dures et bien fabriquées. Les poteries émaillées en vert jaspé sont les plus communes, et rappellent les poteries modernes connues sous le nom de *terrines*. On rencontre de ces terres émaillées en vert jaspé dès le milieu du XIIe siècle. Le moine Théophile [253] parle des poteries émaillées d'outre-mer, fabriquées par les Grecs, comme très-estimées et très-précieuses ; et en effet les inventaires mentionnent quelques-uns de ces objets dits de Damas : « A Regnaud Morel, pour un pot de Damas, plein de gingembre vert [254]. » Valence et Avignon fabriquaient des poteries estimées pendant le moyen âge, ainsi que Beauvais, Pontaillé [255], Rouen, Schelestadt. Beauvais fournissait principalement des verres à boire, des *godets :* « On fait des godès à Beauvais [256]. » — « Un godet de terre, de Beauvais, garny d'argent [257]. » Ces poteries étaient émaillées. Il est question des poteries de Beauvais dès le XIIe siècle ; de celles de Pontaillé et de celles de Schelestadt, dès le XIIIe.

PUISETTE, s. f. Vase de bronze ou de bois, de petite dimension, muni d'une anse et d'un ou deux goulots, servant à puiser de l'eau : « Pour une puisete d'airain à puiser eaue, XVI s. p [258]. » Nous donnons **(fig. 1)** une de ces puisettes, dont la fabrication date du XVe siècle [259]. L'anse est munie d'un anneau pour pouvoir suspendre le vase à une crémaillère. Cette puisette possède deux goulots ou biberons qui permettent de verser le liquide de chaque bord ; elle est de laiton fondu. Les femmes portaient ces vases sur leur tête, et c'est pourquoi on leur donnait cette forme large de la pause. Autrefois on les plaçait sur le feu, et ils servaient de chaudrons.

PL. XXXII.

Voir pages couleurs.

PL. XXXIII.

Voir pages couleurs.

1

R

RÉFRÉDOER, s. m. Vase à rafraîchir. Les inventaires des XIVe et XVe siècles en mentionnent quelques-uns. Ces vases sont de cuivre, et pouvaient parfois contenir plusieurs flacons. On les fabriquait principalement à Venise, et ils passaient, en Occident, pour des ouvrages de Damas, c'est-à-dire d'Orient. Les vignettes des manuscrits montrent parfois de ces vases larges, plats, de forme cylindrique, ou triangulaire, dans lesquels sont placés plusieurs bouteilles ou flacons. Une serviette recouvre le tout, afin de mieux maintenir la fraîcheur de l'eau.

ROTISSOIR, s. m. Sorte de gril propre à faire rôtir les tranches de pain qu'on mangeait avec le vin et des épices : « Ung rotissoir d'argent blanc, à rostir roties, armoié au milieu des armes de Monseigneur, et de l'autre costé un fusil (briquet), et de l'autre, deux CC… [260]. »

ROULEAU, s. m. Chaufferette à mains (voyez cet article). On fabriquait des chaufferettes à main en forme de boule, et aussi en façon de cylindre.

S

SALIÈRE, s. f. Récipient du sel de cuisine ou du sel dont on se servait à table. Il y avait donc les salières « à pendre à la cheminée », qui étaient celles de cuisine, et les salières « nefs, navettes », petits vaisseaux qu'on posait sur la table. Les salières de table étaient habituellement couvertes et même fermées à clef, ainsi que les *nefs, cadenas,* dont souvent elles faisaient partie. Les salières « à pendre » étaient habituellement de bois sculpté. M. le comte de Laborde en possédait une très-belle de ce genre, qui date du XVe siècle, et représente une tête d'homme coiffée d'un bonnet [261]. Ces salières sont faites en forme de hotte, avec couvercle s'abattant de lui-même. Toutes les cuisines de campagne en possèdent encore qui rappellent, par leur forme très-simple, ces ustensiles primitifs. Quant aux salières de table, couvertes généralement jusqu'au XVIe siècle, elles étaient un des ornements du couvert ; assez grandes et posées devant les maîtres de la maison, elles étaient parfois sur roues pour pouvoir être envoyées aux divers convives. Si ces convives étaient nombreux, on faisait de petites salières découpées dans de la mie de pains cuits à cet effet, et pour poser les tranches de viandes ; on en plaçait de distance en distance sur les nappes. Les inventaires mentionnent un nombre prodigieux de salières d'une grande richesse [262] et qui étaient d'une importance égale à ce que nous appelons aujourd'hui

des pièces de *surtout.* Il ne reste guère, dans les collections, que des salières de l'époque de la renaissance, qui conservent encore l'apparence de pièces de table très-importantes. Les musées et collections privées possèdent des salières antérieures à cette époque et d'une fabrication moins riche. On en voit

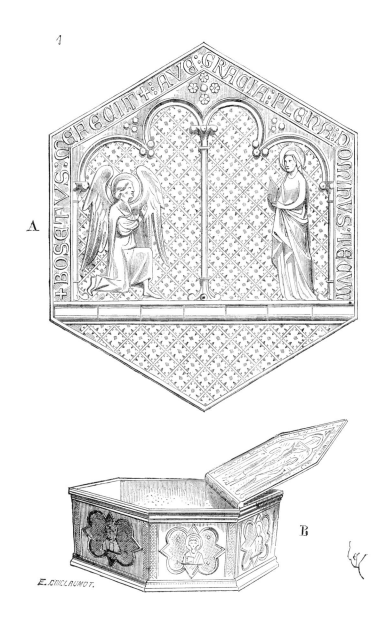

E. GUILLAUMOT.

[250] Voyez *Notice sur les cimetières gaulois et germaniques découverts dans les environs de Strasbourg,* par M. le colonel de Morlet, 1864.

[251] Voyez le *Dictionnaire raisonné de l'architecture française,* à l'article HOTEL DE VILLE.

[252] Musée des fouilles du château de Pierrefonds.

[253] *Diversarum artium Schedula.*

[254] *Comptes royaux,* 1416.

[255] Près de Dijon.

[256] Le Roux de Lincy, *Proverbes français.*

[257] *Invent. de Charles VI* (1399).

[258] *Comptes royaux* (1400).

[259] Musée de Cluny.

[260] *Invent. de Charles le Téméraire.*

[261] Cette salière fait aujourd'hui partie de la collection du musée de Cluny.

[262] Voyez le *Gloss. et Répertoire* donné par M. le comte de Laborde, dans la *Notice des émaux, bijoux, etc., du musée du Louvre.*

une, entre autres, au musée de Cluny, qui date du XIIIe siècle et qui est d'étain. La **figure 1** donne, en A, le dessus du couvercle de la salière, grandeur d'exécution, et en B, la salière ouverte. Cet objet, fort simple et fait au moyen de creux dans lesquels les plaques d'étain ont été coulées, est cependant d'une assez jolie composition. Sur le couvercle, autour du sujet qui représente l'Annonciation, on lit : « BOSETUS ME FECIT † AVE GRATIA PLENA, DOMINUS TECUM. » En dedans du couvercle, autour du Crucifix assisté du saint Jean et de la Vierge, on lit : « CUM SIS IN PENSA PRIMO DE PAUPERE PENSA : CUM PASCIS EUM PASCIS AMICE DEUM. »

Ainsi cet objet était bien une salière de table, et le style des ornements et figures le range parmi les ustensiles du milieu du XIIIe siècle.

La **figure 2** présente une des salières de table sur roues dont parlent les inventaires : « Une sallière d'agathe dont le couvercle est d'or, assise sur quatre roes d'or, en manière d'un chariot, et au bout du moyen de chacune roe a une perle [263]. »

La salière que nous donnons ici [264], et qui est du commencement du XIVe siècle, est d'argent doré, le vaisseau d'agate. Le couvercle relevé s'appuie sur le petit châtelet ; une tête de serpent sert de bouton pour soulever ce couvercle. En A, est le détail de l'un des supports, grandeur d'exécution.

SEAU, s. m. (*seille*). Vase, le plus souvent de bois, garni de cercles de fer ou de bronze avec anse. Cet ustensile, si fort en usage encore aujourd'hui, paraît avoir été de même très-commun chez nos ancêtres. Un certain nombre de tombes mérovingiennes des bords du Rhin et dans le nord de la France contenaient des fragments de ces vases, que M. l'abbé Cochet [265] suppose avoir été destinés à porter la boisson pour les repas. Nous n'avons aucune raison à opposer à cette opinion, qui paraît d'autant plus admissible, que l'usage des Germains était de déposer des boissons et aliments dans les cercueils de leurs guerriers. Partout où on les a trouvés, en Angleterre, en Allemagne, en France, ces seaux étaient placés près de la tête du mort, et affectent la forme que

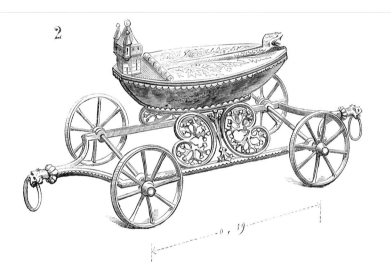

E. GUILLAUMOT.

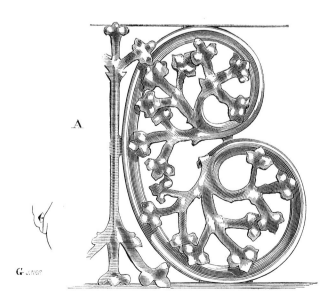

présente la **figure 1** [266]. Quelquefois même un cercle supérieur de bronze doré, large, décoré de dents de scie et de gravures, enveloppe la partie supérieure du cylindre, composé de douves minces de bois.

Les *pots à aumône* adoptés pendant toute la durée du moyen âge pour déposer les restes des mets qu'on donnait aux pauvres, n'étaient que des seaux de bois ou de cuivre plus ou moins riches. Nous en avons vu encore qui dataient du XIVe siècle, fabriqués en laiton repoussé avec ornements en saillie. Ces seaux de cuivre étaient étamés à l'intérieur. Quelques inventaires signalent des pots ou seaux à aumône d'argent.

SERINGUE, s. f. Cet ustensile fut employé dès le XVe siècle, comme engin propre à éteindre les incendies. En 1618, un commencement d'incendie causé par la foudre fut éteint par le grand chantre de la cathédrale de Troyes, Pierre Dadier, qui alla quérir une seringue de maréchal. En 1700, la cathédrale de Troyes possédait plusieurs seringues disposées à cet effet, et leur emploi ne put arrêter les progrès du feu qui prit, pendant la nuit du 7 au 8 octobre de cette année, à la flèche de charpente de l'église. On pratiquait de petits réservoirs sous les combles des grands monuments, destinés à recueillir les eaux des pluies, et à chacun de ces réservoirs était attachée une seringue. Il suffit, en effet, au premier moment, d'une petite quantité d'eau pour prévenir un sinistre, et la seringue permettait d'envoyer cette eau sur le point attaqué. Cette même cathédrale de Troyes possède encore un de ces engins, qui date du XVIᵉ siècle [267]. Il est fait de bronze **(fig. 1)**, avec manche de bois de noyer. Sur la base du cylindre sont gravées les armes

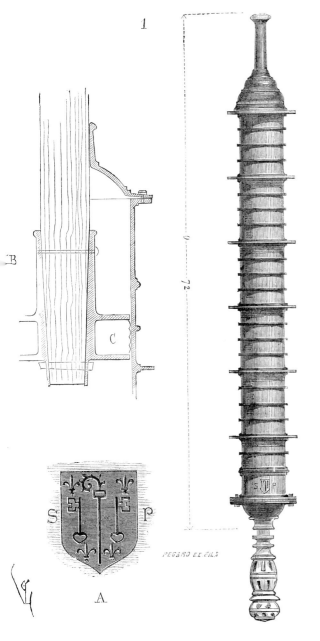

du chapitre **(voy. en A)** avec les deux initiales S. P., SANCTUS PETRUS, patron de la cathédrale. Nous donnons en B le détail de la fermeture de la partie postérieure, et du piston, garni de cuir, en C. Cet ustensile est d'une conservation parfaite et fabriqué avec un soin extrême.

TABLETTES, s. f. Réunion de plusieurs feuilles d'ivoire ou d'argent enduites de cire et sur lesquelles on écrivait au moyen d'un stylet. Les Grecs et les Romains lettrés portaient sur eux des tablettes. Charlemagne, à ce que rapporte Eginhard, avait toujours « sous le chevet de son lit des feuilles et des tablettes pour accoutumer sa main à tracer des caractères, lorsqu'il en avait le temps. Mais, ajoute son historien, il réussit peu dans ce travail, qui n'était plus de son âge et qu'il avait commencé trop tard [268]. » Les dames elles-mêmes portaient avec elles des tablettes dès les XIIᵉ et XIIIᵉ siècles.

« Moult se pourpense en quelle guise
« Au chastelain parler pourra,
« Et tant que de che s'avisa
« Qu'en ces tables elle escriroit
« Ce que au chastelain diroit,
« Car loisir n'averoit du dire [269]
« .... »
« Sire, mès ne vous anuit mie,
« Ces tablettes-ci retenés,
« Aucune chose y trouverés. »

L'inventaire du trésor de Charles VI mentionne [270] des tablettes d'argent enduites de cire, renfermées dans un étui et suspendues à la ceinture.

Le musée de la Société archéologique de Namur possède un de ces étuis avec tablettes, d'une parfaite conservation. « Cette pièce précieuse, dit M. E. del Marmol [271], conservée autrefois dans le trésor du chapitre de la cathédrale de Saint-Aubain, à Namur, se compose de tablettes d'ivoire contenant huit feuilles. Six d'entre elles sont couvertes d'une mince couche de cire rouge, destinée à recevoir des caractères tracés à l'aide d'une pointe ou style. Toutes les feuilles sont réunies par une bande de parchemin bleu et or collée au dos de celles-ci, et qui leur sert en quelque sorte de reliure. Un étui de cuir est destiné à les renfermer. La première et la dernière feuille, plus épaisses que les autres, ne sont point enduites de cire, mais offrent le plus grand intérêt par les deux bas-reliefs dont elles sont ornées à l'intérieur. » L'un de ces bas-reliefs **(fig. 1)** représente un jeune homme agenouillé devant une dame à laquelle il présente son

---

[263] *Invent. du duc de Berry* (1416).

[264] A fait partie de la collection de M. Louis Fould ; était en très-mauvais état.

[265] *La Normandie souterraine,* p. 391 et suiv.

[266] Du cimetière d'Envermeu.

[267] Cet objet a été découvert dans les combles, par M. Millet, architecte diocésain de Troyes, qui a bien voulu nous en fournir un dessin très-exact.

[268] *Vita Karoli imperatoris,* § XXV. Grégoire de Tours parle aussi de tablettes enduites de cire, employées par les lettrés de son temps et les personnes nobles.

[269] *Li roumans dou chastelain de Couci,* vers 2836 et suiv.

[270] Fol. 55.

[271] *Notice sur les tablettes d'ivoire du musée de Namur,* avec planche.

cœur, que celle-ci, naturellement, s'empresse de percer d'un dard. L'autre bas-relief nous montre un cavalier et une dame qui paraissent être dans une parfaite intimité, puisque le jouvencel caresse le menton de sa maîtresse. Celle-ci tient un petit chien, le jeune homme un faucon. L'étui de cuir bouilli et gaufré, autrefois doré en partie, présente la moralité de ces passe-temps mondains. L'un des plats de cet étui **(fig. 2)** trace la scène que nous trouvons peinte et décrite dans un manuscrit appartenant autrefois à M. de Monmerqué [272], scène que reproduit à peu près, mais avec un tour beaucoup moins moral, le cul-de-lampe de la salle du trésor de l'hôtel de Jacques Cœur à Bourges, et le roman de Tristan. Voici le texte qui accompagne la vignette du manuscrit précité : « Ci nous dit côment une royne et uns chevaliers s'estoient assiz souz un arbre seur une fontaine pour parler de folles amours ; et se prinstrent à parler de bien et de courtoisie, parce qu'ils virent en la fontaine l'ombre dou rois qui les guaitoit desseur l'arbre. Se nous ne nous gardons de penser mal et dou faire, pour l'amour de notre Segneur qui voit toutes nos pensées, nous guarderions en nous sa paiz, si con la royne et li chevaliers guardèrent la paiz dou rois : quar pluseurs sont qui de leurs segneurs temporels guardent miex la paix, qui ne les voit que par dehors, qui ne font la paix de notre Segneur qui toutes leurs pensées voit de dens et dehors… » L'autre côté de l'étui montre sur le plat supérieur deux chevaliers et deux dames qui semblent converser, et au-dessous un saint religieux régulier qui semble donner l'absolution à une femme agenouillée et vêtue de l'habit monacal. Les côtés de l'étui **(voy. en A)** sont pourvus de coulants pris dans le cuir, et qui représentent des têtes grimaçantes. Une ganse de soie passait par ces coulants et faisait que le couvercle ne pouvait s'égarer en prenant les tablettes. Un style d'argent B [273] complète ce curieux ustensile, qui date du XIVᵉ siècle.

Ces tablettes étaient d'un usage très-commun en France pendant le moyen âge, puisqu'elles étaient l'objet d'une fabrication assez importante, et que « ceus qui font tables à escrire à Paris » formaient une corporation. La collection Sauvageot du musée du Louvre en conserve plusieurs.

On faisait de ces tablettes en bois aussi bien qu'en argent, en ivoire ou en cyprès, et leurs étuis étaient richement décorés d'émaux et de ganses de soie avec pendants de perles : « Unes tables d'argent à escripre, en cire, esmaillées par dehors [274]… »

TASSE, s. f. La tasse du moyen âge, vase à boire, est ordinairement munie d'un couvercle, quelquefois d'une ou deux anses, et aussi d'un biberon (goulot).

TRANCHOIRE, s. f. (*tranchouere*). Ce mot s'appliquait aux plateaux de cristal, argent, vermeil, or, sur lesquels l'écuyer tranchant découpait les viandes, et à ceux aussi sur lesquels il rangeait les tranches de pain bis fabriqué exprès, destinées à recevoir les morceaux de viandes bouillies ou rôties qu'on présentait aux convives. Les tranchoires plateaux étaient souvent richement décorées de ciselures et d'armoiries ; parfois elles étaient sur pieds : « Une tranchoire a pied plain et doré [275]. » — « Un tranchouere à pié dorez [276]. » Ces plateaux étaient ronds, carrés ou ovales, avec rebords [277]. Nous ne connaissons aucun

de ces objets existant dans les collections publiques ou privées. Cependant ils étaient fort communs chez les grands. Mais on sait combien sont rares les pièces d'argenterie de table antérieures au XVIᵉ siècle. Les vignettes des manuscrits représentent parfois des écuyers tranchants se servant de tranchoires. Ce sont des plateaux, assez semblables à nos plats, mais posés sur un pied large ou sur trois griffes. Les tranchoires furent remplacées, au XVIᵉ siècle, par des plats auxquels on conservait encore le nom de *plats trancheurs.*

TRÉPIED, s. m. Cet ustensile de cuisine n'a pas changé de forme. Tous les inventaires de vaisselles du moyen âge mentionnent des trépieds de fer composés d'un cercle ou d'un triangle posé sur trois pieds et destiné à porter une marmite. Mais on se servait de trépieds plus délicats pour poser des vases chauds ou des brûle-parfums. Ces trépieds étaient de petite dimension et pouvaient souvent être pliés, afin de tenir moins de place dans les bagages. Voici **(fig. 1)** un de ces trépieds de bronze fondu [278] ; chaque pied est muni d'une palette A, fondue avec la branche B. Un rivet C réunit les trois palettes en leur permettant de pivoter de manière que ces trois branches se couchent les unes sur les autres. Quand on voulait se servir du trépied, on ouvrait les trois branches et on les rendait fixes au moyen d'une pièce D, arrêtée par les repos R et les boutons F, qui entraient dans l'encoche G. Ainsi les trois pieds ne pouvaient pivoter, et leurs têtes L recevaient le vase qu'on voulait isoler. Quelques inventaires mentionnent des trépieds d'argent, destinés probablement à être posés sur les tables dans les appartements, et à porter des vases précieux. On les mettait parfois sur les autels pour recevoir les chaufferettes à mains.

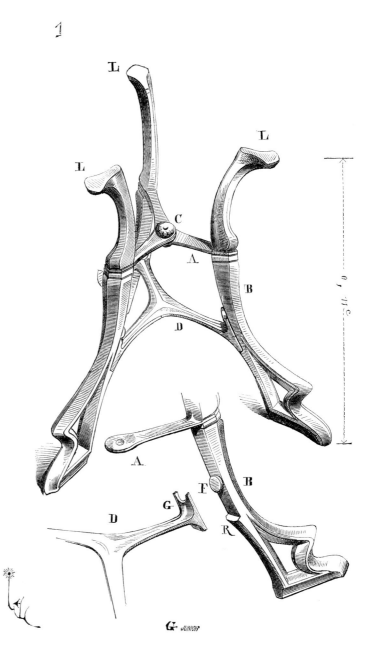

VAISSELLE, s. f. (*vessilemente*). Doit s'entendre comme collection de tous les ustensiles de métal employés pour la table. De tout temps, même pendant la période gallo-romaine, la France a été singulièrement riche en vaisselle d'argent. Non-seulement les princes aimaient à s'entourer de ce luxe de table, mais il s'introduisait même chez les simples particuliers ; et malgré les invasions des barbares, les incursions des Normands, qui rançonnèrent le pays pendant plus d'un siècle, malgré les dépenses qu'occasionnèrent les croisades, la France, au XIIIᵉ siècle, était prodigieusement riche en vaisselle d'argent. Les rois publièrent à plusieurs reprises des ordonnances pour mettre des bornes à ce luxe, qui avait l'inconvénient d'immobiliser les métaux servant à la fabrication des monnaies. Philippe le Bel, en 1294, défend à tous ses sujets qui ne possèdent pas six mille livres de rente tournois « d'avoir vesselement d'or ne d'argent pour boire ne pour mangier », et il enjoint à quiconque ne jouit pas de ce revenu de porter la sienne à la Monnaie. Huit ans après, une seconde ordonnance prescrit la fonte de la moitié de la vaisselle de tous les particuliers qui

avaient été exemptés par la première ordonnance. En 1310, défense est faite aux orfèvres de fabriquer aucune pièce de vaisselle d'or ou d'argent, et en 1313 le même prince ordonne de faire porter à la Monnaie la dixième partie des vaisselles. Charles le Bel et Phi-

---

[272] *Histoires, moralités, fables,* etc. (commencement du XIVᵉ siècle). — La vignette et le texte de ce manuscrit ont été copiés par M. Paul Durand, qui, avec son obligeance ordinaire, a bien voulu nous les communiquer. — Voyez aussi la *Notice sur le bas-relief de la chambre du trésor de l'hôtel de Jacques Cœur,* par M. Hiver, président à la cour impériale de Bourges (voy. dans cette notice l'interprétation fournie par M. P. Paris).

[273] Empreintoir (le *Dict de la maille*).

[274] *Invent. de Charles VI* (1399).

[275] *Invent. des ducs de Normandie* (1363).

[276] *Comptes royaux.*

[277] Voyez le *Glossaire et Répertoire* dans *Notice des émaux, bijoux, etc., exposés dans les galeries du musée du Louvre,* par M. le comte de Laborde, au mot TRANCHOIR.

[278] Musée des fouilles du château de Pierrefonds.

lippe de Valois renouvelèrent ces ordonnances sous diverses formes. Les mœurs étaient plus fortes que les décrets, et pendant les XIVᵉ et XVᵉ siècles, c'était à qui posséderait la plus riche et la plus nombreuse vaisselle d'argent et de vermeil. Eustache Deschamps, Jehan de Meung, tous les poètes satiriques et les chroniqueurs des XIVᵉ et XVᵉ siècles, s'élèvent sans trêve contre ce luxe qui ruinait les finances publiques. Les inventaires qui nous restent en si grand nombre datant de ces temps, regorgent d'objets d'or et d'argent destinés au service de la table. Cela ne peut surprendre, si l'on suppose les nombreux dons de vaisselle d'argent, de vermeil ou d'or, qu'on faisait aux princes et aux grands personnages en toute occasion. Un seigneur entrait-il dans sa ville, que le corps municipal lui faisait un présent de vaisselle [279]. Mariait-il un de ses enfants, les vassaux donnaient de la vaisselle aux époux. Était-il chargé d'une ambassade par son suzerain, qu'il recevait, en partant, des pièces d'argenterie, quelquefois d'une valeur considérable. Aussi, dans les grandes maisons, la vaisselle s'accumulait-elle d'âge en âge, et était-elle conservée précieusement comme un trésor disponible en cas d'événement grave. Chez les bourgeois, il en était de même. Il n'était pas une fête de famille qui ne fût l'occasion d'un don de vaisselle ; et, les jours de cérémonie, les plus belles pièces d'orfèvrerie étaient exposées sur le dressoir.

L'inventaire de Charles V, pour ce qui regarde la vaisselle, est d'une richesse merveilleuse.

La vaisselle d'argent blanc comprend, parmi une infinité de pots, hanaps, drageoirs, bassins, aiguières, coquemars, cuillers, etc., quatre douzaines de grands plats, douze douzaines de petits, vingt douzaines d'écuelles. La vaisselle d'argent doré comprend : vingt et une nefs, vingt-sept flacons, cinquante et un bassins ; quatre douzaines de grands plats, six douzaines de petits, quatre grands plats godronnés et émaillés, dix-neuf douzaines d'écuelles ; six douzaines de chandeliers [280], vingt et une salières, dix-huit cuillers, et une quantité considérable de pots, aiguières, tasses, gobelets, coupes, etc. La vaisselle d'or comprend : trois grandes nefs et une petite, pesant ensemble 238 marcs 5 onces ; un baquet porté par des sirènes, vingt-cinq bassins, deux bassins à laver ; quatorze chandeliers, deux flacons, six estamoies émaillées, six vases, douze autres ronds ; deux hydres (sortes de pots), une quarte, un pot carré, un grand pot à aumône ; la coupe de saint Louis avec son aiguière, la coupe du roi Dagobert, deux hanaps, quarante tasses, dix-neuf gobelets, douze aiguières ; huit drageoirs, trente-six grands plats pareils, douze autres grands plats, trente-six plats à fruit ; six douzaines d'écuelles, une grande salière en forme de nef, dix autres salières, trente cuillers. Enfin, la vaisselle d'or ornée de pierreries et perles comprend : la coupe de Charlemagne ornée de saphirs, un hanap sur pied, trente-sept gobelets, quarante aiguières, quarante flacons, quarante-deux pots ; quarante-cinq salières, autant de drageoirs, quarante-trois cuillers et fourchettes. Le poids de la vaisselle d'or seule s'élevait, d'après cet inventaire, à plus de 2000 marcs. Ce trésor fut en grande partie dilapidé pendant les malheureuses années de la démence de Charles VI, au profit des princes, et plus particulièrement de Louis

d'Orléans, assassiné rue Barbette. La vaisselle de ce frère du roi surpassa bientôt en richesse celle dont nous venons de donner un aperçu très-sommaire. Mais la vaisselle merveilleuse entre toutes appartenait aux ducs de Bourgogne ; elle répondait à un état de maison tel qu'il n'en existait dans aucune cour de l'Europe à cette époque. Pendant un siècle, ces princes avaient amassé un trésor d'une valeur énorme comme matière d'or et d'argent, sans qu'aucun événement politique les obligeât à engager quelques portions de ces richesses.

Les bourgeois, dans certaines occasions solennelles, comme des noces, par exemple, louaient de la vaisselle d'argent et d'étain, ainsi que les tables et les gens pour servir [281]. Au XVIᵉ siècle, la mode des faïences italiennes et des verreries de Venise fit délaisser un peu la vaisselle plate chez les grands, sinon pour manger, au moins comme pièces de parement montées au milieu de la table ou sur les buffets et crédences. Il faut dire que ces faïences et verreries étaient d'un prix très-élevé. Ce goût pour les terres émaillées d'outre-monts contribua beaucoup à donner aux émailleurs de Limoges et aux potiers français l'envie d'atteindre et de dépasser même les fabrications italiennes, ce à quoi ils arrivèrent.

VALISE, s. f. (*varise, bouge*). « Après les dits lanciers marchoyent deux serviteurs du Thresorier, portant chascun d'eux une varise derrière eux sur leur cheval [282]. » La valise était à peu près ce que nous appelons porte-manteau, et se bouclait derrière la selle lorsqu'on chevauchait. On y plaçait les objets précieux dont on ne voulait pas se séparer. Les valises étaient de cuir et souvent recouvertes de riches étoffes. Dans le conte du *Court mantel,* un jeune gentilhomme arrive à la cour du roi Artus, monté sur un cheval qui portait une grosse valise « de fin velours cramoisi toute à bandes ». Le cavalier prend sa valise sous le bras, monte le perron, entre dans la salle, et se présente devant le roi. Il s'agit du don d'un manteau fée…. le gentilhomme délace sa valise…. Il y avait aussi des valises en forme de coffrets recouverts de peau, auxquelles on donnait le nom de *bouges.*

VERRERIE, s. f. Vases de verre. Dans les nombreuses fouilles entreprises sous la surveillance de M. l'abbé Cochet [283] et de M. de Roucy, il a été trouvé un assez grand nombre de vases de verre de l'époque mérovingienne, et parmi ceux-ci des gobelets ou vases à boire, sans pied, qui obligeaient dès lors le buveur à vider immédiatement son verre lorsqu'on le remplissait. Ces sortes de vases à boire, de verre, se retrouvent d'ailleurs dans un assez grand nombre de localités, en France, sur les bords de la Meuse, en Angleterre et jusqu'en Danemark, ce qui indique leur origine franque. La **figure 1** présente deux de ces vases ornés de stries en spirales et parfois d'orbes en émail blanc. Si donc les Gallo-Romains fabriquaient des vases de verre, leurs conquérants du Vᵉ siècle en possédaient aussi et s'en servaient depuis longtemps.

Il est évident que les Gaulois comme les Germains, avant la domination romaine, fabriquaient des objets de verre, puisqu'on trouve beaucoup de colliers, de bracelets, et de menus débris en pâtes de verre colorées dans les sépultures antérieures à la conquête romaine.

Les verreries byzantines étaient considérées comme très-précieuses dès les premiers siècles du moyen âge, en Occident [284], et le moine Théophile connaissait dès le XIIe siècle les procédés employés par les verriers grecs [285]. Il dit [286], à propos des pâtes de verre colorées, que les Français sont très-habiles à fabriquer des vases avec ces verres ; et, en effet, parmi les débris recueillis dans les fouilles, on trouve souvent des fragments de ces vases de verre de couleur. Le moine Théophile s'étend encore sur les procédés employés par les Grecs pour fixer l'or sur le verre au moyen d'un fondant, ou entre deux verres, et ces procédés étaient pratiqués en Occident de son temps. Nous avons vu dans quelques collections, et entre les mains de M. Coffetier, verrier, des plaques de verre bleu ou pourpre, ornées de figures d'or retouchées au style avant la pose de l'émail fixant, d'un charmant travail, du XIIe siècle ; et bien que ces ouvrages fussent souvent de fabrication occidentale, on les mentionnait dans les inventaires sous le nom de verres de Damas, de même qu'on appelait tapis *sarrasinois* des tissus de laine fabriqués à Arras, à Paris et dans quelques villes du Nord. Il ne faut donc pas prendre à la lettre ces qualifications, et croire que ces verres venaient tous d'Orient ou même de Venise. Les artistes des XIIe et XIIIe siècles, qui surent faire les beaux vitraux que nous connaissons, pouvaient exceller dans la fabrication des verreries, et si l'on ne trouve aujourd'hui qu'un très-petit nombre de ces verreries du moyen âge antérieures au XVIe siècle, tandis que nos musées en possèdent un si grand nombre qui datent de l'antiquité, c'est que les Grecs et les Romains plaçaient ces vases dans les tombeaux, et que cet usage n'existait plus chez nos aïeux à dater des premiers siècles de l'ère chrétienne. Venise établit des fabriques de verreries à l'instar des Orientaux dès le XIe siècle, et cette industrie, qui jouissait de privilèges étendus, prospéra jusqu'à la fin du XVIe siècle ; mais elle avait pris en France, ainsi qu'en témoigne Théophile, une importance assez considérable, et, pour l'usage ordinaire, on se servait de verres à boire, de fioles, de flacons, de hanaps habilement soufflés et travaillés au four. La **figure 2** présente trois formes assez fréquemment adoptées pour les verres de table pendant les XIVe et XVe siècles.

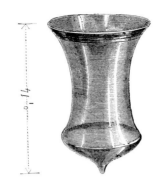
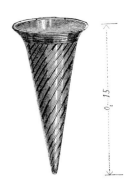

[279] Quand le roi Jean fit à Paris une apparition momentanée pendant sa captivité, le corps de ville lui offrit 1000 marcs de vaisselle d'argent. — Voyez, à ce sujet, les détails donnés par Legrand d'Aussy, *Histoire de la vie privée des Français*, t. III, p. 237 et suivantes.

[280] On voit par cela qu'on éclairait passablement les tables.

[281] Voyez le *Ménagier de Paris*, chap. des noces.

[282] *Chevauchée de l'asne*.

[283] Entre autres localités, à Envermeu (voy. la *Normandie souterraine*, p. 327) et à Compiègne.

[284] Voyez, à ce sujet, l'*Histoire des arts industr. au moyen âge*, par M. J. Labarte, t. IV, p. 538.

[285] *Diversarum artium Schedula*, lib. II, cap. X et suiv.

[286] Cap. XII.

Outils, Outillages

AUGE, s. f. (*auget*). Vaisseau de bois servant aux maçons et propre à contenir du mortier ou du plâtre gâché. Les plus anciens monuments du moyen âge montrent des maçons portant l'augée de mortier ou de plâtre sur leur tête, ainsi que cela se pratique encore aujourd'hui dans les bâtiments en construction. Les auges les plus anciennes paraissent être évidées dans un demi-tronçon de tronc d'arbre. Cette forme persiste jusqu'au XVᵉ siècle **(fig. 1** ¹**)**. Dans cette auge est posée la truelle, dont la forme ne diffère pas de celle en usage de notre temps. On voit aussi figurées parfois des auges en forme de boîtes évasées par le haut et façonnées au moyen d'ais cloués. Il ne faut pas confondre l'auge avec l'*oiseau* (voyez ce mot).

BALAI, s. m. (*escoube*). Les balais employés pendant le moyen âge sont, comme forme, exactement semblables à ceux qu'on emploie encore dans la plupart de nos provinces, c'est-à-dire faits de brindilles de bouleau assemblées en paquet et emmanchées à l'extrémité d'un bâton ; ou de bottes de joncs réunies en façon d'éventail avec un manche. Les balais de crin ne paraissent pas remonter au-delà du XVIIᵉ siècle.

BATON, s. m. (*bastoncel, bouhours, escoper, fût, escoberge, fust, waroqueau, locque, santon, saton, vaule ;* — BATON FERRÉ : *bedau, couffourt, gaffe, gayar, panchon, princhon, pieuchon, sappe, tineul, tournot, thorte*). La quantité de mots pour désigner un même objet indique les usages divers auxquels le bâton était destiné. Parmi les gens de guerre on désignait même par le mot général de *bâton* toute arme d'hast (voyez la partie des ARMES). Tout paysan était muni d'un bâton ; c'était la seule arme qu'il pût porter, et s'en servait habilement. Les bergers, jusqu'au XIVᵉ siècle, portaient un bâton terminé par un gros bout ou une crosse, afin de pouvoir lancer des mottes de terre aux brebis qui s'écartaient du troupeau. La **figure 0** montre un de ces bergers ² du XIᵉ siècle. Il est vêtu de braies, avec souliers attachés, d'une cotte ou tunique à manches courtes et larges sous lesquelles apparaissent les manches justes de la tunique-chemise. Sur ses épaules est un camail de peau de bête, le poil en dessus, et son chaperon, qui semble fait d'une étoffe feutrée roide, est attaché à son cou par une cordelette. La houlette avec cuiller de fer ne date guère que du XVe siècle. Quand les combats judiciaires étaient autorisés entre vilains, ils devaient se servir de bâtons de mesure et d'un bouclier ou targe carrée tenue de la main gauche **(fig. 1** [3]**)**. Froissart raconte ainsi le soulèvement des paysans du Beauvaisis, de la Brie, du Valois Laonnais et Soissonnais, en 1358. « Aucuns gens des villes champestres, sans chef, s'assemblèrent en Beauvoisis, et en furent mie cent hommes les premiers, et diren que tous les nobles du royaume de France, chevaliers et escuyers, honnissoient et trahissoient le royaume, et que ce seroit grand bien qui tous les détruiroit. Et chacun d'eux dit : — Il dit voir ! il dit voir ! Honni soit celui par qui il demeurera que tous les gentilshommes ne soient détruits ! Lors se assemblèrent et s'en allèrent, sans autre conseil et sans nulles armures, fors que bastons ferrés et de couteaux, en la maison d'un chevalier qui près de là demeuroit [4]….. » Ces *jacques,* qui dévastèrent toutes les provinces au nord de Paris, et qui, rassemblés au nombre de dix mille environ, finirent par être détruits à Meaux par le comte de Foix, le captal de Buch, le duc d'Orléans et leurs lances, ne se servirent pendant leurs expéditions que de ces bâtons et de leurs couteaux.

Ils étaient hideux à voir, disent les contemporains ; ce que nous n'avons pas de peine à croire. A cette triste époque de notre histoire, les paysans de ces provinces dévastées par les partis anglais et français, par les gens du roi de Navarre, étaient réduits à la dernière misère et n'étaient vêtus que d'une chemise de grosse toile. La **figure 2** [5], qui représente un vilain de ce temps, donne assez l'aspect de ces terribles *jacques* de 1358.

Les seigneurs terriens faisaient exercer leurs vassaux, qui devaient le service de piétons, au jeu du bâton long de six pieds, et, pendant les XIVe et XVe siècles, les gentilshommes eux-mêmes apprenaient à jouer du bâton, c'est-à-dire de la lance courte (voyez la partie des ARMES).

Les pèlerins étaient munis d'un bâton (*bourdon, bordon*) (voyez, dans la partie des VETEMENTS, l'article ESCLAVINE).

Le *tineul* était un gros bâton qui pouvait servir au besoin de levier ou de support horizontal. Les porteurs d'eau se servaient du tineul ou *tournot* pour transporter les vases de terre ou de métal contenant un liquide **(fig. 3** [6]**)**. Ce porteur n'est vêtu que d'une jupe.

BÊCHE, s. f. (*besche, truble*). Outil d'agriculteur propre à remuer la terre. Les bêches figurées dans les monuments du moyen âge sont faites de bois et ferrées. Les tapisseries de Saint-Médard de Paris [7] montrent des paysans armés de bêches dont la forme est reproduite dans la **figure 1**. Le manche est muni à sa partie supérieure d'une petite traverse pour appuyer la main droite, et la spatule de bois est garnie d'un fer coupant qui enveloppe ses deux faces inférieures. Dans des manuscrits de la fin du XIIIe siècle, on voit

[1] Manuscr. Biblioth. nationale, *Historial français,* provenant de la bibliothèque du duc Charles Ier de Bourbon, mort en 1456.

[2] Manuscr. Biblioth. nationale, *Evangile festiv.* (XIe siècle).

[3] Des bas-reliefs de la façade de la cathédrale de Lyon (commencement du XIVe siècle).

[4] *Chron, de Froissart,* liv. 1, chap. LXV.

[5] Manuscr. Biblioth. nationale, *Histor. Hierosolymit.,* latin (XIVe siècle).

[6] Manuscr. Biblioth. nationale, *Lancelot du Lac,* français (1340 environ).

[7] Collect. Gaignières, biblioth. Bodléienne d'Oxford (ces tapisseries dataient du XIIIe siècle), et d'un manuscr. de la Biblioth. nationale, *Historial français,* ayant appartenu à Charles de Bourbon, mort en 1456.

des bêches dont la partie inférieure est façonnée ainsi que l'indique la **figure 2**. Le manche A entre dans une douille latérale B ; le fer de la bêche, divisé en deux coquilles, permet d'introduire entre elles la palette de bois dur C. Ainsi le pied avait-il un large espace pour appuyer sur l'axe du fer. Une encoche D, ménagée à l'extrémité inférieure du manche, empêchait cette palette de sortir de sa rainure. L'effort du pied, se produisant suivant l'axe tranchant du fer, ne perdait rien de sa puissance. Il est difficile d'expliquer pourquoi ce système excellent a été abandonné. La traverse supérieure du manche est figurée sur toutes les représentations de bêches jusqu'au XVIᵉ siècle. Il n'est pas besoin de dire que cette traverse facilite beaucoup le travail de l'agriculteur.

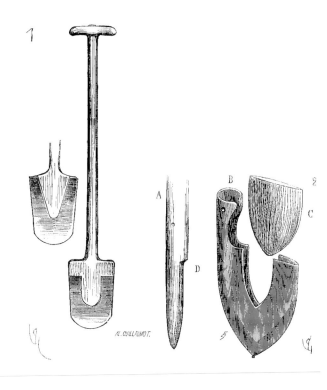

BÉQUILLE, s. f. (*anicotte, eschace, potence*). Bâton garni d'une traverse à son extrémité supérieure pour appuyer la main, ou placer sous l'aisselle, lorsque les jambes ne peuvent porter leur homme. Bien que la ligature des artères ne fût pas connue au moyen âge, dès le XIIᵉ siècle on trouve des représentations de personnages ayant des jambes de bois, *jambes de fust, eschace.*

BESAIGUË, s. f. (*bisaguë*). Outil de charpentier composé d'une lame de fer de trois pieds de longueur environ, munie d'un manche court à son milieu, aiguisée sur le plat à l'une de ses extrémités et affûtée en bec de burin à l'autre extrémité. Cet outil remonte à l'antiquité, on le voit figuré sur des monuments des premiers siècles du moyen âge. Et en effet on ne peut faire une mortaise dans du bois de charpente sans le secours de la besaiguë. Avec la hache, la doloire, le compas, le fil à plomb et la tarière, la besaiguë compose l'outillage de tout ouvrier charpentier, et cela depuis des siècles :

« Li carpentier qui après viendrent, grans coignies
« En leurs coul tindrent, doloueres et besagues
« Orent à leur costez pendues [8]. »

La **figure 1** montre un charpentier muni de ses outils [9]. A sa ceinture de cuir est attachée l'escarcelle avec le compas ; la doloire est passée à droite dans la courroie, et la besaiguë à gauche, derrière l'escarcelle. Les pans postérieurs de sa cotte sont ramenés par devant, entre les cuisses, et retenus dans la ceinture. Il porte la cognée sur l'épaule et un fil de manœuvre autour du cou. Des chausses couvrent ses jambes. Si ce n'est la doloire, qui a changé de forme, cet outillage est encore, ainsi que nous l'avons dit, celui de nos ouvriers charpentiers. **(Voyez Doloire.)**

BIGORNE, s. f. (*bigourne*). — Voy. **Enclume.**

BURIN, s. m. (*grafière, grafe, grefe*). Style, tige d'acier aiguisée servant à la gravure des armes, des objets faits de plaques de métal ; coffrets, selles, harnais, etc. Les ouvriers du moyen âge étaient habiles burineurs ; et quand on voit avec quelle sûreté de main sont faites les délicates gravures qui décorent quantité d'objets de métal qui nous restent des XIIᵉ, XIIIᵉ XIVᵉ et XVᵉ siècles, on s'étonne que l'idée de reproduire ces gravures par l'apposition d'une matière colorée et ductile dans les sillons du burin ne soit pas venue plus tôt, d'autant que les nielles ne sont autre chose que de la gravure remplie d'une matière noire. **(Voyez la partie de l'Orfévrerie.)**

CHARRUE (*araire, areau, ayreau, areyre, tantée, chérue*). L'*aratrum* antique se composait d'un coutre emmanché à l'extrémité d'une branche fourchue à laquelle s'attachait un timon. Point de roues, point de soc et versoir. La charrue égyptienne **(fig. 1)** [10] se composait d'une fourche recourbée munie du coutre. Les branches de la fourche sont réunies par des échelons entre lesquels passe la flèche de la charrue. Le coutre est attaché à la flèche par un lien. Celle-ci, au moyen des échelons, peut être plus ou moins inclinée, de manière à permettre au laboureur d'enfoncer plus ou moins le coutre en terre. Ces sortes de charrues ne pouvaient que faire une trace peu profonde dans des terrains légers et faciles comme tous ceux qui forment le bas bassin du Nil. Mais, dans les Gaules, où les terres sont le plus souvent fortes, argileuses, il fallait des instruments plus puissants et beaucoup plus lourds par conséquent. Dès le XIᵉ siècle on voit apparaître la charrue à roues sur nos monuments figurés. Au XIIIᵉ siècle, l'araire est relativement perfectionné. L'age ou l'*agiau* est horizontal, posé sur l'essieu, auquel est fixé un timon avec palonnier ou une double paire de cordes. La **figure 2** présente deux charrues de cette époque [11]. La première a son coutre emmanché à une flèche passant sur l'essieu ; la position du coutre est maintenue par deux étais. A l'essieu est attaché un timon avec palonnier, auquel sont attelés deux bœufs tirant, non sur un joug, mais à l'aide de colliers. Un cheval est en outre attelé en flèche. La seconde paraît posséder un soc avec versoir derrière le coutre. La paire de bœufs est attelée avec des cordes et tire sur des colliers. La **figure 3** [12] présente une charrue de la fin du XIIIᵉ siècle. Elle possède le coutre et le soc avec versoir. C'est un instrument qui ne diffère guère de ceux dont on se servait dans nos campagnes au commencement du siècle. Au moyen de la traverse supérieure, percée de plusieurs trous, le coutre peut être incliné plus ou moins ; le soc peut s'allonger. La flèche est arrêtée au timon, qui passe sur l'essieu par un crochet et une cordelle qui empêche le crochet de sortir de son piton dans les cahots. La **figure 4** montre une charrue de la fin du XVᵉ siècle [13]. Le coutre est fixé plus ou moins incliné à l'aide de cales, le soc et son versoir sont arrêtés par des chevilles passant dans des douilles. La flèche et l'age sont à genouil, pour pouvoir tourner facilement, et le tirage sur le palonnier D se fait au point B par la chaîne passant sous l'essieu. Ce tirage agit donc juste au-dessus du point de résistance, qui est le coutre ; ainsi n'y a-t-il point de force perdue. La flèche C étant mobile dans l'alvéole D, le corps de la charrue ne subit aucune des influences produites sur le train par les cahots ou un tirage inégal des bêtes. Au midi de la Loire, les charrues sont de toute ancienneté tirées par des bœufs sous le joug ; mais dans les provinces du Nord on voit, dès les premiers siècles du moyen âge, des chevaux attelés aux charrues aussi bien que des bœufs, et ces derniers animaux ne sont pas placés sous le joug ; ils tirent, comme les chevaux, sur des colliers. Le joug remonte cependant

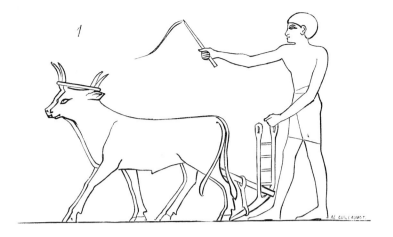

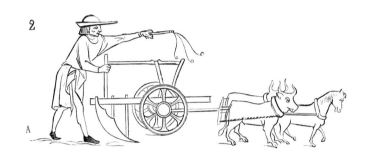

[8] *Roman de Rou.*

[9] Vitraux de la cathédrale de Bourges (XIIIᵉ siècle) ; tapisseries de Saint-Médard de Paris, Collect. Gaignières de la biblioth. Bodléienne d'Oxford (fin du XIIIᵉ siècle).

[10] Du tombeau de Chamhati, intendant des domaines, XVIIIᵉ dynastie. (Voy. *Hist. de l'art égyptien*, par M. Prisse d'Avennes.)

[11] L'exemple A est copié sur une vignette du manuscrit de la Biblioth. nationale, *la Naissance des choses,* français (1250 environ) ; l'exemple B, sur une vignette du manuscr. de la Biblioth. nationale, *Psalmiste,* latin, ancien fonds Saint-Germain (même époque).

[12] Du manuscr. de la Biblioth. du séminaire de Soissons, intitulé *les Miracles de la Vierge* (commencement du XIVᵉ siècle).

[13] Manuscr. Biblioth. nationale, *Tite-Live,* français (1480 environ).

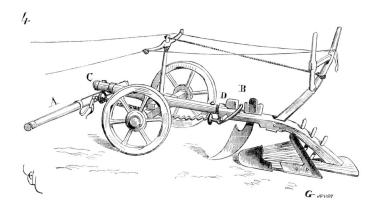

servant aux dames, étaient renfermés dans des étuis de fer ou de cuir gaufré. Les barbiers se servaient de ciseaux et de rasoirs, ainsi que le démontre ce passage du *Roman du renart :*

« Cisiaux bien tranchans et bacin,
« Et un rasoir et bon et fin
« Ne nos faut qu'eve solement [15]. »

Ciseau (au singulier) était et est encore un outil long, tranchant à son extrémité aplatie, et muni d'un manche de bois. Les menuisiers se servaient de cet outil dont les tranchants sont plus ou moins larges, pour évider les mortaises, entailler le bois, etc. La **figure 4** représente un menuisier travaillant, sur son établi, un morceau de bois retenu par le *valet.* Il se sert d'une longue gouge à manche en béquille pour préparer une mortaise. En A, sont suspendus des ciseaux de diverses formes ; en B, est une tarière ; en C, une cognée ou hache pour équarrir le bois. On voit que l'outillage de ces ouvriers ne s'est guère modifié [16].

assez haut dans les provinces du littoral occidental. On pourrait en conclure que le joug est une importation romaine, et que le lourd collier que l'on voit encore posé sur le cou de nos chevaux de rouliers, dans les provinces septentrionales, est une tradition gauloise. (**Voy.** HARNAIS *de charrois.*)

CISEAUX, s. m. (*cisiax, chisel, cisailles, cisel, escherpie, force, forcesces, forcettes, forghes, forsselle, fisel, tézoires*). Les ciseaux à deux branches tranchantes réunies par un axe, et terminées par deux anneaux dans lesquels on passe les doigts, sont représentés dans des vignettes du Xe siècle (**fig. 1** [14]). Cependant la forme la plus ordinaire donnée à cet outil d'un usage si fréquent, est, pendant le moyen âge, celle que reproduit la **figure 2**. Ce sont les *forces.* Deux lames tranchantes comme deux couteaux passent l'une sur l'autre et sont rendues solidaires par une double tige formant ressort A. En appuyant les doigts et la paume de la main sur ces deux tiges, on fait glisser les deux tranchants l'un sur l'autre. Ces ciseaux sont encore en usage dans l'extrême Orient, et sont employés chez nous pour tondre les draps, pour couper le poil des chevaux. Des ciseaux de ce genre, plus petits (**fig. 3**), sont fréquemment représentés sur des miniatures des XIIIe et XIVe siècles. Nous en avons trouvé plusieurs fragments dans les fouilles du château de Pierrefonds, lesquels n'ont que 12 centimètres de longueur. Les ciseaux *forces* ou à deux branches,

CLIQUETTE, s. f. Les lépreux, pendant le moyen âge, lorsqu'ils sortaient, étaient tenus d'avoir à la main un petit instrument fait de trois lames de bois réunies à leur extrémité inférieure, et qui, par le mouvement qu'on leur imprimait, produisaient un son sec en frappant les unes sur les autres. La **figure 1**, copiée sur une vignette du XVe siècle, montre un de ces lépreux [17] tenant sa cliquette. La lèpre étant considérée comme contagieuse par le simple attouchement, les malheureux atteints de cette maladie devaient, au moyen de cet instrument, prévenir les passants de leur présence, afin qu'on pût éviter de les approcher. Ce lépreux est habillé de chausses brunes avec bottines noires, d'une première cotte à manches longues gris foncé, et d'une surcotte à

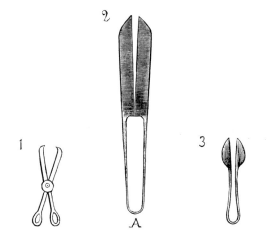

manches courtes brune. Le col de la cotte est rabat-tu par-dessus la surcotte. La cliquette, produisant un son particulier, ne pouvait être remplacée par aucun autre instrument du même genre, comme la crécel-le, par exemple, dont se servaient certains marchands

ambulants pour attirer les acheteurs. Il y a une tren-taine d'années, nous avons vu encore dans une peti-te chapelle de Bretagne, parmi un grand nombre d'*ex-voto,* des cliquettes déposées là depuis quelques cents ans, et dont la forme se rapportait exactement à celle donnée dans notre figure.

COGNÉE, s. f. (*cugniée*). Outil composé d'un fer de hache épais, à dos large et carré, emmanché fortement. La cognée était l'outil des bûcherons, des charpentiers ; les paysans l'employaient, comme ils l'emploient encore aujourd'hui, à toutes sortes d'usages. On retrouve la cognée figurée sur les monuments de l'antiquité romaine ; sa forme n'a guère varié.

La cognée est aussi, pendant le moyen âge, ce qu'on appelle aujourd'hui vulgairement un *merlin,* c'est-à-dire une hache très-épaisse, à tranchant court, à dos large et carré :

« Cascuns prist pic d'acier ou grant mail, ou qaignie :
« La porte Saint-Étienne ont par force trenchie [18]. »

Pendant les XIIe, XIIIe et XIVe siècles, on voit très-fré-quemment figurés dans les bas-reliefs ou peintures qui représentent les travaux de l'année, des bûche-rons qui se servent de la cognée à lame assez large. Le dos de cet outil, dans les mêmes monuments, sert à assommer les porcs, que l'on ne saignait pas vivants, ainsi qu'on le fait aujourd'hui (**fig. 1** [19]). Les cognées des charpentiers sont, ou à dos carré plat ou à douille, alors la cognée est une véritable hache et sert à équar-rir les bois. La cognée du charpentier à dos carré est à deux fins : avec le tranchant l'ouvrier taille et fend le bois ; avec le dos il enfonce les chevilles et cales. La cognée de charpentier à dos carré est emmanchée assez court ; la cognée-hache, usitée pour l'équar-rissage en grand, possède au contraire un long manche, et par conséquent un puissant abatage. Ces outils et la manière de s'en servir ne changent pas depuis des siècles.

COMPAS, s. m. Cet outil, qui n'a pas besoin d'être décrit, remonte aux origines de l'humanité. Pendant le moyen âge, les maîtres des œuvres sont toujours représentés le compas à la main. L'architecte était alors ce qu'il doit toujours être, appareilleur, traceur. Ces compas sont habituellement munis entre leurs branches d'un segment de cercle, tant pour empê-cher le devers de ces branches que pour prendre des angles. Le segment de cercle étant gradué, et la dis-tance laissée entre ce segment et les pointes étant relative à la distance entre la tête du compas et ce segment, l'instrument devient ainsi un compas de proportion. La **figure 1** [20] montre un maître de l'œuvre opérant sur un lit de pierre à l'aide d'un compas de moyenne grandeur. Ces sortes de compas étaient faits de fer ; ceux de plus grande dimension étaient de bois avec pointes de fer. Nous donnons en A une tête de petit compas d'appareilleur, moitié d'exécution [21]. Les charpentiers se servaient et se servent encore du

[14] Manuscr. Biblioth. nationale, Bible, latin, 6-3.

[15] Vers 3273.

[16] Des stalles de l'église de Montréale (Yonne), fin du XVe siècle.

[17] Manuscr. Biblioth. nationale, *le Miroir historial,* français (1440 envi-ron).

[18] *La Conquête de Jérusalem,* vers 4248.

[19] Ms. Biblioth. nation., *le Bréviaire d'amour,* en vers patois de Béziers (XIIIe siècle).

[20] Manuscr. Biblioth. nationale, *Chron. d'Angleterre,* français (XIIe siècle).

[21] Cabinet de l'auteur. Cet instrument de fer paraît dater du XIVe siècle.

A

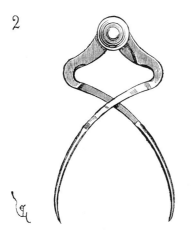

2

sensibles, et dont les branches pouvaient être arrêtées au moyen d'une vis de pression, permettaient de reporter exactement une mesure d'un lieu à un autre, sans avoir à craindre le rapprochement ou l'éloignement des deux pointes. On voit de ces compas figurés sur les bas-reliefs des stalles de la cathédrale de Poitiers, sur des bas-reliefs de la cathédrale de Chartres et dans maintes vignettes des XIII⁶ et XIV⁶ siècles.

DOLOIRE, s. f. (*doloeres, doleiere*). Outil en forme de hache à long tranchant, court collet et douille, dont se servaient les charpentiers, les tonneliers, les charrons.

« Feure [22] si sont de tel renon,
« Qu'ils font haches et doloeres,
« Et besaguës et tareres,
« Dont li charpentiers font mesons
« Et les sales et les donjons [23].

La doloire était un des instruments le plus en usage dans les corps d'états qui travaillaient le bois, et même

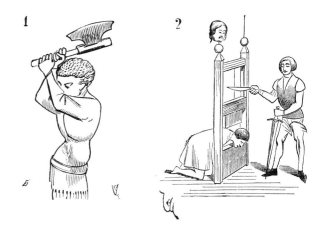

1   2

petit compas de fer. Cet outil appartient à beaucoup d'autres corps d'états : aux menuisiers, aux tonneliers, aux charrons, aux serruriers, aux potiers, etc. Le compas d'épaisseur, usité pendant le moyen âge comme encore aujourd'hui, et dont les deux branches recourbées en forme de pince se rapprochent à la pointe, servait aux tailleurs de pierre pour prendre le diamètre des cylindres, aux sculpteurs statuaires pour mettre au point. Dans les vitraux, dans les vignettes des manuscrits, on voit ces sortes de compas figurés entre les mains de ces artistes. Ces compas d'épaisseur ont habituellement la forme indiquée dans la **figure 2**. L'une des deux branches passe à travers une rainure pratiquée dans l'autre. Ces compas, très-

chez les gens de la campagne. « Les instrumens de ce mesnage (la coupe des taillis) sont doloires ou haches bien tranchantes, avec lesquelles le bois se coupera de tous côtés, de peur d'en rien escorcer n'esclatter [24]. »

En Angleterre, on tranchait la tête aux criminels (nobles) avec la doloire : « … qu'elle eust la teste couppée comme l'on fait en France avec une espée, et non avec un dolouere à la façon d'Angleterre [25]. »

On voit cet usage adopté dès le XIV⁶ siècle **(fig. 1** [26]**)**. D'ailleurs il paraîtrait que plusieurs moyens étaient usités pour trancher la tête aux criminels ; il n'y avait pas que l'épée et la hache ou doloire, il y avait aussi un instrument semblable à notre guillotine, ainsi que le démontre de la manière la plus évidente la vignette d'un manuscrit du XV⁶ siècle [27] dont nous donnons **(fig. 2)** la copie. Le bourreau coupe la corde qui suspend un large couteau glissant entre deux montants rainés. Si chargé qu'il fût, ce couteau à tranchant horizontal pouvait ne pas produire l'effet qu'on en attendait, aussi le bourreau est-il muni d'une épée.

La forme la plus ancienne donnée aux doloires des

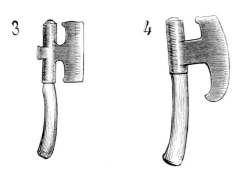

gens de métiers est représentée figure 3 [28]. Plus tard, au XIIIᵉ siècle, elles n'ont plus ce renfort carré postérieur pouvant servir de marteau ; leur tranchant est sensiblement recourbé **(fig. 4)**.

ENCLUME, s. f. (*englume, engluge, bigourne*). Masse de fer aciérée affectant diverses formes suivant le besoin, fichée sur une bille de bois, et servant à battre le fer à chaud ou à froid. Les armures de fer, la grande quantité d'ustensiles et de membrures de fer dont on se servait pendant le moyen âge en France, en Angleterre et dans le nord de l'Italie, firent que les forgerons acquirent une grande habileté. Avant

même l'emploi des armures de *plates,* c'est-à-dire jusqu'à la fin du XIIIᵉ siècle, la fabrication des heaumes, des mailles, des armes offensives, exigeait déjà beaucoup d'adresse dans le maniement du fer. Les forgerons se servaient donc d'enclumes de formes variées suivant la nature du travail. Il y en avait de plates et de carrées, sortes de tas, pour battre le fer à froid ou faire des rivets ; d'étroites à faces inclinées, pour amincir des pièces longues **(fig 1 [29])**. Il y en avait dont une ou deux des extrémités latérales se terminaient en cône horizontal (bigornes), afin de permettre d'arrondir les pièces de fer au marteau.

« Le chasteau semble tonner,
« Tandis qu'on tourne et retourne
« Le harnois sur la bigourne,
« Pour le buste (corselet de fer) façonner [30]. »

La **figure 2** montre un forgeron rivant les pièces d'un heaume [31]. Ces deux forgerons ont des tabliers de peau devant leur cotte. Le dernier est coiffé du chapeau de feutre, dont la visière permet de garantir les yeux contre les escarbilles incandescentes du fer ou l'ardeur du feu de forge. Cet outillage du forgeron est resté le même.

[22] Forgeron.

[23] *Le Dit des feures* (A. Jubinal, *Jongleurs et trouvères des XIIIᵉ et XIVᵉ siècles,* 1835).

[24] Voyez les citations au mot DOLOIRE, *Dictionnaire* de Littré.

[25] Castelnau, 32 (XVIᵉ siècle).

[26] Manuscr. Biblioth. nationale, *le Miroir historial,* franç. (1395 environ, vignettes au trait).

[27] Biblioth. nationale, *Missel* (latin, n° 9470, 1450 environ).

[28] Manuscr. Biblioth. nationale, *Histor. Jerosolimit.,* latin (fin du XIᵉ siècle).

[29] Manuscr. Biblioth. nation., *Psalm.,* anc. fonds St-Germain, latin (1250 environ).

[30] Amadis Jamyn, *Poésies,* p. 58.

[31] Manuscr. Biblioth. nationale, *Romans d'Alixandre,* français (fin du XIIIᵉ siècle).

ÉTRILLE, s. f. Plaque de fer garnie de dents et emmanchée, pour enlever la poussière du poil des chevaux :

« Et aus escuiers fet estrilles
« Dont il conroient lor chevaux [32]. »

Nous avons souvent trouvé des fragments d'étrilles anciennes, composées simplement d'un demi-cylindre de fer battu emmanché sur son travers et dont un des bords était dentelé. Un manuscrit de la Bibliothèque nationale [33] représente une de ces étrilles **(fig. 1)** à un seul rang de dents.

FAUCILLE, s. f. (*faucillon, fausague*). Lame de fer recourbée en forme de croissant et dont le tranchant est placé du côté de la concavité. Au moyen d'une douille, cette lame est emmanchée d'un morceau de bois cylindrique et court. Dès les XIIᵉ et XIIIᵉ siècles, les représentations de faucilles reproduisent exactement la forme de celles usitées aujourd'hui dans nos campagnes **(fig. 1** [34]**)**. Cependant, vers la fin du XIIIᵉ siècle, on voit entre les mains des cultivateurs des faucilles munies au dos d'un tranchant droit, de revers, peu étendu. Ces outils servaient à émonder les arbustes. Avec le tranchant du dos, en donnant un coup sec, on faisait une entaille vive et franche. La **figure 2** montre une de ces faucilles [35]. Dans un missel latin de la Bibliothèque nationale, du XIIIᵉ siècle [36], des vignettes représentent les travaux de l'année : un cultivateur taille sa vigne avec un faucillon semblable à celui que nous venons de donner figure 3. Ce paysan est vêtu d'une cagoule sans manches par-dessus sa cotte. Cette cagoule est bleue et la cotte à manches pourpre. Ses chausses sont bleues.

FAUX, s. f. (*fauz, faulx*). Lame de fer battu, longue et recourbée légèrement, tranchant du côté de sa concavité, fixée à un long manche de bois manœuvré des deux mains, et servant à couper les plantes fourragères et certaines céréales. Cet outil d'agriculture remonte à une haute antiquité. On le voit représenté, pendant le moyen âge, sur les monuments depuis le XIᵉ siècle, avec quelques variantes. Le fer est parfois muni d'une douille dans laquelle entre le manche de bois **(fig. 1** [37]**)**. Ici le faucheur aiguise le fer à l'aide d'une pierre de grès ou de calcaire schisteux. Le manche, vers sa partie moyenne, laisse voir deux saillies, deux arrêts qui maintiennent la main droite. Dans l'exemple **figure 2** [38], c'est le manche recourbé qui entre dans des frettes tenant au dos du fer. Une poignée perpendiculaire est fixée au milieu de ce manche pour servir de prise à la main droite. Les deux paysans sont vêtus de cottes et de chausses. Le second a la tête couverte d'un chapeau de paille (or) à bords retroussés. Plus tard, le manche de la

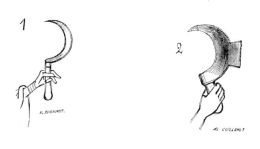

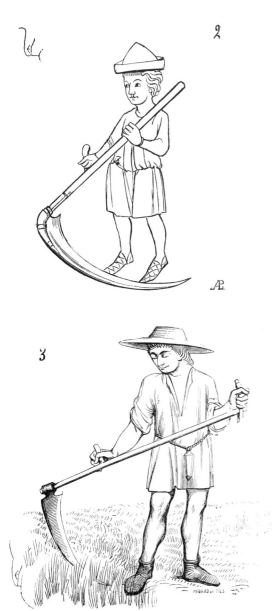

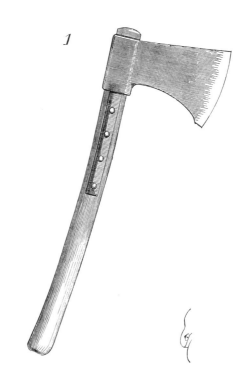

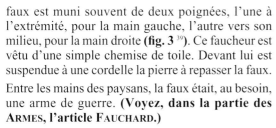

faux est muni souvent de deux poignées, l'une à l'extrémité, pour la main gauche, l'autre vers son milieu, pour la main droite **(fig. 3** [39]**)**. Ce faucheur est vêtu d'une simple chemise de toile. Devant lui est suspendue à une cordelle la pierre à repasser la faux.

Entre les mains des paysans, la faux était, au besoin, une arme de guerre. **(Voyez, dans la partie des ARMES, l'article FAUCHARD.)**

FORCES. — Voy. CISEAUX.

HACHE, s. f. (*hasche, hachon, barde, hachette, clache, destrau, dosse, hapiette, happe, paffus, piarde, queugniette*). Cette quantité de noms donnés à un même objet indique les usages variés auxquels il était destiné. Indépendamment de la hache, arme de guerre, fort usitée depuis les Mérovingiens jusqu'au XVIᵉ

siècle, la hache, outil, était entre les mains de tous les hommes qui travaillaient le bois, depuis le bûcheron jusqu'au menuisier. La hachette même était, comme aujourd'hui encore, un outil des maçons. La doloire (voyez ce mot) n'était qu'une hache à manche très-court, et la cognée des charpentiers une hache à manche long. La grande hache, employée pour l'équarrissage des bois, était un très-bel outil, bien emmanché, ayant une grande puissance d'abatage **(fig. 1** [40]**)**. Ces haches sont de la même dimension que celles employées encore par nos charpentiers, mais plus fortement emmanchées et retenues au bois par un long étrier.

HARNAIS DE CHARROIS. Nous comprenons dans l'outillage les pièces qui composent les harnais de charrois, chars, charrettes, coches, litières. Les habitudes casanières que l'on commence à perdre en France ne datent pas de si loin. Pendant le moyen âge, tous ceux qui n'étaient pas attachés à la terre par leur état social se déplaçaient facilement. Nobles, marchands, religieux, aventuriers, jongleurs et trouvères, étaient souvent par voies et chemins. Les chroniques, les romans, les contes, font mention des pérégrinations entreprises souvent pour de légers motifs par

[32] *Le Dit des feures* (forgerons).

[33] Manuscr., *Proverbes, adages, allégories, portraits* (fin du XVᵉ siècle).

[34] Manuscr. Biblioth. nationale, *Apocalypse,* français (XIIIᵉ siècle).

[35] Manuscr. provenant de la biblioth. de M. B. Delessert, *Apocalypse.* Miniature représentant l'ange qui vendange, avec ce titre : « Et l'ange envoia sa fausague et vendenga la vigne de la terre. »

[36] Nº 17319.

[37] Manuscr. Biblioth. nationale, *Psalter.,* latin (première année du XIIIᵉ siècle).

[38] Manuscr. Biblioth. nationale, *le Bréviaire d'amour,* en vers patois de Béziers (XIIIᵉ siècle).

[39] Manuscr. Biblioth. nationale, Missel, latin, nº 873 (1460 environ).

[40] Fouilles du château de Pierrefonds (XVᵉ siècle).

nos aïeux. Les foires qui se tenaient dans des centres éloignés les uns des autres, et qui étaient le moyen ordinaire des transactions commerciales, exigeaient, de la part des marchands, des déplacements longs et répétés. Des expéditions étaient entreprises d'autant plus volontiers par la noblesse, qu'elle s'ennuyait souvent dans ses manoirs.

Certaines églises attiraient des masses prodigieuses de pèlerins.

Dans un temps où la poste n'existait pas, c'était par des messagers qu'on pouvait établir des communications. Beaucoup de petits marchands, des trouvères, des jongleurs, n'avaient d'autre moyen de gagner leur vie que d'aller de ville en ville et de château en château, pour débiter leur marchandise ou leurs chansons. Pendant les XIe, XIIe et XIIIe siècles, les fréquents voyages en Orient avaient familiarisé toutes les classes de la société avec les longs déplacements. Et d'ailleurs, dès l'époque de César, on voit avec quelle rapidité Gaulois et Romains se transportaient d'un lieu à un autre, et combien l'habitude des voyages était familière aux habitants de la Gaule. Ce n'est pas à dire que les routes, pendant le moyen âge, dussent être bien entretenues et nombreuses, mais les moyens de transport étaient en raison de cette insuffisance de la viabilité. On voyageait à cheval, mais aussi, beaucoup plus qu'on ne le suppose généralement, dans des chariots et des litières. Ces véhicules étaient de véritables tombereaux couverts ou découverts, posés sur deux essieux et quatre roues de diamètres égaux. Bien entendu, ces voitures ne tournaient que difficilement, puisqu'elles n'avaient pas d'avant-train et que les roues de devant ne pouvaient passer sous la caisse du char. Cependant, à force de chevaux et avec du temps, on arrivait malgré les fondrières, grâce à la simplicité même de ces véhicules. L'une des voitures gallo-romaines dont nous ayons une reproduction se trouve sur un bas-relief provenant de Vaison et déposé aujourd'hui au musée d'Avignon. Cette voiture (**fig. 1**) est une sorte d'*omnibus* à quatre roues traîné par deux chevaux. Des voyageurs sont placés dans la caisse et sur l'impériale, garnie de sièges et de balustrades. Le cocher est assis sur un encorbel-

lement dominant les chevaux. Ceux-ci sont attelés au moyen de colliers surmontés de deux longues cornes. Les larges courroies de tirage sont maintenues le long du ventre des chevaux par une sangle qui passe sur une sorte de selle et forme sous-ventrière double. Beaucoup plus tard, nous voyons ce grand chariot gaulois encore en usage (**fig. 2** [41]). Les voyageurs sont assis, voyant un côté du chemin. Le char à quatre roues de diamètres égaux, posé sur les essieux, est couvert par sept demi-cercles de bois réunis par cinq traverses. Le tout est couvert d'étoffe, et un rideau peut être relevé en roulant sur lui-même sur chacun des côtés. Deux chevaux attelés en flèche traînent ce chariot. Un postillon est monté sur le premier, placé entre les brancards. Il est évident qu'on ne pouvait faire beaucoup de chemin par jour dans une voiture ainsi fabriquée. C'était ce qu'on appelait *une coche*. Les bêtes sont habillées comme le sont encore aujourd'hui les chevaux de nos charrettes ; c'est-à-dire que les brancards sont (pour le limonier) suspendus au collier et à une large courroie passant sous la selle. Plus tard encore, ces coches sont tirées par des chevaux de front attelés à un timon et à des palonniers (**fig. 3** [42]). C'est le roi Darius que le peintre représente ainsi dans ce char couvert, doublé d'étoffe en dedans, peint et doré à l'extérieur. Le croisillon de courroies placé dans le vide antérieur est destiné à empêcher le *hiement* de cette charpente, que les cahots auraient, sans cette précaution, disloquée promptement. Les chevaux sont attelés ainsi que l'étaient encore nos chevaux de poste il y a moins d'un siècle. Des chars beaucoup plus petits, et qui ne pouvaient contenir qu'une ou deux personnes, étaient, dès avant cette époque, attelés de quatre chevaux (**fig 4** [43]) : deux chevaux de timon et deux chevaux en avant tirent sur le palonnier suspendu à l'extrémité de ce timon. Avec un char aussi léger et quatre chevaux, on pouvait franchir rapidement de grandes distances, mais il ne fallait pas redouter les cahots. Ces chars étaient d'ailleurs abondamment pourvus de coussins, puisque les inventaires des XIVe et XVe siècles mentionnent quantité de *coutes* et de tentures pour chars.

Les femmes, les grands seigneurs qui ne pouvaient voyager à cheval pour une cause ou une autre, se servaient de la litière, qui est certes, de toutes les manières de se faire transporter, la plus agréable [44]. Les litières sont représentées ou découvertes ou couvertes. Dans le premier cas, elles consistent en un coffre oblong, bas, dans lequel on peut tenir, au besoin, deux personnes assises, ou une seule couchée. Ces coffres sont montés sur de longs brancards devant et derrière, suspendus aux harnais de deux chevaux, l'un devant, l'autre derrière. Souvent un postillon monte le cheval de devant. La **figure 5** montre en A une de ces litières dans laquelle deux personnes sont assises [45]. Les brancards sont passés dans des boucles attachées au collier du cheval. En B, la litière est vide [46], ornée de peintures et de dorures extérieurement. Les brancards sont suspendus à la selle sur laquelle le postillon est assis. Quand les litières sont couvertes, ou elles sont faites en façon de palanquin, de lit à colonnes, avec une entrée de chaque côté [47], ciel et courtines, ce qui était fort lourd ; ou, sur le coffre dont nous venons de parler, on pas-

[41] Manuscr. Biblioth. nationale, *Vita santi Dionysii,* latin (XIII° siècle).

[42] Manuscr. Biblioth. nationale, *Quinte-Curce,* français, dédié à Charles le Téméraire.

[43] Manuscr. Biblioth. nationale, *le Miroir historial,* français (1440 environ).

[44] Voyez, dans le tome Ier du *Dictionnaire du mobilier,* le mot LITIE-RE.

[45] Manuscr. Biblioth. nationale, *Tite-Live,* français (1350 environ), de la biblioth. du roi Jean, et *Tite-Live,* français, n° 30 (de 1395 environ).

[46] Même manuscrit.

[47] Voyez à l'article LITIERE, t. Ier, la planche 6.

sait des cercles de bois reliés par des longrines, le tout couvert d'étoffe. Alors on ne pouvait se placer dans la litière qu'en enlevant cette couverture ou qu'en s'introduisant en rampant par l'une des deux extrémités **(fig. 6** [48]**)**. Il est évident qu'on ne pouvait se tenir dans une litière que couché ou assis très-bas, ainsi que dans les gondoles de Venise. Avec de bons coussins et une couverture bien rembourrée, on devait voyager ainsi le plus doucement du monde. Aussi plaçait-on dans des litières de ce genre les malades, les blessés, les femmes qui ne pouvaient supporter le cheval. Cette litière est, comme on peut le voir, fort bien disposée pour porter sur le harnais des bêtes. Le collier tire et retient ; de plus, sous la selle sont attachées des cordes qui tirent sur le brancard. Un postillon peut monter sur le cheval de devant, mais le plus souvent les conducteurs étaient à pied. Nous avons, dans la partie des ARMES, l'occasion de revenir sur l'habillement du soudoyer qui marche en avant.

HERMINETTE, s. f. Outil de charpentier, de menuisier et de tonnelier, composé d'un fer battu, plat, recourbé, présentant son taillant très-large perpendiculairement au manche **(fig. 1)**. La forme de l'herminette est restée à peu près ce qu'elle était pendant les XIVᵉ et XVᵉ siècles. Cet outil remonte à la plus haute antiquité, et certaines de ces pierres taillées et polies, dites haches de l'âge de pierre, étaient certainement emmanchées en manière d'herminette : ce sont celles qui sont plates avec queue longue et terminées carrément. Comme preuve, on peut donner une herminette égyptienne que possède le musée du Louvre **(fig. 2)**. Le taillant de cet outil [49] est forgé ainsi que l'embrasse de fer A. Le coin B ainsi que le manche à double courbure sont de bois. Il y a tout lieu de croire que les premières herminettes de pierre, et plus tard celles forgées, étaient emmanchées de cette façon. Dans le premier cas, l'embrasse de fer A était remplacée par un lien de cordelles.

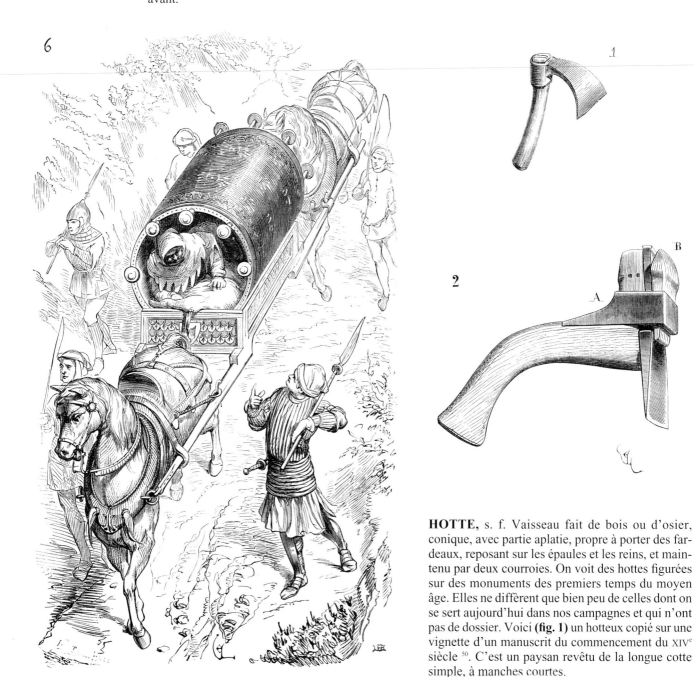

HOTTE, s. f. Vaisseau fait de bois ou d'osier, conique, avec partie aplatie, propre à porter des fardeaux, reposant sur les épaules et les reins, et maintenu par deux courroies. On voit des hottes figurées sur des monuments des premiers temps du moyen âge. Elles ne diffèrent que bien peu de celles dont on se sert aujourd'hui dans nos campagnes et qui n'ont pas de dossier. Voici **(fig. 1)** un hotteux copié sur une vignette d'un manuscrit du commencement du XIVᵉ siècle [50]. C'est un paysan revêtu de la longue cotte simple, à manches courtes.

1

le *pic* moderne. Notre exemple [53] présente un mineur du XIIIᵉ siècle. Il est vêtu entièrement de mailles, avec surcotte d'étoffe, et est coiffé du chapel de fer à larges bords, pour garantir la tête contre les projectiles jetés du haut des murailles sapées :

« Mais tot furent à pié maint et communalment,
« Portent heues et peles, por oster le chîment,
« Et grans picois d'achier, por piquier eusement,
« Glaives et cros de fer por sachier roidement [54]. »
« .... »
« A picois et à houes ont tote jor houé ;
« Onques ne s'aresterent, si vinrent au fossé [55]. »
« .... »
« Cascuns prist pic d'acier ou grant mail, ou quignie [56] ;
« La porte Saint-Estienne ont par force trenchie [57]. »
« .... »
« A picois et à hoes la pierre esquartelant [58]. »

3

HOUE, s. f. (*ayssade, besay, besoche, chercel, deschaussoere, mourtadelle, fourche-houe, magle, mesgle, picasse, heue, pic, picois, piochet*). Outil encore en usage chez les agriculteurs, les mineurs, les terrassiers. Il se compose d'une large lame de fer battu, légèrement recourbée, emmanchée à angle droit au moyen d'une douille. La houe primitive, dans les Gaules, était probablement faite de bois avec garniture de fer **(fig. 1)**. C'était une planchette de bois

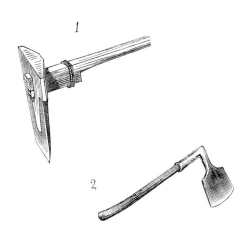

1

2

épaisse vers son centre, amincie à son extrémité, percée d'un trou long dans lequel passait le manche, retenu au moyen d'une clef serrée par une cordelle. L'extrémité de la planchette était doublée de fer battu [51].

La houe des XIVᵉ et XVᵉ siècles, attribuée aux agriculteurs, est légère, emmanchée à l'aide d'une longue douille **(fig. 2 [52])**.

Le picois, outil de mineur, est épais près de la tête, recourbé et pointu **(fig. 3)**. On le voit souvent représenté sur des monuments des XIIᵉ et XIIIᵉ siècles. C'est

Ces pics sont très-épais au collet, afin de servir de levier pour disjoindre les pierres.

La fourche-houe est la houe divisée en deux branches, qui convient mieux dans les terres fortes que la houe ordinaire. On la voit représentée sur des bas-reliefs et vignettes des XIIIᵉ et XIVᵉ siècles [59].

[48] Manuscr. Biblioth. nationale, *Lancelot du Lac,* français (1390 environ).

[49] Au tiers de l'exécution.

[50] Manuscr. Biblioth. nationale, *Fables et apologues,* latin (XIVᵉ siècle), portrait de Philippe le Bel en tête.

[51] Bas-relief (chapiteau) de Valcabrère (Haute-Garonne). Des vignettes japonaises présentent des houes ainsi fabriquées.

[52] Manuscrit de la Bibliothèque nationale, *Quinte-Curce,* français, dédié à Charles le Téméraire.

[53] Manuscr. Biblioth. nationale, *Roman de Troie,* comp. par Benoist de Sainte-More, français (XIIIᵉ siècle).

[54] *La Conquête de Jérusalem,* par le pèlerin Richard, et renouvelée par Graindor de Douai au XIᵉ siècle, publ. par C. Hippeau, vers 2952 et suiv.

[55] *Ibid.,* vers 3116.

[56] Cognée.

[57] Vers 4246.

[58] Vers 6851.

[59] Zodiaques, travaux de l'année.

Les bourgeois et manants d'une ville fermée devaient être munis de houes, pics et cognées pour, au besoin, travailler aux défenses. Parmi les bans publiés en 1265 par la ville de Douai, pour mettre l'enceinte en état de défense, on trouve celui-ci : « On fait le ban que tout li borgois et li fil de borgois et tout cil ki sunt manant en cette vile soient apareilliet par aler en le besoigne medame le contesse de Flandres et de Haynau et en le besoigne de la vile, avoec les eschevins, avoec le bailliu et ayoec le castelain de Douay, tantost que li bancloke de vile sonnera sans nul delai et sans nul detriement ; et que cascuns soit bien warnis (muni) de pele u de hauel (hoyau) et de quingnie (cognée). Et kiconques ni venroit ensi warnis comme il deveroit, il kieroit ou forfait de x lb. et si seroit banis de la vile ; et que tout li counestable de ceste vile semoignent leur homes par nom en leur counestablie, et kil soient warnit de peles et de hauiaus et de quignies por aler avoec als en cesti besoingne. Et kil siucent (suivent) leur baniere et le baniere des eschevins tantot que li bancloke sonnera. Et li counestable ki ensi ne le feroient, seroient a x lb. et banis [60]……

on se sert encore aujourd'hui. Les ouvriers des XIIIe et XIVe siècles étaient singulièrement habiles pour se servir de la laye, car ils l'employaient non-seulement pour profiler les moulures, mais même pour tailler les draperies des grandes statues. (**Voyez l'article BRETTURE dans le *Dictionnaire de l'architecture française*.**)

MAILLET, s. m. Au XIIe siècle, dans certaines provinces, les tailleurs de pierre se servaient d'un maillet de bois pour frapper sur le ciseau à large tranchant avec lequel on faisait les ciselures et les parements [62]. Ces maillets étaient en forme de cône tronqué (**fig. 1**), et le tailleur de pierre prenait l'habitude de le tourner dans la main à chaque coup, afin de ne le pas creuser sur un point. Les menuisiers se servaient du maillet plat pour frapper sur la tête du ciseau, ainsi que cela se pratique encore de nos jours.

1

LAYE, s. f. (*bretture*). Outil de tailleur de pierre, qui servait à faire les parements et même à ravaler les profils larges. On commence à se servir de la laye ou bretture au XIIe siècle, et on ne l'emploie plus à dater de la seconde moitié du XVe siècle. Cet outil, en forme de marteau taillant, dentelé plus ou moins fin, avait l'avantage de donner un beau grain aux parements et à obliger l'ouvrier à bien dresser les surfaces. La **figure 1** [61] montre un tailleur de pierre se servant de la laye à un seul tranchant et terminée de l'autre côté en pointe, pour piquer les parements et les préparer. En A, est une laye double, semblable à celles dont

MARTEAU, s. m. (*pilonete*, petit marteau). Cet outil n'a pas changé de forme, mais les fers des marteaux étaient finement forgés souvent et de manière à *donner du coup*. Les marteaux simples, à pince, à pied-de-biche, se retrouvent dans les représentations sculptées et peintes, dès le XIIIe siècle. Ils sont fortement emmanchés et ferrés avec étriers (**fig. 1** [63]).

1

1

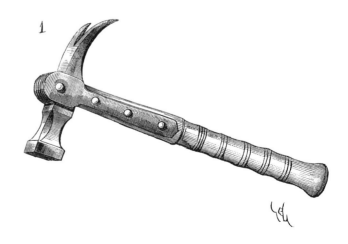

MASSE, s. f. Marteau presque cubique de fer, avec manche de bois, dont les sculpteurs et tailleurs de pierre se servaient et se servent encore pour frapper sur la tête du ciseau ou du poinçon de fer.

MÉTIER (*à tisser*), s. m. C'était à l'aide de métiers à tisser très-grossiers, si on les compare aux nôtres, que les fabricants d'étoffes façonnaient pendant le moyen âge ces beaux tissus dont quelques collections conservent des fragments. Nous n'avons sur la forme de ces métiers que des données fort vagues. On sait cependant qu'à Paris et à Reims, dès le XIIe siècle, on fabriquait des draps de soie et des velours [64]. On sait aussi que les beaux tissus qui nous viennent de l'Inde, de la Perse, de la Chine et du Japon sont fabriqués à l'aide de métiers d'une construction primitive.

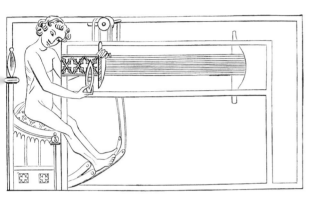

Ciampini, dans le tome Ier, page 104, des *Vetera monumenta,* donne une copie d'un métier antique ; mais cette gravure est difficile à expliquer d'une manière satisfaisante. Dans le *Roman d'Alixandre* [65], qui date de la fin du XIIIe siècle ou du commencement du XIVe, une vignette représente un homme nu occupé à tisser une étoffe à dessins réguliers **(fig. 1)**. Ce métier est indiqué d'une façon trop incorrecte pour qu'on puisse le décrire en détail. Cependant on reconnaît l'*ensouple,* chargée de la chaîne roulée ; les *marches* ou pédales, à l'aide desquelles l'ouvrier élève les systèmes de fils qui permettent à la navette de couler entre eux ; la *planchette,* destinée à serrer les fils après le passage de la navette ; la *navette,* chargée et l'étoffe façonnée. Au XIVe siècle, l'industrie des tissus, en France, avait pris un grand développement ; les corporations des drapiers en laine et soie étaient riches et puissantes dans plusieurs villes du Nord et en Champage, puisqu'elles faisaient des dons considérables aux églises, des fondations de chapelles, qu'elles jouissaient de privilèges nombreux. Les tisserands étaient d'ailleurs soumis, au XIVe siècle, à une réglementation sévère qui maintenait la perfection de la fabrication [66].

OISEAU, s. m. Sorte de hotte composée de deux planchettes disposées en équerre, garnies de deux bras, destinée à porter le mortier sur les bâtiments en construction. On retrouve l'oiseau sur les bas reliefs de la colonne Trajane et dans nos monuments, dès les premiers temps du moyen âge. Les deux bras de l'oiseau sont posés sur les épaules du manœuvre et sont maintenus dans une position oblique par les deux mains **(fig. 1** [67]**)**, de sorte que les planchettes forment un angle rentrant dans lequel le mortier assez épais

peut être maintenu. On ne pouvait se servir de l'oiseau s'il fallait monter à l'échelle, puisque les mains n'étaient pas libres ; mais alors le service des constructions, de ce qu'on appelle le *tas,* se faisait au moyen de plans inclinés composés de plats-bords sur lesquels on clouait des tasseaux en travers. Les manœuvres montaient ainsi à bras tous les matériaux légers. Dans quelques provinces de France on se sert encore de l'oiseau, et partout les couvreurs en font usage pour porter des ardoises.

PELLE, s. f. (*getoire*). Cet outil, bien connu, n'a pas changé de forme, et était fabriqué en bois, quelquefois garni de fer comme les bêches (voyez ce mot), à l'extrémité de la palette, et d'une béquille en haut du manche.

[60] *Recueil d'actes des XIIe et XIIIe siècles en langue rom. wallone du nord de la France,* publ. par Tailliar. Douai, 1849, p. 274.

[61] Manuscr. Biblioth. nationale, *le Miroir historial,* français (1320 environ).

[62] On se sert du maillet de bois dans les Vosges pour tailler le grès rouge. En Angleterre, on se sert encore de ce maillet pour tailler la pierre.

[63] Fin du XVe siècle.

[64] Voyez, à ce sujet, *Recherches sur les étoffes de soie, d'or et d'argent vendant le moyen âge,* par M. Fr. Michel, t. I, p. 94.

[65] Manuscr. Biblioth. nationale, fonds Lavallière, n° 45.

[66] Voyez le titre XL des *Registres des mestiers et marchandises de la ville de Paris,* intitulé : *C'est l'ordenance du mestier des ouvriers de draps de soye de Paris et veluyaus, et de boursserie en lac, qui affièrent audit mestier.* (Voyez, dans la partie des VÊTEMENTS, l'article ÉTOFFE.)

[67] Manuscr. Biblioth. nationale, *Biblia sacra,* fonds Saint-Germain, latin (XIIIe siècle).

PICOIS, s. m. — Voy. Houe.

PIOCHE, s. f. (*esqueppart, esquipart, feuille de sauge*). Outil propre à remuer la terre avant de la pelleter, à défricher les champs. Les pioches des XIIIᵉ et XIVᵉ siècles affectent la forme d'une feuille longue et pointue (**fig. 1** [68]), avec arête saillante en dedans de la courbure, pour donner plus de nerf au fer. La tête est forte et épaisse, lourde par conséquent, pour donner plus d'effet au coup.

1

POINÇON, s. m. (*aleigne, alenas*). Tige de fer pointue et aciérée à l'une de ses extrémités, plate à la tête, servant aux tailleurs de pierre pour préparer les tailles ou faire des refouillements. Les serruriers emploient aussi le poinçon, ainsi que tous les ouvriers qui travaillent les métaux. Cet outil appartient à tous les âges qui ont travaillé le fer.

PRESSOIR, s. m. (*pressouer*). Appareil propre à extraire des raisins déjà soumis au foulage ce qui

reste de liquide vineux ; à presser les graines oléagineuses, les olives ; à broyer les pommes et poires pour en exprimer la liqueur dont on fait le cidre et le poiré. Les pressoirs du moyen âge se composent de deux plateaux pressés par de forts écrous de bois engagés dans des vis également de bois. Les pressoirs sont à une ou deux vis. Celui que nous donnons ici (**fig. 1**) est tiré d'une vignette d'un manuscrit de la fin du XIIIᵉ siècle [69]. Un plateau inférieur, établi au moyen de forts madriers parfaitement jointifs, est entouré d'une rigole qui recueille le liquide sur les quatre faces. Sur ce plateau sont disposés les résidus ou fruits à presser en une couche épaisse, puis de gros madriers libres. Une forte traverse de bois A coule dans les deux arbres verticaux façonnés en vis, puis deux écrous B sont engagés dans les deux pas de vis, qui sont fixes. A l'aide de barres C, des hommes font manœuvrer ces écrous, qui serrent à volonté sur la traverse A, laquelle appuie sur les madriers supérieurs. Ce mécanisme, d'une grande simplicité, est encore employé aujourd'hui dans la plupart de nos campagnes.

QUENOUILLE, s. f. (*coloigne, quelongne*). L'art de filer le lin, la laine et le chanvre par le procédé le plus simple, c'est-à-dire au moyen de la quenouille et du fuseau, appartient à tous les âges historiques, et les quenouilles représentées sur les monuments du moyen âge ne diffèrent pas de celles dont nos paysannes se servent encore lorsqu'elles gardent leurs vaches. Cependant les dames nobles employaient aussi leurs loisirs à filer, soit au fuseau, soit au rouet. Cette mode paraît toutefois avoir cessé au XIIᵉ siècle, pour être reprise beaucoup plus tard, c'est-à-dire vers la fin du XVᵉ. A cette époque, en effet, on fabriqua des quenouilles très-élégantes et dignes des jolies mains qui devaient s'en servir. C'était une contenance alors de faire pirouetter le fuseau avec grâce, tout en se promenant et devisant.

Quelques collections conservent, en effet, des quenouilles du commencement du XVIᵉ siècle, qui sont finement travaillées dans de l'ivoire ou des bois précieux.

La chose était prise plus au sérieux par les dames de haute naissance pendant les VIIᵉ et VIIIᵉ siècles, si l'on en croit la tradition. Berthe, la mère de Charlemagne, passait pour une fileuse d'une adresse remarquable. Cet empereur, dit Eginhard, voulut que ses filles sussent manier la quenouille et le fuseau [70], pour les préserver de l'oisiveté :

« Ses filles fist bien doctriner
« Et apprendre keudre et filer… »

dit un chroniqueur du XIIIᵉ siècle [71]. Cette habitude des dames nobles paraît s'être perdue vers le commencement du XIIᵉ siècle. Alors les gentilles femmes

1

employaient plus volontiers leurs loisirs à broder ou à faire de menus ouvrages au métier : « à ouvrer soie en taulièles », dit le même chroniqueur [72].

RABOT, s. m. Lame d'acier aiguisée à l'un de ses bouts, emmanchée obliquement dans une petite pièce de bois oblongue, et servant aux menuisiers à planer les bois. Nous n'avons pas trouvé d'exemples figurés du rabot avant le milieu du XVe siècle, et cependant cet outil (à considérer les œuvres de menuiserie antérieures à cette époque) devait être en usage depuis longtemps. Le rabot du XVe siècle est muni d'une poignée verticale à l'avant **(fig. 1)**, qui facilite la poussée. Il n'a pas, comme le nôtre aujourd'hui,

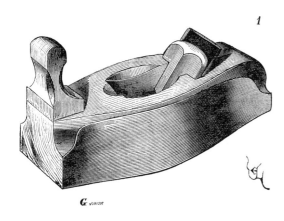

1

ses deux flancs parallèles, mais renflés, afin de mieux s'asseoir sur le bois à planer. Les rabots étaient faits de bois de poirier, de charme, d'érable, et façonnés, paraît-il, avec beaucoup de soin, comme tous les outils de cette époque. Le long rabot, ou *varlope,* employé pour dresser des membrures très-longues et relativement minces, ne paraît pas dans les monuments figurés avant le XVIe siècle.

RASOIR, s. m. (*raseur, rasour*). Les Romains connaissaient le rasoir (*novacula*) et en faisaient grand usage. Les Gaulois, avant l'occupation romaine, ne paraissent s'être servis que de pinces épilatoires lorsqu'ils voulaient dépouiller leur menton et laisser paraître seulement de longues moustaches. Dans toutes les localités où les Gaulois ont eu des campements, on trouve en effet quantité de pinces épilatoires de bronze d'une longueur de 5 à 6 centimètres. Pendant toute la durée du moyen âge le rasoir a donc été en usage, et il est souvent fait mention de cet objet. Nous ne citerons qu'un exemple. Quand Renart veut tonsurer Primaut :

« Tantost a trovée une aumoire
« Si con nos trovons en l'estoire :
« Sachiez, c'est vérité aperte,
« Maintenant l'a Renart overte,

« S'a dedenz un rasoir trové
« Qui moult estoit bien afilé,
« Et uns cisiux et un bacin
« De laton bon et cler et fin,
« Maintenant l'a saisi Renart [73]. »

ROUET, s. m. (*charret, tournette, tour, touroit*). Le rouet à filer le chanvre ou le lin ne paraît pas en usage avant le XVe siècle.

SCIE, s. f. (*sée, serre, seryete*). Les Romains faisaient usage de la scie à bois, et nous la voyons figurée sur nos monuments dès l'époque carlovingienne **(fig. 1** [74]**)**. A voir les ouvrages de menuiserie des XIIIe, XIVe et XVe siècles, on se servait de la scie *à tourner,* c'est-à-dire propre à découper le bois suivant certaines courbures. Les scies *à main* étaient aussi en usage. On ne se servit de la scie sans dents, à scier les pierres dures, qu'au XVIe siècle. Il ne paraît pas qu'on l'employât ni chez les Romains, ni pendant le moyen âge. Mais alors déjà on se servait de la scie à dents (passe-partout) pour scier les pierres tendres.

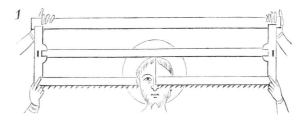

1

SERPE, s. f. (*sarpel, sarpe, sermeau, taillot, serpier*). Taillant recourbé, le coupant du côté concave, ayant un manche de bois. Les cultivateurs, pendant le moyen âge, se servaient de la serpe, comme aujourd'hui, pour tailler la vigne et les jeunes arbres. Parfois la serpe était munie au dos d'un renfort saillant et coupant **(fig. 1** [75]**)**, qui permettait d'user de cet outil comme d'une hachette.

[68] Portail de la cathédrale d'Amiens, les travaux de l'année.

[69] L'*Apocalypse de saint Jean,* de la biblioth. de M. B. Delessert.

[70] *Œuvres compl. d'Eginhard,* édit. de M. Teulet, t. I, p. 64, 65.

[71] *Chron. rimée de Philippe Mouskès,* publ. par le báron de Reittenberg ; vers 2850.

[72] *Taulièle* ne peut s'entendre que comme métier à tisser ; *taulier* veut dire un établi relevé sur lequel travaillent les tailleurs.

[73] *Roman du Renart,* vers 3259 et suiv. (XIIIe siècle).

[74] Manuscr. Biblioth. nationale, Bible, latin, 6-3.

[75] Manuscr. Biblioth. nationale, *le Bréviaire d'amour,* en vers patois de Béziers (XIIIe siècle).

TARIÈRE, s. f. Les charpentiers, menuisiers et charrons se servaient de la tarière, dont la forme ne différait pas de celle adoptée aujourd'hui.

TENAILLE, s. f. Les tenailles et pinces employées par les serruriers n'ont pas changé de forme.

TOUR (*à tourner*), s. m. Le tour simple paraît avoir été en usage dès les temps les plus reculés. Il se compose, comme on sait, de deux barres horizontales jumelles assemblées dans quatre jambages verticaux posant sur des semelles. Entre les jumelles on place deux *poupées* munies de pointes ou percées de trous (*lunettes*), qu'au moyen de clefs on éloigne ou l'on rapproche l'une de l'autre plus ou moins, suivant la dimension de l'objet à tourner. Une corde attachée à une pédale enveloppe deux ou trois fois l'axe et se fixe à une perche flexible qui se relève et fait tourner cet axe dès que le pied n'appuie plus sur la pédale. Une vignette d'un manuscrit du XIIIe siècle représente un de ces tours (**fig. 1** [76]). On connaissait évidemment, dès le XIIe siècle, le *tour en l'air,* qui permet de tourner des pièces creuses, puisque des objets de cette époque montrent clairement qu'ils ont été façonnés à l'aide de ce mécanisme. Dès le XIe siècle on taillait aussi des colonnettes de pierre, des bases, au tour. Quant au tour à potier, il date de la plus haute antiquité.

TREUIL, s. m. Cylindre de bois, muni d'un axe avec deux tourillons, et autour duquel s'enroule une corde servant à monter des fardeaux. On fait agir le treuil au moyen d'une manivelle ou de bras de leviers. On adaptait des treuils aux grues servant à monter les matériaux propres à bâtir. Un encliquetage empêchait le cylindre de se dérouler. On adaptait aussi des treuils à des puits, de manière que les seaux fissent contre-poids et que le frottement de la corde sur le treuil supprimât une partie du poids le plus lourd. Ces treuils n'étaient qu'une poulie sur laquelle la corde s'enroulait plusieurs fois. (**Voyez, dans le *Dictionnaire de l'architecture,* l'article** ENGIN.)

TRUELLE, s. f. Outil de fer pour l'emploi du mortier, et de cuivre pour le plâtre, dont se servent les maçons pour garnir les joints et faire les enduits. La forme de cet outil n'a pas changé depuis l'époque romaine.

---

[76] Manuscr. Biblioth. nationale, *Psalm.,* anc. fonds Saint-Germain.

Instruments
de musique

ANACAIRE, s. f. (*nacaire*). Sorte de tympanon, d'après certains auteurs ; de triangle sonore, suivant d'autres. C'était à coup sûr un instrument bruyant usité dans les armées et qui pouvait être joué à cheval. C'est aussi l'opinion de l'Académie *della Crusca*. Les troupes d'Orient, d'après les chroniqueurs et les trouvères, usaient fort des *nacaires* ou *anacaires*, qui semblent être des sortes de timbales qu'on frappait avec des baguettes. **(Voy. du Cange, *Gloss.*, Nacara).**

ARAINE, s. f. Trompette de guerre.

« Les araines fit haut sonner [1]. »

(Voy. Busine, Trompe.)

BUSINE s. f. (*buisine*). Grande trompe d'un mètre et plus de longueur, légèrement courbée, étroite à l'embouchure et s'élargissant à son extrémité ; quelquefois percée d'un trou vers son milieu. Les busines étaient fabriquées en bois, en cuir bouilli, mais le plus souvent en laiton.

La **figure 1** montre en A [2] des ouvriers qui façonnent des busines au repoussé, et en B un jeune homme qui sonne de cet instrument [3]. La busine avait un son éclatant qui s'entendait de loin ; aussi les sculpteurs mettent-ils des busines aux mains des anges qui annoncent le jugement dernier. On l'employait, dans les camps, pour donner des signaux et pour réveiller les troupes :

« Si com li jors au matin parut cler
« Oint de l'ost les busines soner.
« Charles Martiaus a fait sa gent armer

« Et ses batailles renger et deviser [4]. »
« Li Sarrasin firent lor gent armer,
« Cor et busine hastivement sonner
« Contre nos gens que il volent grever [5]. »
« Là veissiez les buisines tentir,
« Sommier trosser et le charroi garnir [6]. »

Alors le son des busines annonçait la levée du camp, le moment du départ. C'était encore au son des busines que l'on conduisait les troupes à la charge ou à l'assaut :

« Sire, dist Sortinbrans, laissiés vostre tenchon,
« Faites sonner vos cors, cele tor assalonz ;

B A

E. GUILLAUMOT

[1] *Vie de Philippe-Auguste.*

[2] Manuscr. Biblioth. du Corps législatif (1294).

[3] Manuscr. Biblioth. impér. (XIIIᵉ siècle).

[4] *Li Romans de Garin le Loherain,* 1ᵉʳ chant, chap. IV.

[5] *Ibid.,* chap. XII.

[6] *Ibid.,* chant 2, chap. VIII.

« N'i dueront François, li encriemé felon. »
« Et respont l'amirans : « Je l'otroi, par Mahom. »
« Lors oïssiés buisines et ces cors de laiton,
« Et Sarrazins venir à si tres grant fuison,
« Couvert en sont li pré une liue environ [7]. »
« Lors oïssies buisines et cors d'arain sonner,
« Et Turs et Sarrazins et glatir et uler [8]. »

On se servait aussi des busines sur les navires en partant, en arrivant et pendant les combats :

« Entrent en la mer, s'ont lor voie acueillie.
« Lors oïsiez tant cor, tante buisine [9]. »

On disait *businer, bacciner,* et plus tard *baciner,* pour sonner de la busine. Quand le roi Charles VI rentra à Paris le 13 octobre 1414 : « Soudainement, envi-

E. CUILLAUMOT.

ron huit heures de nuyt, commencerent les bonnes gens de Paris, sans commandement, à faire feus et à baciner le plus grandement que on eust veu passé cent ans devant, et les tables en my les ruës drecées à tous venans par toutes les ruës de Paris qui point ayent de renom [10]. » De cette manière de se réjouir nous sont restés les cornets à bouquin [11] du carnaval, lesquels cornets ne sont que des busines de petite dimension.

Il y avait dans les armées des *busineors* à cheval, chargés de rallier les hommes d'armes, de sonner certaines fanfares **(fig. 2 [12])**, d'annoncer l'attaque, de précéder les cortèges, de donner le signal de l'ouverture et de la fermeture de la lice dans les joutes et tournois. Ces busines droites sont plutôt de grandes trompettes.

CEMBEL, s. m. — **Voy. Tymbre.**

CHALUMEAU, s. m. (*chalemiau*). Instrument à vent remontant à une haute antiquité ; primitivement composé d'un roseau ou d'une écorce de branche

d'arbre fraîche dont le bois a été extrait, garni d'une anche très-simple et percé de trous permettant d'obtenir plusieurs notes. Le chalumeau donne les sons graves de la clarinette.

« Tabars et chalemiaux et estrumens sonner [13]. »

Ce n'était pas seulement pendant les fêtes et réjouissances qu'on se servait du chalumeau ; on jouait encore de cet instrument dans les marches militaires :

« Et l'ost s'est arotée (mise en route) et deriere et devant,
« Là oïsiés soner plus de .M. olifans,
« Grelles et chalemiaus et buisines bruians,
« Plorer et lermoier maint damoisel vaillant ;
« Mais n'osent à Guion desdire son commant [14]. »
« Cors et buisines et chalemeaus soner [15]. »

Il était plusieurs sortes de chalumeaux, ainsi que l'indique ce vers :

« Puis chalemiaus et chalemele [16]. »

CHEVRETTE, s. f. (*chieuvrete, chaplecho*). Instrument à vent composé d'une peau de chevreau et d'un chalumeau. Guillaume de Machaut, trouvère du XIe siècle, distingue cependant la chevrette de la cornemuse :

« Cornemuses, flajos et chevrettes. »

Peut-être la chevrette était-elle d'un plus petit volume que la cornemuse. Quelques vignettes de manuscrits donnent, en effet, de petites cornemuses garnies seulement d'une pipe pour souffler, et d'un seul chalumeau très-long, percé d'un assez grand nombre de

E. CUILLAUMOT.

trous **(fig. 1)** [17] **(voy. Cornemuse).** La musette dont on se servait, il y a peu d'années, dans la Bourgogne et le Limousin, pourrait bien n'être autre que la chevrette du moyen âge. On lui donnait aussi les noms de *bedon* et de *loure.*

CHIFONIE, s. f. (*syphonie*). Quelques auteurs pensent que la chifonie n'est autre chose que le tympanon, c'est-à-dire un instrument composé d'un morceau de bois étroit et long, creusé, garni d'une peau, ou d'une tablette de bois sec très-mince, devant laquelle sont tendues une ou plusieurs cordes qu'on racle avec une petite verge de bois ; d'autres voient dans la chifonie [18] un instrument analogue à celui que nous nommons *vielle* aujourd'hui. Il est bien possible, en effet, que les deux instruments n'en fassent qu'un, par la substitution d'une roue à la vergette de bois et de touches appuyant sur les cordes, au doigté.

En considérant la chifonie comme un instrument à cordes frottées par une roue et garni de touches, nous en trouvons la reproduction, datant du XIIᵉ siècle, sur le célèbre chapiteau de Boscherville. Cette chifonie **(fig. 1)** est jouée par deux personnages : l'un tourne la manivelle et l'autre a les mains posées sur un petit clavier composé de sept touches, placé à l'extrémité de l'instrument. La roue frotte trois cordes qui semblent entrer dans la cavité munie de touches. Nous n'essayerons pas, d'ailleurs, d'expliquer comment ces touches, placées sur l'extrémité du coffre, pouvaient agir sur les cordes de manière à produire un certain nombre de notes. La chifonie, pendant les XIIᵉ et XIIIᵉ siècles, passait pour un instrument très doux et harmonieux ; mais au XIVᵉ siècle elle était complètement tombée en discrédit.

Lorsque Mathieu de Gournai est envoyé par Henri de Transtamare et du Guesclin à la cour du roi de Portugal, pour s'informer auprès de ce prince si don Pedro est réfugié dans ses domaines, l'ambassadeur trouve auprès du roi deux serviteurs portant chacun une chifonie pendue au cou :

« Et li .II. ménestrez se vont appareillant ;
« Devant le roy s'envont ambdui chinfoniant,
« Quand Mahieu de Gournay les va apercevant

« Et les chinfonieurs a oy prisier tant,
« A son cuer s'en aloit moult durement gabant.
« Et li rois li a dit après le gieu laissant :
« — Que vous semble ? dit-il ; sont-il bien souffisant ? »
« Dit Mahieu de Gournay : « Ne vous irai celant :
« Ens ou païs de France et ou païs normant
« Ne vont telz instrumens fors qu'avugles portant.
« Ainsi font li avugle et li poure truant. »
« Et quant li rois l'oy, s'en ot le cuer dolant :
« Il jura Jhésu-Crist, le père tout poissant,
« Qui ne le serviront jamais en lor vivant [19]. »

Si bien que les deux pauvres *chifonieurs* sont renvoyés par le roi, *durement courroucé* d'avoir à sa cour, et pour l'accompagner, des joueurs d'instruments considérés en France comme truands. Et cependant il ne semblerait pas que la chifonie, appelée viel-

le aujourd'hui, fût tellement déprisée en France, puisque dans le roman de Girart de Nevers et de la belle Euriant [20] on voit une des vignettes représentant Girart déguisé en ménestrel et ayant une chifonie pendue à son côté. Il est vrai qu'au-dessous de la miniature est écrite cette légende : « Comment Girart vinst à Nevers la *viole* au col, ou il chanta devant Lisiart. » L'instrument représenté **figure 2** n'en est pas moins une chifonie, puisqu'il est muni d'une manivelle, et par conséquent d'une roue à frottement sur les quatre cordes tendues sur la table harmonique. Cet exemple pourrait faire croire que la viole ou vièle, au XVᵉ siècle, était un instrument monté de quatre cordes, et qu'on pouvait jouer, soit avec un archet, soit à l'aide d'une roue à frottement.

CHORO, s. m. (*chorum*). Instrument que le manuscrit de Saint-Blaise (IXᵉ siècle) décrit ainsi : « Composé d'une peau avec deux tubes d'airain ; l'un des deux sert à souffler, l'autre envoie le son. » Cette description est accompagnée d'une vignette, reproduite **fig. 1,** A. C'est un instrument à vent assez semblable à la chevrette, c'est-à-dire composé d'une pipe avec réservoir d'air, et d'un chalumeau à anche percé de trous. Cependant la partie formée d'une peau d'animal est relativement petite et parfaitement sphérique ; de plus, il paraîtrait, si l'on s'en rapporte à un détail

[7] *Fierabras*, vers 3728 et suiv. (XIIIᵉ siècle).

[8] *Ibid.*, vers 3796 et suiv.

[9] *La Prise d'Orenge,* chanson de geste, vers 1312 (XIIIᵉ siècle).

[10] *Journal d'un bourgeois de Paris*, sous le règne de Charles VI, coll. Michaud, t. II, p. 643.

[11] Ou plutôt *à bouquetin,* c'est-à-dire faits avec les cornes de cet animal.

[12] Des vignettes d'entourage du *Roman de Tristan*, Biblioth. impér., fonds français (1260 environ).

[13] *Aye d'Avignon*, vers 4137 (XIIIᵉ siècle).

[14] « Refuser d'obéir aux ordres de Guion. » (*Gui de Bourgogne*, vers 1374 et suiv. XIIIᵉ siècle).

[15] *Guillaume d'Orange* (XIIIᵉ siècle).

[16] *Roman de la rose,* partie de J. de Meung, vers 21299.

[17] *Hist. du saint Graal*, Biblioth. impér. (fin du XIIIᵉ siècle).

[18] *Symphonia.*

[19] *La Vie vaillant du Guesclin,* par le trouvère Cuvelier, vers 10050 et suiv.

[20] Biblioth. impér., 1440 environ.

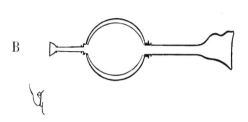

fort grossier fourni par le même manuscrit, que la peau était entourée d'une enveloppe d'airain avec petit intervalle entre ses deux tubulures, de manière que la peau pût vibrer et reproduire une sonorité particulière, lorsqu'on soufflait avec force dans la pipe. Voici, d'après le détail mentionné ci-dessus, quelle aurait été la section longitudinale de cet instrument (**fig. 1, B**). Nous ne donnons, bien entendu, cette interprétation qu'avec réserve, n'ayant pu trouver une description détaillée de cette sorte de trompe. Le choro, ou chorum, était en usage dans les morceaux d'ensemble :

« De vieles sot et de rote,
« De harpe sot, et de chorum ;
« De lire et de psalterium [21]. »

CITHARE, s. f. La cithare antique était un instrument à six cordes métalliques pincées. Au commencement du moyen âge, la cithare semble se confondre avec la *rote* ou la *rothe,* instrument à cordes frappées ou pincées ayant primitivement la forme du Δ grec. M. Fétis a parfaitement établi comment la cithare ne fait qu'un avec la rote, et ne saurait être confondue avec le *crouth,* qui est un instrument à archet, ni avec la *chifonie* ou *syphonie,* qui est un instrument à frottement [22]. Au VIIIᵉ siècle, la cithare avait déjà pris le nom de rote, ainsi que l'indique ce passage de saint Boniface, évêque de Mayence, mort en 755 : « Je me réjouis, dit-il, d'avoir un cithariste qui puisse jouer de la cithare que nous appelons *rotta,* et qu'il possède cet instrument [23]. » Du Cange rapporte un passage du commentaire de Notker, moine de Saint-Gall au Xᵉ siècle, sur le Symbole d'Athanase, et dans lequel il est dit « que la *rotta* est l'antique *psalterium,* lequel avait la forme du *delta* grec et était garni de dix cordes, mais que le nombre des cordes ayant été augmenté et la forme modifiée, cet antique instrument a reçu le nom barbare de *rotta.* On pourrait donc conclure de ces passages que la cithare ne faisant avec la rote qu'un seul et même instrument, et la rote étant l'antique psaltérion, la rote et le psaltérion ont la même forme. Cela ne saurait être cependant admis absolument, bien que M. Fétis ait semblé confondre les trois instruments, et que le nom de cithare soit donné, encore au XIVᵉ siècle, même à l'instrument à archet, qui est connu sous le nom de vièle. Ce fait est

constaté par une miniature du manuscrit de la Bibliothèque impériale (latin), n° 8504, écrit en 1313, sur les *travaux de l'Université,* et dédié à Philippe le Bel. A dater du XIIᵉ siècle, cependant, si la cithare et la rote sont un seul et même instrument, le psaltérion se distingue de la cithare, et, à plus forte raison, la vielle. Jérôme de Moravie dit que la cithare a la forme du Δ grec et est garnie de vingt-quatre cordes. Dans le manuscrit de Saint-Blaise (IXᵉ siècle), la cithare n'a que douze cordes ; elle est triangulaire (**fig. 1**), et il semble qu'un corps sonore soit placé à sa partie supérieure [24]. Le manuscrit de Saint-Émeran nous montre une cithare que nous reproduisons ici (**fig. 2**), garnie de dix cordes. La partie supérieure de la cithare, munie d'un manche, paraît être faite de métal, tandis que la partie inférieure serait de bois. Les dix cordes sont enroulées autour de dix chevillettes posées sur la partie métallique. On voit que tout ceci n'est pas très-clair, et que la forme de la cithare est

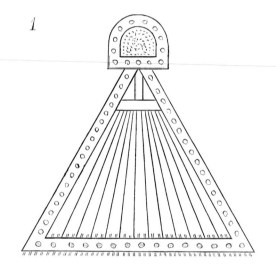

passablement variée ; c'est du reste ce dont les auteurs anciens conviennent. Martin Gerbert reconnaît que la cithare affectait diverses figures et n'avait pas un nombre de cordes bien déterminé.

Toutefois il est une différence notable entre la cithare et le psaltérion. La cithare n'est qu'un jeu de cordes montées sur un châssis avec ou sans corps sonore sur l'une des faces de ce châssis, s'il est carré, ou à son extrémité supérieure, s'il est triangulaire, peut-être dans la partie inférieure, s'il est circulaire, ainsi que le montre la **figure 2** [25] ; tandis que le psaltérion pré-

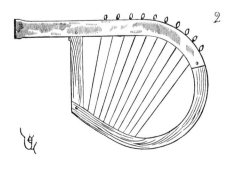

sente un jeu de cordes métalliques tendues sur une table creuse, avec ouïes généralement **(voy. Psaltérion)**. La cithare était pincée ou touchée à l'aide d'un *plectrum*.

CITOLE, s. f. (*citote*). Instrument à cordes dont la sonorité était très-douce. Après la bataille de Bouvines, le roi Jean demande une trêve et envoie à Philippe un légat :

« Cis legaz iert nez d'Engleterre,
« Qui le roi de France, à celle erre,
« Enveloppa si de paroles,
« Plus douces que sons de citoles,
« Qu'à cinq ans les li otroia
« Et vers Paris se ravoia [26]. »
« Harpes i sonent et vieles
« Qui font les melodies bèles,
« Les estives [27] et les citoles,
« Les damoiseles font caroles
« Et treschent envoisiment [28]. »

Nous n'avons pu réunir sur la forme de la citole des documents précis.

CLOCHETTE, s. f. (*clokete, clocète*). Le moyen âge usait fort des clochettes ; non-seulement on s'en servait dans les concerts d'instruments, mais on en suspendait aux habits, aux harnais, et même aux toitures des palais. Certaines danses étaient exécutées au son des clochettes, et cela dès une époque reculée, puisque nous en voyons figurées sur des vignettes du Xe siècle. C'était souvent le danseur ou la danseuse qui s'accompagnait d'une ou plusieurs clochettes. Un chapiteau de la nef de la cathédrale d'Autun nous montre un danseur ayant les bras passés autour d'un bâton garni de clochettes **(fig. 1)**. Deux autres personnages agitent des sonnettes ou frappent sur celles que porte le danseur. Les bas-reliefs représentant les Arts libéraux sur les portails de nos cathédrales nous montrent habituellement la Musique sous la forme d'une femme frappant sur des timbres suspendus [29]. Le roi David est parfois aussi représenté frappant du marteau un jeu de clochettes suspendues à une sorte de potence **(fig. 2)** [30]. Dans cet exemple, le personnage tient un marteau dans chaque main, afin d'obtenir des accords. Le jeu se compose de cinq timbres. On a fabriqué aussi, pendant le moyen âge, un instrument garni d'un grand nombre de clochettes qu'on agitait pour appuyer la mesure, ainsi que nous l'avons vu faire, il n'est pas

encore longtemps, avec l'instrument appelé *pavillon chinois,* dans les musiques de la troupe. Cet instrument, appelé en latin et dans les monuments antérieurs au XIIe siècle, *bombulum,* reçut plus tard les noms de *tymbre, cembel* (voy. Tymbre). A dater du XIIe siècle, la mode de coudre des clochettes aux habits et harnais de cérémonie était fort prisée.

Quand le sire de Coucy invite les dames de son voisinage à assister aux joutes qu'il compte ouvrir entre la Fère et Vendeuil, celles-ci arrivent bientôt :

« Et sont, si comme dit, veslues
« De clocettes et s'aront sambues [31],
« Elles et tout li chevalier
« D'armes qui moult sont à prisier [32]. »
« Orgius chevauçoit cointement,
« C'à sa siele et à ses lorains [33]
« Ot cinc cent cloketes au moins [34]
« Ki demenoient tel tintin
« Con li maisnie hierlekin [35]. »

E. GUILLAUMOT.

[21] Du Cange, Chorus. — *Poème du roi de Navarre,* t. I, p. 244.

[22] Voyez la *Notice sur Ant. Stradivarius, précédée de Recherches hist. sur l'origine et les transform. des instrum. à archets,* par F. J. Fétis, publ. par M. Vuillaume. Paris, 1856.

[23] « Delectat me quoque cytharistam habere, qui possit cytharizare in cythara, quam nos appellamus *Rottæ,* quia cytharam habet. » (Epist. 89. Du Cange, *Gloss.,* Rotta.)

[24] Voy. Martin Gerbert, *De cantu et musica,* lib. III, cap. III.

[25] C'est cette forme circulaire donnée à la cithare, à dater du VIIIe siècle, qui lui a valu le nom de *rotta.*

[26] *Branche des royaux lignages,* vers 7123 et suiv.

[27] *Estive,* sorte de cornemuse.

[28] *Roman du renard,* vers 27073 et suiv.

[29] A Chartres, à Paris, à Sens.

[30] *Bible française,* biblioth. du Corps législatif (XIIIe siècle). On donnait à ces carillons, au XIIIe siècle, le nom d'*orloge.*

[31] *Sambue,* char ou litière.

[32] *Li Roumans dou chastelain de Couci,* vers 689 et suiv. (fin du XIIe siècle).

[33] « A sa selle et à ses rênes. »

[34] « Cinq cents clochettes pour le moins. »

[35] « Comme la famille d'Arlequin. » *Renart le nouvel,* vers 530 et suiv. (XIIIe siècle). (On parle aussi en Normandie, au Moyen Age, de « chasse Hellequin », la « chasse du diable », qui passe à grand fracas dans le ciel.) (NDE)

Vers la fin du XIVe siècle et au commencement du XVe, alors que, pour les hommes, la mode était de porter au cou de grosses chaînes d'or, celles-ci étaient parfois garnies de clochettes ou de grelots **(fig. 3)** [36]. Mais il n'y avait que les personnages de marque qui pouvaient se permettre ce luxe, et cela n'eût pas été admis chez les petits gentilshommes et chez les bourgeois.

A la fin du XVe siècle, les personnages qui, chez les grands, remplissaient la charge de fous, étaient les seuls qui portassent des clochettes ou grelots attachés à leurs habits.

COR, s. m. Instrument à vent plus petit que la busine et plus grand que l'olifant. Le cor se distingue de la busine, de la corne, du cornet, de l'olifant, de la trompe et de la trompette. Cependant les poètes le confondent parfois avec l'olifant, qu'ils appellent un cor d'ivoire :

« Uns petis enfés espia
« Desous le lit .j. cor d'ivoire
« Que li rois, ce conte l'estoire,
« Soloit tos jors en bos porter [37]. »

Mais ce qui distinguait particulièrement le cor de l'olifant, c'est que le premier était très-recourbé, de façon à ramener le pavillon par-dessus l'épaule. Voici un passage de Joinville qui le prouve :

« Avec le prince (d'Antioche) viendrent quatre menestriers de la grande Hyerménie, et estoient freres ; et en aloient en Jerusalem en pelerinage, et avoient trois corz dont les voiz (les pavillons) des corz leur venoient parmi le visage. Quand il encommençoient à corner, vous deissiez que ce sont les voiz des cynes qui se partent de l'estanc ; et fesoient les plus douces melodies et les plus gracieuses, que c'estoit merveilles de l'oyr [38]. »

On disait *cors grelloïier* pour *cors sonner* :

« Ly connestable prist ung cor à grelloiier [39]. »
« Qui lors oïst tentir buisines
« Trompes sonner, corz grelloier [40]. »
Ces cors, très-recourbés, étaient faits de laiton :
« Li dus n'i fist plus atendue,
« .i. cor fait sonner de laiton [41]. »

Dans les châteaux, on annonçait les repas au son du cor : c'est ce qu'on appelait *corner l'eau,* c'est-à-dire prévenir les convives qu'ils eussent à se laver avant de se mettre à table. Les guetteurs n'avaient pas de cors, mais des cornes ou des olifants.

CORNE, s. f. (*cor d'ivoire, olifant, trompe de chasse*). Ces instruments sont à peu près identiques par la forme et l'usage. On les portait en bandoulière, et ils étaient fabriqués en bois, en cuir bouilli, en ivoire, en corne et en métal. La structure naturelle à la corne de bœuf, à la dent d'éléphant, avait commandé la forme bien connue de cet instrument à vent, qui ne pouvait donner qu'un nombre de notes très-limité, obtenues par un mouvement des lèvres dans l'embouchure. Les chasseurs cependant avaient, dès le XIVe siècle, un certain nombre d'airs notés qu'on sonnait dans cette trompe primitive. La corne variait de longueur entre 0m,50 et 0m,35 ; recourbée, elle était munie d'une embouchure hémisphérique de métal. Ce qui distingue la corne du ménestrel de la corne de chasse et de l'olifant, c'est que la première est percée de trous non-seulement le long de son tube, mais autour du pavillon. Cette corne permettait de moduler des airs avec plus ou moins de force, tandis qu'avec l'olifant et la corne de chasse on ne pouvait que donner un petit nombre de notes à plein souffle.

Voici **(fig. 1)** un exemple très-intéressant de ce genre de corne spécialement jouée par les ménestrels. Il provient d'un des chapiteaux de la nef de l'église abbatiale de Vézelay [42]. Ces instruments étaient faits de bois ou de cuir bouilli, comme les *douçaines* et les secondes flûtes.

Le ménestrel que représente notre figure, et qui s'efforce de charmer un monstre, a pendue à son côté une *gigue* à trois cordes avec son archet **(voy. GIGUE)**.

Les cors ou cornes de chasse étaient souvent de métal précieux ou garnis richement d'or et d'argent. Siegfried, dans les *Niebelungen,* porte à la chasse un cor d'or [43].

Le duc Begues est en chasse, il s'est perdu à la poursuite d'un sanglier qu'il tue. Un voleur le guette :

« Quant cil le vit si bien aparillié

« De bel aroi et de courant destrier,
« Hueses chauciés et esperons d'or mier [44],
« Et a son col un cors d'ivoire chier
« A neuf viroles de fin or loiés ;
« La guiche en fu d'un vert paile prisiés [45].

Beaucoup plus tard nous voyons les chasseurs porter la corne de chasse en bandoulière, et cet usage se conserva jusqu'au XVIe siècle.

Dans le beau manuscrit, le *Livre de la chasse* de Gaston Phébus, de la Bibliothèque impériale [46], les nobles chasseurs et les veneurs à cheval et à pied ont une corne pendue sur la cuisse droite **(fig. 2)**. La guiche,

pour les veneurs à pied, est croisée par-dessous le cornet, par-dessus pour les chasseurs à cheval. Ainsi, le poids de la guiche, qui était de cuir revêtu de velours, avec clous dorés ou d'argent pour les nobles et de laiton pour le commun des veneurs, empêchait le cornet de sauter à chaque mouvement de la monture. L'instrument était suspendu à un lacet croisé, ce qui permettait de l'emboucher facilement. Dans ces peintures, les cornes sont indiquées d'un ton gris très-foncé, sans agréments, ce qui ferait supposer qu'elles étaient faites de corne ou de cuir bouilli, les objets de métal étant toujours, dans les vignettes de cette époque, colorés en or, en argent, en gris très-clair ou en jaune. Outre les clous d'or ou d'argent, les guiches de chasse sont piquées sur les bords de fil blanc. **(Voyez, pour les cors d'ivoire, l'article OLIFANT).**

CORNEMUSE, s. f. (*muse, musette, chevrette, turluele*). Le mot *cornemuse* n'est pas très-ancien, on ne le trouve pas employé avant le XIVe siècle. Le mot latin *cornemusa* se lit dans une pièce de 1357 [47].

Dans l'article CHEVRETTE, un vers cité de Guillaume de Machaut distingue la cornemuse de la chevrette. Les cornemuses figurées dans les manuscrits et les sculptures antérieurement au XIVe siècle ne sont que de grosses chevrettes, composées d'une peau de bouc, d'une pipe et d'une grande flûte avec anche. La jolie statue du cornemuseur qui décore la façade de la maison des *Musiciens* à Reims nous montre un de ces

instruments tels qu'ils étaient usités au XIIIe siècle [48]. Ce n'est qu'une grosse chevrette, garnie d'une pipe et d'une flûte plate percée de trous **(fig. 1)**. La flûte, terminée par une tête d'animal en guise de pavillon, s'emmanche dans une autre tête de bête attachée au col de la peau de bouc. Le corps de la flûte possède un renfort du côté de la main droite, dont nous ne comprenons pas l'usage. Dans cette chevrette, le *bourdon* n'existe pas encore, non plus que le *petit bourdon*. Dans un manuscrit du XIVe siècle [49], nous voyons déjà cependant une cornemuse garnie du bourdon **(fig. 2)** ; sa flûte est percée de sept trous. Un autre manuscrit du commencement du XVe siècle [50] reproduit également une cornemuse avec son bourdon parfaitement caractérisé, posé sur l'épaule du joueur **(fig. 3)**. Mais la flûte est unique et la cornemuse ne possède pas le petit bourdon qui fait entendre la *dominante* dans les cornemuses modernes. Toutefois cette flûte est beaucoup plus longue que ne l'est le chalumeau actuel, lequel est petit et n'est percé que de trois trous [51].

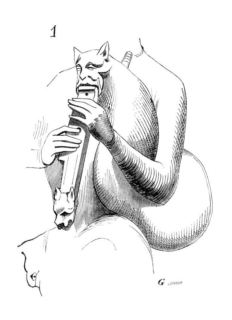

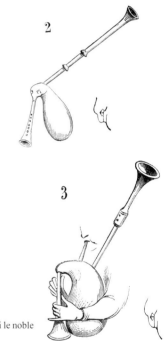

[36] Manuscr. de *Tristan et Yseult,* Biblioth. impér. Voyez aussi le noble veneur, fig. 2, à l'article CORNE.

[37] *Du roi Guillaume d'Angleterre,* chron. anglo-normande, publ. par M. F. Michel, t. III, p. 55.

[38] *Hist. de saint Louis,* édit. de M. F. Michel et Didot, p. 160.

[39] *Hugues Capet,* vers 1636.

[40] *Branche des royaux lignages,* vers 10216.

[41] *Roman de la violette,* vers 2561.

[42] Premières années du XIIe siècle ; bas côté méridional.

[43] Seizième aventure.

[44] D'or fin.

[45] *Guiche* ou *guige,* bande de cuir ou d'étoffe à laquelle le cor est suspendu. On dit aussi la *guiche* de l'écu, pour désigner la courroie au moyen de laquelle l'écu est suspendu au cou (voy. la partie des ARMES, à l'art. ÉCU. — *Li Romans de Garin le Loherain,* 3e chanson, chap. V (XIIe siècle).

[46] Dernières années du XIVe siècle.

[47] Voyez du Cange, *Gloss.,* CORNEMUSA.

[48] La construction de la maison des Musiciens de Reims date du milieu du XIIIe siècle.

[49] De 1320 environ : *Lancelot du Lac,* 2e vol., Biblioth. impér.

[50] De 1430 environ, Biblioth. impér., latin, n° 873.

[51] Dans la cornemuse moderne, le bourdon fait la basse continue, le petit bourdon donne la dominante, et le chalumeau sert à moduler les airs.

Il est possible que le nom de *cornemuse* n'ait été donné à la *musette* ou *muse* qu'après l'adjonction du bourdon, qui n'est qu'un cornet. Dans le *Dict des rues de Paris,* qui date du XIVᵉ siècle, on lit ces vers :

« En la rue du Marmouset
« Trouvai un homme qui mu fet
« Une muse corne bellourde [52]. »

Ce passage concordant, comme date, avec la **figure 2**, permettrait de supposer qu'on donna, au XIVᵉ siècle, le nom de *muse-corne* aux musettes garnies du bourdon.

CROUTH, s. m. Instrument à cordes et à archet. « Il y a, dit M. Fétis [53], deux sortes de *crouth,* lesquelles appartiennent à des époques différentes. Le plus ancien de ces instruments est le *crouth trithant,* c'est-à-dire le crouth à trois cordes : il est vraisemblable que c'est celui-là dont parle Venance Fortunat [54]. Peut-être même ce crouth primitif n'avait-il que deux cordes, comme en eurent encore longtemps après d'autres instruments. Un manuscrit du XIᵉ siècle, et qui provient de l'abbaye de Saint-Martial de Limoges [55], contient quelques figures d'instruments grossièrement dessinées, parmi lesquelles il s'en trouve une qui représente un personnage couronné, lequel tient de la main gauche un crouth à trois cordes qu'il joue avec l'archet de la main droite **(fig. 1)**. L'instrument se reconnaît à l'échancrure par où passe la main pour poser les doigts sur les cordes. » Nous voyons encore le crouth figuré dans les voussures du portail de l'église impériale de Saint-Denis **(fig. 2 [56])**. Toutefois cet instrument semble appartenir plus particulièrement à l'Angleterre gaélique et saxonne qu'à la France. Le crouth à six cordes succéda au crouth à trois cordes. M. Fétis ne saurait déterminer l'époque précise où cette modification se fit. Mais, en 1770,

Daines Barrington avait entendu jouer encore du crouth à six cordes par John Morgan, né en 1711 dans l'île d'Anglesey, et il fournit le dessin de cet instrument [57], dont M. Fétis donne la description suivante : « Cet instrument **(fig. 3)** a la forme d'un trapézoïde allongé, dont la longueur, du sommet à la base, est de 0m,67 ; la plus grande largeur, près du cordier, est de 0m,27, et la plus petite, au sommet du trapèze, est de 0m,23. L'épaisseur de la caisse sonore, composée de deux tables de sycomore et d'éclisses, est de 0m,05, et la longueur de la touche est de 0m,28. Des six cordes dont l'instrument est monté, deux sont en dehors de la touche : elles sont pincées à vide par le pouce de la main gauche ; les quatre autres, placées sur la touche, se jouaient avec l'archet. Ces cordes sont attachées par leur extrémité inférieure au cordier, lequel est fixé de la même manière que dans les anciennes violes ou quintons. Dans certains instruments, par exemple dans celui dont Daines Barrington a donné la figure, ce cordier offre, au point

E. GUILLAUMOT

d'attache des cordes, une ligne droite et parallèle à la base du crouth **(voyez la figure 3)** ; mais, dans d'autres, ce cordier a la direction oblique qu'on remarque dans celui de la *viole bâtarde* à six cordes. L'extrémité supérieure des cordes passe par des trous percés dans le massif du haut de l'instrument, s'appuyant sur des sillets, et est attachée au revers de la tête par des chevilles, lesquelles se tournent avec une clef ou levier, à la manière de la guitare [58].

« La table est percée de deux ouïes rondes, dont le diamètre est de 0m,03. Le chevalet est la partie la plus singulière de l'instrument….. ; le haut du chevalet présente une ligne droite. Il résulte de cette circonstance, et de ce que le corps de l'instrument n'avait pas d'échancrures pour le passage de l'archet, que celui-ci devait toucher plusieurs cordes à la fois, et par conséquent produire une harmonie quelconque en raison du doigté….. Une autre particularité du chevalet du crouth lui donne beaucoup d'intérêt pour un observateur instruit : elle consiste dans l'inégali-

G JUNIOR

té de hauteur de ses pieds et dans sa position. Placé obliquement, en inclinant vers la droite, il a le pied gauche long d'environ 0m,7. Ce pied entre dans l'intérieur de l'instrument par l'ouïe gauche, s'appuie sur le fond, et le pied droit, dont la hauteur est d'environ 0m,02, est appuyée sur la table, près de l'ouïe de droite. Il résulte de cette disposition que le pied gauche remplit les fonctions de l'âme dans le violon, et qu'il ébranle à la fois la table, le fond et la masse d'air contenue dans l'instrument. — « Cette description du savant professeur est des plus curieuses et elle fait assez voir combien l'art du luthier était perfectionné au XVe siècle, car les crouth à six cordes sont mentionnés dès cette époque. Le dos du crouth à six cordes était voûté, c'est-à-dire que la table de dessous était convexe, ce qui donnait plus de sonorité à l'instrument. M. Fétis considère le crouth comme le père, en Occident, des instruments à archet ; il est à croire qu'il a raison. Mais cet instrument, peu usité en France à la fin du XIe siècle, était remplacé par la rubèbe ou la gigue, instrument à archet monté à trois cordes, puis par la viole ou vièle, montée à quatre et même cinq cordes. (Voy. Gigue, Viele.)

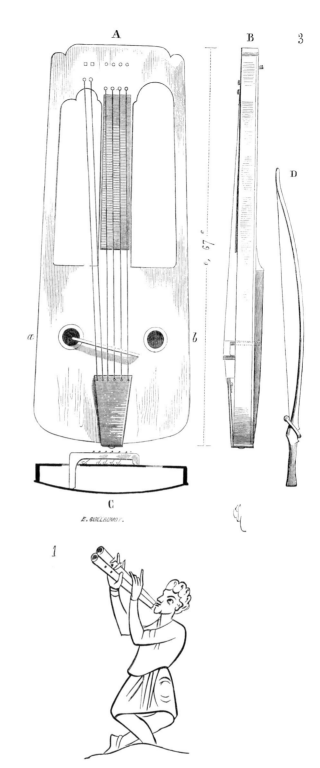

E. GUILLAUMOT.

DOUÇAINE, s. f. (*douceine*). Il nous serait difficile de donner sur cet instrument des renseignements quelque peu précis. Des auteurs prétendent que la douçaine est un instrument à vent, une sorte de flûte [59] ; d'autres assimilent la douçaine à une vielle ou viole, se rapprochant par la forme du corps sonore, de l'instrument à cordes qu'on appelait mandore au XVIe siècle. La douçaine alors aurait été pincée. Nous sommes porté à croire cependant que la douçaine était une seconde flûte ; car, dans les textes, cet instrument est cité parmi des instruments à vent. (Voy. Flute.)

FLUTE, s. f. (*fluste, fleute, flahutiele, flajos, flajole*). Dans des manuscrits qui datent du Xe siècle, on voit souvent la flûte double figurée, et cet instrument se retrouve jusque vers la fin du XIIIe siècle. Voici, **figure 1**, un joueur de flûte double à deux embouchures, représenté sur une vignette du Xe siècle [60], et, **figure 2**, une flûte double dont les corps sont unis par une frette et qui se termine par un seul pavillon [61]. L'un des tubes de ce dernier instrument est percé de cinq trous, l'autre de six, mais le dessinateur a-t-il

[52] « Trouvai un homme qui m'a fait une cornemuse balourde, grossière. » Voy. *Fabl. et Contes,* publ. par Barbazan. Crapelet, 1808, t. II, p. 251.

[53] *Ant. Stradivarius, origine et transformations des instruments à archets,* par M. F. J. Fétis. M. Vuillaume édit., Paris, 1856.

[54] Évêque de Poitiers, 565.

[55] Antiphonaire de l'abbaye Saint-Martial de Limoges. Biblioth. impér., latin, n° 1118 (XIe siècle).

[56] D'après un dessin fait en 1835, avant la mutilation de ces sculptures, auxquelles aujourd'hui on ne saurait se fier.

[57] Reproduit dans la notice précitée de M. Fétis.

[58] Notre figure 3 donne en A la face antérieure du crouth, en B son profil, et en C la coupe faite sur *ab.* Cette coupe fait voir comment le chevalet pose un de ses pieds sur la table de fond. En D, est figuré un archet copié sur une peinture du XVe siècle.

[59] *Hist. de la vie privée des Français,* par Legrand d'Aussy, t. III, p. 382.

[60] Bible, fonds de Saint-Germain, latin, Biblioth. impér. (Xe siècle).

[61] Antiphonaire provenant de l'abbaye Saint-Martial de Limoges (XIe siècle), Bibliothèque impér.

supposé l'un des trous bouché par le petit doigt de la main droite ? Cependant si grossières que soient les vignettes qui ornent cet antiphonaire, l'artiste semble, dans toutes, avoir eu la prétention d'indiquer exactement, au moins, le nombre des cordes et le nombre des trous sur les divers instruments qu'il reproduit.

2

La flûte simple et la flûte double datent d'une haute antiquité. Dans les débris de l'époque gauloise et gallo-romaine, on trouve souvent des fragments de flûtes d'os, ce qui permet de supposer que nos aïeux prisaient fort cet instrument. Les jongleurs, les ménestrels, jouaient de la flûte pour accompagner les danses, les tours de leurs confrères, et aussi lorsqu'il s'agissait de précéder certains personnages ou des gens qui allaient se réjouir quelque part. Il s'agit d'un jeune chevalier, modèle de prouesses et de belles manières :

« Si los con entrés estoit mais,
« A l'ajornée se levoit,
« .V. jongleres od lui menoit,
« Flahutieles et calimiaus,
« Au bos s'en aloit li dansiaus [62] ;
« Le mai aportoit à grant bruit,
« Molt par estoit de grant déduit [63]. »

Lors de la dédicace du monastère du Mont-Saint-Michel, le peuple du bourg se livre à toutes sortes de réjouissances :

« Cors e boisines e fresteals [64]
« E fleutes e chalemals
« Sonnoeut si que les montaignes
« En retintoeut et les pleignes [65]. »

Les ménestrels, en jouant de la flûte, s'accompagnaient souvent d'un tambourin maintenu sur l'épau-

le gauche au moyen d'une courroie, et qu'ils faisaient résonner sourdement avec la tête. Une des statues de la façade de la maison des Musiciens à Reims, reproduit un de ces jongleurs **(fig. 3** [66]**)**. Cette manière de jouer de la flûte avec accompagnement de tambourin s'est perpétuée jusqu'au commencement du siècle dans les campagnes. La flûte que donne la figure 3 est percée de quatre trous, très-probablement ; la main droite paraissant boucher le quatrième.

Il paraîtrait qu'au XIIIe siècle, les ménestrels jouaient aussi de la flûte double dont les tubes étaient de longueurs inégales. C'est du moins ce que ferait supposer une vignette très-intéressante d'un manuscrit de la Bibliothèque impériale [67] **(fig. 4)**. Cette petite peinture montre trois ménestrels : l'un joue de la vielle ou de la viole ; le second embouche deux flûtes d'inégales longueurs, à large pavillon comme nos clarinettes ; le troisième frappe sur un tambourin carré, qui n'est autre chose qu'une peau tendue sur un châssis, pendant qu'un quatrième personnage tire du vin pour rafraîchir les musiciens.

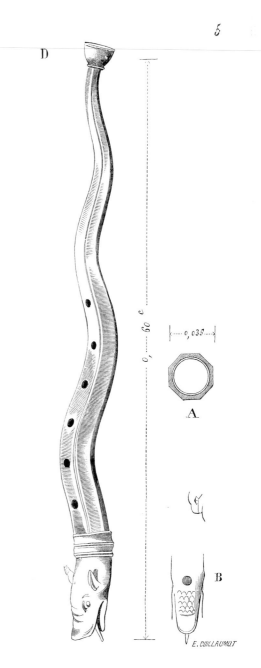

5

D

0,60 e

0,035

A

B

E. GUILLAUMOT.

3

4

236

Au XVᵉ siècle, on se servait de flûtes de cuir bouilli qui faisaient le *dessus* de l'instrument appelé *serpent* en ces derniers temps, et dont on usait non-seulement dans les églises, mais aussi dans les concerts profanes **(voy. SERPENT)**. M. Fau, qui possède une collection d'instruments de musique anciens, recueillis avec un goût parfait et une connaissance rare de ces objets, a bien voulu nous permettre d'en dessiner quelques-uns, parmi lesquels se trouve une de ces flûtes **(fig. 5)**. Le corps de l'instrument, ondulé, est complètement façonné en cuir bouilli d'un beau noir. La tête seule, qui forme pavillon, est peinte. La section du tube est un octogone **(voy. en A)** de 0m,035 de diamètre au point le plus fort. Le dessous de la tête **(voy. en B)** est percé d'un trou. Six trous sont percés sur le dessus du tube, et un seul en C au-dessous. L'embouchure, qui n'existe plus, était d'ivoire et hémisphérique **(voy. en D)**. L'instrument porte 0m,60 de longueur.

La flûte traversière paraît avoir été en usage dès le milieu du XIVᵉ siècle, puisque Eustache Deschamps la mentionne [68]. Ce poëte musicien, puisqu'il a composé une sorte de traité sur la musique, a laissé une jolie ballade intitulée : « *Du métier profitable.* » Il n'en est que deux, dit-il, celui du ménestrel et celui du jongleur :

« Ces deux ont partout l'avantaige,
« L'un en janglant, l'autre à corner
« Des instrumens ; lequel prendray-je ?
« Compains, a pran à flajoler.
« Les baulx instrumens sont trop chers,
« La harpe tout bassement va ;
« Vielle est jeux pour les moustiers,
« Aveugles chifonie aura,
« Choro bruit, rothe ne plaira,
« Et la trompe est trop en usaige ;
« Aussis est du foul le langaige [69] ;
« Néantmoins pour plus proufiter,
« Avoir argent, robe, héritaige,
« Compains, apran à flajoler.
« Car princes oyent voluntiers
« Le flajol.......... [70]. »

A en croire Eustache Deschamps, la flûte, le flageolet, étaient fort en honneur de son temps, et la plupart des instruments joués par les ménétriers étaient alors relativement peu prisés.

A la fin du XVᵉ siècle, dans les concerts, on jouait d'une grande flûte qu'on appelait *flûte bruyante,* et qui avait quelques rapports avec notre grande clarinette, sauf les clefs.

FRÉTEL, s. m. (*frestel, fresteal, sistre*). Flûte de Pan. Cet instrument, bien connu de l'antiquité, se compose, comme on sait, d'un certain nombre de tuyaux (roseaux) de différentes longueurs, assemblés les uns à côté des autres, et donnant plusieurs notes lorsque l'exécutant souffle obliquement dans chacun d'eux.

Cet instrument fut également usité pendant le moyen âge, et faisait sa partie dans les concerts. Au XIᵉ siècle, on le voit représenté dans l'antiphonaire provenant de l'abbaye de Saint-Martial de Limoges [71] **(fig. 1)**. Les sept tuyaux qui forment l'octave sont enveloppés dans une chape ; l'auteur du dessin a indiqué les sept trous des tuyaux, seuls ouverts pour recevoir le

souffle de l'exécutant. Cet instrument est souvent mentionné dans les romans des XIIᵉ et XIIIᵉ siècles, comme employé simultanément avec d'autres :

« Sonnent fléustes et fretel [72]. »

On le voit représenté sur le chapiteau de Saint-Georges de Boscherville (XIIᵉ siècle) **(fig. 2)**. Ici le frétel, parfaitement indiqué, est de forme triangulaire, et les chalumeaux sont enveloppés d'un treillis décoré. Mais, à dater du XIVᵉ siècle, le frétel semble relégué aux champs d'où il était sorti, et les miniaturistes ne le mettent plus qu'aux mains des pasteurs, des paysans.

GIGUE, s. f. (*gigle*). Instrument à cordes et à archet, auquel les Allemands, qui paraissent en avoir été les inventeurs, ont donné le nom de *Geige ohne Bunde* (*viole sans ceinture,* c'est-à-dire *sans éclisses* [73]). En effet, la gigue se compose d'une table d'harmonie appliquée sur un corps concave, courbe ou pentagonal, allongé en façon de demi-courge. La gigue n'était qu'un des instruments joués de préférence par les ménestrels. Avec la gigue, la rubèbe et le monocorde, on jouait le dessus, l'alto et la basse.

La gigue était habituellement munie de trois cordes attachées au corps de l'instrument, comme celles des guitares ou guiternes, du luth, de la mandore, et non à un cordier, comme celles de la vièle, et sans chevalet. Le manche de la gigue n'est point détaché comme celui de la vièle, mais bien le prolongement de la table d'harmonie percée de deux ouïes, de telle sorte — comme le dit M. de Coussemaker [74] — que le manche et le corps sonore ne semblaient former qu'une seule et même chose. Un des personnages du chapiteau de Saint-Georges de Boscherville (XIIᵉ siècle) joue de la gigue appuyée sur l'épaule, ainsi qu'on joue du violon aujourd'hui. Cette gigue a ses trois cordes attachées à un cordier, ce qui fait exception. La gigue donnée dans la **figure 1** de notre article CORNE n'a pas de cordier, et elle est d'une date antérieure à celle de Saint-Georges de Boscherville.

[62] « Le damoisel ».

[63] *Lai d'Ignaurès,* vers 27 et suiv. (XIIIᵉ siècle).

[64] *Fresteal, frestel,* ou *sistre.* C'est la flûte de Pan.

[65] *Roman du mont Saint-Michel,* vers 781 et suiv. (XIIIᵉ siècle).

[66] Milieu du XIIIᵉ siècle.

[67] Ancien fonds Saint-Germain, n° 37 (XIIIᵉ siècle).

[68] Sous le nom de *fleuthe traversaine.*

[69] Nous n'avons pu trouver la signification du mot *aussis.*

[70] Eustache Deschamps, *Ballades.*

[71] Biblioth. impér., latin, n° 1118.

[72] *Roman de la violette,* vers 2049 (XIIIᵉ siècle).

[73] On sait que les *éclisses* de la vièle ou de la viole, et du violon moderne, sont les parois latérales de l'instrument qui réunissent la table et la voûte en suivant leurs contours.

[74] *Essai sur les instruments de musique au moyen âge* (*Annales archéologiques,* t. VII, p. 327).

Voici **(fig. 1)** la copie d'une vignette d'un manuscrit de la Bibliothèque impériale [75], datant de 1410 environ, représentant la véritable gigue sans cordier et sans chevalet. Le cheviller est renversé comme celui du luth.

La gigue était un instrument moins perfectionné que n'était la vielle, et qui, pour être joué passablement, demandait moins d'habileté ; aussi était-il entre les mains des ménestrels et jongleurs les plus ordinaires.

« Toz les deduiz li font oïr
« Par com puet home resjoïr ;
« Gigues et harpes et vieles [76]. »

GRAISLE, s. m. (*graille, grelle*), espèce de cornet employé dans les combats ou pour donner des signaux, qui, par conséquent, avait un son éclatant, et qui ne donnait peut-être qu'une note comme le cornet à bouquetin.

« Vos etes tuit prodome vos qui ci remanez [77] ;
« Et je vos pri, par Deu qui maint anternité,
« Se vos oiez le graille an cel palais soner,
« A donc sachez de voir je me serai meslez [78]… »

dit Clarambaux aux barons, lorsqu'il s'en va avec quatorze chevaliers sommer le duc de Saint-Gilles de lui rendre raison ; et, en effet, la démarche n'ayant eu aucun succès, dégénérant en rixe,

« Et Clarembauz li vieuz a le graille soné. »

Dans la *Bataille d'Aleschans* [79] :

« Tant i sonerent grelles à la bondie,
« Cors et boisines meinent tel taborie,
« La noise ot l'en d'une liue et demie [80]. »

Quelques auteurs ont prétendu que le graisle était une sorte de hautbois. Les textes ne permettent pas cette hypothèse, puisqu'il est toujours question de graisles lorsqu'il s'agit d'appeler des troupes au combat. Le graisle devait donner un son aigu et retentissant. Du Cange dit que le graisle est une sorte de corne ou de trompette qui rend un son aigu et grêle.

Dans le *Roman de Garin le Loherain,* on lit ce vers :

« Charles Martiaus fait ses gresles soner [81]. »

Et dans le *Roman de Raoul de Cambrai :*

« Il a soné .l. graile menuier [82]. »

Le graille *menuier* était un cornet que les chevaliers portaient suspendu à l'arçon pour appeler leurs écuyers et varlets. C'était un diminutif de l'*olifant,* une trompe dont le son était moins grave. **(Voy. Corne.)**

GUITERNE, s. f. (*guisterne, quiterne*). Cet instrument à cordes pincées est un dérivé de la cithare et de la rote. Le mot *guiterne* ne paraît pas d'ailleurs avoir été employé avant le XIVᵉ siècle :

« Si r'a guiternes et léus [83]
« Par soi de porter es léus [84], »

Cet instrument était particulièrement employé pour accompagner les voix, ainsi que le fait connaître Eustache Deschamps dans son chapitre *De musique :*
« Et ainsi puet estre entendu des autres instrumens des voix comme rebebes, guiternes, vielles et psalterions, par la diversité des tailles, la nature des cordes et le touchement des doiz… [85]. »

La guiterne était pincée volontiers par les femmes, tandis que la vièle, comme aujourd'hui le violon, était plus spécialement réservée aux hommes :

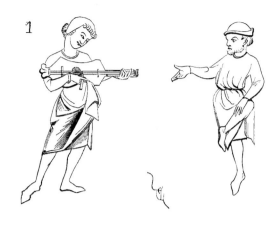

« La rue Gervese Lorens
« Où maintes dames ygnorens
« Y maingnent [86] qui de leur quiterne
« Enprés rue de la Lanterne [87]. »

Les vignettes des manuscrits, les sculptures sur ivoire, nous donnent, en effet, de nombreux exemples de ces rotes ou guitares dont la forme se rapproche habituellement de celle de la mandoline. Les unes sont jouées à l'aide d'un plectrum, les autres sont pincées. Le manuscrit de *Tristan et Yseult* [88] nous montre, figuré sur l'un de ses entourages, un ménestrel jouant de la guiterne, debout, avec un plectrum, pendant qu'un jongleur exécute un pas **(fig. 1)**. Cette guiterne est montée de trois cordes sans cordier, mais avec chevalet. La table d'harmonie est percée d'une ouïe et échancrée, ce qui est rare.

Dans le *Roman de Troie,* composé par Benoist de Sainte-More, et qui date du XIIIᵉ siècle [89], on voit un autre ménestrel jouant de la guiterne, debout. Cet instrument se rapproche de la forme du luth ; son cheviller est renversé, et les six cordes pincées paraissent montées sur une sorte de cordier relevé en façon de hausse. La table d'harmonie est percée d'une ouïe circulaire très-large **(fig. 2)**.

Un charmant ivoire faisant partie d'un coffre du musée de Cluny [90], et qui date du commencement du XIVᵉ siècle, nous montre deux jeunes gens assis pinçant de la guiterne ou du luth **(fig. 3)**. L'un de ces instruments, en forme de mandoline montée de quatre cordes, a son chevillier renversé ; l'autre a le corps plus allongé, et possède un chevillier très-singulièrement détourné et qui paraît porter sept chevilles.

Nous avons trouvé, dans les fragments des sculptures qui autrefois décoraient les tombeaux du chœur de l'église abbatiale d'Eu [91], une guiterne touchée avec un plectrum, montée de sept cordes, avec chevillier renversé et creux **(fig. 4)**.

Le nom de *rote* était donné à cet instrument jusqu'au XIIIe siècle, et la rote n'était originairement qu'une variété de la cithare **(voyez CITHARE)**.

Les cordes de la rote, qui atteignent parfois le nombre dix sept, étaient pincées ou touchées à l'aide du plectrum, et la rote, comme la guiterne, accompagnait souvent les voix.

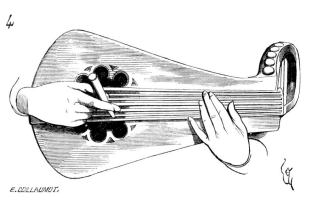

Quand le roi Richard Cœur-de-Lion est prisonnier, la désolation est grande en Normandie.

« Mult aveit par la terre plors è dementoisons,
« N'a vieles ne rotes, rotuenges ne sons
« Néis [92] li enfez plorent par plusors des mesons [93]. »

Le mot *rotuenges* signifie une sorte de chanson avec accompagnement de rote. Voici encore un texte qui prouve comment la rote accompagnait les chansons et lais.

« La nuit, après souper, le roi s'assit devant le dais, sur un tapis, pour se divertir avec ses barons et son fils :

« Le lais escoutent d'Aielis
« Que uns Yrois [94] doucement note
« Mout le sonne ens sa rote,
« A priès celi d'autre commenche,
« Nus d'iaus ni noise ne ni tenche ;
« ………. [95]. »

L'un des personnages des chapiteaux de Saint-Georges de Boscherville [96] tient une rote sur son giron, et cet instrument n'est qu'une cithare dont la partie supérieure est arrondie, et dont les cordes s'attachent à la partie inférieure, sur une boîte sonore **(fig. 5)**. A la droite du personnage, un autre musicien tient sur ses genoux un autre instrument qui semble être déjà un intermédiaire entre la rote et la guiterne **(fig. 6)**. Cet instrument, composé d'une table d'harmonie percée d'ouïes, posée sur un fond bombé comme le dos de la mandore, est dépourvu de manche.

[75] *Le livre des merveilles du monde,* 1404 à 1417.

[76] *Extraits de Dolopathos.*

[77] « Restez ».

[78] « Je serai dans la mêlée. » *Li Romans de Parise la Duchesse* (XIIIe siècle), édition Techener, p. 193.

[79] *Guillaume d'Orange.*

[80] Vers 462 et suiv.

[81] Chap. XIV.

[82] Édit. Techener, p. 200.

[83] *Léus,* luths.

[84] *Roman de la rose,* partie de J. de Meung, vers 21286.

[85] Eust. Deschamps, édit. de Crapelet, p. 265.

[86] « Demeurent ».

[87] *Le Dict des rues de Paris,* XIVe siècle (voy. *Fabl. et Contes,* Barbazan, t. II, p. 251).

[88] Bibliothèque impér. (environ 1260).

[89] Manuscr. de la Biblioth. impériale. Les miniatures de ce manuscrit, exécutées assez lourdement, paraissent être d'une main italienne.

[90] N° 1985 du Catalogue.

[91] Magasins du chantier.

[92] « Même ».

[93] Le *Roman de Rou,* vers 3093 et suiv. (fin du XIIe siècle). — On lit aussi, dans *li Romans de Brut,* ces vers :

« Mult poïssiés oïr chançons,
« Rotruanges et noviax sons. »
(Vers 10825.)

[94] « Irlandais ».

[95] *Lai de l'Espine,* vers 280 et suiv., *Poésies* de Marie de France (XIIIe siècle).

[96] XIIe siècle.

Il semble que les cordes sont éloignées de la table par un chevalet placé plus près du cheviller que du cordier. M. Fétis considère la rote comme une cithare [97], et il n'admet pas que la rote ait jamais été jouée avec l'archet. Il est certain que tous les monuments figurés indiquent des instruments assez semblables à la cithare primitive du moyen âge, mais ayant une partie circulaire, et dont les cordes, tendues sur un corps sonore, sont pincées ou touchées par les exécutants ; que ces instruments, d'abord posés sur les genoux, et dont les cordes prennent la position verticale, s'allongent peu à peu et finissent par être garnis d'un manche ; qu'alors ils sont joués, les cordes ayant la position horizontale. Ainsi que le montrent les figures précédentes, il semble que la rote est appelée *guiterne* à dater de cette modification importante.

Le *luth,* ou *leü, lou, luz,* est signalé déjà par les auteurs du XIVᵉ siècle. Le luth n'était qu'une des formes des rotes et guiternes, et il se confond souvent avec ces derniers instruments. A la fin du XVᵉ siècle, les luths semblent être définitivement fabriqués sur un type admis. Il y avait alors deux sortes de luths de dimensions différentes, mais semblables quant aux proportions et au nombre de cordes. Le luth **(fig. 7)** se compose d'un corps sonore volumineux, très-bombé, recouvert d'une table d'harmonie percée d'une ouïe. Son manche est assez court, et le cheviller est renversé en potence, à angle droit ; ce manche n'est que la prolongation de la table d'harmonie. Les cordes sont attachées, à la base de la table, à des boutons avec sillet. La partie courbe du corps sonore est faite de feuillets de bois collés, et forme ainsi, en section transversale, un demi-polygone [98].

7

E. GUILLAUMOT

Les mandores, mandolines, appartiennent à la même série d'instruments ; leurs formes sont très-variées dès la fin du XVᵉ siècle. Nous donnons, planche LI, le dessin de l'un de ces jolis instruments faisant partie de la collection de M. Fau. Bien que cette guiterne si fine de tracé appartienne à la fin du XVIᵉ siècle, elle présente, avec quelques-unes de celles représentées sur des vignettes du XVᵉ siècle, une si parfaite analogie, que nous croyons utile de la reproduire ici. Les touches sont d'argent, ainsi que le cordier, fixé sur l'épaisseur de la base du corps sonore. Le manche est, au revers, garni d'une baguette servant à conduire le pouce de la main gauche. La section A de ce manche fait voir ce renfort directeur. Le cheviller, légèrement renversé, porte neuf chevilles, et les neuf cordes passent sur un chevalet B

peu élevé et droit. En C, est tracé le revers du cheviller, et en D l'instrument vu géométralement de côté. Le corps sonore, inégal en épaisseur, a 0m,045 près du manche et 0m,024 au cordier. L'ouïe est garnie d'une jolie découpure, et la table d'harmonie est, sur les bords, incrustée de filets avec alternances d'un charmant effet. On observera que le cordier ne porte que quatre crochets et un bouton pour attacher les neuf cordes **(voy. en E)**.

HARPE, s. f. Instrument à cordes, inégales de longueur, tendues entre deux pièces de bois formant un angle plus ou moins ouvert. Les anciens connaissaient la harpe : on en voit de fort belles, et d'une grande dimension, dans les peintures et sculptures égyptiennes [99]. La harpe, chez les Grecs, n'est autre que la *cithare.* Les Romains l'appelaient *cinara,* et les Celtes *sambuque, harp, harpa.*

Les harpes antiques n'étaient montées que de treize cordes, accordées selon l'ordre de la gamme diatonique.

La harpe égyptienne se compose seulement du bras supérieur (la console) et du corps sonore (table d'harmonie) ; elle ne possède pas de colonne : de telle sorte que la tension des cordes pouvait avoir une influence sur l'ouverture de l'angle formé par ce bras supérieur et la table d'harmonie. On voit une harpe ainsi disposée, mais de petite dimension, figurée dans une Bible du Xᵉ siècle **(fig. 1)** [100]. Cette harpe est garnie de quinze cordes, en admettant que le dessinateur se soit piqué d'exactitude. Le bras supérieur horizontal est puissant et le corps sonore d'une grande capacité.

1

L'abbé Gerbert donne, d'après le manuscrit de Saint-Blaise, qui date de la même époque, une harpe montée de douze cordes et qui possède une colonne [101]. La colonne est la pièce de bois qui réunit l'extrémité de la console à la base du corps sonore, et qui empêche les cordes, par leur tirage, d'influer sur l'ouverture de l'angle.

Les cordes de la harpe sont pincées des deux mains, la partie supérieure du corps sonore étant appuyée sur la poitrine de l'exécutant. A dater du XIIe siècle, les harpes sont souvent de petites dimensions, et peuvent être jouées la base du corps sonore posée sur les genoux. On voit dans le musée de Toulouse, sur un bas-relief du XIIe siècle, une très-petite harpe, ou plutôt une cithare sans colonne, et dont le bras supérieur horizontal paraît être muni de huit touches **(fig. 2)**. Cette harpe est montée d'un grand nombre de cordes (vingt-quatre au moins), qui paraissent répondre par groupes de trois à chacune des touches, lesquelles, peut-être par un renvoi à bascule, appuyaient sur les cordes comme le font les pédales. Mais cette sculpture n'est point détaillée d'une manière assez précise pour qu'il soit possible de se rendre un compte exact de ce mécanisme et de son utilité. Nous laissons aux personnes plus compétentes que nous en ces matières à discuter cette question.

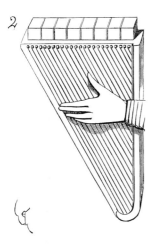

Au XIIIe siècle, la harpe est habituellement de petite dimension, et jouée souvent debout. Elle était alors suspendue au cou **(fig. 3)** [102]. Ces harpes sont dès lors toujours munies de la colonne ; mais celle-ci est courbée de manière à donner aux mains plus d'aisance et à s'assembler plus solidement à la base du corps sonore. La table d'harmonie est percée d'ouïes latéralement. L'exemple que nous donnons ici n'est monté que de neuf cordes.

Les sculptures du portail occidental de la cathédrale de Chartres (milieu du XIIe siècle) nous montrent de très-belles harpes de dimension médiocre, et dont les cordes sont disposées avec adresse pour faciliter le jeu. On voit une de ces sortes de harpes, jouée par un ménestrel, sur la façade de la maison des Musiciens à Reims [103]. Les harpes des sculptures du portail de Notre-Dame de Chartres, bien que de petite dimension, — puisque la console, étant à la hauteur de l'épaule, le pied du corps sonore descend à peine aux genoux, — sont montées de dix et de quinze cordes ; leur corps sonore est volumineux, et, comme son épaisseur près du bras supérieur serait gênante pour la main gauche qui pince les cordes les plus hautes, ce bras supérieur ou console n'est pas dans le plan de la table d'harmonie **(fig. 4)**. Cette disposition est expliquée par la projection horizontale de l'instrument, tracée en A. Ainsi la main gauche touchait avec facilité les cordes courtes se rapprochant

du sommet de l'angle, ce qu'elle n'aurait pu faire si ces cordes eussent été tendues dans l'axe de la table d'harmonie. On voit parfaitement, sur l'instrument de la maison des Musiciens de Reims, que les cordes étaient tendues à l'aide de clefs ou de leviers qui agissaient sur des carrés fixés à la console. Ce dernier instrument est d'ailleurs plus grand que ceux donnés ici : le pied du corps sonore touche à terre, l'exécutant est assis la harpe entre ses jambes, et le bras supérieur est à la hauteur de la tête.

Nous n'avons pas de représentation de la *saquebute,* qui était, disent quelques auteurs, une sorte de harpe de très-grande dimension, puisqu'elle atteignait quatorze pieds [104] ; à moins d'admettre que cet instrument n'était autre que le monocorde, dans le corps sonore duquel étaient tendues des cordes métalliques dont la vibration produisait un accord lorsqu'on pinçait l'unique corde tendue devant la table d'harmonie. **(Voy. MONOCORDE.)**

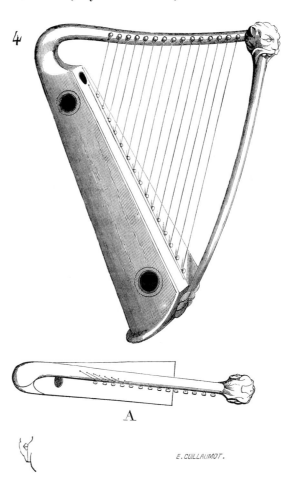

A

E. GUILLAUMOT.

[97] *Origine et transformations des instruments à archet.*

[98] Voyez la collection du Conservatoire de musique de Paris ; voyez aussi le *Triomphe de l'empereur Maximilien.*

[99] Voyez les deux joueurs de harpe de Ramsès III (XXe dynastie), dans l'*Hist. de l'art égyptien,* par M. Prisse d'Avennes (peintures). L'une de ces harpes a près de 2 mètres de hauteur et est montée de onze cordes ; l'autre, moins haute, est montée de treize cordes.

[100] Manuscr. de la Biblioth. impériale, fonds Saint-Germain, latin : musiciens jouant devant la statue de Nabuchodonosor.

[101] Voyez Martin Gerbert, *De cantu et musica,* lib. III, cap. III. M. de Coussemaker a reproduit cette gravure dans les *Annales archéolog.,* t. III, p. 148.

[102] Manuscrit de la Biblioth. impériale.

[103] Voyez la copie de cette statue dans le tome VIII du *Dictionn. d'archit.,* à l'article SCULPTURE, fig. 22 (XIIIe siècle).

[104] *Dictionnaire* de Furetière.

Les jongleurs ne se servaient guère que de petites harpes, et les suspendaient au cou. A l'aide de cet instrument, ils exécutaient des morceaux d'ensemble **(fig. 5)** [105]. On observera que la partie supérieure des tables d'harmonie de ces harpes est munie d'une poignée ou anse, qui permettait de les suspendre au cou si l'on voulait pincer les cordes des deux mains. Dans cet exemple, les exécutants paraissent ne toucher les cordes que d'une seule main.

5

« Al siege ala comme jonglere
« Si fainst que il estoit harpere ;
« Il avoit apris à chanter,
« Et lais et notes à harper.
« Por aler parler à son frere,
« Se fist par mi la barbe rere,
« Et le cief par mi ensement
« Et un des grenons seulement ;
« Bien sambla lécéor et fol,
« Une harpe prist à son col [106]. »

Les Irlandais et les Bretons passaient pour les meilleurs *harpeurs :*

« Grans fu la joie, se saichiés de verté,
« Harpent Bretons et viellent jongler [107]. »

Dans le journal de la dépense du roi Jean, en Angleterre, nous voyons qu'il est payé pour le *roy des ménestereulx,* « une harpe, 2 nobles, valant 13 s. 4 d. [108] ».

La forme des harpes ne subit pas de graves modifications pendant le cours des XIVᵉ et XVᵉ siècles. Au XVIᵉ siècle, cet instrument est presque abandonné en France ; on ne le voit reparaître que beaucoup plus tard, mais avec d'importants perfectionnements.

LUTH, s. m. (*lou, leü, luz*). Instrument à cordes pincées, garni d'un manche, avec cheviller renversé, sans cordier et sans chevalet. Les cordes du luth étaient habituellement de métal, de cuivre, d'argent.

Ces cordes étaient au nombre de huit, et de neuf à la fin du XVᵉ siècle **(voyez GUITERNE).** Le luth servait, comme la guiterne, d'accompagnement à la voix, et était pincé de la même manière. Il existe encore quelques-uns de ces instruments qui datent du XVIᵉ siècle, notamment dans la belle collection du Conservatoire de musique. Parfois deux cordes du luth sonnaient à vide en dehors du manche, qui, par derrière, était renforcé d'une baguette puissante pour conduire le pouce.

LYRE, s. f. Instrument à cordes qu'on peut confondre, dans les premiers siècles du moyen âge, avec la cithare. L'antiquité grecque eut d'abord la lyre à trois cordes, puis à quatre, à cinq et sept cordes. La lyre antique des derniers temps se composait de deux montants fixés sur une table d'harmonie et d'une traverse supérieure horizontale. Les cordes étaient tendues verticalement de la table à la traverse entre les montants. Les cordes de la lyre étaient pincées

1

ou touchées avec un *plectrum.* Un manuscrit grec de la Bibliothèque impériale [109], du commencement du Xᵉ siècle, nous montre, parmi ses nombreuses miniatures d'une grande dimension et d'un caractère antique, un joueur de lyre. Cet instrument affecte une forme particulière. Il se compose **(fig. 1)** d'une table d'harmonie avec deux montants verticaux et une traverse oblique. A la table d'harmonie est adaptée en équerre une pièce de bois réunie à l'un des montants par un lien qui permet de tenir la lyre de la main gauche. L'exécutant touche les cordes, au nombre de dix, avec la main droite. Cette sorte de lyre peut être considérée comme une cithare. Il en est de même d'une lyre représentée dans la Bible du Xᵉ siècle de la Bibliothèque impériale [110]. Ce dernier instrument, toutefois, présente une disposition remarquable.

A la table d'harmonie inférieure sont fixés quatre cordiers distincts, posés à des hauteurs différentes **(fig. 2)**. Au premier et au dernier cordier sont attachées trois cordes ; aux cordiers deux et trois sont attachées quatre cordes. Ces cordes passent par des trous dans un large cheviller qui remplace la simple traverse des anciennes lyres. Deux potences qui font suite au cheviller permettent de porter la lyre sur l'épaule droite, soit d'un côté, soit de l'autre. Une courroie attachée derrière la table d'harmonie devait en outre permettre de fixer solidement l'instrument le long du corps ; à moins d'admettre qu'on touchait les cordes de la main gauche, et que la main droite maintenait la table d'harmonie, ce qui n'est guère probable : cet instrument devait être touché des deux mains, comme la harpe. La **figure 3** fera mieux comprendre la composition de cette lyre [111], qui devait avoir environ 0m,65 de hauteur. Il est à croire que les deux octaves étaient montées de manière à former un accord, *dessus* et *alto,* par exemple. L'abbé Gerbert donne, dans son traité *De la musique* [112] une *lyra* montée de cinq cordes et copiée sur le manuscrit de Saint-Blaise **(fig. 4)**. Les cinq cordes sont relevées par un chevalet et étaient touchées avec un plectrum suspendu en A. On observera que les cinq cordes ne sont pas tendues dans l'axe de l'instrument, mais un peu de côté, afin, probablement, de donner plus de facilité pour tenir la lyre, soit du pied, soit par le montant B. Il n'est pas question de la lyre à dater du XIIIᵉ siècle, et ce mot n'est employé qu'avant cette époque :

« Et mult sot de lais et de note,
« De viele sot et de rote,
« De lire et de saltérion [113]. »

Et ailleurs :

« Mult ot à la cort jugleors,
« Chanteors, estrumanteors ;
« Mult poïssiés oïr chançons,
« Rotruanges et noviax sons.
« Vieleures, lais et notes,
« Lais de vieles, lais de notes ;
« Lais de harpe et de fretiax ;
« Lyre, tympres et chalemiax,
« Symphonies, psaltérions,
« Monacordes, cymbres, chorons [114]. »

Le psaltérion semble avoir remplacé, à dater du XIIIᵉ siècle, ces instruments à cordes, qui tenaient plus encore de la cithare que de la lyre antique [115].

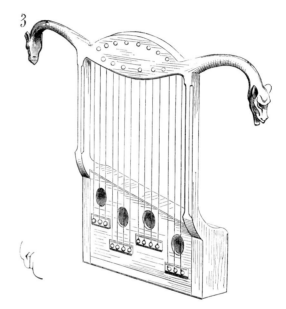
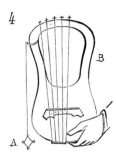

◼◼◼

MOINEL, s. m. Petite flûte simple, pipeau.

« Sonnent timbre, sonnent tabor ;
« Muses, saltères et fretel,
« Et buissines et moïnel,
« Cascuns ovre de son mestier [116]. »

MONOCORDE, s. m. On désignait ainsi, au moyen âge, deux sortes d'instruments : l'un qui semble n'avoir été qu'un diapason, un moyen de donner le ton ; l'autre fort grand, monté d'une seule corde, sorte de tympanon qu'on jouait en pinçant cette unique corde ou à l'aide d'un archet. Alors il tenait lieu de l'instrument que nous appelons aujourd'hui *contrebasse.* Les derniers monocordes, ceux qui datent du XVIᵉ siècle, sont parfois montés, en dedans du corps sonore, de plusieurs cordes métalliques donnant un accord par leur vibration [117]. Le manuscrit de Saint-Blaise [118] donne un petit monocorde **(fig. 1)**, touché

par une femme assise. Cet instrument se compose d'une boîte sonore oblongue, aux extrémités de laquelle sont posés deux petits arcs métalliques formant chevalets. Une corde est tendue d'un arc à l'autre et arrêtée sur un petit cordier latéral A. Il est évident que cet instrument ne pouvait donner qu'une seule note, et remplacer ainsi le diapason métallique actuel.

[105] Manuscr. de la fin du XIIIᵉ siècle, *Apocalypse,* coll. de M. B. Delessert.

[106] *Li Romans de Brut,* vers 9336 et suiv.

[107] *Li Romans de Raoul de Cambrai,* édit. Techener, p. 320 (XIIIᵉ siècle).

[108] *Journal de la dépense du roi Jean en Angleterre (Comptes de l'argenterie des rois de France,* publ. par M. Douët-d'Arcq, p. 243).

[109] Psautier.

[110] Joueurs d'instruments devant la statue de Nabuchodonosor.

[111] Restituée à l'aide des vignettes de manuscrits des Xᵉ et XIᵉ siècles (Vézelay, Moissac, ivoires).

[112] *De cantu et musica,* lib. III, cap. III.

[113] *Li Romans de Brut* (XIIᵉ siècle), vers 3765 et suiv.

[114] Vers 10823 et suiv.

[115] Voyez la copie d'une miniature d'un manuscrit de la Biblioth. impér. (Xᵉ siècle), dans les *Arts somptuaires* (Ch. Louandre, Paris, 1858).

[116] *Li Biaus desconneus,* vers 2873 et suiv. (XIIIᵉ siècle.)

[117] On voit un de ces grands instruments, qui n'a pas moins de 2 mètres de hauteur, dans la collection de M. Fau.

[118] Voyez l'abbé Martin Gerbert, *De cantu et musica,* lib. III, cap. III.

2

La vignette au trait qui est placée en tête du manuscrit de la bibliothèque de Reims intitulé *Liber pontificalis* [119] montre les neuf Muses, Orphée, Arion et Pythagore. Ce dernier personnage tient sur ses genoux un monocorde (**fig. 2**) qui semble aussi n'être qu'un diapason. Il se compose d'une table d'harmonie percée de quatre ouïes et d'une seule corde tendue dans la longueur de l'instrument. Mais voici (**fig. 3**), un monocorde pincé par un personnage sculpté sur l'un des corbeaux des portes de la façade de l'église abbatiale de Vézelay (premières années du XIIe siècle), qui n'est autre chose qu'un simple diapason, puisque, de la main gauche, l'exécutant appuie sur la corde près du cheviller. Il fallait nécessairement, pour que ce genre d'instrument pût produire un certain nombre de notes graves, qu'il fût très-long : celui-ci a presque la hauteur d'un homme. Le beau manuscrit de Froissart, de la Bibliothèque impériale [120], montre un musicien jouant du monocorde avec un archet ; l'instrument paraît avoir au moins 2 mètres de hauteur. Un manuscrit du XIVe siècle, de la Bibliothèque royale de Bruxelles [121], possède une vignette représentant un roi jouant un instrument du même genre, mais plus petit et monté de deux cordes, et qu'on appelait alors *diacorde*. Dans ces deux exemples, les exécutants appuient sur les cordes vers le bas et font marcher l'archet vers la partie supérieure [122]. Il est vrai qu'il n'y a point de chevalet indiqué sur la table d'harmonie. Plus tard le monocorde, ou plutôt le diacorde se perfectionne. Le manche est garni d'un doigté ; le cheviller est renversé et est muni de roues à dents, avec pivots triangulaires pour recevoir une clef ; les deux cordes passent sur un chevalet dont les pieds sont inégaux. Le corps sonore, vide au bas, est triangulaire, composé de trois ais, et la table d'harmonie est percée d'une ouïe. Cet instrument (**fig. 4**), ne remonte guère au delà des dernières années du XVe siècle. Il était joué avec un archet, comme la contrebasse moderne. En A, est tracé, la base de l'instrument avec la position et la forme du chevalet ; en B, la coupe du corps sonore sur la ligne *ab* [123].

3

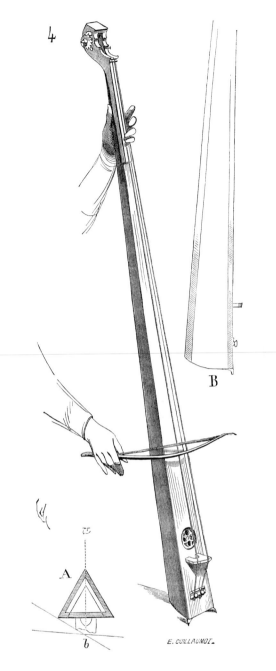

4

B

A

b

E. GUILLAUMOT.

NACAIRE, s. f. (*anacaire, naquaire*). Sorte de tambour (**voy. TAMBOUR**).

OLIFANT, s. m. Corne d'une grande dimension, faite habituellement d'une dent d'éléphant, garnie de viroles de métal pour la suspendre au côté droit. L'olifant était une corne de guerre et de chasse ; il servait à donner des signaux, à rallier les troupes, à annoncer l'approche d'un ennemi :

« Ung olifant sona, ses gens vers li ralie
« Et leur dit : « Segués moi, je vous ferai aïe [124]. »

« Les grans compaignes lors veissiez venir,
« Bruir banières, dont il i out sis mil.
« Là oïssiez ces olifans tentir,
« Ces cors sonner…. [125]. »
« Guenes, ce dist li rois, preus estes et gentis ;
« Faites sonner nos cors, l'olifant soit bondis. »
« Richars prinst l'olifant, à la bouce l'a mis ;
« Rollans en a les vois entendus et oïs,
« Ses compaignons le dist, moult en est esjoïs [126]. »

L'olifant était donc un instrument que portaient les chefs et qu'ils embouchaient, à la guerre, pour réunir leur monde ou pour prévenir de leur approche. Le guetteur du château n'a qu'une corne ou un cor, pour donner des signaux ; l'olifant était la trompe du noble, du seigneur ayant des barons sous ses ordres. Tout le monde connaît la légende de Roland. Lorsqu'il combat dans les défilés de Roncevaux et qu'il voit ses compagnons morts pour la plupart :

« Rollans ad mis l'olifan à sa buche,
« Empeint le ben, par grant vertut le sunet.
« Halt sunt li pui e la voiz est mult lunge,
« Granz .XXX. liwes loïrent-il respundre.
« Karles l'oïst e ses cumpaignes tutes ;
« Ço dit li reis : « Bataille funt nostre hume [127]. »

Le héros tient à son olifant autant qu'à son épée ; lorsqu'il sent la mort venir, ne pouvant briser Durandal, il met son cor en pièces :

« Ne l'orrat hume ne t'en tienget pur fol.
« Fenduz en est mis olifans el gros,
« Ça juz en est li cristals e li ors [128]. »
Puis se couche sous un pin pour mourir ; et
« Desuz lui met s'espée e l'olifan en sumet,
« Turnat la teste vers la paiene gent,
« Pur ço l'at fait que il voelt veirement
« Que Carles diet e trestute sa gent
« Li gentilz quens qu'il fut mort cunquerant [129]. »

L'olifant était alors une marque distinctive de commandement, de dignité, que les grands, seuls, portaient à la guerre, et il était déshonorant de laisser prendre cet instrument considéré comme noble. Sur l'un des corbeaux d'une des portes de la façade de l'église abbatiale de Vézelay, un ange qui annonce la naissance du Sauveur, porte un olifant en bandoulière (**fig. 1** [130]). Ce cor est façonné à pans.

Les olifants d'ivoire étaient souvent richement sculptés ; nos collections publiques et privées en conservent un certain nombre d'une époque très-ancienne (Xe au XIIe siècle), sur lesquels sont figurés en bas-reliefs, des chasses, des animaux réels ou fantastiques. La plupart de ces objets ont été plusieurs fois gravés [131] ; ils affectent tous la même forme, imposée d'ailleurs par la courbure de la dent d'éléphant.

ORGUE (DE MAIN), s. m. Instrument composé d'un jeu de tuyaux avec petite soufflerie. Nous ne nous occupons ici que des orgues de main. L'orgue primitif n'est autre chose que le sistre ou flûte de Pan, avec petit réservoir d'air comprimé et soupapes mues par des touches. Il est à croire que les premières orgues n'avaient que des tuyaux de roseau. Mais les anciens, Asiatiques, Grecs et Romains, connaissaient déjà les grandes orgues à tuyaux de métal, dont la soufflerie était alimentée par des pompes hydrauliques. Toutefois ces instruments restèrent ignorés en Occident après l'invasion des barbares, jusqu'au VIIIe siècle, époque où l'empereur Constantin Copronyme envoya un orgue à Pepin le Bref. Cet orgue, ainsi que celui envoyé à Charlemagne par l'empereur Constantin Curopalate, celui de l'église de Vérone (VIIIe siècle), et celui que l'empereur Louis le Débonnaire fit placer dans l'église d'Aix-la-Chapelle, étaient des instruments stables et à soufflets [132]. Nous ne voyons apparaître, en France, les orgues à main que sur les monuments figurés du Xe siècle. Ces instruments se composent d'un coffre sur lequel sont plantés les tuyaux, d'un petit clavier et d'un soufflet ; on jouait sur le clavier de la main droite, et de la gauche on faisait mouvoir le soufflet en tenant le coffre appuyé sur

[119] XIIIe siècle.

[120] Tome Ier (XVe siècle).

[121] No 9002.

[122] Ces deux vignettes sont reproduites par M. de Coussemaker, dans les *Annales archéol.,* t. VIII, p. 246.

[123] Voyez un de ces instruments figuré dans le *Der Weiss Kunig,* par Marc Treitzaurwein : *Récit des actions de l'empereur Maximilien,* pl. 28.

[124] *Gérart de Roussillon,* vers 4613 (XIIIe siècle).

[125] *Li Romans de Garin le Loherain* (XIIIe siècle), t. II, p. 185, édit. Techener.

[126] *Fierabras,* vers 5567 et suiv. (XIIIe siècle).

[127] *Chanson de Roland,* CXXXI.

[128] *Chanson de Roland,* CLXVII.

[129] *Chanson de Roland,* CLXXI.

[130] Premières années du XIIe siècle.

[131] *Album* de du Sommerard. — Alex, Lenoir, *Monuments français.* — Voyez le musée de Cluny. Voyez le bel olifant de la collect. de M. le duc de Luynes, cabinet des médailles, Biblioth. impér. ; celui du musée de la ville de Puy en Velay.

[132] Voyez, dans la trad. du *Rationale* de Guillaume Durand, par M. C. Barthélemy, une bonne Notice histor. sur les grandes orgues (t. II, p. 489).

le bras et contre la poitrine. Voici **(fig. 1)** un de ces petits orgues portatifs possédant deux rangs de huit tuyaux chacun, avec quatre tuyaux plus forts aux deux extrémités du sommier. Le clavier ne se compose que de huit touches. Ces touches auraient donc fait parler deux tuyaux à la fois, tandis que les quatre gros tuyaux auraient composé un bourdon continu [133]. Tout cela est fort hypothétique. Une autre miniature d'une époque plus récente **(fig. 2** [134]) nous montre un joueur d'orgue à main composé seulement de six tuyaux avec clavier. L'instrument est monté sur une caisse plate, avec deux montants, dont l'un, très-élevé, est appuyé sur l'épaule gauche de l'exécutant. Pendant les XIIIᵉ et XIVᵉ siècles, ces petits jeux d'orgues diffèrent assez peu dans la forme, et le nombre des tuyaux est variable. Ce n'est guère qu'au XVᵉ siècle que ces instruments paraissent être perfectionnés. Un joli tableau de l'école allemande, déposé à la Pinacothèque de Munich et attribué à Wohlgemuth [135], représente une sainte Cécile jouant d'un orgue à main composé de deux rangs de douze tuyaux chacun, avec clavier de douze touches, quatre registres et un soufflet **(fig. 3)**. L'instrument pouvait être suspendu en bandoulière au moyen d'une courroie retenue aux montants par deux petites poignées de métal. Le soufflet est posé sur deux potences également de métal fixées au sommier. Ces petits instruments devaient avoir à peu près la sonorité des orgues dites de Barbarie. Leurs tuyaux sont toujours indiqués comme étant fabriqués de métal.

Ces orgues de main étaient fort prisées dans les fêtes civiles, car il ne paraît guère qu'on les ait admises dans les églises, où l'on se servait de grandes orgues pneumatiques :

« Orgues i r'a bien maniables,
« A une sole main portables,
« Où il meismes soufle et touche,
« Et chante avec à plaine bouche
« Motés, ou treble ou teneure [136]. »

Les orgues de main accompagnaient donc au besoin la voix de la personne qui touchait de l'instrument.

Dans les chapelles de châteaux, on avait au XIVᵉ siècle des orgues stables, mais de très-petite dimension, puisque dans le *Journal de la dépense* du roi Jean en Angleterre on lit cet article : « Clément, clerc de la chapelle, pour faire porter les orgues de Herthford à Londres *par 2 valez,* et pour cordes à les lier, 7 d. 3 d. [137]. »

Pour que deux hommes pussent transporter cet instrument, il fallait qu'il ne fût guère pesant. Christine de Pisan nous apprend que pendant les repas, à la cour du roi Charles V, on jouait de l'orgue. Sur des estrades, aux entrées des souverains, dans les carrefours, étaient montées de petites orgues qui accompagnaient les voix des chanteurs. Cet usage se perpétua jusqu'au XVIᵉ siècle.

A l'entrée de la reine Isabeau de Bavière à Paris, devant la chapelle Saint-Jacques, était dressé un « escharfaut faict et ordonné très richement, séant au dextre ; ainsi comme ils y alloient et estoient, ledit escharfaut couvert de drap de haute lice et encourtiné à la manière d'une chambre ; et dedans cette chambre avoient hommes qui sonnoient une orgue moult doucement [138]… »

PSALTÉRION, s. m. (*saltérion*). Le psaltérion antique est composé d'un châssis triangulaire avec une table d'harmonie, les cordes étant tendues sur cette table percée d'ouïes. La forme triangulaire paraît avoir été adoptée pendant les premiers temps du moyen âge pour le psaltérion, concurremment avec la forme carrée.

Voici **(fig. 1)** un de ces instruments, parfaitement reproduit sur une vignette du manuscrit de Herrade de Landsberg [139]. Il se compose d'un châssis triangulaire monté sur une table et garni de vingt et une cordes (trois octaves) [140]. Le personnage qui représente le roi David, et qui passait, au moyen âge, pour être l'inventeur du psaltérion, maintient l'instrument verticalement sur ses genoux, au moyen d'une petite poignée fixée à l'angle supérieur, et fait vibrer les cordes à l'aide d'un plectrum, qui semble n'être autre chose qu'un bec de plume. Souvent les cordes du psaltérion sont doubles, montées à l'unisson. Il y a aussi le *nable* (*nabulum*), qui peut passer pour une sorte de psaltérion ; mais dans ce dernier instrument, les cordes sont posées perpendiculairement à la base du triangle, « Nabulum est quod grece dicit psalterium quod a psalendo dicitur ad similitudinem del Δ id est modum del Δ littere ad similitudinem cythare [141]. » Le manuscrit de Saint-Blaise (IXᵉ siècle) donne la figure d'un psaltérion carré **(fig. 2)** garni de dix cordes seulement [142]. Il ressort des documents recueillis sur les instruments à cordes pincées ou frappées pendant le moyen âge, que ces instruments étaient très-nombreux, et que leur forme n'était pas fixe comme l'est aujourd'hui celle de nos instruments de même nature.

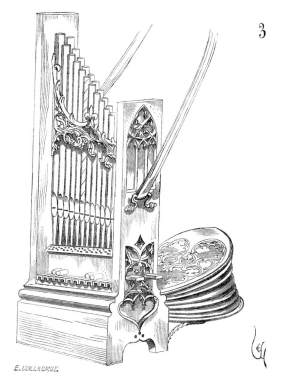

3

E. VIOLLAUMOT

1

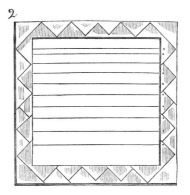

2

3

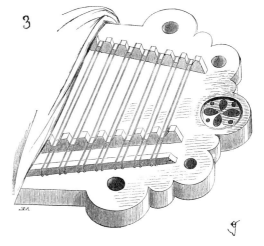

4

A

B

E. GUILLAUMOT

On voit, dans les voussures du portail occidental de la cathédrale de Chartres, des personnages qui touchent du psaltérion. Ces instruments sont garnis de doubles cordes, sur des tables creuses percées d'ouïes avec chevalet continu (**fig. 3** [143]). Ces doubles cordes métalliques, montées à l'unisson étaient destinées à donner plus d'intensité au son, et c'est encore ce qui se pratique dans la construction des psaltérions dont on se sert à Vienne et dans le Tyrol. Au XIIIe siècle, le psaltérion se développe en surface, et on le touche habituellement posé à plat sur les genoux (**fig. 4** [144]). L'un de ces psaltérions est garni de huit cordes, l'autre de douze.

Au portail occidental de la cathédrale de Reims, on voit un petit personnage sculpté qui touche d'un instrument à peu près semblable à ceux-ci, mais posé verticalement sur les genoux et garni de dix-neuf cordes. L'une des mains de l'exécutant appuie sur les cordes, l'autre les touche avec un plectrum. Cet exemple date du commencement de la seconde moitié du XIIIe siècle (**fig. 5**). Ici les cordes sont simples. Sur un des corbeaux de la grand'salle basse du château de Pierrefonds, on voit une femme assise touchant du psaltérion. L'instrument est d'une grande dimension et n'est garni que de huit cordes doubles ; il est posé verticalement, la pointe en bas, et la table d'harmonie est percée de trois ouïes (**fig. 6** [145]).

A peu près oublié pendant le XVIe siècle, le psaltérion fut remplacé par le clavecin. Ainsi que nous le disions tout à l'heure, cet instrument, encore usité en Allemagne et perfectionné, produit entre les mains d'un exécutant habile des effets sonores et harmoniques extraordinaires, à la fois doux et pleins. En faisant glisser les doigts sur les doubles cordes, on obtient des sons chromatiques, par la réduction des vibrations, que le clavecin ne peut donner.

Tous les auteurs de chansons de geste, les conteurs, les poètes, citent souvent le psaltérion à dater du XIIe siècle. Cet instrument était évidemment très-commun, et il n'y avait pas que les ménestrels qui en jouaient. Les femmes, dans les châteaux, touchaient du psaltérion :

[133] Ancien fonds Saint-Germain, Biblioth. impér. (XIIIe siècle).

[134] *Hist. du saint Graal,* manuscr. Biblioth. impér. (fin du XIIIe siècle).

[135] N° 39 du Catalogue.

[136] Le *Roman de la rose,* partie de J. de Meung, vers 21292 et suiv.

[137] *Comptes de l'argenterie des rois de France,* publ. par L. Douët-d'Arcq, p. 214 (1349).

[138] Freissart, *Chroniques,* liv. IV.

[139] Biblioth. de Strasbourg.

[140] Engelbert (VIIIe siècle) dit, en effet, que la cithare ou le psaltérion doivent être garnis de vingt et une cordes très-fines et bien tendues.

[141] Manuscr. du British Museum, *Tiberius,* c. VI.

[142] Martin Gerbert, *De cantu et musica,* lib. III, cap. III ; *De organis aliisque instrum.,* etc.

[143] XIIe siècle. Une partie de l'instrument est cachée sous une draperie.

[144] L'exemple A est tiré du manuscr. de la biblioth. impér., Psalm., anc. fonds Saint-Germain. L'exemple B, de la Bible française de la biblioth. du Corps législatif (XIIIe siècle).

[145] 1400 environ.

« Et mult sot de lais et de note,
« De viele sot et de rote,
« De lire et de salterion [146.] »
« Psalterion prent et viele [147]. »

Dans la *Romance de la bataille de Roncevaux* [148], les cent dames qui accompagnent la belle Alda jouent des instruments, et c'est au son de ces instruments que s'endort la jeune femme :

« Al son de los instrumentos
« Dona Alda adormido se ha [149]. »

ROTE, s. f. — Voy. Cithare.

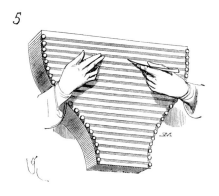

RUBÈBE, s. f. (*rebèbe*, d'où *rebec*). Instrument à cordes et à archet avec manche. La rubèbe primitive n'eut qu'une seule corde ou deux, « comme le *rebab* populaire des Arabes [150] ». L'abbé Gerbert reproduit, d'après le manuscrit de Saint-Blaise (IXe siècle), un de ces instruments monté d'une seule corde, ayant à peu près la forme du luth, avec cordier allongé. Aux XIIe et XIIIe siècles, la rubèbe était montée de deux

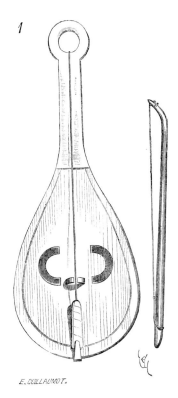

E. GUILLAUMOT.

E. GUILLAUMOT.

cordes, et Jérôme de Moravie la donne comme un instrument grave dont la gigue était le dessus. A dater du XIVe siècle, on donne le nom de *rubèbe* à divers instruments à deux cordes et à archet, qui sont graves : ainsi le diacorde est une sorte de rubèbe ou de rebec basse. Le nom de *rebec* est encore donné, au commencement du XVIe siècle, à des *violes de gambe,* qui étaient des instruments analogues aux violoncelles. « La rubèbe, la gigue, les quatre classes enfin du genre *rebec*, dit M. Fétis [151], qu'on trouve déjà établies dès le XVe siècle, à savoir : dessus, alto, ténor et basse, sont des instruments populaires placés entre les mains des ménétriers, et qui servent en général pour la danse

et pour les chanteurs des rues. Leur forme était invariablement celle-ci (**fig. 1** [152]). Souvent la basse de ce genre d'instrument était jouée par le monocorde ou par la *trompette marine,* dont le corps était une pyramide pentagone très-allongée, sur laquelle était appliquée une table d'harmonie de sapin….. (**Voyez Monocorde.**) »

La rubèbe était évidemment employée dans les concerts d'instruments :

« Car je vis là tout en un cerne (cercle),
« Viole, rubebe, guiterne,
« L'enmorache, le micamon,
« Citole et le psaltérion [153]. »

Cependant cet instrument, — au moins jusqu'au XVe siècle, — n'était pas estimé à l'égal de la vièle, et paraît avoir été laissé aux artistes les plus vulgaires. Il est difficile de bien préciser d'ailleurs l'emploi de la rubèbe. Si Jérôme de Moravie prétend que cet instrument rendait des sons graves, Gerson dit que la rubèbe était d'une dimension inférieure à celle de la vièle, et Aymeric de Peyrac, que le rebec rendait des sons aigus imitant la voix de femme [154]. Ces contradictions ne peuvent s'expliquer que par les modifications que subit cet instrument du XIVe au XVIe siècle. Toutefois nous pensons qu'il faut s'en tenir à la forme primitive, et que les noms de *rubèbe,* de *rebèbe* et de *rebec* furent donnés successivement à des instruments qui se rapprochaient plus ou moins de la vièle (voyez ce mot).

SAQUEBUTE, s. f. Sorte de trompette dont l'embou-chure et le pavillon étaient tournés du même côté, et dont les tubes recourbés pouvaient s'allonger comme dans nos trombones. Le manuscrit de Boulogne repré-sente en effet une *sambuca* qui indique ce mécanis-me. Le trombone, ou trombon, est déjà représenté dans des peintures et sculptures de la fin du XVᵉ siècle et du commencement du XVIᵉ [155].

SERPENT, s. m. Trompe façonnée en cuir bouilli, avec embouchure d'ivoire et pipe de métal, donnant la basse des flûtes de diverses tailles, et notamment des flûtes bruyantes, qui tenaient lieu de nos grandes clarinettes. On voit le serpent figuré sur des vignettes de manuscrits du XVᵉ siècle. M. Fau possède dans sa belle collection un serpent d'une conservation par-faite, et qui appartient aux dernières années du XVᵉ siècle **(fig. 1)**. La main gauche de l'exécutant tenait l'instrument à sa première révolution, en A ; la droi-te agissait sur les trois trous percés en B. La longueur développée du tube, y compris la pipe, est de 2m,50. Les sons obtenus par cet instrument sont pleins et d'une grande puissance. La fabrication en est remar-quablement belle. On employait encore le serpent, il y a une trentaine d'années, pour accompagner le plain-chant dans les églises ; mais au XVᵉ siècle, et même beaucoup plus tard, cet instrument avait sa place dans les concerts. Nous l'avons encore vu adop-té dans les musiques des régiments.

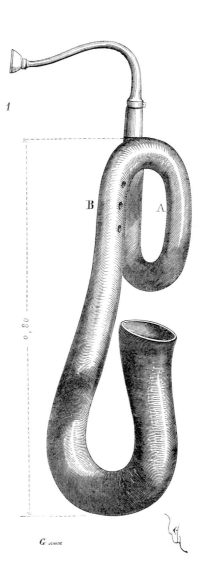

TAMBOUR, s. m. (*tabor, tabour, tabours sarrasi-nois, tabourins*).

Il n'est pas de civilisation, si peu développée qu'on la suppose, qui n'ait trouvé l'instrument à percussion qu'on nomme *tambour.* Un peau tendue sur un vase de terre, à l'extrémité d'un tronçon de bambou, com-pose un tambour. Cependant, et bien que les Égyp-tiens, les Asiatiques, les Grecs et les Romains aient connu le tambour, il ne paraît pas qu'on se soit beau-coup servi de cet instrument pendant les premiers siècles du moyen âge. C'est à dater des croisades qu'on voit les tambours prendre une grande place dans la musique instrumentale. Tambours allongés, tambours doubles comme nos timbales, tambourins, tambours de basque, se trouvent représentés sur nos monuments et dans les miniatures de nos manuscrits, à dater du XIIᵉ siècle.

Instrument de guerre et de plaisir, le tambour était en grand honneur à la fin du XIIᵉ siècle. Posé sous le bras gauche, le musicien frappait sur la peau sonore qui recouvrait l'extrémité du cylindre avec un bâton garni d'une boule. Attaché sur l'épaule gauche, le joueur de flûte frappait une sorte de tambour plat avec

sa tête [156], ou bien, tenant cet instrument d'une main, le jongleur frappait de l'autre le vélin tendu sur un cercle. On voit au musée de Toulouse **(fig. 1)** un de ces tambours composé de deux cercles de bois entrant l'un dans l'autre ; celui sur lequel la peau est tendue est biseauté (voyez en *a* [157]), et le vélin est fixé au moyen de petits clous. On voit des tambours doubles ou timbales dans des peintures ou sculptures du XIIIᵉ siècle. L'exemple que nous donnons ici **(fig. 2)**, est tiré d'une des sculptures qui décoraient autrefois le tour du chœur de l'église abbatiale d'Eu [158].

[146] *Li Romans de Brut,* vers 3765 et suiv. (XIIᵉ siècle).

[147] *Roman de la rose,* partie de J. de Meung (XIVᵉ siècle).

[148] Texte espagnol (anonyme).

[149] *Appendices à la Chanson de Roland,* publ. par Fr. Michel, p. 252.

[150] Voyez Fétis, *Origine et transf. des instrum. à archet.* Vuillaume, édit., 1856.

[151] *Origine et transf. des instrum. à archet,* 1856.

[152] Du manuscrit de Saint-Blaise (IXᵉ siècle). Martin Gerbert, *De cantu et musica,* lib. III, cap. III.

[153] Guillaume de Machaut (XIVᵉ siècle).

[154] Voyez, à ce propos, l'article de M. de Coussemaker, *Annales archéol.,* t. VIII, p. 242.

[155] Voyez le *Triomphe de l'empereur Maximilien.* On a donné aussi, suivant quelques auteurs, le nom de *saquebute* ou *tympanon.* (Voy. HARPE, MONOCORDE).

[156] Voy. FLUTE, fig. 3 (XIIIᵉ siècle).

[157] Seconde moitié du XIIᵉ siècle.

[158] Commencement du XVᵉ siècle.

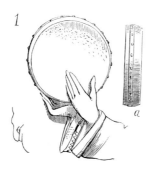

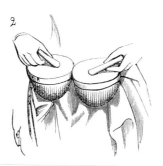

Les jongleurs, au XIIIe siècle, portaient leur tambour pendu au cou. Il s'agit du jongleur d'Ely :

« Li vint de sa Londres, en un prée,
« Encontra le roi et sa meisnée ;
« Entour son col porta soun labour
« Depeynt de or e riche atour [161]. »

Le tambour sarrasinois était le tambour double (timbales), qu'on pouvait poser des deux côtés de l'arçon de la selle en guerre, et qui était fort prisé chez les Orientaux. Pendant les XIVe et XVe siècles, on fabriqua en France de petits tambours de ce genre, qui prenaient place dans les concerts (voy. fig. 2).

Au XIIIe siècle, les trouvères, qui prétendaient conserver les traditions du grand art, se plaignaient du goût exagéré que le public manifestait pour les jongleurs, qui abandonnaient des instruments plus nobles, le psaltérion, la rubèbe, la rote, la vièle, et remplaçaient leurs chansons par un tambourinage. On appelait ces jongleurs des *taboureurs,* et l'on possède une satire de cette époque, écrite en vers, sur ces taboureurs :

« Malement sont tabour par païs assemblé,
« Et bon menesterel sont par aus refusé.
« Ce font aucunes genz qui sont si avuglé
« Que il ne voient goute et plus biau jor d'esté [159].
« .... »

Le poète se plaint de ce que des vachers peuvent ainsi passer pour des jongleurs ; il voit la foule entourer les taboureurs et leur donner son argent. Le succès est pour le plus gros tambour. Quand les jeunes gens reviennent des champs, s'ils peuvent trouver le cercle d'un boisseau, ils font un tambour et se donnent comme ménestrels. « Jamais, ajoute le poète, la mère de Dieu, la Vierge honorée, n'aima les tambours et il n'y avait nul tambour à son mariage, mais bien des vièles !..... Tout homme bien né doit fuir les tambours et se faire dire les chansons de Girart de Viane, de Thierry l'Ardenois..... ! »

Les femmes jouaient du tambour circulaire ou carré pour accompagner la danse, et en signe de réjouissance. Ces tambours étaient tenus d'une main, comme on tient le tambour de basque, et frappés de l'autre, ou bien suspendus au cou devant la poitrine, et frappés avec une sorte de plectrum et la main.

On voit, dans le manuscrit de Herrade de Landsberg [160], les Hébreux se réjouissant après avoir heureusement traversé la mer Rouge. Derrière Moïse, des femmes jouent du tambour (fig. 3) et de la harpe ; les hommes armés les suivent.

E. GUILLAUMOT.

TROMPE, s. f. (*trompette, araine*).

« Tabours, trompes et anacaires,
« En tant de lieus çà et là sonnent
« Que toute la contrée estonnent [162]. »

La trompe, l'araine, sont les instruments de musique guerrière par excellence. A l'article BUSINE, on a présenté quelques-unes de ces longues trompes qui servaient à rallier les troupes, à exciter les milices au combat. La trompe ou trompette est de plus petite dimension que la busine, c'est l'*araine,* le tube de métal terminé en pavillon. On n'emploie guère les mots *trompette, clairon* que vers la fin du XVe siècle : « Quand vint le lendemain au plus matin, Gérart, qui avoit ses gens tous prestz, fist sonner ses trompettes et clerons par telle force qu'il semblait que toute la terre tremblast [163]….. »

Dès le XIIIᵉ siècle, la trompette droite à large pavillon est en usage dans les armées (**fig. 1** [164]). Vers la fin du XIVᵉ siècle, la trompette militaire, au lieu d'être droite, est parfois doublement coudée (**fig. 2** [165]). Le tube est décoré d'un morceau d'étoffe armoyé. On voit cependant des trompettes de guerre droites pendant le cours du XVᵉ siècle (**fig. 3** [166]). Vers la seconde moitié de ce siècle apparaissent les véritables clairons de guerre (**fig. 4** [167]). Bien avant cette époque, vers le milieu du XIVᵉ siècle, la trompette sert à donner des ordres aux gens de guerre à cheval. Quelques heures avant la bataille de Cassel, c'est ainsi que les dispositions de la gendarmerie sont réglées : « Enssi fut ordineit et cascon alleis à son logiche pour soppeir tempre, et desist cascon à ses compagnons que ausitoist que ons oroit la trompette, que cascon metist ses selles, et quant ons l'oroit la seconde fois, que cascon s'armast, et la tierche fois que cascon montast et s'en allast vers sa banire ; et laiassent la endroit tous harnois et charois, et prist ung pain sens plus por magnier, car ons se combateroit le lendemain a quel meschief que chu fust [168]. » Des trompettes

étaient données aux *ménétriers de trompes,* qui annonçaient l'ouverture des joutes et tournois et qui accompagnaient les parlementaires, ou qui, dans certaines occasions, étaient eux-mêmes chargés de faire des ouvertures aux troupes ennemies. « Sur la journée vinrent trois menestreis de trompes qui dessent as Engles que les Escots en astoient alleis des à meenuit, et astoient ja bien dix liews loing. Si furent pris les dits menestreis et les mist-ons en prison ; puis passont gens d'armes à grant faison por veoir si che astoit voirs [169]. » Déjà, au XIVᵉ siècle, on donnait le nom de *trompet* à ces ménétriers de trompes :

« Bruges quidieront abauber
« Qui tantost firent sonner
« Par boin avis leur trompet.
« Le trompet frirent desour cheval
« De Bruges et les mout gaberent [170]. »

Pendant les guerres du XVᵉ siècle, les corps d'armée avaient leur musique. « Et se loga le dit conte d'Arondel et son ost sur icelle rivière si près d'icellui village que, toute nuyt, les dits François et Angloiz ouyoient parler l'un l'autre et les menestrez les ungz des autres [171]. »

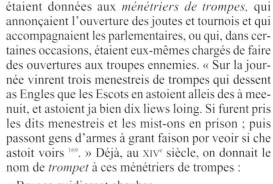

E.GUILLAUMOT.

[159] *Des taboureurs* (voy. *Jongleurs et Trouvères, choix de pièces des* XIIIᵉ *et* XIVᵉ *siècles,* A. Jubinal, 1835, 1 vol).

[160] Biblioth. de Strasbourg (XIIᵉ siècle).

[161] *Le Flabel du jongleur d'Ély e de mons. le roy d'Engl terre,* vers 5 et suiv.

[162] *Branche des royaux tignoges,* vers 6740 et suiv.

[163] *Gérard de Roussillon,* en prose, édit. de Lyon, commencement du XVIᵉ siècle.

[164] Manuscr. de l'*Apocalypse,* XIIIᵉ siècle, anc. collect. B. Delessert.

[165] Manuscr. de la biblioth. de Troyes.

[166] Manuscr. des *Passages d'outre-mer,* Biblioth. impér. (XIVᵉ siècle).

[167] Voyez le manuscr. du *Traité sur les tournois* par le roi René.

[168] *Chroniques de Jehan le Bel,* Biblioth. roy. de Belgique.

[169] *Chron. de Jehan le Bel,* Biblioth. roy. de Belgique.

[170] *Chron, rimée des troubles de Flandres,* ch. XXI et XXII.

[171] Jean Chartier, *Chron. de Charles VII,* 1432, édit. de Jannet, t. I, p. 167.

TYMBRE, s. m. (*cembel, cembre*). Il s'agit d'un tournoi :

« Là ouissiés souvent tabours,
« Tymbres et cors et trompeours ;
« Hiraus gairons crient et braient [172]. »

Plus loin l'auteur décrit une fête ; on danse, on banquète :

« Maint jongleour pour leur mestier
« Faire y vindrent de toutes pars,
« Et on ne lor fu mie eschars
« De donner robes et garnemens.
« Si ol de divers instrumens,
« De cors, de tymbres, de tabours.
« De divers gieus de singes, d'ours [173]. »

Ces tymbres, ou cembels, qui faisaient partie des instruments de guerre et de fête, n'étaient autres que nos cymbales, mais d'une dimension plus petite et avec des bords moins larges. Des danseuses s'accompagnent souvent de cet instrument dans les représentations peintes ou sculptées des XIᵉ et XIIᵉ siècles (**fig. 1**). Un manuscrit de la Bibliothèque impériale [174] montre une de ces femmes tenant une paire de cymbales enchaînées : ce sont deux capsules assez profondes, sans rebords, ressemblant assez aux campanelles des troupeaux. Plus tard ces capsules de métal sont moins profondes et munies d'un petit rebord qui permet de frapper deux surfaces planes, ainsi que le montre notre figure [175]. Deux manches sont attachés à la sommité convexe de chaque demi-sphère.

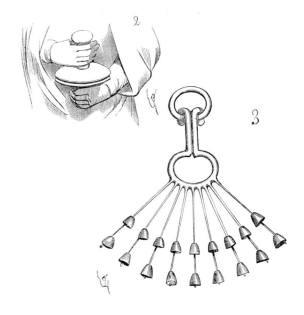

Au XVᵉ siècle, on voit des cembels presque plans, très-petits, munis de manches assez longs, et qui ne pouvaient guère servir qu'à appuyer la mesure (**fig. 2** [176]).

Il faut aussi ranger parmi ces instruments de métal à percussion le *bumbulum* des premiers siècles du moyen âge [177], qui n'était qu'un châssis composé de tubes de bronze garnis de clochettes, et qui produisait des sons réunissant l'effet du *tam-tam* et du pavillon chinois. Le manuscrit de Saint-Blaise donne le nom de *cymbalum* à un instrument que reproduit notre **figure 3**. Il se composait d'un anneau auquel neuf verges de métal flexibles étaient soudées ou rivées. Ces tigelles enfilaient, chacune, deux petits tymbres libres, de sorte qu'en agitant l'anneau, on faisait résonner ce carillon, produisant un son mat, puisque les tymbres n'étaient point suspendus. On se servait d'instruments analogues en forme de roue, dans les églises, pour annoncer les offices.

VIÈLE, s. f. (*viièle, vielle, viole*). De tous les instruments à cordes et à archet du moyen âge, la vièle était le plus noble, celui qui exigeait la plus grande habileté de la part de l'exécutant. Jérôme de Moravie, dominicain vivant au XIIIᵉ siècle, a donné une description détaillée de la vièle de son temps [178], qui était montée de cinq cordes. Mais, avant cette époque, on trouve des représentations de cet instrument qui ne lui donnent que quatre cordes ; c'est aussi ce que remarque M. Fétis [179]. Gerbert prétend que le nombre des cordes de la vièle était facultatif de trois à cinq, du XIᵉ au XIIIᵉ siècle, époque où le nombre de cinq cordes fut fixé. Nous verrons tout à l'heure que l'observation de cet auteur n'est pas rigoureuse. Sur l'un des chapiteaux de la tribune du porche de l'égli-

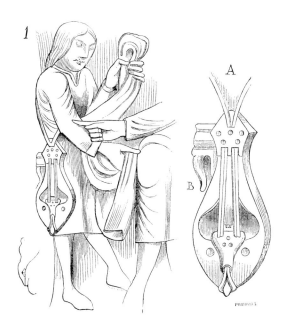

se abbatiale de Vézelay [180], on voit un ménétrier portant à son côté une vièle à quatre cordes disposées deux par deux (**fig. 1**). En A, nous présentons un détail de cet instrument. Les quatre cordes sont fixées à un cordier qui semble accompagné d'un chevalet ; elles entrent dans un cheviller recouvert et auquel est attachée la courroie qui sert à suspendre la vièle. En B, est l'archet, en partie masqué par le corps de l'instrument. La table d'harmonie est percée de deux grandes ouïes et de deux autres très-petites au droit du cordier. Sur le portail occidental de la cathédrale de Chartres (1140 environ), est sculpté un personnage qui joue de la vièle à cinq cordes, lesquelles ne paraissent pas porter sur un chevalet (**fig. 2**). Ce dernier instrument est très-étroit et long, et sa table d'harmonie est percée de deux ouïes. Enfin voici (**fig. 3**) le viéleur sculpté de grandeur naturelle sur la façade de la maison des Musiciens à Reims [181]. Cet instrument est monté de trois cordes seulement, reposant sur un chevalet peu saillant : le corps de l'instrument n'étant pas échancré, il était difficile de frotter une des cordes sans toucher les deux autres ; mais cependant on observera que le ménestrel fait courir l'archet très-près du manche, de manière à *dégager*. La forme de l'archet, qui est ancien, est intéressante [182] ; c'est un progrès sur les formes adoptées au XIIᵉ siècle. Gerbert se trompe donc en prétendant que la vièle, à dater du XIIIᵉ siècle, est toujours montée de cinq cordes. Voici ce que dit Jérôme de Moravie sur cet instrument : « La vièle, quoiqu'elle monte plus haut que la rubèbe, ne monte plus ou moins que selon les différentes manières dont elle est accordée par les ménétriers ; car la vièle peut être accordée de trois manières. Elle a et doit avoir cinq cordes. » Mais, de la description de Jérôme de Moravie, on pourrait conclure qu'il entend parler du *crouth* [183] plutôt que de la vièle, puisqu'il mentionne deux cordes à l'unisson pouvant être touchées à vide avec le pouce. Cependant il admet que dans la deuxième manière d'accorder la vièle, les cinq cordes sont attachées au *corps solide,* et qu'il n'en est aucune fixée sur le côté. L'instrument qu'il entend décrire pouvait donc être tantôt *crouth,* tantôt *vièle,* suivant

[172] *Li Roumans dou chastelain de Couci,* vers 1237 (XIIIᵉ siècle).

[173] *Ibid.,* vers 3896 et suiv.

[174] Antiphonaire provenant de Saint-Martial de Limoges (XIᵉ siècle), Biblioth. impér.

[175] Vêtement copié sur l'Hérodiade d'un chapiteau du musée de Toulouse (XIIᵉ siècle).

[176] Fragment des sculptures du XVᵉ siècle, provenant du tour du chœur de l'église abbatiale d'Eu.

[177] Voyez l'abbé Gerbert, *De cantu et musica,* lib. III, cap. III, le *bumbulum* d'après le manuscr. de Saint-Blaise.

[178] Manuscr. de la Biblioth. impér., fonds de la Sorbonne.

[179] *Origine et transf. des instruments à archet,* 1856.

[180] Premières années du XIIᵉ siècle.

[181] Milieu du XIIIᵉ siècle.

[182] Cet archet est de fer.

[183] Voyez l'article CROUTH.

253

la manière de fixer les cordes. Les représentations de vièle à quatre cordes sans chevalet sont assez fréquentes pendant les XIII° et XIV° siècles. Ces vièles, ainsi que celle que donne la **figure 3**, sont munies de manches courts et la forme du corps sonore est ovale. Souvent le cordier est très-long, de telle sorte qu'il ne restait pour la vibration des cordes, entre la touche et le cordier, qu'un espace assez court, ainsi que le montre l'exemple **figure 4** [184]. Ces instruments ne pouvaient avoir beaucoup de sonorité. Vers le milieu du XIV° siècle, le corps sonore des vièles se rapproche, par la forme, de celui de la guitare moderne, c'est-à-dire qu'il se rétrécit quelque peu vers le milieu, probablement pour dégager l'archet (**fig. 5** [185]). Cette vièle n'a pas de cordier, mais possède un chevalet ; son cheviller est renversé comme celui de la rubèbe, et les trois cordes dont elle est montée paraissent être doubles.

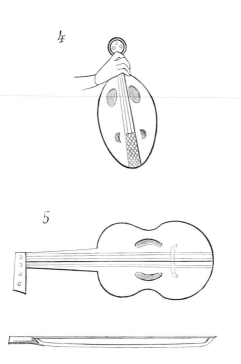

C'est au XV° siècle qu'on voit apparaître les grandes violes, *basses de viole* ou *violes de gambe,* qu'on ne pouvait jouer qu'en plaçant le corps sonore entre les jambes. Le manuscrit de la Bibliothèque impériale, intitulé *les Échecs amoureux* [186], nous montre une femme jouant de la basse de viole à quatre cordes ; mais, vers la fin de ce siècle, cet instrument prit sept cordes. Il a été remplacé par le violoncelle, qui en possède quatre, dont deux de boyau et deux de sote recouvertes d'un fil de métal.

M. le docteur Fau possède, dans la curieuse collection souvent citée par nous, une très-belle basse de viole de la fin du XV° siècle ou des premières années du XVI° (**planche LII**), montée de sept cordes, avec cheviller de bois dur, sillet d'ivoire, cordier libre attaché par un boulon et chevalet très-élevé. La forme de ce bel instrument est des plus élégantes. Les touches sont mobiles, c'est-à-dire qu'elles ne consistent qu'en des frettes de corde à boyau qui peuvent

être déplacées sur le manche. En A, est tracé le chevalet, et en B une des chevilles. Les éclisses sont sculptées délicatement d'enroulements plats dans le style du XV° siècle, avec filets incrustés de bois noir. Le dos (**fig. 6**) est également sculpté et incrusté. On observera, dans la face latérale (**voy. la planche LII**), comme le manche est heureusement attaché au corps sonore, et comme le cheviller est gracieusement recourbé [187].

Bien que le chevalet présente un bord courbé pour asseoir les cordes, et que la table d'harmonie soit échancrée, il était difficile à l'exécutant de ne frotter à la fois qu'une seule des cordes intermédiaires ; aussi l'archet en faisait-il vibrer plusieurs à la fois. « Il y eut évidemment, dit M. Fétis [188], une grande variété dans la construction des violes au moment où la musique véritable commença à se former et lorsque l'harmonie s'épura. Cette transformation s'opéra, vers la fin du XIV° siècle, par les efforts heureux de trois musiciens supérieurs à leur temps, qui furent Dufay, Binchois et Dunstable. Alors l'art tout entier fut considéré dans l'harmonie que formaient les voix d'espèces différentes par leur réunion. Ce qui avait lieu pour les voix, on voulut le faire pour les instruments, et, comme il y a des voix aiguës appelées *soprano ;* moins élevées, qu'on désigne sous le nom de *contralto ;* moyennes, qui sont les *ténors ;* et graves, appelées *basses,* on imagina de faire dans chaque genre d'instruments des familles complètes qui représentaient ces quatre espèces de voix. Les violes, les hautbois, les flûtes, les cornets, etc., eurent leur soprano, leur alto, leur ténor et leur basse, quelquefois même leur contre basse. Cette division, qui s'établit au XV° siècle, se maintint pendant les XVI° et XVII°, ou plutôt n'a pas cessé jusqu'à ce jour, au moins pour les instruments à archet. » Pour nos instruments de musique comme pour bien d'autres choses, il faut donc signaler les premières tentatives de perfectionnements auxquels nous avons atteint, dans ce moyen âge chercheur, industrieux et actif, qui peu à peu, par

une suite d'efforts que notre temps ferait sagement d'imiter, sut se dégager de la barbarie [189].

Les bons viéleurs étaient fort estimés pendant le moyen âge : les seigneurs en tenaient toujours auprès d'eux pour faire danser, pour les accompagner pendant les promenades et fêtes.

« A une feste del baron Saint-Riquier,
« La gentis dame estoit en son vergier
« O mainte dame por son cors deporter ;
« Si se fesoit devant soi vieler,
« Une chançon et dire et chanter [190]. »

Et plus loin :

« La roine ert desor un suen solier [191]
« O d'autres dames por son cors deporter,
« Si se fesoit devant soi vieler
« Et se fesoit baler et caroler [192]. »

Dans le poème de Gilles de Chin, Gérard Malfilastre se rend à un tournoi avec six compagnons :

« Et s'ot o lui li vieleurs
« I son d'amors cantent entre'eurs,
« I diemence par matin,
« Cevançoient lot lor cemin
« Tout droit le premier jor de may,
« Qu'herbe est vers et florissent glay,
« Que tote riens trait en verdour,
« Li vieleur I son d'amour
« A haute vois, moult clerc cantoient,
« Et o lez vielez s'acordoient [193]. »

Dans un autre passage, pendant que les seigneurs devisent en se reposant :

« Cil vieleur vielent lais,
« Cançonnetez et estampiez [194]. »

Dans quelques campagnes est encore conservé l'usage de faire précéder les noces par un ménétrier.

[184] Manuscr. de l'*Apocalypse,* vignette des vingt-quatre vieillards, anc. collect. B. Delessert (XIIIe siècle, seconde moitié).

[185] Manuscr. de la Biblioth. impér., n° 7378 A (XIVe siècle).

[186] XVe siècle.

[187] Voyez aussi, dans la collection du Conservatoire de musique, des instruments analogues, mais d'une époque un peu plus récente.

[188] *Origine et transf. des instruments à archet,* 1856.

[189] A ce propos, dans un ouvrage récemment publié sur *la Musique, les Musiciens et les instruments de musique,* à la suite de l'Exposition universelle de 1867, par M. Oscar Comettant, on lit ce passage inspiré par les travaux de M. Félix Clément sur *le plain-chant et la musique religieuse au moyen âge :* « On ne se refait pas, et je suis né avec l'horreur des massacres, de l'intolérance, du despotisme, de l'ignorance, du fanatisme, des oubliettes, de la justice rendue par les épreuves du duel, de l'eau bouillante, du fer et de la croix, des enlèvements à main armée, de l'inégalité devant la loi, des priviléges immoraux, du brigandage, des momeries et de la malpropreté, *qui caractérisent à un si haut degré cette période assez longue qu'on appelle le moyen âge.* » Parbleu ! qui de nous n'est point né avec l'horreur de ces passe-temps que, d'ailleurs, le moyen âge seul ne s'est pas donnés ? La question est de savoir si tout cet attirail de mélodrame, attirail un peu défraîchi, *caractérise la période qu'on appelle le moyen âge,* et si à côté des *oubliettes,* de l'*épreuve de l'eau bouillante,* du *fer* et de la *croix,* il y a ou il n'y a pas un art qui suit sa voie et nous pave péniblement celle que nous parcourons aujourd'hui dans de bons véhicules. Il n'est malheureusement pas certain que les arts marchent de pair avec les bonnes institutions politiques. On voit tous les jours des gens se prétendant très-attachés aux principes libéraux, qui n'ont sur les choses d'art que des idées étroites, et qui peuvent passer pour des barbares. Cependant Néron était artiste et amateur éclairé des beaux-arts. Ne mêlons donc pas les arts à la politique, à l'esprit de parti ; sachons les voir où ils se développent, fût-ce à l'abri des monastères, ou sous la protection d'un tyran. Nous pouvons apprécier ce qu'il y a de bon et de beau dans les arts du moyen âge, sans pour cela faire notre cour aux inquisiteurs et aux seigneurs féodaux, d'autant qu'ils ne sont plus là pour nous prendre au mot. A l'horreur pour les abus des temps passés, pour les *massacres* et les *oubliettes,* il serait bon d'ajouter l'aversion pour les préjugés, les partis pris, l'injustice et les banalités. Puisque M. Oscar Comettant publiait un livre, d'ailleurs plein d'intérêt et de renseignements précieux sur la musique, à propos de l'Exposition universelle, nous eussions désiré trouver, dans la partie qui traite des anciens instruments, des renseignements plus précis et plus étendus, renseignements dont nous aurions été très-heureux de profiter.

L'occasion était bonne pour se livrer à une pareille étude, pendant l'exposition rétrospective, où l'on n'avait à craindre d'ailleurs ni *massacres,* ni *oubliettes,* ni *enlèvements à main armée,* et où les commissaires eux-mêmes ne cherchaient pas à exercer, que nous sachions, des *priviléges immoraux.*

[190] *Macaire,* chanson de geste du XIIIe siècle, vers 57 et suiv. (voy. *Anc. poètes franç.,* publ. par M. Guessard).

[191] Chambre, appartement.

[192] Vers 144 et suiv.

[193] Vers 449 et suiv.

[194] Vers 1147.

PL. LII

E. Viollet-Le-Duc del.

Imp. Lemercier et Cie Paris.

Ad. Varin sc.

BASSE DE VIOLE
fin du XVe Siècle.

Jeux, Passe-temps

Toutes les classes de la société, pendant le moyen âge, se donnaient des loisirs. La noblesse féodale, lorsqu'elle ne guerroyait pas, n'avait pour distraction que la chasse, les fêtes, joutes, tournois, assemblées. Bien des heures restaient sans emploi. Les longues soirées d'hiver, les distances, la mauvaise saison et les mauvais chemins, forçaient trop souvent les gentilshommes à demeurer dans leurs châteaux et manoirs, au milieu de leur famille, ne recevant du dehors que des nouvelles rares. Alors l'arrivée d'un trouvère, d'un pèlerin, d'un messager, était un événement ; aussi traitait-on ces arrivants du mieux qu'on pouvait, et, s'ils amusaient ou intéressaient tant soit peu les châtelains, on les comblait de présents pour les retenir et les engager à revenir bientôt.

Quand on entrevoit comme le pâle ennui s'installe souvent dans la vie de château, de nos jours, malgré la facilité des communications du dehors, malgré les journaux, les nouvelles qu'apporte la poste, malgré les visites et toutes les distractions d'une civilisation raffinée, on peut supposer ce qu'était pour un baron du moyen âge, souvent ignorant, l'existence isolée à laquelle il était condamné la moitié de l'année au moins.

Les bourgeois des villes, commerçants, artisans, par le fait de l'organisation des corporations dont ils faisaient partie, ne pouvaient développer leur activité que dans une certaine mesure. Les heures de travail leur étaient comptées, aussi bien que le nombre de leurs commis ou apprentis. N'ayant pas à redouter la concurrence, ils n'avaient nul besoin de dépasser la limite fixée à leurs moyens de production, et disposaient ainsi de loisirs assurés.

Les paysans eux-mêmes, attachés à la terre qu'ils ne possédaient pas, n'ayant pas un intérêt direct à l'amélioration de la culture, écrasés sous les redevances et corvées, voyaient dans le travail, non un moyen d'adoucir leur sort, mais une fatigue sans compensation. Toutes les heures qu'ils pouvaient dérober à ce labeur devaient leur sembler le seul bien auquel ils pussent prétendre. On ne doit donc pas être surpris si, au milieu d'une société ainsi faite, donnant une somme de travail très-faible relativement à celle que fournit la société moderne, chacun dépensait une valeur de temps considérable à des passe-temps de toutes sortes.

Cette partie du *Dictionnaire du mobilier* n'entre pas dans la description des jeux et passe-temps auxquels se livraient les quatre classes de la société, clergé, noblesse, bourgeoisie et vilains, le sujet serait trop étendu et sortirait du cadre de cet ouvrage ; mais elle mentionne les objets : ustensiles, armes et habillements employés dans ces différents jeux et passe-temps, ainsi que les usages qui en découlaient. S'il s'agit de la chasse, par exemple, nous n'entreprendrons pas de faire un traité historique sur cet exercice réservé à la noblesse, mais nous indiquerons seulement les habitudes, les armes, les ustensiles, les vêtements propres aux chasseurs ; ainsi des tournois et joutes, ainsi des jeux, etc. La forme du *Dictionnaire* ne pouvant convenir à ces descriptions, nous traiterons d'abord des exercices dans lesquels on déployait l'adresse et la force corporelle, tels que les tournois et joutes, les combats à armes courtoises ; la quintaine, la voltige, la danse, la chasse ; puis des jeux d'adresse, de combinaison et de hasard ; des jeux de société, des mascarades, momeries, entremets, spectacles, etc. A la fin de cette partie, un glossaire permettra, comme pour l'orfévrerie, de recourir aux divers articles, pour les lecteurs qui voudraient avoir la définition d'un mot.

TOURNOI (*tournoyement, tournoiement, combat à la foule, trespignées, belhourdis, tupineis*). C'est ainsi que commence le chapitre XXIV *de Germania* [1] : « Leur genre de spectacle [2] est toujours le même dans toutes leurs assemblées : des jeunes gens nus se jettent en sautant au milieu des épées et des framées menaçantes, et pour eux c'est un jeu dont l'habitude a fait un art, et l'art a donné de l'élégance à ce spectacle, qui jamais n'est rétribué : le seul prix que réclame leur adresse audacieuse est le plaisir des spectateurs. » Ces jeux sont certainement l'origine des combats à armes courtoises si fort prisés pendant le moyen âge. Nithard, neveu de Charlemagne et qui écrivait en l'an 844 [3], raconte comment les hommes nobles attachés à Louis de Germanie et à Charles son frère se séparaient en deux troupes égales et se livraient des combats simulés ; comment aussi les deux princes intervenaient, avec une troupe de jeunes gens, au milieu des combattants, chargeant tantôt les uns, tantôt les autres, sans que ces jeux dégénérassent en rixes sanglantes. Il est donc certain que les tournois — et ces combats en avaient tout le caractère — remontent aux origines du moyen âge. On ne doit pas confondre le tournoi avec la joute : le tournoi est un combat entre deux troupes égales en nombre ; la joute est un combat singulier à la lance. Geoffroy de Preuilly, mort en 1066, paraît être le premier qui ait établi les règles de ces tournois ou combats à la foule [4].

Mathieu Paris [5] appelle les tournois « *conflictus gallici* », ce qui ferait supposer que de son temps l'usage de ces jeux était considéré en Angleterre comme une invention française. A dater du XIIe siècle, les tournois furent établis d'après des règlements qu'on amplifia et perfectionna jusqu'à la fin du XVe siècle, et il paraît certain que ces règles furent d'abord fixées en France du temps de Geoffroy de Preuilly ; d'où elles passèrent et furent adoptées en Angleterre, en Allemagne et jusque dans l'empire grec.

Il n'est pas douteux que les tournois furent institués pour exercer la jeune noblesse au métier des armes, au maniement du cheval, de la lance, de l'épée et de la masse dans une mêlée. Pour que ces exercices fussent moins dangereux, ou n'usait que d'armes courtoises, c'est-à-dire de lances à fers carrés obtus, d'épées sans pointe et rabattues, c'est-à-dire dont le tranchant était émoussé, de masses peu pesantes et sans aspérités. Encore avec ces armes ne devait-on combattre que d'une certaine manière. Ainsi les chevaliers devaient frapper du haut en bas « sans le bouter d'estocq ou hachier ». C'est à ce sujet que des règles sévères furent établies dès le XIe siècle. Ceux qui, dans la chaleur du combat, se laissaient entraîner à en user autrement, ou ceux qui se servaient d'armes non courtoises, étaient au moins sévèrement blâmés par les juges du tournoi et même notés d'infamie. Aussi les juges du tournoi devaient, avant le combat, mesurer et examiner les lances des combattants et toutes autres armes. De plus, afin que ces exercices ne pussent servir de prétexte à des vengeances, les hommes d'armes qui étaient reçus chevaliers devaient, par serment, déclarer qu'ils ne fréquenteraient les tournois que pour y apprendre le métier des armes et non pour autre chose. Comme on le supposera sans peine, malgré ces lois, ces précautions, les tournois dégénéraient souvent en combats sanglants. Dans un tournoi qui se fit à Châlon, en 1274, et auquel prit part le roi Édouard avec des chevaliers anglais, le comte de Châlon et des Bourguignons, les deux partis s'animèrent si fort, que plusieurs combattants restèrent sur le carreau. Les accidents devinrent si fréquents pendant ces combats, que les papes excommunièrent ceux qui s'y trouveraient, et défendirent de porter en terre sainte ceux qui y laisseraient la vie [6]. Il se fit à Nuys, près de Cologne, en 1240, un grand tournoi où plus de soixante chevaliers périrent suffoqués par la poussière, écrasés sous les chevaux.

Les excommunications lancées par les pontifes romains, les décrets des conciles et même les défenses des rois, ne purent arrêter le développement de ce goût pour ces fêtes militaires, qui devinrent de plus en plus fréquentes jusqu'à la guerre de cent ans.

Les motifs qu'alléguaient les papes et les conciles pour prohiber les tournois n'étaient pas uniquement puisés dans les sentiments d'humanité. Innocent IV, au concile de Lyon tenu en 1245, interdit l'usage des tournois pour trois ans, sous prétexte que ces fêtes empêchaient la noblesse de se croiser, et qu'elles provoquaient des dépenses excessives, mieux employées à entreprendre la guerre contre les infidèles. Et en effet ces tournois étaient une occasion de déployer un luxe prodigieux en chevaux et harnais, en armures et habits. Des gentilshommes, pour y assister, venaient souvent de très-loin, et ces voyages coûtaient fort cher, car on tenait à se présenter suivi d'un brillant équipage.

Les femmes contribuèrent pour beaucoup à donner à ces fêtes un caractère de luxe, éloigné certainement de leur institution primitive. Sur un des côtés des enclos consacrés aux tournois on érigeait des tribunes dans lesquelles les dames nobles étaient en majorité. C'était à qui paraîtrait devant cette assemblée en plus brillant équipage, à qui montrerait le plus de force et d'adresse. Après le combat, les dames étaient ordinairement chargées de distribuer les récompenses aux vainqueurs. Ainsi ces exercices devenaient souvent l'origine de rivalités et de haines profondes, et l'on conçoit que les rois, qui avaient bien assez d'embarras lorsqu'il s'agissait de mettre l'accord entre leurs vassaux sur des questions d'un intérêt plus sérieux, dussent s'opposer à ces nouveaux prétextes de rancunes et de vengeances. Du Cange [7] rapporte tout au long une ordonnance de Philippe le Bel [8] à ce sujet, qui est d'un grand intérêt. Le prince commande de mettre en prison tous ceux qui, malgré ses défenses, ont assisté à des *tournoiemens* ou *tupineis,* soit dans le royaume, soit dehors ; de mettre la main sur leurs biens et de ne les leur rendre avec la liberté que quand ils auront fait amende honorable et quand ils auront juré « sus sains » qu'ils n'assisteront plus à ces tournois jusqu'à la Saint-Remi. La récidive doit être punie d'un an de prison, de la retenue d'une année des produits de la terre, et de la confiscation des harnais et chevaux au profit du seigneur sous la juridiction duquel le délinquant aura été pris. Toutefois ces défenses sont toujours temporaires ; les papes comme les souverains ne croyaient donc pas qu'il fût possible d'interdire ces fêtes par des bulles ou ordonnances ayant un caractère perpétuel, et savaient bien que c'était déjà beaucoup d'obtenir une sorte de trêve à ces combats courtois.

Les rois s'élèvent également contre l'usage d'armer chevaliers des nobles pendant les tournois, c'est même là le prétexte de l'ordonnance que nous venons de citer. Ils n'admettaient pas, et ils avaient raison, que ces simulacres de combats fussent de nature à permettre de conférer l'ordre de chevalerie aux vainqueurs. A leurs yeux, il fallait avoir fait d'autres preuves et dans des occasions utiles. Ils considéraient que c'était abaisser l'institution de la chevalerie que de faire des chevaliers « es dits tournoiemens ».

---

[1] Tacite.

[2] Des Germains.

[3] Lib. III.

[4] Voyez, à ce sujet, la Curne de Sainte-Palaye, *Mémoires sur l'ancienne chevalerie,* t. I, p. 153 (notes).

[5] Anno 1194. — Voy. du Cange, *Gloss.,* TORNEAMENTUM, et la *Dissertation VI sur l'histoire de saint Louis,* p. 167.

[6] Concile de Latran, 1179. Ces défenses furent faites par les papes Innocent II, Eugène III, Alexandre III, Innocent IV, Nicolas IV et Clément V.

[7] *Dissert. VI sur l'hist. de saint Louis,* p. 173.

[8] De 1312.

En 1209, Philippe-Auguste avait déjà contraint ses enfants de jurer entre ses mains qu'ils ne prendraient pas part aux tournois et qu'ils se contenteraient d'y assister, le cas échéant, comme simples spectateurs, non point armés comme chevaliers, mais la cervelière de fer en tête et vêtus de la petite cotte de mailles [9]. C'est qu'en effet les combattants, dans les tournois, jusqu'à cette époque et plus tard, étaient couverts d'armes défensives semblables à celles qui servaient pour la guerre. C'est vers la fin du XIVᵉ siècle que les tournoyeurs adoptèrent des pièces d'armures de formes particulières [10]. A cette date, les tournois perdirent leur caractère d'exercice purement militaire, et ce fut pour la noblesse féodale une des causes qui hâtèrent sa ruine. Elle prétendit se conduire à la guerre comme dans un grand tournoi, y paraître revêtue d'armes luxueuses, avec housses, longues cottes et lambrequins ; et de simples archers, des coutilliers à pied, eurent aisément raison de cette cavalerie tout embarrassée dans ses harnais. La chevalerie alors, sentant son infériorité, se décidait, dans les occasions périlleuses, à combattre à pied. Mais elle n'était pas équipée pour ce genre de combat, et ces tentatives n'eurent d'autre résultat que de la déshabituer de l'exercice de la lance, qui seul lui donnait, à cheval, une véritable supériorité.

Il s'en fallait qu'aux XIIᵉ et XIIIᵉ siècles, malgré les règles déjà établies touchant l'ordre des tournois, ces fêtes fussent l'objet d'un cérémonial compliqué, ainsi que cela eut lieu plus tard. Dans le *Roman de Brut*, on voit qu'après le couronnement du roi Artus, lorsque le repas est terminé, les chevaliers, pour passer le temps, vont, les uns *bohorder*, c'est-à-dire jouter à la lance ; d'autres organisent des courses de chevaux, quelques-uns combattent à pied ou jouent au palet, sautent des fossés ou lancent des dards :

« Les dames sor le mur montoient,
« Qui les jus agarder voloient,
« Qui ami avoit en la place,
« Tost li montre l'œil et la face [11]. »

Aussi lit-on ces vers dans le roman d'*Amadas et Ydoine :*

« Ensi avint qu'a .I. haut jour,
« En la court du duc son signour,
« Doi fil à barons du païs,
« De haut parage et de haut pris.
« Avoient pris sur le gravier
« .I. bouhourdeïs mult plenier,
« De . II. pars i ot compaignons
« Mandés, et lonc et près semons,
« De tout le mix de sa contrée.
« Aprés mangier la relevée,
« Pour bouhourder sunt apresté
« Et issent hors de la cité.
« Si sunt venu dehors au plain
« Plus sunt de .C. ; n'i a vilain,
« Ains sunt tuit gentil damoisel,
« Bien bouhourdant et preu et bel.
« De la vile issent mult grant gent
« Pour veoir le tournoiement ;
« Et chevalier et damoiseles,
« Esquiier, bourjois et danseles [12]. »

C'est la jeune noblesse elle-même qui, ici, organise ce tournoi ou bouhourdeis ; car ces tournois étaient comme les charges de cavalerie en bataille, un combat à la lance suivi d'un combat à l'épée et à la masse ; seulement les lances étaient dépourvues de fers acérés, les épées étaient rabattues, c'est-à-dire sans pointe ni taillant, et les masses étaient de bois. Voici un passage du roman de *Gui de Nanteuil,* qui prouve de la manière la plus claire qu'au commencement du XIIIᵉ siècle, la lance était arme de tournois :

« Li tornoi commencha devant lez paveillons,
« Les pucelez s'en issent pour véir les barons ;
« Plus en i ot de .XXX. as harmins pelichons.
« Li rens fu assés larges, poi i at de garchons,
« Atant es .I. vassal qui ot nom Salemons ;
« Moult iert bon chevalier sire fu des Bretons,
« Et ot en sa compengne .XXXᵐ. compengnons
« Armez d'aubers et d'elmes et d'escus à lions.
« Destriers ont de Chastele, auferrans et gascons,
« Couvers de riches pailes et de vers siglatons,
« Et portent en loc lances ensengnez et penons,
« Manches pour tournoier et riches gonfanons.
« Aval parmi les prés brochent à esperons,
« Moult firent de lor lances astelez et ironchons,
« Et d'une part et d'autre i ot vuit maint archons [13].
« As brans [14] d'acier fourbis commencha la tenchons [15]. »

Alors ces tournois, belhourdis, pouvaient être tenus à toute occasion et sans être annoncés. Il suffisait que des chevaliers fussent rassemblés et eussent quelques loisirs, pour organiser un de ces exercices guerriers. Quand les Français sont réunis par ordre de Charlemagne à Lyon, pour délivrer le roi de Maurienne, Thierry, d'après le roman de *Garin :*

« Quant mangié orent et midis fu passés,
« Chevans demandent, on lor a amené.
« Les escus prennent, béharder vont as prés [16]. »

Ces tournois se tenaient dans la campagne « as près » sur une grève, un lieu plan et non boisé, sans clôtures ni tribunes. Allait les voir qui voulait, et les femmes étaient les premières à se rendre à ces combats courtois. Mais si les tournois étaient annoncés d'avance, ils étaient l'occasion de dispositions particulières. Ils se tenaient en champ clos, et des tribunes, comme nous l'avons dit, s'élevaient sur un des longs côtés de la clôture pour recevoir les juges et les dames :

« Là où li tornoiz devoit estre
« Ot unes granz loges de fust
« Parce que la reine i fust
« Et les dames et les puceles :
« Einz nus ne vit loges si beles
« Né si longues né si bien faites [17]. »

Dans le roman de *Méraugis de Portlesguez* [18], les dames se font des politesses en prenant leurs places dans les tribunes. Les chevaliers joutent « par batailles et par bannières », et une vignette du manuscrit de Vienne nous montre les tournoyeurs se chargeant à grands coups d'épée. Leur harnais ne diffère en rien du harnais de guerre ; ils sont vêtus de la cotte armoyée à leurs armes et accompagnés de leurs porte-bannière.

Dans le roman de *la Charette,* au moment où les tournoyeurs vont charger, les dames se font nommer tous les chevaliers les plus renommés :

« Antr'ax dient : « Véez-vos or
« Celui à cele bande d'or

« Parmi cel escu de bernic ?
« C'est Governauz de Roberdic.
« Et vées-vos celui après,
« Qui an son escu près après
« A mise une aigle et un dragon ?
« C'est li filz le roi d'Arragon,
« Qui venuz est an ceste terre,
« Por pris et por enor conquerre
« .... [19]. »

Cependant les tournoyeurs prenaient parfois des armes feintes pour n'être point connus. Mais il ne semble pas que cela fût admis d'après les règles du tournoi, puisque les juges devaient connaître par avance tous les combattants, ainsi que nous le verrons tout à l'heure.

Le prix du tournoi était un joyau, un oiseau et quelquefois un baiser :

« Cui l'ounars parra avenir
« De vainscre le tornoiement,
« Si enportera quitement
« Un cigne qui el pré sera ;
« Et si vouz di qu'il baisera
« La pucele de Landemore
« Qui n'est mie l'aide ne more [20]. »

Mais il était d'usage, si un tournoi était annoncé par un grand seigneur, de donner des présents à tous les chevaliers qui y avaient pris part :

« As uns hermines engolés,
« As autres deniers monées,
« Et mantials vairs et siglatons,
« Et cotes et vairs peliçons,
« Bons palefrois, reubes de soie [21]. »

Ces fêtes guerrières étaient donc une occasion de dépenses considérables pour ceux qui les organisaient comme pour ceux qui y participaient. Ces dépenses, faites plutôt pour satisfaire à un sentiment de vanité que pour remplir un objet utile, déplaisaient aux suzerains ; elles ruinaient la noblesse sans résultats pour le pays ni pour elle-même.

Dès le XIVe siècle, l'habillement des tournoyeurs différait de celui adopté pour la guerre. Plus léger, adoptant des dispositions spéciales, au lieu d'être pour les chevaliers un exercice utile en les habituant à combattre couverts du harnais de guerre, il les préparait mal au rude métier des combats, alors qu'ils étaient obligés de charger et de se tenir des journées entières en présence de l'ennemi. On peut ainsi dater les désastres de la gendarmerie à cheval, en France, de l'époque où les gentilshommes prirent l'habitude des exercices militaires sous d'autres armes défensives que celles propres à la guerre.

Les militaires savent combien il est important d'exercer les troupes sous le harnais de guerre au grand complet, surtout s'il s'agit de la cavalerie ; combien un cavalier est emprunté s'il ne contracte pas l'habitude de vivre sous son fourniment. Les tournois et joutes, jusqu'à l'époque dont nous parlons, étaient donc pour la noblesse un exercice utile, nécessaire même, puisqu'elle se livrait à cet exercice armée comme pour la guerre.

Ces combats courtois eurent depuis lors, au contraire, l'inconvénient de déshabituer la gendarmerie du véritable service militaire.

On ne possède pas de descriptions d'habillements de tournois quelque peu détaillées avant le milieu du XVe siècle, mais alors cet habillement tout spécial n'était qu'un résumé des modifications apportées successivement à l'*adoubement* de guerre. Un traité des tournois, écrit par Antoine de la Sale en 1458 [22], donne des détails intéressants sur la manière d'habiller les tournoyeurs. Avant le combat, ils s'enfermaient, dit-il, dans une salle « où sera grant feu, car les behours requierent le tems plus froit que plus chaut pour le grant travail qui y est ; là sont jusques aux petiz draps (jusqu'à la chemise) despoillez tous nudz ; lors le maistre et ses plus suffisans varletz leur mectront ung demy pourpoint de deux toilles (c'est-à-dire fait de toiles en double), sans plus, et du faulx du corps (du col) en bas qui sera par devant laschié (lacé), et à celuy (pourpoint) leurs chausses atacheront ; et après chausseront leurs esperons, et puis le bel harnoys de jambes luy armeront ; après les armeront de garde-braz et avant-braz, et quant est des jambes et des braz armés, ilz arment le corps, et après le chief. » Mais le traité le plus complet en ce genre est celui de René d'Anjou [23], en ce qu'il résume, ainsi que l'auteur le dit lui-même, les usages précédents. « Laquelle forme jay prins, dit-il, au plus prez et jouxte de celle qu'on garde es Almaignes et sur le Rin quant on fait les tournoiz. Et aussi selon la maniere qu'ilz tiennent en Flandres et en Brabant et mesmement sur les anciennes façons qu'ilz les souloient aussi faire en France comme j'ay trouvé par escriptures. Dequelles troys façons en ay prins ce qui m'a semblé bon et en ay fait et compilé une quatrieme façon de faire ainsi que pourrez veoir s'il vous plaist par ce que cy après s'ensuit [24]. »

Voici donc comment notre auteur établit les règles du tournoi :

[9] Sauval, *Antiquités de Paris*, t. II, p. 684.

[10] Cependant Joinville rapporte qu'après le désastre de l'armée, ses compagnons et lui retournant en bateau à Damiette : « Li Sarrazin qui estoient à cheval sus la rive traoient a nous de pylés, pour ce que nous ne voulions aler à aus. Ma gent m'orent vestu un haubert à tournoier, pour que li pylet qui chéoient en nostre vessel ne me bleçassent. »

Joinville était alors malade et si faible, qu'il ne se pouvait soutenir. Il eût été incapable de vêtir le gambison et le haubert de mailles. Ce haubert à tournoyer était donc plus léger que n'était le vêtement de guerre.

[11] *Li Romans de Brut,* vers 10801 et suiv.

[12] *Li Romans d'Amadas et Ydoine,* vers 838 et suiv., publ. par M. Hippeau.

[13] « Beaucoup firent de leurs lances des éclats et tronçons, et beaucoup de part et d'autre vidèrent les arçons. »

[14] « Épées ».

[15] *Gui de Nanteuil,* vers 2357 et suiv. *Les anciens poëtes de la France,* publ. sous la direction de M. Guessard.

[16] *Li Roman de Garin le Loherain,* chap. XXVI (XIIIe siècle).

[17] *Li Romans de la charette,* par Chrestiens de Troyes et Godefroi de Ligny, vers 1580 et suiv.

[18] Publié par M. Michelant, d'après le manuscrit de Vienne (page 13). Ce roman date du XIIIe siècle, et le manuscrit date de la seconde moitié de ce siècle.

[19] *Li Romans de la charette,* vers 5773 et suiv.

[20] *Méraugis de Portlesguez,* rom. du XIIIe siècle, publ. par M. Michelant, p. 8.

[21] *Li biaus desconneus,* vers 5989 et suiv.

[22] Voyez *Du costume militaire des Français en* 1446, par M. René de Belleval, 1866, p. 77.

[23] Roi de Naples et de Sicile, mort en 1480.

[24] Manuscr. *le Livre de tournoy,* Biblioth. impér., français, n° 2692.

« Qui veult faire ung Tournoy, faut que ce soit quelque prince, ou du moins hault baron, ou banneret, lequel doit faire ainsy que cy après sera devisé. »

Il enverra secrètement devers le prince à qui il veut faire présenter l'épée, afin de savoir de lui s'il lui convient d'accepter le combat courtois, après quoi on procédera aux cérémonies publiques.

Le seigneur envoyant le défi est l'*appelant,* celui auquel on l'adresse et qui l'accepte, le *défendant*.

L'appelant convoque le plus de chevaliers et d'écuyers qu'il pourra, fait venir le roi d'armes de la contrée, ou, à son défaut, quelque héraut notable ; il lui baille l'épée *rabattue* employée dans le tournoi, en lui disant : « Roy d'armes, tenez ceste espée et alez devers mon cousin le duc de Bourbon [25] lui dire de par moy, que pour sa vaillance, prudommie et grant chevallerie qui est en sa personne, je lui envoye ceste espée en signifiance que je querelle de frapper un Tournoy et Bouhordis d'armes contre lui, en la présence de dames et de damoiselles, et de tous autres, au jour nommé et tems deu, et en lieu ad ce faire ydoine et convenable. Duquel Tournoy lui offre pour juges diseurs, de huit chevaliers et escuiers les quatre : c'est assavoir tels et tels pour chevaliers, et tels et tels pour escuiers ; lesquels juges diseurs assigneront le tems et le lieu et feront faire ordonner la place. »

C'est un genou en terre que le roi d'armes reçoit l'épée par la pointe.

L'appelant doit élire des juges la moitié, dont deux du pays du seigneur défendant et deux pris où bon lui semblera, mais choisis parmi les plus anciens et notables barons chevaliers et écuyers.

Le roi d'armes s'en va accompagné de la façon la plus honorable vers le seigneur défendant, se présente devant lui hors du lieu saint ; mais lorsqu'il est entouré de sa noblesse, et, un genou en terre, lui présentant l'épée par la poignée, il lui dit :

« Très hault et très puissant prince et très redoubté seigneur, très hault et très puissant prince et mon très redoubté seigneur le duc de Bretaigne, vostre cousin, m'envoye par devers vous pour la très grant chevallerie et los de prouesse qu'il scet estre en vostre très noble personne, lequel en toute amour et bénévolence, et non par nul mal talent, vous requiert et querelle de frapper ung Tournoy et Bouhort d'armes devant dames et damoiselles, pour laquelle chose et en signifiance de ce, vous envoye ceste espée propre à ce faire. »

Si le défendant accepte, il prend l'épée et répond au roi d'armes :

« Je ne l'accepte pas pour nul mal talent, mais pour cuider à mon dit cousin faire plaisir, et aux dames esbatement. »

Alors le roi d'armes présente au seigneur défendant un parchemin sur lequel sont peints les blasons des huit juges, afin que le défendant en choisisse quatre à son plaisir comme *juges diseurs*.

Le choix fait, le roi d'armes enverra en toute diligence un des deux *poursuivants* d'armes demander au seigneur appelant les lettres pour les juges diseurs les invitant à se réunir et à régler les conditions et le lieu du tournoi.

Cela fait, le seigneur défendant fait donner deux aunes de drap d'or, ou de velours ou de satin, au roi d'armes, afin qu'il porte en guise de manteau cette pièce d'étoffe attachée sur l'épaule droite. Sur ce mantel doit être fixée une feuille de parchemin sur laquelle sont représentés à cheval, en habit de tournoyeurs, l'appelant et le défendant. Ainsi vêtu, le roi d'armes va trouver les juges diseurs, et, présentant ses lettres de créance, leur dit en substance : « qu'ils ont été désignés par les deux seigneurs appelant et défendant, à cause de leur bonne renommée et leur prudence ; qu'ils veuillent bien accepter la mission qui leur est confiée, parce que de leur refus il pourrait résulter grand dommage. » Si les juges diseurs acceptent la mission, le roi d'armes les remercie et les prie de vouloir bien fixer le jour du tournoi, le lieu, afin qu'il puisse *crier* ledit tournoi. Ayant délibéré entre eux, les juges fixent le jour et le lieu, et le roi d'armes se rend : 1° à la cour du seigneur appelant ; 2° à celle du seigneur défendant ; 3° à la cour du roi, ou en autres lieux indiqués par les juges diseurs pour crier le tournoi. Il peut se faire remplacer par les poursuivants d'armes dans l'exercice de ses fonctions, excepté auprès des deux seigneurs et à la cour du roi.

Dès que les quatre juges diseurs ont accepté la mission qui leur est confiée, le roi d'armes fait coudre aux quatre coins de son mantel les quatre écus de ces juges. Accompagné de trois ou quatre hérauts et poursuivants, il s'en va crier le tournoi, en ces termes :

« Or ouez ! or ouez ! or ouez ! On fait assavoir à tous princes, seigneurs, barons, chevaliers et escuiers de la marche de l'Isle de France, de la marche de Champaigne, de la marche de Flandres, etc., et à tous autres de quelsconques marches qui soient de ce royaume et de tous autres royaumes chrestiens, s'ils ne sont banniz ou ennemys du roi nostre sire, à qui Dieu donne bonne vie, que tel jour de tels moys, en tel lieu de telle place, sera ung grantdesime pardon d'armes et très noble tournoy frappé de masses de mesure, et espées rabatues, en harnoys propres pour ce faire, en timbres, cotes d'armes et housseures de chevaulx armoyées des armes des nobles tournoyeurs, ainsi que de toute ancienneté et coustume. Duquel tournoy sont chiefes très haulx et très puissans princes et mes très redoubtez seigneurs le duc de Bretaigne pour appelant et le duc de Bourbon pour deffendant. Et pour ce fait-on derechief assavoir à tous princes, seigneurs, barons, chevaliers et escuiers des marches dessus-dites, et autres de quelsconques nations qu'ils soient, non banniz ou ennemys du roi, nostre dit seigneur, qui auront vouloir et desir de tournoyer pour acquérir honneur, qu'ils portent de petits escussons que cy présentement donneray, ad ce qu'on cognoisse qu'ils sont des tournoyeurs. Et pour ce en demande qui en vouldra avoir ; lesquels escussons sont escartelez des armes des dits quatre chevaliers et escuiers juges diseurs dudit tournoy.

« Et audit tournoy y aura de nobles et riches prix par les dames et damoiselles donnez.

« Oultre plus, je anonce à entre vous tous princes, seigneurs, barons, chevaliers et escuiers qui avez entencion de tournoyer, que vous estes tenus vous rendre es haberges le quatrième jour davant le jour dudit tournoy, pour faire de vos blasons fenestres [26], sur peines de non estre receus audit tournoy ; et cecy fais-je assavoir de par messeigneurs les juges diseurs, et me le pardonnez s'il vous plaist. »

… L'auteur, après ce préambule, indique les proportions et dispositions qu'on doit adopter pour les lices.

Ces lices se composent d'une enceinte ayant, en longueur, un quart de plus qu'en largeur, entourée de deux barrières séparées par un intervalle de quatre pas : la barrière intérieure de la hauteur de 1m,50 environ, avec épaisse main-courante unie ; la barrière extérieure un peu plus haute, avec poteaux pointus entre les traverses doubles (voy. fig. 1). C'est entre ces barrières que se réfugient les gens de pied qui doivent au besoin secourir les tournoyeurs désarçonnés et les hommes d'armes qui empêchent la foule dc pénétrer dans l'enceinte. Sur un des grands côtés des lices sont élevées trois tribunes : celle du milieu pour les juges diseurs, les deux de côté pour les dames nobles assistant au tournoi. Deux entrées en A et B sont réservées pour le seigneur appelant et le seigneur défendant, et leurs tournoyeurs. Deux cordes C, C, attachées aux traverses de la barrière intérieure, sont tendues à une distance fixée par les juges. La surface des lices est en raison de la quantité des tournoyeurs.

Les choses ainsi préparées, les seigneurs appelant et défendant doivent entrer dans la ville, où ils prennent leurs logis quatre jours avant la fête et en grande pompe, c'est-à-dire accompagnés du plus grand nombre possible de tournoyeurs et dans l'ordre suivant. En tête, le destrier du seigneur revêtu d'une housse ayant les armes du prince cousues au-dessus des quatre membres, la tête ornée de plumes, des grelots au cou, et monté par un très-petit page, à cru sur la housse ou sur une petite selle (fig. 2). Après viennent les chevaux des tournoyeurs de sa compagnie, deux à deux, houssés avec les armes de chacun d'eux, de même. Puis les trompettes, les hérauts (fig. 3) et poursuivants, vêtus de la cotte d'armes ; puis enfin les tournoyeurs à cheval avec leur suite. Entré dans la ville, chacun des seigneurs prend logis avec cinq de ses tournoyeurs au moins. Les chefs du tournoi font déployer à la fenêtre sur la rue leur bannière et leur pennon, et peindre au-dessous, sur un panneau, leurs armes avec timbre ; les autres barons déploient leurs bannières de même, mais sans le pennon, et font également placer leurs armes sous leur fenêtre. C'est ce qu'on appelait faire de son blason fenêtre (fig. 4).

Il est à désirer, dit l'auteur, que les juges diseurs entrent dans la ville avant les chefs du tournoi. Cette entrée se fait dans l'ordre suivant : En tête, à cheval, quatre trompettes sonnant, portant les bannières des juges diseurs ; après eux, quatre poursuivants, deux par deux, portant la cotte armoyée aux armes desdits juges. Puis le roi d'armes seul, vêtu comme il est dit ci-dessus, suivi des juges diseurs par couples, à cheval, couverts de longues robes et tenant à la main une verge blanche de cinq pieds et demi ; des valets à pied se tiennent à la tête de leurs chevaux. Les gens de suite, à cheval, ferment la marche. Les seigneurs appelant et défendant sont chargés de toute la dépense des quatre juges diseurs pendant leur séjour, et envoient vers eux un de leurs maîtres d'hôtel.

Autant que faire se peut, les juges diseurs se logeront près d'un cloître, dans lequel, le lendemain de

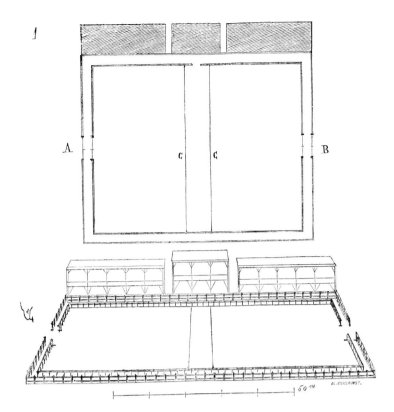

[25] René d'Anjou suppose que l'appelant est le duc de Bretagne et le défendant le duc de Bourbon.

[26] Il était de règle, en effet, que les tournoyeurs devaient, quatre jours avant le tournoi, exposer leurs bannières aux fenêtres des logements qu'ils avaient pris dans la ville indiquée pour la fête. C'était une manière de *publication* qui permettait de s'enquérir des qualités des tournoyeurs.

3

leur arrivée, les tournoyeurs sont tenus de faire disposer leurs timbres et bannières. Devant leur logis, ces juges diseurs doivent faire peindre sur une toile de la hauteur de neuf pieds environ le portrait du roi d'armes tenant les quatre bannières desdits juges. Au chef de la toile sont peints les noms des seigneurs appelant et défendant, et au-dessous de l'image du héraut, les noms, seigneuries, titres et offices desdits juges.

Au soir de l'arrivée des seigneurs et des tournoyeurs, après souper, ces seigneurs, leurs compagnies, les dames invitées à la fête, se réunissent dans une grande salle. Arrivent, précédés des trompettes et poursuivants, les quatre juges diseurs et le roi d'armes. Alors les danses commencent ; bientôt elles sont interrompues par le cri de celui des poursuivants qui possède la voix la plus claire. Les juges sont montés avec le roi d'armes sur un échafaud.

Quand le poursuivant a répété à trois reprises le cri « Or ouez ! » le roi d'armes dit :

« Très haulx et puissans princes, ducs, comtes, barons, seigneurs, chevaliers et escuiers aux armes appartenans : je vous nottifie de par messeigneurs les juges diseurs, que chacun de vous doive demain, à heure de medy, faire aporter son heaulme timbré, ouquel

il doibt tournoyer, et ses bannieres aussi, en l'ostel de messeigneurs les juges, ad ce que mes dits seigneurs les juges, à une heure après midi, puissent commencer à en faire le despartement ; et après ce qu'ils seront départiz, les dames les viendront veoir et visiter pour en dire puis leurs bons plaisirs aux juges. Et pour le jour de demain, autre chose ne se fera, se non les dances après le souper ainsi comme aujourd'hui. »

Les danses recommencent, puis on apporte le vin et les épices.

En effet, le lendemain, les bannières et heaumes timbrés sont apportés dans le cloître par les chambellans, gentilshommes, écuyers d'écurie, ou varlets *honnêtes,* à cheval.

Les juges font ranger ces heaumes sur le bahut du cloître en belle ordonnance, les bannières au-dessus de chacun d'eux. Puis arrivent les dames et damoiselles, et toute l'assemblée réunie à l'occasion du tournoi.

Les juges font faire aux dames trois ou quatre fois le tour des galeries, et un héraut leur dit les noms des tournoyeurs auxquels appartiennent ces heaumes. Si une dame touche un des timbres, le chevalier auquel il appartient est *recommandé,* c'est-à-dire qu'il peut être battu impunément le surlendemain. « Touttefoiz nul ne doibt estre batu oudit tournoy, se non par ladvis et ordonnance des juges, et le cas bien desbatu et attaint au vray, estre trouvé tel qu'il mérite pugnicion ; et lors en ce cas doibt estre si bien batu le mesdisant, que ses espaules s'en sentent très bien, et par manière que une autreffois ne parle ou mesdie ainsi deshonnestement des dames, comme il a acoustumé. »

En dehors de cette fâcheuse recommandation des dames, il est certains autres cas considérés comme plus graves et qui sont : la parole faussée, l'usure, la mésalliance. Les deux premiers de ces cas ne sont pas rémissibles, et si le tournoyeur persiste à entrer en lice, on peut le battre jusqu'à ce que son heaume tombe à terre. Si le tournoyeur n'est pas gentilhomme de *toutes ses lignes,* mais que d'ailleurs il ait une bonne renommée, il ne peut être battu que par l'un des chefs du tournoi, qui en usera courtoisement ; et cela lui sera d'un honneur tel, que dorénavant il ne sera plus recommandé pour le même motif, qu'il pourra prendre un nouveau timbre et ajouter une pièce honorable à ses armes.

Pour les deux cas les plus graves, savoir, la parole faussée et l'usure, tous les chevaliers et écuyers du tournoi doivent s'acharner sur le recommandé quand ils se trouvent en face de lui, et le battre jusqu'à le contraindre à dire qu'il donne son cheval, ce qui équivaut à déclarer qu'il se rend. Alors les tournoyeurs font couper les sangles de la selle par les gens de pied et font placer le recommandé à cheval sur la barre des lices : il doit être gardé dans cette position pour qu'il ne descende jusqu'à la fin du tournoi. Le cheval est donné aux trompettes et ménestrels **(fig. 5)** [27].

[27] Cette figure est copiée sur la miniature du *Livre de tournoy,* représentant le *bouhort,* c'est-à-dire le combat. Une miniature représentant le cloître montre les juges touchant de leur baguette le timbre du chevalier ainsi puni.

La punition des nobles qui se sont mésalliés est moins dure. Ils doivent être battus jusqu'à ce qu'ils donnent leur cheval ; mais on les laisse sur leurs destriers en les faisant passer entre les lices, où, privés de l'épée et de la masse, ils sont gardés par un héraut. S'ils tentent de s'échapper, on les place dans la position que donne la **figure 5**.

Pour les chevaliers qui, par paroles, auraient tenté de ternir l'honneur des dames, ils doivent être battus jusqu'à ce qu'ils crient : « Mercy ! » aux dames à haute voix, en promettant que jamais plus ils ne médiront des dames.

Après la cérémonie du cloître, les heaumes et bannières sont reportés aux logis des tournoyeurs ; et la soirée est employée aux danses. Cependant, comme la veille, au milieu de ces ébatements, le roi d'armes fait le cri suivant :

« Haulz et puissans princes, contes, barons, chevaliers et escuiers, qui aujourd'hui avez envoyé présenter à messeigneurs les juges et aux dames aussi vos timbres et bannieres, lesquelz ont été partis, tant d'ung cousté que d'autre par esgale porcion, soubz les bannieres et pannons de très hault et très puissant prince et mon très redoubté seigneur le duc de Bretaigne appelant, et mon très redoubté seigneur le duc de Bourbon deffendant : messeigneurs les juges diseurs font assavoir que demain à une heure après medy, le seigneur appelant, avec son pannon seulement, viengne faire sa monstre sur les ranges, accompaigné de tous les autres chevaliers et escuiers qui soubz lui ont esté partis, sur leurs destriers encouvertez et armoyez de leurs armes, et leurs corps sans armeures habillez le mieulx et le plus joliement qu'ils pourront, ad ce que mesditz seigneurs les juges diseurs prennent la foy desditz tournoyeurs. Et après ça que ledit seigneur appelant aura ainsi fait sa monstre, la foy prise, et qu'il sera retourné de dessus les rengs, viengne à deux heures le seigneur deffendant faire la sienne pour pareillement prandre sa foy, et qu'il n'y ait faulte. »

En effet, le lendemain les deux partis des tournoyeurs viennent à cheval, mais non armés, dans les lices, faire la montre successivement, après avoir été convoqués par les hérauts et poursuivants criant devant les logis : « Aux honneurs, seigneurs chevaliers et escuiers ! Aux honneurs ! » Chaque tournoyeur doit être accompagné de son porte-bannière, la bannière roulée. Seuls les chefs du tournoi ont leurs pennons au vent. Les tournoyeurs ne portent à la main qu'un bâton. Quand ils ont voltigé quelque peu, le héraut des juges, placé dans la tribune du milieu, dira à haute voix :

« Haultz et puissans princes, seigneurs, barons, chevaliers et escuiers, se vous plaist vous tous et chacun de vous leverez la main dextre en hault vers les Saints, et tous ensemble, ainçois que plus avant aler, prometterez que nul d'entre vous ne frappera audit tournoy à son escient, d'estoc, ne aussi depuis la sainture en aval, en quelque façon que ce soit, ne aussi ne boutera, ne tirera nul s'il n'est recommandé ; et d'autre part se par cas d'adventure le heaulme cheoit de la teste à aucun, autre ne luy touchera jusques à tant qu'il luy aura été remis et lacé, en vous soubmettant, se autrement le faistes à vostre escient, de

perdre armeures et destriers, et estre criez bannis du tournoy pour une autre fois ; de tenir aussi le dit et ordonnance en tout et partout, tels comme messeigneurs les juges diseurs ordonneront les délinquans estre pugniz sans contredit ; et ainsi vous jurez et promettez par la foy et serment de vos corps et sur vostre honneur. » A quoi ils doivent répondre : « Oy ! oy ! » Après la montre et le serment du parti des appelants, celui des défendants procède de même.

Au milieu des danses qui, comme les jours précédents, terminent ces montres, le roi d'armes du haut de l'échafaud des ménestrels, dit :

« Haulx et puissans princes, etc., qui estes au tournoy partis, je vous fais assavoir de par messeigneurs les juges diseurs, que chascune partie de vous soit demain dedans les rengs à l'heure de medy, en armes et prests pour tournoyer, car à une heure après medy feront les juges coupper les cordes pour encommencer le tournoy, ouquel aura de riches et nobles dons par les dames donnez.

« Outre plus, je vous advise que nul d'entre vous ne doye amener dedans les rengs varlez à cheval pour vous servir, outre la quantité : c'est assavoir, quatre varlez pour princes, troys pour conte, deux pour chevalier, et ung pour escuier, et de varlez de pied chascun à son plaisir ; car ainsi l'ont ordonné les juges. »

Après ceci, les juges choisissent dans l'assemblée les deux dames les plus belles et les plus nobles, et accompagnés des hérauts et poursuivants, et de varlets tenant des torches, ils font faire auxdites dames, en les tenant sous le bras, le tour de la salle. Derrière les juges, l'un des poursuivants tient un « long couvre-chief de plaisance, brodé, garni et papilloté d'or bien joliment ». Ce couvre-chef est un long voile blanc pailleté d'or. Les deux dames font choix d'un des chevaliers ou écuyers parmi les tournoyeurs, qui est institué chevalier ou écuyer d'honneur. Ses fonctions doivent consister, pendant le combat, à tenir ce couvre-chef au bout d'une lance, lui étant à cheval, et, à la requête des dames, de l'abaisser sur le timbre d'un tournoyeur recommandé ; dès lors doit-on cesser de le battre.

Le chevalier d'honneur donne le baiser aux deux dames, les rémercie, et passe le reste de la soirée près d'elles, le couvre-chef attaché à une lance tenu derrière lui.

Il est nécessaire maintenant de décrire l'adoubement des tournoyeurs, qui, ainsi que nous l'avons dit déjà, diffère sensiblement de l'adoubement de l'homme de guerre, à dater de la fin du XIVe siècle.

L'habillement de tête consiste (**fig. 6**) en un bacinet ou capeline de fer composée de la cervelière A, de la bavière B et de la visière C. La vue de la visière est treillissée de fer. Sur le sommet est posé un timbre de cuir bouilli D, lequel est attaché par quatre aiguillettes passant par des trous percés dans la cervelière. Sur ce timbre est fixée une broche de fer avec quatre griffes et un arrêt entrant dans un trou *a*. C'est sur cet appendice qu'est attaché le heaume, avec son lambrequin et son tortil. La visière ne peut se mouvoir sur ses pivots lorsque le timbre de cuir bouilli est posé sur la cervelière. Des coulants *b*, rivés à l'extrémité de la bavière et du couvre-nuque, sont destinés à passer des courroies qui s'attachent au cor-

5

6

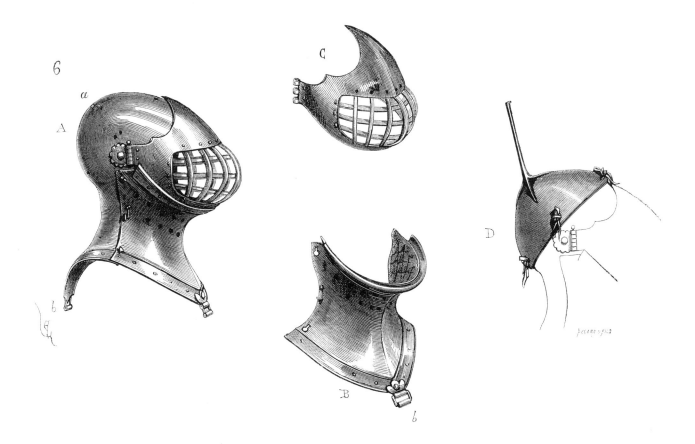

selet et à la dossière au moyen de boucles. Des trous sont ménagés sous la bavière pour ventiler le cou.

Le harnais de corps (**fig. 7**) est fait en façon de tonnelet, mais allégé par des trous nombreux. On peut aussi tournoyer vêtu de la brigandine. Sous le tonnelet de fer, muni de ses tassettes et terminé par une maille, le tournoyeur endosse un pourpoint ou corset de toile rembourrée ou feutrée de l'épaisseur de trois doigts sur les épaules et le long des bras jusqu'au cou, les coups de masse et d'épée tombant sur ces parties.

Les bras sont garantis par les garde-bras, qui couvrent ces membres des épaules aux coudes, par les avant-bras et des gantelets. Ces pièces peuvent être faites de fer ou de cuir bouilli. Si elles sont faites d'acier, elles ne diffèrent pas des armures de guerre. Si de cuir bouilli, elles consistent (**fig. 8**) en des lanières de cuir bouilli réunies fortement par des cordelles de chanvre ; le coude est garanti par une rondelle attachée au moyen d'aiguillettes. En A, l'armure de bras est présentée extérieurement, et en B intérieurement. Les gantelets sont d'acier, D, ou de cuir bouilli, E. Les harnais de jambes sont les mêmes que pour la guerre, en évitant les grandes gardes, qui accrochent les housses, et les longs éperons, qui se tordent dans la presse.

La cotte d'armes est faite sans plis, afin qu'on voie mieux les blasons ; les manches, larges, évasées, ne doivent pas dépasser le coude, pour ne point gêner les mouvements, et son encolure doit être pincée sous la bavière et le couvre-nuque. Échancrée par devant, elle couvre les reins et passe sur la cuiller de la selle. La **planche LIII** montre un tournoyeur armé, à cheval. On voit comme le bacinet, sous le heaume, est attaché au corselet ; comment la masse de bois est suspendue à un crochet à la hauteur du sein droit ; comment le cavalier passe le pouce de la main gauche dans une anse de fer attachée fortement à la hausse de l'arçon, afin de trouver un point d'appui lorsqu'il frappe de la main droite ; comment les jambes sont complétement couvertes par le hourd. Mais nous aurons à revenir sur ces détails.

Les armes défensives du tournoyeur sont l'épée et la masse. L'épée est rabattue, c'est-à-dire sans pointe et sans tranchant : c'est une véritable barre de fer plate, avec rainure évidée au milieu de la lame jusqu'au tiers de sa longueur et nerf saillant de cette rainure à l'extrémité. Les quillons sont recourbés en dehors et accompagnés d'une forte garde de fer demi-cylindrique. Au pommeau est attachée une tresse de cuir qui est fixée sous le gantelet au poignet. La **figure 9** donne le détail de cette arme. La longueur de la lame avec la poignée doit être égale à celle du bras étendu, la main comprise (0m,70). Cette lame doit avoir quatre doigts de largeur, afin qu'elle ne puisse passer par la vue du heaume, et un doigt d'épaisseur au tranchant, évidée au milieu pour être moins pesante.

La masse, faite de bois dur, à pans (**fig. 10**), est garnie d'une petite rondelle de fer en guise de garde, et de cuir à la poignée et au pommeau, pour mieux tenir à la main. Les épées et les masses doivent être visées et poinçonnées par les juges diseurs, afin qu'elles ne « soient point d'oultrageuse pesanteur ne longueur

7

8

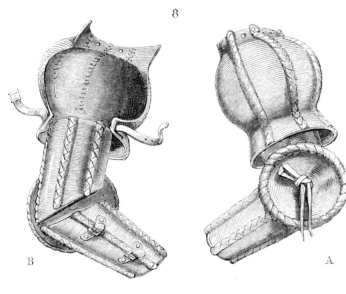

B   A

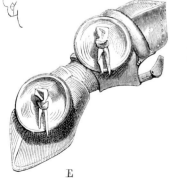

E   D

aussi ». Notre planche LIII montre comment le hourd est fixé à l'arçon de la selle ; comment il couvre le ventre du cavalier, donne un point d'appui à sa main gauche, garantit ses cuisses et genoux, ainsi que le poitrail du cheval. Ce hourd est une des pièces principales de l'habillement du cheval. Il est garni intérieurement de paille longue piquée entre deux toiles, et renforcé de fortes baguettes d'osier qui le maintiennent roide et l'empêchent de gauchir. Au poitrail, sous le collier, est fixé un sac de toile en forme de croissant, fortement rembourré, lequel est destiné à préserver le destrier des chocs. La **figure 11** explique ce harnais. En A, il est figuré en dehors sous la housse, et en B intérieurement. On voit en C le sac de toile fixé sous le collier avec des aiguillettes, et en C' ce sac séparé du hourd. En haut du hourd sont attachées

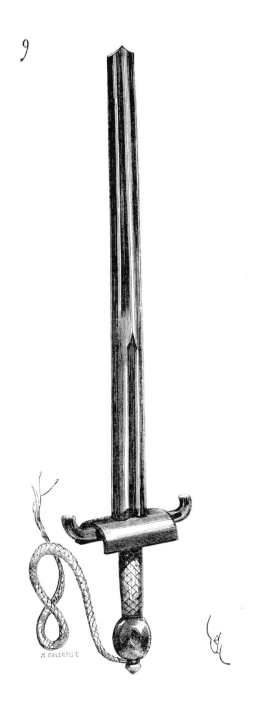

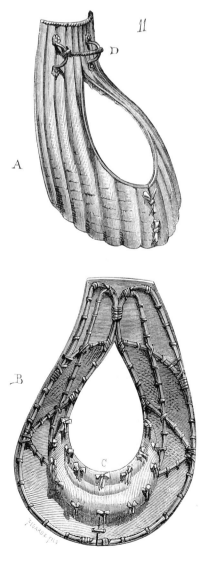

267

12

les anses de fer D portant la traverse de fer ou de cordelettes qui sert à appuyer la main gauche du tournoyeur. La housse de croupe est simplement faite d'étoffe avec un matelas peu épais posé du troussequin de la selle à la queue du cheval, pour le garantir des coups perdus. La tête du cheval est armée d'un chanfrein de fer couvrant le frontal et descendant jusqu'aux naseaux, avec le cimier semblable à celui qui couronne le heaume, de cuir bouilli de même, placé entre les oreilles. Sur la crinière est attachée une crête de fer articulée, mince et descendant seulement jusqu'à la hauteur du hourd **(fig. 12)**.

En Flandres, dans le Hainaut, le Brabant, et sur les bords du Rhin, les tournoyeurs s'armaient d'une façon beaucoup plus lourde. Ils vêtaient d'abord un pourpoint de toile en double, divisé en deux parts, l'une couvrant le dos du cou au bas des reins, l'autre la poitrine et le ventre. Sur ce pourpoint ils endossaient une *bracière,* c'est-à-dire une sorte de gilet à manches rembourré de coton, de quatre doigts d'épaisseur ; les garde-bras et avant-bras faits de cuir bouilli, avec baguettes de bois collées par-dessus et feutrées en dessous ; des spallières et cubitières très-lourdes, de même de cuir bouilli, garantissaient les membres antérieurs. Le torse était couvert d'une brigandine pertuisée sous la cotte comme celle des tournoyeurs français. L'habillement de tête se composait d'un bacinet à camail de peau avec bavière, mais sans visière, attaché à la brigandine par ce camail, tout autour, avec force aiguillettes **(fig. 13)**. Sur ce bacinet on posait le heaume fait d'une pièce, ordinairement de cuir bouilli et ventilé par le haut, avec vue barrée de trois en trois doigts. Ce heaume était seulement attaché par devant avec une boucle au corselet, afin de le pouvoir jeter sur l'arçon de la selle quand le tournoyeur voulait se rafraîchir et reprendre haleine. Pendant ce temps on devait cesser de l'attaquer. Sur la brigandine on posait la cotte d'armes comme sur l'armure française. « Et quant tout cela est sur l'ome, il semble estre plus gros que long. » Quant aux selles, elles étaient de la hauteur de celles qu'on portait jadis en France pour jouter ; les pissières et le chanfrein étaient de cuir. L'auteur fait remarquer que lorsque ces cavaliers étaient ainsi équipés, ils ne pouvaient se mouvoir ni faire tourner leurs chevaux, « tellement ils étaient goins [28] ».

Le jour du tournoi, une demi-heure avant le moment fixé pour l'ouverture des lices, les dames se rendront aux tribunes, et le chevalier d'honneur portant le couvre-chef, « la mercy des dames », accompagnera les juges diseurs et le roi d'armes à cheval, précédés des trompettes. Après qu'ils auront, toujours étant à cheval, examiné si les cordes sont bien placées, si les coupeurs des cordes sont à leur poste, et si tout est convenablement disposé, le chevalier d'honneur, monté sur son destrier, se tiendra entre les cordes. Là les juges diseurs enlèveront son heaume de dessus sa tête, le remettront au roi d'armes, qui le portera à la tribune des dames, en leur adressant ces paroles :

« Mes très redoubtées et honorées dames et damoiselles, véez là vostre humble serviteur et chevalier (ou escuier) d'honneur qui s'est rendu sur les rangs prest pour faire ce que lui avez commandé, duquel véez cy le tymbre que vous ferez garder dedans vostre chaffault, s'il vous plaist. »

13

Ce heaume sera en effet tenu sur un tronçon de lance par un gentilhomme ou « honneste varlet », dans la tribune des dames, tout le temps que durera le tournoi.

Les juges diseurs, avec le roi d'armes, montent alors dans leur tribune.

Cependant, dès la dixième heure, les tournoyeurs ont dû prendre leur repas et s'être préparés. Deux heures sont nécessaires pour disposer les harnais et habillements de tournoi. Dès onze heures, les hérauts et poursuivants vont devant les hôtelleries des tournoyeurs, criant : « Lassez heaulmes, lassez heaulmes, seigneurs chevaliers et escuyers ! Lassez heaulmes et yssiez hors bannieres pour convoyer la banniere du chief. » Lors chacun des tournoyeurs se rend au petit pas, accompagné de ses gens et avec sa bannière portée par un héraut ou poursuivant à cheval, devant le logis de son chef. Ces hérauts ou poursuivants porte-bannière doivent être habillés d'un baubergeon, de garde-bras, avant-bras, gantelets et harnais de jambes, avec cotte aux armes de leur maître, la salade ou le chapel de fer en tête ; et doivent-ils être montés sur bons et forts chevaux gentement enparaçonnés, afin de se tenir toujours à la queue de leur maître, et de ne laisser point choir sa bannière. La **figure 14** montre un tournoyeur sur son cheval, prêt à combattre.

Quand les tournoyeurs sont réunis autour de leurs deux chefs, ils s'en vont en belle ordonnance aux lices, précédés des trompettes et ménestrels. Le pennon du seigneur en premier ; puis le seigneur, son porte-bannière ; puis les tournoyeurs, deux par deux, suivis chacun de leur porte-bannière. Ainsi s'arrêtent-ils devant les barrières des lices de part et d'autre. Le héraut du seigneur appelant, en s'adressant aux juges, demande l'ouverture des lices. Le roi d'armes répond en fixant au parti la place qu'il doit occuper.

Cela dit, le porte-pennon entre le premier, puis le seigneur appelant, puis son porte-bannière, et ainsi tous les tournoyeurs, avec leurs porte-bannière, se plaçant devant la corde sur un ou deux fronts, suivant l'espace, leurs porte-bannière toujours à la queue de leurs chevaux. Quant aux écuyers à cheval, ils se placent de côté, et les gens de pied le long des lices ou entre elles. La même ordonnance est observée à l'égard du seigneur défendant et de ses tournoyeurs.

Les deux partis sont en présence, séparés par l'intervalle laissé entre les cordes, vers l'extrémité duquel, avoisinant les tribunes, se tient le chevalier d'honneur.

C'est alors que le roi d'armes crie : « Soyez prets pour couper cordes ! » Quatre hommes à cheval sur les barres des lices tiennent chacun une hache levée prête à tomber sur les attaches des cordes. Il ajoute : « Or ouez ! or ouez ! or ouez !... Messeigneurs les juges prient et requierent entre vous messeigneurs les tournoyeurs, que nul ne frappe autre d'estoc ne de revers, ne depuis la sainture en bas, comme promis l'avez, ne ne boute ne tire, s'il n'est recommandé ; et aussi que se d'aventure le heaulme cheoit à aucun de la teste, qu'on ne lui touche jusques ad ce qu'on le lui ait remis, et que nul d'entre vous aussi ne veuille frapper par attaine [29] sur l'un plus que sur

l'autre, se ce n'estoit sur aucun qui, pour ses démérites, fust recommandé.

« Outre plus, je vous advise que depuis que les trompettes auront sonné retraite, et que les barrieres seront ouvertes, ja pour plus longuement demourer sur les rengz, ne guingnera nul l'emprise. »

A ce moment sonnent les trompettes, les juges font reculer les fronts des deux partis ; puis le roi d'armes crie : « Coupez cordes ! hurtez batailles quand vous voudrez ! » trois fois. Au troisième cri, les cordes tombent sur le sable, et commence le combat.

Les porte-bannière et gens de pied crient les cris de leurs maîtres, pendant que les cavaliers chargent ; de

[28] *Goin*, encombré, emprunté, lourd. Notre figure 13 rend compte de cet équipement Le tournoyeur a rejeté son heaume devant lui pour respirer.

[29] « Fâcherie, querelle ».

la mêlée s'éloignent, en se garant entre les lices, les trompettes, les hérauts poursuivants. Les deux porte-pennon des chefs vont se placer près des deux entrées. Les varlets à cheval, armés de tronçons de lances, couverts de jaserans ou de brigandines, de salades, gantelets et harnais de jambes, se tiennent prêts à tirer leurs maîtres de la presse, s'ils les requièrent, en criant leurs cris. Les varlets de pied sont vêtus du pourpoint et de la jaquette courte ; la salade en tête et les gantelets aux mains. Tenant un bâton de la droite, leur office consiste à relever les cavaliers tombés de cheval, et à faire autour d'eux, s'ils ne peuvent être remontés, une garde avec leurs bâtons, en les entraînant ainsi hors du champ.

Lorsqu'il semble aux juges que le tournoi doit finir, ils font donner une sonnerie, puis le héraut crie :

« Chevauchez, bannieres, départez vous des rengs, et tournez aux haberges. Et vous, seigneurs, princes, barons, chevaliers et escuiers qui cy en droit estes tournoyans dcvant les dames, avez tellement fait vos devoirs, que désormais vous en pouez en la bonne heure aler et despartir des rengs ; car desia est le prix assigné, lequel sera ce seoir par les dames baillé à qui l'a desservy. »

Les trompettes sonnent la retraite, les barrières sont ouvertes, et les porte-pennon et porte-bannière, sans attendre leurs maîtres, sortent les premiers au petit pas. Peu à peu les tournoyeurs les rejoignent, tant d'une part que de l'autre, et s'en vont en bon ordre, ainsi qu'ils sont venus ; les trompettcs ne doivent cesser leur sonnerie tant qu'il reste un tournoyeur dans les lices.

Le chevalier d'honneur, en tête de l'une des troupes, sera précédé à cheval par celui qui a tenu son heaume dans la tribune des dames, et continuera-t-il de le porter sur un tronçon de lance.

Il n'était pas toujours facile, malgré les ordres des juges diseurs, de séparer les combattants. Ainsi au tournoi qui fut donné à Bruges en 1474, à l'occasion du mariage du duc Charles de Bourgogne avec Marguerite d'York, sœur du roi d'Angleterre, Olivier de la Marche raconte dans ses *Mémoires* [30] que, pour séparer les tournoyeurs, le duc de Bourgogne, qui faisait partie d'une des troupes, dut se désheaumer pour se faire reconnaître et se jeter, l'épée au poing, dans la mêlée « qui recommençoit puis de l'un des bouts, puis de l'autre ; et à les départir (les séparer) n'épargna ne cousin, ne Anglois, ne Bourgongnon, qu'il ne les fist par maistrise départir. Et ledict tournoy rompu, se mirent en bataille les uns devant les autres, et par requestes combatirent par plusieurs fois un à un, deux à deux et trois à trois. Mais toutesfois mondit seigneur tousjours les departoit. »

Le soir, après souper, les dames, damoiselles et toute l'assemblée se réuniront dans la grande salle. Le chevalier d'honneur, accompagné des quatre juges, fera porter devant lui le couvre-chef au bout de la lance ; le prenant, il le remettra aux deux dames qui le lui ont confié en leur donnant l'accolade. Puis il s'en retournera avec les juges, ayant les chevaliers à sa droite, les écuyers à sa gauche.

Lorsque sera venue l'heure de donner le prix, les juges et le chevalier d'honneur, accompagnés du roi d'armes, des hérauts et poursuivants, iront prendre une des dames et deux damoiselles, et les conduiront, accompagnées de force flambeaux, dans une salle séparée. Tous reviendront quelques moments après dans la grande salle en l'ordre suivant : Les trompettes sonnant ; les hérauts et poursuivants placés en coin ; le roi d'armes ; le chevalier d'honneur tenant un tronçon de lance en sa main, long de cinq pieds. La dame qui portera le prix recouvert du couvre-chef, soutenue à sa droite et à sa gauche par deux juges diseurs ; les deux damoiselles également soutenues chacune par un des juges diseurs : ces damoiselles tiendront les bouts du couvre-chef. Ce cortége s'arrêtera devant celui qui doit recevoir le prix. Alors le roi d'armes lui dira : « Véez cy ceste noble dame, madame……., accompagnée du chevalier d'honneur et de messeigneurs les juges, qui vous vient bailler le pris du tournoy, lequel vous est adjugé comme au chevalier mieulx frappant d'espée et plus serchant [31] les rengz, qui ait aujourd'hui esté en la mesléc du tournoy, vous priant ma dame que le vueillez prendre en gré. »

Alors la dame découvre le prix, qui est habituellement un joyau. Les hérauts qui accompagnent le chevalier mettent un genou en terre ; le chevalier fait de même, se relève aussitôt, reçoit le prix, s'approche et prend un baiser sur les joues de la dame, puis des damoiselles. Le roi d'armes, pendant ce temps, et les hérauts crient le cri du chevalier. **(Pl. LIV.)**

Les juges diseurs sont vêtus de robes longues comme pendant le tournoi ; le chevalier d'honneur ne porte aucun vêtement particulier ; le chevalier auquel est adjugé le prix, ainsi que ses hérauts, ont endossé la cape armoyée aux armes du vainqueur par-dessus le corset ou la cotte hardie. La cape des hérauts est ronde devant et derrière avec longs pans sur les bras. Celle du chevalier vainqueur est terminée carrément devant et derrière, et tombant seulement aux coudes, ainsi que l'indique notre planche. Les danses terminent la fête.

Ces tournois étaient le plus souvent précédés ou suivis de joutes. Ils cessèrent d'être en usage vers le commencement du XVIe siècle. L'un des derniers fut tenu à Ardres par François Ier et Henri VIII d'Angleterre. Les joutes persistèrent beaucoup plus tard. Cet exercice militaire ne fut abandonné qu'au commencement du XVIIe siècle.

JOUTE (*jouste, jouxte*). Combat singulier à la lance et à cheval. Il serait difficile, croyons-nous, de préciser l'époque où le combat singulier à la lance fut introduit en France, et même de savoir par qui et comment cette arme fut primitivement employée dans la cavalerie. La tapisserie de Bayeux nous montre des cavaliers armés de lances longues, mais rarement ces hommes d'armes chargent-ils, le bois couché horizontalement sous l'aisselle. Presque tous se servent de cette arme le bras droit levé à la hauteur de la tête, comme s'il s'agissait de lancer le *pilum*.

Ce n'est qu'au XIIe siècle que l'usage de charger la lance en arrêt paraît avoir été adopté à la guerre. La joute était un exercice propre à familiariser les hommes d'armes avec ce genre d'attaque. Les joutes habituellement précédaient ou suivaient les tournois. Au milieu d'une longue lice s'élevait une palissade unie, faite de planches et couverte de toiles, ayant

environ quatre pieds de hauteur : c'était la joute à la barrière. Les cavaliers se tenaient de chaque côté de cette barrière, chargeant l'un contre l'autre, la lance couchée horizontalement à la hauteur de la tête du cheval lancé à fond de train. L'adresse des combattants consistait à toucher l'adversaire aux parties supérieures du corps, à le renverser sous le choc du bois ou à briser la lance. La vitesse combinée des deux coursiers donnait à ce choc une puissance telle, que si la lance ne glissait point sur l'armure du cavalier, il fallait, ou qu'elle se rompît, ou que le cavalier fût renversé. Pour parer au danger de ce genre de combat, on adopta vers le commencement du XIVe siècle certaines parties d'armures spéciales.

Chaque jouteur courait sur son adversaire, ayant la barrière à sa gauche et le bras gauche bien couvert de l'écu. Il obliquait ainsi un peu le bois de la lance vers sa gauche, à côté de la tête du cheval, de manière à frapper son adversaire en plein écu, normalement, afin que le fer de l'arme ne déviât pas de sa direction.

Le fer de la lance de joute était émoussé, afin de ne point pénétrer les écus et hauberts ; on lui donnait alors le nom de *roc* ou *rochet*. Sa forme, jusqu'au milieu du XIVe siècle, était celle que présente la **figure 1**. Depuis lors, jusque vers la fin du XVe siècle, il fut divisé en trois ou quatre mamelons **(fig. 2)**. Il ne semble pas que les jouteurs aient été revêtus d'armes défensives spéciales pendant le XIIIe siècle : on jouait avec le harnais de guerre **(fig. 3)** [32] ; seulement le cavalier ramenait les ailettes des épaules en avant [33]. Le roman du *Chastelain de Coucy*, qui date des premières années du XIIIe siècle, nous donne une description curieuse d'une joute.

Le sire de Coucy, épris, comme on le sait, de la dame de Fayel, l'invite à paraître à une joute qui se doit donner entre la Fère et Vandeuil ; il la supplie, pour paraître à cette fête, de lui octroyer une manche :

« Ridée as las, large dessous,
« Qu'en mon destre bras porteroie ;
« Espoir que plus preus en seroie [34]. »

C'était en effet un honneur de se présenter aux joutes avec un de ces larges morceaux d'étoffes brodées attaché au bras droit. Nous verrons tout à l'heure deux jouteurs ainsi affublés de manches.

La dame de Fayel accorde au sire de Coucy la faveur qu'il réclame. La joute est fixée à un lundi. Un grand nombre de seigneurs et de dames s'y rendent :

« De tous lès venoit li harnois,
« De Poitevins et de François,
« De Normans et de Bourgoingnons,
« De Loherains et de Bretons,
« Et venoient li Corbiais
« Aveuques cilz de Vemandais [35]. »

Et le comte de Soissons, le duc de Limbourg, le comte Philippe de Namur, avec nombre de chevaliers du Hainaut, etc. Tous, arrivés le dimanche, prennent leurs logements à Vandeuil, et le comte de Namur donne un banquet auquel il invite tous les gentilshommes et les dames venus pour la joute.

Le lundi de grand matin, les hérauts vont criant devant les hôtels que les jouteurs aient à s'apprêter. Alors, de tous côtés, sortent valets, écuyers ; les chevaux

E. Viollet-le-Duc del. L. Massard sc.

PL. LIIV

sont couverts de leurs harnais. Au mouvement, au bruit de la foule se mêle le son des trompettes. Les jouteurs vont entendre la messe, puis les dames s'empressent de se rendre aux tribunes préparées pour les recevoir. D'après le roman, qui ne paraît pas avoir été composé postérieurement à 1230, il ne semble pas qu'une barrière fût disposée suivant le grand axe de la lice, pour séparer les jouteurs, puisque dans

[30] Livre II, chap. IV.

[31] « Parcourant ».

[32] Manuscr. Biblioth. impér., *Godefroi de Bouillon* (français, dernières années du XIIIe siècle).

[33] Voyez, dans la partie des ARMES, le mot AILETTE.

[34] *Li Roumans dou chastelain de Coucy*, vers 704.

[35] Vers 884 et suiv.

deux des épisodes de ces combats singuliers à la lance, il est dit que les chevaux se froissent [36] ; ce qui n'était pas possible lorsqu'une barrière de planches jointives séparait les destriers. Les jouteurs se frappent si rudement de leurs lances, que leurs écus sont brisés, leurs heaumes enlevés, et que tous deux souvent sont renversés avec leurs chevaux. Lorsque les combattants ne sont point blessés, ils retournent à leurs « rens », c'est-à-dire aux deux extrémités de la lice. Là ils remontent d'autres chevaux, remplacent les pièces d'armures brisées et reprennent d'autres lances, pour fournir une nouvelle course ; cela jusqu'à trois reprises, si possible est.

Les plus beaux coups consistaient à rompre les deux lances sans quitter les arçons :

« Les chevaus radement brocierent [37]
« Et si roidement s'aquointierent,
« Qu'il ont fait les lances frœr [38]
« Et lor escus esquarteler.
« Li chevalier, bras estendus,
« Escus troés, estriers perdus,
« Passerent oultre sans atendre
« Quanque chevaus lor pevent rendre [39].
« Ceste jouste fu moult loée
« De ceulz qui l'orent esgardée [40].

Le texte donne quelques renseignements précieux sur l'habillement des jouteurs. Les heaumes sont garnis de « barbières », c'est-à-dire de bavières, ou plutôt de ventailles [41]. La vue est appelée « lumière ». Le corps est vêtu du « bourcel », c'est-à-dire sous la

4

maille, d'un gambeson de grosse étoffe rembourrée. Il est question de « glioires deslachiés ». Ceci est plus difficile à expliquer ; *glio* veut dire flexible. Est-il ici question de parties de l'armure ou du harnais ?

Les hommes d'armes n'avaient point encore de plates posées sur la maille ; le mot de « glioires » ne peut donc s'entendre comme pièces d'acier appartenant à l'armure du cavalier. Les glioires paraissent, d'après le texte, dépendre plutôt de la selle. Or, on remarquera sur les **figures 5 et 7** qui représentent des jouteurs d'une époque plus récente, que, pour plus de sûreté, la sous-ventrière est attachée derrière les mollets du cavalier, par-dessus les quartiers de la selle, et est maintenue par des lames d'acier jumelles dentelées, qu'il était, par conséquent, impossible de cou-

per pour faire tourner la selle et jeter bas le cavalier. Les glioires pourraient bien être ces lames flexibles retenant la sous-ventrière. Toutefois nous ne donnons cette explication que sous toute réserve. Un autre passage parle du *fautre :*

« Chacuns a mis lance sour fautre [42]. »

[36] Vers 1688 et 1743.

[37] « Éperonnèrent ».

[38] « Briser ».

[39] « Jusqu'à ce que leurs chevaux aient fourni leur course ».

[40] Vers 1183 et suiv.

[41] Pièce de fer qui garantissait le cou et le bas du visage jusqu'à la hauteur des yeux.

[42] Vers 1242.

Or, le fautre était, au XIVᵉ siècle et plus tard, un support de fer attaché au corselet, qui servait à maintenir la lance en arrêt. Mais les hommes d'armes n'avaient point alors de corselet d'acier ; ils étaient vêtus du gambeson et de la cotte de mailles, quelquefois avec cotte d'armes par-dessus. Le fautre ne pouvait être fixé à la cotte de mailles, il fallait qu'il fût maintenu autour de l'épaule droite. Nous avons l'occasion de discuter ce point dans la partie des Armes [43].

L'auteur du roman parle de la contenance du sire de Coucy. Il se tenait, dit-il, droit comme flèche sur ses étriers longs, monté sur un jeune cheval pie. A son bras droit était attachée la manche plissée et déliée, richement brodée d'orfrois [44].

Les joutes à la lance, plus dangereuses encore que les tournois, firent adopter de bonne heure un genre d'équipement particulier. On renforça les heaumes, que les jouteurs frappaient lorsque la lance glissait de bas en haut sur l'écu, et qui devaient résister à un choc terrible ; on les attacha solidement au corselet d'acier par devant et par derrière. On donna aux écus une forme spéciale pour diviser les chocs à droite et à gauche ; on renforça le bras droit de pièces d'armures solides. On éleva beaucoup l'arçon de la selle, et on l'accompagna d'un hourd comme pour les tournois, afin de garantir les cuisses et les genoux. La **figure 3,** qui montre un jouteur de 1300 environ, ne présente point encore ces surcroîts de défenses. Ce cavalier est armé ainsi qu'on l'était pour la bataille. Mais dans une charge bien des coups de lance étaient perdus, tandis que dans une joute tous portaient ; et quoiqu'il fût interdit aux jouteurs de viser ailleurs que sur l'écu ou la bavière, si le coup venait à glisser, il pouvait, en rencontrant quelque défaut de l'armure, tuer son homme. On s'occupa donc de garantir entièrement le torse du cavalier. Il fallait éviter surtout que le rochet ne trouvât quelque point saillant, quelque défaut qui pût l'empêcher de glisser. L'armure des cavaliers de la fin du XIIIᵉ siècle couvrait bien le corps, mais l'écu, incliné vers le bas du heaume, faisait glisser le rochet de la lance de bas en haut, et le fer, rencontrant le heaume, l'enlevait souvent :

« Et li chastelains le feri
« Si grant cop que tout reverser
« Le fist, et son elme voler
« Hors de sa teste roidement [45]. »

Si l'on examine avec attention l'habillement de guerre du chevalier vers la fin du XIIIe siècle [46], on voit qu'on avait cherché à garantir l'homme d'armes principalement contre les coups de taille et de masse d'armes. L'ensemble de l'armure présente un cône, de telle sorte que les coups portés de haut en bas glissaient du heaume sur les ailettes et sur l'écu, des ailettes sur les garde-bras, et se perdaient. Mais cette forme conique n'avait plus de raison d'être lorsqu'il s'agissait seulement de préserver le cavalier des coups de lance. Alors il y avait avantage à faire glisser le fer latéralement. Cependant les jouteurs paraissent, avant tout, s'être préoccupés des dispositions particulières à donner à la selle de joute. Ils prétendirent opposer aux coups de lance déviés des garde-corps et garde-cuisses, puis donner à la selle une forme telle que le cavalier ne pût être désarçonné. Sur les liéges de l'arçon de devant on éleva des bâtes qui masquaient complétement le ventre du jouteur. A cette bâte s'attachait un collier hourdé, c'est-à-dire fait d'osier, recouvert de toile rembourrée, puis d'une peau peinte. C'était un hourd dans le genre de ceux adoptés plus tard dans les tournois. La **figure 4** [47] montre ce genre de selle. Avant cette époque, vers le milieu du XIVe siècle, on inventa même des selles de joute complétement fermées **(fig. 4 *bis*)** [48], et dans lesquelles le cavalier était pris comme dans une boîte. Les deux bandes qui réunissaient la bâte de devant à la bâte de derrière étaient à charnières et bouclées en avant du trous/quin. La bâte de devant formait hourd avec garde-cuisses verticaux. Dans cet exemple, le hourd et les quartiers de la selle sont couverts de cuir peint en bleu. Le jouteur est vêtu sur l'armure d'une cotte d'armes juste, faite d'une étoffe rouge. Le voile qui couvre le timbre est bleu. C'est un heaume qui protége la tête. Dans l'exemple **(fig. 4)**, un peu pos-

térieur à celui-ci, le jouteur a le chef couvert du bacinet avec vue très-saillante et pouvant se relever de quelques doigts. Un camail de mailles est attaché à ce bacinet et couvre entièrement les épaules. Les bras ne sont garantis que par la cotte de mailles, qui couvre également tout le corps jusqu'au haut des cuisses. Par-dessus est posée une cotte d'armes de peau, rembourrée fortement sur la poitrine. L'écu est très-large, très-recourbé, revêtu de bosses de métal. Il couvre tout le torse depuis le bois de la lance jusqu'au delà de l'épaule gauche. Les jambes sont armées comme pour le combat. Le trousse/quin de la selle est de fer, très-haut, enveloppe les reins, et permet au cavalier, quand il couche le bois, de s'arc-bouter fortement en se dressant sur ses étriers. Le hourd de cuir rembourré couvre le ventre et les cuisses. Le cheval est houssé d'étoffe, avec frontal et œillères d'acier. C'était encore là un habillement qui n'était pas franchement disposé pour la joute. Le mézail du bacinet donnait prise au rochet et pouvait être enlevé. Il était inutile de donner au timbre de ce bacinet une forme pointue. Le bras droit n'était garanti que par la rondelle de la lance, et l'épaule restait découverte. Cependant nous voyons qu'à cette époque, des jouteurs étaient habillés d'une façon beaucoup mieux entendue. Il existe au musée d'artillerie de Paris une targe de cuir peinte d'un très-grand intérêt [49]. Sur la face externe est représentée une joute, sans barrière, suivant l'usage français. Deux cavaliers sont lancés à fond de train l'un

[43] Il est question du *fautre* dans des écrits antérieurs au roman du *Châtelain de Coucy.* On a dit depuis, *faucre.*

[44] Vers 1275 et suiv.

[45] *Li Romans dou chastelain de Coucy,* vers 1374.

[46] Voyez, dans la partie des ARMES, le mot ARMURE.

[47] Manuscr. Biblioth. impér., *le Miroir historial,* français (seconde moitié du XIVe siècle).

[48] Manuscr. Biblioth. impér., *le Livre du roy Modus et de la royne Racio,* français (milieu du XIVe siècle).

[49] Cette targe date de la seconde moitié du XIVe siècle.

contre l'autre, la lance en arrêt **(fig. 5)**. L'habillement de tête consiste en une salade plate à section horizontale circulaire, d'un seul morceau, avec vue. L'écu, concave, très-recourbé, est échancré par le haut pour laisser passer le bois de la lance. L'échancrure est masquée par la rondelle. L'un des cavaliers est vêtu d'une cotte d'armes rembourrée, l'autre d'une cotte de mailles avec braconnière d'acier. Les jambes ne sont préservées que par des genouillères et des grèves simples. Des manches, ou plutôt de larges lés d'étoffe sont attachés aux épaules des jouteurs et flottent au vent. A l'aide de renseignements pris sur des vignettes de manuscrits de cette époque et sur des pièces d'armures, nous allons essayer de compléter et d'expliquer cette curieuse peinture.

Le musée d'artillerie de Paris possède une salade de joute qui se rapporte exactement à l'exemple précédent **(fig. 6)**. Cette salade est forgée d'un seul morceau. La vue est percée sur la partie formant visière ; elle est divisée en deux ouvertures longues avec relief au-dessus et au-dessous, pour empêcher le rochet de s'arrêter dans la fente. Un nerf saillant renforce longitudinalement le sommet de la bombe. Cette salade s'attachait, par une forte courroie, sous le menton, et l'on peut reconnaître facilement qu'elle n'offrait aucune prise au fer de la lance [50].

6

PEGARD & FILS

0 , 325

7

La **figure 7** va nous permettre de rendre un compte détaillé de cet habillement. L'écu est suspendu autour du cou par la guige [51] ou guiche et maintenu dans la position voulue par le bras gauche. La partie supérieure de cet écu, qui est droite, atteint le niveau du bord antérieur de la salade, de manière à ne laisser sur ce point aucune prise au rochet. L'échancrure du haut obligeait le jouteur à tenir la lance au niveau de l'aisselle droite, et derrière la main le fautre ou faucre devait soutenir le bois. Le torse est couvert d'un haubergeon ou d'une cotte de peau ou d'étoffe juste à la taille et fortement rembourrée. Mais, si la lance de l'adversaire touchait l'écu à son bord inférieur, le bras gauche ne pouvait avoir assez de puissance pour l'empêcher de s'infléchir ; alors le rochet frappait le cavalier à la hauteur du ventre : aussi cette partie du corps est-elle défendue par une braconnière composée de trois lames d'acier articulées. Si le coup de lance était bien donné en plein écu, normalement, force était au cavalier de se renverser en arrière ; lorsqu'il était arc-bouté au trousquin de la selle comme dans l'exemple **fig. 4**, le choc pouvait lui briser les reins ou faire fléchir le cheval sur son train de derrière et renverser l'homme et la bête. Pour éviter ces accidents, il fallait amortir la puissance du coup là où son effet se faisait particulièrement sentir, c'est-à-dire à la chute des reins. Les jouteurs placèrent donc, au-dessous de la braconnière, une ceinture rembourrée, en manière de bourrelet, et le trousquin de la selle fut renversé à sa partie supérieure. Alors, au moment du choc, ce bourrelet amortissait partie du coup, et le cavalier, ramenant les étriers verticalement, se trouvait assis sur cette partie renversée et pouvait incliner le corps autant que besoin était, sans risquer de se briser les reins. Notre **figure 7** explique la possibilité de cette gymnastique. On observera que dans ces deux derniers exemples, comme dans ceux qui vont suivre, le haut du corps du jouteur est très-chargé ; la salade, l'écu, le corselet ou haubergeon, la lance, les garde-bras, donnaient un poids considérable. La position du jouteur, lorsqu'il abaissait le bois, était de porter le haut du corps en avant, tout d'une pièce, en inclinant la tête, de s'arc-bouter sur le haut du trousquin de la selle et de se dresser sur ses étriers

Le poids de la partie supérieure du cavalier ajoutait ainsi beaucoup à la puissance du choc qu'il donnait, et amortissait d'autant celle du choc qu'il recevait. C'est là une question de mécanique, et nous allons voir comme l'expérience ne fit que développer le résultat de cette observation. La selle de notre jouteur est munie à l'arçon d'une garde avec bourrelets devant les cuisses.

A la fin du XIVᵉ siècle, cet habillement de joute subit encore des modifications assez importantes. La salade ne présentait pas une fixité suffisante, et pouvait, si le rochet rencontrait la vue, venir frapper le bas du visage en brisant le nez et la mâchoire du cavalier. L'échancrure faite dans la partie supérieure de l'écu était trop haute et forçait le jouteur à lever beaucoup le coude, ce qui lui ôtait de sa force. Les coups de lance, étant toujours adressés à la hauteur de la partie supérieure de l'écu, dérangeaient au moins la salade, s'ils ne l'atteignaient pas. Toute l'attention des hommes d'armes se porta donc vers le perfectionnement des défenses supérieures ; on pensa à mettre absolument la tête à l'abri de toute atteinte et à augmenter encore le poids du haut du corps.

Au XIIIᵉ siècle, on joutait avec le heaume en tête. Vers le milieu du XIVᵉ siècle, on mit en usage le bacinet, puis la salade ; vers 1390, on revint au heaume, mais en lui donnant une forme spéciale **(fig. 8)**. Ce jouteur est présenté au repos, avant le moment où il va mettre la lance sur fautre. Son heaume est bouclé devant et derrière au plastron et à la dossière. La targe est échancrée sur le côté droit pour passer le bois de la lance maintenue par le fautre [52]. A la cotte d'armes sont attachées de larges et longues manches barbelées. Le trousquin de la selle est rétabli vertical. Outre sa rondelle destinée à cacher l'échancrure de la targe, la lance est garnie en arrière de la prise de la main et à la partie qui porte sur l'arrêt du fautre, de la *grappe*, c'est-à-dire de plusieurs rangs de billettes de fer en pointe de diamant qui empêchent le bois de glisser sur cet arrêt au moment du choc. Le cheval est houssé avec écussons aux armes du chevalier.

La **figure 9** montre le jouteur chargeant. L'inclinaison du corps et de la tête lui permet de voir son adversaire jusqu'à la selle ; la position de la targe force les coups de lance à glisser latéralement. Le cavalier, bien arc-bouté sur le trousquin de la selle, porte tout le poids du corps en avant, les étrivières étant presque verticales. Ces sortes de heaumes étaient d'un poids considérable, très-épais à la ventaille et au timbre, et plus minces à la partie postérieure. La **figure 10** donne le détail de ces heaumes de joute [53]. Celui-ci est forgé de trois pièces, le timbre, le couvre-nuque et la ventaille [54]. Le timbre est fortement rivé au couvre-nuque, qui est légèrement côtelé. Trois rivets, de chaque côté, attachent de même la ventaille au couvre-nuque. Au devant de la ventaille, très-épaisse, est rivée une patte tenant à pivot un fort moraillon percé de trois trous carrés. Ces trois trous entraient dans trois cramponnets à tourniquet fixés sur le plastron, afin d'empêcher le devers du heaume sous le choc. Par derrière, le couvre-nuque était attaché à la dossière par une courroie bouclée. En A, est figuré le heaume latéralement, en B par derrière, et en C par-dessus ; en D, le détail du moraillon. Les quatre trous pratiqués au haut du couvre-nuque, garnis d'œillets de cuivre, donnaient de l'air ; trois trous, de même garnis de cuivre, percés latéralement de chaque côté, permettaient d'entendre. Le cavalier ne pouvait voir son adversaire qu'à la condition d'incliner le corps en avant ; car pour incliner le heaume fixé au corselet d'une manière invariable, il fallait nécessairement pencher tout le torse.

Il suffit d'examiner les deux **figures 9 et 10** pour reconnaître que toutes les pièces de cet habillement de joute étaient disposées de façon à faire glisser le rochet latéralement, suivant des plans horizontaux,

---

[50] Cette pièce intéressante était peinte.

[51] Voyez, dans la partie des ARMES, le mot ÉCU.

[52] *Faucre* aujourd'hui.

[53] Musée de Pierrefonds (dernières années du XIVᵉ siècle). Ce heaume pèse 9kil.,800.

[54] On dit aujourd'hui *le ventail ;* mais jusqu'au XIVᵉ siècle cette partie du casque qui couvrait le bas du visage était appelée *la ventaille.*

et à éviter les ricochets de bas en haut ou de haut en bas. Le jouteur visait le point *a* de la targe **(voyez figure 9)**, ou l'arête de la ventaille en *b*. Si le rochet prenait bien exactement cette arête entre ses mamelons, il pouvait désarçonner le cavalier. Mais on remarquera **(fig. 10)** que cette arête est très-obtuse et mousse ; il y avait donc beaucoup de chances pour que le rochet glissât à droite ou à gauche et passât par-dessus les épaules. Il y avait plus d'avantage à frapper la targe au point *a* ; aussi les jouteurs cherchèrent-ils à faire fabriquer ces targes de manière qu'elles ne pussent offrir au rochet aucune prise. Le

fer ou l'acier eussent été ou trop flexibles, ou trop lourds, si l'on eût donné à l'écu une épaisseur égale à celle de la ventaille ; on fit donc des targes de bois légers (tilleul ou poirier), nervés intérieurement et extérieurement, et revêtus d'une marqueterie de couronne de cerf en manière d'échiquier. Cette surface polie, extrêmement dure, résistait aux coups de la lance. Cet écu était attaché au cou au moyen de la guige, comme nous l'avons dit, et maintenu dans le plan convenable avec le bras gauche qui tenait les rênes. Plus tard l'écu fut attaché par des tresses de chanvre qui passaient à travers son milieu.

Un manuscrit daté de 1446, 1448, dont une copie existe à la Bibliothèque impériale [55], décrit l'habillement du jouteur à cette époque. M. R. de Belleval [56] a reproduit ce curieux document tout au long. Il résulte de ce texte, écrit par un homme de guerre, que le harnais de joute avait alors subi quelques changements. Le heaume est à peu près celui que donne notre **figure 10**. Cependant la vue du côté gauche est un peu plus ouverte que du côté droit, afin de faciliter la visée du jouteur. Par contre, la face droite de la ventaille, « piece qui arme le visaige », est percée de quelques trous « afin que l'en nait schault dedens le heaulme ».

L'écu, ajoute le manuscrit, doit couvrir l'homme à partir de deux doigts au-dessous de la vue du côté gauche, jusqu'à un demi-pied au-dessous du coude, c'est-à-dire qu'il a 0m,50 de hauteur, et de largeur environ 0m,50 à 0m,60, droit à sa partie supérieure, échancré latéralement à moitié de sa hauteur, rond par le bas et concave au milieu de trois à quatre doigts, « laquelle enfonceure luy donne façon d'une petite vesture qui sert à estre plus aisé à conduire de la main le cheval ».

Deux trous peuvent être percés à un demi-pied (0m,16) du sommet vers le milieu, pour passer les tresses qui fixent l'écu.

Quant à l'habillement du corps, il peut être fait de deux façons. La première consiste en une cuirasse d'acier, mais qui ne permet pas, comme le harnais de combat, de baisser ou retourner la tête sans remuer tout le torse, « saulve, dit le texte, que le voulant est clox et arresté à la piece, par façon que le voulant ne peut aller ne jouer hault ne bas ». Le mot *voulant*

s'entend comme gorgerin, hausse-col [57] ; et, en effet, le heaume bouclé à la cuirasse devant et derrière, fait de plaques rivées, était solidaire du corselet. Des reins à la tête le cavalier ne pouvait se mouvoir que d'une pièce. La seconde consiste en une brigandine avec cuirassine [58], c'est-à-dire en un corselet de fer épais couvrant la poitrine jusqu'aux basses côtes, lacé du côté droit ou dans le dos, renforçant ainsi la brigandine ordinaire et permettant de fixer le heaume et l'écu. En effet, à cette « cuirassine » sont fixés deux boucles doubles et un anneau limé ; l'une de ces attaches est placée au milieu du corselet, à la hauteur du creux de l'estomac, l'autre du côté gauche, un peu plus haute. Ces attaches servent à boucler le heaume ; l'attache de gauche est principalement destinée à empêcher la ventaille de frapper la joue du jouteur sous l'effort du choc. A la cuirassine, du côté gauche, près du haut du bras gauche, à trois doigts au-dessous de la courroie qui attache le corselet sur l'épaule, est rivé un crampon de fer gros comme le doigt, formant anneau fixe, dans lequel on passe en triple une grosse tresse, bonne et forte, qui traverse la « poire », laquelle masque le crampon et sert d'appui à l'écu maintenu par ces tresses qui, passant outre par les deux œillets, sont nouées extérieurement. A la brigandine ou cuirasse est fixée, entre les deux

[55] Français, n° 1997, attribué à Antoine de la Sale. M. R. de Belleval possède une seconde copie de ce même manuscrit.

[56] *Du costume militaire des Français en* 1446, par René de Belleval. Aubry, 1866.

[57] Dans l'usage habituel, *voulant* veut dire une *serpe*.

[58] Voyez, dans la partie des ARMES, l'article BRIGANTINE.

AL. CUILLAUMOT.

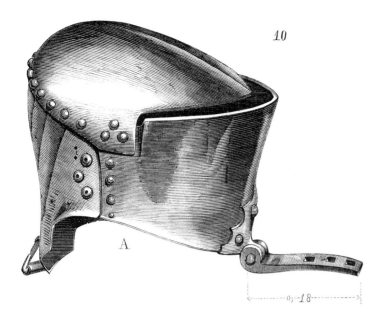

10

A

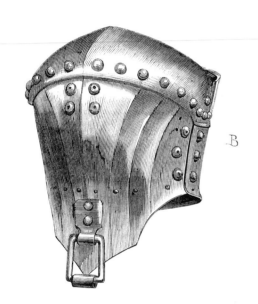

B

épaules, une boucle qui sert, comme dans la **figure 10**, à attacher le heaume et à l'empêcher de tomber en avant.

Au corselet, à la hauteur des fausses côtes, à gauche, est rivé un petit anneau dans lequel on passe une tresse qui sert à soulager la main de fer, tout d'une pièce du coude aux doigts ; main qui tient les rênes et sert d'appui au bas de l'écu. Le bras gauche est en outre défendu par un garde-bras qui prend toute l'épaule et descend jusqu'au-dessous du coude. La main droite est garnie d'un gantelet appelé « gaigne-pain », et de ce gantelet jusqu'au-dessus du coude, au lieu de l'avant-bras, est une pièce de fer appelée « espaulle de mouton », laquelle est très-large au droit du coude, s'ouvre en arrière et épouse la « ploieure du braz » ; le tout pour servir lorsque l'on couche le bois. L'épaule droite est garantie par des plates articulées, avec rondelle échancrée au droit de l'aisselle pour laisser passer le bois de la lance.

Les harnais de jambes ne diffèrent pas de ceux adoptés pour la guerre.

La lance doit avoir, entre la grappe et le rochet, 13 pieds à 13 pieds 1/2 de long [59].

L'écartement entre les trois mamelons du rochet est de deux doigts et demi ou trois doigts.

L'*arrêt* doit être garni de bois ou de plomb, afin que les pointes de la grappe y puissent mordre et n'échappent point.

Les rondelles des lances ont un demi-pied de diamètre environ (0m,16 à 0m,17), et sont rembourrées intérieurement d'un feutre épais de trois doigts.

Ce texte précis, complet, mérite une attention toute particulière. Écrit évidemment par un homme du métier, il explique des pièces d'armures de joute isolées qu'on rencontre encore dans des collections, et éclaircit les figures que nous donnent les manuscrits.

Notre **figure 11** donne ce harnais de tête et de corps au complet [60]. On voit comme le heaume est attaché au bas du corselet par une courroie passant en triple par des anneaux limés, c'est-à-dire à rouleaux, comme dans des moufles, pour venir se boucler à la boucle

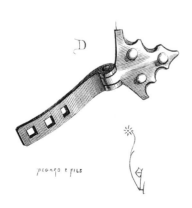

D

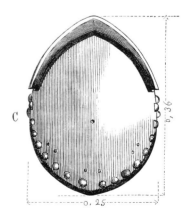

C

[59] Ces lances avaient donc en tout 15 pieds au moins (5 mètres).

[60] D'après des pièces d'armures et vignettes de manuscrits du commencement du XVᵉ siècle (voyez, entre autres manuscrits, le Froissart de la Biblioth. impér., t. IV).

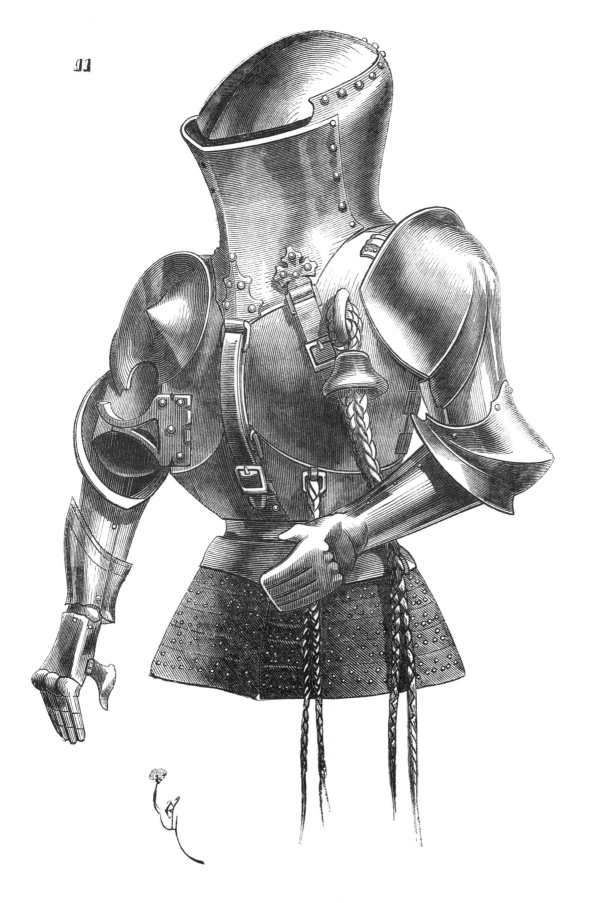

inférieure ; comme latéralement, du côté gauche, ce heaume est en outre fixé par une seconde courroie qui empêche la ventaille de frapper la joue du cavalier sous le coup du rochet. On aperçoit, à côté de cette attache, le gros crampon rivé dans lequel passe la tresse en triple qui traverse la *poire* et maintient l'écu ; puis le petit anneau inférieur avec la tresse qui soutient la main de fer gauche. On voit comme le garde-bras est d'une seule pièce avec la spallière. A droite, on voit la rondelle masquant le défaut de l'aisselle, avec son échancrure pour passer le bois ; audessous, l'arrêt fortement rivé au corselet, avec son support inférieur qui le consolide. Les hanches sont armées d'une brigandine. Il y a dans la fabrication

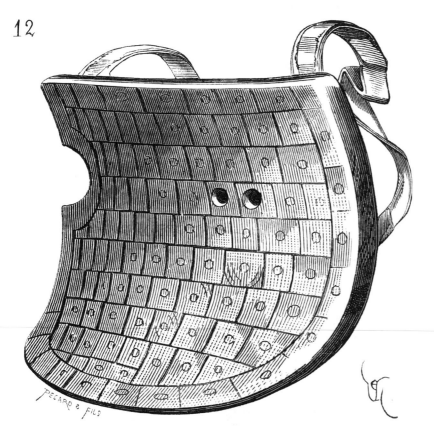

12

ECARD e FILS

du heaume un perfectionnement. Ce n'est plus le timbre qui, comme dans la **figure 10**, est rivé au couvre-nuque, mais celui-ci qui emboutit le timbre et est rivé par-dessus. En effet, le rochet, dans l'exemple **figure 10**, pouvait accrocher le bord du timbre et fausser le heaume, tandis que dans la dernière figure le rochet ne peut sur aucun point trouver un arrêt. Les rivets, très-bien faits, serrés, en *goutte de suif,* ne font pas obstacle ; d'ailleurs, l'auteur que nous venons de citer a le soin de dire que ces rivets doivent au besoin être affleurés pour ne présenter aucun arrêt au rochet. Il est une autre remarque importante : le corselet du côté droit descend verticalement pour recevoir l'attache de l'arrêt et du fautre, et latéralement est forgé d'équerre, afin de présenter une surface unie au bois de la lance. Cette disposition donne une grande puissance au coup et de la fixité à la lance en arrière de la main, en l'empêchant de dévier à droite ou à gauche. C'est ainsi que, par une suite d'observations, l'armure du jouteur atteignait une perfection absolue au point de vue défensif ; mais cette perfection n'était obtenue qu'avec un poids considérable, et ce poids devenait un des éléments de succès des jouteurs : il donnait plus de puissance au coup de lance et de la fixité au cavalier sur ses arçons.

L'écu, attaché à la tresse et maintenu au-dessus de l'épaule gauche ou autour du cou par la guige, affectait, pour la joute, au commencement du XVe siècle, la forme donnée **figure 12** [61]. Mais il convient de par-

ler de l'ordonnance des joutes telles qu'on les faisait pendant la seconde moitié du XIVe siècle, à l'époque où ce jeu était fort prisé. Froissart nous a laissé une ample description des joutes qui se tinrent en 1390 dans une plaine entre Calais et l'abbaye de Saint-Inghelberth. Pendant les trêves, trois jeunes chevaliers français, comme tenants, firent publier la joute pour les derniers jours de mai, dans toute l'Angleterre : c'étaient Boucicaut le jeune, Regnault de Roye et le sire de Saint-Py. Se rendirent pour jouter, d'Angleterre à Calais, le comte de Huntingdon, Jean de Courtenay, les sires Jean Drayton, Jean Walwroth, Jean Russel, Thomas Sherburn, Guillaume Clifton, Guillaume Taillebourg, Godefroy de Seton, Guillaume Hasquenay, Jean d'Arundel, et plusieurs autres encore.

Suivant l'usage, les trois tenants firent élever trois pavillons sur un des côtés de la lice. A l'entrée de chacun de ces trois pavillons étaient appendues une *targe de guerre* et une *targe de paix.* « Et estoit ordonné que cil qui courir et faire armes voudroit à l'un d'eux, devoit toucher ou envoyer faire toucher l'une des targes, ou toutes si il lui plaisoit ; et il seroit recueilli et délivré de joute selon que il demanderoit [62]. »

Les tenants, c'est-à-dire les trois chevaliers français qui avaient exposé leurs targes à toucher, se tenaient armés à l'entrée de leurs pavillons. Au côté opposé de la lice, les chevaliers anglais « tous d'un lez ». Chaque chevalier anglais pouvait courir six lances de suite, soit avec le même adversaire, soit avec un second, si le premier, par une raison ou une autre, se refusait à poursuivre la joute contre le même jouteur. Si un chevalier anglais faisait toucher les trois écus des trois chevaliers français, cela voulait dire qu'il entendait courir deux lances avec chacun d'eux. Le comte de Huntingdon envoie d'abord toucher l'écu de messire Boucicaut et ne court que trois lances ; à la première course, il traverse la targe de son adversaire. A la quatrième, Boucicaut se refuse, et le comte envoie toucher la targe du seigneur de Saint-Py : « Et cil qui jamais n'eust refusé, issit tantost hors de son pavillon et monta à cheval, et prit sa targe et sa lance ; et quant le comte sut qu'il estoit prest et qu'il ne demandoit que la joute, il éperonna le cheval de grand'volonté, et Saint-Py autant bien le sien. Si avalerent leurs lances et s'adresserent l'un sur l'autre. Mais à l'entrer ens, les chevaux croiserent, et toutes fois ils se consuivirent [63] ; mais par la croisure qui fut prise à meschef, le comte fut desheaumé [64]. Si retourna vers ses gens et moult tost il se fit renheaumer et prit sa lance, et le sire de Saint-Py la sienne ; et éperonnerent les chevaux et s'encontrerent de pleines lances, et se férirent es targes dur et roide ; et furent sur le point que de porter l'un l'autre à terre, mais ils sanglerent les chevaux de leurs jambes et bien tinrent ; et retournerent chacun à son lez, et se resfrechirent un petit et prirent vent et haleine. Messire Jean de Hollande (Huntingdon), qui grand'affection avoit de faire honorablement ses armes, reprit sa lance et se joignit en sa targe, et éperonna son cheval ; et quand le sire de Saint-Py le vit venir, il ne refusa pas, mais s'envint à l'encontre de lui au plus droit que onques il put. Si se atteignirent les deux chevaliers de leurs lances de guerre sur les heaumes d'acier, si

282

dur et si roide que les étincelles toutes vermeilles en volerent. De celle atteinte fut le sire de Saint-Py desheaumé. Et passerent les deux chevaliers moult frichement outre, et retourna chacun sur son lez. »

C'est lá une joute de gens de guerre à glaives (lances) affilés, car dans une des passes un des chevaliers a le bras traversé par le fer de la lance brisant la targe. Les heaumes sont très-souvent enlevés, et quelquefois, dans ce cas, le chevalier desheaumé rend le sang par le nez. On comprend dès lors avec quel soin on chercha, pour les joutes courtoises, à attacher le heaume à la cuirasse. Quelquefois les lances portent si « roidement » sur les targes, que les chevaux s'arrêtent à cul et que les cavaliers se renversent sur la croupe, sans cependant vider les arçons.

Au milieu du XVe siècle, le jouteur, par suite des perfectionnements introduits dans le harnais, n'est plus qu'une machine disposée pour produire un choc. Il n'a d'autres fonctions que d'éperonner son cheval et de diriger la lance dans un plan horizontal. Ce n'est même plus lui qui la porte, mais le fautre, disposé de manière à la tenir à la hauteur convenable. Le cavalier est si parfaitement couvert, qu'il ne peut être blessé que par une chute de cheval. Notre planche LV montre un jouteur armé à la mode française de cette époque. Le heaume énorme, pesant, repose directement sur un gorgerin attaché au corselet ; est maintenu, par devant, à l'aide d'une courroie, et derrière par deux autres courroies.

Les garde-bras sont articulés, et la main gauche est d'une seule pièce avec la cubitière.

La **figure 13** permettra d'analyser ce harnais. En A, est figuré le plastron avec son gorgerin B, dont la fraise *a* passe sous le heaume. Ce plastron présente du côté droit une saillie pour recevoir l'arrêt de la lance, et latéralement est forgé d'équerre pour pouvoir visser le fautre F. A la doublure C, qui renforce le milieu du plastron, est rivée la boucle qui sert à attacher le devant du heaume. En D, est l'anneau fixe dans lequel passent les tresses qui traversent l'écu, ainsi qu'il a été dit précédemment **(fig. 11)**. L'arrêt est muni d'une tige oblique inférieure, qui lui sert de support. En E, est figurée la dossière de deux pièces, l'une, supérieure, qui s'attache sur les épaules au plastron et reçoit la partie postérieure du heaume en recouvrement ; l'autre, inférieure, terminée par une gorge dans laquelle passent et s'attachent les courroies de ceinture G, et possédant latéralement deux boucles qui servent à serrer les courroies latérales du plastron. Ces deux pièces sont rivées ensemble et très-allégées pour laisser le jeu libre aux omoplates. Cette partie du corps n'est armée que pour maintenir le heaume, puisqu'elle n'a aucun choc à redouter. En effet, on voit qu'au bas du couvre-nuque sont rivés deux goujons saillants avec boutons. Un autre goujon est rivé au milieu de la dossière, à 0m,15 environ au-dessus de la ceinture, puis deux boucles de même sont rivées latéralement au-dessus de la gorge recevant cette ceinture. Une courroie prenait le goujon de la dossière, passait sur les deux goujons du couvre-nuque, et venait se prendre, en serrant à volonté, dans les deux boucles inférieures. Ainsi pouvait-on parfaitement brider ce heaume sur la dossière et faire que son poids fût reporté sur la ceinture. Le géo-

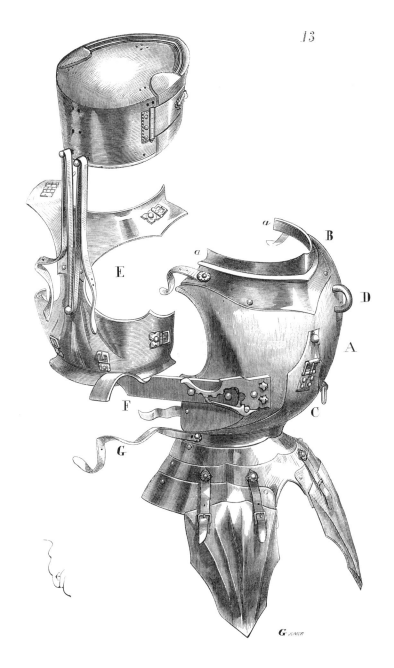

13

métral latéral de cet habillement de joute **(fig. 14)** [65], après les détails qui viennent d'être fournis, fait comprendre comment la forme si étrange de cette armure n'est que la conséquence d'une longue expérience. Le heaume, qui n'a pas moins de 0m,33 à la base, de l'anneau du devant aux goujons du couvre-nuque, laissait par conséquent, entre le point A et le nez de l'homme d'armes, 0m,08 de vide au moins. La tête, entourée d'une coiffe épaisse qui laissait les oreilles découvertes et s'attachait par derrière, pouvait se

[61] Manuscr. Biblioth. impér., Froissart, t. IV.

[62] *Chroniques* de Froissart, liv. IV, chap. XII.

[63] Les « *chevaux croisèrent* » veut dire que les chevaux passèrent l'un devant l'autre de la droite à la gauche. Il n'y avait point de barrières à cette joute qui séparât les destriers ; c'était une vraie joute avec le harnais de guerre. « *Ils se consuivirent* » veut dire que les lances des chevaliers portèrent toutefois.

[64] Son heaume fut enlevé de dessus sa tête.

[65] A l'échelle de 0m,10 pour mètre.

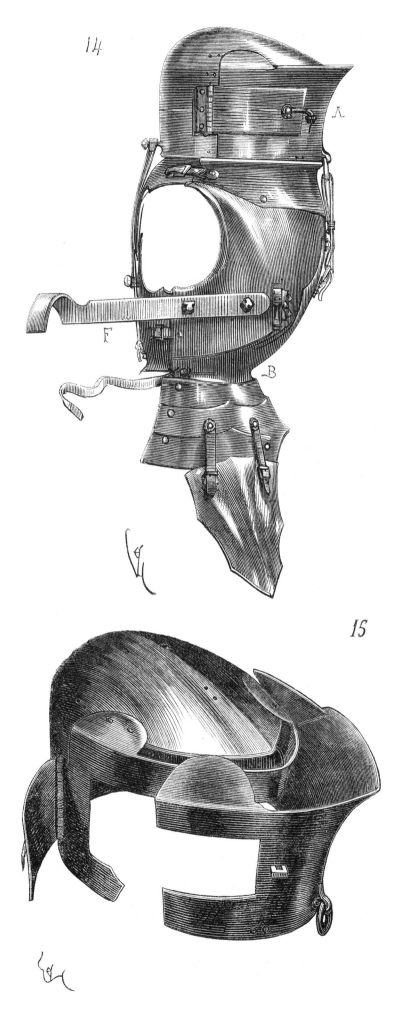

14

15

mouvoir dans ce cylindre de fer en tous sens. Le jouteur pouvait ouvrir le volet de droite pour voir et respirer à l'aise. Ce heaume portait sur le bourrelet du
gorgerin et revêtait la fraise élevée au-dessus de ce
bourrelet, comme le couvercle d'une boîte. On voit
les courroies antérieure et postérieure qui attachent
solidement le heaume et le rendent solidaire du corselet. Le gorgerin est en doublure sur le plastron et
le renforce au point où les chocs sont le plus à redouter.

On voit comme le fautre F est vissé à la partie latérale et plane du plastron, parfaitement isolé de la poitrine et ne touchant au cavalier que sur les épaules et
à la braconnière. Tout le poids de l'armure est ainsi
reporté en avant, et contribue à garantir d'autant le
jouteur, à lui donner plus de résistance contre le choc,
et à augmenter la puissance du coup de lance qu'il
fournit à l'adversaire.

La **figure 15** montre le heaume ouvert [66]. Ce heaume
est forgé de quatre pièces : le timbre rivé avec le
couvre-nuque, les rivets limés pour ne présenter aucune aspérité au rochet ; le couvre-nuque ; la pièce formant la vue, avec pattes rivées au timbre ; la ventaille à charnière. Le volet est maintenu au bord du
couvre nuque latéral droit par une forte charnière.
Quand la ventaille est en place, le crochet antérieur
du volet la fixe solidement. Les trous percés dans le
timbre et le couvre-nuque servaient à fixer le cimier
de cuir bouilli et le lambrequin. A la braconnière B
(fig. 14) sont rivées les tassettes articulées avec les
deux plates qui flottent sur les garde-cuisses suspendus à la selle **(voy. pl. LV)**.

Le fautre est terminé par une portion de spirale qui
maintient la bascule de la lance. Ce fautre fixe **(fig.
14)** doit être à peu près parallèle à la vue du heaume,
relevant un peu la lance couchée sur l'arrêt, de telle
sorte que, quand le jouteur se dresse sur ses étriers
et porte le corps incliné en avant pour voir l'écu de
son adversaire, — et il n'est pas nécessaire qu'il voie
au-dessous de ce niveau, — le rochet de sa lance soit
exactement à la hauteur du milieu de cet écu. Ainsi
le jouteur n'a-t-il qu'à se préoccuper de diriger son
cheval et à tourner le corps quelque peu à droite ou
à gauche pour que le rochet frappe en plein la targe
du jouteur opposé. Une large rondelle triangulaire,
allongée du bas, garantit la main qui empoigne la
lance. La selle est munie d'une arçonnière haute, mais
sans hourds latéraux ; les garde-cuisses d'acier en
tiennent lieu avec avantage. La targe n'est plus échancrée du haut ou latéralement pour laisser passer le
bois de la lance ; elle est rectiligne au sommet,
quelque peu courbe dans sa partie inférieure ; convexe
en section horizontale et concave en section verticale ; plaquée d'os de couronne de cerf. Elle est maintenue par une guige autour du cou et par les tresses
à l'anneau rivé au plastron. La **figure 16** présente la
rondelle couvre-main droite. Cette rondelle est habituellement doublée vers la partie qui est sujette à
recevoir le plus directement le choc du rochet.

Cet équipement, tout particulier aux joutes, ne fut
guère adopté en France qu'après 1450, car Olivier
de la Marche, en ses *Mémoires,* a le soin de dire :
« Et certes les pompes et pareures de lors (1438)
n'étoient pas celles de présent ; car les princes jous-

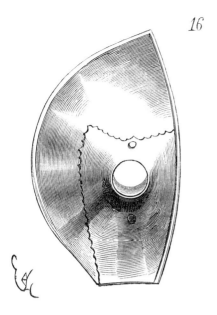

16

toyent en parures de drap de laine, de bougran ou de toile, garnis et enjolivés d'or clinquant, ou de peinture seulement, et si n'en laissoyent point à rompre grosses lances et d'endurer la rudesse de la jouste des armes, comme font aujourd'huy les plus jolis [67].... » Il faut considérer que les armes de joutes françaises atteignirent leur poids le plus fort vers la fin de la première moitié du XVe siècle. De l'autre côté du Rhin on renchérit encore, s'il est possible, sur ces pesantes armes de joute ; elles sont façonnées à peu près comme celle présentée **figure 11**, mais avec grand fautre, rondelles aux aisselles, et heaume d'un poids considérable, non plus attaché par des courroies au corselet et à la dossière, mais par de larges pattes de fer avec broches. Le musée d'artillerie possède une de ces armures allemandes, le musée de Pierrefonds trois, M. le comte de Nieuwerkerke une cinquième, et le musée de Saint-Pétersbourg une sixième, munie de ses garde-cuisses analogues à ceux figurés planche LV.

Vers 1460, on faisait encore des joutes libres, sans barrières, sans *toiles,* ainsi qu'on disait alors ; mais ce genre de combats devenait de plus en plus rare, et les joutes à la barrière étaient moins un exercice militaire qu'une occasion de déployer un luxe prodigieux en harnais. Cependant on rompait force lances, mais elles étaient moins pesantes qu'au temps passé. Olivier de la Marche décrit les joutes qui se firent à l'occasion du mariage de Charles le Téméraire avec Marguerite d'York, sœur du roi d'Angleterre (1474). Ces joutes durèrent neuf jours. C'était ce qu'on appelait alors *un pas,* d'où est venue la locution *passe d'armes.* Elles furent organisées sur la place du marché de Bruges, avec enceinte, deux entrées seulement, et barrière couverte de toiles peintes. Le pas était, comme dit le texte des *Mémoires,* fondé sur un géant prisonnier, conduit par un nain ; le poursuivant était nommé Arbre-d'or [68]. « Au regard de la place ordonnée pour la jouste, à l'entrée, devers la chapelle Saint-Christofle, estoit une grande porte peinte à un arbre d'or, et y pendoit un marteau doré, et à l'autre bout à l'opposite, contre l'hostel de ville, avoit une

grande porte pareillement à l'arbre d'or ; et cette porte estoit faicte à tournelles moult gentement ; et sur icelle estoyent des clairons de mondict seigneur le bastard (de Bourgogne, qui tenait le pas) à grandes bannières de ses armes, et vestus de sa livrée (qui fut pour celuy jour robes rouges, petits arbres d'or mis sur la manche, en signe du pas) ; et sur les deux tours de la dicte porte avoit deux bannières blanches à deux arbres d'or. A l'opposite des dames, du costé des grandes halles, fut l'arbre d'or planté, qui fut un moult grand pin tout doré d'or, exceptées les feuilles ; et d'emprès iceluy pin avoit un perron à trois pilliers moult gentement faict, ou se tenoit le nain, le géant, et Arbre-d'or le poursuivant, par qui se conduisoit le pas et le mistère de la jouste ; et à l'encontre dudict pillier avoit escript quatre lignes, qui disoyent ainsi :

« De ce perron nul ne prenne merveille ;
« C'est une emprise qui nobles cueurs réveille,
« Au service de la tant honnorée
« Dame d'honneur, et de l'Isle-Célée.

« Au plus près dudict perron avoit un hourd tapicé, ou estoyent les juges commis de par Monsieur pour garder ledict pas en justice et en raison… Devant le hourd des juges se ferroyent et mesuroyent toutes les lances ; ne de tout le pas ne fut lance tenue pour rompue, qu'elle ne fust mesurée à la mesure par lesdicts juges ordonnés, ne lance courue sans mesure… Les maisons, les tours, et tout à l'entour desdictes lices, tant loing comme près, tout estoit si plein de gens que c'estoit belle chose à voir… »

Tout cela demande quelques explications.

Un pas ou passage était une entreprise à tenter. C'était une habitude de la chevalerie errante de se poster sur un passage, un pont, un croisement de routes, en armes et à cheval, et de ne laisser franchir le pas à tout chevalier qu'autant qu'il aurait admis sans conteste la proposition faite par le tenant. Ainsi ce tenant sommait le chevalier qui voulait franchir le passage, de déclarer, par exemple, que telle dame était entre toutes la plus belle et la plus honorée. Si le survenant se refusait à faire cette déclaration — et il y avait beaucoup à parier qu'il s'y refuserait — il fallait, pour passer, qu'il vainquît à la lance le chevalier qui tenait le pas. Si le survenant était vaincu, il devait, toutes affaires cessantes, aller se mettre à la discrétion de la dame en lui disant que tel chevalier l'avait forcé par armes à cette démarche. Cela ne contribuait pas à faciliter les voyages et se passait plus souvent dans les romans que dans la vie ordinaire ; mais le fait se présentait parfois, surtout à l'époque où la chevalerie errante était fort en honneur.

Au XVe siècle, les pas d'armes étaient donc un souvenir de cet usage.

Le jouteur qui voulait tenter l'aventure faisait frapper à la porte du pas par un héraut. Après de nombreuses formalités racontées par le menu dans les Mémoires d'Olivier de la Marche, le chevalier de l'Arbre-d'or et le nouveau venu s'armaient et la joute

---

[66] Du musée d'artillerie de Paris, actuellement Musée de l'Armée-NDE

[67] *Mém. d'Olivier de la Marche,* livr. I, chap. VI.

[68] *Ioul.,* livr. II, chap. IV.

commençait. Elle durait une demi-heure, au sablon, c'est-à-dire tout le temps que mettait à s'écouler le sablon d'une horloge tenue par le nain. Celui des deux jouteurs qui, pendant ce temps, avait rompu le plus de lances, était vainqueur de la course. On courait ainsi plusieurs joutes dans une après-dînée, et le vainqueur de l'entreprise était celui qui, au total, avait rompu le plus de lances. Olivier de la Marche décrit en détail les harnais des nobles jouteurs et des chevaliers, écuyers, pages, etc., qui les accompagnent. Or, chaque jouteur changeait de costume à chaque joute, et ne reparaissait pas deux fois avec le même. On peut se faire une idée du luxe de ces fêtes et de ce qu'elles devaient coûter.

Parmi un grand nombre, nous prenons l'équipement du sire Jacques de Luxembourg, seigneur de Riquebourg, frère de monsieur de Saint-Pol, connétable de France. « Devant luy aloyent, pour l'accompagner, le comte d'Escalles et messire Jehan d'Oudeville, tous deux freres de la royne d'Angleterre ; monsieur de Roussi, monsieur de Fiennes, et messire de Jehan de Luxembourg et tous cinq neveux dudict messire Jaques. Pareillement l'accompagnoyent monsieur de Renty, et le marquis de Ferrare, tous richement vestus et montés. Son cheval (de Jacques de Luxembourg) estoit houssé de drap bleu, à une grande bordure de drap d'argent cramoisi, et son escu de mesme. Il avoit six chevaux de pareure après luy, dont le premier estoit couvert de velours cramoisy, à une grande bordure d'hermines, et par-dessus le cramoisy avoit gros chardons d'orfevrerie dorée, élevés moult bien apparens sur la housseure. Le second fut couvert de velours bleu, à grandes lettres de brodure de sa devise, et fut frangé d'or. Le tiers estoit couvert de velours noir, à grandes lettres de brodure comme le premier et semé de grandes campancs d'argent. Le quart de satin violet semé de grans chardons d'orfevrerie à grandes feuilles de mesme ; et estoit celle couverture bordée de velours noir, la dicte bordure semée de larmes d'or. Ses pages estoyent vestus de satin blanc, à lettres de brodure de sa devise ; et après iceux pages venoit un varlet vestu de mesme, sur un cheval couvert de damas blanc, violet et noir semé de brodures de lettres d'or à sa devise, et par dessus semé de grosses campanes d'argent. Ledict varlet menoit un destrier en main, couvert de drap d'or violet ; et en celuy estat fit son tour devant les dames, par-devant l'Arbre-d'or et par-devant les juges, puis prit son rang au bout de la toile. »

Après les joutes à la lance où les jouteurs se frappaient en plein et rompaient le bois, on faisait des joutes à la targe futée ou à la *bavière*. Il ne s'agissait plus alors de pousser la lance en plein écu, mais d'enlever une pièce de l'armure rapportée. Cette sorte de joute paraît avoir été surtout fort prisée de l'autre côté du Rhin et dans les Flandres.

Pour ce genre de course, le harnais du jouteur différait de ceux précédemment donnés. L'habillement de tête consistait en une salade forgée d'une seule pièce, avec vue. Devant le plastron était fixée une doublure épaisse qui couvrait la poitrine, partie du ventre et s'élevait jusqu'au-dessous de la vue. Sur cette doublure ou bavière était rapportée une seconde doublure composée de pièces minces d'acier retenues légèrement entre elles. Le cavalier n'avait pas

d'écu. Il s'agissait de frapper cette doublure en plein à la hauteur de l'estomac. Un ressort disposé sur la bavière décliquait sous le choc, et faisait sauter la doublure de lames d'acier en plusieurs morceaux, comme si elle se fût brisée.

Voici (**fig. 17**) un jouteur ainsi armé. Pour ces passes, le rochet de la lance était à une seule pointe émoussée, afin de frapper le milieu du plastron. Examinons d'abord la salade (**fig. 18**) [69]. Forgée d'une seule pièce, ainsi que nous l'avons dit, elle porte sur le sommet du timbre un cimier bas, dont le profil est tracé en A, percé d'un trou B en *b*, pour attacher un lambrequin ou un ornement. La coiffe intérieure était fixée par des rivets en *c*, et des courroies *d* rivées latéralement maintenaient la salade sous le menton. En *e* est une boule d'acier roulant sur un axe (voyez le détail E et le profil F moitié d'exécution), qui permettait au bas du mézail, lorsque le jouteur baissait la tête, de rouler à l'intérieur de la bavière sans l'accrocher. Ici cette boule est accompagnée de deux branches se retournant d'équerre et quelque peu en saillie sur le nu de la salade. Nous verrons tout à l'heure à quoi servaient ces branches.

La **figure 19** donne l'habillement de corps et de tête ensemble. La cuirasse, avec l'arrêt de la lance et le fautre comme dans les exemples précédents, est doublée d'une pièce en deux parties, la bavière A et le plastron B. Sur le plastron est disposé un mécanisme qui, lorsqu'on appuie fortement sur le bouton *b*, fait saillir vivement deux tampons *c*, lesquels jettent en avant la doublure D, composée de plusieurs pièces que le choc fait disjoindre et qui semblent ainsi voler en éclats. Le mécanisme est noyé dans un fort coussin de peau rembourrée, afin de rendre le choc moins rude. La **figure 20** présente le détail du mécanisme. En A, on voit comme les deux tampons *t*, montés sur ressorts à boudin, sont maintenus par la bascule à ressort *b*. Lorsqu'un choc violent agit sur le bouton *a*, la bascule double *b* se renverse et les deux ressorts à boudin agissent, ainsi qu'on le voit en B. En C, le mécanisme est présenté de face en perspective. Il faut se rendre compte de la structure des pièces de doublure volante de la bavière. La **figure 21** les montre assemblées du côté intérieur. Ces pièces sont au nombre de huit : six à la partie supérieure, deux à la partie inférieure, plus une petite rondelle médiane extérieurement conique. La **figure 19** montre en *a*, à la partie supérieure de la bavière, une pièce saillante qui laisse entre elle et la pièce de dessous une rainure. Dans cette rainure entrent les cramponnets *c* figurés à l'intérieur de chacune des six pièces supérieures (**fig. 21**). L'extrémité inférieure de ces six pièces vient s'engager dans des rainures formées à l'intérieur des deux pièces inférieures par deux bandelettes de fer *d* rivées. Ces deux bandelettes, terminées chacune par un crochet, se réunissent ainsi dans un œil pratiqué dessous la rondelle conique. Deux crochets *e* rivés aux pièces intérieures s'agrafent entre les deux bascules qui retiennent les deux tampons *b* (**fig. 20**). Deux autres crochets mousses *f* entrent dans deux pitons rivés au bas du corselet en *g* (**fig. 19**).

Ainsi les six plaques supérieures bridées entre la pièce *a* de la **figure 19** et les bandelettes *d* de la **figure 21** forment elles-mêmes ressorts. Si un choc se produit au-dessous de la rondelle conique ou même sur cette

17

G⁻ JUNIOR

rondelle, le bouton *a* de la **figure 20** fait décliquer les deux tampons *t*. Les six pièces supérieures de la doublure volante s'échappent des deux rainures, sautent en l'air, et les deux pièces inférieures elles-mêmes se décrochent et sont projetées en avant. Pour courir cette joute, les cavaliers prenaient, comme il est dit ci-dessus, des lances ferrées de rochets à une seule pointe mousse, et il fallait toucher l'adversaire juste au-dessous de la rondelle conique, en G **(fig. 19)** ;

alors toute la doublure de la bavière volait en éclats. Ces sortes de joutes étaient fort en vogue vers la seconde moitié du XVᵉ siècle [70]. D'autres consistaient à enlever une bavière d'étoffe posée en avant de la bavière fixe. L'habillement du cavalier était le même que celui présenté **figure 19** ; mais à la place des

[69] Collection de M. le comte de Nieuwerkerke.

[70] On les appelait courses *à la targe futée*.

287

18

pièces de doublure D était attaché un voile appelé *queue,* maintenu à une bandelette de fer légère, qui entrait dans les deux vides laissés entre le mézail de la salade et les deux cramponnets verticaux indiqués dans le détail E de la **figure 18**. Ce voile descendait jusqu'au milieu du ventre. Quand le crochet de l'adversaire le piquait en plein plastron ou au sommet de la bavière, il le décrochait, l'enlevait et le faisait voler au-dessus de la tête du jouteur. La **figure 22** indique ce coup [71]. Le cavalier est monté sur un cheval houssé et dont les yeux sont masqués. Il arrivait souvent que, pendant les joutes, les chevaux, au moment de l'atteinte des lances, se dérobaient et faisaient ainsi manquer la passe. Or, pour la course à la queue, représentée dans notre figure, il fallait que les lances frappassent le voile sur un point déterminé sans déviation ; le moindre écart du cheval pouvait faire manquer l'atteinte. Pour éviter cet inconvénient, la housse couvrait les yeux de la monture. De plus, on observera que le jouteur a la jambe gauche couverte d'un large garde-cuisse de fer qui était destiné à parer le froissement du cheval contre la barrière à l'instant où les deux jouteurs croisaient leurs lances. Le musée d'artillerie possède une très-belle pièce de ce genre, que représente la planche LVI. Elle est de fer repoussé, avec incrustations de cuivre jaune très-habilement rivées. On l'attachait par une courroie au-dessus du genou, et dans l'échancrure inférieure passaient l'extrémité des grèves, les étrivières et le soleret.

Il y avait encore la course à la poêle. La poêle [72] consistait en une sorte de targe carrée ou de gril

20

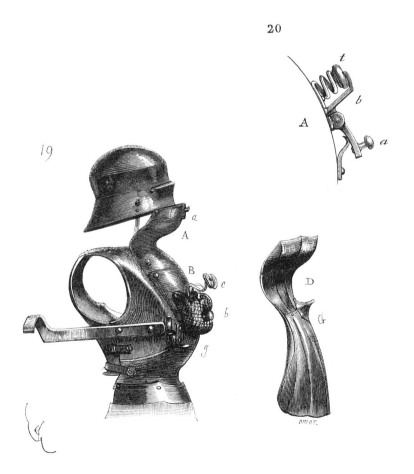

19

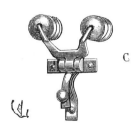

d'acier fixé sur la poitrine, et que l'adversaire devait enlever avec le rochet. Les jouteurs, dans cette sorte de course, n'avaient pas la tête armée, aussi était-elle considérée comme très-dangereuse et n'était engagée qu'entre jouteurs expérimentés [73].

Les salades de joute étaient aussi pourvues de doublures mobiles qu'un adroit jouteur pouvait faire sauter. Il existe de belles salades de ce genre dans le musée d'artillerie, dans celui de Pierrefonds et dans la collection de M. le comte de Nieuwerkerke. Voici l'une de ces salades **(fig. 23)** [74].

Cette salade est composée de trois pièces : la bombe, forgée d'un seul morceau ; le mézail, qui fait le tour de la bombe et laisse un intervalle devant pour la vue ; le couvre-nuque. Ces pièces sont soigneuse-

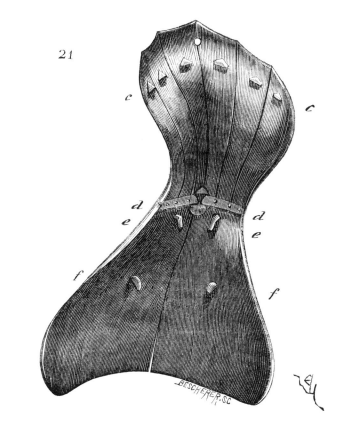

[71] C'était la course *à la queue.*

[72] Le *rost.*

[73] L'annotateur français du *Triomphe de l'empereur Maximilien* prétend que, pendant ces sortes de courses, il était d'usage de placer un cercueil ouvert dans les lices au moment où les champions s'apprêtaient à jouter.

[74] Du musée de Pierrefonds (1470 environ).

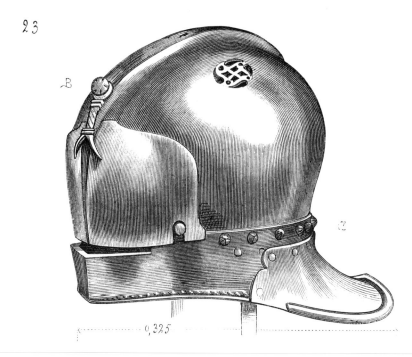

23

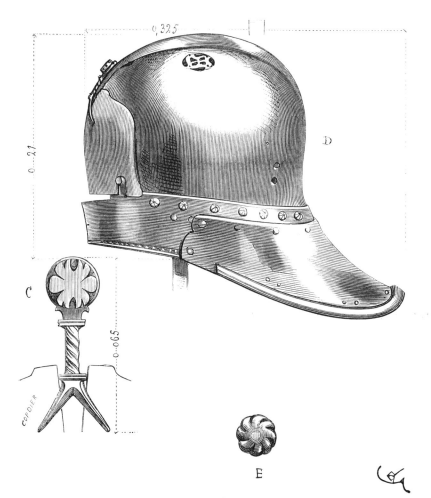

ment rivées les unes sur les autres, ainsi qu'on le voit en *a*. En B, sur l'arête antérieure et aplatie du cimier, est vissé fortement un ressort à deux branches détaillé en C. Les deux griffes de ce ressort maintiennent contre le frontal de la bombe deux doublures, c'est-à-dire deux plaques d'acier qui sont en outre fixées par deux arrêts placés de chaque côté de la vue. Lorsque le rochet prenait l'une de ces plaques près de l'arrêt, il la faisait sauter en l'air. C'était là un beau coup de joueur. En D, est figurée la salade de profil. Les trous percés vers la partie postérieure de la salade sont pour l'ouïe, et au sommet de la bombe sont disposés deux ventilateurs. Un *couvre-chef*, c'est-à-dire un voile long, était attaché à la partie culminante du cimier. En E, est tracé un des rivets grandeur d'exécution. Cette pièce est fort belle et bien forgée. La bombe et le mézail sont d'une forte épaisseur sur le devant.

Les joueurs à la queue pouvaient avoir la tête armée de ces salades avec doublures frontales.

Ainsi on enlevait le voile, puis les plaques de doublures par le choc du rochet. La **figure 24** montre l'habillement supérieur d'un de ces joueurs. La salade [75] est finement côtelée. Son couvre-nuque est coupé carrément par derrière. Elle n'est percée de chaque côté que de quatre trous pour l'ouïe, et postérieurement de deux paires de trous pour la ventilation. La bavière, vissée au plastron, est munie d'une doublure devant le menton, qui porte un crochet et une bille de fer sur un axe. Un ressort, semblable à celui tracé **figure 20**, faisait sauter le panneau de cuir sur lequel était posé le voile, lorsque le rochet le frappait au milieu de la poitrine. Par l'effet de ce ressort, ce panneau se décrochait du haut, et la bille *a*, roulant sur son axe, empêchait l'étoffe de s'arrêter au menton de la bavière.

Ces sortes d'armures de joute ne sont plus usitées en France à dater de la fin du XVᵉ siècle ; on ne les voit alors employées qu'en Allemagne jusque vers 1520. Les joutes françaises, à partir du XVIᵉ siècle, se font avec des armures qui ne diffèrent de celles de guerre que par certaines doublures ajoutées à l'armet et à la cuirasse. Cette dernière pièce est appelée manteau de joute. Elle consiste en une targe fixe de fer souvent treillissée en losanges sur la face externe concave au moyen de bandes de fer, afin d'arrêter le rochet et de faire briser le bois de la lance.

QUINTAINE. Exercice à la lance et à cheval, appelé aussi *cuitaine,* et qui consistait à frapper en plein écu un mannequin armé de toutes pièces. Ce mannequin était posé sur un pivot. Si le cavalier, courant à toute bride, touchait le milieu de la targe, cette sorte de trophée tournait sur lui-même ; mais si le joueur adressait mal son coup, les pièces du mannequin tombaient ou venaient frapper le cavalier maladroit.

Du Cange prétend que ce mannequin tenait un bâton ou une épée qui, si le coup était mal adressé, venait frapper le cavalier qui l'avait porté [76]. Quoi qu'il en soit, la quintaine était un des exercices adoptés pendant le moyen âge, non-seulement par la noblesse, mais par la roture.

Les seigneurs faisaient courir la quintaine à leurs hommes liges pour les habituer aux combats à la lance. Les enfants couraient la quintaine et se pré-

290

paraient ainsi à la joute ; car il est à observer que les collections d'armes possèdent des armures de joute pour des enfants de douze à quinze ans [77].

L'exercice de la quintaine remonte à l'antiquité. Nos romans de chevalerie du XIIᵉ et du XIIIᵉ siècle en font mention :

« Quintaine font drecier en un bel pré fleuri,
« Dux Naymes et li autre chascuns d'els y feri ;
« Des noviaus chevaliers nus ne s'en alenti [78].

BEHOURT. Le *behourt* ou *bohourd* était un simulacre d'attaque d'un fort ou tout au moins d'un ouvrage palissadé. C'était une des variantes du tournoi. Au milieu d'un champ clos, on dressait un fort de bois que des chevaliers divisés en deux partis attaquaient et défendaient. Ces sortes de siéges simulés n'avaient pas toutefois les conséquences dangereuses des tournois ou des joutes, et pouvaient passer pour un spectacle ou un de ces exercices tels que nos petites

guerres. D'avance on convenait de quelle part seraient les vainqueurs.

Une couverture de coffret d'os qui fait partie du musée de Boulogne, et qui date de la seconde moitié du XIVᵉ siècle, nous montre une joute à la lance courtoise et l'attaque d'un château par des chevaliers couverts de leurs armures. Le château est défendu par des damoiselles qui jettent des fleurs sur les assaillants montant aux échelles. Au bas du petit bas-relief est un homme d'armes qui remplit la cuiller d'un mangonneau de paquets de fleurs. Du Cange donne sur ces behourts des explications complètes que nous ne croyons pas nécessaire de reproduire ici [79]. Pendant les banquets, parmi les entremets les plus prisés, figuraient ces behourts. On roulait un château plein d'hommes d'armes entre les tables, et une troupe le venait attaquer et prendre, le tout entremêlé de vers en l'honneur des dames et de moralités.

a

[75] Très-belle pièce faisant partie de la collection de M. le comte de Nieuwerkerke (fin du XVᵉ siècle).

[76] Du Cange, *Dissert. VII sur l'hist. de saint Louis.*

[77] Le musée des armes de Pierrefonds possède deux de ces armures qui datent du XVᵉ siècle, de fabrication allemande.

[78] *Li Romans de Berte aus grans piés,* chap. CVIII.

Divertissements, danse, momeries, mascarades, jeux de combinaison et de hasard, jeux d'enfants

On sait le goût des Romains pour les pantomimes pendant les repas. A la suite des représentations publiques du célèbre mime Pylade, qui seul, sur la scène antique, représentait tout un drame, les riches Romains voulurent avoir chez eux des représentations mimiques. Tibère tenta vainement d'interdire cette coutume, qui ne fit que se développer pendant les derniers siècles de l'empire. A la suite des repas, les jeunes gens, chez les Germains, exécutaient des danses simulant des combats. Les Mérovingiens conservèrent cette mode, contre laquelle s'élevèrent sans succès les évêques des premiers siècles chrétiens. Sous l'empire, un seul pantomime exécutait, pendant les festins, plusieurs actes d'un drame ; il changeait de masque et de costume suivant les scènes qu'il devait traduire. A ce propos, Lucian rapporte une anecdote curieuse : « Un barbare, dit-il, ayant vu cinq masques préparés pour un acteur pantomime, car la pièce était divisée en cinq parties, et n'apercevant qu'un danseur, demanda où étaient ceux qui devaient représenter les autres personnages. Quand il eut appris que le même acteur les remplirait tous : — Vraiment, s'écria-t-il, je ne savais pas que dans ce seul corps vous eussiez plusieurs âmes [79]. » Il ne paraît pas que dans les premiers siècles du moyen âge les pantomimes eussent conservé le masque antique ; mais, d'ailleurs, ils exécutaient au son de la musique, et quelquefois avec accompagnement de chants (*cantica*), des danses et des scènes dramatiques. Loin d'avoir détruit cet usage, le christianisme le vit se répandre partout et même parmi les clercs dans l'enceinte des églises. Vers la fin du VIe siècle, Aunacaire ou Aunaire, évêque d'Auxerre [80], dans un synode tenu sous sa présidence, défend dans le premier canon, « aux calendes de janvier, certaines pratiques venues du paganisme » [81]. Or, ces pratiques consistaient à banqueter et à danser dans les églises au son des instruments [82]. Le peuple était attiré ainsi dans les temples, non-seulement par les exercices religieux, mais pour ses affaires et ses plaisirs. L'église était le temple, le forum ou l'hôtel de ville et le théâtre [83]. Ces souvenirs des usages antiques et des agapes des premiers chrétiens disparurent peu à peu des églises et n'eurent plus de place que dans la vie civile ; souvent alors les danses antiques firent place aux exercices les plus grossiers d'histrions et de funambules.

C'étaient des poses lascives, des tours d'adresse et de souplesse exécutés avec accompagnement d'instruments.

Nous voyons ces sortes de jeux représentés dans les vignettes d'une Bible du Xe siècle [84] **(fig. 1)**. Au son des flûtes doubles, des psaltérions, harpes, lyres et clochettes, deux histrions exécutent des danses et tours avec des épées. C'était une tradition de la danse pyrrhique des Germains.

1

Les monuments des XIe et XIIe siècles représentent souvent des repas pendant lesquels des hommes et femmes exécutent des danses, font des tours d'équilibristes **(fig. 2)**, sautent sur les mains [85], toujours avec accompagnement d'instruments de musique. Ces représentations sont fréquentes jusqu'au XIVe siècle. Alors les jeux d'histrions sont remplacés par ce qu'on appelait des *entremets,* c'est-à-dire des scènes récitées ou chantées pendant les intervalles qui séparaient les services des festins.

Le goût pour les pas exécutés pendant les banquets, par une seule danseuse, paraît avoir été fort en vogue pendant le XIIe siècle. Peut-être cet usage était-il une importation orientale.

Le vêtement de ces danseuses était léger, long, mais dessinant les formes du corps. Les vignettes des manuscrits, les monuments sculptés, nous ont conservé beaucoup de ces danseuses qui s'accompagnaient habituellement de clochettes **(fig. 3)** [86]. Cette femme est vêtue d'une robe sans bliaut, collante sur la poitrine et les hanches, et formant des plis très-fins, suivant la mode orientale. Le col du vêtement est bordé d'une passementerie très-riche, terminée au bas de la fente par un petit crochet long qui retient le corsage et forme un pli transversal accusant la taille. Des plis en spirale entourent les seins. Les manches sont justes, plissées transversalement et terminées aux poignets par une riche passementerie. La jupe est flottante, à plis fins et répétés ; les cheveux, retenus autour des tempes par un cercle, tombent sur les épaules. Ce vêtement paraît être taillé dans une étoffe de soie crêpelée, suivant la mode adoptée alors par les dames nobles pour les robes portées sous le bliaut. Cette danseuse ne porte pas de ceinture. On voit fréquemment, dans les bas-reliefs de cette époque et du XIIIᵉ siècle, des histrions qui pendant les repas se livrent à des exercices funambulesques et de bateleurs **(fig. 4)** [87]. Les seigneurs, après ces divertissements, s'ils étaient satisfaits, faisaient de riches présents à ces bateleurs, consistant en habits et joyaux, ce qui était de la part du clergé l'occasion d'amères remontrances. Mais le goût pour ces spectacles ne persistait pas moins parmi la noblesse. Les trouvères, poètes ambulants, s'élevaient dans leurs vers contre cette concurrence qui faisait tort à l'art de la poésie, considéré par eux comme étant d'une nature autrement noble et digne d'être spécialement encouragé. Ni leurs satires, ni les exhortations du clergé, n'empêchaient les bateleurs d'être reçus dans les châteaux et d'être bienvenus dans les fêtes populaires. Cependant, vers la fin du XIIIᵉ siècle, le goût de la noblesse des châteaux pour ces divertissements semble s'être beaucoup affaibli. Il reparaît vers le milieu du XVᵉ siècle, mais alors les danseurs et danseuses de profession ne portent plus, comme précédemment, les habits en usage dans la société élevée ; ils sont vêtus d'une manière bizarre, élégante ou grotesque, ainsi que nos saltimbanques.

Dans un joli manuscrit de la Bibliothèque nationale, datant de 1440 environ [88], une miniature délicate nous montre un danseur et une danseuse dont les vêtements et les postures indiquent l'abandon des traditions qui s'étaient conservées dans les siècles précé-

[79] Lucian. *De saltat.*, cap. 66. Voyez les *Origines du théâtre antique et du théâtre moderne*, par C. Magnin.

[80] 572 à 603.

[81] *Mém. concernant l'hist. civ. et ecclésiast. d'Auxerre*, par l'abbé Lebœuf, t. I, p. 129.

[82] *Concil. Autissiod.*, ann. 585 ; dans Labbe, *Concil.*, t. V, p. 956.

[83] Voyez la préface du *Cartulaire de l'église Notre-Dame de Paris*, publiée par M. Guérard.

[84] Biblioth. nation., manuscr. latin, 6-3.

[85] Manuscr. du commencement du XIIᵉ siècle ; anc. collect. Garneray.

[86] D'un chapiteau déposé dans le musée de Toulouse, représentant Hérode à table et Salomé dansant devant lui.

[87] Voyez, entre autres sculptures, le linteau de la porte septentrionale de l'église de Semur en Auxois, représentant le repas du roi Godoforus. (Légende de saint Thomas, apôtre.)

[88] Français, *le Miroir historial*.

dents. Le danseur **(fig. 5)** est vêtu d'un corset bleu clair brodé de blanc, ayant une seule manche longue taillée en barbes d'écrevisse et doublée de violet. Sa tête est couverte d'un turban jaune surmonté d'un cône pourpre et or. Un caleçon blanc très-court laisse voir ses jambes nues ornées d'anneaux avec grelots ; des bracelets de même entourent ses poignets. Une écharpe tordue entoure ses hanches ; elle est accompagnée d'une sorte de lambrequin avec grelots. La danseuse **(fig. 6)** est vêtue d'un corset lilas, dont la jupe, taillée en barbes d'écrevisse, est doublée de blanc, et dont les longues manches ouvertes et taillées de même sont doublées d'orange. Un collier d'or couvre sa gorge ; une courte jupe verte paraît sous le corset ; les jambes ainsi que les bras sont nus, avec bracelets à grelots. Les souliers sont pourpre. Le turban est rouge avec broderies et joyau d'or ; il est terminé par un cône lilas et or, avec voile blanc léger. L'écharpe est verte avec grelots or. Ce sont là des costumes de fantaisie, comme ceux que nos saltimbanques revêtent aujourd'hui.

Il ne faudrait pas croire que la danse fût réservée exclusivement, pendant le moyen âge, à des danseurs et danseuses de profession. Il n'y avait pas de fête chez les nobles, les bourgeois ou les paysans, qui ne fût terminée par des danses. C'était un des divertis-

sements favoris de toutes les classes auquel les femmes se livraient avec passion. On dansait le jour sur les prés, et le soir dans la grande salle des châteaux, pourvu que la compagnie fût assez nombreuse. Les caroles ou karoles, sorte de rondes, étaient fréquemment dansées par les damoiselles seules. Dans le roman de *Gui de Nanteuil,* les damoiselles font dresser une tente entre les partis ennemis et avant le combat :

« Plus en i ot de .xxx. as bliaus entailliés
« Es ombres sunt aléez dessous les oliviers,
« La karole commenchent, que les corps sont legiers.
« Li amirans du Coine les ot moult volontiers [89]. »

Et plus loin :

« Li très [90] as damoiselles fu en .i. pré tendus ;
« Plus en i a de .xxx. qui ont bliaus vestus,
« La karole commenchent desor le pin ramus [91]. »

Ces rondes étaient accompagnées de chansons.

Il est dans le *Roman de Méraugis de Portlesquez* un joli épisode. C'est quand le héros arrive au château des *damoiselles qui carolent.* S'arrêtant devant la porte du manoir, il voit sous un pin verdoyant des pucelles qui chantent en carolant, et parmi elles un seul chevalier chantant et carolant de son mieux, l'écu au cou, l'épée au côté, le bacinet en tête. Or, ce chevalier est son ennemi mortel. Plein de courroux, Méraugis va vers lui et lui crie :

« Fui, chevalier ! ne chante mie.
« Je te deffi, tu mourras ja ! »

Mais aussitôt il oublie sa vengeance, le chevalier qui là était, sa mie ; et l'écu au cou, l'épée au côté, il se met à chanter et à caroler à son tour avec les pucelles pendant que son ennemi quitte la partie. Sitôt dehors, celui-ci reconnaît à son tour Méraugis, et se met aux

aguets pour l'attendre ; il y renonce bientôt, car Méraugis carole et chante ainsi pendant dix semaines. Délivré à son tour par un survenant :

« ….. Trop ai lonc temps
« Quarolé, »

dit-il, car le printemps est venu, le rossignol chante. Dans le château fée il était entré en plein hiver [92].

Le roman en vers de *la Charrette* [93] décrit les passe-temps de damoiselles et de chevaliers sur un pré. Quelques-uns de ces jeunes gens tiennent de gais pro-pos, d'autres jouent aux tables (trictrac) et aux échecs, au dé, à la courte-paille. Plusieurs rappellent les sou-venirs de leur enfance :

« Baules et queroles et dances
« Et chantent et tubent et saillent,
« Et au luitier se retravaillent [94]. »

La chronique de D. Pedro Niño [95], dans la partie si curieuse qui traite de son voyage en France, rappor-te comment il est reçu chez le seigneur de Sérifon-taine, Renaud de Trie, capitaine du château de Rouen, amiral de France. « Pendant le repas, dit-il, il y avait des jongleurs qui jouaient agréablement de divers instruments. Les grâces dites et les tables enlevées, venaient les ménestrels, et madame dansait avec Pero Niño, et chacun des siens avec sa demoiselle. Cette danse durait une heure. Quand elle était finie, mada-me donnait la paix au capitaine [96], et chacun à celle avec qui il avait dansé. Ensuite on apportait les épices, on servait le vin, et l'on allait faire la sieste. » Ceci se passait à l'heure du dîner, c'est-à-dire de midi à deux heures. « A la nuit, on soupait, si c'était l'hiver ; si c'était l'été, on mangeait plus tôt, et après cela madame allait s'ébattre à pied par la campagne, et l'on jouait aux boules jusqu'à la nuit, après quoi on se rendait dans la salle avec des torches ; alors venaient les ménestrels. On dansait bien avant dans la nuit [97]…. »

On a vu comme, pendant la durée des joutes et tour-nois, chaque soir, après le souper, on dansait jusqu'à une heure avancée. Il était d'usage de mener à la danse la dame ou damoiselle auprès de laquelle on était placé à table, et de ne point changer de danseu-se pendant la soirée : ainsi s'établissaient des rela-tions sociales qui donnaient à ces assemblées un inté-rêt très-vif, intérêt qu'elles ont perdu de nos jours.

Les salles de danse étaient jonchées d'herbes odori-férantes et de fleurs :

« Oultre plus en lieu d'herbe verd
« Qu'on ha accoustumé d'espendre,
« Tout le parquet estoit couvert
« De rosmarin et de lavande [98]. »

On dansait au *chapellet, trois à trois, la ronde.*

Quelques-unes de nos danses, conservées dans les campagnes éloignées de nos grands centres, ne sont que des traditions de ces danses du moyen âge.

Les mascarades étaient aussi fort du goût de nos aïeux. C'était un des divertissements habituels lors des grandes réunions, banquets et bals. Souvent elles n'étaient qu'une satire des mœurs du temps, une occa-sion de se moquer des ridicules ou des travers de cer-tains personnages. Les mascarades avaient même pris dans certaines villes les proportions d'une institu-tion. En face de la féodalité, le travail, aussi bien que

[89] *Gui de Nanteuil,* vers 2440 et suiv. (XIIIᵉ siècle).

[90] « La tente ».

[91] Vers 2667 et suiv.

[92] Voyez le *Roman de Méraugis de Portlesguez,* XIIIᵉ siècle, par Raoul de Houdenc, publ. par M. H. Michelant.

[93] Attribué à Chrestiens de Troyes et Godefroy de Leigni, manuscr. de la Biblioth. nation., fonds de Cangé, n° 73.

[94] Vers 1647 et suiv.

[95] *Le Victorial,* chron. de D. Pedro Niño (1379-1449), traduit de l'espa-gnol d'après le manuscrit, par le comte Albert de Circourt et le comte de Puymaigre (1867).

[96] Embrassait son danseur. Usage conservé dans quelques provinces françaises.

[97] Voyez la traduction de tout ce passage dans le tome Iᵉʳ du *Dict. du mobilier.*

[98] Martial d'Auvergne, *les Arrêts d'amour,* prologue (fin du XVᵉ siècle).

la manifestation de l'opinion, n'avaient d'autre recours que l'association. Il y avait donc des corporations de *fous*, qui, à certaines époques de l'année, usaient du privilège de se moquer de tout le monde, des grands aussi bien que des petits. A Paris, ce sont les *Badins*, les *Turlupins*, les *Enfants sans souci ;* à Poitiers, la bande joyeuse de l'abbé de *Maugouverne ;* à Dijon, la *Mère folle ;* à Rouen, ce sont les *Conards,* qui, masqués, chevauchaient par la ville, ayant à leur tête un abbé mitré, crossé, monté sur un char et jetant aux passants des *rébus,* des *satyres* et des *pasquils.* Ces Conards, à l'approche des jours gras, se présentaient un matin à la grande chambre du parlement de Rouen, apportant une requête le plus souvent en vers. Les magistrats, toute affaire cessante, répondaient à la requête bouffonne en octroyant la mascarade, c'est-à-dire le droit aux Conards de se promener par la ville en masques, de dire ce que bon leur semblait, et d'accorder aux habitants, moyennant finance, la permission de se masquer. Ces Conards, en effet, sous le masque, se permettaient de jeter le ridicule sur tout et sur tous, suivant leur bon plaisir, parodiant les faits et gestes du clergé, de la noblesse, et n'épargnant pas la bourgeoisie. Ils avaient parmi eux des *enquêteurs* chargés de s'informer de toutes les histoires scandaleuses de la cité, de tous les abus, de toutes les sottises. Ces enquêteurs faisaient leur rapport à l'*abbé des Conards,* aux *cardinaux* et *patriarches* réunis en conclave. Et l'on décidait ainsi quelles étaient les affaires dignes de figurer aux *rôles.* Alors se tenaient les audiences en plein air, où toutes les affaires étaient évoquées. « Trois jours durant, ce tribunal siégeait par les rues. Tambours, flûtes, trompettes, annonçaient de loin le cortége. Les Conards cheminaient ainsi à travers la foule, partagés en bandes, dont chacune avait pour mission de ridiculiser une sottise, de flétrir un vice, de censurer un abus. Les marchands de mauvaise foi, les juges suspects, les prêtres simoniaques, les enfants prodigues, les pères avares, les gentilshommes glorieux, les parvenus qui s'oubliaient trop, les praticiens qui ne s'oubliaient pas assez, étaient tous malmenés en ces rencontres au delà de ce qu'on ne saurait croire. Les sots mariages, les folles entreprises, les intrigues de toutes sortes, étaient encore un texte fécond, toujours exploité sans qu'on pût l'épuiser jamais. Les édits fiscaux n'avaient pas meilleure fortune, non plus que les hommes inventifs qui les avaient imaginés ; et la misère du peuple y fut décrite maintes fois avec plus de hardiesse que dans les cahiers des états de la province [99]….. » Cette confrérie, née, paraîtrait-il, vers le commencement du XVe siècle, persista jusqu'au XVIIe. La fête finissait par un grand banquet donné aux halles de la Vieille-Tour, transformées en palais de l'abbé des Conards ; après le banquet, danses, mascarades ; puis le prix à décerner au bourgeois de la ville qui, au dire des prud'hommes, se trouverait avoir fait la plus folle chose de l'année !

Beaucoup de grandes villes du royaume de France avaient ainsi, au moins une fois l'an, le moyen de manifester leur opinion sur les abus et les ridicules du temps, sur les misères du peuple et la tyrannie des seigneurs. Ces Conards, ces Badins, ces Turlupins, avaient grand soin, sous le masque, de ménager la personne du roi ; aussi le suzerain était-il le premier à rire des jugements portés par ces cours bouffonnes, et maintenait-il leurs priviléges malgré les réclamations du clergé, de la noblesse et des magistrats municipaux.

Pendant les banquets, aux cours des riches seigneurs, les entremets n'étaient souvent que des entrées de masques exécutant quelque scène ou pantomime. On sait la mascarade qui faillit être si funeste au malheureux Charles VI, et que décrit Froissart d'une manière saisissante dans le chapitre XXXII du livre IV : « *L'aventure d'une danse faite en semblance de hommes sauvages, là où le roi fut en péril.* » C'était à l'occasion du mariage d'un jeune chevalier de Vermandois et d'une des damoiselles de la reine. Sur les six jeunes gens qui se revêtirent d'un vêtement juste de toile et de lin recouvert de poil, et dont était le roi, quatre périrent brûlés, le feu ayant pris à leur déguisement par l'imprudence du duc d'Orléans. Cette funeste issue d'une fête au milieu d'une cour jeune et brillante s'il en fut, fit une profonde sensation à Paris et dans tout le royaume ; mais, dit Froissart : « Si se passa et oublia cette chose petit à petit, et fit-on obsèques, prières et aumosnes pour les morts ! »

Ces divertissements nous amènent à parler des jeux de société.

« Item, et si ne jouerez
« Au *siron,* ne à *clignettes ;*
« Au jeu de *mon amour aurez,*
« A la *queuleuleu,* aux *billettes,*
« Au *tiers,* au *perier,* aux *bichettes ;*
« A getter au sain et au dos l'herbe ;
« Au *propos,* pour dire sornettes ;
« Ne *que paist-on,* ne *qui paist herbe ?* [100] »

Il y avait le jeu *au roi qui ne ment,* lequel fait le sujet d'un bon conte [101]. On nommait un roi ou une reine qui, faisant le tour de l'assemblée, adressait à chacun une question à laquelle on devait répondre sans rien celer.

A son tour, la reine ou le roi se présentait devant chaque personne et répondait sans mentir à chaque question qui lui était adressée.

On trouvait de ces sortes de jeux tous les jours, et dans le *Lai d'Ignaurès* des damoiselles inventent le jeu du *confesseur.* Elles désignent l'une d'elles pour remplir cette fonction, et toutes, à tour de rôle, doivent lui dire le nom de leur amant. Or, les *pénitentes* (elles sont douze) nomment à la dame-confesseur Ignaurès, qui est aussi son amant. Il y avait aussi le jeu de *saint Coisne.* Un des personnages fait le saint, chacun se met à genoux devant lui et lui présente un don. Si le saint, par ses gestes et grimaces, parvient à faire rire l'agenouillé, celui-ci donne un gage.

Parmi les jeux de combinaison, le jeu d'échecs paraît être un des plus anciens. On jouait aux échecs à la cour de Charlemagne, et le cabinet des antiques de la Bibliothèque nationale conserve un jeu d'échecs d'ivoire sculpté, provenant du trésor de Saint-Denis, qui passe pour avoir appartenu à ce prince. Les pièces de ce jeu d'échecs sont de très-grande dimension [102].

Les tables et pièces d'échiquier étaient fabriquées avec un grand luxe :

« Puis mandent les eschés, si s'asient au ju.
« On les a apportés, en un doublier velu,

De pene de fenis menuement cousu.

« Tels ert li eschekiers, qu'onques mieudres ne fu :
« Les listes sont d'or fin, à trifoire fondu [103],
« E li point d'esmeraudes, verdes comme pré herbu,
« E de rubins vermaus, aussi cour d'ardant fu.
« Li eschec de saphirs le roi Assueru
« E de riches topasses à toute lor vertu,
« Pigmalyum les fist, li fiex Candeolu.
« Molt sont bel à veoir drechié e espandu.
« Sos les tapis de soie estendu en l'erbier,
« Fist le viex Cassamus aporter l'eschequier ;
« Il meismes a pris les eschés à drechier,
« Puis a dit en riant : « Li quel veulent juer ? [104] »

Le jeu des échecs était une passion chez la noblesse, et souvent les parties dégénéraient en rixes.

Les romans et chroniques font naître des guerres terribles d'une partie de jeu d'échecs. Dans le roman d'*Ogier l'Ardenois,* le fils de Charlemagne joue aux échecs avec Bauduinet, le fils d'Ogier :

« Li fix au roi traist son paon premier,
« Bauduinés traist son aufin arier,
« Li fix au roi le volt forment coitier,
« Sus l'autre aufin a trait son chevalier,
« Tant traist li uns avant et l'autre arier,
« Bauduinés lit dist mat en l'angler ;
« Voit le Callos, le sens quide cangier ;
« Bauduinet comence à laidengier.
« — Bastars, dist-il, mult es outrequidiés,
« Fel et quvers et trop en remanciés,
« Ogier tes pères, li miens hom cavagiés,
« N'en desist tant por tot l'or de sos ciel,
« Que tos les membres li fesisse trancher,
« Ardoir en fu, en un coupieg noier.
« Mal le pensastes, vos le conperrés chier. —
« A ses deus mains a saisi l'esqueker,
« Bauduinet en feri el fronter,
« Le test li fent, s'en salt li cerveler ;
« Desus le marbre le fist mort justicher [105]. »

Ailleurs c'est Jean, fils du roi Henri d'Angleterre, et frère de Richard Cœur-de-Lion, qui jette l'échiquier à la tête de Foulques Fitz-Warin, et Foulques riposte par un coup de pied dans le ventre [106].

Le jeu des échecs tient dans les romans une grande place, ce qui prouverait que ce jeu était en effet chez les gentilshommes une affaire importante.

Huon de Bordeaux se déguise en valet de ménestrel pour s'introduire dans le château de l'amiral Yvarins. Celui-ci, voyant un si beau page au service d'un coureur de châteaux, se doute de quelque tour : « — Eh ! lui dit-il en l'examinant, c'est grand dommage que tu serves un ménestrel, il te conviendrait mieux, ce me semble, de garder un château : tu as quelque projet caché ? D'où viens-tu, et quel métier sais-tu faire ? — Sire, répond Huon, je sais beaucoup de métiers et je vous les dirai s'il vous plaît. — Soit, répond l'amiral, je suis prêt à t'écouter ; mais garde-toi de te vanter de choses que tu ne saurais faire, car je te mettrai à l'épreuve. — Sire, je sais muer un épervier ; je sais chasser le cerf ou le sanglier ; quand je l'ai pris, je sais corner la prise, et mettre les chiens sur la voie. Je sais servir à table ; je sais jouer aux

tables et aux échecs de façon à battre qui que ce soit. — Bon, réplique l'amiral, là je t'arrête, et au jeu d'échecs je vais t'éprouver. — Laissez-moi achever, sire, puis vous me mettrez à l'épreuve sur tel point qui vous conviendra. — Continue donc, tu parles bien. — Sire, je sais encore endosser un haubert, porter l'écu au cou et la lance, diriger un cheval et vaincre à la joute qui voudra se présenter. Je sais encore entrer dans les chambres des dames et m'en faire aimer. — Voilà bien des métiers ; je m'en tiens aux échecs. J'ai une fille, la plus belle qu'on puisse voir et qui sait fort bien jouer aux échecs, car je n'ai jamais vu un gentilhomme la mater. A toi revient, par Mahomet, de jouer avec elle ; si elle te fait mat, tu auras le cou coupé. Mais, écoute :

« Que se tu pues me fille au ju mater,
« Dedens ma cambre ferai .I. lit parer,
« Aveuc ma fille tote nuit vous girés,
« De li ferés toutes vos volontés,
« Et le matin, quant il ert ajornés,
« De mon avoir .C. livres averés
« Dont porés faire totes vos volentés. »
« — Il en sera, répond Huon, comme vous voudrez. »

L'amiral s'en va raconter cela à sa fille.

« — Mon père est fol, assurément, se dit la damoiselle ; par le respect que je lui dois, plutôt que de voir périr un si beau garçon, par lui je me laisserai mater. »

On apporte un riche tapis au milieu de la salle. « — Vous m'avez bien compris ? dit l'amiral. Il convient que vous jouiiez avec ce varlet : si vous le battez au jeu, il aura la tête tranchée aussitôt ; si c'est vous qui êtes matée,

« De vous doit faire tote sa volonté. »

« — Puisque vous le voulez ainsi, réplique la damoiselle, je le dois vouloir, que cela me convienne ou non. »

« Puis dist en bas, coiement, à celé :

« — Par Mahommet, il le fait bon amer
« Par son gent cors et sa grande biauté.
« Vauroi ja ke li jus fust finé.
« .... »

L'amiral recommande à tous ses barons de ne souffler mot.

« — Li jus est grans, nus ne s'en doit meller.
« ....

[99] Voyez l'*Histoire des Conards de Rouen,* par M. A. Floquet, auquel nous empruntons ce passage (*Biblioth. de l'École des chartes,* tome Iᵉʳ, p. 105).

[100] *L'Amant rendu cordelier* (fin du XVᵉ siècle).

[101] Poésies de Baudoin et Jehan de Condeit (XIIIᵉ siècle) (voyez *Contes anciens,* Barbazan).

[102] Voyez, dans la partie des ARMES, quelques pièces de ce jeu. [En fait, les études postérieures ont montré qu'il serait postérieur, il remonterait au XIᵉ siècle — NDE].

[103] « A émaux transparents ».

[104] *Li Roman d'Alixandre,* manuscr. biblioth. Bodléienne, n° 264 (XIIIᵉ siècle).

[105] *Ogier l'Ardenois,* vers 3162 et suiv., édit. de Techener, 1842.

[106] *Hist. de Foulques Fitz-Warin,* manuscr. du Musée Britannique (XIIIᵉ siècle).

« A dont on fait l'eskekier aporter,
« Qui estoit d'or et d'argent painturé,
« Li eskiec furent de fin or esmeré,
« — Dame, dist Hues, quel ju volés juer ?
« Volés as trais, u vous volés as dés ?
« — Or soit as trais, dist la dame al vis cler. »

La partie s'engage, et le bachelier est bien près de la perdre, car il regarde plus souvent la damoiselle que l'échiquier, et celle-ci s'en aperçoit :

« — Vasal, dist ele, dites, à coi penses ?
« Près ne s'en faut que vous n'estes matés.
« Ja maintenant arés le cief copé ! »

« — Attendez un peu, dit Huon, le jeu n'est pas fini. Ne
« Sera-ce pas grand honte et vilenie
« Quant à mes bras toute nue gerrés,
« Qui sui sergans du povre menestrel ? »

Les barons de rire, et la damoiselle à son tour de regarder Huon et de ne plus faire attention à son jeu ; si bien

« Qu'ele perdi son ju à mesgarder. »

« — Maintenant, dit Huon à l'amiral, vous voyez si je sais jouer ; encore un peu et votre fille est sûrement matée. — Maudite soit l'heure où je vous ai engendrée, ma fille ! dit le père furieux. Vous avez battu à ce jeu tant de hauts barons, et vous vous lais-

sez mater par ce garçon ! — Calmez-vous, répond Huon, les choses pourront en rester là, et votre fille se retirer en sa chambre ; pour moi, j'irai servir mon ménestrel. — Si vous agissez ainsi, je vous donnerai cent marcs d'argent. — Soit ! » répond le bachelier. Mais la damoiselle s'en retourne le cœur plein de dépit : « — Si j'eusse su cela, se dit-elle, je t'aurais bien maté. »

Le conte est un peu leste ; mais il s'agit de païens, et l'on voit que Huon se comporte en gentilhomme. Tout est bien qui finit bien [107].

Dans un autre roman du même temps [108], la fille de Géri s'éprend de Bernier ; elle envoie son chambellan le prier de la venir visiter une nuit :

« — Di li par moi salus et amistié,
« Et qu'en mes chambres se vaigne esbanoier [109]
« Et as eschés et as tables joier.
« Je te donrai XX livres de deniers. »

« — J'irai volontiers », dit le chambellan. La scène est charmante et se passe le plus convenablement du monde, mais les jeunes gens oublient les échecs.

Les dames jouaient donc aux échecs, et d'ailleurs de nombreux monuments figurés nous montrent des parties engagées entre des personnages de sexe diffé-rent. Voici **(fig. 1)** la copie d'une boîte à miroir d'ivoi-re, du commencement du XIVe siècle, qui représente un jeune homme et une dame jouant aux échecs ; deux autres personnages très-attentifs regardent la partie, l'un d'eux tient un épervier sur le poing [110].

Les jeux d'échecs, de tables, de dés, étaient un des délassements favoris des gentilshommes dans les camps ; si bien que les chefs d'armée durent souvent interdire ces passe-temps, qui étaient la cause de négligences funestes, de pertes d'argent et de querelles. Quand le roi Louis IX s'en vint à Acre après sa captivité, de tant de pertes qu'il avait faites, celle du comte d'Artois, son frère, lui était la plus sensible. En mer, il se plaignait à son sénéchal de ce que le comte d'Anjou, qui était avec lui dans sa nef, ne lui faisait nulle compagnie. Un jour, il le demanda ; on lui dit qu'il jouait « aus tables à monseignour Gautier d'Anemoes [111]. Et il ala (le roi) là touz chancelans pour la flebesce de sa maladie, et prist les dez et les tables et les geta en la mer, et se courouça moult fort à son frere de ce qu'il s'estoit sitost pris à jouer aus deiz. Mais messires Gautiers en fut li miex paiez, car il geta tous les deniers qui estoient sus le tablier (dont il y avoit grant foison) en son giron, et les emporta [112]. » Ce jeu des tables était ce que nous appelons aujourd'hui le *trictrac,* que l'on jouait avec des dés et des tablettes ou disques de bois ou d'ivoire.

Du XIIe au XIVe siècle, dans les pièces de l'échiquier étaient : le *poon ;* la tour, le *roc ;* la reine, la *fierge* ou *firge* (vierge) ; le cavalier, le *chevalier ;* le fou, l'*aufin* [113].

L'évêque de Paris, Eudes de Sully, sous Philippe-Auguste, défendit aux clercs de jouer aux échecs et même d'en avoir chez eux. Saint Louis voulut infliger des amendes à tous ceux qui jouaient aux échecs, aux tables et dés. Mais ces ordonnances ne purent être mises à exécution, non plus que beaucoup d'autres de ce genre prétendant modifier les mœurs.

La vogue du jeu des échecs devrait faire revenir un peu sur l'opinion que l'on a des habitudes de la noblesse féodale. Ce jeu demande une certaine culture d'esprit et une habitude d'appliquer l'intelligence à des combinaisons suivies. Il n'était pas une dame, du XIIe au XVe siècle, qui ne sût jouer aux échecs et aux tables ; on n'en peut dire autant aujourd'hui.

Outre le jeu des tables, il y avait le *trémerel,* qui se jouait avec trois dés, et qui paraît être une variante du trictrac. Les jeux de hasard furent l'objet de défenses fréquentes. Parmi les bans publiés dans l'échevinage d'Hénin Liétard, au XIIIe siècle, il en est qui concernent ces jeux. Défenses sont faites aux taverniers de les tolérer chez eux : « En cui maison on aura jue as des, et en cui maison on aura jue au tremeriel, son le semont il est a LX s. de fourfait s'il en est convencus ; et son li met sus con nen ait verte lui quint len convenra desfendre. » A Douai, des mesures sont également prises contre ce jeu dans un ban intitulé : « Con ne suefre con just as des en son pourpris [114]. »

La *berlenc, bellens* ou *brelenc,* était la table sur laquelle on jouait aux dés :

« Lors fait aporter ses berlens
« Et les escuiers [115] por juer
« L'avoir dont se velt descombrer [116]. »

Dans l'inventaire de l'argenterie du roi dressé en 1353, on trouve cet article : « Pour 1 eschequier de bateure et de cristal, à perles dedens, garny des jeux de cristal et de marbre vermeil… »

En 1412, la plupart des pièces de l'échiquier avaient pris les noms qu'elles ont aujourd'hui. « Pour un roy, une royne, deux roz (tours) et six paonnez (pions) d'yvoire blanc ; pour un jeu d'eschez et un fol et plusieurs paonnez noirs [117]. »

Et dans une de ses ballades Charles d'Orléans parle ainsi :

« En ma Dame j'avoye mon secours,
« Plus qu'en autre, car souvent d'encombrier
« Me delivroit, quant venoit à son cours,
« Et en gardes faisoit mon jeu lier ;
« Je n'envoye Pion, ne Chevalier,
« Auffin ne Rocq qui peussent ma querelle
« Si bien aidier ; il y pert vrayement,
« Car j'ay perdu mon jeu entierement ;
« Se je ne fais une Dame nouvelle [118]. »

Dans le journal de la dépense du roi Jean en Angleterre, il est aussi question de jeux de tables (trictrac).

Un des corbeaux sculptés portant les poutres de la salle des mercenaires, dans le château de Pierrefonds, représente un gentilhomme et une dame jouant aux tables. Ces représentations sont fréquentes sur les vignettes de nos manuscrits des XIIIe, XIVe et XVe siècles.

Outre le jeu de tables, qui demande des combinaisons, les jeux de hasard étaient répandus dans toutes les classes de la société, malgré les édits royaux, les décrets des conciles, les excommunications. Le jeu des dés particulièrement était une occasion de pertes de sommes considérables chez les gentilshommes, souvent de querelles et de rixes.

Le trouvère Rutebeuf, au XIIIe siècle, parle ainsi des dés dans *li Diz de la griesche d'yver* [119] :

« Li dé qui li détier ont fet
« M'ont de ma robe tout desfet ;
« Li dé m'ocient,
« Li dé m'aguetent et espient,
« Li dé m'aissaillent et deffient,
« Ce poise moi. »

---

[107] *Huon de Bordeaux,* vers 7386 et suiv. (XIIIe siècle) (*les Anciens poètes de la France,* publ. sous la direct. de M. Guessard).

[108] *Li Romans de Raoul de Cambrai.*

[109] « Se divertir ».

[110] De la collect. Sauvageot, musée du Louvre.

[111] De Nemours.

[112] Joinville, *Hist. de saint Louis,* publ. par M. Natalis de Vailly, p. 143.

[113] Voyez l'extrait du *Roman d'Alexandre* de la biblioth. Bodléienne, publié dans les notes des *Chron. des ducs de Normandie,* t. II, p. 515 (*Coll. des docum. inédits de l'hist. de France*). Ce passage démontre qu'au XIIIe siècle, le jeu des échecs ne différait pas du nôtre.

[114] Cartul. L, f° XII. (Voyez *Recueil d'actes des XIIe et XIIIe siècles en langue rom. wallone du nord de la France,* publ. par Tailliar, 1849, Douai, p. 400).

[115] « Les échecs ».

[116] Gautier d'Arras, *li Romans de l'empereur Eracle.*

[117] Archives nationales (K. reg. 41, fol. 85 verso).

[118] *Poésies* de Charles d'Orléans (1re moitié du XVe siècle).

[119] Sur la rigueur de l'hiver.

Eustache Deschamps consacre une pièce de vers tout entière au jeu des dés et à ses conséquences funestes [120]. Avec cette verve qui caractérise ses poésies, il nous montre comment, une nuit, Coucy et plusieurs bons chevaliers et écuyers s'en allèrent, après souper :

« En un retrait où ilz trouverent
« Grant feu et belle table mise. »

Là on se met à jouer aux trois dés de Paris.

Le poète peint l'émotion des joueurs, traduit leurs propos, leurs blasphèmes quand ils perdent, leurs colères s'en prenant à tout et à tous. Tantôt c'est un fétu de paille qui est accusé d'avoir fait tourner la chance, tantôt l'éternument d'un des assistants, tantôt une chandelle qui charbonne. Son *dit* conclut ainsi :

« De jouer se fait bon tenir,
« Se ce n'est par esbatement
« Jusqu'à deux flourins seulement,
« Sanz convoitise et sanz jurer,
« Sanz mal et sans injurier,
« Car plus est homme saige et grant,
« Plus si meffait ; et si di tant,
« Que mains gentilz hommes très haulx
« Y ont perdu armes, chevaulx,
« Argent, honneur et seignourie,
« Dont c'estoit horrible folie,
« Quant estoient en une armée,
« Pour perdre une noble journée
« Pour ce qu'ilz n'avoient harnois. »

Un manuscrit de la Bibliothèque nationale [121] contient un autre *dit* sur le jeu des dés. C'est le diable en personne qui enseigne à l'homme à fabriquer les dés :

« — Frère, dit li mauvès, je me sui porpensez ;
« Tu feras une chose qui son nom sera DEZ ;
« Maint homme en iert encore honnis et vergendez ;
« Li un en iert pendu et li autre tuez.
« Tu feras cele chose de six costés quarrée,
« ....
« En la première coste tu feras un seul point... »

Et ainsi le diable fait mettre sur chaque face deux, trois, quatre, cinq et six points.

La table sur laquelle on jetait les dés — car il y avait plusieurs combinaisons de jeux de dés — s'appelait, comme on l'a vu plus haut à propos des échecs, le *bellens, bellan, brelan* :

« Li dé furent d'ivoire, de marbre li bellens [122]. »

Dans les camps, les chefs d'armée défendaient les jeux de dés, qui étaient souvent la cause de sanglants conflits ; mais l'habitude était plus forte, et ces défenses, sans cesse renouvelées, n'arrêtaient pas les joueurs.

Dans les *Grandes Chroniques* de Jehan le Bel, qui furent écrites vers le milieu du XIVe siècle, on lit ce passage : « Après disneiz grant hustin comencha entre les garchons des Hennewiers et des archiers d'Angleterre, qui entre eux astoient hebergies ensemble, a ocquison del jeu de deis, dont grans mals avient si come vos oreis. »

En effet, au bruit de la querelle, tous les archers qui étaient répandus dans la ville se réunirent armés, et blessèrent ou tuèrent plusieurs de ces garçons Hen-

nuyers, lesquels se retirèrent en leurs hôtels. Il fallut que leurs maîtres se missent de la partie, et trois cents archers restèrent sur le carreau [123].

Les recherches savantes faites sur le jeu des cartes par quelques auteurs du dernier siècle et de celui-ci ne permettent pas de faire remonter l'invention de ces cartes avant le XIVe siècle. Les documents les plus anciens qui les mentionnent datent de 1299. Il ressort assez clairement de l'ouvrage de M. Merlin, qui a su réunir sur la matière tous les documents connus, que les premières cartes, ou *naïbis,* avaient été fabriquées en Italie pour amuser et instruire en même temps les enfants, et qu'on eut l'idée plus tard de se servir de ces images sur petits cartons pour en composer des jeux de hasard et de combinaison propres à remplacer le jeu des dés [124]. Nous ne pouvons mieux faire que de citer ici l'auteur de cet excellent traité sur les jeux de cartes :

« Les cartes ne sont ni d'origine arabe, ni d'origine indienne. Rien n'autorise ces deux suppositions ; aucun monument, aucune citation d'écrivains de l'Orient ne vient les appuyer. Ces jeux sont, du reste, contraires au génie, aux mœurs et à la religion des Arabes [125]..... Les cartes sont une invention européenne, sans nul doute italienne. Voici ce qu'on peut supposer de plus vraisemblable sur leur origine.

« Au XIVe siècle, il y avait en Italie une suite de dessins, un album de cinquante pièces, très-propres à amuser les enfants par la variété des images, et à aider leur instruction en servant de sujets d'interrogation aux maîtres ou aux parents : c'était une nomenclature étendue des connaissances d'alors, un programme de questions, un aide-mémoire encyclopédique pour les yeux.

« Cette suite de dessins se nommait *naïbis ;* nous en avons la copie dans les gravures anonymes attribuées à tort ou à raison au peintre Mantegna.

« Vers la fin de ce même siècle, un esprit inventif, probablement un Vénitien, crut voir dans les *naïbis* des enfants les éléments d'un jeu nouveau propre à servir à l'âge mûr de récréation attachante..... — Pourquoi, se dit-il, n'imaginerait-on pas un jeu qui, sans exclure complètement les chances du hasard, n'y serait pas livré tout entier comme les dés, et qui, moins sérieux que les échecs, moins bruyant et plus portatif que le trictrac, exigerait, comme ces jeux, une attention soutenue, du calme et de la réflexion [126] ?... »

Cette explication paraît vraisemblable. Le fait est que les cartes, du jour qu'elles purent être fabriquées à l'aide de la gravure sur bois, et devinrent par conséquent très-communes, remplacèrent peu à peu le jeu des dés, et même ceux des tables et des échecs. Les cartes se prêtaient à des combinaisons variées à l'infini, et permettaient à un plus ou moins grand nombre de personnes de participer au jeu, tandis que l'on ne pouvait jouer aux tables ou aux échecs qu'à deux. La société élevée, aussi bien que les classes inférieures, s'en tinrent donc aux cartes ; le jeu des dés et du trémerel, qui passionnaient si fort nos aïeux [127], tombèrent en discrédit. A peine si à la fin du XVIe siècle on voyait quelques soudards recourir aux dés pendant les heures perdues et dans les mauvais lieux, où les jeux de hasard persistèrent fort tard.

Pendant les loisirs du jour, lorsque les dames, chevaliers et écuyers s'en allaient *aux vergers,* les hommes jouaient parfois aux boules et au *billart.* Ce jeu consistait à chasser au ras du sol des boules au moyen de crosses de bois. Il persista en Angleterre, en Écosse, et paraît avoir été remplacé en France, vers le XVIᵉ siècle, par le *mail :*

« Item, et je adjoinctz à la grosse [128]
« Celle de la rue Saint-Anthoine,
« Et un billart de quoy on crosse [129]. »

Des groupes aimant les plaisirs plus tranquilles causaient pendant que les dames tressaient des chapels (couronnes) de fleurs qu'elles offraient à leurs ami **(fig. 2** [130]**)**. Ces sujets sont répétés très-fréquemment sur les ivoires, sur les coffrets, sur les menus objets de toilette des XIIIᵉ et XIVᵉ siècles ; ce qui permet de supposer que la façon des chapels de fleurs était un des passe-temps favoris des dames et damoiselles [131].

Les chevauchées *à deux* étaient encore un des plaisirs auxquels se livraient le plus habituellement les jeunes gens des deux sexes. On avait des selles disposées exprès pour ces promenades, et pendant le XVᵉ siècle encore les femmes, montant en croupe, enfourchaient la selle, ainsi que cela se pratique dans les campagnes de la Normandie et de la Bretagne. La **figure 3** est copiée sur la vignette d'un manuscrit de cette époque [132]. Le jeune homme est vêtu d'un corset brodé d'or, avec collet et manches bleu de roi. Il porte des garde-cuisses d'étoffe d'or, et ses jambes sont armées de grèves. Son bonnet est rouge. La jeune femme est coiffée d'un escoffion d'or avec barbette blanche. Sa robe est gorge de pigeon. Les harnais du cheval sont rouge et or.

Certains jeux, ou plutôt exercices profanes, étaient permis aux ecclésiastiques, aux chanoines des cathédrales, pendant les fêtes de Noël et de Pâques. Ces exercices consistaient en une danse et jeu de balle, suivis d'un banquet. Ces divertissements, appelés *pila, pilota* et *bergeretta,* furent particulièrement usités dans l'église cathédrale d'Auxerre, d'où ils ne disparurent que vers le milieu du XVIᵉ siècle (1538) [133]. Cet usage paraît remonter aux premiers temps du christianisme. Jean Beleth, qui vivait au XIIᵉ siècle, dit que les évêques et archevêques ne dédaignaient

pas de participer au jeu de la balle et aux danses auxquels se livraient leurs clercs. Guillaume Durand décrit ainsi ces fêtes [134] : « En certains endroits encore, en ce jour (de Pâques) et dans d'autres, le jour de Noël, les prélats se divertissent avec leurs clercs, soit dans les cloîtres, soit dans les maisons épiscopales, et vont jusqu'à jouer à la paume, et même à former des chœurs de danse et à se livrer aux chants que l'on appelle *liberté de décembre* [135], parce qu'anciennement, chez les Gentils, en ce mois des esclaves, les bergers et les servantes jouissaient d'une certaine liberté, exerçaient le pouvoir avec leurs maîtres, festoyaient avec eux, et se livraient aux festins après la rentrée des moissons. Cependant il vaut mieux s'abstenir de semblables fêtes. » Malgré le conseil de l'évêque de Mende, l'usage persista longtemps dans plusieurs églises cathédrales. Chaque nouveau chanoine devait, ce jour-là, offrir une grosse balle ou ballon à la compagnie [136]. Les chanoines commençaient alors une ronde accompagnée de chants et se renvoyaient la balle en dansant. Le ballon était donné par le nouvel élu au doyen, lequel, ayant *enfourmé* son aumusse pour ne point être embarrassé dans ses mouvements, appuyait la balle contre sa poitrine, et, donnant la main à un chanoine, commençait un branle suivi par tous les autres membres du chapitre ; on entonnait la prose *Victimæ paschali laudes.* Alors le doyen, ou même l'évêque, se plaçait au milieu de la ronde, et il envoyait la pelote à chacun des danseurs,

2

[120] *Le Dit du gieu des dez* (XIVᵉ siècle).

[121] Anc. suppl. français, n° 1122. Ce *dit* a été publié dans le recueil de M. A. Jubinal, faisant suite à Legrand d'Aussy, Barbazan et Méon, 1842.

[122] *Du jeu de dez* (*Ditz des* XIIIᵉ, XIVᵉ *et* XVᵉ *siècles,* recueillis par A. Jubinal, t. II, p. 22).

[123] Voyez les *Vrayes Chroniques de Jehan le Bel,* publ. par M. Polain.

[124] Voyez, à ce sujet, l'excellent ouvrage que vient de publier M. Merlin sur l'*Origine des cartes à jouer.* Paris, 1870.

[125] Ce passage est une sorte de conclusion des preuves accumulées par M. Merlin à l'appui de son opinion.

[126] Page 57.

[127] Le *trémerel,* jeu de hasard à trois dés, ainsi que nous l'avons dit plus haut, fut l'objet de défenses spéciales, et paraît avoir été en vogue particulièrement dans les tavernes et les lieux de débauche :

« Valentiers alez au bordel,
« Et où l'en jeu au tremerel,
« Et gaigniez mult à envis ;
« Por ce estes-vous trop chétis. »

Les Gens d'aventures. (A. Jubinal, *Jongleurs et trouvères des* XIIIᵉ *et* XIVᵉ *siècles.* 1 vol., Paris, 1835.)

[128] « Au contrat ».

[129] *Petit Testament* de Villon, st. XXIX.

[130] Boîte à miroir à deux faces, du commencement du XIVᵉ siècle, au musée du Louvre.

[131] Voyez, dans la partie des VÊTEMENTS, l'article CHAPEAU.

[132] Manuscr. Biblioth. nationale, missel latin (1450 environ).

[133] Voyez, à ce sujet, la notice que M. Ch. Barthélemy a introduite dans sa traduction du *Rationale* de Guillaume Durand, t. IV, p. 447.

[134] *Rationale divin. off.,* lib. VI, cap. LXXXVI, 9.

[135] En souvenir des Saturnales.

[136] Cette balle était assez grosse pour qu'on ne pût la tenir d'une seule main.

qui la lui renvoyait. Après ce divertissement, on se mettait à table jusqu'à l'heure de vêpres.

Il nous reste à dire quelques mots des jeux d'enfants. Les choses, à cet égard, ont peu changé, et les jeux des enfants, pendant la durée du moyen âge, étaient ce que sont ceux de notre temps, c'est-à-dire qu'ils n'étaient qu'un diminutif des occupations des grandes personnes. La poupée pour les filles, les petites armes pour les garçons, les chevaux de bois, faisaient le fond de ces divertissements de l'enfance. Le manuscrit de Herrade de Landsberg [136] nous montre deux très-jeunes gens qui jouent aux marionnettes **(fig. 4)**. Ces marionnettes sont deux chevaliers suspendus à des cordes qui les traversent par le ventre. Le plomb qui chargeait leurs jambes, probablement, les empêchait de basculer. En faisant aller et venir ces cordes, on simulait une sorte d'escrime. Les marionnettes sont vêtues comme les hommes d'armes de ce temps

(XIIᵉ siècle). Elles sont couvertes du heaume conique à nasal, de la cotte de mailles courte, du long écu, et armées d'épées.

Les petits moulins tournant au vent, les animaux de terre cuite pouvant servir de sifflets, les poupées, les vessies remplies de pois, etc., étaient les jeux de la première enfance ; puis venaient les exercices, l'escarpolette, le tape-cul, les échasses **(fig. 5** [137]**)**, les billes, les barres, la pelote ; puis, plus tard encore, l'escrime, l'équitation, les joutes, les bagues, les simulacres de chasses, de combats, qui parfois devenaient sérieux, ainsi que nous le prouve l'histoire des premières années de du Guesclin. Les traditions passées d'une génération d'enfants à celle qui la suit ne se perdent pas, et les jeux encore usités aujourd'hui, tels que ceux du berger et du loup, du chat perché, des quatre coins, des barres, etc., remontent bien haut dans notre histoire et se perpétueront longtemps probablement.

5

3

4.

[137] Biblioth. de Strasbourg (XIIᵉ siècle). Ce manuscrit a été détruit par l'armée allemande. [Il en reste des copies de la plupart des passages, réalisées devant l'incendie de la Bibliothèque de Strasbourg en 1870 — NDE].

[138] Manuscr. Biblioth. nationale, *Hist. du saint Graal jusqu'à l'empire de Néron*. Dans les entourages (fin du XIIIᵉ siècle).

CHASSE. Il est entendu que nous ne nous occupons de cet exercice favori de la noblesse féodale qu'au point de vue de l'habillement, des armes, des engins et des usages adoptés par les chasseurs. Nous ne prétendons pas faire un traité historique sur la matière, ce qui nous entraînerait en dehors des limites de cet ouvrage.

Beaucoup de sarcophages chrétiens des premiers siècles figurent en bas-reliefs, sur leur paroi antérieure, des sujets de chasse, à l'imitation d'un usage adopté pendant l'empire païen. Cette habitude persista même assez tard pendant le moyen âge, principalement dans les provinces du Midi et de l'Ouest. On sait le goût des Mérovingiens pour la chasse ; c'était leur passe-temps favori. Nous ne possédons pas toutefois de renseignements précis sur les vêtements et armes que les chefs francs portaient lorsqu'ils se livraient à cet exercice, et si ces armes et vêtements avaient une forme spéciale. Pour les armes, les Mérovingiens se servaient de la javeline, de l'épieu, sorte de lance courte et forte, et de l'arc. Quant à la chasse au panneau, au collet, à la fosse, à la haie, on peut en faire remonter l'origine dans les Gaules, comme dans toutes les contrées couvertes de forêts, à la plus haute antiquité.

La chasse à courre a toujours été le privilège des classes élevées, puisque, pour la suivre, il est besoin de chevaux, de valets, de chiens et de tout un attirail d'un entretien dispendieux. La féodalité s'arrogea le droit de chasse, et le maintint, mieux que tout autre, jusqu'à la fin du dernier siècle.

La chasse au vol, qui persista parmi la petite noblesse de province jusque sous le règne de Louis XV, bien qu'elle ne fût plus guère en usage chez les grands seigneurs, remonte, en France, à une époque assez reculée. Ce genre de chasse, fort goûté chez les Orientaux, dut être introduit en France lorsque l'Occident se mit en communication fréquente avec l'empire d'Orient. Il paraît avoir été connu dans la Germanie dès le IVe siècle. Nous en trouvons la trace évidente chez nous, sur des monuments, dès le XIe siècle.

La tapisserie de Bayeux nous montre Guillaume et Harold chevauchant l'oiseau sur le poing.

Nous parlerons d'abord de l'*adoubement,* des armes et engins des chasseurs à courre. Un des monuments les plus anciens du moyen âge, représentant des veneurs à courre vêtus d'une manière spéciale, est le tympan de la porte de Saint-Ursin à Bourges (1140 environ). Ce bas-relief montre des veneurs à cheval et à pied, forçant un cerf et un sanglier. Hommes de pied et de cheval sont vêtus de la même manière, savoir : d'une cotte ne descendant qu'au-dessus des genoux, avec ceinture, manches justes et camail **(fig. 1)** serré au cou. Un seul de ces veneurs porte un capuchon, tous les autres ont la tête nue. Les jambes, des genoux aux chevilles, sont couvertes de jambières qui paraissent être faites de cordelettes cousues ou de peau piquée. Une corne de petite dimension pend sur la hanche. Tous sont armés de l'épieu, consistant en un bâton de quatre à cinq pieds, avec renfort au-dessous du fer, forgé en forme de feuille de sauge. Sur le linteau de la porte principale de l'abbaye de Vézelay sont représentés des personnages apportant les produits de la pèche et de la chasse. Des veneurs

sont armés d'épieux dont le fer est façonné ainsi que l'indique la **figure 2**. Dans les bas-reliefs de l'antiquité gallo-romaine, qui représentent des chasses, les veneurs sont généralement tête nue. Les jambières étaient évidemment destinées, que les veneurs fussent à pied ou à cheval, à les préserver contre l'atteinte des broussailles ou le froissement des troncs d'arbres.

Des vignettes du XIIIe siècle nous montrent des seigneurs chassant à courre, dont le vêtement ne présente aucune particularité remarquable, sinon que le camail est garni d'un capuchon et que la corne est suspendue à leur côté.

Le plus ancien des traités écrits sur la chasse en français, est le *Livre du roy Modus et de la royne Racio.* L'auteur inconnu de ce traité vivait au commencement du XIVe siècle. Les détails étendus qu'il donne sur les différents genres de chasses prouvent que, depuis cette époque, les règles et usages touchant la matière n'ont pas été modifiés, ou plutôt qu'on n'a fait autre chose, depuis lors, que de se conformer à ces usages et lois.

Malheureusement le *Livre du roy Modus* ne nous dit rien des vêtements adoptés par les chasseurs de son temps. En revanche, il donne la manière de *prendre à force,* c'est-à-dire de forcer ce qu'il appelle les *cinq bestes rouges,* qui sont : les cerfs, les biches, le daim, le chevreuil et le lièvre ; de forcer les *cinq bestes noires,* qui sont : le sanglier, la truie, le loup, le renard et la loutre. Après quoi il donne les méthodes à employer pour prendre *au filet à buissonner :* les cerfs, les biches et chevreuils, les bêtes noires, telles que le loup et le sanglier ; au filet ou à la haie, les renards et les lièvres. L'auteur décrit les arcs de chasse, et ce chapitre est d'un grand intérêt. Il dit que la corde doit être faite de soie verte (écrue), pour trois raisons. La première, que la soie est plus forte que nulle autre matière ; la seconde, qu'elle est si « singlant, qu'elle envoye une sayette (flèche) ou bougon plus loing ». La troisième, qu'elle permet de faire la corde aussi « gresle comme on veult ». Il recommande à l'archer : 1° De poser sa flèche de façon que les pennons portent à plat contre l'arc, car, si un des pennons vient à frotter le bois en partant, le projectile dévie ; 2° de « traire à trois dois, et doit-on tenir la coche de la sayette entre le doit qui est emprez le paulz (le pouce), et l'autre doit d'emprez » ; 3° de veiller à ce que, si le fer est léger, les pennons soient courts et peu saillants ; s'il est lourd, les pennons soient plus hauts et plus longs ; 4° de faire en sorte que « le barbel » (les ailes) du fer soit dans la direction de l'encoche de la flèche ; 5° de donner à la flèche dix « poignés » (0m,80) de long « depuis la coche de la sayette jusques aux barbeaux du fer d'icelle ; 6° de donner à l'arc en droite mesure, entre la coche du bout d'en haut jusques à celle du bout en bas, vingt deux poignés estroitement » (au moins 1m,76) ; 7° de tendre l'arc en laissant, de flèche, entre la corde et le bois, « plaine paume, et deux dois eschardement » (au moins (0m,16).

Pour tirer, l'archer tient l'arc devant son visage, la main droite à la corde, les épaules serrées ; il allonge ses bras ensemble doucement ; son arc doit être si aisé et si doux, qu'il puisse, une fois bandé, le tenir longuement et viser en suivant la bête. Le fer de la flèche touchera le bois, et la corde sera tirée droit à l'oreille droite. Avant de lâcher la corde, l'archer essaye sa main, c'est-à-dire qu'il fait aller et venir une ou deux fois le fût de la flèche le long de l'arc, pour bien assurer la direction.

Il n'est pas question de l'arbalète dans le *Livre du roy Modus*. Cette arme ne paraît avoir été adoptée par les chasseurs que plus tard, vers la seconde moitié du XIVᵉ siècle. Les gentilshommes qui chassaient à courre la bête noire pendant la période carlovingienne, et jusqu'au XIIIᵉ siècle, portaient l'épieu, l'épée et le cor. Il existe un beau récit d'une chasse au sanglier dans le *Roman de Garin le Loherain* [139]. Ce récit est pour nous d'un grand intérêt ; il nous fait connaître bon nombre d'usages de chasse et l'importance que la noblesse attachait alors à ce privilège.

Les gentilshommes partent de bon matin, vêtus de la cotte de chasse, chaussés de houseaux avec éperons d'or, le cor pendu au cou, l'épieu au poing, accompagnés d'une mente de dix chiens :

« Or va li dus [140] en la forest chascier ;
« Li chien avant se prinrent à noisier,
« Quant il commencent ces raimes à brisier,
« Treuvent les routes dou pors qui a fumé [141].
« Li dus demande Brochart son liemier,
« Par devant lui li amaine uns brenier [142]. »

Le duc le caresse, lui passe la main sur les côtes et les oreilles « por miens encouragier ». Le limier fait la trace et conduit les chasseurs près d'une source entre des troncs de chênes déracinés :

« Là se gisoit (le sanglier) par son cors refrodier. »

Quand la bête entend les chiens, elle se dresse, sort de sa bauge, tourne autour et découd le limier d'un coup de boutoir. Le duc Bègues, qui pour 1000 marcs d'or n'eût pas voulu perdre son chien, s'avance l'épieu levé ; mais le sanglier ne l'attend pas et fuit. Plus de dix chevaliers descendent de cheval pour mesurer les ongles de ses pieds :

« Dist l'uns à l'autre : « — Véez quel aversier [143]
« Jamais par autre n'ert cis sangles changiés ;
« Fors a les dens de la goule plain pié [144]. »
« Il remontent ens aus auferans destriers,
« Les cors as bouches por le porc achascier. »

La bête se dirige sur Gaudimont ; c'est le fourré où elle fut nourrie :

« Là but de l'iave et se coucha en mi. »

Mais la meute ne lui laisse pas de répit. Alors le sanglier sort du bois, et court en plaine quinze grandes lieues droit devant lui, sans retours. Les veneurs perdent la trace, la plupart ne peuvent suivre. Vers la neuvième heure du jour, « à ploviner se prist [145] ». Chacun s'en retourne à Valenciennes. Le duc seul poursuit la bête. Il prend dans son manteau deux de ses chiens, afin de les avoir frais, et les met à terre dans un taillis où le sanglier s'est enfin arrêté. Les chiens le harcèlent ; la meute, attirée par leurs cris, entoure la bête noire acculée :

« Li pors les voit, s'a los sorcis levés,
« Les iex roelle, si rebiffe du nés,
« Fet une hure, si s'est vers eus tornés ;
« Trestous les a ocis et afolés.
« Begues le voit à pou n'est forcenés ;
« Moult durement escria le sanglé :
« — Hé, fis de truie, com'tu mas bui pené !
« Et de mes hommes m'as-tu bien deseuré !
« Las ! je ne sai quel part il sunt torné. »
« Li dus l'escrie, li pors l'a escouté,
« Les iex roelle, si a froncié du nés,
« Plus tost li vient que quarriaus enpannés.
« Begues l'attent que l'a petit douté,
« En droit le cuer li a l'espié branlé,
« Outre le dos li a le fer passé.
« Hors de la plaie ist dou sanc a planté,
« Et li troi chien en laperent assés,
« Tant que il sunt do lor soif respassés.
« De lez le porc se cuichent lez à lez. »

[139] *Li Romans de Garin le Loherain* (fin du XIIᵉ siècle), troisième chanson.

[140] Bègues de Belin.

[141] Les traces du sanglier qui *a vermillé*, c'est-à-dire qui a remué la terre pour en tirer des racines et des vers.

[142] Valet de chiens.

[143] « Quel démon ».

[144] « Les dents lui sortent de la bouche d'un bon pied de long ».

[145] « Tomber de la pluie fine ».

Mais la nuit se fait : le duc ne voit à l'entour ni bourg, ni cité, ni château, ni village, ni âme qui vive ; près de lui seulement son cheval Baucent qui l'a porté. A la façon des héros d'Homère, il lui adresse la parole : « Baucent », lui dit-il, « je te dois bien aimer, de mainte fatigue tu as préservé mon corps ; si j'avais de l'avoine ou du blé, je t'en donnerais volontiers. Si je trouve un gîte, tu seras bien traité. » Le duc s'assied, prend son cor et en sonne à deux reprises pour appeler son monde. Mais, dit le poète : « A quoi penses-tu, duc ? cela ne vaut rien. Ceux que tu appelles, jamais ne les reverras. » Il allume du feu [146]. Le garde forestier entend le son du cor ; il voit de loin le duc Bègues, mais n'ose approcher. Il le voit en si bel arroi ! chaussé d'éperons d'or fin, le cor à neuf viroles d'or à son cou ; entre ses mains un bel épieu, devant lui son destrier qui hennit et frappe la terre du pied ! Il court tout droit au château du comte Fromont pour le prévenir. Celui-ci est à table ; le garde ne le peut approcher, mais il s'adresse au sénéchal, et lui conte ce qu'il a vu au bois. « S'il vous plait, sire », lui dit-il, « donnez-moi de bons compagnons ; messire aura le cor d'ivoire et vous le destrier. » — « Si tu fais cette besogne », reprend le sénéchal, « tu n'y perdras rien ! » Il lui donne six de ses hommes : « Allez avec ce forestier », leur dit-il, et si vous trouvez un homme qui ait forfait de rien, tuez-le, je vous le commande, et réponds de tout. »

Le duc était toujours assis sous un tremble, un de ses pieds sur le sanglier ; d'autre part les chiens.

« Par mon chef », dit l'un des compagnons, « c'est un de ces larrons coutumiers de sangliers prendre et de chasser en forêt ; s'il nous échappe, nous sommes bien sots. » Ils l'entourent :

« Es-tu venerres [147], qui desor le tronc siés ?
« De porc ocire qui te donna congié ?
« La forest est à quinze parsonniers [148] ;
« N'i chasse nus sé il n'a d'aus congié.
« La signorie en est Fromont le viel,
« Esta tous cois, nous t'irons mès loier
« Tout droit à Lens le remenrons arrier. »

« Seigneurs », répond Bègues, « excusez-moi par Dieu ; traitez-moi honorablement, car je suis chevalier. Si j'ai forfait envers Fromont le viel, je lui en ferai droit de plein gré. Le duc Garin répondra de moi ; le roi de France est mon fils et Auberi mon neveu. » Puis après une pause : « Mais je serais un homme sans cœur si je me rendais à sept pautonniers ; avant que je meure, je vendrai cher ma vie… Ce matin, quand j'ai attaqué ce sanglier, j'avais avec moi trente-six chevaliers, maîtres veneurs, sages et habiles. Il n'est pas un parmi eux qui ne tienne fief de moi, ou bourg, ou ville, ou donjon. Il est arrivé ce qui n'arriva jamais : cette bête nous a fait courir quinze lieues. » — « Bah ! » dit l'un des compagnons, « il cherche à s'excuser ! Allez avant, mes amis ! couplez les chiens pour les maintenir. »

Le forestier s'approche du duc et veut prendre son cor. D'un coup de poing Bègues l'étend mort à ses pieds.

« Puis li a dit : — Moult feites que fol ;
« A col de conte ne peurez jamais cor. »

Voyant cela, le plus hardi de la bande encourage sés compagnons : « S'il nous échappe, nous serons hon-

nis, le comte Fromont ne nous voudra voir, et nous n'oserons jamais retourner à Lens. » Tous assaillent le duc. Celui-ci en tue trois à coups d'épieu ; les autres ne veulent plus en tâter et se sauvent. Mais dans le bois ils rencontrent un sergent à pied, parent du forestier.

« Arc d'aubour porte et sajetes d'acier. »

« Viens », lui disent-ils, « ton oncle est mort, un brenier [149] l'a tué devant nous. Pense à le venger ! » Courroucé, le sergent se dirige vers Bègues :

« Met en la corde un grant quarrel d'acier,
« Le conte avise et maintenant le fiert.
« De la sajete li mist el cors plain pié,
« La maistre veine del cuer li a tranchié.
« Li quens s'abaisse et sa vertu li chiet ;
« Fors de ses poins li chaï son espié. »

Les trois manants se ruent sur le corps du duc pour l'achever ; ils le dépouillent, emmènent le cheval et placent le sanglier sur un roussin ; mais les chiens ne veulent les suivre :

« Seul ont Begon en la forêt laissié ;
« Et jouste li revindrent li troi chien,
« Hulent et braient com fuissent enragié. »

[146] « Prent son fusil (briquet), s'a le feu alumé. »

[147] Veneur.

[148] Copossesseurs.

[149] Un valet.

en manière de petit chaperon. Toute la *cuirie* de la selle est noire, les harnais rouge et or. De longs chasse-mouches barbelés pendent à la croupière et sont retenus par des bossettes dorées. L'extrémité de la croupière enveloppe la racine de la queue. Les souliers du cavalier sont ronds au bout, et renforcés sur ce point pour éviter les froissements du pied contre les arbres.

L'escoffle était habituellement fourrée de peau de loutre. S'il pleuvait, le veneur pouvait, à la place du bonnet, mettre le chaperon : il se trouvait ainsi parfaitement couvert, ne laissant à l'air que son visage. Ce cavalier n'a pas sa corne pendue à son côté ; il dirige les varlets de limiers pour trouver la piste. Voici, **figure 4**, un de ces varlets de limiers [152]. Il est complètement vêtu de vert, sauf les guêtres-bottes, qui sont faites de cuir fauve et lacées de l'orteil au gras de la jambe en passant sur le cou-de-pied. La guige, à laquelle son cor est appendu, est noire avec clous d'argent. La tête est couverte du chaperon, dont la queue forme turban pour ne pas s'accrocher dans les broussailles. Les varlets de limiers, devant chercher les traces, étaient vêtus de vert, afin de mieux se dissimuler à la vue des grandes bêtes en passant dans les fourrés. La **figure 5** montre un varlet de chiens. Il est de même vêtu de vert, porte des brodequins et une ceinture basse avec escarcelle garnie de son couteau [153], le cor suspendu à la guige de cuir noir.

Le veneur (**fig. 6**) est à cheval ; il a *enfourmé* le chaperon, dont la queue forme turban. Il est, comme le précédent, vêtu de l'escoffle à manches très-amples : il fait le bois ; son vêtement est complètement vert, sauf les bottes, qui sont noires. Les harnais des montures de ces veneurs à cheval sont garnis de longues lanières tombantes, afin d'éloigner les mouches, si nombreuses sous les futaies.

La suite du récit est remarquablement belle ; mais ce serait sortir de notre sujet de l'analyser. Nous n'ajouterons qu'un trait. Lorsqu'on apporte le corps du duc Bègues dans le palais de Fromont, on le couche sur la table à manger ; les trois chiens n'ont pas voulu quitter les restes de leur maître, ils hurlent autour de ce corps et lèchent ses plaies. Tous les gens du château sont là, qui, en voyant ce beau visage, ne peuvent croire que le mort ne soit de noble lignage :

« Gentis hons fu, moult l'amoient si chien ! »

Plusieurs faits intéressants ressortent de la lecture de ce poème. Indépendamment des détails concernant la chasse, on voit que les bois étaient soigneusement gardés, et ce qu'on appelle le braconnage aujourd'hui rigoureusement puni ; que ces droits de chasse pouvaient appartenir à plusieurs gentilshommes dans une même forêt ; qu'indépendamment des forestiers, des archers à pied étaient préposés à la garde des chasses.

Les monuments figurés ne donnent pas aux chasseurs des vêtements spéciaux avant le XIVᵉ siècle. Il faut arriver à cette date pour trouver des documents certains à cet égard. Le plus beau spécimen en ce genre est le *Livre de chasse* de Gaston Phœbus [150]. Ce manuscrit, enrichi de charmantes miniatures, donne sur l'art de la vénerie des détails précieux, aussi bien que sur les usages et vêtements des veneurs à cette époque. La **figure 3** montre un veneur à cheval. Il est vêtu de chausses collantes bleues, avec souliers de cuir. La cotte de dessous, à manches justes, est également bleue. Par dessus, le chasseur a endossé l'escoffle de drap pourpre [151], serrée à la taille par une ceinture noire à laquelle pend une escarcelle noir et or. Un chaperon recouvre les épaules et est de même couleur que l'escoffle. La pointe du chaperon est pincée dans la ceinture, afin qu'elle ne puisse s'embarrasser dans les branches d'arbres. Sur le cou est un collet de fourrure noire, et sur la tête un bonnet vert,

L'escoffle du veneur (**fig. 6**) est fendue latéralement, devant et derrière, pour ne point gêner le cavalier ; elle est serrée à la taille par une ceinture de cuir. Les manches, doublées de fourrure de loutre, peuvent couvrir les mains en temps de pluie. Ce veneur guide les varlets qui font le bois ; il n'a pas de corne, et porte un bâton qui lui sert à écarter les branches dans les fourrés ; ses mains sont gantées. Alors l'arbalète était employée pour tirer les *bêtes noires*, c'est-à-dire les sangliers et les loups. Cette arbalète ne différait pas des arbalètes de guerre, si ce n'est qu'elles étaient plus légères [154]. Pour la bander, le chasseur portait un crochet suspendu à une ceinture basse à laquelle était attachée la trousse contenant les carreaux ou viretons, et une épée (**fig. 7**). Cette épée n'était pas inutile, si la bête, blessée seulement, venait sur le chasseur.

Notre figure montre l'arbalétrier tirant [155]. Il est vêtu d'une surcotte à manches larges serrées aux poignets, bombée sur la poitrine, suivant la mode du temps, et serrée à la taille. A la hauteur des hanches est une seconde ceinture faite de cuir piqué, qui retient sur la cuisse droite la trousse contenant les carreaux, sur la cuisse gauche une épée longue, et devant, un bout de cuir auquel est solidement fixé par une bielle un long crochet de fer. Lorsque le chasseur voulait bander son arbalète (**fig. 8**), il passait un pied dans l'étrier de fer fixé à l'extrémité de l'arme, ayant retourné celle-ci, la noix de son côté. Il passait la corde de l'arc d'acier dans le crochet suspendu à sa ceinture, en le maintenant de la main droite ; puis, allongeant la jambe engagée dans l'étrier et redressant le corps, il amenait la corde sur l'arrêt de la noix. La trousse aux carreaux se composait d'une boîte carrée ou cylindrique de cuir bouilli et sans fond. Une peau souple percée de trous fermait seulement le dessus de cette enveloppe. Les fers des carreaux de chasse étant barbelés, on les entrait par-dessous, les pennes en bas, libres. La barbelure de ces fers les empêchait de tomber en repassant par les mêmes trous. Le chasseur prenait donc chaque carreau par son fer ; les pennes, flexibles, passaient par les trous sans se froisser. La **figure 8** montre le chasseur à l'arbalète vêtu de l'escoffle par-dessus la cotte. Les manches très-larges de ce vêtement de dessus sont doublées de peau de loutre. Elles pouvaient être retroussées complètement sur l'épaule, afin de ne pas gêner les mouvements du bras. Si le temps était mauvais, ces manches enveloppaient entièrement les bras et même les mains. Pour marcher dans le bois, le chasseur fixait l'extrémité du crochet dans la ceinture. Quelquefois la trousse aux carreaux était munie d'un morceau de peau qui permettait de couvrir les fers.

La **figure 9** donne un de ces carreaux d'arbalète de chasse [156] muni de deux pennes seulement, tandis que les flèches d'archer en possédaient trois. Les chasseurs à l'arbalète se servaient aussi de carreaux terminés par un fer en forme de croissant, afin de couper les jarrets des bêtes et de les pouvoir prendre vivantes. On chassait la bête noire avec l'arbalète aussi bien à pied qu'à cheval, et, dans ce dernier cas, la corde de l'arc était bandée au moyen du *pied-de-biche* [157].

Pour tirer le lièvre, les carreaux d'arbalète étaient terminés par un cylindre de bois ferré (**fig. 9** *bis*). Ainsi

[150] Biblioth. nationale, français, *Des deduiz de la chasse des bestes sauvaiges et des oyseaux de proye.* Gaston, comte de Foix, surnommé Phœbus, à cause de sa blonde chevelure, était né en 1331 et mourut en 1391. Le manuscrit dont il est ici question appartient aux dernières années du règne de Charles V.

[151] Voyez ce mot dans la partie des VÊTEMENTS.

[152] « Cy après devise comment on doit mener en queste son varlet pour aprendre à cognoistre le grant cerf par le pié. »

[153] « Cy devise comment un doit mener les chiens à faire la suyte. »

[154] Voyez, dans la partie des ARMES, le mot ARBALÈTE.

[155] Le *Livre de chasse* de Gaston Phœbus, manuscr. Biblioth. nationale, fin du XIVᵉ siècle.

[(BNF-Ms.f.616) — NDE]

[156] Même manuscrit.

[157] Voyez ARBALÈTE, partie des ARMES.

le chasseur étourdissait l'animal sans gâter sa fourrure et sans répandre son sang. On considérait ce gibier comme d'autant meilleur qu'il n'était pas saigné.

Tous les veneurs représentés dans le manuscrit de Gaston Phœbus sont vêtus à peu près de même, c'est-à-dire qu'ils portent généralement l'escoffle ample comme vêtement de dessus. Cependant, vers la même époque, les chasseurs sont souvent figurés habillés de vêtements justes. Alors la vénerie de chaque seigneur tenait à porter un vêtement de chasse spécial, une sorte d'uniforme.

Le *Trésor de vénerie,* composé en 1394 par messire Hardoin de Fontaines Guérin [158], nous montre tous les veneurs vêtus de la même manière : d'un surcot juste avec manches rembourrées à l'arrière-bras ; taille très-serrée, plastron bombé à la hauteur de l'estomac ; chausses justes, et bottes molles à grands revers pour préserver le bas des cuisses du frottement de la selle.

Ces veneurs **(fig. 10)** sont tous représentés la tête nue. Il semble qu'ils ne missent le chaperon que pendant le mauvais temps. Dans le *Livre de chasse* de Gaston Phœbus, on voit également des veneurs courant à cheval tête nue. Sous bois, par le beau temps, cette habitude était justifiée.

Notre veneur, outre la corne pendue à son côté droit, porte l'escarcelle avec le couteau, et l'épée attachée à la ceinture très-serrée à la taille.

Ces cornes de chasse ne pouvaient guère donner qu'un son, et les *cornures* différaient par l'étendue et la disposition des *mots* brefs ou longs. La réunion de plusieurs *mots* s'appelait alors (à la fin du XIVe siècle) *alenée :*

« Et si vous plaist l'eauve corner [159],
« Un lonc mot, et puis quatre après
« Doubles-de-chasse près à près,
« Et tout autant d'une autre alaine
« Dont cy véés figure plaine [160]. »

Voici en effet **(fig. 11)** comment l'auteur note la cornure de l'eau :

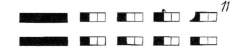

Ces sonneries n'indiquent évidemment que des sons brefs et longs, semi-brefs, ou longs doubles [161].

Les varlets de chiens, ou *braconniers* [162]…

« Mais là le sage braconnier
« Doit savoir, com bon costumier,
« S'il a chien qui se pregne garde
« Du change et celuy ayure et garde [163]… »

sont vêtus à peu près de même que les veneurs, si ce n'est qu'ils portent, à la place des bottes molles, des houseaux ou basses chausses de cuir lacées ; ils sont armés de l'épieu **(fig. 12)**, et à leur côté pend un barillet.

Le traité de Gaston Phœbus distingue plusieurs espèces de chiens de chasse et leur consacre un chapitre tout entier dont nous croyons utile d'extraire quelques passages. Ce chapitre a pour titre : « *Cy devise des alans et de toute leur nature.* — Alans est une nature et maniere de chiens, et les uns sont que on appelle alanz gentilz, les autres sont que on appelle alans veautres. Les autres sont alans de boucherie. Les alans gentilz si doyvent estre faiz et tailliés droitement comme un levrier de toutes choses, fors que la teste qui doit estre grosse et courte, et combien qu'il en y ait de chascun poil, le droit poil de bon alan et qui est plus commun si doit estre blanc avec aucune tache noire environ l'oreille. Les oyeulz bien petiz et blans et les narines blanches, les oreilles droites et agusiées et aussi les y a faite l'en [164]. Alan faut mielx acoutumer que nulle autre beste, car il est miels taillé et plus fort pour faire mal que nulle autre beste. Et aussi les alanz sont voulentiers estourdiz de leur nature, et n'ont mie si bon sens comme moult autres chiens ont ; car si on cuert un cheval, ils le prennent (suivent) volentiers et vont aux buefs ou brebiz ou pourciaux ou autre bestail, ou aux gens, ou autres chiens. Car j'ay veu alan qui tuoit son maistre. Et en toutes guises alan sont mal gracieux et mal entechiez [165], et plus foulz et estourdiz que autre maniere de chiens. Et onques je n'en vis trois bien entechiez et bien bons, car bon alan doit courir sitot

12

comme un levrier, et ce à quoy il ataint il y doit metre la dent et ce doit estre sans lessier ; car un alan de sa nature tient plus fort sa morsure que ne feroient trois levriers les meilleurs qu'on puisse trouver. Et pour ce est le meilleur chien qu'on puisse tenir pour prendre toute beste et tenir fort...... Bon alan doit amer son maistre et suivre, et li aider en touz cas et faire ce que li commandera quelque chose que ce soit...... L'autre nature d'alans veautres si sont onques tailliez comme laide taille de levriers, mais ils ont grosses testes, grosses levres et grans oreilles, et de ceulx s'aide l'en très bien à chascier les ours et porcs sangliers ; car ils tiennent fort de leur nature....

et meslez avec levriers qui pincent sont bons, car quant ilz ataignent la beste, ilz la tient et tiennent coy, mais d'eulx mesmes ils ne la tiendroient jà, se levriers ne metoient la beste en destri [166]. Donc tout homme qui veult hanter la chasce des ours ou des sangliers, doit avoir et alanz et levriers et veautres ou de boucherie, et mastins, s'il n'en puet avoir des autres. »

Le manuscrit ne se contente pas de ces descriptions, il donne l'allure des alans. Ces figures rappellent assez la taille et la forme des grands chiens dits danois.

Quant aux chiens courants, ils sont représentés le museau court, les oreilles longues, les épaules fortes, la queue poilue. Voici comme sont habillées les têtes des chiens alans **(fig. 13)**. Les épieux que portent les chasseurs dans le manuscrit de Gaston Phœbus sont façonnés ainsi que l'indique la **figure 14**. La traverse A est de bois et maintenue à la hampe par un fil croisé. Les veneurs frappant avec cette arme les sangliers au défaut de l'épaule, il fallait préserver la main contre les atteintes des défenses de l'animal : cette traverse tenait lieu de garde.

On voit, dans le manuscrit du *Livre du roy Modus* [167], un veneur à cheval recevant, l'épée à la main, un sanglier **(fig. 15)**. Ce chasseur est vêtu d'un surcot très-juste, pourpre clair, sur des braies rouges. Son chapeau rouge est posé sur un voile vert qui lui couvre la nuque ; un cor blanc est pendu à son côté.

Les dames nobles ne se privaient pas de suivre les chasses ; mais c'était habituellement pour courre le lièvre, rarement elles chassaient la grosse bête. Leur chasse favorite, comme nous le verrons tout à l'heure, était la chasse au vol.

La *Chanson del roi Guillaume d'Engleterre* [168] fait ainsi parler la reine, s'adressant à son époux :

« Sire, fait-ele, il vos estuet
« Tout maintenant aler en bois.
« Sarés-me-vos gré se g'i vois ?
« — Sarai, dame ? oïl, voir, molt grant [169]. »
« ....
« Tantot la dame a commandé
« Que li chien soient acouplé,
« Enseler fait ses caceours [170]
« Et atorner ses veneours.

13

14

[158] Ce *Trésor de vanerie* est écrit en vers ; il a été publié en 1855 par M. le baron Jérôme Pichon.

[159] Lorsque le cerf est à l'eau.

[160] *Le Trésor de vanerie :* « Cornure de l'eauve. »

[161] Voyez, à ce sujet, la note 6 de l'éditeur du *Trésor de vanerie.*

[162] C'était alors le nom qu'on donnait aux valets de chiens, chargés de soigner les chiens courants. On a vu que ces mêmes valets sont appelés, dans le *Roman de Garin,* des *breniers.*

[163] Même manuscrit.

[164] « Aussi les leur a-t-on faites » (taillées).

[165] « Ont de mauvais penchants ».

[166] « Aux abois ».

[167] Biblioth. nationale, français, n° 12399. Ce manuscrit date de 1370 à 1380.

[168] Publ. par M. Fr. Michel, du manuscr. français de la Biblioth. nationale, n° 6987, écriture du XIVᵉ siècle.

[169] « Sire, fit-elle, il vous conviendra maintenant d'aller chasser ; vous plairait-il que j'y allasse avec vous ? — Oui, certes, madame, et ce me sera un grand plaisir. »

[170] « Elle fait mettre en selle ses chasseurs ».

15

« Jà sont atorné por movoir,
« Caseuns à tot son estavoir ;
« Tot ont lor cors et lor barnas.
« Ne finent dusqu'à .j. escars [171]
« U le cerf de .XVI. rains troevent ;
« Tot li cien apres lui s'esmeuvent.
« Li cers s'en vait les saus fuiant,
« Et cil le vont après huant.
« .... »
« Biau sire, par tel convenant,
« Fait la dame, vos doins congié
« De courre apres le cerf con gié.
« Vos courrés ; jou ne courrai pas.
« Toute l'ambleure et le pas
« M'irai apres vos esbatant. »

16

Les vêtements que portaient les dames à la chasse à courre, à dater du XIVe siècle, sont très-fermés. Habituellement les femmes se tenaient en selle comme les hommes, les jambes plus pliées, par conséquent les étriers tenus courts. Voici la copie d'un ivoire de la première moitié du XIVe siècle, qui montre une dame ainsi équipée (fig. 16) [172]. Sur sa cotte elle a endossé un large peliçon sans manches, couvrant bien les épaules et les arrière-bras. Ce peliçon tombe jusqu'aux pieds ; il doit être fendu en bas par devant et par derrière. L'écuyère porte un voile avec barbette et chapel à visière par-dessus. Dans sa main droite, elle tient un fouet en façon de martinet à trois lanières. La housse de la selle est terminée en bas, de chaque côté, par six lanières chasse-mouches.

Le luxe des chasses fut poussé aussi loin que possible chez les riches gentilshommes, pendant les XIVe et XVe siècles. Bernabo Visconti avait une meute de cinq mille chiens pour la chasse au sanglier. Ce seigneur faisait punir de mort les paysans qui étaient convaincus d'avoir tué un de ces animaux sauvages. L'historien Campo dit à ce sujet : « Je ne veux passer sous silence la cruauté de Bernabo et la manière dont il faisait condamner aux derniers supplices les pauvres paysans qui avaient pris ou tué quelque sanglier. Ayant été réprimandé à ce sujet par des religieux de l'ordre de saint François, il les fit assassiner. » Ce seigneur ne permettait à ses principaux ministres de recevoir des émoluments qu'autant qu'ils prouvaient avoir mis à mort quelque braconnier. Il vivait en 1354. Pour peindre ce personnage, un trait suffit.

Ayant rencontré sur le pont de Lambro, à Melegnano, deux envoyés du pape Innocent VI, chargés de lui remettre des lettres qu'il supposait devoir lui être désagréables, il s'enquit auprès d'eux avec une apparence d'intérêt si, après un si long voyage, ils n'avaient pas faim ou soif. Les messagers, devinant à la figure du seigneur que la question cachait quelque mauvaise pensée, et que s'ils avouaient avoir soif, ils avaient quelque chance de boire à la rivière, parlèrent seulement de la faim qui les pressait. Bernabo leur laissa le choix, ou d'être jetés par-dessus le pont, ou d'avaler les lettres papalines, ce qu'ils firent, les sceaux de plomb compris.

Le roi Charles VI rendit en 1396 une ordonnance datée de Paris, qui défendait la chasse à toute personne non noble. L'équipage de chasse de son frère Louis, duc d'Orléans, se composait « d'un maître veneur, ayant sous ses ordres deux aides et un chevalier de vénerie ; de dix pages des chiens, dont deux spécialement attachés au service des lévriers ; de huit valets de chiens, et de « deux povres varlez qui n'ont nulz gaiges et qui gissoient la nuit avec les chiens ». Ces valets étaient seulement habillés.

« La meute comptait quatre-vingt-dix-huit chiens courants, huit limiers et trente-deux chiens lévriers pour le cerf, indépendamment des chiens pour le sanglier, et des lévriers et mâtins de la chambre de Monseigneur [114]. » Les chiens étaient l'objet de soins assidus. On les envoyait en pèlerinage et l'on disait des messes à leur intention.

En 1359, Édouard d'Angleterre, traversant la France avec son armée, pendant la captivité du roi Jean, menait à sa suite, dit Froissart, « trente fauconniers à cheval chargés d'oiseaux, et bien soixante couples de forts chiens et autant de levriers, dont il alloit chacun jour en chasse [174]. »

Les ducs de Bourgogne possédaient les plus nombreux équipages de vénerie : « Six pages de chiens courants, six de lévriers ; douze sous-pages de chiens, six gouverneurs de valets de chiens ; six valets de chiens lévriers, douze valets de chiens courants, six valets d'épagneuls, six valets de petits chiens, six valets de chiens anglais et de chiens d'Artois [175]. »

Si les châtelaines ne suivaient les chasses à courre qu'accidentellement, si elles laissaient aux hommes le plaisir des chasses aux *bêtes noires,* elles se livraient avec passion à la chasse au vol, et en effet cette chasse était un des exercices les plus charmants qu'on puisse imaginer. Le *Livre du roy Modus* décrit tout au long, et la manière de chasser au vol, et la façon d'élever, d'instruire et de soigner les oiseaux. Il commence par dire quelles sont les trois conditions que doit remplir le chasseur au vol. « La première est de les aimer parfaitement (les oiseaux), la seconde est de leur être amiable, la tierce qu'on en soit curieux. » La noblesse féodale, pendant les XIIe, XIIIe et XIVe siècles, eut pour la chasse au vol un goût si vif, qu'elle dépensait des sommes considérables et se ruinait pour satisfaire cette passion. Mais avant de donner quelques détails relatifs à cette chasse, et rentrant dans notre sujet, nous analyserons une pièce de vers donnée par l'auteur du *Livre du roy Modus,* et qui est une peinture de mœurs des châtelains des XIIIe et XIVe siècles.

Cette pièce est intitulée : « *Cy devise le jugement des chiens et des oyseaulx et lesquelz font plus beaux déduiz.* » Il s'agit de savoir, des deux chasses à courre et au vol, quelle est la plus plaisante.

Deux troupes de dames et de chevaliers, l'une venant de chasser au vol, l'autre à courre, se rencontrent à la tombée du jour, toutes deux ayant fait bonne chasse : d'une part un grand cerf a été pris, de l'autre bon nombre de perdreaux. Les deux châtelaines sont ravies de se voir :

« Et alerent droit au manoir
« Où il leur faloit remanoir,
« Et les chevaliers autresi
« S'entrefirent grant joie audui. »

Chevauchant l'une près de l'autre, la dame de la chasse au vol dit à son amie : « Vous devez être lasse ; pour nous, en volant, nous avons pris perdreaux à foison sans nous presser : je ne sache pas qu'il y ait plaisir pareil. N'est-il pas plus agréable de suivre le vol des oiseaux que de courir à perdre haleine après une bête qui fuit devant vous ? — Cependant, réplique l'autre dame, n'est-il pas beau de suivre à travers bois les chiens courants, de les devancer, de forcer la bête ? Le proverbe du vilain est tel : « Chasse au vol ne profite guère. Toujours le fauconnier court après son faucon, il n'a pas de répit. » — Soit, reprend la première, laissons cette matière, nous la discuterons plus à loisir ; faisons bonne chère, cette nuit nous penserons à défendre notre opinion. » On arrive au château de la dame au vol, et, s'adressant au châtelain :

« ..... Lequel vous semble plus bel,
« Chace de chiens ou vol d'oiseaulx ?

« Vostre femme tient plus à beaux
« Et à meilleur la volerie,
« Et rien ne prise vénerie ;
« Si en fera un argument. »

Le seigneur se garde de se prononcer et dit qu'il soumettra le cas au comte de Tancarville, plus compétent que nul autre en ces matières. « Bien, disent les deux dames en riant, vous nous avez juge donné, nous l'acceptons. » Les varlets apportent la venaison.

« Et le cerf portoit seize cors !
« Eh ! dit la dame au cerf, votre épervier serait bien empêché d'emporter cet oiselet !
« La dame commença à rire
« Et si ne voloit nul mot dire. »

On se met à table.

« Et tantost s'alerent couchier,
« Car ils estoient traveilliez,
« Et si avoient bien veillié. »
« Allons, dirent le matin les chevaliers, allons réveiller ces dames ; nous entendrons leurs arguments. »

Elles sont à leur toilette.

« Estes vous preztes d'arguer ? »

« Oui, répondent-elles. — Eh bien, nous descendons au jardin et vous y attendrons. Descendues au verger, assises près de leurs maris :

« Donc, dist la dame à l'espervier,
« Dame, vous devez commencer. »

« — Non pas, dit l'autre, vous avez soulevé la question, veuillez commencer. — Soit... Peut-on comparer chiens et oiseaux ? Les oiseaux que la nature a faits si beaux, si fins, si courtois, si jolis ; qu'ils soient sors [176] ou més, ne sont-ils pas charmants à voir ? ne les porte-t-on pas avec soi dans les chambres des rois et comtes, tant ils sont nets et propres naturellement ? En peut-on faire autant des chiens, sales, toujours sur les fumiers, et qu'on ne peut approcher sans se boucher le nez ? Puis on peut partout porter oiseaux avec soi, ce qu'on ne peut faire des chiens, qui mangent tout où ils se trouvent. Mais n'est-il pas merveilleux qu'un si petit animal comme est le faucon, par son courage, batte une grue ou un cygne sauvage ! Et le héron qui s'élève jusqu'aux nues, ne voyons-nous pas le faucon l'attaquer par devant, par derrière ? ainsi combattant, on les perd tous deux de vue ; puis l'oiseau chasseur prend son temps, saisit le héron par la tête, et tous deux, comme un tourbillon, se précipitent à terre. Qu'y a-t-il de plus plaisant que de chasser en rivière avec un faucon hau-

[171] « Ils ne s'arrètent pas jusqu'à une terre défrichée » (*escar* pour *essart*).

[172] D'un cadre à miroir provenant de la collection W. Maskell. Cette dame chasse le lièvre, accompagnée d'un jeune homme.

[173] Voyez *Louis et Charles d'Orléans, leur influence sur les arts, etc.,* par A. Champollion Figeac, ouvr. déd. à monseigneur le duc de Nemours, 1844.

[174] *Chron.* de Froissart, livr. I, chap. CXXI.

[175] Choisy, *Hist. de Charles VI,* p. 222. — Voyez, pour de plus amples détails, la gurne de Sainte-Palaye, *Mém. sur l'anc. chevalerie,* t. III ; et Legrand d'Aussy, t. I, sect. III.

[176] Les faucons *sors* sont ceux qui sont encore à leur premier pennage. *Sor* s'entend comme *roux.* On disait encore, au siècle dernier : cheval *sor* ou *saur,* pour alezan comme on dit encore : harengs *sors* ou *saurs,* pour roussis à la fumée.

tain ou deux ? Si en plaine est un étang bien peuplé de canes, de malarts, — il n'y faut pas de petit gibier, — on laisse aller les faucons. Ils s'élèvent tout d'abord si haut, qu'on les perd de vue. Alors on frappe les tambours pour faire envoler les oiseaux de marais, qui prennent de l'air en troupes. Sur eux fondent les faucons comme la foudre, ils les précipitent à terre, puis semblent rebondir pour s'élever de nouveau et retomber sur d'autres : les uns gisent dans les prés, d'autres sont noyés. Ainsi fait-on belle chasse en peu de temps. Vous parlerai-je de l'épervier ? Est-il une plus jolie chasse, quand dames, chevaliers et damoiselles s'en vont chevauchant, chacune l'épervier sur le poing ? Ces oiseaux volent menu et souvent, chassent, manquent le gibier, volent après, se reprennent, saisissent alouettes et perdreaux ; et chacun de s'écrier, de les suivre. Non, il n'est pas de chasse plus attrayante que celle de l'épervier, quand il est bon. Voyez cet épervier qui poursuit une alouette ; elle s'élève, s'élève toujours, mais lui abandonne sa chasse. On laisse aller un autre épervier ; celui-là part tout droit, monte à l'essor, fond sur l'oiselet, et tous deux tombent à terre comme deux pierres, entre les chevaux des chasseurs. Et quand l'épervier prend bien l'alouette de randon et l'apporte sur le poing de sa maîtresse, n'est-ce point chose plaisante ? Il y a beaucoup d'autres oiseaux dont je ne parlerai pas, m'en tenant au faucon et à l'épervier. Ma conclusion est que le plaisir de la chasse au vol l'emporte de beaucoup sur celui de la chasse aux chiens courants ; car le vrai plaisir de la chasse est de voir, non d'entendre. Avec les oiseaux, la vue est toujours satisfaite ; avec la chasse à courre, on n'entend que des aboiements, et quand on arrive à la prise, on est rendu. Et qu'a-t-on vu pendant cette course effrénée ? Rien. »

A cette argumentation, la dame au cerf répond : « Vous vantez avec raison les qualités des oiseaux, mais les chiens en possèdent qui les valent. Vous dites que les oiseaux sont courtois ; mais les lévriers sont chiens, et, sans parler du lévrier qui combattit pour son maître contre Macaire, vous observerez que des lévriers couchent sur le lit du roi de France, lequel les aime, les chérit. Qui voudrait énumérer toutes les qualités des chiens aurait fort à faire. Vos oiseaux vous quittent assez légèrement, et souvent on a à grand'peine à les ravoir, tandis que mes lévriers viennent à moi ; je n'ai pas besoin de m'en inquiéter, et s'ils me perdent, ils savent bien retrouver le logis. Il ne s'agit pas de savoir quels sont les plus beaux des chiens ou des oiseaux, mais quels sont ceux de ces animaux qui méritent le plus notre affection. Or, ce point n'est pas discutable, je craindrais de vous ennuyer par de longs détails ; mais écoutez seulement ceci. Voici un joli temps d'été. De grand matin les veneurs ont été en quête du cerf ; quand ils ont fait leur rapport, nous voilà tranquilles : on rit, on joue, on s'amuse ; chevaliers et dames sont en joie ; puis on fait la collation sur l'herbe ; qui sait un bon conte le dit. On se met en selle. Celui qui a fait le rapport passe devant avec son lévrier et trouve sa brisée ; puis le lévrier suit la trace, et les chasseurs vont après, courant, criant. C'est grand plaisir dans les bois pour ceux qui aiment ce déduit. Quand le lévrier a le cerf trouvé, le veneur sonne un long mot, et on

laisse aller les chiens. Oh ! alors, vous entendez les cors sonner. Si la forêt est belle et facile, si la meute est nombreuse, au milieu des grands bois, ces voix, ces aboiements, remplissent le cœur d'allégresse. Les dames passent devant, voient le cerf fuyant ; il est grand, il a belle tête. On le suit, on crie, on corne : les aboiements redoublent si bien, qu'on n'entendrait pas Dieu tonner. Qu'est-ce qu'un petit oiseau sur le poing, comparé à cette fête ? Il n'est pas de cœur si triste qui ne bondisse. Gens et chevaux s'animent à qui mieux mieux, sonnent, hennissent, huent. Tous sont entraînés après la bête qui fuit. La voilà à l'eau, et les chiens après elle. Ce spectacle ne vaut-il pas le vol aux canards ? Parlerai-je de la chasse au sanglier, des retours de l'animal, de sa lutte contre les chiens…? » Ainsi ces deux dames défendent chacune leur cause, répliquent jusqu'au moment où l'on convient de mettre les plaidoiries par écrit, et de les envoyer au comte de Tancarville qui jugera. « Mais, dit l'époux de la dame au cerf à son hôte, mari de la dame aux oiseaux :

« Laquelle a le mieux argué ?
« Or me dictes vostre pensé.
« Sire (reprend l'autre), je me tiens à ma femme.
« Affin que j'en soye infame.
« Il est escript ès bons hostieux :
« Ce que la femme veult et Dieux.
« Je veul ce que ma femme veult. »

« Bien, réplique le premier, je vois que vous n'oseriez contredire votre femme : mais si vous émettez un avis contraire au sien, je vous donne le meilleur de mes chiens chassant cerf et sanglier ; seulement n'en dites rien. » L'autre « pense un petit », car il eût bien désiré posséder ce bon chien ; mais, à tout prendre, il préfère ne point contredire sa moitié, et répond : « Ami, perdrais-je le paradis pour un chien… Ma femme a été à Balette…

« Et scet tous les arts de tolette.
« Véez-vous comment elle argue ?
« Tousjours n'a pas esté en mue.
« Je n'oseroye à luy plaidier. »

Gardez votre chien, je me tais. » Et le premier : « Je savais bien que vous n'auriez pas mon chien :

« Nous sommes tous parrochiens
« De la grant paroisse aux chiens. »

Et chacun de rire.

Nous avons donné cette analyse à peu près complète, parce qu'elle représente assez fidèlement les mœurs et la vie de ces gentilshommes terriens, et qu'elle donne, sur les chasses, des renseignements curieux.

La dame aux oiseaux dit vrai : les personnes nobles avaient pour les oiseaux une telle affection, qu'elles en portaient en toute circonstance avec elles. La tapisserie de Bayeux nous montre Harold débarquant à l'embouchure de la Somme, sur la terre de Gui, comte de Ponthieu ; il chevauche au milieu de ses compagnons, un oiseau sur le poing. Guillaume, qui arrive pour le tirer des mains du comte, est représenté de même (fig. 17). Le duc est vêtu des braies normandes [177], avec la cotte courte et le petit manteau attaché sur l'épaule droite. Les jambes sont couvertes de chausses maintenues par des bandelettes croisées.

Il est nu-tête, les cheveux coupés, suivant la mode normande de cette époque [178]. Un très-curieux couvercle d'un sarcophage du milieu du XIIe siècle, déposé dans le musée de Niort, représente des chasses. Sur l'une des faces de ce couvercle on voit une dame qui a laissé aller le faucon. Cette dame est en selle, assise du côté droit de la monture. Vêtue du bliaut, les cheveux nattés en longues tresses, elle fouette son cheval pour suivre le vol du faucon qui abat une pièce de gibier **(fig. 18)**. Un chien l'accompagne ; car, pour

12

18

<hr />

[177] Voyez, dans la partie des VÊTEMENTS, le mot BRAIES, fig. 2 et 3.
[178] En 1065.

19

ce genre de chasse, on avait des chiens dressés à ramasser le gibier que prenait ou qu'abattait le faucon. Sur l'autre face est un noble également à cheval, son faucon sur le poing **(fig. 19)**.

Sans entrer dans de trop longs détails sur la chasse au vol, cependant il faut dire quelques mots des oiseaux propres à ce passe-temps et des usages de fauconnerie [179]. L'auteur du livre intitulé *Le roy Modus* [180] dit qu'il y a huit espèces d'oiseaux « de quoy homme se peut déduire. Ce sont quatre de quoy ou vole, qui volent à tour, et quatre qui volent de poing, et prennent de randon [181]. Ceux qui volent à tour hault sont le faucon, le lasnier, le sacre et le hobe ; et ceux qui volent de poing et prennent de randon sont : l'otoir [182], le gerfaut, l'espervier et l'esmerillon. »

Le faucon est niais au passager, c'est-à-dire pris au nid ou au filet lorsqu'il est mué. Le fauconnier doit aimer ses oiseaux et s'en faire aimer ; il doit être sobre, se lever au jour, ne manger ni ail, ni oignons crus. Il faut qu'il coure bien, qu'il monte à cheval adroitement et légèrement d'un côté ou de l'autre. Il ne doit jamais rentrer sans avoir retrouvé son oiseau, s'il fait de grandes fuites. Les quatre oiseaux de haut vol sont oiseaux de leurre, c'est-à-dire qu'ils sont *réclamés* ou rappelés à l'aide du leurre ; les quatre autres, qui sont oiseaux de poing ou de *basse volerie,* sont dressés à revenir sur le poing du fauconnier. Le leurre était, jusqu'à la fin du XIVᵉ siècle, une lanière de cuir rouge garnie de deux ailes à l'une de ses extrémités ; depuis cette époque jusqu'au XVIᵉ siècle, le leurre avait une souche de cuir rouge qui servait d'attache aux ailes. Pour rappeler l'oiseau, le fauconnier faisait tourner le leurre autour de sa main et haut. La **figure 20** montre un fauconnier dressant un oiseau de haut vol à venir au rappel du leurre [183]. Ce fauconnier est vêtu de braies rouges, d'un surcot blanc rayé de jaune, d'un chaperon vert avec chapel de feutre rouge. Quand le fauconnier a fait manger deux ou trois fois le faucon neuf sur le leurre, il s'en va de bon matin en un pré avec un compagnon, l'oiseau chaperonné sur le poing, le leurre *encharné* sur les deux faces [184]. Là il laisse l'oiseau manger deux ou trois becquées sur le leurre, puis le *décharne* et le chaperonne [185], ajoute une cordelle à sa laisse, et le donne à tenir au compagnon, qui s'éloigne de la longueur de la cordelle. Alors le fauconnier fait tourner le leurre ; le compagnon ôte doucement le chaperon au faucon. Si le faucon vole droit au leurre, il faut lui laisser manger deux ou trois becquées sur le leurre à terre ; puis le chaperonner de nouveau, le porter plus loin que la première fois, le faire manger sur le leurre à terre, en criant : « Hae, hae ! » Et recommencer en éloignant toujours l'oiseau du leurre.

Quand il est habitué ainsi à venir au leurre, il faut le faire manger au milieu de plusieurs personnes, puis des chevaux, puis le fauconnier étant à cheval ; puis le faucon nouveau est amené avec d'autres faucons [186].

A la fin du XVᵉ siècle, le leurre était fait ainsi que l'indique la **figure 21**. Les ailes étaient pincées dans une enveloppe plate de cuir rouge, et c'était sur cette enveloppe qu'on attachait les morceaux de viande chaude pour acharner le faucon nouveau.

20

PEGARD EFILS

[179] Voyez la *Fauconnerie ancienne et moderne,* par MM. Chenu et des Murs (Paris, 1862).

[180] Écrit au commencement du XIVᵉ siècle, mais sur des documents d'une date antérieure.

[181] C'est-à-dire, quatre qui volent en tournoyant, et quatre qui, du poing du chasseur, se jettent sur la proie avec impétuosité.

[182] L'autour.

[183] Manuscr. Biblioth. nationale, *le Livre du roy Modus,* français, milieu du XIVᵉ siècle : « *Cy devise comment l'on doit loirrer un faucon nouvel affaitié.* »

[184] C'est-à-dire, garni de viande fraîchement tuée.

[185] C'est-à-dire, l'enlève de dessus la pâture et lui remet le chaperon.

[186] Voyez le chapitre cité plus haut du *Livre du roy Modus.*

Quand on était en chasse et qu'on voulait rappeler l'oiseau, le fauconnier faisait tourner le leurre au-dessus de sa tête.

« Pour un nouveau faucon il faut gant neuf de cuir de cerf bien blanc, laisse neuve de bon cuir, laquelle doit être attachée au gant ; cordelette avec bâtonnet pour caresser l'oiseau, car il faut le toucher souvent, mais non avec la main. Il faut deux sonnettes attachées à ses pattes, afin qu'on l'entende remuer et gratter, puis un chaperon de cuir, bien fait et bien enfourmé, dont la forme soit élevée et saillante au droit des yeux, profonde et assez étroite par le bas pour tenir à la tête. »

La forme des chaperons n'est pas constamment restée la même. Pendant les XIIe et XIIIe siècles, les chaperons sont garnis postérieurement d'une longue queue **(fig. 22)**, qui est la *tiroire,* c'est-à-dire la prise qui sert au fauconnier à enlever le chaperon. Cette tiroire est ainsi très-longue pour que le fauconnier tienne son extrémité dans la main gantée, afin d'empêcher l'oiseau de se déchaperonner.

Notre figure montre en A le chaperon de face, en B de profil, et en C par derrière. Plus tard, et jusqu'au XVIe siècle, les chaperons ont la forme présentée **figure 23**. Ils sont taillés droit par le bas, avec fente par derrière, et courroie pour serrer le cou de l'oiseau et

25

DIOLOT.

l'empêcher de se déchaperonner. L'extrémité *a* de la courroie sert de tiroire. On chaperonnait l'oiseau par le bec d'abord, puis de la main droite on fixait la courroie au bouton.

Le fauconnier est habituellement ganté de la main gauche, et de la main droite il tire la tiroire [187] pour déchaperonner l'oiseau lestement et sans le froisser. Il faut une certaine adresse pour déchaperonner le faucon, ne pas le distraire, afin que, sitôt le chaperon ôté, il voie la proie. Le bien porter n'est pas non plus chose indifférente, afin de ne le point fatiguer et de le tenir en bon état. Il faut que le fauconnier serre le coude au côté et porte le bras un peu loin du corps, droit et ferme ; que le faucon soit assis droit sur le poing, non sur le côté de la main ou entre les doigts. Celui qui sait bien tenir un faucon ne fait pas tinter ses sonnettes.

La **figure 24** est la copie d'une vignette du manuscrit de la Bibliothèque nationale [188], représentant un fauconnier à cheval. Ce personnage est vêtu d'un surcot ou corset blanc rayé de jaune, le chaperon rouge enfourmé ; par dessus, la queue du chaperon enroulée autour de la tête pour le bien maintenir. Les braies sont rouges. La **figure 25** montre une dame provenant du même manuscrit. Elle est vêtue d'une robe-corset bleu de roi, avec chaperon rose doublé de fourrure blanche. La selle est rouge. Sous le chaperon on voit la chemisette à petits plis qui couvre la poitrine. Elle est accompagnée d'un chien « d'oysel », suivant la désignation du traité de Gaston Phœbus. En effet, ce chien est figuré dans ce traité sous le nom de « chien d'oysel et espagnol » pour prendre perdrix et cailles, c'est-à-dire pour rapporter les pièces terrassées par l'oiseau de poing (épervier).

La **figure 26** présente une autre dame à cheval, tenant son épervier déchaperonné, prêt à voler [189]. Elle est vêtue d'un ample surcot boutonné par devant, avec fentes latérales pour permettre de passer les mains ; par dessus, le chaperon dont le devant est retroussé sur le haut de la tête. Le surcot est ouvert sur le devant et par derrière, pour ne point gêner sur la selle, car on observera que cette écuyère, ainsi que la précédente, enfourche sa monture comme le fait un cavalier.

La fauconnerie exigeait des soins infinis. Un petit traité fort précieux, intitulé *le Fauconnier parfait,* écrit vers 1750 par Jacques-Élie Manceau, seigneur de Boissoudan, donne quantité de détails sur la chasse au vol et sur la manière d'élever et de soigner les oiseaux [190]. On peut reconnaître, en lisant ce traité, que cette chasse, au XVIIIᵉ siècle, n'avait abandonné aucun des usages déjà mentionnés dans le *Livre du roy Modus,* bien qu'alors elle ne fût guère admise que chez quelques hobereaux vivant sur leurs terres.

Les gentilshommes, depuis le XIᵉ jusqu'au XVIᵉ siècle, portaient souvent un faucon ou un épervier avec eux dans leurs promenades, assemblées et visites. C'était un signe de noblesse. Ces beaux oiseaux, bien traités et élevés, s'attachaient à leur maître et n'étaient chaperonnés qu'au moment de la chasse. D'ailleurs une laisse était fixée à l'une de leurs pattes. Tout gentilhomme qui chevauchait par passe-temps avec des dames prenait un oiseau sur son poing. Si l'on approchait d'un étang, le faucon était déchaperonné, un

26

des pages, suivant à pied, faisait lever le héron s'il s'en trouvait ; et de lancer le faucon [191].

La **figure 27**, copiée sur un cadre à miroir du commencement du XIVᵉ siècle [192], nous montre un jeune homme et une jeune femme à cheval. La jeune femme caresse le menton de son amant, qui tient un épervier sur le poing. Un page, armé d'un épieu, suit par derrière à pied. L'écuyère est en selle comme un homme, les jambes plus pliées. Elle est vêtue d'une cotte à manches, couvrant complètement les jambes. Elle est coiffée d'un voile sous un chapel de feutre

[187] La courroie postérieure, qui, en se dégrafant, permet d'enlever le chaperon d'arrière en avant.

[188] *Le Livre du roy Modus,* français (milieu du XIVᵉ siècle).

[189] D'après un ivoire, collection Sauvageot, Louvre (environ 1360).

[190] Ce traité a été imprimé dans la seconde partie des *Mélanges de littérature et d'histoire,* par les soins de la Société des bibliophiles français (Paris, Lahure, 1867).

[191] Voyez, page 110, l'article MŒURS FÉODALES.

[192] Collection du rév. W. Sneyd.

dont le bord antérieur forme visière. Le jeune homme est nu-tête, le chaperon rabattu ; ses cheveux, longs latéralement, sont maintenus par un cercle. La selle de la femme est couverte d'une housse qui tombe droit jusqu'au-dessous du ventre de la monture.

La charge de fauconnier était une des plus enviées à la cour des princes. Le grand fauconnier de France était un seigneur. Sur le frontispice du *Livre des tournois,* manuscrit exécuté vers la fin du XVe siècle par les ordres de Louis de Bruges, seigneur de Gruthuyse [193], pour être offert au roi Charles VIII, on voit le jeune prince assis sous un riche dais fleurdelisé ; à ses pieds est couché un lévrier. A sa droite sont rangés debout les seigneurs de sa cour, parmi lesquels, au premier plan, est un jeune noble très-richement

vêtu, tenant un faucon **(fig. 28)** : c'est le grand fauconnier. Sa robe de dessus, qui tombe jusqu'à terre, est de velours lilas, doublée de martre ; les manches, simples, sont fendues au droit de l'arrière-bras ; ses chausses sont vertes, avec souliers rouges ; son pourpoint est gris, avec boutons d'or, manches écarlates et bas collet brun. Sous son chapeau de fourrure blanche et garni de plumes rouges avec perles d'or, est une coiffe violette ; une ceinture rouge, avec escarcelle de même, enserre la robe. Une épée courte passe derrière l'escarcelle ; sa poignée est d'or et son fourreau blanc. Le gant sur lequel le faucon est assis est de peau blanche. Dans sa main droite ce seigneur tient le bâtonnet qui sert à caresser le faucon, lequel est déchaperonné.

27

28

29

Les gentilshommes n'étaient pas seuls à porter des oiseaux sur le poing, en certaines solennités, comme figure de noblesse, les dames de haut lignage se montraient souvent aussi parées, à cheval, portant un épervier. La **figure 29** que nous donnons ici, copiée sur un bronze appartenant à M. le comte de Nieuwerkerke [194], montre une jeune femme coiffée d'une couronne oblongue avec voile, vêtue d'un riche corset avec très-longues manches d'étoffe légère ; non plus à califourchon, mais assise sur une haquenée houssée richement et ayant un plumail entre les oreilles. Le petit épagneul nécessaire à la chasse au vol accompagne le cheval. Cette fonte est une œuvre d'art exquise.

[193] Biblioth. nationale (français).

[194] Grandeur de l'original (fin du XVe siècle).

Orfèvrerie

Travail des métaux précieux

Les Gaulois, au moment où César conquit leurs provinces, travaillaient les métaux : le fer, l'or, l'argent et le cuivre, avec assez d'adresse, si l'on examine les objets qui datent de cette époque. Leur procédé, en ce qui concerne les trois métaux précieux, le cuivre, l'argent et l'or, consistait à couler des lingots dans des moules de terre cuite et à les battre de manière à leur donner la forme convenable. Nous avons eu entre les mains une assez grande quantité de ces objets non achevés, qui montrent comment, avec du temps et des chauffages successifs, lorsque le métal, à force d'être battu, était *écroui,* l'ouvrier arrivait à donner à un lingot brut la forme d'une épingle, d'une fibule, d'une agrafe, d'une plaque. La domination romaine ne fit que développer cette industrie ; or, quand les tribus germaniques envahirent à leur tour le territoire gaulois, elles trouvèrent une fabrication métallurgique très-perfectionnée. Est-ce à dire que ces nouveaux venus n'apportèrent avec eux aucun élément de fabrication, nulle forme nouvelle ? Nous ne le pensons pas, et nous sommes disposé à croire qu'on ne fait pas généralement une part assez large à l'influence de ces invasions indo-européennes. Un fait certain, c'est que les bijoux dits mérovingiens, trouvés dans les tombeaux des chefs francs qui s'établirent les premiers sur le sol gaulois, n'ont aucun rapport, soit comme forme, soit comme travail, avec les bijoux romains ou gallo-romains de la fin de l'empire. On a voulu trouver dans le caractère que possèdent ces objets une influence byzantine ; mais, outre qu'il est difficile d'expliquer comment les arts de Byzance auraient pu exercer une influence sur des peuplades venues des bords de la Baltique, il est quantité de ces objets usuels portés par les chefs de ces tribus des Burgondes et des Franks, qui n'ont, même comme fabrication, aucune relation avec les analogues façonnés à Byzance. Ainsi, pour ne citer qu'un exemple, les grandes agrafes de fer damasquiné d'argent qu'on trouve si fréquemment dans les tombes des chefs des conquérants de la Gaule ne sont, ni comme forme, ni comme matière, ni comme procédé de fabrication, des copies ou des réminiscences lointaines de ce qu'on fabriquait alors à Byzance. Si, entre ces objets de provenances différentes, on trouve certains rapports dans les compositions des entrelacs, par exemple, nous croyons que ces rapports sont dus à une origine commune émanée de l'extrême Orient. Mais nous sortirions de notre cadre, si nous entamions sur ce sujet, d'ailleurs d'un très-grand intérêt, une discussion approfondie. Nous prendrons l'orfèvrerie au moment où nous ouvrons notre livre, c'est-à-dire à l'époque carlovingienne. Alors, évidemment, l'influence byzantine se fait sentir ; mais cette influence dite byzantine a elle-même des sources très-diverses. L'une est gréco-romaine, l'autre est orientale syriaque ; une troisième peut être la conséquence des rapports de l'Occident septentrional avec les Maures d'Espagne ; puis il est nécessaire de tenir compte des traditions gallo-romaines et des importations indo-germaniques.

Il en est de cela comme des couleurs : quand tant d'éléments, sortis de sources diverses se réunissent, le résultat produit un mélange sans caractère bien tranché, un ton gris, qu'on veuille bien nous passer l'expression. l'orfèvrerie carlovingienne tient de tous ces éléments : indécise par sa forme, par ses procédés de fabrication, chacun y trouve ce qu'il y veut voir, suivant la thèse qu'il prétend soutenir. Métal étampé, conformément aux pratiques des orfèvres byzantins ; verres cloisonnés, conformément aux méthodes indo-européennes ; pierreries embâtées, suivant les procédés gallo-romains ; parties fondues et ciselées, filigranes soudés, damasquinures, rappelant la fabrication orientale, etc. Dans l'orfèvrerie d'or carlovingienne, on trouve l'application de tous ces éléments, mais rarement la précision, la pureté de l'exécution. Il est évident que les moyens pratiques, matériels, faisaient défaut. Pourquoi faut-il que l'art, le style, semblent inhérents à cette imperfection dans l'exécution, et qu'ils s'effacent si les moyens pratiques de la fabrication atteignent un degré très-élevé de perfection ?

Il semble que le sentiment de l'art s'aiguise en raison de la pénurie des ressources demandées aux connaissances pratiques qui dérivent de la mécanique, de la chimie, des sciences, en un mot. Nous ne prétendons pas dire que ce soit là une loi immuable et qu'il n'arrivera pas un temps où, à des connaissances très-avancées dans les sciences physiques, on ne puisse réunir un sentiment très-juste et très-élevé de l'art ; mais ce temps est encore à venir. Et pour ne parler ici que de l'orfèvrerie, il est une loi dictée par la raison, de laquelle il paraîtrait qu'on ne doit jamais s'écarter, et qui était observée en effet dans l'antiquité aussi bien que pendant le moyen âge, loi qui commande de ne donner aux objets fabriqués par cette industrie que des formes dérivées des propriétés des métaux employés et de la manière la plus naturelle de les mettre en œuvre. l'orfèvrerie du moyen âge se soumet exactement à cette loi, et ne commence à la mettre en oubli que du jour où les perfectionnements matériels de la fabrication se développent avec des connaissances plus étendues en physique, en chimie ou en mécanique. Déjà, au XVᵉ siècle, on voit poindre le désir d'employer principalement ces ressources nouvelles fournies par la science issue d'une longue expérience, à fausser les principes qui doivent être observés dans l'orfèvrerie. On prétend reproduire à l'aide du métal des formes qui appartiennent à l'architecture ; les orfèvres s'ingénient à simuler en or, argent ou cuivre, des édifices avec leurs contre-forts, leurs arcs, leurs fenêtres, clochetons, corniches, etc. Au lieu de faire tendre les moyens perfectionnés dont ils disposent déjà dans le sens indiqué par la nature de la matière mise en œuvre, ils s'en écartent de plus en plus ; et, depuis lors, on n'est pas rentré dans la vraie voie. Cependant, s'il est une matière impérieuse, ce sont les métaux. Il n'est que deux manières de les employer. La première consiste à les faire entrer en fusion et à les couler dans un moule creux ; on obtient ainsi un objet concret, résistant, auquel on peut donner des formes très-variées, en évitant, autant que faire se peut, les arêtes trop vives, les angles et les membres rectilignes, qui ne viennent pas bien à la fonte. Mais ce procédé donne des objets d'un poids relativement considérable, et ne peut guère convenir qu'exceptionnellement, si l'on met en œuvre des métaux d'un prix très-élevé. Le second procédé consiste à laminer les métaux par le martelage, et à les *repousser,* en raison de leur propriété malléable, jusqu'à ce qu'on leur ait donné le modèle convenable. Les deux procédés peuvent être parfois employés simultanément dans la fabrication d'un même objet ; mais le métal repoussé n'ayant jamais l'aspect du métal fondu, il est difficile d'obtenir un résultat complètement satisfaisant par ce mélange des deux modes. Les parties fondues peuvent être réunies par le moyen de la soudure, par des rivets, des assemblages. Les orfèvres du moyen âge ont été très-discrets dans l'emploi de ces expédients, et, autant que possible, leurs fontes sont faites d'un jet. Mais la soudure est particulièrement propre à la confection des objets composés de pièces martelées, étirées, repoussées, et ont-ils porté très-loin cette industrie, qui exige une grande habileté et une expérience consommée. En effet, lorsqu'il s'agit de souder des pièces minces et délicates de métal, la chaleur modifie la forme de ces pièces et peut même les fondre. D'ailleurs, ces orfèvres du moyen âge ne possédaient pas les moyens qui nous sont connus aujourd'hui. Pour fondre, ils n'avaient que le charbon et des soufflets qui remplaçaient nos chalumeaux perfectionnés. Cette pauvreté de moyens n'était pas un obstacle pour eux, puisque nous voyons une grande quantité de pièces d'orfèvrerie des XIIᵉ et XIIIᵉ siècles, et même antérieures à cette époque, très-adroitement réunies par

le moyen de la soudure. Le métal fondu pouvait être retouché par la ciselure ou au burin : aussi ces artisans employaient-ils ces procédés qui, entre des mains habiles, enlèvent à la fonte l'aspect mort et froid qu'elle conserve habituellement. Quant aux pièces martelées, elles étaient également retouchées au burin, gravées, et le repoussé acquérait ainsi de la vivacité et quelque chose de précieux. Il est évident que ces procédés si simples et qui demandent un outillage si peu important, prenaient leur valeur de l'adresse et du talent de l'ouvrier qui les employait. La main de l'homme, qu'aucun moyen mécanique ne surpasse, se sentait partout sur ces pièces d'orfèvrerie ; mais quand les procédés matériels ont été très-développés, leur exactitude, leur précision même, leur inintelligence, ont remplacé peu à peu cet attrait qui s'attache à tout ce que la main humaine façonne. Aussi on ne doit pas être surpris si l'on a tant de peine aujourd'hui, dans l'orfèvrerie comme dans d'autres branches de l'industrie, à obtenir des objets qui aient le charme des choses anciennes. Le voisinage du moyen mécanique a déshabitué la main de l'ouvrier de ce travail intelligent et personnel, et ses efforts tendent à imiter la régularité sèche et froide de la machine.

Il ne faut donc pas, dans l'orfèvrerie du moyen âge, non plus que dans celle de l'antiquité, chercher la rectitude et l'uniformité mathématique de notre fabrication moderne, on ne l'y trouverait pas ; mais, en revanche, on y trouve l'emploi judicieux et vrai de la matière, parce qu'on ne possédait que des moyens bornés qui ne permettaient pas de s'affranchir des conditions imposées par cette matière : comme conséquence, des formes en rapport avec le métal ; puis le style et le sentiment d'art que ces artisans du moyen âge mettaient dans tout ce qu'ils produisaient, depuis le monument jusqu'à l'humble ustensile de ménage.

Les Gaulois savaient fondre l'or sans l'interposition apparente d'un autre métal. Ces procédés étaient d'ailleurs connus de toute antiquité, ainsi que le prouvent, et les beaux bijoux rhodiens trouvés par M. Salzmann dans les fouilles de Camiros [1], et bon nombre d'objets égyptiens [2]. Les couronnes du trésor de Guarrazar (VIIᵉ siècle) [3] présentent un travail composé de plaques d'or battu, avec bâtes et filets granulés soudés, de chaînes également formées de fils d'or soudés à l'or. Sous Charlemagne, ces procédés n'étaient pas encore altérés, et les objets d'or de ce temps sont soudés à l'or. Il existait, avant 1792, dans l'abbaye de Saint-Denis, un retable d'or donné à l'église par l'empereur Charles le Chauve et ayant appartenu à Charlemagne. Ce retable, connu sous le nom d'*écran* (écrin) de Charlemagne, se composait d'une suite d'arcatures superposées, à jour, en or, avec pierreries embâtées sur la face. Nous en donnons **(fig. 1)**, le dessin d'après la gravure de Félibien [4].

[1] Musée du Louvre.
[2] Musée du Caire, formé par M. Mariette.
[3] Musée de Cluny (voy. la Notice de M. F. de Lasteyrie sur les couronnes de Guarrazar, 1860).
[4] *Hist. de l'abb. de Saint-Denis.*

1

A

E. GUILLAUMOT.

Cette pièce d'orfèvrerie reposait sur un reliquaire en forme de coffret allongé, garni de glaces qui laissaient voir des ossements de saints. Elle passait pour avoir orné l'oratoire de Charlemagne[5]. De ce magnifique écrin, qui ne pesait pas moins de dix-neuf marcs d'or, il ne nous reste que la pièce A du sommet[6], dont notre planche XXXIV reproduit l'aspect, grandeur d'exécution. Cet échantillon donne cependant une idée de la fabrication de l'ensemble. Au centre

2

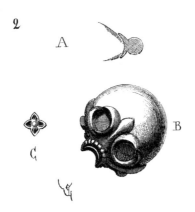

A

C

B

est une aigue-marine intaillée, représentant Julia, fille de Titus ; car il n'était pas rare alors de voir des pierres gravées ou des camées antiques enchâssés dans les joyaux les plus précieux, et bon nombre de ces pierres qui font partie de la collection du cabinet des antiques proviennent de châsses et bijoux du moyen âge. Autour de cette aigue-marine, neuf beaux saphirs sont sertis dans des bâtes d'or, dont la **figure 2** donne en A, au double, le profil. Ces bâtes sont soudées au cercle qui entoure la tête au moyen de petites boules d'or ; les sept saphirs supérieurs sont terminés par de grosses perles d'un bel orient, enfilées dans des broches d'or et reposant sur des culots dont nous donnons en B le détail au double. La rivure des broches de ces perles est faite à l'aide d'une petite rosace C [7]. Aux deux bâtes des saphirs inférieurs sont soudées deux tiges qui entraient dans deux douilles. Cette ornementation, par sa simplicité même, ne manque pas de style, elle est d'ailleurs exécutée avec soin ; les bâtes sont bien faites, sertissent les pierres et sont délicatement soudées. Les parties inférieures de l'écrin **(voy. fig. 1)** étaient, ou composées comme celle-ci, ou formées de chatons embâtés sur des plaques d'or battu. Des perles, en grand nombre, accompagnaient les pierres. Mais si l'on se reporte à d'autres monuments, on peut supposer que les chatons principaux étaient montés d'après une méthode fréquemment employée dans les pièces d'orfèvrerie de l'époque mérovingienne et carlovingienne, méthode qui consistait à river ou à souder les bâtes, non point à la plaque même du fond, mais à des supports plus ou moins riches. En effet, si nous examinons la couverture de l'évangéliaire de l'abbaye de Saint-Emmeran, que M. Labarte considère comme appartenant à la fabrication byzantine [8], nous voyons que certaines pierres sont montées ainsi que l'indique la **figure 3**. Mais on observera que cette façon de monter les chatons avait déjà été employée, avec des moyens d'exécution très-grossiers, il est vrai, par les conquérants barbares [9] ; or, en ce qui concerne la couverture de l'évangéliaire de Saint-Emmeran, en admettant que les ivoires soient un travail byzantin, nous ne pouvons voir dans la partie d'orfèvrerie, et notamment dans la monture des pierres, un ouvrage gréco-romain. Ces montures sont chargées d'ornements qui appartiennent, suivant notre sentiment, au style occidental rhénan du Xe siècle. Les bâtes qui maintiennent les pierres dans l'orfèvrerie byzantine sont habituellement unies, parfois seulement zonées de filets granulés, mais ne présentent point d'ajours [10].

Pendant l'époque carlovingienne, on rapportait de Byzance beaucoup de ces plaques d'ivoire, l'art de la sculpture sur cette matière étant fort répandu dans la capitale de l'empire d'Orient ; ces plaques étaient montées en Occident, soit en diptyques, soit en coffrets, soit en couvertures d'évangéliaires. Ainsi, par exemple, la couverture du livre de prières de Charles le Chauve (842 à 869) [11], qui possède une si belle plaque d'ivoire au centre, représentant des sujets tirés du psaume LVI de David, est entourée d'une bordure d'argent doré d'un travail grossier, qui certainement appartient à la fabrication occidentale. Faisant écrire ces livres en latin par des copistes occidentaux, il était naturel qu'on les fit relier par des artisans occidentaux. Les montures des pierres qui déco-

Viollet-le-Duc, del. Ad. Lévié, lith.

DE L'ÉCRIN DE CHARLEMAGNE.

[5] Voyez l'*Hist. des arts industriels au moyen âge,* par M. J. Labarte, t. II, p. 165.

[6] Cabinet des antiques, Biblioth. impér.

[7] Ce dessin est, comme tous ceux de cette figure, au double de l'exécution.

[8] Biblioth. royale de Munich. Cette couverture date de 975 environ, et passe pour avoir été donnée par l'abbé Ramuold, qui alors gouvernait l'abbaye de Saint-Emmeran de Ratisbonne.

[9] Voyez, dans la partie des vêtements, l'article AGRAFE (fig. 1).

[10] Voyez la couverture de l'évangéliaire de la cathédrale de Monza, qui est bien certainement de fabrication byzantine. Cette couverture est reproduite dans l'ouvrage de M. Labarte, *Hist. des arts industr. au moyen âge* (pl. XXXIII).

[11] Biblioth. impér.

3

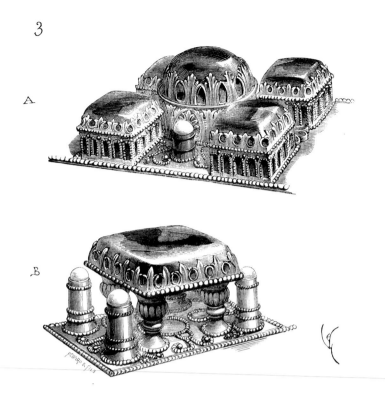

A

B

rent les plats de l'évangéliaire de Saint-Emmeran **(fig. 3** [12]**)** sont relevées sur des cloisons d'or très-délicatement travaillées **(voy. en A)**, ou sur des supports isolés **(voy. en B)**. Les pierres sont maintenues par de nombreuses griffes en forme de feuilles aiguës, et non par des bâtes unies. Seules, les perles sont serties par les extrémités rabattues de petits cylindres. Ce procédé de monture des pierres nous parait être occidental et rhénan ; on ne le voit guère employé dans l'orfèvrerie française, plus sobre dans ses moyens d'exécution. M. Labarte a donné l'ensemble de la composition de cette couverture dans son *Histoire des arts industriels.* L'industrie de l'orfèvrerie, pratiquée avec une supériorité incontestable à Constantinople, reçut en 1204 un coup funeste dont elle ne se releva jamais. Les croisés, comme on sait, s'emparèrent, cette année 1204, de la capitale de l'empire d'Orient et la mirent à sac. Mais, bien avant cette époque, en Occident, la fabrication de l'orfèvrerie avait atteint un degré de perfection qui ne le cédait pas à l'industrie orientale. Dans l'ouvrage que nous venons de citer, M. Labarte prétend que « le pillage de 1204 avait répandu en Europe un assez grand nombre de châsses et de reliquaires byzantins d'une admirable exécution, qui fournirent d'utiles leçons aux artistes d'Occident ». Les faits ne sont pas entièrement d'accord avec cette opinion ; la fabrication byzantine fournit évidemment des modèles à nos artisans occidentaux pendant tout le cours du XIIe siècle, c'est-à-dire depuis l'époque des premières croisades jusqu'à la fin du XIIe siècle. Non-seulement on exporta d'Orient, pendant cette période, un grand nombre d'objets façonnés à Constantinople et dans la Syrie septentrionale, fort industrieuse alors ; mais aussi beaucoup d'artisans occidentaux s'établirent dans les contrées nouvellement conquises et rapportèrent des méthodes de fabrication lorsqu'ils rentrèrent chez eux. Mais c'est précisément à dater des pre-

mières années du XIIIe siècle que l'industrie de l'orfèvrerie abandonne les traditions byzantines pour adopter des formes et des procédés qui appartiennent en propre à l'Occident. Le pillage de Constantinople eut donc le résultat de tout pillage, il ne produisit que des ruines et ne profita pas aux conquérants. Ceux-ci n'avaient d'ailleurs plus guère besoin de leçons en ce qui concerne la fabrication de l'orfèvrerie ; car alors, en Occident, cette fabrication avait atteint une rare perfection. Les villes rhénanes, Metz, Arras, Rouen, Bourges, Amiens, Troyes, le Puy en Velay, Paris, Limoges, possédaient dès la fin du XIIe siècle d'excellents ateliers d'orfèvrerie. Les trésors d'Aix-la-Chapelle, de Reims, de Saint-Denis [13], possédaient et possèdent encore en partie des objets de fabrication occidentale qui datent de cette époque et qui sont d'une grande beauté. Le calice d'or de saint Remi, qui, de l'église de Reims, était passé dans le trésor de l'abbaye de Saint-Denis, puis qui, en 1796, fut remis au cabinet des médailles de la Bibliothèque nationale, et qui est aujourd'hui déposé dans le trésor de la cathédrale de Reims, est un des exemples les plus complets et les mieux fabriqués de l'orfèvrerie du milieu du XIIe siècle. Ce calice est une œuvre occidentale, suivant notre opinion, car il n'a pas de rapports avec la fabrication de Byzance, soit comme style d'ornements, soit comme émaux, soit comme emploi de procédés matériels. Sa hauteur est de 145 millimètres et la largeur du cratère de 13 centimètres [14]. La **figure 4** en donne les détails principaux.

En A, l'ornementation externe du cratère, qui se compose de six lobes unis, entourés de bordures et d'une zone de filigranes, avec pierres et perles embâtées, plaques d'émaux translucides dans les triangles. En B, est un détail, au double, du filigrane soudé sur le fond. En C, est la section, au double, de l'ornementation A. Les filets granulés sont figurés en *a.* En *b* sont soudés des champs qui enferment les ornements de filigranes, les pierres et perles ; en *c,* le champ qui sertit les émaux. Les bâtes des pierres sont tracées, au double, en *d.* La section de la bague, sous la coupe, est donnée en VCR, grandeur d'exécution, et un détail de cette bague est reproduit en D. En E, un morceau du pied dont la pince est profilée en G. Les filigranes, les filets granulés, les folioles et oreilles, les champs, sont solidement soudés au fond du vase, lequel est d'or battu. Le cratère est vissé dans la bague **(voy. en V)**, et cette bague est rivée sur le pied **(voy. en R)**.

Notre figure en B explique comment sont faits les ornements de filigranes, et comment chaque tigelle se termine par une boule qui, par son épaisseur, a facilité le travail de soudure. Les bâtes sont rabattues sur les pierres avec beaucoup de soin ; les émaux cloisonnés, translucides, verts, rouges, bleu foncé et blancs, sont d'une exécution parfaite [15]. Le procédé de fabrication de ces pièces consiste donc en un travail de chaudronnerie d'or : le cratère, la bague et le pied étant façonnés au repoussé séparément. Une douille, avec pas de vis fondu, a été soudée à la bague, puis une vis au cratère. Ces pièces ont été polies au tour. Alors ont été soudés les champs qui entourent les filigranes, les émaux et les bâtes des pierres et perles, puis les filets granulés, puis enfin les filigranes granulés.

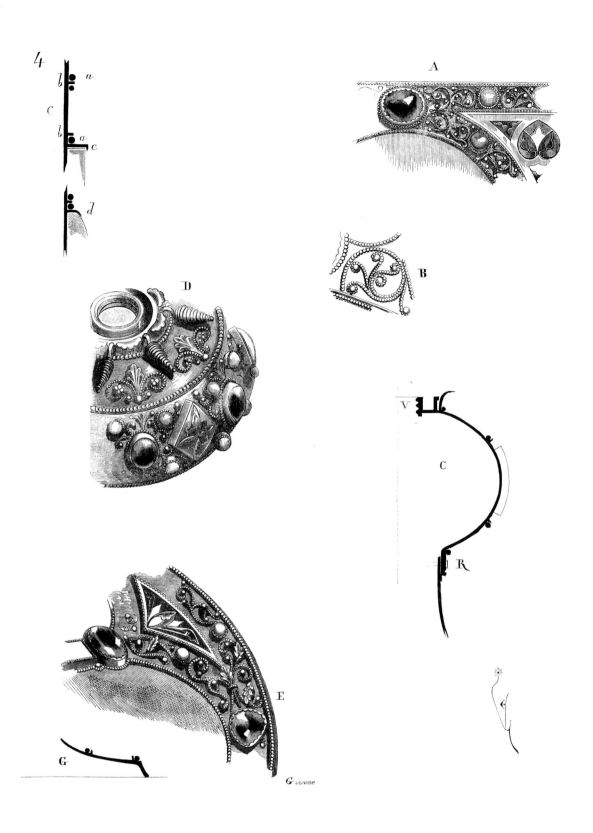

Ce mode de fabrication, avec quelques différences dans l'exécution, est appliqué, pendant le XIIe siècle et le commencement du XIIIe, à l'orfèvrerie de cuivre, et plusieurs châsses, notamment la grande châsse d'Aix-la-Chapelle, fournissent de très-beaux exemples de cette industrie. Le fragment, **figure 5** [16], indique les procédés employés. Le fond est *hachié,* c'est-à-dire gravé de lignes fines se coupant à angle droit. Sur ce fond ont été rapportés les filigranes, non

[12] Notre gravure donne cette monture grandie de moitié en sus, afin de rendre l'intelligence du travail plus facile.

[13] Quelques pièces du trésor de Saint-Denis, qui était particulièrement riche en objets d'orfèvrerie d'or du XIIe siècle, se voient encore au Louvre et dans le cabinet des antiques de la Bibliothèque impériale.

[14] Voyez, dans la partie des USTENSILES, l'ensemble de ce calice à l'article CALICE.

[15] Voyez planche XL.

[16] Grandeur d'exécution.

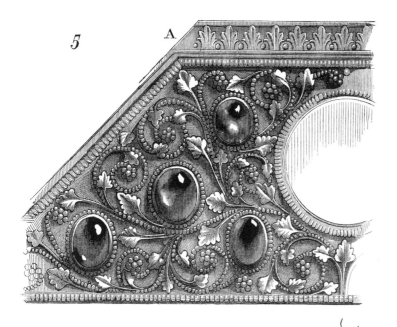

5

A

E. GUILLAUMOT

point soudés, mais rivés sur ce fond. On remarquera que ces enroulements sont assez forts pour avoir pu être entièrement soudés entre eux. Les tigelles des folioles sont également soudées dans les jonctions des enroulements. Toute cette partie de l'ornement se tenait donc d'elle-même, avant son application sur le fond auquel de petits rivets l'attachent ; de telle sorte qu'elle forme un treillis indépendant, s'approchant plus ou moins du fond et produisant ainsi des jeux d'ombres et de lumière de l'effet le plus piquant. Les bâtes des pierres sont également rivées sur ce fond, de même que les filets granulés. L'artisan pouvait ainsi composer des bouquets, des enroulements plus ou moins riches, plus ou moins chargés de feuillages et de fleurettes ; puis il maintenait cette ornementation à l'aide d'un grand nombre de rivets qui faisaient partie de la décoration. Dans notre figure, les boutons milieux des fleurettes sont autant de rivets. Les filets granulés ou godronnés sont, ou appliqués autour des plaques de fond au moyen de rivets, ou tenant au fond et repoussés à l'aide de matrices. Les ornements, tels que ceux indiqués en A, sont également obtenus par l'étampage et n'ont qu'une faible saillie. Les folioles du filigrane sont de même étampées avec des matrices, puis découpées proprement sur les bords et soudées à la tige. Nous reviendrons sur ce mode de fabrication d'ornements rapportés, qui fut si fort en vogue à la fin du XIIe siècle.

Mais, avant de passer outre, il nous faut insister sur l'adresse avec laquelle les orfèvres savaient souder l'or sans apparence d'autre métal.

Il existe dans le cabinet des antiques de la Bibliothèque impériale trois objets d'or [17] dont il est difficile de connaître la destination, mais qui nous semblent être des fragments de parure. Ces objets de fabrication carlovingienne [18], et que nous donnons grandeur d'exécution (**fig. 6**), se composent d'un fond plat et d'un ornement singulier rapporté et soudé sur ce fond. Le plus grand, A, est présenté en *a* du côté

plat, en *b* de profil et en *c* en perspective. Le tout est façonné au moyen de lames d'or assez minces, soudées sur les rives, avec filets granulés également soudés. Un trou garni d'une matière dure, épaisse et d'apparence vitrifiée, le traverse latéralement, comme pour empêcher le cordon qui enfilait ce bijou d'user les parois d'or mince. Le second objet, B, est présenté en *d* du côté plat et en *e* en perspective. Le troisième, C, est assez semblable au second, mais plus étroit. Leur fabrication est semblable à celle du premier ; et tous les deux sont également percés de trous latéraux garnis de la même matière dure. On ne saurait trouver une exécution plus précise et plus délicate, et le temps n'a point fait apparaître un métal fondant autre que l'or dans les soudures. Il est donc incontestable que les orfèvres étaient arrivés, dès cette époque, à un degré de perfection rare dans l'art de souder l'or, non-seulement en Orient, mais dans l'Occident [19].

Il serait difficile aujourd'hui d'indiquer la provenance exacte de la plupart de ces objets d'art. Quelques archéologues ont voulu voir dans les couronnes de Guarrazar un travail oriental. Rien ne confirme d'ailleurs cette opinion ; nous pensons que l'art de souder l'or fut répandu aussi bien en Orient qu'en Occident depuis l'antiquité jusqu'au XIIIe siècle. Dans le retable de Bâle déposé aujourd'hui au musée de Cluny, et dont la fabrication est occidentale et appartient au commencement du XIe siècle, il y a des parties soudées. Nous trouvons des objets d'or soudé avant cette époque, qui pourraient appartenir, comme ceux que donne la **figure 6**, à la fabrication occidentale. On ne saurait douter que, dès avant Charlemagne, les Occidentaux possédaient un grand nombre d'objets d'or soudé. Indépendamment des bijoux wisigoths qui devaient être connus dans les Gaules, les incursions des Arabes en avaient laissé sur le sol. On a trouvé près de Poitiers, dans un champ, un bout de ceinture d'or qui paraît avoir appartenu à quelques-uns des chefs battus par Charles Martel. Ce bijou, dont la **figure 6 *bis*** donne la face, grandeur d'exécution en A et le revers en B, se compose de deux plaques d'or. Celle de la face est repoussée et figure quatre éléphants bizarrement contournés, avec filets granulés soudés et lamelles formant enroulements, également soudées de champ sur le fond (voy. le détail C au double) et frettées par des embrasses. Le dessous B n'est qu'une plaque d'or unie, sur laquelle sont soudés en plein des fils d'or avec embrasses, formant une sorte d'arabesque. Les perles d'or de la bordure, sur la face, avec filets granulés, sont de même soudées en plein sur le fond. En D, est tracée la coupe de ce curieux bijou [20]. Les éléphants repoussés sur la plaque de devant nous font seuls supposer que cet objet appartenait à quelque chef maure ; car, d'ailleurs, sa fabrication se rapporte à celle des bijoux de cette époque, dont l'origine occidentale ne saurait être douteuse.

Les objets dont nous venons de parler, exécutés en or ou en cuivre, appartiennent à une fabrication exceptionnelle, de choix. Cependant les orfèvres livraient à leurs clients des pièces très-ordinaires, d'un prix peu élevé, obtenues par des moyens beaucoup plus simples ; et c'est cette fabrication vulgaire qui donne partout et toujours la valeur relative d'un art.

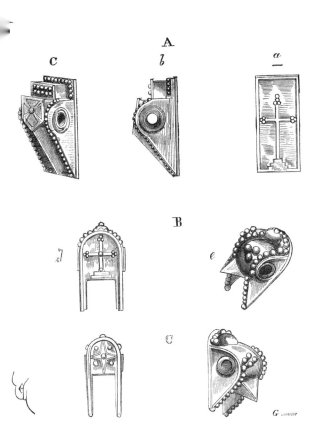

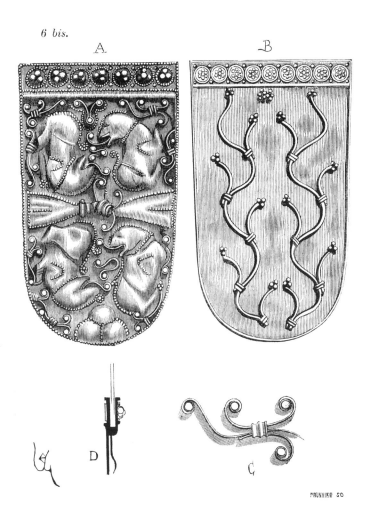

Aujourd'hui, avec quelques soins et beaucoup d'argent, on arrive à produire en orfèvrerie des objets d'une grande valeur comme travail ; mais à quel degré d'abaissement et de vulgarité la fabrication à bon marché n'est-elle pas tombée ? Il suffit, pour se convaincre de cette triste vérité, de visiter nos églises, remplies d'objets d'orfèvrerie du plus pauvre goût et d'une exécution barbare autant que prétentieuse.

De même que beaucoup de petites communes prétendent faire bâtir une cathédrale avec une somme de 100 000 francs, et possèdent ainsi des édifices de carton, d'une apparence misérable sous leurs formes prétentieuses ; de même le mobilier d'orfèvrerie qui garnit les autels est-il indigne de l'objet, non par sa simplicité, mais au contraire par une affectation de richesse qui prétend cacher les moyens de fabrication les plus économiques et les plus opposés à cette apparence même. Ces temps *barbares* du moyen âge ne procédaient pas ainsi, et chaque mode de fabrication était en rapport avec la somme affectée à l'acquisition de l'objet.

Prenons un exemple : Voici, **figure 7**, un fragment d'une croix qui appartenait à l'abbaye de Jouarre [21]. La décoration d'orfèvrerie se compose de lames minces de cuivre gravées, clouées sur une âme de bois. Des médaillons cloués, à fond d'émail, avec figurines rapportées en cuivre fondu, représentent, au centre, le Christ assis, avec les symboles des quatre évangélistes.

Il s'agissait évidemment ici d'obtenir une fabrication économique. Or, les chatons de verres colorés qui décorent cette croix ne sont maintenus que par des trous faits dans les plaques de cuivre ; trous dont les bords sont légèrement relevés en façon de bâtes, et forment ainsi une sertissure très-économique (voy.

la section A) ; les plaques dorées sont simplement gravées au burin et les clous restent apparents. On fabriquait beaucoup de ces objets en feuilles de cuivre gravées ou étampées et clouées sur du bois, et ce procédé fut employé jusqu'au XVIe siècle. L'étampage se faisait dans des matrices de cuivre fondu et trempé ou de fer gravé, ou embouti, à la manière des coins, sur un modèle d'acier. Quand l'artiste voulait obtenir un travail plus délicat, il retouchait les feuilles étampées au burin émoussé, ou les gravait à l'échoppe sur quelques parties.

Le procédé de l'étampage était employé dans la fabrication d'objets moins ordinaires. Il existe, dans le trésor de la cathédrale de Reims, un reliquaire en forme de monstrance, dit reliquaire de saint Sixte et saint Sinice, qui présente à peu près tous les procédés de fabrication adoptés au commencement du XIIIe siècle. La **planche XXXV** donne l'ensemble de ce reliquaire. Les pattes sont fondues ; le pied, la tige avec sa bague, sont faits au repoussé et à l'étampe ;

[17] Catalogués sous le n° 2714 du Catalogue de M. Chabouillet, conservateur.

[18] IXe ou Xe siècle.

[19] Voyez Théophile, *Diversarum artium Schedula.*

[20] Ce bout de ceinture fait partie de la collection des bijoux du musée de Cluny, catalogué sous le n° 3410.

[21] Cette croix est aujourd'hui en la possession de M. de Charnacé ; elle date de la seconde moitié du XIIe siècle. La partie que nous donnons est le revers du croisillon supérieur. (Voyez, pour l'ensemble, les *Monuments de Seine-et-Marne* par MM. Aufauve et Fichot.)

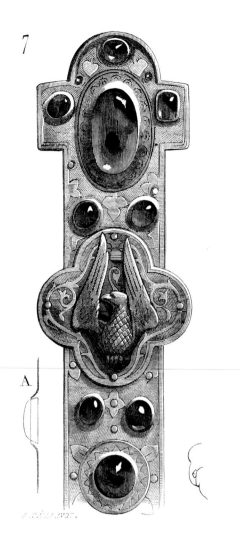

7

A

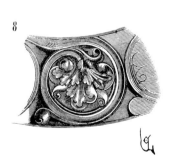

8

la partie supérieure, inclinée, est presque entièrement ciselée au burin et ornée de pierres embâtées. Autour du pied, fait au repoussé, sur l'orle horizontal, sont rapportés des ornements étampés par pièces soudées sur le fond. La **figure 8** donne, grandeur d'exécution, un de ces ornements juxtaposés. C'était, comme nous l'avons dit, au moyen d'une matrice que cet ornement était obtenu. L'ornement de la tige qui est au-dessous de la bague est fait au repoussé, et les feuilles qui se recourbent sur cette embase sont rapportées et soudées. Quant à la bague **(fig. 9)**, elle se compose d'un fond uni repoussé, sur lequel ont été soudés six médaillons saillants obtenus par une matrice ; puis

les feuilles A et B, repoussées, ont été soudées à leur base [22]. Autour de la seconde bague C repoussée, ont été de même soudés des rangs de feuilles. La tige droite D est gravée ; le plateau supérieur, qui renferme les reliques, est fait de feuilles épaisses de cuivre, gravées, ciselées et dorées. La **figure 10** donne la ciselure, grandeur d'exécution, de l'un des six lobes. La ciselure ne consiste pas qu'en un trait buriné ; elle présente un certain modelé vif, net, d'un excellent effet. Cette monstrance, remarquable par le style et la composition, est obtenue, au total, par des procédés de fabrication très-simples. Grande liberté dans l'emploi des moyens parfaitement appropriés à la place. Les pattes, qui doivent offrir de la résistance, sont les seules pièces fondues ; le repoussé et l'étampé sont réservés pour le piédouche et la tige, puis la ciselure pour la partie la plus précieuse. Et en effet, la ciselure accompagne mieux les pierres que ne peut le faire le travail au repoussé, toujours un peu *flou,* lorsqu'il n'est pas retouché au burin.

Il était très-aisé d'étamper de petites pièces d'un faible relief ; il suffisait d'un ou deux coups de *mouton,* si le métal était mince, — et ces petits étampages sont toujours faits dans des feuilles d'or, d'argent ou de cuivre de l'épaisseur d'une coquille d'œuf. — Mais les orfèvres ne se bornaient pas à étamper des ornements très-plats. On fabriquait, pour les objets ordinaires, des figurines à l'aide de matrices d'un relief considérable, mais ayant toujours de la *dépouille,* c'est-à-dire pouvant sortir du creux. Beaucoup de châsses sont décorées de statuettes obtenues par ce procédé simple et expéditif ; quelques burinages faits sur les vêtements donnaient seuls de la variété à ces figures frappées dans la même matrice à l'aide du mouton. Parfois aussi les orfèvres des XIIe et XIIIe siècles fabriquaient des pièces *embouties.* L'emboutissage consiste à revêtir un modèle d'une feuille de métal mince à coups de marteau et de poinçon de bois ou de fer émoussé, jusqu'à ce que cette feuille adhère à tous les reliefs et creux de ce modèle. Pour ce faire, on fondait en cuivre un modèle, en ayant la précaution de le tenir plus maigre et plus sec que ne devait l'être l'ornement ou la figure. On trempait ce modèle pour lui donner de la dureté, et l'on procédait comme il vient d'être dit. La feuille de métal surappliquée, si mince qu'elle fût, ajoutait du *gras* au modèle. Ces emboutissages sont toujours retouchés par de la gravure faite, non à l'échoppe, qui aurait percé le métal, mais au burin émoussé : ainsi, cette gravure n'intaille pas, mais repousse elle-même la feuille métallique. Elle n'était pas faite d'ailleurs sur cette feuille pendant qu'elle était superposée au modèle, mais sur un remplissage de résine ou de plomb qui remplaçait ainsi le modèle, en offrant plus de souplesse. C'est ainsi qu'ont été fabriquées les belles figurines du retable de Coblentz, que possède l'église impériale de Saint-Denis [23]. L'ouvrage achevé, on enlevait le plomb (ce qui était aisé, puisque ces objets sont presque toujours de dépouille, et que, d'ailleurs, la feuille métallique était flexible), ou l'on en faisait fondre la résine. Parfois celle-ci est laissée à l'intérieur pour donner de la résistance à l'objet embouti.

Les orfèvres du XIIIe siècle étaient fort habiles lorsqu'il s'agissait de souder des pièces étampées sur un fond, de telle façon que ces pièces semblent appar-

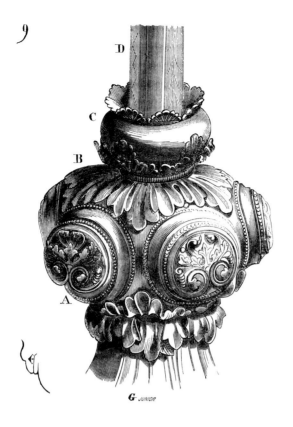

tenir à ce fond même. Le trésor de la cathédrale de Sens possède un beau ciboire de vermeil fabriqué par ce procédé. La **planche XXXVI** donne l'ensemble de ce ciboire, moitié de l'exécution. Les deux valves, celle qui sert de coupe et celle qui forme le couvercle, sont battues chacune au marteau, et présentent identiquement le même galbe. Le bouton avec son col, et le pied avec sa tige, sont rapportés et soudés ; les jolis ornements qui décorent la panse de la valve et du couvercle, du pied et de la boule supérieure, sont étampés et soudés sur le vase. Nous donnons en A, **figure 11**, l'ornement du bouton supérieur ; en B, ceux de la partie saillante du couvercle et de la panse ; en C, ceux du bord du couvercle ; en D, de la partie supérieure du couvercle ; et en E, ceux du pied. Ce ciboire était destiné à être suspendu au-dessus de l'autel, suivant l'usage admis dans beaucoup d'églises cathédrales et abbatiales, jusqu'au XVIᵉ siècle [24]. Ce genre de fabrication paraît appartenir spécialement aux orfèvres de la fin du XIIᵉ siècle et du commencement du XIIIᵉ. Plus tard il n'est guère employé. Les ornements étampés ne sont plus soudés en plein sur les fonds, mais seulement sur quelques points ; ils s'en détachent sur beaucoup d'autres, ou bien c'est le fond lui-même qui, repoussé au marteau, forme les ornements en relief. Aussi nous allons laisser un instant ce qui concerne l'orfèvrerie repoussée et étampée, pour nous occuper de la fonte.

L'habileté des fondeurs du XIIᵉ siècle surpassait tout ce qui a été fait dans l'antiquité et depuis lors. Le beau fragment du grand candélabre de Saint-Remi de Reims [25], le chandelier du Mans [26], quelques encensoirs et candélabres de cette même époque, témoignent de l'adresse avec laquelle ces artisans du XIIᵉ siècle savaient fondre à cire perdue. Le moine Théophile, dans son *Essai sur divers arts* [27], s'étend longuement sur la manière de fondre l'encensoir qu'il

10

[22] Cette figure 9 est aux deux tiers de l'exécution.

[23] Voyez p. 87 et suiv.

[24] Ce ciboire appartient à la fabrication de la première moitié du XIIIᵉ siècle.

[25] Déposé au musée de la ville de Reims.

[26] Voyez, dans la partie des USTENSILES, la planche XXIX.

[27] *Diversarum artium Schedula,* lib. III, cap. LX (XIIᵉ siècle).

Viollet Le Duc dir.!

Leon Gaucherel sc.

MONSTRANCE

CIBOIRE DE LA CATHÉDRALE DE SENS

A. MOREL_éditeur

Imp. Lemercier et Cⁱᵉ Paris

Viollet-Le-Duc del.

P. Ad. Varin sc.

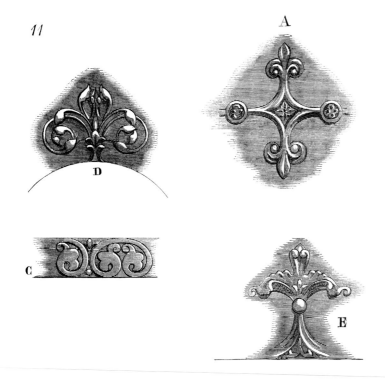

11

D

C

A

E

rien ne peut donner l'idée : et cette pièce n'est pas la seule. Nous avons vu des fragments de chandeliers, des bagues de crosse, des chaufferettes à mains, des débris de fines clôtures, qui sont, comme fonte, supérieurs à ce que l'Occident a pu produire depuis lors, malgré les ressources apportées par les perfectionnements modernes. Il est évident que les artistes mettaient à ces ouvrages le temps nécessaire, et qu'aujourd'hui c'est sur le temps qu'on cherche à économiser.

Nos musées, à défaut de grandes pièces qui, toutes, ont été fondues à la fin du siècle dernier, et même avant cette époque (car les chapitres et les abbayes ont détruit bon nombre de ces objets pour faire faire des ornements nouveaux [28]), possèdent une assez grande quantité de pièces de fonte arrachées à des châsses ou des meubles. Ces fragments suffisent à donner l'idée de l'art du fondeur appliqué à l'orfèvrerie pendant le moyen âge. Nous allons en présenter quelques-uns.

B

E. GUILLAUMOT

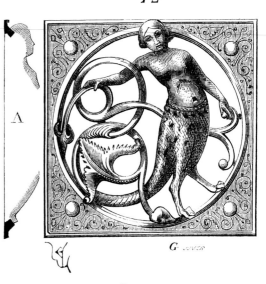

12

A

G. JOUIN

présente comme un modèle. Les procédés qu'il indique sont ceux employés lorsqu'on veut fondre à cire perdue, mais avec un détail de précautions qui montre assez combien cette industrie était poussée loin. Le fait est que les objets de bronze coulé de cette époque sont remarquablement légers et purs. Le métal est beau, plein, sans soufflures, et il est difficile de comprendre comment certaines pièces ont pu être obtenues d'un seul jet sans brisures, puisque de parties pleines et épaisses se détachent des tigelles, des ornements d'une extrême ténuité. En pareil cas, il arrive que les parties délicates refroidissant beaucoup plus vite que les parties épaisses, il y a des retraits inégaux, et, par suite, des solutions de continuité dans la fonte. Le chandelier du Mans, que notre insouciance pour les objets qui ont une importance sérieuse et pratique a laissé passer en Angleterre, lors de la vente du prince Soltykoff, est, sous le rapport des procédés matériels, indépendamment de sa valeur comme art, une œuvre prodigieuse. La ciselure ajoute, il est vrai, de la finesse à la fonte ; mais celle-ci, visible cependant partout, est d'une délicatesse dont

La **figure 12** est une des pièces de fonte qui décorent les coins de la couverture de la Bible de Souvigny [29]. La ciselure est venue ajouter quelques finesses à cette pièce délicate, notamment pour figurer les poils et la ceinture de la Chimère. Les écoinçons sont gravés avec une rare précision. Notre dessin est de la grandeur de la plaque, dont le profil est tracé en A. Cet objet date du XIIe siècle. La **figure 13** est une des trois parties du pied de la croix orientale qui appartient aux religieuses de Notre-Dame, à Namur, et qui provient de l'ancienne abbaye d'Ognies, située près de cette ville. La croix de vermeil est évidemment de fabrication orientale ; elle fut montée à la fin du XIIe siècle, ou au commencement du XIIIe siècle, sur un pied fondu d'un beau travail, dont notre gravure donne un fragment [30]. La ciselure ne fait ici que raviver les détails ; elle est plutôt un burinage qu'une retouche de la fonte. Or, il faut une main sûre et du goût pour pouvoir ainsi retoucher de la fonte : c'est là un travail d'artiste que les ouvriers de cette époque exécutaient avec autant d'adresse que de sentiment [31]. Le musée de Cluny conserve quelques beaux mor-

13

E. GUILLAUMOT.

ceaux de fonte d'orfèvrerie. Celui que nous donnons ici **(fig. 14)** [32], et qui représente la création d'Adam, est d'une légèreté de fonte peu commune et d'un assez beau style. Le burin est intervenu sur quelques points, notamment pour tracer les détails des arbres et l'inscription : POSTEA FACTUS HOMO QUI DOMINE-TUR EIS. Ces trois derniers objets étaient dorés. Le premier et le dernier seulement appartiennent à la fabrication de Limoges [33] ; quant à celui provenant de l'abbaye d'Ognies, il appartient évidemment à la fabrication rhénane. Ces trois pièces sont d'ailleurs fondues sur cire perdue, et ne présentent, bien entendu, aucune trace de soudure. Mais les orfèvres ne se bornaient pas à la fabrication de ces objets plats, ne présentant qu'une face vue. Sur cire perdue, ils obtenaient des fontes ronde bosse et très-ouvragées. Sans parler du chandelier du Mans, qui, comme œuvre de fonte, est une merveille, il y avait à Limoges, à Arras, à Dinant, des fondeurs très-habiles, même lorsqu'il ne s'agissait pas de pièces exceptionnelles. Les *dinan-deries,* c'est-à-dire les objets de cuivre fabriqués à Dinant, étaient fort estimées, notamment comme fontes. Nous donnons comme exemple de cette fabrication du Nord le pied d'un chandelier pascal **(fig. 15)** qui appartient à l'église de Postel et qui date de la fin du XIIᵉ siècle. Cette fonte est remarquablement pure et n'est que très-peu burinée. Ce pied est d'une pièce jusqu'à la bague A. Les rinceaux sont ajourés et d'un travail gras, quoique fin. Les ornements, sur les dos des dragons, sont venus à la fonte. Mais bien-tôt les orfèvres renoncèrent à ces pièces coulées, qui, pour venir d'un jet, demandaient beaucoup de soins et de temps, et employèrent les soudures avec beaucoup d'intelligence et d'adresse, de manière à masquer la soudure dans la composition. Ainsi on voit au musée de Cluny une colonnette de cuivre doré, provenant d'une châsse probablement, qui, sous le rapport de la fabrication, est un des objets les plus intéressants qu'on puisse étudier. Le chapiteau de cette colonnette **(fig. 16)** [34] se compose d'une corbeille fondue, dont le galbe est donné en A. Sur cette

14

E. GUILLAUMOT.

[28] On met sur le compte de la révolution toutes les destructions. Certes on détruisit, à cette époque, bon nombre d'objets inestimables ; mais ce n'est pas la révolution qui commença l'œuvre du vandalisme, elle était fort avancée à la fin du dernier siècle (le XVIIIᵉ).

[29] Musée de la ville de Moulins.

[30] Voyez, pour l'ensemble de cet objet, les *Annales archéologiques,* t. V, p. 318.

[31] La gravure est aux deux tiers de l'exécution.

[32] Grandeur d'exécution, n° 977 du Catalogue (commencement du XIIIᵉ siècle).

[33] Les yeux des deux personnages de la figure 14 sont incrustés. Ce sont de petites boules de verre noir.

[34] La gravure est de la grandeur de l'original.

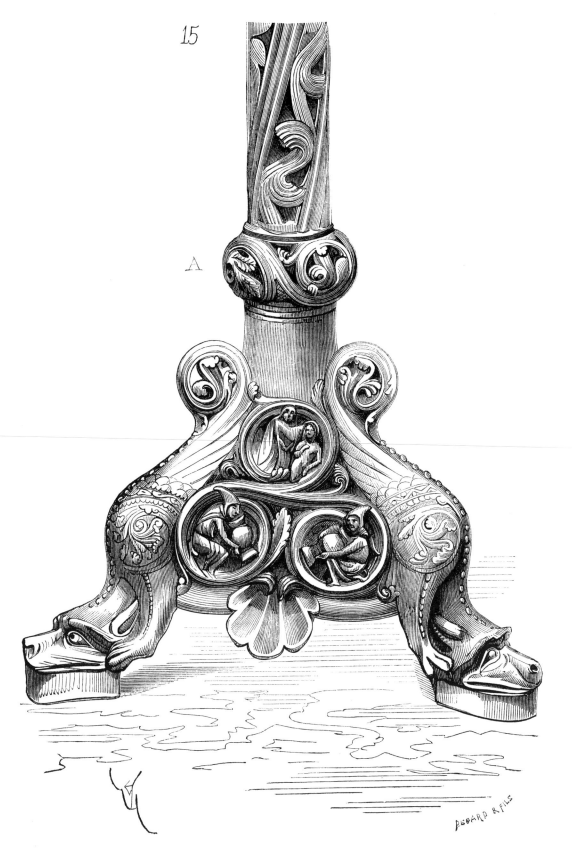

A

corbeille sont soudés des crochets fondus séparément. Les crochets du rang inférieur cachent l'extrémité soudée de ceux du rang supérieur, et des folioles, sur l'astragale, soudées par derrière, cachent l'extrémité soudée de ces crochets inférieurs. Quant au fût de la colonne, il est obtenu au moyen d'une feuille très-mince de cuivre étampée, appliquée sur une âme tubulaire de cuivre et soudée par derrière **(voy. en B)**, là où cette colonnette s'appliquait au fond de la châsse. Ainsi la soudure n'apparaissait-elle sur aucun point, et la dorure pouvait être franche et égale. Chaque crochet feuillu de ce chapiteau est fondu à part, sans retouches et d'une extrême pureté. On ne comprend guère — ces crochets n'étant pas de dépouille — comment on aurait pu battre des pièces pour les obtenir sur un modèle : aussi pensons-nous qu'ils ont, chacun, été fondus sur cire perdue. En C, est figuré un des crochets supérieurs détaché ; en D, l'ornement étampé du fût, au double de l'exécution. Cette colonnette date du milieu du XIIIe siècle.

On se tromperait si l'on pensait que la fabrication de l'orfèvrerie ait perfectionné ses moyens à dater de cette époque : c'est le contraire qui se voit. Certes,

on trouve des pièces d'orfèvrerie des XIVe et XVe
siècles qui présentent plus de régularité dans l'exécution que celles d'une époque antérieure ; mais, de
fait, cette exécution est moins belle, moins empreinte d'originalité. Le métier se substitue au travail de
l'artiste, la richesse au goût.

Revenons aux pièces d'orfèvrerie composées de
pièces rapportées.

Nous avons vu comment on décorait, au XIIe siècle,
des parties unies de métal, or ou cuivre, au moyen
de filigranes soudés, de filets granulés. Ce procédé
fut perfectionné encore au commencement du XIIIe
siècle. Au lieu de souder en plein, ou de poser sur un
fond plat des enroulements composés de fils de métal,
se détachant à peine de ces dessous unis, les orfèvres
cherchaient à donner à ce genre d'ornementation plus
de vie et d'éclat, en posant sur des fonds des enroulements très-modelés et saillants, composés de plusieurs fils granulés soudés ensemble. La belle croix
du musée de Cluny [35], à double branche, est un des
plus précieux spécimens de ce genre de fabrication
usité au commencement du XIIIe siècle. La **figure 17**
donne le milieu de cette croix qui sert de reliquaire
[36]. Les enroulements ne sont soudés au fond qu'à leur
souche, s'en détachent en manière de spirales pour
s'élever jusqu'à 7 ou 8 millimètres au-dessus de ce
fond. Des pierres embâtées sont semées au milieu de
ces légers ornements formés de deux ou trois fils
métalliques granulés, avec gouttelettes aux extrémités. On ne saurait trouver une décoration plus riche
et de meilleur goût. En A, est tracé le profil de cet
ornement. On faisait ainsi des bijoux, des agrafes,
des plaques de ceinture et de baudrier, qui s'alliaient
merveilleusement avec les reflets de la soie, du
velours et des étoffes brochées. On ne croyait pas,
en effet, que tous les bijoux pussent être portés indifféremment avec tel ou tel habit. Les bijoux émaillés
étaient plus spécialement destinés aux vêtements
sacerdotaux ou aux grands habits de cérémonie : manteaux et chapes. Ces bijoux émaillés cloisonnés
étaient nécessairement d'une assez grande dimension, étaient plats, prenaient par conséquent de larges
reflets qui eussent produit un mauvais effet avec des
habits de soie ou d'étoffes fines. Il fallait sur ces
vêtements des bijoux d'un travail délicat, multipliant
les surfaces brillantes, rappelant les broderies. Malheureusement il ne nous reste qu'un très-petit nombre
de ces charmants bijoux de toilette. Il en existe plusieurs au Musée Britannique et dans quelques collections particulières de l'Angleterre. Le musée de
Cluny n'en possède pas qui soient antérieurs à la fin
du XVe siècle. Nous en avons eu quelques-uns entre
les mains dans des ventes, à une époque où ces bijoux
n'avaient pas acquis la valeur qu'on leur accorde
aujourd'hui [37] ; ainsi nous avons pu en conserver des
dessins trop rares, mais qui donnent des spécimens

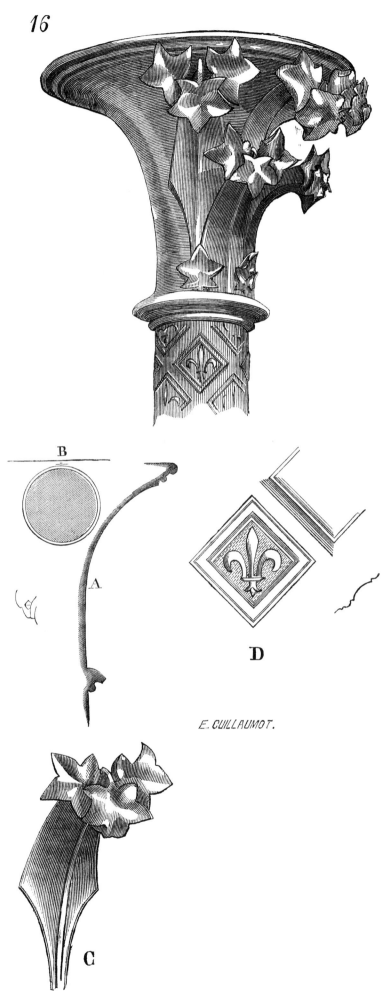

E. GUILLAUMOT.

---

[35] N° 3120 du Catalogue, provenant de la collection Sollykoff.

[36] Grandeur d'exécution.

[37] Il est peu d'objets du moyen âge ayant quelque valeur qui aujourd'hui
ne soient connus et catalogués. On les voit paraître dans des ventes
célèbres, et l'on sait où ils sont placés. Mais, il y a vingt-cinq à trente ans, le nombre des amateurs n'était pas assez nombreux pour que
l'attention suivit ainsi ces objets précieux. A cette époque, beaucoup
passèrent en Russie, où il existe quelques collections remarquables,
connues seulement de quelques voyageurs occidentaux.

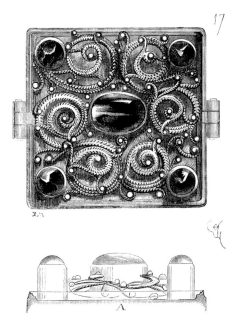

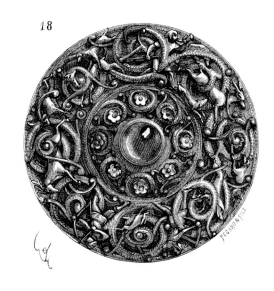

de cette fabrication de la fine orfèvrerie du XIIIᵉ siècle. Parmi ces bijoux, nous citerons une agrafe ou afiche d'or, d'un travail analogue à celui de la croix du musée de Cluny, mais beaucoup plus fin. Cette agrafe est circulaire, se compose d'un orle, avec enroulements granulés, dans lesquels passent des figures représentant une chasse. Au centre est un saphir entouré de spirales terminées par une fleurette. La **figure 18** donne la copie de ce bijou, grandeur d'exécution [38]. Le Musée Britannique possède une agrafe analogue à celle-ci, et qui date également de la première moitié du XIIIᵉ siècle.

Vers le milieu de ce siècle, on fabriqua un grand nombre de châsses, de coffrets et menus meubles par le procédé des lames d'or, d'argent ou de cuivre, étampées et gravées. Ce procédé était rapide et permettait d'obtenir une richesse apparente de travail à peu de frais. Alors le goût nouveau exigeait la réfection des objets servant au culte, et plus encore de ceux destinés aux usages civils. Beaucoup de ces lourdes châsses romanes des premiers siècles furent refaites, et l'on ne conserva guère dans les trésors des églises que celles dont le travail était hors ligne ou qui étaient en trop grande vénération pour qu'on osât y toucher. En orfèvrerie, comme en architecture, il y eut, entre les années 1210 et 1240, une rénovation des anciennes formes. Toutefois les procédés de fabrication usités au XIIᵉ siècle ne changèrent pas ; mais, voulant obtenir une exécution plus rapide, parmi ces procédés, on choisit les plus simples. L'étampage au moyen de matrices, la fonte et la gravure, permettaient en effet de façonner rapidement de grandes pièces. Il faut dire que ces fontes, ces étampages et gravures sont d'une admirable pureté d'exécution ; et si hâtive ou économique que fût la fabrication, jamais elle ne s'abaissa au degré de banalité et de grossièreté où on la vit descendre à dater du XVIᵉ siècle. L'organisation des maîtrises ne permettait pas l'avilissement de la main-d'œuvre, et il fallait que les objets sortis des ateliers des maîtres remplissent certaines conditions d'exécution dont il n'était pas permis de s'affranchir. Ces ateliers possédaient d'ailleurs des matrices d'un style excellent, gravées avec le plus grand soin, et il n'en coûtait pas davantage de frapper des feuilles de métal à l'aide de ces matrices. Si bien que les objets les plus ordinaires reproduisaient des types charmants, qui, loin de fausser le goût du public, ne lui montraient au contraire que des formes d'art parfaites. Depuis le XVIIᵉ siècle ; depuis que, par suite du plus funeste de tous les systèmes en fait d'art, on a inauguré en France l'art des classes élevées, de l'aristocratie, à côté de la fabrication de luxe il n'y a plus eu que barbarie et grossièreté. Ce qui nous charme dans les objets meubles laissés par le moyen âge, c'est qu'ils sont faits, comme ceux de l'antiquité grecque, non pour une classe privilégiée, mais pour tout le monde, qu'ils élèvent l'esprit du pauvre comme ils charment les yeux du riche. Et si, aujourd'hui, on veut sérieusement instruire les classes inférieures, trop oubliées pendant les trois derniers siècles, il faudrait commencer par ne leur montrer que des objets bien conçus et d'une forme belle. Nos démocrates aujourd'hui songent, il est vrai, à bien autre chose ; ils dédaignent habituellement les choses d'art, ou ne pensent pas qu'elles soient faites pour le peuple : ce sont toujours pour eux des objets de luxe, car ils ne croient pas que l'art puisse se loger ailleurs que dans les palais. L'art, au contraire, est une des consolations du pauvre, c'est pour cela qu'il est bon de lui en donner le goût. Dans les journées de nos révolutions populaires, nous avons fait cette triste observation, que la multitude n'avait qu'un moyen de jouir des choses d'art, c'est de les détruire. N'étant pas faites pour elle, un secret instinct d'envie la pousse à les briser. C'est encore là une des conséquences de l'héritage laissé à la France par le grand siècle. Le grand siècle a fait de l'art un aristocrate : or, le peuple voit en lui un ennemi. Ce n'était pas ainsi que le moyen âge, ce moyen âge barbare et oppresseur, considérait l'art. Il ne l'avait pas relégué dans des Académies ; il vivait dans la cité, il circulait dans les ateliers des corporations, appartenait à tous, et pouvait à tous procurer des satisfactions élevées. Les cathédrales n'étaient-elles pas une page d'art pour la multitude ? n'étaient-elles pas la glorification de toutes les branches de l'art ?

Tous ne peuvent posséder de la vaisselle plate, des bijoux d'or ornés de pierreries, des meubles de bois précieux et des vêtements de velours, mais tous peuvent avoir, si modeste que soit la fortune, des objets revêtus d'une forme distinguée, dans la fabrication desquels l'art a pris une place. Il n'en coûte pas plus de donner au vase de terre une belle forme, au meuble de bois commun, une structure convenable en raison de son usage, au pot d'étain ou de cuivre, des ornements d'un goût aussi pur qu'au pot d'argent ou de vermeil. L'art est indépendant du luxe ; il n'en est pas l'esclave, mais plutôt le maître. Si de nos jours les classes qui ne peuvent se donner les jouissances que procure le luxe, n'ont qu'une idée très-peu développée de la valeur réelle de l'art, les personnes riches ont si bien fait de l'art et du luxe une seule et même chose, elles ont si bien confondu dans leur esprit ces deux jouissances, qu'elles demeurent insensibles aux expressions de l'art en dehors du luxe. Nous disions que nous avions vu détruire des objets d'art par des malheureux qui ne voyaient dans ces objets qu'une

manifestation de la richesse ; aussi avons-nous vu plus souvent encore des personnes du monde entièrement insensibles à des formes d'art recouvrant des matières communes. Tel amateur qui se pâmera d'aise en face d'un vase de cristal de roche monté en or, d'une forme disgracieuse, passera devant un vase athénien de terre cuite, sans y prêter attention, à moins toutefois qu'on ne lui dise que ce vase a été payé 20 000 fr.

Nos orfèvres du XIIIᵉ siècle tenaient donc, même lorsqu'ils fabriquaient des objets ordinaires par des moyens économiques, à décorer ces objets de telle façon qu'on y trouvât autant d'art que dans le plus riche joyau. Les moules, les matrices qu'ils possédaient dans leurs ateliers servaient à fabriquer les ustensiles du pauvre comme ceux du riche, à façonner le cuivre aussi bien que l'or et l'argent. On pourrait présenter une intéressante collection de ces plaques étampées à l'aide de matrices gravées avec un goût parfait. Nous nous bornons à en donner quelques exemples, **figure 19** [39].

Mais les matrices ne servaient pas seulement à étamper des plaques courantes. Avec ces poinçons, les orfèvres frappaient de menus ornements, des feuilles, des fleurs ; puis le *compositeur* disposait ces pièces séparées pour en former des rinceaux, des bouquets, des crêtes, des tympans, au moyen de la soudure.

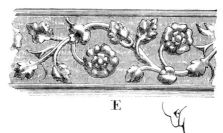

[38] Dessin faisant partie du cabinet de l'auteur. Ce bijou fut vendu en 1835 comme provenant du cabinet de la duchesse de Berry.

[39] L'ornement A provient de la châsse de saint Taurin d'Évreux (milieu du XIIIᵉ siècle) ; l'ornement B, de la châsse de saint Julien de Jouarre (première moitié du XIIIᵉ siècle) ; l'ornement C, d'un reliquaire du milieu du XIIIᵉ siècle ; l'ornement D, du musée de Cluny (XIVᵉ siècle) ; l'ornement E, d'une croix du XVᵉ siècle (cabinet de l'auteur). Tous ces ornements sont frappés sur feuilles de cuivre très-minces.

20

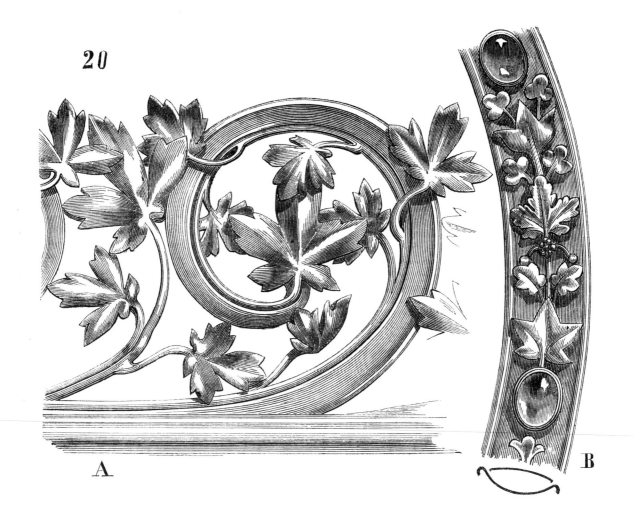

A

B

C

G JUNIOR

338

C'est à dater de 1230 environ, que ce mode de fabrication prend un grand développement ; jusqu'alors les poinçons ne frappaient guère que des objets très-délicats et petits, employés dans la bijouterie ou dans l'orfèvrerie la plus fine ; des fleurettes, des folioles de quelques millimètres de longueur. Au milieu du XIIIᵉ siècle, les artisans appliquent ce procédé à la grande orfèvrerie. On comprendra aisément quelle variété d'ornements permettait ce mode de fabrication. Avec une demi-douzaine de feuilles et de fleurs on pouvait composer un nombre infini de frises, de chapiteaux, de rinceaux, de crêtes. La **figure 20** donne un certain nombre de ces ornements obtenus par l'arrangement de feuilles, de tigelles, de fleurs frappées séparément et soudées [40]. Encore fallait-il que les ouvriers orfèvres sussent composer, ou tout au moins interpréter un dessin d'ensemble ; qu'ils fussent eux-mêmes dessinateurs assez exercés pour donner le tour convenable à ces réunions de pièces frappées séparément. Ils y mettaient évidemment du leur, car on ne leur donnait pas le dessin de toute une frise, les tracés de toutes les parties d'une châsse, d'un meuble ; or, jamais l'ornementation ne se répète exactement. S'il y a dix tympans, dix chapiteaux dans une châsse, chacun de ces ornements donne un dessin qui diffère par les détails. Un thème donné, l'ouvrier le variait suivant son goût, et ce goût est délicat. Nous avons la preuve du mérite individuel de ces artisans dans les nombreuses gravures sur métal que nous montre l'ancienne orfèvrerie.

La gravure était un des moyens économiques de décorer les feuilles de métal entrant dans la composition des pièces d'orfèvrerie. Mais la gravure n'est pas, comme l'étampage, un procédé mécanique.

Pour qu'elle soit passable, elle exige une main déjà exercée ; pour qu'elle soit belle et franche, avec l'habileté de la main, le talent et le sentiment vrai du dessinateur. Or, dans les objets les plus ordinaires, la gravure, si rude qu'elle paraisse, est l'expression d'un dessin vif et vrai. Énergique et souple, elle montre la puissance de ces écoles du moyen âge qui, même dans leurs œuvres les plus vulgaires, ne tombent jamais dans la mollesse et la platitude. Avons-nous fait, depuis le XVIᵉ siècle, des progrès en ce sens ? Ce n'est pas notre avis ; et, sauf de rares exceptions, la gravure sur métal, appliquée à l'orfèvrerie, a décliné. Pour compenser la pauvreté de style, la gravure a-t-elle du moins acquis une sûreté de main, une fermeté de burin qui suppléent à la beauté du dessin ? Non. Depuis le XVIᵉ siècle, l'exécution est devenue indécise et froide. Qu'on veuille examiner les exemples que nous possédons, sans parti pris, et l'on reconnaîtra bientôt que nos meilleures productions manquent de la qualité essentielle qui distingue les gravures sur métal les plus ordinaires du moyen âge. C'est qu'en effet nous n'avons plus d'école de dessin applicable aux objets industriels. On croit qu'on fait beaucoup pour l'industrie en enseignant le dessin à l'aide de modèles plus moins parfaits, modèles donnés sans méthode et sans un principe vivifiant. Les résultats démontrent malheureusement qu'on fait fausse route. C'est la nature qu'il faudrait apprendre à voir aux jeunes gens qui se destinent aux branches de l'industrie côtoyant l'art ; c'est la grâce, la structure toujours logique de la faune et de la flore qu'il

serait, avant tout, nécessaire de leur inculquer ; c'est le sentiment individuel qu'il faudrait développer chez eux, et c'est ce qu'on se garde bien de faire.

Le dessin n'est pas seulement le résultat d'une aptitude ou d'une habileté particulière de la main et de l'œil ; c'est encore une affaire de l'intelligence. Les objets extérieurs se peignent dans les yeux de tous de la même manière ; mais combien y a-t-il de personnes qui sachent voir, qui sachent déduire de l'image qui se produit sur la rétine une conséquence, une suite d'idées ? Bien peu assurément. Des milliers de gens passent, pendant des siècles, devant un phénomène naturel, en apprécient l'apparence ; un jour, un homme, qui certes n'a pas des yeux faits autrement que ceux de ses prédécesseurs, voit le même phénomène, en analyse les causes, en déduit les résultats, et découvre la loi générale qui le produit. Il y a, ou plutôt il doit y avoir de cela dans le dessinateur. Et pour ne pas sortir de notre sujet, l'artiste ou l'artisan qui copie une plante pour en déduire des compositions d'ornements n'a pas seulement à copier matériellement l'apparence que présente cette plante ; s'il est bien doué, ou si son esprit n'est pas détourné par un enseignement plat, il examinera, tout en faisant son dessin, comment les feuilles s'attachent aux tiges ; comment elles sont sorties du bourgeon, pourquoi elles se présentent de telle ou telle façon ; comment les tiges se ramifient, quelle est la puissance qui les maintient. Il fera, en un mot, pendant que sa main reproduit machinalement une apparence sur le papier, un travail intellectuel d'analyse. Alors, le jour où il composera un ornement avec une plante, il ne la reproduira pas matériellement dans la frise, le rinceau ou le chapiteau qu'il veut créer ; mais en la soumettant aux formes qui conviennent à sa composition, il lui donnera l'allure particulière qui la distingue, il lui laissera son caractère individuel, vivant, original, et laissera de côté les *poncifs* de l'école.

En jetant les yeux sur ces nombreux objets d'orfèvrerie que le moyen âge nous a laissés, on acquiert la certitude que les artistes et artisans de cette époque avaient, pour étudier la nature et en tirer les éléments de leurs compositions, des méthodes supérieures à celles adoptées aujourd'hui dans nos écoles. Voici **(fig. 21)** quelques exemples de gravures sur métal, qui montrent combien ces artisans étaient non-seulement habiles, mais encore intelligents dessinateurs. Ils n'allaient certes pas chercher ces modèles [41] parmi

---

[40] L'ornement A provient de la châsse de saint Taurin d'Évreux ; l'ornement B, de la châsse de saint Babolein, au Coudray : ces deux ornements sont gravés grandeur de l'exécution. L'ornement C, d'un fragment servant de support à une statuette de saint Jean, dépendant d'un crucifix ; la gravure est augmentée d'un tiers (cabinet de l'auteur). Ces trois détails datent du milieu du XIIIᵉ siècle.

[41] Le détail A provient d'une monstrance. Dans cette gravure, les fonds sont faits au moyen d'un treillis. Le détail B appartient au reliquaire de la sainte Chandelle d'Arras. Cette gravure, très-fine, présente un double trait autour de l'ornement pour arrêter le travail du fond, qui se compose d'un smillé fait à l'échoppe. Le détail C provient d'un fragment de la collection Soltykoff ; les fonds sont obtenus au moyen d'un poinçonnage de cercles très-menus composant le travail que les graveurs appellent *frisé*. Les deux premiers exemples sont donnés grandeur d'exécution, et datent du XIIIᵉ siècle ; le troisième est réduit d'un quart, et date de la fin du XIIᵉ siècle. Ce qui est à remarquer dans ces gravures, c'est la netteté et la hardiesse du coup de burin, qui semble courir sur le métal comme le fait une plume exercée sur une feuille de papier.

A

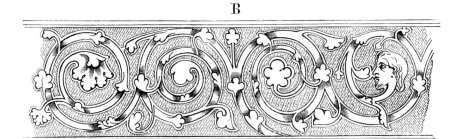

B

C

des copies cent fois reproduites de quelques fragments antiques, ou des œuvres de leurs devanciers,
mais dans la flore et la faune des champs ; modèles
toujours neufs, vivants ; enseignement inépuisable,
avec la condition expresse qu'on sait voir, que l'intelligence travaille en même temps que les yeux et la
main. Les graveurs employaient aussi le trait tremblé fait avec l'échoppe poussée sur la ligne en lui
donnant un mouvement rapide d'oscillation. Ce trait
tremblé prenait des points brillants très-rapprochés,
et à distance, un certain *flou* qui convenait à la grande orfèvrerie.

Pour des pièces uniques qu'on prétendait fabriquer
avec un soin particulier, les orfèvres ne se servaient
pas habituellement de matrices ; ils repoussaient à la
main de petits ornements qui étaient rivés ou soudés
sur des fonds. La collection précieuse de M. Louis
Fould possédait un flambeau d'argent et de vermeil
fabriqué d'après ce procédé, et qui est d'un excellent
travail. La **planche XXXVII** donne ce flambeau moitié d'exécution. Le corps du chandelier est d'argent ;
les bagues, l'orle du pied, l'embase, le chapiteau et
la bobèche sont dorés. En B, sont tracés les détails
du chapiteau ; en C, les détails de la bague, et en D

Profil A

Plan

au quart

Ecu fascé de Sinople
et d'or

E

B

C

D

Détails A.B.C.D.E
Grandeur d'exécution

Viollet Le Duc.

P. Ad. Varin. sc.

CHANDELIER EN ARGENT ET VERMEIL

A. MOREL. Editeur.

Imp. Lemercier et Cie Paris.

de l'embase ; en E, un des lions du plateau inférieur, grandeur d'exécution. Ces ornements, faits au repoussé, sont simplement rivés sur le corps du flambeau. Sur le pied est un écusson fascé d'or et de sinople. Cet objet date de la seconde moitié du XIVᵉ siècle.

C'était avec raison que l'orfèvrerie française était estimée dans toute l'Europe dès le commencement du XIIIᵉ siècle.

Dans les inventaires des trésors étrangers, dressés à la fin de ce siècle, des pièces d'orfèvrerie française sont souvent mentionnées [42]. Les centres principaux de fabrication étaient : Limoges, Paris, Arras, Lyon, Avignon, Auxerre, Montpellier. Dans les Flandres, les villes de Gand, de Bruges, de Dinant, de Tournai, de Liége, étaient également renommées pour la fabrication des objets d'orfèvrerie [43].

ÉMAILLERIE SUR MÉTAUX. Les émaux sur métaux sont, ou translucides, ou opaques, et sont posés de différentes manières. Il y a : 1° les émaux cloisonnés ou de *plite* ; 2° les émaux en taille d'épargne ; 3° les émaux translucides recouvrant très-légèrement les reliefs du métal ; 4° les émaux peints. Pendant le moyen âge, jusqu'au XVᵉ siècle, on n'a guère employé que les deux premiers procédés ; cependant, dès le XIIᵉ siècle, apparaissent quelques objets émaillés sur relief, soit au moyen d'émaux translucides, soit au moyen d'émaux opaques. Quant au quatrième procédé, il ne se montra en France qu'à la fin du XVᵉ siècle.

Les émaux cloisonnés sont les plus anciens, mais il faut distinguer. Il y a deux manières d'obtenir les émaux cloisonnés : la première consiste à sertir de petites tables de pâtes de verre coloré au moyen d'oxydes métalliques entre des lames minces de métal soudées de champ sur un fond : c'est une mosaïque dont les fragments vitreux sont maintenus à l'aide de cloisons de métal ; la seconde, à remplir chaque compartiment d'un émail fondant en poudre, et à mettre ces plaques ainsi préparées au four. La chaleur fait fondre l'émail, qui remplit exactement les cavités et y adhère. On polit le tout, et l'on obtient ainsi une surface lisse, brillante, composée de couleurs vitrifiées séparées par des filets métalliques.

Les émaux en taille d'épargne, ou champlevés, tiennent de ce dernier procédé. On enlève sur une plaque de cuivre rosette, ou d'or ou d'argent, d'une épaisseur de 0m,002 ou 0m,003, toutes les parties qu'on veut remplir d'émail ; on les creuse à une profondeur de 0m,001 environ ; on remplit ces creux de poudre d'émail, et l'on met au four. Comme précédemment, l'émail, en fondant, remplit tous les vides et s'attache au métal. On polit le tout, et l'on dore au feu, si bon semble, les surfaces restées visibles du cuivre ou de l'argent.

Il est évident qu'on ne peut considérer comme émail sur métal le premier de ces procédés. Sertir des morceaux de pâtes de verre, comme des gemmes, entre des cloisons de métal, ce n'est pas émailler le métal, bien que le résultat apparent, si l'exécution est parfaite, soit celui de l'émaillage. Or, ce premier procédé a été employé dans l'antiquité par les Égyptiens, par les Grecs, par les peuples d'Orient et par les Gaulois dès avant l'invasion romaine. Les Égyptiens ont-ils connu le véritable émail cloisonné ? M. le comte

de Laborde, dans une excellente notice imprimée en tête du *Glossaire et Répertoire des émaux et bijoux exposés au Louvre,* est pour la négative : le savant archéologue n'admet pas même que les Grecs de la haute antiquité aient connu et pratiqué l'émail cloisonné. Mais depuis l'impression de la notice en question, des découvertes sont venues confirmer l'opinion de ceux qui prétendaient que les émaux cloisonnés étaient connus des Égyptiens et des Grecs. Des bracelets égyptiens [44], des bijoux grecs [45], présentent des émaux cloisonnés. La question est donc vidée ; toutefois il est à présumer que les procédés de fixation de l'émail entre des cloisons d'or, d'argent ou de cuivre n'étaient pas très-répandus, puisque ces objets sont rares et qu'ils n'atteignent que de très-petites dimensions. Quant aux Gaulois pendant et après la domination romaine, ils pratiquaient l'art de fondre des émaux colorés dans des cases métalliques. Nous ne saurions dire si les Romains avaient déjà trouvé cet art, pratiqué dans les Gaules lorsqu'ils envahirent ces contrées, ou s'ils l'y apportèrent. On trouve bien des pâtes de verre coloré dont la date est antérieure à la domination romaine, dans des tombes gauloises, mais jusqu'à ce jour il ne serait pas possible d'affirmer que ces pâtes de verre aient été fondues dans des cloisons métalliques, avant la conquête. Les émaux cloisonnés qu'on trouve encore assez fréquemment dans les sépultures gauloises sont-ils gaulois ou gallo-romains ? Nous n'oserions décider la question, qui d'ailleurs n'entre pas dans le cadre de notre sujet [46]. Parmi les objets de menue orfèvrerie qui datent de l'époque mérovingienne, ce qu'on trouve le plus fréquemment, ce sont des lamelles de pâtes de verre coloré serties par des cloisons métalliques à froid. Tels sont fabriqués les fragments des armes de Childéric, le vase dit de saint Martin, et enfin certaines parties des couronnes wisigothes de Receswinth et de Suintila, déposées au musée de Cluny, ainsi qu'un assez grand nombre d'objets qui datent des Vᵉ au VIIIᵉ siècles [47]. L'art d'incruster de petites plaques de verre ou de grenat dans des alvéoles de métal était poussé assez loin par ces barbares qui envahirent les Gaules, et l'on ne saurait voir, dans la plupart de ces objets, une fabrication gallo-romaine, car ils affectent des formes qui appartiennent bien évidemment à la race conquérante. Comme spécimen de cette fabrication, nous donnons **(planche XXXVIII)** une des boucles mérovingiennes déposées au musée de Cluny [48]. Ce bijou est de cuivre plaqué d'or plutôt que doré ; des pertes d'argent sont soudées sur son orle antérieur. Le corps de l'attache

---

[42] Notamment dans l'inventaire du trésor du saint-siège, dressé en 1295 par les ordres de Boniface VIII.

[43] Voyez l'*Hist. des arts industriels au moyen âge,* par J. Labarte, t. II. Morel, éditeur, 1864.

[44] Entre autres, celui qui fait partie de la collection égyptienne des *Vereinigten Sammlungen* de Munich.

[45] Collection Campana, au Louvre.

[46] Voyez, à ce propos, la notice de M. Ch. de Linas : *les Œuvres de saint Eloi.* Paris, Didron, 1864.

[47] Parfois ces pâtes de verre sont remplacées par des grenats taillés en table. Plusieurs de ces objets sont déposés au musée des souverains au Louvre, au musée de Cluny, au cabinet des médailles de la Bibliothèque impériale, aux musées d'Arras, du château de Compiègne, de Saint Germain.

[48] Grandeur d'exécution

Pl. XXXVIII.

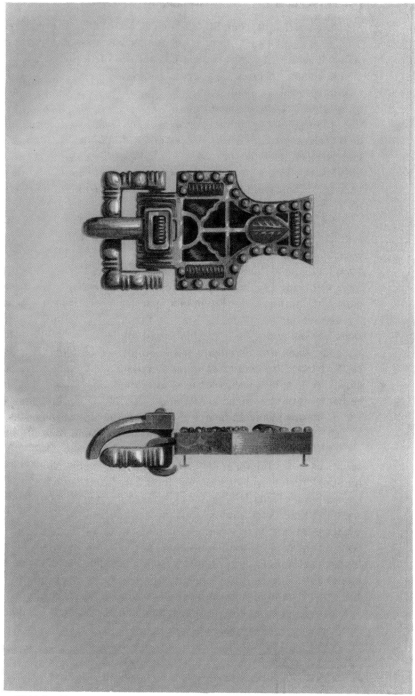

Viollet-le-Duc , del.

Ad. Lévié , lith .

BOUCLE MÉROVINGIENNE.

A. MOREL, éditeur.

Typ. G. Silbermann , Strasbourg

est incrusté de plaques de grenat clair affleurant la surface et posées sur paillon. Une feuille et quatre demi-cylindres d'hyacinthe (améthyste purpurine) sont solidement sertis dans le métal et sont taillés à la molette. La feuille palmettée et les demi-cylindres, ou boudins cannelés en travers, sont saillants sur le nu de la plaque d'attache et sur la souche de l'ardillon. Ce bijou indique une fabrication passablement avancée, mais il n'est pas ici question d'émail. Les remplissages des alvéoles sont, ainsi qu'il est dit, des tables de grenat posées à froid et retenues par un rabattement des bords du métal réservés. Ces bords ne sont point des cloisons rapportées, comme dans beaucoup de bijoux mérovingiens, mais un filet laissé entre le champlevage des fonds. Quelques objets (bijoux) gallo-romains montrent cependant de l'émail posé à chaud, soit dans les intervalles laissés entre des cloisons, soit dans les alvéoles champlevés. Le cabinet des médailles de la Bibliothèque impériale conserve une plaque de bronze coulé, champlevée, qui provient d'une agrafe de manteau. Cette plaque **(pl. XXXIX)** [49] parait appartenir à l'époque gallo-romaine et est une œuvre d'émaillerie des plus curieuses. L'orle, ainsi que le montre notre planche, se compose de vingt-six lobes alternativement remplis d'émail rouge et bleu. Puis est creusée une zone dans laquelle sont juxtaposés, sans cloisonnages de métal, des carrés d'émail rouge entre d'autres carrés intercalés d'émail échiqueté bleu et blanc. Observons que l'émail, fondant au feu, ne pourrait, sans se mélanger jusqu'à un certain point, être posé ainsi que le montre cette zone. On a prétendu qu'un émail, le rouge par exemple, aurait été d'abord posé et fondu, puis qu'à la meule on aurait enlevé les carrés intercalés, qui auraient été remplis d'émail blanc, lequel aurait été fondu au four ; puis, enfin, que cet émail blanc aurait à son tour été taillé à la meule de manière à pouvoir y loger l'émail bleu, de même fondu au four. Mais la chaleur nécessaire pour fondre l'émail blanc aurait remis en fusion l'émail rouge, et aurait, au point de rencontre des deux émaux, produit des mélanges. A plus forte raison, en eût-il été ainsi pour les petits carrés bleus de l'échiqueté. Le moyen supposé ne nous paraît pas praticable ; il semble plutôt que ces compartiments ont été disposés à froid, comme une mosaïque, au moyen de morceaux de pâtes de verre coloré, puis que la plaque a été soumise à une température assez élevée pour souder entre eux ces morceaux juxtaposés, sans les amener à une fusion complète qui pût les mélanger. Même observation pour la bulle trouvée dans les fouilles de Sibertswold-Down (Angleterre). Cette bulle d'or, circulaire un peu ovale, a 0m,029 sur 0m,03 de diamètre. Or, elle contient vingt et un carrés d'émaux, qui chacun sont échiquetés de seize petits carrés blancs et verts, rouges et bleus, bleus et pourpres, lesquels petits carrés ont chacun moins d'un millimètre de côté. Peut-on admettre que ces infiniment petits carrés d'émail aient pu être fondus dans d'autres émaux sans s'y mélanger ? Il est vrai qu'on avait cru voir dans la bulle de Sibertswold un ouvrage de mosaïque. Ouvrage de mosaïque, soit, mais soudé à chaud et non maintenu par un mastic à froid.

Ces exemples suffisent pour démontrer que l'art de l'émaillerie était pratiqué dans les Gaules au commencement de l'invasion des barbares, et pratiqué avec une certaine perfection. Nous ne possédons toutefois que de petites pièces de cette émaillerie primitive, et il ne semble pas qu'on fabriquât, à l'aide de ces procédés, autre chose que des bijoux très-menus, tandis que l'art de sertir des plaques de verre ou des gemmes en petites tables entre des cloisons de métal était usuellement pratiqué sous les premiers Mérovingiens. Les exemples de ce mode de fabrication abondent [50]. Ils ont été souvent mentionnés comme des ouvrages d'émaillerie dans les inventaires et même par des archéologues, mais il ne faut pas une grande habitude de l'art de l'émailleur pour distinguer ces matières cloisonnées de l'émail ou silicate alcalin fondu à chaud dans des alvéoles métalliques. On fabriquait à Byzance et dans tout l'Orient une grande quantité de ces objets composés de gemmes ou de plaques de verre coloré et transparent, serties par des lamelles métalliques. Les barbares qui occupaient les Gaules, dès le Ve siècle, en portaient avec eux ; les Wisigoths ont laissé un assez grand nombre de bijoux ainsi fabriqués, et, depuis l'excellente dissertation de M. de Linas sur ce sujet, on ne peut mettre en doute que les célèbres joyaux façonnés par saint Éloi, et mentionnés parfois dans des inventaires comme des ouvrages émaillés, ne fussent simplement des pâtes de verre ou des gemmes encloisonnées et serties dans de l'or, de l'argent ou du cuivre. Ce mode de fabrication, dont notre planche XXXVIII donne un échantillon, mais avec champlevage du métal pour poser les tables de gemmes ou de verre coloré, consistait plus habituellement en un réseau de lames métalliques de champ, soit laissé à jour, soit posé sur un fond, qui maintenait les lames translucides. C'est ainsi qu'est ornée la plaque pectorale mérovingienne du cabinet des médailles de la Bibliothèque impériale [51]. Mais il est temps d'arriver aux émaux du moyen âge qui font l'objet de notre sujet. Si les gallo-romains émaillaient les métaux, il semblerait que cet art fût perdu après les invasions germaniques, et l'on ne voit plus apparaître les émaux cloisonnés et champlevés dans les Gaules que beaucoup plus tard. A Byzance, dès le Xe siècle [52], on fabriquait des émaux cloisonnés ; mais nous ne connaissons aucune pièce de cette époque qu'on puisse admettre comme appartenant à l'émaillerie occidentale. Toutefois les orfèvres occidentaux enchâssaient souvent des plaques d'émaux cloisonnés et champlevés byzantins dans les objets qu'ils livraient à leurs clients, et nos collections possèdent des exemples très-curieux de l'emploi de ces émaux orientaux [53]. C'est au XIe siècle qu'on voit apparaître

---

[49] Grandeur d'exécution.

[50] Il est utile de consulter, à ce sujet, l'excellente notice de M. Ch. de Linas : *Orfèvrerie mérovingienne, les Œuvres de saint Éloi*, et la *Verroterie cloisonnée* (Didron, 1864).

[51] Voyez les exemples donnés par M. de Linas dans l'ouvrage déjà cité.

[52] Voyez la plaque d'émail cloisonné de la collection de feu M. le comte Pourtalès-Gorgier, reproduite par M. J. Labarte dans son ouvrage : *Hist. des arts industriels au moyen âge* (voy. la *Pala d'oro* de l'église de Saint-Marc de Venise).

[53] Voyez, entre autres objets, la boîte évangéliaire d'or du Musée du Louvre, qui date du XIe siècle, et sur laquelle des émaux byzantins ont été fixés. Cette boîte a été réparée au XIIIe siècle. (M. J. Labarte, *Hist. des arts industriels.*)

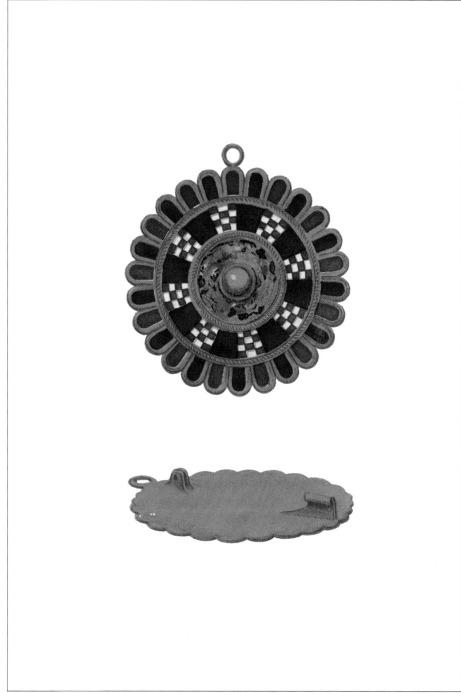

Viollet-le-Duc, del.   Ad. Lévié, lith.

AGRAFE MÉROVINGIENNE
ÉMAILLÉE.

A. MOREL, éditeur   Typ. G. Silbermann, Strasbourg

quelques rares émaux cloisonnés de fabrication occidentale, et ces émaux sont, relativement à ceux de Byzance, assez grossiers. Il semblerait que l'art de l'émaillerie en Occident ait d'abord été pratiqué par l'école rhénane, si brillante déjà au commencement du XIIe siècle, école qui s'était évidemment instruite auprès d'artistes byzantins. Verdun était un des centres de l'orfèvrerie émaillée. On peut citer, parmi les émaux occidentaux cloisonnés les plus anciens, ceux qui décorent le calice d'or de saint Remi, déposé aujourd'hui dans le trésor de Notre-Dame de Reims. M. Labarte incline à croire que ces émaux, qui datent du milieu du XIIe siècle, sont fabriqués par des artistes grecs ; mais le style de l'ornementation est occidental, aussi bien pour l'ornementation d'or du vase que pour les filigranes [54] et pour les émaux translucides. Nous ne connaissons pas d'émaux byzantins cloisonnés dont le dessin et la coloration se rapprochent autant de l'ornementation des vitraux et de celle des manuscrits occidentaux de cette époque. M. Labarte fait observer d'ailleurs, avec raison, que les émaux cloisonnés byzantins affectent une certaine liberté et une irrégularité dans le dessin des cloisons, qui n'existent pas dans les émaux translucides cloisonnés du calice de Reims ; le dessin est ici très-régulier. La **planche XL** donne en A trois des compartiments émaillés du calice de Reims, et en B deux des compartiments byzantins de la boîte évangéliaire du Musée du Louvre, au double de l'exécution, afin de mieux indiquer le travail. Le caractère de la coloration et de la composition de ces émaux diffère essentiellement. Les émaux cloisonnés byzantins ont une coloration claire et lumineuse qui ne se retrouve pas dans ceux du calice de Reims, vigoureux de ton et d'un dessin tout occidental.

Le procédé de fabrication de ces émaux enfermés dans des cases d'or serties est exactement celui indiqué par le moine Théophile. Ainsi, on observera que les petites plaques d'émaux cloisonnés qui décorent le calice de saint Remi épousent les formes de la coupe, de la bague et du pied ; ces petites plaques ont donc dû être disposées sur le vase *avant* d'y mettre l'émail, puisque cet émail ne pouvait entrer en fusion qu'au four. Voici ce que dit Théophile à ce sujet [55] : ….. « Ensuite, dans l'intérieur de chacun des chatons (*domunculis,* petites cases) qui devront contenir des émaux (*electra* [56]), vous appliquerez des feuilles d'or mince, et après les avoir ajustées, vous les retirerez avec soin. » En effet, les chatons qui reçoivent les émaux, comme ceux qui reçoivent les pierres, sont ajustés sur le vase, puis, à l'intérieur, entre exactement une case dans laquelle sont disposées les cloisons d'or. « Ensuite, en prenant les mesures (des développements de la case) et vous servant de la règle, vous couperez dans une feuille d'or un peu plus épaisse (que celle de la case) une bandelette que vous ferez courir le long du bord de chacune des pièces, de manière qu'elle en fasse deux fois le tour, et en ménageant entre les deux bandelettes un petit intervalle qu'on nomme bordure de l'émail [57]. De même, en prenant les mesures (du développement des cloisons), et à l'aide de la règle, vous taillerez des bandelettes de la même hauteur (que celle de la bordure) dans une feuille d'or aussi mince que possible, et, avec de petites pinces, vous contour-

nerez ces bandelettes à votre goût, de manière à produire les dessins que vous voudrez obtenir dans les émaux, soit des cercles, soit des nœuds, de petites fleurs, des oiseaux, des animaux, soit des figures ; vous disposerez délicatement et avec grand soin chacun de ces filets à sa place, en les fixant avec de la farine délayée et en les chauffant sur des charbons. Lorsqu'un compartiment aura ainsi été rempli (de son cloisonnage), vous en souderez toutes les parties avec beaucoup de précaution, de telle sorte que le travail délicat (du dessin) ne puisse se déranger et que les cloisons d'or mince n'entrent pas en fusion… » Cela fait, Théophile explique comment il faut éprouver la substance vitrifiable (l'émail), afin de s'assurer si les différentes sortes d'émaux sont également fusibles ; comment on pulvérise ces émaux ; puis comment, à l'aide d'un tuyau de plume taillé en cuiller, on remplit chaque intervalle de cloison de la poudre d'émail convenable ; puis, enfin, comment on met au four les cases ainsi remplies ; comment on renouvelle l'opération, si l'émail, en fondant, se réduit trop d'épaisseur ; comment on laisse refroidir et comment on polit les pièces. Le texte de Théophile est trop clair, il entre dans des détails trop pratiques, pour laisser supposer qu'il ne connaissait pas parfaitement la fabrication des émaux cloisonnés : or Théophile écrivait pendant la seconde moitié du XIIe siècle. Les émaux du calice de saint Remi peuvent donc avoir été fabriqués en Occident par des artistes occidentaux.

Il serait difficile, pensons-nous, d'établir, entre les objets d'émaillerie fabriqués en Occident de la fin du XIe siècle à la fin du XIIe, des distinctions d'écoles très-tranchées. Il est certain qu'il existait sur les bords du Rhin une école (quelques archéologues disent deux) d'émailleurs qui avaient reçu d'Orient leurs procédés ; que vers la même époque, il existait à Limoges une école distincte de celle de Verdun et de Cologne ; mais on ne fabriquait pas des émaux dans ces localités seulement. Les Flandres, Paris, quelques villes du midi central de la France, possédaient des ateliers d'émaillerie ; et ce serait, pensons-nous, s'avancer trop de prétendre que l'art de l'émailleur était enfermé dans deux ou trois centres en Occident. Partout où il y eut des écoles de peintres verriers, il dut exister des ateliers d'émailleurs. Ces deux industries ont des rapports trop intimes pour que l'une se soit développée sans l'autre, et des délimitations absolues ne paraissent pas pouvoir être tracées. Comme l'industrie des vitraux, celle de l'émaillerie dut se développer très-rapidement au XIIe siècle ; car, en dépit des causes de destruction de ces objets, il en reste encore une si grande quantité, qu'il faut bien admettre une fabrication vulgaire dans un certain nombre de centres. Dès l'instant que l'on connaît les procédés de l'émaillage des métaux, les procédés sont tellement simples et faciles à mettre en pratique, ils exigent des ressources si minimes, qu'il serait étrange de ne trouver ces procédés adoptés que dans

[54] Voyez les détails de ce calice figure 4.

[55] *Divers, artium Schedula,* lib. III, cap. LII.

[56] Voyez la judicieuse dissertation de M. Labarte sur l'*electrum.*

[57] Cette bordure n'existe pas autour des émaux du calice de saint Remi.

Viollet-le-Duc, del.   Ad. Lévié. lith.

ÉMAUX DU CALICE DE REIMS

AU DOUBLE DE L'EXÉCUTION.

une ou deux villes de la France, tandis qu'on fabriquait, dès le milieu du XIIe siècle, des vitraux sur une grande partie du territoire des anciennes Gaules, et particulièrement dans les abbayes bénédictines.

Qu'on ait fabriqué des émaux à Limoges, depuis le XIIe siècle jusqu'au XVIe, ce n'est pas douteux ; qu'on donne le nom d'émaux de Limoges à tous les ouvrages qui rappellent ceux exécutés dans cette ville, nous le voulons bien : mais on peut croire, sans trop s'avancer, qu'on faisait des émaux dits *limousins,* à Bourges, à Chartres, à Troyes, à Toulouse, à Clermont, à Paris, au Mans, à Angers, dans les villes enfin où l'art du peintre verrier s'était développé. Si grande qu'on veuille supposer l'activité des fabriques de Limoges, elles n'auraient pu suffire à l'énorme quantité des produits que les XIIe et XIIIe siècles exigeaient pour l'ornement des églises, des tombeaux, des objets usuels, tels que vases, bassins, aiguières, châsses, tableaux, drageoirs, meubles ; sans compter les bijoux de corps, boucles, ceintures, agrafes, couronnes, fermoirs, les pièces de harnais, etc. Nous sommes loin de vouloir considérer comme oiseuses les recherches des savants archéologues qui ont déjà jeté sur l'art de l'émailleur en Occident de vives lumières, mais nous croyons qu'il ne faut pas trop limiter cette fabrication, évidemment très-répandue en France dès le milieu du XIIe siècle, et qu'entre les émaux dits rhénans et ceux dits de Limoges, il y a place pour un nombre considérable d'ateliers dont les procédés se rapprochaient plus ou moins de l'un de ces deux centres principaux. Ne perdons pas de vue, d'ailleurs, que pour obtenir des émaux sur métaux, il suffit d'une table et d'un fourneau, et qu'aucune industrie ne demande moins de place et moins de frais d'installation. Les vitraux en exigeaient bien davantage, et nous connaissons en France une demi-douzaine d'écoles mères de verriers, sans compter les fabrications secondaires.

Lorsqu'on apporte dans l'examen des faits du passé les méthodes de la critique, il est naturel de chercher tout d'abord les classifications tranchées ; c'est un moyen de poser des jalons, d'établir des points de repère, de ne point s'égarer. Mais lorsque les exemples abondent, lorsqu'une connaissance plus étendue de la nature de ces faits pénètre l'esprit de ceux qui les recueillent, on reconnaît bientôt des écarts, des déviations, des exceptions ; il faut diviser les premières classifications, admettre des transitions, des rameaux. Cela ne détruit pas les appréciations premières, mais les étend et leur enlève ce qu'elles ont d'absolu. Remarquons que dans l'histoire de la pratique des arts (et surtout des arts appliqués à l'industrie), il suffit d'un homme doué d'un esprit chercheur pour produire un fait nouveau. Or, nous le disons encore, s'il s'agit de l'art de l'émailleur, d'une industrie qui peut être exercée dans une chambre de 2 mètres en carré, par un homme seul, il est évident que les chercheurs n'ont pas dû manquer à une époque où l'on cherchait beaucoup ; donc des résultats spéciaux ont pu se produire, et nous voyons bien, en examinant les nombreuses pièces d'émaillerie des collections publiques et privées, que ces faits spéciaux ou exceptionnels se sont en effet produits quelquefois.

Nous venons de décrire les procédés employés pour la façon des émaux cloisonnés d'or. On fabriquait aussi des émaux cloisonnés de cuivre, et ce moyen de cloisonnage, ou de lamelles de cuivre disposées de champ, n'était pas adopté seulement pour les émaux. La tombe dite de Frédégonde, autrefois placée dans le chœur de l'église abbatiale de Saint-Germain des Prés, et aujourd'hui dans l'église de Saint-Denis, se compose d'un ouvrage de pâtes de verre et de pierres de couleur noyées dans un mastic brun, remplissant les creux laissés entre des cloisons réservées dans une plaque de marbre et figurant les plis du vêtement. Au milieu de ce mélange coloré apparaissent des cercles, des spirales, des filets de cuivre jaune, lesquels filets sont les rives de lamelles incrustées de champ dans le mastic. Cette tombe, si l'on s'en rapporte au vêtement, ne serait pas antérieure au règne de Louis VII, et nous ne la citons ici que pour faire connaître comment les artisans du XIIe siècle employaient des procédés variés, exceptionnels. Il n'existe pas en effet, en France, un autre exemple d'un ouvrage de ce genre, qui, en considérant le style du dessin et l'habillement, est cependant français. A cette époque, c'est-à-dire vers le milieu du XIIe siècle, les émailleurs rhénans, aussi bien que les émailleurs limousins, adoptaient souvent un moyen mixte d'émaillage du métal. Ils champlevaient le métal, et ils obtenaient des finesses sur la même pièce en soudant, dans les parties intaillées, des cloisons de cuivre. L'émail était donc fondu entre les tailles d'épargne et entre ces cloisonnages. C'est ainsi que sont émaillées les ailes d'un ange du XIIe siècle, supportant le reliquaire qui contient un doigt de saint Léonard, et qui est conservé dans l'église de Saint-Sulpice-les-Feuilles (Haute-Vienne) [58]. Ce curieux objet est de cuivre coulé massif, et le travail de l'orfèvre a consisté surtout en une ciselure profonde ; les plumes des ailes sont champlevées et remplies d'émaux rouge sombre, rouge clair, bleu foncé, bleu clair, vert et blanc. Les petits cercles de métal qui sont répandus sur ces plumes sont cloisonnés, c'est-à-dire rapportés et non épargnés. Ce reliquaire paraît, d'après le style de la figure, appartenir au milieu du XIIe siècle. Il y avait donc en Occident, dès cette époque, du Rhin aux côtes de l'Océan, des artistes orfèvres émailleurs habiles, expérimentés déjà, et nous pensons qu'après avoir donné à ces objets des dates souvent trop éloignées, on a pu depuis tomber dans un excès contraire. Nous trouvons une preuve de ce fait dans la célèbre plaque du musée du Mans. Il existe, en effet, dans ce musée, un émail qui passe pour avoir appartenu au tombeau de Geoffroy Plantagenet. Trouillard, dans son *Histoire des comtes du Maine* [59], dit : « Geoffroy mourut en l'an 1151 ; son corps fut inhumé en l'église cathédrale du Mans, et fut le premier, dit de même Ordericus, qui aye esté enterré au dedans de la ville ; son portrait est gravé dans une table de cuivre émaillé et affiché à une des colonnes de la nef de l'église dans laquelle sont inscrits ces deux vers :

« Ense tuo, princeps, prædonum turba fugatur ;
« Ecclesiisque quies pace vigente datur [60]. »

M. Hucher fait observer que Trouillard, qui vivait à une époque rapprochée de l'année 1552, pendant laquelle le Maine fut dévasté par les huguenots, ne pouvait ignorer que le tombeau de Geoffroy avait été détruit, et qu'il n'en restait que la plaque émaillée qui se voyait de son temps, sans doute, mais très-certainement en 1777, « attachée au pénultième pilier de la nef » de la cathédrale de Saint-Julien du Mans, « à main gauche en montant au chœur », comme l'énonce le chanoine le Paige, dans son *Dictionnaire topographique, historique, etc., de la province et du diocèse du Maine.* Bien que ce passage soit clair, et que la présence du tombeau de Geoffroy dans la cathédrale du Mans soit mentionnée dans la *Chronique de Geoffroy*[61] ; bien que l'émail que nous possédons rappelle exactement, par le style et le vêtement, le milieu du XIIᵉ siècle, on a voulu voir, dans ce monument précieux, une plaque votive destinée à perpétuer le souvenir, non de Geoffroy Plantagenet, mais dc son fils Henri, mari de Léonore d'Aquitaine et meurtrier de Thomas Becket. D'après cette nouvelle appréciation, l'émail en question daterait au plus tôt des dernières années du XIIᵉ siècle[62]. C'est ainsi que la critique archéologique, dans la crainte de répéter des erreurs trop souvent commises sur la date des monuments, prétend rectifier toutes les appréciations antérieures, et ne distingue plus, parmi ces appréciations, celles qui sont évidemment exactes de celles établies sur de fausses traditions. Cet émail est un des plus grands que l'on connaisse, il porte 62 centimètres de hauteur sur 33 de largeur ; il représente Geoffroy debout, tenant une épée haute dans la main droite et un grand écu d'azur à quatre léopards lionnés ou rampants d'or, posés 2, 1, 1, à son bras gauche ; au centre de cet écu est un *umbo.* Il est coiffé d'un bonnet pointu émaillé d'azur au lion passant d'or, avec un cercle émaillé de vert sur le front. Il est vêtu d'une robe longue comme celles que les nobles portaient au milieu du XIIᵉ siècle, avec un *bliaut* vert par-dessus. Un manteau gris chiné de bleu, doublé de vair, est attaché sur son épaule droite et tombe jusqu'aux talons. Le personnage se détache sur un fond d'or squamé de vert avec fleurettes bleues et blanches sur or, et est entouré d'une arcature surmontée d'édicules et de bordures émaillées. L'inscription est gravée et émaillée au sommet de la plaque. Tout le travail est fait en taille d'épargne sur cuivre rouge, sans cloisonnages, et les émaux opaques sont d'un ton splendide. Comme dans les peintures et vitraux de cette époque, le vert, le bleu lapis, le blanc gris, dominent et composent une très-belle harmonie colorante qui ne rappelle en rien les émaux byzantins. Il est difficile d'admettre qu'une industrie, qui pouvait produire des œuvres de cette dimension et exécutées avec autant de perfection, en fût à ses débuts. Notre planche XLI donne la tête et une portion de cet émail grandeur d'exécution. Toutes les parties de l'épargne sont très-délicatement gravées, conformément à la méthode admise dans la fabrication des beaux émaux du XIIᵉ siècle.

La gravure pratiquée sur les parties épargnées du métal mérite une attention particulière, lorsqu'il s'agit de donner une date à des émaux. S'il est difficile de reconnaître à quelle époque appartient exactement une pâte vitrifiée colorée, il l'est beaucoup moins d'assigner à un dessin une date précise, lorsqu'on possède des vignettes de manuscrits et des vitraux.

On voudra bien observer que les vitraux du XIIᵉ siècle[63] ont un caractère particulier en ce qui regarde la composition et l'exécution du dessin. Dans ces ouvrages, le dessin obtenu au moyen d'un trait noir posé sur le verre est d'une extrême finesse. Les formes sont indiquées par une multiplicité de traits ou de hachures, si l'on veut, parfaitement posés suivant la forme qu'il s'agit de modeler, mais jamais par des touches épaisses qui eussent supprimé le ton local.

Dans la gravure des cuivres d'épargne des émaux, le même système de modelé se retrouve. Ces parties réservées du métal devant être dorées, il fallait leur laisser leur éclat, et n'obtenir une sorte de modelé que par une succession de traits rapprochés, fins, qui laissaient voir entre eux des surfaces brillantes. On obtenait ainsi un ton qui ne détruisait pas la qualité brillante de l'or. Quand, au XIIIᵉ siècle, on fabriqua une grande quantité de vitraux couvrant d'énormes surfaces, il ne fut plus possible d'exécuter les verrières à l'aide de procédés aussi longs et demandant des soins minutieux ; on remplaça la multiplicité des hachures par de larges traits fortement accusés. De même, dans l'art de l'émaillerie, les artistes cessèrent d'employer le mode des hachures ou tailles rapprochées, déliées, et le système des larges traits prévalut. C'était plus expéditif, et l'effet décoratif était peut-être plus saisissant. Bien mieux, dans les œuvres de l'émaillerie champlevée du XIIᵉ siècle, l'émail arrive jusqu'au bord de la forme que doit donner le dessin ; l'émail dessine exactement cette forme, et la gravure, faite à l'intérieur, lui donne une sorte de modelé. Ainsi, pour les léopards de l'écu de Geoffroy **(fig. 22)**, on voit que l'émail sertit exactement le contour de l'animal, et que le trait n'apparaît plus que pour accuser les formes comprises entre ce contour. Au XIIIᵉ siècle, il n'en est plus ainsi. Ce procédé demandait trop de temps au champleveur et exigeait un soin extrême, quand il s'agissait de poser et de faire fondre l'émail, afin qu'il pût complètement sertir le contour. Alors l'artiste grave le trait du contour, et le champleveur intaille le métal à une certaine distance de ce trait, en évitant les aiguïtés, les remplissages trop délicats. Ces divers procédés donnent donc le moyen de classer les émaux. Tant que l'émail vient border exactement le contour des épargnes du métal, on peut ranger les émaux dans la fabrication du XIIᵉ siècle ; mais lorsque cet émail s'éloigne du trait, on peut considérer la pièce d'émail comme appartenant à la fabrication du XIIIᵉ siècle.

La **planche XLII** explique ce que nous disons.

[58] Du trésor de Grandmont (voy. la gravure de M. Gaucherel, *Annales archéol.,* t. XV, p. 285).

[59] Trouillard, *Mémoires des comtes du Maine.* Le Mans, 1643. — Voyez, sur l'émail de Geoffroy Plantagenet, la notice de M. E. Hucher (*Bulletin monumental,* publ. par M. de Caumont).

[60] L'inscription donne *predonum,* au lieu de *prœdonum,* et *eccleiis,* au lieu de *ecclesiis.*

[61] *Chron. du moine Jean,* éditée une première fois par Laurent Bochel, en 1610, à la suite de Grégoire de Tours, et reproduite plus tard par D. Bouquet, dans le tome XII du *Recueil des hist. des Gaules et de la France.*

[62] Henri II Plantagenet mourut en 1189.

[63] Voyez, dans le *Dictionnaire ruis. de l'architect. franç.,* l'article VITRAIL.

E. GUILLAUMOT

évidé tout l'espace compris entre les fleurs de lis, et l'émail aurait dessiné celles-ci ; de là un travail beaucoup plus long pour le champleveur, beaucoup plus délicat pour l'émailleur.

Dans l'exemple A, on aperçoit certaines fleurs dont les émaux rouge, vert et jaune, rouge bleu et blanc, ne sont pas séparés par des réserves métalliques. Ces émaux, de couleurs diverses, sont juxtaposés dans une même intaille et fondus près l'un de l'autre sans se mélanger autrement que par une sorte de pénétration de l'un dans l'autre. Ce procédé fut fort employé par les émailleurs occidentaux pendant la durée du XIIIe siècle, mais plus particulièrement pendant la première moitié de ce siècle. Un des beaux exemples de cette fabrication est fourni par les plaques émaillées des tombeaux des enfants de saint Louis, déposées autrefois dans le chœur de l'abbaye de Royaumont, aujourd'hui dans l'église abbatiale de Saint-Denis. L'un de ces enfants mourut en 1247 ; nous donnons en *facsimile* un morceau de l'émail sur lequel est attachée la statuette de bronze doré du jeune prince **(pl. XLIII)**. Ce fond est fait de plusieurs morceaux [67], entouré d'une inscription en émail rouge et d'une bordure émaillée dont la **planche XLIV** donne une partie, moitié d'exécution. De distance en distance des écus armoyés aux armes de France et de Castille, soit écartelés, soit en plein, alternent avec des cercles sur lesquels étaient gravés des anges à mi-corps. Une bande gravée sur cuivre doré garnissait le devant de la plaque. Cette bande est figurée moitié d'exécution en A, sur la planche XLIV. Sur la plaque principale, outre la figure du jeune prince, l'artiste avait fixé des figures d'anges thuriféraires à mi-corps, sortant d'un nuage, et des religieux récitant des prières. Ces figures étaient demi ronde bosse.

Si l'on examine ces émaux, on observera que le dessin est encore cerné ici par la pâte fusible, et que la gravure ne fait que donner de la finesse à l'ornementation, soit en redessinant des feuilles, soit en coulant un trait régulier au milieu des tigelles. Les fleurs sont richement émaillées de pâtes blanches, bleues, vertes, jaunes et rouges, qui sont fondues juxtaposées, sans cloisons de métal et sans se mêler autrement que par une teinte de transition obtenue par la fusion d'une couleur dans l'autre. Ces sortes d'émaux présentent des difficultés, car il faut que l'artiste pose ses pâtes ou ses poudres colorées avec beaucoup de précautions dans les intailles, pour qu'elles ne se mêlent point avant ou pendant la cuisson. Mais les émailleurs des XIIe et XIIIe siècles, en Occident, avaient surmonté des difficultés bien autrement sérieuses.

Nous avons dit comment on pose l'émail en poudre ou en pâte entre les cloisons ou dans les intailles, avant de mettre au four la pièce à émailler. Si la plaque à émailler est plate, ce travail préparatoire ne

Voici en A un émail qui date des dernières années du XIIe siècle ou des premières du XIIIe [64] : on voit qu'ici l'émail cerne le dessin de l'arabesque, et que celle-ci n'est dessinée que par un trait léger à l'intérieur des tigelles. Cet émail est d'ailleurs très-fin. En B, le trait est déjà à une certaine distance du fond émaillé [65]. Le champleveur a respecté ce trait : c'est un ouvrier, ce n'est plus un artiste, et il se contente de faire l'intaille de façon à ne pas laisser des angles trop aigus, des parties trop déliées, qui présenteraient des difficultés à l'émailleur. En C, le champleveur a évidé le métal loin du trait, en supprimant toutes les intailles qui auraient demandé des soins à l'émailleur pour les bien remplir [66]. Au XIIe siècle, l'artisan aurait

[64] Du musée de Cluny (grandeur d'exécution).

[65] De la châsse de saint Taurin d'Évreux, 1240 environ (grandeur d'exécution).

[66] D'un chandelier faisant partie de la collection de M. le comte de Nieuwerkerke, 1270 environ (voy. l'article CHANDELIER, partie des USTENSILES).

[67] Voyez l'ensemble de ce monument dans Willemin, et dans la *Monogr. de Saint-Denis,* de M. le baron de Guilhermy.

Carresse del   Chromolith Lemercier, Paris   Ricard lith

GEOFFROY - LE - BEL

A. Morel éditeur

Pl. XLII.

C

B

A

Viollet-le-Duc, del.

Ad. Lévié, lith.

ÉMAUX DU XIIIᵉ SIÈCLE.
GRANDEUR D'EXÉCUTION.

A. MOREL éditeur.

Typ. G. Silbermann, Strasbourg.

Carresse del.   Viollet-le Duc, Dir.ᵗ   Levie lith.

DU TOMBEAU DU Pᶜᵉ JEAN, FILS DE Sᵗ LOUIS

A. Morel, Editeur.   Imp. Lemercier & Cⁱᵉ Paris

demande que du soin ; mais s'il s'agit d'émailler un vase, un objet ronde bosse, il est évident qu'on doit remplir les cases de la substance fusible non en poudre, mais en pâte qui puisse être maintenue à froid dans ces cases et qui ne coule pas en dehors de leurs séparations, lorsque la pièce est soumise au feu. Or les émailleurs des XIIᵉ et XIIIᵉ siècles ont émaillé un grand nombre de ces pièces ronde bosse, vases, statuettes, crosses, tubes, boules, etc.

Nous ne savons pas exactement la date des émaux chinois, hindous et japonais ; nous savons cependant que la plupart des belles pièces sorties de ces fabriques orientales sont d'une époque déjà ancienne, des XIIIᵉ et XIVᵉ siècles de notre ère. Cette industrie devait (si l'on en juge par les produits que nous connaissons) être arrivée à une grande perfection bien avant ces époques, car on n'atteint des résultats aussi beaux qu'à la suite de longs tâtonnements. Les Orientaux fabriquaient des vases d'une grande dimension, couverts d'émaux cloisonnés, alors qu'en Occident on se bornait à émailler des pièces d'un médiocre volume. Encore aujourd'hui, malgré les perfectionnements donnés par la science, nous ne croyons pas que nos émailleurs pourraient couvrir d'émaux des vases d'un mètre de hauteur ; or ces pièces ne sont pas rares en Chine et au Japon. Il faut dire que ces émaux de l'extrême Orient ne sont pas très-durs — bien qu'ils ne se rayent pas sous la pointe d'un canif — et qu'ils entrent en fusion à une température relativement peu élevée ; aussi sont-ils souvent craquelés. Nos émaux rhénans, aussi bien que ceux dits de Limoges, sont moins fusibles, ainsi que nous en avons fait l'épreuve au chalumeau, surtout s'ils sont opaques, et avec ces émaux opaques occidentaux il n'aurait pas été possible d'émailler des pièces cloisonnées soudées au laiton ; ce qui a été souvent pratiqué par les artistes chinois, dont les émaux n'ont jamais une opacité absolue.

Parmi les vases émaillés qui nous sont restés et qui appartiennent à la fabrication de Limoges, il faut citer le ciboire d'Alpais [68], dont la **planche XLV** donne l'ensemble, et qui présente tous les procédés de la fabrication d'orfèvrerie employés à la fin du XIIᵉ siècle. Cet objet, de cuivre doré, se compose de deux valves à peu près identiques de forme : l'une, celle inférieure, reposant sur un pied ajouré ; l'autre, celle supérieure, terminée par un riche bouton. Chacune des deux valves est frettée de seize bandes légèrement concaves regravées longitudinalement de filets. Dans le canal des bandes apparaissent des touches rectangulaires et linéaments d'un bel émail rouge. A leur intersection sont sertis des turquoises, des émeraudes et des grenats. Entre les frettes se détachent seize losanges, huit grands et huit petits, et seize triangles ; ces losanges et triangles sont émaillés de bleu avec épargnes figurant des anges et des personnages drapés à mi-corps : les têtes de ces personnages sont ronde bosse, tandis que les corps et les ailes sont simplement gravés ; procédé souvent employé à la fin du XIIᵉ siècle et au commencement du XIIIᵉ. Même disposition pour la valve inférieure, dont les fonds d'émail sont d'un bleu plus clair. Sur ces fonds sont réservés des rinceaux s'épanouissant en fleurettes avec touches d'émail rouge. Les nuages d'où sortent les personnages sont émaillés de rouge, de bleu foncé,

de bleu clair, de blanc ou de rouge, de bleu foncé, de vert et de jaune alternativement, sans séparations métalliques ; seuls les triangles supérieurs et inférieurs ne sont pas remplis par des figures, mais par un rinceau d'épargne. La décoration principale du bouton consiste en quatre anges ronde bosse, à mi-corps, issant de quatre arcades plein cintre. Le rinceau ajouré du pied représente trois hommes vêtus de tuniques courtes, poursuivant des dragons dont les yeux sont émaillés de noir.

Au fond de la coupe, dans un cercle qui inscrit un ange tenant un livre et bénissant, on lit cette inscription gravée :

— : MAGITER : G. : ALPAIS : ME FECIT : LEMO-VICARVM :

Ici, pas de doute, l'artiste est Limousin [69] ; l'œuvre date au plus tôt des premières années du XIIIᵉ siècle, et elle est exécutée dans toutes ses parties avec une perfection rare ; l'émail est posé, non sur des parties planes ou sur des pièces rapportées, mais sur un vase. La plupart des procédés d'ornementation de l'orfèvrerie se trouvent réunis sur ce précieux ciboire : fonte, gravure, ciselure, sertissage de pierres fines, dorure, émaux, et l'effet obtenu est merveilleux. On peut en conclure que les artistes qui produisaient des œuvres de cette valeur n'en étaient pas à leur coup d'essai, et qu'une fabrication aussi parfaite avait dû, avant d'en arriver là, exister depuis un temps assez long. Mais ces artistes ne se contentaient pas d'émailler des vases, ils émaillaient aussi des statuettes. Il existait dans l'église de Saint-Maurice d'Angers un tombeau sur lequel était appliquée une table d'émail de 48 centimètres de haut sur 30 de large. Ce tombeau était celui de l'évêque Ulger ou Eulger, mort en 1149. Recouvert entièrement d'orfèvrerie, ce monument mesurait environ 1m,80 de long sur 64 centimètres de hauteur et autant de profondeur. La **figure 23** en donne l'ensemble. Des pierres décoraient les bandes séparant les arcatures du dessus, et ces arcatures étaient remplies par des plaques d'émaux. Le tableau émaillé représentant l'évêque était placé au milieu du parement ; notre **planche XLVI** en donne la représentation d'après Gaignères. Le personnage demi-relief [70], émaillé sur toute sa surface, indique le degré d'habileté des artisans de cette époque. Ici plus de cloisons ou d'épargnes pour maintenir la substance fusible, qui ne recouvrait le métal que d'une pellicule très-mince et opaque. Il fallait que cet émail, posé à froid, au pinceau, pût entrer en fusion sans couler. Ce procédé, souvent employé à dater de la fin du XIVᵉ siècle, pour de petits objets, ne paraît avoir été en usage avant cette époque que pour des monuments exceptionnels et d'une grande dimension relative. Il existait, avant la fin du dernier siècle, à la gauche du maître autel de la cathédrale de Beauvais, une tombe de cuivre émaillé d'un merveilleux travail. Ce monument, élevé sur la sépulture de Philippe de Dreux, évêque de Beauvais, se composait d'une grande plaque en émaux champlevés avec figures d'anges gravées sur épargnes ; l'ensemble était entouré d'une bordure d'émaux alternés avec des gravures et des pierreries [71]. Sur la plaque était couchée la figure du prélat, de grandeur naturelle, demi ronde bosse. La tête était colorée d'émaux, ainsi que partie des vêtements. Nous donnons **(pl. XLVII)**

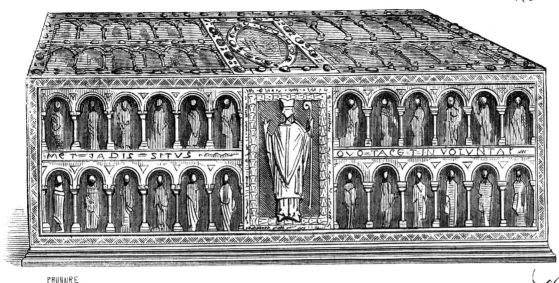

PRUNAIRE

un fragment de cette tombe, dont le dessin nous a été conservé par Gaignères [72]. Il est certain que l'artiste n'avait pu émailler une statue de grandeur naturelle d'une seule pièce, et que le personnage se composait de parties assemblées ; mais quand on sait combien il est difficile d'émailler des pièces de métal d'une dimension médiocre, sans les faire *gauchir* au feu, on ne comprend pas comment une œuvre pareille a pu être menée à bonne fin, et comment tant de pièces de formes et de dimensions différentes ont pu être assemblées.

Nos collections ne possèdent plus une seule de ces tombes d'orfèvrerie. La plupart étaient déjà détruites, avant la révolution, par les chapitres et les abbés, qui préféraient, à ces spécimens inappréciables de la vieille industrie française, des anges bouffis en plâtre et des gloires de bois doré ; et de ce que tant d'œuvres splendides ont été détruites, de ce qu'il ne nous reste guère que de médiocres débris oubliés, on en conclut que nos orfèvres, avant l'époque de la renaissance, étaient moins avancés que ceux de l'Allemagne et de l'Italie dans la pratique de leur art. Cette statue de Philippe de Dreux n'était pas la seule ainsi fabriquée en cuivre émaillé, doré et argenté. Des parties d'émail considérables recouvraient les statues, grandeur naturelle, de la comtesse Alix de Bretagne, morte en 1221, et de sa fille Yolande de Bretagne, morte en 1272, toutes deux enterrées dans l'église de Villeneuve près Nantes [73]. Et plus tard la statue de bronze de Charles VIII, à Saint-Denis, était revêtue d'un manteau émaillé de bleu avec fleurs de lis d'or [74]. Dans les monuments du XIIIe siècle, la gravure qui accompagne toujours les émaux, et qui donne au métal doré, voisin de ceux-ci, du précieux, de la finesse, de la chaleur, n'est remplie par aucune matière colorante. Mais, à dater de la fin de ce siècle, le trait gravé est souvent rempli d'un émail rouge, brun ou noir. Alors les fonds sont émaillés ; les figures se détachent en or sur ces fonds ; et pour donner plus d'accent au dessin qui les remplit, le trait, fortement creusé, est émaillé.

Le musée de Cluny possède une fort belle plaque-agrafe ainsi fabriquée **(pl. XLVIII)** [75]. Elle se compose de deux parties BB possédant des boucles qui viennent se joindre au-dessus et au-dessous d'une autre boucle soudée sous une pièce centrale A. Une fiche réunit ainsi les trois parties. Ce bijou était certainement une agrafe de chape épiscopale. Faite de plaques de cuivre battu, épaisses et très-bien dorées, les émaux champlevés qui la décorent ne sont que de deux tons, bleu lapis tacheté de gris et rouge chaud, opaque. Les figures de l'Annonciation qui se détachent sur le fond bleu, aussi bien que les Chimères qui se détachent sur le fond rouge, sont fortement gravées, et la gravure est remplie d'émail rouge, du même ton que celui du fond. Cette agrafe est cataloguée comme étant une œuvre italienne [76], ce que le style du dessin ne permet guère de supposer. Ce style est français, et ne rappelle en rien le faire des artistes italiens de la fin du XIIIe siècle ou du commencement

---

[68] Musée du Louvre. La coupe a 15 centimètres de diamètre.

[69] Voyez, dans les *Annales archéologiques,* la description fort détaillée que donne M. A. Darcel de ce ciboire (t. XIV, p. 5).

[70] Gaignères, qui a copié le tombeau et la plaque représentant l'évêque, avec un soin minutieux, met en note au-dessous de son dessin : « Ce tombeau est d'Ulger, évêque d'Angers, qui mourut en 1149. Il était autrefois couvert d'ouvrages de cuivre doré émaillé, mais il n'en reste que la figure suivante (celle que donne la planche XLVI). — A Saint-Maurice d'Angers, tombeau dans la nef, contre la muraille, à droite, auprès de la porte du cloistre. » (Gaignères, Collect. de la biblioth. Bodléienne d'Oxford.)

[71] Cette tombe datait de la première moitié du XIIIe siècle (1217).

[72] Collection de la biblioth. Rodléienne d'Oxford.

[73] Voyez l'article TOMBEAU (fig. 29). *Dictionn. rais. de l'architect. franç.*

[74] On voit encore dans la chapelle de Saint-Édouard de l'église abbatiale de Westminster, à Londres, la statue de Guillaume de Valence, mort en 1296, qui était, bien que faite de pierre, recouverte de nombreuses plaques d'émaux champlevés. L'écu, le coussin, le baudrier, le fond entre les jambes, et un semis d'écusson sur la cotte d'armes, sont émaillés et attachés sur la pierre. (Voy. STOTHARD, *the Monumental Effigies of Great Britain,* pl. 44 et 45.)

[75] Aux trois quarts de l'exécution (fin du XIIIe siècle).

[76] En effet, les gravures remplies d'émail rouge se voient sur les pièces d'orfèvrerie italienne du XIVe siècle.

du XIVᵉ. La présence de l'émail rouge remplissant le trait gravé ne suffit pas pour attribuer cet objet à l'art italien, car, à cette époque (fin du XIIIᵉ siècle et commencement du XIVᵉ), on trouve assez fréquemment l'emploi de ce procédé dans des pièces émaillées, dites de Limoges.

Ainsi que nous l'avons dit plus haut, l'émail posé sur des objets de métal ronde bosse, comme une coloration peinte, est fort rare avant le XIVᵉ siècle, ou du moins les collections de France, d'Allemagne et d'Angleterre ne possèdent qu'un très-petit nombre de ces objets que leur fragilité n'a pu préserver de la destruction. En effet, ce genre d'émaillage ne peut avoir la solidité des émaux cloisonnés ou champlevés. Pour faire adhérer la pâte fusible au métal, celui-ci était guilloché ; mais ce guillochage ne maintenait pas tellement la couche très-légère d'émail, que celle-ci ne se détachât sous un choc ou une pression violente. Vers le milieu du XIVᵉ siècle, on employa souvent ce qu'on appelait l'*émail en blanc,* c'est-à-dire une couverte blanche ou légèrement colorée sur des figures ou des ornements ronde bosse. « Un image d'or de Nostre-Dame, esmaillé de blanc, assis en une chayère d'or, laquelle tient son enfant en son giron vestu d'une cotte esmaillée de rouge clerc, et sont les choses dessus dictes toutes d'or et sient sur un entablement d'argent doré, garny de fleurs de lys....... [77]. » — « Deux ymages, en façon de Dieu le père, esmaillez de plusieurs couleurs, et viij ymages de Adam et Eve esmaillez de blanc comme nuz [78]. » La plupart de ces menus objets relatés dans les inventaires des XIVᵉ et XVᵉ siècles sont émaillés sur or, cependant nous y trouvons des pièces qui étaient d'une assez grande dimension, et qui par cela même devaient être faites de cuivre : « Une dame, esmaillée de blanc, qui sert en manière d'aiguière, tenant une petite bouteille esmaillée d'azur [79]. »

Les émaux ronde bosse sont mentionnés aussi dans les inventaires du XIVᵉ siècle : « Une grand croix d'argent, à six ymages rondes de costé et a iiij évangilistes sur esmail et en fault un dessoubz les pieds du crucifix [80]. » — « Deux flacons d'argent doré, plains et au milieu un grant esmail eslevé ou est dedans une déesse d'amour d'or, eslevée, pesant XXXI marcs [81]. »

On ne saurait trop vanter la dorure appliquée par les orfèvres sur le cuivre, pendant le moyen âge, et particulièrement pendant la seconde moitié du XIIᵉ siècle et la première moitié du XIIIᵉ. Cette dorure est faite au mercure ; mais, en se reportant aux procédés indiqués par le moine Théophile dans son livre III, on reconnaît que les artisans prenaient des soins minutieux pour que cette dorure couvrît parfaitement le métal, qu'elle fût également épaisse et d'un éclat uniforme. L'or n'étant pas épargné, on pouvait le brunir fortement, ce qui contribuait à lui donner de la solidité en serrant ses molécules. On peut voir, dans les collections, des dorures qui ont conservé un éclat merveilleux et une adhérence parfaite, malgré des taches d'oxydes qui ont parfois transpercé leur épaisseur. Nous avons entre les mains des pièces d'orfèvrerie de cuivre qui, par suite d'un long séjour dans la terre, étaient devenues complètement vertes. Trempées dans de l'acide acétique mitigé, cette oxydation tombait, et la dorure apparaissait avec tout son éclat.

C'est principalement sur les pièces émaillées que les orfèvres tenaient à faire de bonne dorure, parce qu'en effet, pour que l'or fasse vivement ressortir l'émail, il faut qu'il soit très-fortement bruni, ainsi que l'indique Théophile ; et pour que le brunissage de l'or soit beau, il est nécessaire que la couche d'or soit épaisse. Voici un exemple de cet émaillage avec belle dorure brunie (**pl. XLIX**). C'est la volute d'une crosse du commencement du XIIIᵉ siècle, trouvée tout récemment dans la petite église Sainte-Colombe de Sens. Malgré quelques taches d'oxydation, la dorure épaisse, brunie, a conservé un éclat merveilleux. On voit comment le lis central de la volute est émaillé d'émaux nuancés, sans cloisonnements ou filets d'épargnes entre les nuances. Les gravures sont très-délicatement traitées et faites avant la dorure ; mais le brunissoir n'ayant pu atteindre le fond des tailles, celles-ci ont été remplies en partie d'une substance brune qui a terni l'éclat de l'or, de telle sorte que ces tailles se détachent en vigueur sur les surfaces brillantes et polies des épargnes.

Il nous reste à parler des émaux à jour, si tant est qu'il en ait existé, et qu'on n'ait pas pris pour des émaux à jour des verres sertis entre des réseaux d'or ou de cuivre, suivant le procédé si fréquemment adopté par les orfèvres sous les Mérovingiens. « Une grande cope d'or sans couvescle et est esmaillée à jour, qui poise XV marcs [82]. » — « Une très belle couppe d'or et très bien ouvrée à esmaulx de plite (cloisonnés) à jour, et le hanap d'icelle à esmaulx à jour et le pommeau ouvré à maçonnière [83]. » M. Labarte, dans l'excellent article qu'il consacre à l'histoire de l'émaillerie [84], dit n'avoir jamais vu d'émaux de ce genre, mais il ajoute : « Nous aurions donc été disposé à croire que les prétendus émaux ainsi dénommés n'étaient autre chose que des pièces de verre teint et translucide, découpées à froid et serties dans un cloisonnage métallique, si Benvenuto Cellini, dont la compétence en pareille matière ne peut être récusée, n'était venu nous apprendre qu'il avait vu à Paris une coupe appartenant à François Iᵉʳ, laquelle était composée d'émaux translucides fondus dans les interstices d'un réseau d'or. » Et, en effet, Cellini dit non-seulement avoir vu cette coupe, mais il ajoute même qu'il en pourrait fabriquer une pareille, et il indique les moyens qu'il emploierait pour obtenir ce résultat. Sans récuser la compétence du célèbre orfèvre italien, nous n'avons pas une confiance absolue en sa véracité. Cellini nous dit bien avoir vu une salamandre se promener sur des charbons ardents ! Nous ne prenons donc pas son témoignage comme la preuve de l'existence de ces émaux translucides fondus entre un réseau d'or, et d'ailleurs le moyen qu'il donne pour faire une coupe pareille à celle que lui

[77] *Inventaire de Charles VI* (1399).

[78] *Inventaire des ducs de Bretagne* (1410).

[79] *Invent. des ducs de Bourgogne* (1467).

[80] *Invent. du duc de Normandie* (1363).

[81] *Invent. des ducs de Bourgogne* (1467). (Voy. le *Glossaire et Répertoire des émaux, bijoux, etc., exposés dans les galeries du musée du Louvre,* du comte de Laborde, 1853.)

[82] *Invent. du duc de Normandie* (1363).

[83] *Invent. de Charles VI* (1399).

[84] *Hist. des arts industr. au moyen âge,* t. III, p. 440 et suiv. Voyez aussi l'ÉMAILLERIE dans l'antiquité et au moyen âge.

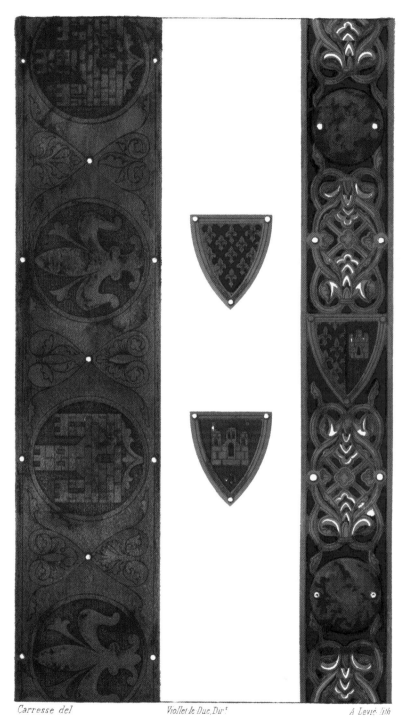

Carresse del   Viollet le Duc, Dir.t   A Levié lith

DU TOMBEAU DU P.ce JEAN, FILS DE S.t LOUIS

A. Morel Editeur.   Imp. Lemercier & C.ie Paris

Viollet Le Duc dir.   Léon Gaucherel sc.

SAINT CIBOIRE

montre le roi ne nous semble pas praticable. Ce moyen n'est autre que le procédé employé pour fondre des émaux translucides entre un cloisonnement d'or [85], avec cette différence qu'il ne fait pas adhérer les cloisons au fond, et que celui-ci, disposé en fer, provisoirement, ne sert que de moule à l'ouvrage. Mais, au feu, il y aurait alors fuite de l'émail entre les cloisons non adhérentes au fond, car la dilatation de ces cloisons les séparerait certainement de ce fond provisoire, et laisserait entre elles et ce fond un espace suffisant pour que l'émail s'échappât en fondant. Quoi qu'il en soit, il existe deux très-petits échantillons d'émaux cloisonnés translucides à jour : l'un se voit dans le Muséum Kensington, à Londres, l'autre dans la chapelle de l'hôpital de Santa-Maria della Scala, à Sienne. Mais ces objets, qui ne consistent, le premier qu'en un petit gobelet conique, l'autre qu'en une plaque losangée de quelques centimètres de longueur, ne peuvent, par leur peu d'importance, faire considérer cette fabrication comme étant usuelle. Ces émaux à jour n'étaient-ils que de petites pièces qu'on sertissait dans des plaques d'orfèvrerie, sur des vases, etc. ? Cela paraît probable, car il est question de ces émaux de *plite à jour* dans quelques inventaires, ainsi que nous l'avons vu plus haut ; mais ils ne constituaient pas des pièces entières. Ou bien entendait-on comme émaux de plite à jour des émaux translucides ? Nous n'oserions rien affirmer à ce sujet. Cet article de l'inventaire de Charles V (1380) : « Un couteau à manche d'yvire (ivoire), ouvré à ymagettes, et est ledit manche couvert d'un estuy cloant d'argent doré, et a en l'allemelle (la lame) dudit coutel, une longue roye à esmaux de plite à jour », ne peut faire supposer un émail à jour, mais bien un émail translucide posé dans un cloisonnement ou champlevage d'or fait aux dépens de l'épaisseur de la lame, sorte de damasquinage émaillé, comme on en voit sur les manches des couteaux provenant de la vaisselle de Charles le Téméraire [86]. Il est donc possible d'admettre que, pendant le moyen âge, on donnait le nom d'émaux à jour à des émaux translucides posés en taille d'épargne, ou entre cloisons, ou sur ciselure. C'est vers le commencement du XVe siècle que les émailleurs adoptèrent, pour les bijoux, pour des objets de petite dimension et précieux, l'émail translucide sur ciselure, simultanément avec l'émail blanc opaque. Alors les parties destinées à recevoir un émail très-mince étaient *frisées* ou *guillochées,* c'est-à-dire rendues rugueuses par un travail régulier du burin ; travail qui apparaît à travers la couverte translucide colorée et contribue à lui donner un éclat chaud d'un aspect très-piquant.

Il existe dans le trésor de la sainte Chapelle d'Altœtting (Bavière) un très-remarquable objet d'orfèvrerie d'or et d'argent émaillé, qui représente le roi Charles VI agenouillé devant la Vierge tenant l'enfant et entourée d'un berceau de fleurs et de pierreries. Ce joyau, fabriqué en France, en est sorti probablement à l'époque du mariage de ce prince avec Isabeau de Bavière. Cette pièce d'orfèvrerie, fort bien décrite et gravée dans le tome XXVI des *Annales archéologiques* (page 119), est connue en Bavière sous le nom du « cheval d'or », parce qu'au-dessous de l'estrade servant d'agenouilloir au sol est en effet un cheval d'or tenu par un écuyer émaillé mi-partie. Rien n'égale la finesse d'exécution des personnages, des fleurs, des feuillages émaillés qui composent ce bijou de 60 centimètres de hauteur environ.

Ce n'est qu'à la fin du XVe siècle que les artistes limousins se mirent à émailler en plein des plaques de métal mince, des vases de cuivre repoussé, et à peindre sur ces couvertes des sujets, des ornements, à entremêler ces couvertes opaques d'émaux transparents sur paillon. Cet art se développe au moment de la renaissance, et a produit de merveilleux résultats dont nous n'aurons pas à nous occuper ici, d'autant que nombre d'auteurs se sont étendus sur cet art de l'émaillerie peinte [87].

NIELLES. Le nielle est l'ornementation obtenue par une gravure faite sur l'or ou l'argent, et remplie d'une substance noire ou brune fusible. Niellure s'entend comme art de nieller. La nielle est la substance fusible incrustée dans la gravure métallique, l'estampage ou l'empreinte de cette gravure ou du dessin noir qui la remplit exactement.

Les Byzantins pratiquaient la niellure soit en grand, soit sur de petits objets, et cette décoration du métal était fort prisée sous les premiers empereurs d'Orient. Le moine Théophile donne la manière de préparer la matière noire propre à nieller, les moyens de l'employer et de l'appliquer dans les gravures faites sur or ou sur argent [88].

On ne saurait dire à quelle époque remonte l'art de nieller l'or et l'argent, et ce n'est pas ce qui nous touche en ce moment. On trouve des bijoux niellés dans les tombes gauloises ; et il y a tout lieu de croire que les Celtes, qui passaient, dans l'antiquité, pour savoir émailler les métaux, employaient le nielle, qui est un corollaire de l'émail champlevé, et qui même est plus facile à pratiquer. Graver le métal est une conséquence immédiate de l'emploi de cette matière ; remplir la gravure d'une substance qui la fait paraître, est très-naturel et très-simple, soit que cette substance soit posée à froid, soit qu'elle soit fixée par la chaleur du feu. Sans nous occuper de savoir si les peuples sortis de l'extrême Orient ont apporté ces procédés avec eux, en Europe, nous pouvons, par quelques exemples, constater que les tribus germaniques qui se répandirent sur le sol des Gaules, au Ve siècle, damasquinaient le fer d'argent, encloisonnaient des lamelles de verre dans de l'or et du cuivre, gravaient l'or et le cuivre, et remplissaient ces gravures de substances colorées. Le spécimen le plus intéressant que nous possédions, touchant ces divers procédés, se voit au musée de Cluny. C'est le collet supérieur d'un fourreau d'épée franke : en collet est à deux faces et porte 5 centimètres de largeur sur 3

---

[85] Voyez THÉOPHILE.

[86] Musées de Dijon, du Mans (collect. de M. le comte de Nieuwerkerke).

[87] Voyez, entre autres ouvrages sur cette matière : *l'Émail des peintres,* par Claudius Popelin (1840). — Praticien consommé, artiste aussi habile qu'instruit, écrivain ingénieux, M. Claudius Popelin nous paraît avoir, dans ce volume, résumé clairement les divers procédés employés par les artistes émailleurs du XVIe siècle. — Voyez aussi l'*Hist. des arts industriels* de M. Lubarte.

[88] *Diversurum artium Sched.,* lib. III, cap. XXVI, XXVII, XXVIII. Cette matière noire est composée de cuivre, d'argent, de plomb et de soufre.

de hauteur ; il est partie d'or, partie de cuivre rouge. La face postérieure est entièrement de cuivre rouge damasquiné de dessins très-simples, d'or ; la face antérieure est composée d'une plaque d'or assez épaisse, au milieu de laquelle percent deux carrés de cuivre rouge au même nu. Ces deux carrés de cuivre sont damasquinés d'or ; la partie d'or est intaillée, les intailles sont remplies d'une substance rouge très-altérée par le temps, et les épargnes visibles, formant des méandres, sont damasquinées de filets et de points d'argent. La planche L présente cette face au double de l'exécution, afin de rendre plus intelligible le travail de l'ouvrier. La niellure est ici faite évidemment à l'aide d'une température peu élevée, puisque la matière rouge semble être une résine que le temps a fait tomber en grande partie. Quant à la damasquinure d'argent sur or, elle est délicate et s'est parfaitement maintenue. Cette alliance de trois métaux indique une origine, ou tout au moins une tradition orientale dont on ne voit plus trace plus tard sur le sol des Gaules. La garde de la poignée de cette même épée est d'or battu, et, par sa forme, permet de supposer qu'elle appartenait à une arme d'une assez grande dimension.

Il est certain que le nielle et le damasquinage sont deux procédés de décoration de métaux ayant des rapports intimes. Pour damasquiner un objet de métal, on commence par intailler le dessin qu'on prétend remplir d'un autre métal ; de même pour nieller. Mais, dans ce dernier cas, c'est une substance fusible à une température peu élevée [89], qu'on fait fondre dans la gravure et qu'on polit après qu'elle est refroidie ; tandis que la véritable damasquinure se bat à froid dans l'intaille, de manière qu'elle la remplisse très-exactement et y adhère par le refoulement.

A l'imitation des Byzantins, les orfèvres rhénans ont fréquemment employé la niellure pour décorer l'argent et même parfois l'or. Il est question d'ouvrages niellés dès l'époque de Charlemagne. Théodulphe, évêque d'Orléans, un des « missi dominici » de l'empereur, se plaint, dans ses vers, des tentatives de corruption auxquelles doivent résister les magistrats chargés de rendre la justice. « Celui-ci, dit-il, me promet de belles coupes si je veux lui accorder ce qu'il est de mon devoir de lui refuser. Brillantes d'or au dedans, elles sont décorées de noir au dehors, parce que la couleur de l'argent s'est altérée au contact du soufre. »

« Pocula promittit quidam se pulchra daturum,
« Si homo quæ poscit non sibi danda darem.
« Interiusque aurum, exterius nigredo decorat,
« Cum color argenti sulphure tactus abit 90. »

Nous possédons des ouvrages niellés qui datent du XIIᵉ siècle, et, parmi ces objets, un des plus remarquables est l'autel portatif dont nous avons donné l'ensemble dans l'article AUTEL [91]. Les nielles qui forment la bordure de cet autel sont de la plus grande beauté comme composition. L'école rhénane semble avoir fabriqué un grand nombre d'objets d'orfèvrerie niellée. Nous citerons, entre autres, le socle du chef de Saint-Oswald faisant partie du trésor de la cathédrale de Hildesheim (Hanovre) [92]. Ce socle contient huit plaques d'argent niellé représentant huit images de rois ; alternativement, les champs

ou les figures sont dorés, une bordure et des accessoires sont également niellés. La **figure 24** donne un de ces rois et une partie de la bordure inférieure. Le champ du roi est doré ; la figure, le trône, son marchepied, les deux bordures latérales, sont niellés. Cette œuvre date du XIIIᵉ siècle. Mais, parmi les pièces d'orfèvrerie niellée qui peuvent passer pour appartenir à l'école française du XIIᵉ siècle, il faut citer la croix de Clairmarais, aujourd'hui déposée dans l'église Notre-Dame de Saint-Omer, et dont la partie postérieure est ornée d'intailles niellées. Une description très-fidèle de cette croix est donnée par M. Deschamps de Pas, dans le tome XIV des *Annales archéologiques* [93] ; elle est accompagnée d'une bonne gravure (grandeur de l'original). Les ornements, les personnages, sont d'un excellent style appartenant à la moitié du XIIIᵉ siècle. Notre **figure 25** donne un fragment de cette ornementation. Le nielle n'est plus guère employé dans l'orfèvrerie, à dater du XIVᵉ siècle, jusqu'au moment de la renaissance, où l'on en fit un grand usage, principalement en Italie. Benvenuto Cellini prétend avoir retrouvé ce genre d'ornementation, et les procédés qu'il indique sont conformes à ceux donnés par le moine Théophile.

Les orfèvres rhénans des XIIIᵉ et XIVᵉ siècles avaient adopté un genre de décoration qui semble leur appartenir presque exclusivement, et qui consiste à obtenir un dessin brun sur la dorure. Voici comment on procédait : On couvrait la partie de cuivre qu'on voulait décorer d'un dessin, à l'aide d'une substance réfractaire détrempée dans de l'eau, comme on le ferait sur du papier avec une encre et un pinceau ; puis on dorait au mercure. L'or ne s'attachait au cuivre que là où la substance réfractaire n'avait pas été posée. Alors on enlevait celle-ci par un lavage, et l'on oxydait le cuivre en brun au moyen de la fumée de corne ou d'un acide tempéré. Cette oxydation laissait l'or intact ; on nettoyait cet or à l'aide d'un alcool, et on le brunissait au besoin. C'est par ce moyen ou par un procédé analogue qu'ont été dessinés les ornements et figures qui décorent la couronne de lumières d'Aix-la-Chapelle [94]. Lorsque la dorure est épaisse, ce genre d'ornementation est très-durable et peut être facilement ravivé par un lavage à l'esprit-de-vin ; il est d'ailleurs très-économique et excellent pour décorer des fonds, pour faire des bordures, pour tracer des inscriptions.

On ne saurait méconnaître l'importance de la fabrication d'orfèvrerie pendant le moyen âge, et le goût général des diverses classes des populations pour ce genre de luxe. Appliquée en grand dans les églises, pour les châsses, les autels, les retables, les lampes et couronnes de lumières, les sièges, les pupitres, les

[89] Sulfure d'argent.

[90] *Theodulphi Carmina.* — Voyez l'article de l'abbé Texier, *Nielles et gravures* (Annales archéol., t. XV, p. 5).

[91] Voyez le *Dictionnaire du mobilier,* partie des MEUBLES, à l'article AUTEL (pl. II).

[92] Voyez le *Dictionnaire du mobilier,* partie des MEUBLES, à l'article RELIQUAIRE (pl. VII), dessins dus à l'obligeance de M. King, de Bruges.

[93] Page 285.

[94] Voyez le tome III des *Mélanges archéol.* des RR. PP. Martin et Cahier.

Carresse del.

Ricard lith.

TOMBEAU DE L'ÉVÊQUE EULGER

A MOREL, éditeur

Imp. Lemercier & Cⁱᵉ Paris

Viollet le Duc del   Aª Levie lith

TOMBE DE L'ÉVÊQUE PHILIPPE DE DREUX

A. MOREL Éditeur   Imp. Lemercier & Cie Paris

Viollet-le-Duc , del.

Ad. Lévié , lith.

AGRAFE EN CUIVRE

DORÉE, ÉMAILLÉE.

A. MOREL, éditeur.

Typ. G. Silbermann , Strasbourg.

E Viollet le Duc del

Ad Levie lith

CROSSE, CUIVRE DORE, EMAILLE

Sens

A MOREL Editeur

Imp. Lemercier & Cie Paris

Ad. Lévié, lith.

COLLET DE FOURREAU D'ÉPÉE FRANKE.

AU DOUBLE.

A. MOREL éditeur.   Typ. G. Silbermann , Strasbourg.

S ÆDELBERT

G JUNIOR

fonts, les crédences, tabernacles et dais portatifs, flambeaux et lanternes, l'orfèvrerie plus délicate trouvait place dans les trésors sous forme de reliquaires, de monstrances, de paix, de fioles, de vases, de calices, ciboires, burettes, encensoirs et navettes, custodes, bénitiers, crosses, etc. Dans les châteaux, les seigneurs aimaient à amasser une vaisselle nombreuse, et les jours de gala les buffets se couvraient de plats, d'aiguières, de nefs et hanaps, de gobelets, de coffrets, barillets, drageoirs. l'orfèvrerie prenait encore une large part dans l'habillement civil : c'étaient des ceintures, des fermaux, des colliers, des patenôtres, des bulles, des chaînes et colliers, des chapelets, couronnes et garnitures de coiffures ; des

E. GUILLAUMOT.

bagues, des aumônières et des reliquaires. Mais les orfèvres avaient plus à faire encore s'il s'agissait des armes, de l'*atournement.* Les heaumes se couvraient de pierreries, ainsi que les ceintures et baudriers. Les harnais des chevaux étaient garnis de plaques émaillées, de gemmes, de bossettes finement travaillées. Les selles montées en argent ciselé et doré ou en cuivre émaillé, les mors, les chanfreins richement ciselés et garnis de pierres précieuses, appartenaient à l'industrie de l'orfèvre plus encore qu'à celles de l'armurier et du bourrelier. A Paris, au XIIIe siècle, d'après les *Règlements* d'Étienne Boileau, les orfèvres devaient travailler l'or au titre des *estelins* [95]. Quant au cuivre, au laiton, à l'étain, ces métaux pouvaient être travaillés par tous les corps d'états se rapprochant plus ou moins de l'orfèvrerie, tels que les *boîtiers,* les *boucliers,* les *fermailleurs,* les *bourreliers,* les *couteliers,* les *brodeurs* et *feseresses de chapiaux d'orfrois,* les *patenôtriers,* etc. Aucun document n'indique d'ailleurs qu'il fût interdit à ces corps de métiers de travailler l'or et l'argent.

Il n'est point question, dans les *Règlements* d'Étienne Boileau, qui datent de 1258, 1269, des *émailleurs ;* ce qui ferait supposer qu'au moment où ces règlements furent rédigés, cette industrie ne s'était pas encore établie à Paris, ou qu'elle se confondait avec l'orfèvrerie et ses diverses branches ; et en effet, quand on songe à la quantité de pièces émaillées qui appartiennent à cette époque, il est difficile de croire qu'elles aient toutes été commandées à Limoges. Les *Règlements* ne mentionnent pas non plus les faiseurs de vitraux, et cependant on ne peut mettre en doute qu'il n'existât des ateliers de peintres sur verre à Paris. Le premier article du règlement des orfèvres

est ainsi rédigé : « Il est à Paris orfèvres qui veut, et qui faire le set, pour qu'il œuvre ad us et as coustumes du mestier, qui tex sunt. » L'émaillage du métal pouvait être compris dans l'œuvre de l'orfèvre ; il n'était pas nécessaire que le règlement en fît une mention spéciale. Il y avait cependant un règlement spécial pour les *cristalliers et pierriers de pierres natureus,* c'est-à-dire de pierres fines. Ces cristalliers n'étaient autres que des monteurs en pierres fines. Il leur était défendu de « joindre des pierres fausses (verres colorés) aux cristaux naturels », sous peine de voir dépecer et briser leur travail. Mais il ne semble pas qu'il leur ait été interdit d'employer des verres colorés seuls, car beaucoup de pièces d'orfèvrerie et de bijouterie du moyen âge en sont garnies. Il est à observer toutefois que, bien rarement, les verres colorés se trouvent mêlés sur un objet à des pierres naturelles, même les plus communes, telles que le grenat, l'améthyste, la turquoise, la topaze, les quartz blancs transparents ou colorés.

Si la bijouterie reprend, au moment de la renaissance, un nouvel éclat, il n'en est pas de même de la grande orfèvrerie, qui, admirable comme exécution cependant, perd une grande partie du style et de l'aspect décoratif qu'elle avait pendant les XIIIe et XIVe siècles. Les objets d'or, argent ou cuivre repoussés du XVIe siècle sont souvent des œuvres d'une haute valeur comme art, et nos orfèvres atteignirent, à cette époque, une habileté qui ne le cède pas à celle des artisans italiens ; mais ce qu'on peut reprocher à ces compositions, c'est d'abandonner trop fréquemment la bonne tradition des œuvres du moyen âge, qui voulait que l'objet d'orfèvrerie possédât son mode de composition et d'exécution spécial, en raison de la nature de la matière et de la manière de l'employer. La renaissance laisse tomber en oubli l'émaillage opaque en tailles d'épargne, qui cependant fournissait tant de ressources dans la décoration des meubles ou grands objets d'orfèvrerie d'église, de vaisselle, de harnais et même de toilette. A Limoges, on ne fabrique plus alors que les émaux en plein sur métal, peints, opaques, ou translucides avec paillon. Si précieux que soient ces objets, qui aujourd'hui ont acquis une grande valeur, si délicats que soient les sujets qui les couvrent, leur aspect est généralement froid et est bien éloigné de l'effet décoratif des beaux émaux champlevés.

[95] La monnaie anglaise d'argent était considérée alors comme la plus pure et prise pour étalon. Relativement à l'or, voici l'article des *Règlements* : « Nus orfevre ne puet ouvrer d'or à Paris qu'il ne soit à la touche de Paris ou mieudres (meilleure), laquelle touche passe tous les ors de quoi on œvre en nule terre. »

Carresse del   Viollet-le-Duc, Direx.ᵗ   Ricard lith.

ARMOIRE DE NOYON

Bance éditeur — *Chromo Lemercier, Paris.*

Ci-dessus : Décor peint de l'armoire de Noyon, voir page 12.

Ci-dessous : Table d'autel portatif, voir page 15.

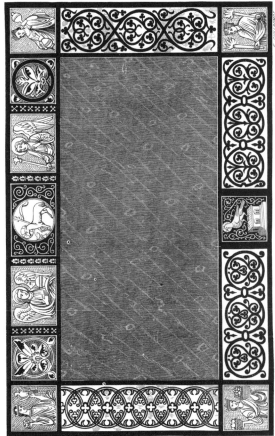

Carresse del.   Viollet-le-Duc direx.ᵗ

TABLE D'AUTEL PORTATIF

Bance, éditeur.

BONAVENTURE ET DUCESSOIS, IMP.

Ci-contre : Figure 9bis, coffret du trésor de l'égli-se de Saint-Trophime d'Arles, voir page 36.

Ci-dessous : Planche V, parement de pupitre conservé dans le trésor de la cathédrale de Sens, voir page 62.

DICTIONNAIRE DU MOBILIER FRANÇAIS.

Meuble 5.

Carresse del   Viollet-LeDuc direx   E Beau lith

PAREMENT DE LECTRIN

DICTIONNAIRE DU MOBILIER FRANÇAIS.

Pl. IX

Ci-dessus : Planche VIII, retable daté du XIIᵉ siècle et provenant de Koblenz en Allemagne, conservé alors dans la sacristie de l'église de Saint-Denis. Voir page 87.

Ci-contre : Détail du retable du bas-côté sud du chœur de l'église de Westminster datant du milieu du XIIIᵉ siècle. Voir pages 87, 88.

Viollet-Le-Duc del.   Chromolith. Lemercier Paris.   E. Beau lith.

FRAGMENT DU RÉTABLE DE WESTMINSTER.

Paris, chez Bance, édit. 13 rue Bonaparte.

Carresse del.

Viollet-le-Duc Direx.ᵗ

Beau lith.

VOILE D'AUTEL.

Planche X : Voile d'autel alors dans une collection particulière. Voir page 108.

Ci-dessous : Planche XXII, exemple de décors. Voir page 132.

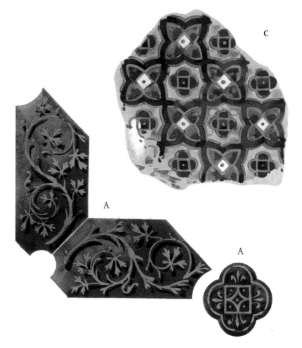

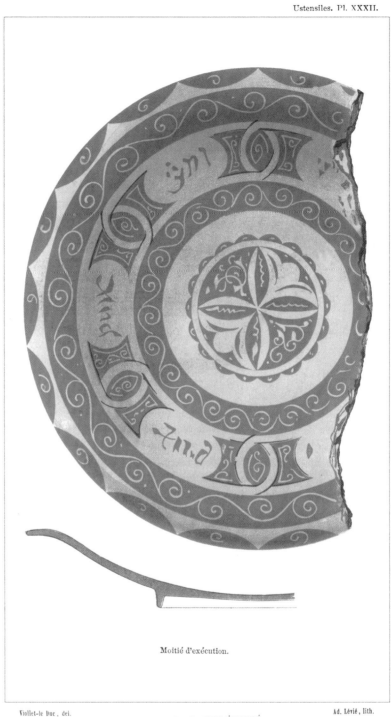

Moitié d'exécution.

Viollet-le Duc, del.   Ad. Lévié, lith.

PLAT EN TERRE CUITE ÉMAILLÉ
A SAINT-ANTONIN.
XIIe siècle.

A. MOREL., éditeur.   Typ. G. Silbermann, à Strasbourg.

Planche XXXII : plat au milieu du XIIᵉ siècle. Voir page 200.

Moitié d'exécution

Viollet-le-Duc, del

Ad. Lévié, lith.

ÉCUELLE EN TERRE CUITE VERNISSÉE

A PIERREFONDS.

XIVe, XVe siècles.

A. MOREL, éditeur.

Typ. G. Silbermann, à Strasbourg.

Planche XXXIII : Voir page 200.

Viollet Le-Duc del.

A.Levié lith

TOURNOYEUR
Milieu du XVᵉ Siècle

Vᵛᵉ A. Morel & Cⁱᵉ Editeurs

Imp. Lemercier & Cⁱᵉ Paris

Planche LIII : Tournoyeur armé, voir page 266.

DICTIONNAIRE DU MOBILIER FRANÇAIS.

Tome 2e — PL. LV

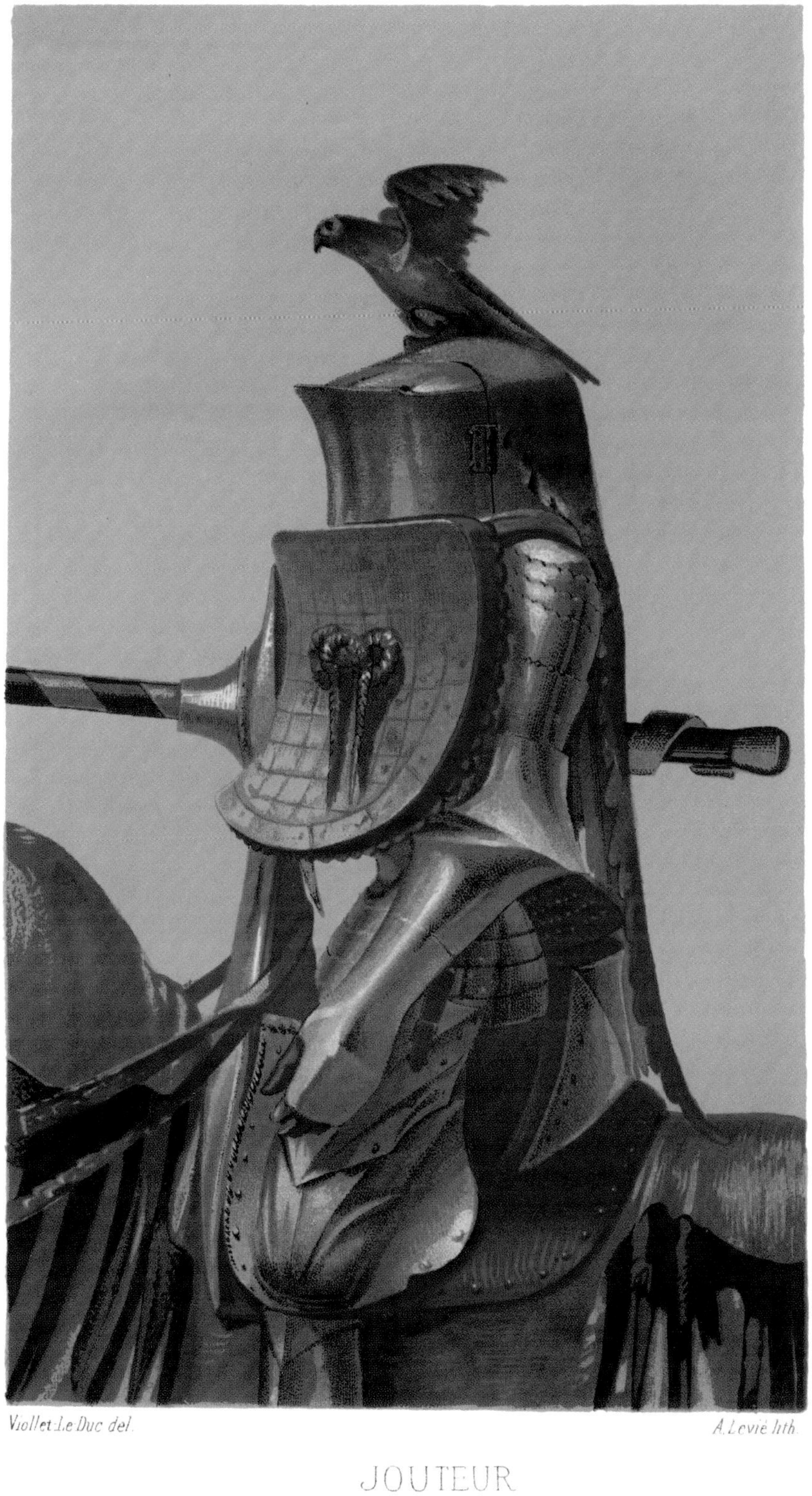

Viollet-Le Duc del. — A. Levié lith.

JOUTEUR

XVe Siècle.

Vve A. Morel & Cie Editeur — Imp. Lemercier & Cie Paris

Planche LV : Jouteur. Voir page 284.

o, 61

Viollet-Le-Duc del. A.ᵈ*Levié lith*

GARDE-CUISSE DE JOUTEUR A LA BARRIÈRE
XVᵉ. Siècle.

VᵛᵉA. Morel & CᵗᵉEditeurs. *Imp Lemercier &CᵗᵉParis*

Planche LVI : Voir page 288.

Achevé d'Imprimer en mars 2003
sur les presses de
Ferre Olsina S.A.
Barcelone, Espagne
pour le compte des Editions Heimdal